山东省研究生教育创新计划项目(项目编号:SDYY07098)

近现代财政思想史研究

武普照　著

南开大学出版社
天津

图书在版编目(CIP)数据

近现代财政思想史研究 / 武普照著. —天津：南开大学出版社，2010.5

ISBN 978-7-310-03414-7

Ⅰ.①近…　Ⅱ.①武…　Ⅲ.①财政-经济思想史-研究-世界-近代②财政-经济思想史-研究-世界-现代　Ⅳ.①F811.9

中国版本图书馆 CIP 数据核字(2010)第 067738 号

南开大学出版社出版发行

出版人:肖占鹏

地址:天津市南开区卫津路 94 号　　邮政编码:300071

营销部电话:(022)23508339　23500755

营销部传真:(022)23508542　　邮购部电话:(022)23502200

*

天津市蓟县宏图印务有限公司印刷

全国各地新华书店经销

*

2010 年 5 月第 1 版　　2010 年 5 月第 1 次印刷

880×1230 毫米　32 开本　17.5 印张　1 插页　500 千字

定价:30.00 元

如遇图书印装质量问题，请与本社营销部联系调换，电话:(022)23507125

前　言

财政思想史是自古至今有关财政问题的观点、见解和理论探讨的发展、演变的历史。它是经济理论的重要组成部分。现代财政学理论创新的基点就是财政思想史。财政思想是财政事实的反映，但它又反过来影响财政政策和社会经济。财政思想的过去对当今的财政理念有着较深的影响，其中的精华部分对我们今天仍有一定的借鉴指导作用。历史上的财政思想对社会经济影响甚大，一般能使生产关系得到某些调节，在不同程度上对生产力的发展有利，对社会经济起到促进或保护作用。财政思想沿革的进步意义是不容置疑的，其成败得失对今天的改革也有许多可供借鉴和儆戒的地方。

时下在所谓“经济学帝国主义”的学术背景下，许多学科的建设与发展受到了或多或少的冲击。这种冲击拓宽了我们的学术视野，给予了我们许多新的研究领域和研究成果，同时也出现了一些偏差。

以财政学为例，很多高校在教学改革的过程中，在教学计划中将原来的经济史、经济思想史、财政史、财政思想史等课程挤压、剔除掉了。这不能不说是一件令人痛心的事情。有的更是打着“厚基础，宽口径”的旗号，堂而皇之地将上述课程取消。就如同一个家庭的几个成员在所谓“现代化重组”的幌子下面被无情地拆散了，真是令人啼笑皆非。道理很简单，每一个学科之所以能形成自身的学科体系，几乎都有本学科的发展史、思想史作为基础。厚基础的着重点应该是强化之，而不是取消之。

高等财经教学的专业课程设计应以服务于经济建设为基本原则，适时调减不适应经济建设需要的旧课程，增加适应社会需求的新课程，是教学计划改革的必然趋势。专业课程的设计应注重理论与实践的结合，基础与超前的结合，但也应注意传统与现实相结合。传统课程是经过长时间的教育实践，不断优化选择保留下来的课程，是各学科独立的、严密的教学体系不可或缺的组成部分。财政思想史等课程的现实合理性与科学性是任何人都无法否认的。基于现实的冷峻，财政思想史所应承担的教学任务是沉重的。我们无法责难教学计划设计者的苦衷，而应从自身做起，搞好财政思想史教学内容的改革，抓住机遇，适应现实，完善财政思想史的学科体系。

在多年的科研、教学实践中，许多学界前辈为财政思想史的学科发展付出了大量心血。代表性的专著，有胡寄窗、谈敏的《中国财政思想史》，谈敏的《中国近代财政思想史》、毛程连的《西方财政思想史》、胡寄窗的《西方经济学说史》，叶世昌的《近代中国经济思想史》，赵靖、石世奇的《中国经济思想通史》等。前辈们的潜心研究和精心梳理，为本书的写作提供了很多便利，其中很多精彩的观点论述本书多有引用，在此深表谢意。

本书是在我多次给本科生、研究生讲授《财政思想史》、《赋税思想史》课程讲义的基础上加工整理而成的，鉴于本人学识所限，书中借鉴了许多前人和时贤相关著述的精华，已在参考书目中列出，在此一并致谢。

本书是国内第一部比较完整的阐述中外近现代财政思想史的著述，将外国财政思想史、中国财政思想史的精髓融汇到财政思想史的教学体系中去，尽心尽责地使读者了解财政思想史的发展规律和精华是本书的创新点。它不仅有助于财政学学科体系的进一步完善，更有助于将中外财政思想的精髓应用于当今我国的相关财政改革实践中。

感谢南开大学张志超教授给我这次机会，使我多年的心愿得以满足。感谢南开大学出版社王乃合博士。张老师和王博士渊博的知识、活跃的思维、扎实的功底、谦和的风度使我受益良多。

感谢山东省教育厅薛立魁处长在研究生教育创新计划项目的申报、撰写、结题等方面给予的指导和帮助。感谢邹湘、宫玉松、王耀辉、王玉旭、李广泳、吴昊、刘萍在资料搜集整理和部分书稿撰写方面付出的辛勤劳动。

武普照

2010 年 2 月

目　录

第一章　英国古典经济学的财政思想

第一节　英国古典经济学财政思想概述

17～18 世纪是西欧各国先后走上资本主义道路，战胜封建专制的时期。在这个资本主义与封建主义进行殊死搏斗的过程中，代表新兴资产阶级利益、适应资本主义经济需要的古典经济学也逐渐产生和发展起来。按马克思的总结，古典经济学在英国从威廉·配第开始到大卫·李嘉图结束，在法国从布阿吉尔贝尔开始到西斯蒙第结束，其中包括英国的亚当·斯密和法国重农学派经济理论体系的建立者魁奈等人。他们主张发展资本主义经济，反对封建主义和重商主义，对一些经济问题进行了客观、实事求是的探讨，并提出了一些有科学价值的见解。英国是当时资本主义最发达的国家，古典经济学在英国也得到了最大的发展，并成为马克思主义的三个来源之一。

一、英国古典经济学产生的历史条件和理论基础

英国古典政治经济学产生于 17 世纪后半期，完成于产业革命以后 19 世纪初叶，其产生与发展是与英国资本主义制度的发展同步的。

(一)经济背景

英国的资本主义发展比较早，早在 15 世纪资本主义生产关系已逐渐萌芽，到了 17 世纪，资本主义生产方式迅速发展，封建生产关系处于最后瓦解阶段。资本主义性质的工场手工业已成为工业生产的主要形

式，在纺织、煤炭、冶金、炼铁、造纸、玻璃、造船等行业中发展起来。这时英国的纺织品畅销整个欧洲市场，其煤产量也占到欧洲总产量的 4/5。英国资本主义发展的一个特点是工、农业同时发展为资本主义。开始于 15 世纪后半叶的“圈地”运动，作为原始积累的基础，从农民手中剥夺了大量土地，并将之转用于牧养羊群以从事利润更高的羊毛生产，这导致耕地和劳动力日益减少；而城市的繁荣和工业的发展，对原料和农产品的需求却日益增加，因此农业也逐渐成为有利可图的行业，这促使商业资本投向农业，并按资本主义经营方式经营农业，由此产生了以生产毛制品为中心的农村工场手工业。尽管进入 17 世纪以来，英国资本主义的生产关系有了显著发展，可是与此同时，还存在着封建的和半封建的部门，封建领主的土地上住着的一些佃农和农民仍然以封建的或半封建的生产关系租赁土地，支付封建地租。工农业中资本主义与前资本主义的生产分配方式掺杂在一起。

17 世纪英国的对外贸易也发生了很大变化。1588 年西班牙的“无敌舰队”在英吉利海峡被英国海军歼灭，英国从此取得了海上霸权，随即又在印度和美洲夺得了大批殖民地，大英帝国的贸易网扩展到全世界。如 1600 年成立的东印度公司，一直占据对东方国家的贸易独占权，对英国的资本主义原始积累起了巨大的吸血作用。当对外贸易扩大发展到具有国际贸易的规模与性质的阶段，产业资本就获得了极大的发展，许多商人变成了产业资本家。

这样，产业资本逐渐取代商业资本在社会经济中占据支配地位，流通过程正在变成再生产过程的一个环节，生产成了资本主义经济发展的中心问题，这就为古典经济学的产生提供了经济背景条件。

(二)政治背景

尽管资本主义已经获得了很大的发展，但 17 世纪上半期的英国依然维持着封建统治，这已经成了新的生产力和生产关系发展的严重障碍。繁重的苛捐杂税、封建行会制度、强制的专卖制度等都妨碍了资本主义的发展，新兴的资产阶级和一部分资产阶级化的新贵族同掌握政权的封建地主阶级之间的矛盾日益激化，终于在 1647～1648 年间爆发了资产阶级革命，封建君主专制政权被推翻，英国宣布为共和国。这场革命历经了近半个世纪的曲折和反复，直到1688年的“光荣革命”，才使革命成果巩固下来，实行君主立宪政体，资产阶级参加了议会，与地主阶级共享政权，国王的权力受到议会的限制。马克思评价英国的光荣革命“不是社会中某一阶级对旧政治制度的胜利；它宣告了欧洲新社会的政治制度。资产阶级……获得了胜利；然而，当时资产阶级的胜利意味着新社会制度的胜利”。(《马克思恩格斯全集》第1卷，第321页)英国的资产阶级革命产生了近代民主主义政治体制，专制主义二元的财政结构崩溃了，国王掌握的财政大权转移到议会手中，议会实行国家财政的控制权。正是在这样的政治背景条件下，古典经济学适应新兴资产阶级反封建的需要而产生了。

(三)思想理论基础

17世纪的英国在哲学领域的最大发展是唯物主义世界观的提出。在经济和政治领域发生重大变化的同时，这一时期的自然科学也有了很大的发展，出现了许多新的成就，比如解剖学的发展，1616年哈维提出血液循环学说等，这使得经院哲学、封建神学的理论越来越受到怀疑，唯物主义哲学开始出现，其代表人物是弗兰西斯·培根(Francis Bacon，1561～1626)和托马斯·霍布斯(Thomas Hobbes，1588～1679)。他们反对经院哲学的唯心主义，否认任何非物质物体的存在，认为上帝、灵魂都不存在，而自然界则是客观存在的，人们可以用理性的方法去认识和发现自然规律，认识客观现象产生的真实原因，从而征服自然。霍布斯还提出了新的国家观，认为国家是人类社会的产物，而不是上帝的创造。

培根和霍布斯的新哲学对当时的经济学家产生了重大影响，在这样的背景下，一些资产阶级经济学家开始探索社会经济生活的内在联系和自然规律，力图从理论上论证资本主义制度的优越性，说明在资本主义条件下如何增长财富，研究财富的生产和分配的自然规律。因此，反对封建神学、寻求自然规律的培根、霍布斯的哲学就成为英国古典经济学产生的思想理论基础。

二、英国古典经济学的发展阶段及主要代表人物

英国古典经济学的整个发展过程大致可以划分为产生、形成和完成三个阶段:17世纪后半期到18世纪前半期,是古典经济学逐渐产生的时期,英国资产阶级革命就发生在这一时期,英国的资本主义工场手工业、农村资本主义和对外贸易也是在这一时期获得了较快发展,这一时期英国古典经济学的主要代表人物有威廉·配第、约翰·洛克、诺思、大卫·休谟、詹姆斯·斯图亚特等;18世纪中期到18世纪末是古典经济学理论体系的形成阶段,主要代表是英国的亚当·斯密和法国的魁奈、杜尔阁等,他们建立了古典经济学的理论体系,写出了专门的政治经济学著作;19世纪初到19世纪上半期,开始于18世纪70年代的产业革命在这一时期进入高潮,典型的资本主义社会结构已经形成,资本主义的一般生产方式也已经明晰,在这样的背景下,古典经济学进一步得到发展,并走向成熟,这一时期被视为古典经济学的完成时期,主要代表人物有英国的大卫·李嘉图和法国的西斯蒙第等。

英国古典经济学的创始人是威廉·配第,在他之后出现的很多经济学家从不同方面发展了他的理论,但在斯密之前,还没有人能建立起真正的资产阶级古典政治经济学理论体系。因此,对于对经济学、财政学影响重大的威廉·配第、亚当·斯密、大卫·李嘉图等人,后面将以专门章节阐述其思想,而下面则仅介绍从配第到斯密之间的一些古典经济学家的主要思想。

(一)约翰·洛克的主要思想

约翰·洛克(John Locke,1632~1704)是英国唯物主义哲学家、政治家和经济学家,是英国光荣革命的思想家,还是英格兰银行的创办人和股东之一。他的主要代表作有:《政府论》(1690)、《论降低利息和提高货币价值的后果》(1691)等。他的《政府论》是世界政治名著,该书确立了近代的所有权理论,以社会契约学说为基础,考察了国家征税权与国民财产权的关系。在《论降低利息和提高货币价值的后果》一书中,洛克阐述了他的经济理论,主张对利率采取自由放任的政策,并论述了赋税政策。洛克的经济思想有一个重要的特点,就是尊重自然规律,他认为

社会世界和自然世界一样都为严格的客观规律所支配。并且，他受配第的影响颇大，可以说是配第的直接后继人之一。

1.价值理论

洛克和配第一样坚持劳动价值论，认为劳动的多少决定了商品价值的大小，“实际上正是劳动决定一切东西的价值的差别……对人的生活有用的土地产品……有百分之九十九完全要记在劳动的账上”。(《马克思恩格斯全集》第 26 卷第一册，第 392 页)但他也和配第一样混淆了价值和实用价值，而且他还混淆了价值和价格的概念，认为价值会随着供求关系涨落。

2.货币理论

洛克的货币理论摇摆于名目论和金属论之间，一方面，认为金银的内在价值只是一种想象的或假定的价值，其购买力由国家所给予的一定名称来规定，价值与数量成反比；另一方面，他又说：“一种铸币和另一种铸币相比时，价值较大、较小或相等，只是因为它所含的白银较多、较少或相等。”(约翰·洛克，《论降低利息和提高货币价值的后果》，商务印书馆，1982 年，第 81 页)反对国家铸造分量不足的铸币还债。他还认为货币不等于财富，一国货币的必要流通量，取决于工商业的需要和货币流通速度。

3.利息理论

洛克认为由于土地分配和货币分配的不均，分别产生了地租和利息，“正如土地分配不均(你所有的土地比你能够或愿意耕种的多，而别人不够用)使别人租用你的土地一样，货币分配不均(我所有的货币比我能够或愿意使用的多，而别人不够用)使别人借用我的货币。因此，我的货币在贸易中由于借款人的勤劳，可以为他产生出百分之六以上的收益，正像你的土地由于租地人的劳动可以产生出大于他所付地租的成果一样。所以货币正和土地一样，应该得到一种年租金作为报酬”。(约翰·洛克，《论降低利息和提高货币价值的后果》，商务印书馆，1982 年，第 34 页)他把利息和地租的产生都归结于生产资料和直接生产者相分离的结果，开始接近于对剩余价值起源的正确认识。关于利息率，洛克同配第一样，认为是由货币供求决定的，认为货币缺乏是利息率高的原因,也是物价下跌的原因。

4.赋税理论

基于在国家起源问题上的社会契约论,洛克认为政府由人民建立,其主要职能就在于保护私有财产,因此“政府没有巨大的经费就不能维持。凡享受保护的人都应该从他的产业中支出他的一份来维持政府”。(约翰·洛克,《政府论》下篇,商务印书馆,1982年,第88页)即国家征税的根据是保护私有财产的代价,或者说税收应反映人民受自国家的利益。他还主张政府只能按照法律规定的赋税条例行使课税权。

洛克还提出了土地单一税论。他说:“不论捐税是如何安排的,也不论它是直接从什么人手里拿出来的,在一个以土地为主要财产的国家内,它的大部分终于会落在土地上面。”而且“不论人民主要以何为生,政府都要以之作为自己的财源。是的,我们也许会发现,甚至那些看来对土地影响最少的税,也一定会和其他捐税一样落在土地上”。(约翰·洛克,《论降低利息和提高货币价值的后果》,商务印书馆,1982年,第53页)即在以土地为主要资源的国家里,所得税、货物税、消费税等一切赋税的大部分最终都将由地主负担,这将导致地租的下跌,但他反对地租的下跌,“财富减少的一个必然迹象是地租降低,而提高地租是值得全国关怀的事情,因为土地所有者以及公众的真正利益在于提高地租而不在于降低利率”。(约翰·洛克,《论降低利息和提高货币价值的后果》,商务印书馆,1982年,第67页)因此,他主张地租不针对租地人、佃农的农业经营,以易于由地主负担。他的赋税转嫁论具有自由主义财政论萌芽的一面。

5.贸易理论

关于对外贸易,洛克说:“在没有矿藏的国家里,致富之法只有两种:一是征服,一是商业。罗马人曾使用第一种方法使自己成为世界财富的主人,现在我认为没有人会狂妄到还想以武力去获取财富,所以致富之道只有商业一条路子了。”(约翰·洛克,《论降低利息和提高货币价值的后果》,商务印书馆,1972年,第10页)因此,他主张大力发展对外贸易,保持有利差额,以增加金银财富。可见,在洛克的经济思想中,还有一些重商主义的残余。

(二)达德利·诺思的主要思想

达德利·诺思(Dudley North,1641～1691)是英国大商人和经济学家,在1683年被任命为英国海关监督官,后来被选为国会议员。他的代表作是《贸易论:主要针对利息、铸币、货币的增加诸种情况而言》(1691)。

1.货币理论

诺思反对重商主义将货币等同于财富的观点,认为一国的繁荣是建立在真实的生产上的,使人致富的不是贸易,而是生产,"一个最勤劳的人,会种植出许多果实,或者创造出许多工厂,也会拥有许多别人制造和种植出来的东西;其结果是免于匮乏和享受很多方便,这才是真正的富足,虽然他没有黄金和白银,或诸如此类的东西"。(诺思,《论降低利息》,载麦克洛赫《英国初期贸易论文选集》英文版,第516页)因此,他主张将货币投入流通,使它自行增值,而"一切呆死贮存着的货币是产生不出任何好处的,倒只会产生某种损失"。(诺思,《贸易论》,商务印书馆,1982年,第34页)他发现了货币作为贮藏手段和价值增值手段之间的矛盾,该观点得到了马克思的重视。

2.利息理论

诺思首次使用了资本(Stock)的概念,区分了货币和货币资本,克服了配第和洛克对于货币和借贷资本的混同,指出利息是因出租资本而取得的资金,利息率取决于借贷资本的供求关系,而不是流通中货币的供求关系。因此,他反对政府干预和规定利息率,他说:"货币的来去和多少,会自行调节,并不需要政治家帮忙。"(诺思,《贸易论》,商务印书馆,1982年,第122页)他认为,不是低利息促使商业发达,而是商业的繁荣增加了国民资本,才使利息下降。诺思还认为,由于贷出资本比出租土地冒更大的风险,利息率要大于地租率。

3.贸易理论

诺思主张贸易自由,反对国家干预,认为"阻碍贸易的法律,不论是关于对外贸易或是国内贸易,不论是关于货币或其他商品,都不是使一个民族富裕,使货币和资本充裕的要素"。(诺思,《贸易论》,商务印书馆,1982年)他还主张对国内贸易和对外贸易应一视同仁,阐述了自由的对外贸易可以促进国际分工，实现国家间的互通有无。这一思想后来被亚当·斯密发展为国际分工学说。

(三)大卫·休谟的主要思想

大卫·休谟(David Hume，1711～1776)是英国著名的哲学家、历史学家和经济学家，曾出任英国驻法国大使馆秘书和代理公使以及副国务大臣，还是古典经济学大师亚当·斯密的密友，他的"人性论"是斯密经济学说的哲学基础。他的主要著作有《人性论》(1739)、《道德原理研究》(1751)、《政治论丛》(1752)、《英格兰历史》(1754)等，他的经济思想主要反映在《政治论丛》里的一些经济论文中，如《论商业》、《论货币》、《论利息》、《论贸易平衡》等。

1. 货币数量理论

所谓货币数量论就是商品价格决定于货币流通量的理论，这是休谟经济学说中最突出的部分。他不承认货币的内在价值，认为货币只是单纯的价值符号，"只是人们约定用以便利商品交换的一种工具……货币只是一种代表劳动和商品的象征，一种评价和估计劳动和商品的方法"。(《休谟经济论文选》，商务印书馆，1984 年，第 29、32 页)因此，一国财富的多少与货币的多少无关，但货币的数量对商品价格起决定作用，"商品的价格总是与货币的数量成比例的"，"商品增加，价格就便宜；货币增加，商品就涨价。反之，商品减少或货币减少也都具有相反的倾向"(《休谟经济论文选》，商务印书馆，1984 年，第 29、36 页)。

2. 利息理论

从货币数量论出发，休谟指出货币量的增加会引起价格上涨，并使得借贷额增加，但不会使利息产生任何变化。因此，他同诺思一样，反对利息率决定于货币数量的观点，认为"高利息有三方面原因：一、借贷需求大；二、满足这种需求的财富少；三、经商的利润高。这三个方面，正是商业和工业不够发达，而不是缺乏金银的充分证明"。(《休谟经济论文选》，商务印书馆，1984 年，第 42、43 页)休谟认为，利息率的高低是在利润的限度内由借贷资本的供求决定，将利润看作利息的基础。由此可以看出，休谟已接触到职能资本和借贷资本的关系，认识到利息率受到利润率的制约，但他又否认利润决定利息，认为它们只是相互影响高低、相互促进升降的关系，没有因果关系，“因此，研究低利息和低利润这两种情况中，究竟哪一个是原因，哪一个是结果，是没有用处的。两者都是从大大扩展了的商业中产生的，并且彼此促进。在可以得到高利息的地方，没有人会以低利润为满足，而在可以得到高利润的地方，也没有人会以低利息为满足”。（《休谟经济论文选》，商务印书馆，1984 年，第 47、48 页）关于地租——休谟称之为土地利息——他同洛克一样，也是从生产资料和生产者的分离来说明其产生的原因，认为地租是劳动创造的农产品被割让给土地所有者的部分。

3. 贸易理论

在对外贸易方面，休谟也反对重商主义的限制政策，明确表示：“与这种充满敌意的狭隘观点相反，我敢断言，一般地说，任何一个国家的商业发展和财富增长，非但无损于、而且有助于所有邻国的商业发展和财富增长；再说，要是所有的邻邦都处于愚昧、懒惰和原始状态，那么一个国家的工商业也就行而不远，无从发展了”。（《休谟经济论文选》，商务印书馆，1984 年，第 69 页）还是以货币数量论来解释：货币数量多的国家，商品价格会上涨，出口会减少，较为便宜的别国商品就会进入该国，从而使货币外流；反之，货币数量减少时，则会因为商品价格下降而出口增加，使货币流入。这种自然流动，最后必会达到平衡。因此，在贸易方面设置种种障碍的做法是毫无意义的，应该实行自由贸易政策，无需政府的干预。

4. 赋税和公债理论

休谟反对直接税，反对以土地为租税的最后归属。“诚然，人人都想把捐税负担转嫁到别人身上；可是由于人人都有这种意图，各自提防，就不能设想有哪一群人可以在这场竞争中完全取胜。既然如此，为什么地主就该成为这全部竞争的牺牲品，而不能像其他人那样有效地自卫呢？”（《休谟经济论文选》，商务印书馆，1984 年，第 66 页）他赞成实施间接税制度，主张“普遍征税”，税源应该繁多，使租税负担分散，财富和所得分配平均，这样人民就会乐于缴纳，国家也会实现经济强大。

关于公债，休谟有句名言：“国家如果不能消灭公债，公债必然消灭国家。”可见其对公债的态度。尽管他承认发行公债在一定限度内会产生良好作用，但他认为国家发行公债有许多害处：公债带有纸币流通的弊病，会引起粮食和劳动价格的上升；通过牺牲地方利益，来粉饰都市的繁荣；公债的还本付息，来自租税，就会加重劳动者的负担；鼓励了掌握公债的有闲阶级不事生产，食利为生；如果公债落入外国人手中，会使国家受其支配，成为其附庸。因此，他提出了“公债亡国论”，认为国家必须放弃公债；否则，公债会使国家灭亡。

(四)詹姆斯·斯图亚特的主要思想

詹姆斯·斯图亚特(James Steuart，1712～1780)是一名英国贵族，他是试图建立资产阶级经济学整个体系的第一个不列颠人。其代表作是《政治经济学原理研究》(1767)。

1.价值理论

斯图亚特从另一方面发展了劳动价值论，他清楚地划分了表现在交换价值中的特殊社会劳动和获取使用价值的实在劳动之间的区别。他把创造一般等价物的劳动叫做“产业”，并认为作为“产业”的劳动和创造使用价值的劳动不同，这是将创造价值的抽象劳动和生产使用价值的具体劳动加以区分的最初尝试。

2.公债理论

斯图亚特提出公债的实质概念是“公债并不要求偿还本金，要按券面一定部分为支付条件偿付利息或一部分本金，借来资金的国家或政府是建立在信赖基础上的。依靠公债支付的保证，用以作为永久的养老金。但是，如果国家没有另外规定，可以保留全额偿还的自由”。(斯图亚特，《政治经济学原理研究》第1卷，英文版，第349页)他认为公债与私债有许多类似点，但私债由私人自己承担一切责任，而对于公债则不负责任；私债会影响个人的经济状况，而公债则不会给国家的繁荣带来影响。

斯图亚特认为将公债形成制度是合适的。发行公债不是危险的事情，公债在动员闲散货币创造商品这点上具有生产的作用。公债只限于人民持有，不会侵害别人的财产，不成为一般人民的负担，采取了公债生产说的立场(斯图亚特，《政治经济学原理研究》第1卷，英文版，第634页)。

对发行公债的限度问题，他认为支付利息似乎可以大致达到赋税总额的数目，由于公债的累积造成国家破产的情况是不会发生的，可是，当事关国与国之间的关系时，必须注意国际收支的情况（斯图亚特，《政治经济学原理研究》第 1 卷，英文版，第 635 页）。

3. 赋税理论

通过对赋税产生历史的分析，斯图亚特提出征收赋税的依据是为了维持持久的法律，保障国家的权力、安全和独立。他对赋税所下的定义是："用作政府经费支出的，通过立法机关法律程序或同意，对国家与个人征课的以果实、劳动或货币为表现形式的一定的贡献"（斯图亚特，《政治经济学原理研究》第 2 卷，英文版，第 484 页）。

斯图亚特还提出了他的赋税原则：(1)赋税法定主义原则，即赋税的基本条件是经过立法机关的同意或法律程序认可；(2)赋税如超过最低生活费无限制地征课所得税，不仅破坏了本身来源的基础，还必然地有害于国民生计与资本，所以必须制定征税最低限度原则（斯图亚特，《政治经济学原理研究》第 1 卷，英文版，第 486 页）；(3)主张消费比例原则（斯图亚特，《政治经济学原理研究》第 2 卷，英文版，第 593 页）。

他还将赋税划分为三类，即"1 类，按同一比例缴付税金的赋税，这叫做比例税；2 类，按财产和收益的数额的增加而递增课征的赋税，这叫做累进税或任意税；3 类，对个人劳动课征的赋税，这叫做对人的赋税"（斯图亚特，《政治经济学原理研究》第 2 卷，英文版，第 173 页）。

他主张实行消费税等间接税，反对什一税，反对从商业利润和利息中征收赋税，反对累进税，认为"所有这些赋税都会侵犯个人的财产、所得与利润，不管用什么样的方法，都不能偿还给被侵犯人的个人。因此，这种赋税不具有提高商品价格倾向"。（斯图亚特，《政治经济学原理研究》第 2 卷，英文版，第 496 页）总之，斯图亚特的赋税论可以说就是比例税。他说："如全部实行比例税的话，就几乎毫无改进累进税的余地了"（斯图亚特，《政治经济学原理研究》第 2 卷，英文版，第 538 页）。

4. 财政支出理论

斯图亚特的财政论首先提出公债论，其次研究赋税论，没有把经费论即财政支出论作为一个独立题目，而是把经费支出问题纳入货币流通的作用与效果之中来论述。经费问题在斯图亚特的经济体系理论中，是与公债、赋税互相补充的。斯图亚特认为，赋税的效用是以国家资金的形式，既为对国家有价值的人，也为穷人增加公共福利。为此要向富者征收赋税以充当国家资金，充当对外贸易的补助金基金。但是为了这一目的，单有赋税制度尚不够，还必须注意选择公共经费的项目。（斯图亚特，《政治经济学原理研究》第1卷，英文版，第512～513页）如用1000英镑制造焰火，为此雇用很多工人解决了暂时的生活就业问题，反之，如将同一金额用于灌溉或建设运河，也许能有同样多的人受益。这里尽管制造焰火和兴办公共事业有相同之处，可是焰火放完之后也就完了，公共建设则可将不毛之地改造成良田。由于经费用途——生产性支出或非生产性支出——的不同，明显地带来不同的经济效益。（斯图亚特，《政治经济学原理研究》第1卷，英文版，第519页）他指出了经费支出的计划性与效率性的重要意义。就经费的经济效果来看，公共投资的长久性将给穷人以面包，既无损于简朴生活方式，又是能使生产发展的手段（斯图亚特，《政治经济学原理研究》第1卷，英文版，第469页）（[日]坂入长太郎，《欧美财政思想史》，中国财政经济出版社，1987年，第62～67页）。

5. 贸易理论

斯图亚特认为国内贸易不能增加国民财富，只有出超的对外贸易才能增加本国财富，一国从对外贸易中获得利益必是另一国的亏损。所以，他主张国家积极干预经济生活。由此可以看出，他的思想中还有很明显的重商主义的残余。

三、英国古典经济学的基本特点及对现代财政理论的意义

由于代表的是新兴资产阶级的利益，古典经济学成为资产阶级反对封建主义和重商主义，巩固和促进资本主义生产方式的理论武器。在研究资本主义经济活动时，一些古典经济学家深入到经济现象的本质，对某些经济问题作出过一些比较客观的、实事求是的探讨，提出了一些有科学价值的见解。他们有大体相同的理论基础和研究方法，有一脉相承的理论观点，还有前后一致的以经济自由为中心的政策主张。总的说来，它具有以下几个基本特征：

第一，古典经济学把理论研究由流通领域转移到了生产领域，在一定程度上研究了资本主义生产方式的内在联系。因此，他们关注经济的增长。自亚当·斯密把研究国民财富的性质和原因作为经济学主体以来，经济增长问题就成为古典经济学家一贯的中心课题。他们认为在经济生活的范围内，首先要增加生产，为此就必须增加资本积累，改进生产方式以提高劳动生产率，主张要有一种公平合理的分配机制。同时还强调要有良好的政治、文化、道德等社会条件相配合。因此，关注经济增长以及与此密切相关的分配问题和产品实现问题，研究生产、交换、分配和消费的规律，研究体现这些规律要求的经济政策等，就成为英国古典经济学派的一个基本特征。

第二，古典经济学信奉经济自由主义，其基本思想是主张经济自由，即实行自由竞争、自由经营、自由贸易。他们要求自由地发展资本主义，增加财富，并极力论证资本主义生产方式是自然的、合理的、永恒的制度，比封建制度优越，更有利于生产的发展。他们坚信，自由竞争市场势力的自发作用能够保证经济生活的协调和稳定增长，反对国家对经济生活的干预，认为国家的职能是只须充当为自由竞争市场经济创造良好外部条件的"守夜人"即可。这一思想在法国重农学派那里已见端倪，到了亚当·斯密那里得以系统发挥，成为一种完整的富有强大生命力的学说。

第三，在研究方法上，古典经济学家大体上推崇抽象法和演绎法。前者是在研究进程中注意收集和整理经验事实，并从中归纳出某些原理，再依据经验事实对这些原理加以验证。后者是在一开始就提出若干基本原理，然后依据这些原理对经济现象加以说明和判断。①

古典经济学理论的主要内容是以发展生产力，增加财富，促进资本主义经济迅速增长为中心，阐述了价值论、分配论、资本及再生产理论等，并在基础上提出许多目的在于促进资本主义经济发展的政策主张，为现代经济学奠定了基本体系，同时也创建了财政学和税收学的理论体系，将财政税收问题的研究建立在较为科学和系统的经济理论基础

① 马涛，《经济思想史教程》，复旦大学出版社，2002年，第80～81页。

之上，范围涉及财政税收的许多基本理论问题，观点鲜明，在世界经济危机爆发之前，一直在财政思想领域居于主流地位。

第二节　威廉·配第的财政思想

一、威廉·配第的生平和代表著作

威廉·配第（William Petty，1623～1687）是英国资产阶级古典政治经济学的创始人，被马克思称为“政治经济学之父，在某种程度上也可以说是统计学的创始人”。[①] 他一生的经历非常复杂，而且多才多艺，熊彼特曾评价他：“是个靠个人奋斗而成功的人……他是那种精力充沛、几乎任何事都能做成功、甚至能转败为胜的人。虽然他因为多才多艺而有所失，但他在经济学史上仍不失为伟大的人物之一。”[②]

配第出生于英国汉普郡罗姆塞的一个小织布手工业者家庭，由于家庭经济破落，十三四岁时便外出谋生，到商船上学徒，当过服务员和水手。一次航行中他意外骨折受伤，在法国养伤期间，他进入当地一所耶稣会学校，学习希腊语、拉丁文、算术几何以及天文学等，这在一定程度上弥补了他幼时学习的不足，为他后来从事经济学的研究奠定了基础。后来他回英国在皇家海军中工作了一段时间，1643 年起到荷兰和法国学了几年医学、解剖学、音乐等，在此期间，他在巴黎结识了霍布斯和培根，并深受其影响。1649 年，他获得了牛津大学医学博士学位，并于次年被聘为解剖学教授和格兰萨姆学院音乐教授。1649 年英国资产阶级革命派将英国国王查理一世送上了断头台，克伦威尔共和国政体成立，配第积极拥护这场革命，1652 年，他被委任为英国驻爱尔兰总督亨利·克伦威尔的侍从医生，这可以说是配第一生中一个重要的转折，他的人生道路开始从学术转向政治。此后，他被任命为爱尔兰土地分配

① 《马克思恩格斯全集》第 23 卷，人民文学出版社，1980 年，第 302 页。

② 熊彼特，《经济分析史》第 1 卷，商务印书馆，1991 年，第 317 页注①。

总监，负责将被镇压的爱尔兰教徒及人民的土地分配给有功的军官、士兵和资助征伐爱尔兰的商人。利用这个职位，他趁机掠夺了大约五万英亩的土地，一跃成为新发家的英国大地主，还被选为议员。然而1660年查理二世复辟时，他立刻转而投靠，还获得了男爵称号，成为新贵族，又被赐予了大量的土地。到晚年，他已拥有27万英亩土地，先后创办了渔场和冶铁、铝矿等企业，同时还做投机生意。可以看出，配第在政治上毫无气节，然而他在经济学上却显示出了非凡的才华，被马克思称为“最有天才的和最有创见的经济学家”。[①]

在长期从事政治活动以及实业的管理和经营的过程中，配第通过整理自己的想法，围绕英国当时的各种社会经济问题，撰写了许多著作，其中关于经济学的著作主要有《赋税论》(1662)、《献给英明人士》(1666年写成，1691年出版)、《政治算术》(1672年写成，1690年出版)、《爱尔兰政治解剖》(1672年前后写成，1691年出版)、《货币略论》(1682年写成，1695年出版)等。不过，配第在这些著作中并没有形成统一完整的理论体系，他的经济学思想分散于各书之中，可作为他所提出的经济政策的理论根据。这些著作，看似零散，却又处处闪烁着独到的光辉，各种思想其实彼此有着内在的联系，逻辑严密。配第的这些研究奠定了资产阶级古典经济学的基础，他本人也在经济学、财政学、统计学等多个领域被尊为开山鼻祖。

受培根和霍布斯的唯物主义思想的影响，配第研究经济问题的方法与前人大不一样，他提出了“政治算术”的方法，力图以事实、感觉和经验为依据，尽可能地用数字来说明问题，“即用数字、重量和尺度的词汇来表达我自己想说的问题，只进行能诉诸人们的感官的论证和考察在性质上有可见的根据的原因。”[②] 这种方法用现实考察经济代替了主观臆断，大量使用统计资料，使社会现象数量化，财富实体条理化，同时应用科学的演绎法来进行推理，从而把经济学从其他科学中独立出来。马克思也正是从这个意义上称配第为现代经济学之父的。

---

① 《马克思恩格斯全集》第20卷，人民文学出版社，1980年，第255页。

② 威廉·配第，《政治算术》，商务印书馆，1978年，第8页。

二、威廉·配第的基本经济思想

威廉·配第没有提出系统的经济学理论体系，却不失为英国古典政治经济学的创始人。配第的经济学说主要涉及以下一些方面的内容。

(一)价值理论

配第对政治经济学最重要的贡献，在于他把商品价值的源泉归于劳动，提出了劳动价值论的一些基本观点，从而为科学的劳动价值理论的产生奠定了基础。

配第区分了商品的“自然价格”、“政治价格”和“真正的市场价格”。他所说的“自然价格”是指与生产商品“实际需要”的劳动量相一致的价格，这实际上就是商品的价值。他所说的“政治价格”是指受供求影响，在市场上直接实现的交换价值，这实际上就是商品的市场价格。配第着重研究的是价值，即商品的自然价格，并把它看作是分析其他经济问题的基础。在经济学说史上，配第最先区分了商品的自然价格与市场价格。

在对自然价格问题的研究中，配第指出，自然价格的高低决定于生产自然必需品所需人手的多少。他已经认识到了生产商品的劳动是商品价值的源泉，商品价值是由劳动创造的，商品价值量是由生产商品所须耗费的劳动量决定的，因而劳动时间是测量商品价值的真实尺度。同时，配第还认识到，商品价值与生产该商品所耗费的劳动时间成正比，与生产该商品的劳动生产率成反比。商品价格的变化是以劳动时间决定的商品价值为基础的。配第还较为清楚地认识到了简单劳动和复杂劳动的区别与联系，而且认为复杂劳动等于倍加的简单劳动。此外，配第还第一次论述了分工对提高劳动生产率的重要意义。他强调了通过分工来提高劳动生产率，从而节约劳动时间，降低商品价值。

(二)分配理论

配第的分配理论是以其劳动价值论为基础的，内容包括工资、地租、利息和地价理论，并且是以工资理论为前提，以地租理论为中心的。尽管配第没有从纯粹的形态上来认识剩余价值，甚至没有提出利润这个概念，但他所说的地租实际上就是剩余价值。配第的分配论反映了资本主义分配关系的特点，初步揭示了资本主义社会各阶级利益在经济上的对立，为古典分配理论奠定了基础。

1. 工资理论

配第的工资理论介于其价值理论和代表剩余价值的地租理论之间，是配第在劳动价值论基础上说明地租或剩余价值的一个关键问题，所以工资理论实际上是他的剩余价值论的基础。

配第的工资理论是为了给当时资产阶级政府所实行的最高工资的法律寻找理论依据而提出来的。配第认为工资是劳动的价格，是由维持工人生活和繁衍后代所必需的最低限度的生活资料的价值决定的。他认为这是一个规律，而且在资本主义条件下必然如此。他在分析中指出，工资是工人全部劳动时间创造的价值中的一部分，其余部分则是为社会提供的剩余价值，工人的劳动是社会财富的源泉。他在分析中事实上已把工人的全部劳动时间划分为必要劳动时间和剩余劳动时间两部分。以上这些，反映了配第剩余价值思想的萌芽。配第的最低限度工资理论，后来成为整个古典学派分配理论的基础之一。

2. 地租理论和地价理论

配第的地租理论是在其劳动价值理论和工资理论的基础上提出来的。配第认为，在劳动者所生产的产品价值中，扣除了工资和生产资料的价值，余下的就是地租。按照他的分析，这个作为余额的地租只能是由工资或者说可变资本部分带来的。因此，他所说的地租实际上就是剩余价值，而且是全部剩余价值。

配第还论述了工资和地租之间的关系，指出在产品价值已定的情况下，工资的变动必然引起地租向相反的方向变动。他的上述观点是以产品价值分解为工资和地租两部分为前提的，该观点对后来李嘉图的工资与利润对立、利润与地租对立的见解有一定的启示作用。

配第还考察了级差地租问题，提出了有关级差地租的最初概念。他分析了由于土地位置距离市场远近不同、土地肥沃程度不同而产生的级差地租第一形态，也考察了同一块土地由于连续投入劳动和资本致使生产率不同而引起的级差地租第二形态，并说明了这两种形态的相互关系。

配第还以劳动价值论和地租理论为基础探讨了土地价格问题。他知道土地不是劳动产品，因而土地价格不同于一般商品的价格，所以他把土地价格定义为预买一定年限的地租。在这里，他实际上触及了土地价格不过是资本化的地租这一地价问题的实质，因而是很有见地的。

3. 利息理论

配第在地租理论之后又提出了利息理论。在他看来，货币所有者可用货币购买土地或是将货币贷出，既然出租土地可以获取地租，那么贷放货币也应获得利息。所以，他认为利息是一定时期内放弃货币使用权的报酬，也就是“货币的租金”。配第还分析了利息量的确定问题。他强调利息应当和地租一样多，提出在安全没有问题的情况下，利息量至少应等于借到的货币所能购买到的土地所产生的地租；在安全不可靠的情况下，除了单纯的自然利息外还应加上一笔保险费，否则货币所有者就不会出借货币而宁愿用货币购买土地。他还认为，随着货币量的增加利率会降低。配第的利息理论的观点代表了新兴资产阶级的利益，反映了当时发展资本主义的需要。

除以上几个方面外，配第还对货币、经济增长等问题进行了一些探讨。在货币问题上，他已在一定程度上理解到货币的一般等价物作用，认识到货币的价值尺度和流通手段等基本职能，还初步讨论了一国商品流通中所需要的货币量问题。对经济增长问题，他的思想主要体现在对国家财富的看法和对影响财富增长的资本、劳动、生产力、财政税收政策等因素的分析上，其中一些科学见解构成了古典经济增长理论的重要组成部分。配第虽然没有创立一套完整的经济理论体系，但他的理论几乎触及了政治经济学所有的重要问题，并以劳动价值论为基础得出了一些科学的结论，从而为资产阶级古典政治经济学的建立作出了重大贡献。

三、威廉·配第的财政思想

威廉·配第的财政思想主要体现在他对赋税的研究上，而其赋税思想又集中反映在《赋税论》这部著作中。《赋税论》实际上就是威廉·配第关于如何改革财政税收制度，以满足国家财政需要而向君主奉献的策略。下面进一步介绍威廉·配第关于税收方面的论述。

(一)赋税来源于劳动所得

威廉·配第认为,任何财富都是土地和劳动所创造的。但是,在土地和劳动这两种财富源泉的收入中,究竟哪一部分承担着租税,威廉·配第对此作了进一步分析。他认为社会财富的来源虽然是土地和劳动,但课税的最后对象却只能是土地的地租及其派生的收入,而且土地能够提供多少地租,还要看劳动者在土地上耕作的劳动有多大部分是维持劳动者自身最低的生活费,有多大部分是除此以外的剩余。威廉·配第认为地租是剩余劳动的产物,即扣除种子和劳动者所必需的生活资料以后的全部剩余产物。威廉·配第在说明如何筹措200万英镑公共经费的方法时,他曾经这样写道,可以"采取另一种方法,即征课全部地租的六分之一作为租税"。威廉·配第把地租看成是剩余价值的真正形式,并把地租看成是租税的最终源泉。这表明他已经初步接触到了资本主义税收的实质,是国家无偿占用雇佣劳动者创造的一部分剩余价值。

(二)首倡公平、确定、简便、节省的税收原则

威廉·配第在《赋税论》和《政治算术》中对税收的原则都有所论述。概括起来可以归纳为公平、确定、简便、节省四项原则。所谓公平,就是没有偏颇,完全符合自然的正义。人民的能力不同,纳税也就应当有所不同,如果能力不同的人纳税相同,那就会使越穷的人税收负担加重,这就违反了公平的原则。所谓确定,即在对全国人口、财富及产业的状况有所了解的基础上设置税种,确定税率,规定征税办法,而且征税权和各种征税办法必须确切明白,不得含糊不清,模棱两可。所谓简便,即征税最容易、最迅速,手续最简便,允许人民在最适宜的季节用实物缴纳。所谓节省,即征税所花的人力和费用最少。威廉·配第指出,英国的租税制度恰恰违反了以上原则。他认为,英国的各种捐税,不是对消费进行征课,而是对全部财产进行征课;同时,也不是对土地、资本及劳动课税,而主要是对土地课税。这些税收并不是依据一种公平而无所偏袒的标准来征课的,而是由听凭某些政党或派系的一时掌权者来决定的。不仅如此,这些赋税的征收手续既不简便,费用也不节省,以至到了最后,贫民被征课的金额,竟达到国王实际拿到的两倍。威廉·配第的这些思想,正是新兴资产阶级围绕税收问题同官僚贵族进行斗争在

理论上的表现。

(三)各税利弊论

威廉·配第在提出税收四项原则的基础上,进一步论述了各种税的利弊问题。

1.关税

威廉·配第在《赋税论》的第六章,对关税的性质和标准等问题进行了比较多的论述。他首先阐明了什么是关税。他认为,关税是对输入或输出君主领土的货物所课的一种捐税。在此基础上他进一步论述了关税的性质,"关税最初是为了保护进出口的货物免遭海盗掠劫而送给君主的报酬"。"归根到底,关税原是一种保险费,它是为了防备遇敌蒙受损失而投保的,正像现在流行的对于海险、风险、气候引起的危险、船险以及其他一切危险所投的保险一样"。

由于威廉·配第曾受重商主义的影响,重视对外贸易,重视国家干预经济。但他又和重商主义不同,他赞成有利于资产阶级的国家干预,反对不利于资产阶级的国家干预,这些思想都反映在他的关税政策上。他认为,对出口货物征收关税的标准,应该是这样,即这种关税应使外国人所需要的我国商品的售价,在计算出口商的合理利润之后,要比他们从别的地方购买同类商品更便宜一些。这样就可以使本国商品在国际市场上有竞争能力。

关于对进口货物征收关税的标准,威廉·配第认为,可以根据不同情况区别对待,一是对于已经加工完成马上可以消费的一切商品课税时,税率不妨高到使其售价稍稍高于国内生产或制造的同类商品;二是对所有尚未完成、尚须进一步加工的商品,课税应当从轻;三是对容易引起奢侈行为或犯罪行为的非必需品所课的税额,可以高到足以限制人们使用这些东西,这样做可以起到禁奢侈法的作用。

威廉·配第认为,无论出口关税还是进口关税的税率都不可过高,过高则容易引起纳税人逃避税收的行为。他指出:"如果走私和行贿所花的费用以及被捕的危险,总合起来不超过这种税额的话,那么,这样高的捐税就会使人们不向海关呈报这种货物,或是不肯为它缴纳税款。"

威廉·配第还认为,英国的关税存在着很多弊端:一是对半成品征税，极不经济；二是征收关税需要很多官吏；三是容易通过行贿，互相勾结，匿藏商品及伪装商品等做法进行走私；四是征收关税只能弥补本国人民全部开支的极其微小的部分。因此，除此之外，还须实行某些其他税制。根据关税的这些缺点，威廉·配第提出改革的两种方案：一是对所有出入的船只征收吨税，以代替对进出口货物征收的关税；二是变关税为一种保险费，这种保险费可以增加和调整，以便国王能用它来保证货物不致因遭遇海险和受到敌人侵犯而蒙受损失。

2. 人头税

威廉·配第认为，人头税是一种课于人身的税制，它或是毫无区别地课于每一个人，或是按某些人的称号或功勋标志而课于每一个人。这样，他就把人头税区分为两类：

(1)"一律课于每一个居民身上的单纯的人头税。"他认为，这种税的缺点就是非常不公平，能力不同的人都一样纳税，而负担子女费用越多的人缴纳的越多。换句话说，越穷的人课税越重。但他又认为这种税也有优点。"第一，征收敏捷，而且花费较少。第二，人口数字总是人所共知的，所以能够准确计算出所要征收的数额。第三，它会刺激所有的人让他们的子女按其特长从事某种有益的职业，以便子女们用自己的收入来缴交自己的人头税"。

(2)"课于每一个仅有空头的荣誉称号但没有任何官职和特权的人"。如公爵、侯爵、伯爵、子爵和男爵等。威廉·配第认为这种税要比前一种税公平得多。因为有这些称号的人大部分都是很富裕的，即使他们不很富裕，由于他们享有这种称号也会高人一等，并享有地位。所以，即使他们的人头税比一般平民高一些也是应该的。

总之，人头税尽管存在一些缺点，但威廉·配第认为它的优点还是主要的。因为课征人头税对国王有利。他说："由于对人口数目有确实和多方面的计算，这种税制的征收既容易、迅速，又不需要很多经费。同时，由于这种税制能够预先加以估计，所以可以按照君主的需要来加以调节和收取。"

3. 什一税

关于"什一税"的概念，威廉·配第指出，"什一税"一词和"十分之一”这个词相同，它本身的含义，不外是当作租税而被征收的或是被扣除的一部分财富，这种财富是指水陆两地的直接产物，或是人们花在水陆两地上面的劳动、技术和资本所产生的收入。什一税除了以上含义以外，还包括它的用途和征收方法，即什一税主要是用于牧师的俸禄和征收实物。

威廉·配第认为，不论在任何地区，什一税都会随着该地区劳动的增加而增加，同时，劳动则会随着人口的增加而增加。因此，现在的牧师要比以前的牧师富有得多。他不赞成牧师过着挥霍奢侈的生活，认为用于牧师俸禄的什一税应当严格控制。

威廉·配第对什一税的评价是：“它几乎可以被指定来支付全国公共经费和教会开支的最公平、最不偏颇的租税。”但他又认为什一税以实物形式交给国家则有所不便。

4.国内消费税

威廉·配第认为国内消费税是对消费品所课的一种税，也“就是指当每种必需品成熟到能够消费时才对它们课税”。

威廉·配第把财富分为两种：一种是实际的，另一种是潜在的。他认为，每个人应该按照他所得到的和实际享受的多少而纳税。至于应纳税额的计算，应先计算出每个人的开支在本国全部支出总额中所占的比例，然后再计算在这个总额中公共需要部分所占的比例。不过这两方面的计算是非常困难的。

在国内消费税的对象方面，威廉·配第认为，对啤酒征收国内消费税是不公平的，至于盐、燃料及面包等物品，也有类似的情况。因为有的人消费这些商品比较多，有的人消费的比较少。威廉·配第认为，在国内消费税中，炉税或烟筒税是最好的租税。“因为它作为一定收入的基础，是最容易、最明确、最适合的”。但他认为，炉税必须极其轻微，否则人们就不胜负担。

尽管国内消费税在征税对象方面存在着缺点，但他仍然主张征收国内消费税。其理由是：(1)每个人按其实际享受缴税，符合自然的正义。这种税几乎对任何人都不加强制，即使对过最低生活的人说来，也是极其轻微的。(2)这种税如果不是包给别人而由国家直接征收，而且征收得很合理，就能够促使人们勤俭，增加国家财富。(3)人们不至对同一物品缴纳两倍或两次税，因为不论任何物品都只能消费一次。(4)实行这种税制，能够随时对国家的财富、出产、贸易及实力作出精确的计算。(5)国内消费税可以使我们明了家庭开支和浪费情况。

四、威廉·配第思想述评

威廉·配第的财政学说是比较深刻、比较全面的。他除了论述征税的原则、方法、对象以及赋税支出以外，大凡当时所有的税收和与税收有关的问题，如关税、人头税、彩票、献金、什一税、消费税、货币的升值与贬值，等等，都论述到了，并提出了自己的看法和主张。尽管他的财政学说从表面上看来似乎是替当时的英王和总督出谋划策，但从根本上讲，反映的却是当时的革命阶级——资产阶级的利益、愿望和要求，为资本主义的发展鸣锣开道。因此，他的财政学说在历史上是起进步作用的。而且，即使是一百多年后的亚当·斯密以及后来的李嘉图等古典政治经济学家所提出的赋税的四大原则、廉价政府以及非生产性劳动观，都不能说没有受配第的影响。

恩格斯《反杜林论》中讲："配第在政治经济学的几乎一切领域中所作的最初的勇敢尝试，都一一为他的英国的后继者所接受，并且作了进一步的研究。"恩格斯在这里谈的是政治经济学，其实也仍然适用于财政学。如果说配第因为在论述赋税问题时提出了初步的价值论、地租论等古典政治经济学范畴，为英国古典政治经济学的创立起到了开山的作用，因而被人们公认为是英国古典政治经济学之父的话，那么，我们更有理由以为配第是古典政治经济学中的财政学说之父。

第三节　亚当·斯密的财政思想

一、亚当·斯密的生平和代表著作

亚当·斯密(Adam Smith，1723～1790)1723 年 6 月 5 日出生于苏

格兰的一个小城市哥卡第，他的父亲是一名律师和该地区的海关监督，在斯密出生前三个月就去世了。但斯密从小就受到了良好的教育，他14岁进入格拉斯哥大学，先后学习了拉丁语、希腊语、道德哲学、伦理学、数学、自然法学和政治经济学等。由于成绩优秀，他在17岁时获得了格拉斯哥大学的斯内尔奖学金，并被推选进入名气最大的贵族式大学牛津大学。但那个时候正是学校教育的黑暗时期，当时的牛津大学在教学和研究上陈腐而缺乏生气和活力，不过斯密并没有虚度在牛津学习的六年光阴，他利用这所资金充裕的大学的一流的图书馆，潜心研究学问，广泛地阅读了希腊文和拉丁文的经典著作和法文的文学作品，这为斯密的多才多艺和全面发展提供了机会。在此期间，他阅读了休谟的《人性论》，深受其影响，后来他与休谟成为了终身密友。1746年斯密从牛津毕业，回到故乡，继续钻研学术，两年后受聘于爱丁堡大学，讲授修辞学和文学；1751年，他回到格拉斯哥大学担任逻辑学讲座，后又担任道德哲学讲座，还兼任格拉斯哥大学教务长、副校长职务，斯密本人在回忆往事时称在格拉斯哥大学这13年的教书生涯是他一生中收获最大，因而也是过得最愉快和最体面的时期。1759年，斯密出版了《道德情操论》，引起轰动，被列为英国第一流的学者，并引起了后来成为英国财政大臣的政治家查尔斯·汤申德的赞许，后者于1764年聘请斯密担任自己的继子贝克莱公爵的私人教师，陪同年轻的公爵游历欧洲大陆。在访问法国期间，斯密结识了很多知名学者，如伏尔泰、魁奈、杜尔阁等，并实地考察了当时欧洲大陆最先进的国家——法国的社会政治经济情况，决定要撰写一部政治经济学著作。1766年底，斯密回到伦敦，被选入皇家学会，并在当时刚刚建立的大英博物馆等处继续进行研究，为在法国已经着手的第二部著作做准备。第二年，他回到家乡，埋头进行研究和著述。用了将近十年时间，经过多次修改，终于在1776年出版了伟大的经典之作《国民财富的性质和原因的研究》，即《国富论》。该书出版后，立刻轰动了世界，不仅在经济学界产生了重大的影响，就连英国国会在讨论法案时，也经常引用斯密的著作为依据；首相威廉·彼得也自称是斯密的学生和信徒。《国富论》不仅在英国一版再版（斯密在世时，就出过五版），而且还很快被译成德、法、丹麦、意大利、西班牙等多国文字，成为经济学说史上最著名的著作之一。斯密本人也成为公认的权威，1778 年被任命为苏格兰海关税务专员，定居于爱丁堡。1787 年，斯密被选为母校格拉斯哥大学的名誉校长，并且连续当选两年。1790 年 7 月 17 日，斯密因病逝世。在他去世后的第 5 年，他生前指定的遗稿处理人詹姆斯·赫顿和约瑟夫·布莱尔博士又编写出版了他的《哲学问题论集》。

二、亚当·斯密的思想产生的历史条件

亚当·斯密的经济思想形成于 18 世纪中叶英国工业革命前夕。在这一时期，英国正从农业国家转变为工业国家。17 世纪的英国资产阶级革命，消灭了封建专制制度，扫除了资本主义发展的主要障碍，替生产关系必须适合生产力性质这一经济规律开辟了道路。因此，在 17 世纪末和 18 世纪上半期这段时间，英国生产力的增长是极为迅速的，结果导致了大机器生产制在英国最早出现。

这一时期的农业取得了巨大的发展。"圈地运动"用暴力手段强行将农民与土地分离，大量农民无地可种，流离失所。传统的封建农业制度和小农经济基本上被取消，取而代之的是农业资本主义制度。农业资本家从贵族大地主手中租出土地，雇用农民进行生产。这种资本主义大生产方式，有利于改良土地耕作的方法，采取先进的技术，促进农业生产的发展。到了 18 世纪下半期，英国农业曾经是世界最先进的农业。

在工业方面，手工工场已经成为工业生产的主要形式。纺织、煤炭、冶金、造纸、玻璃等工业都有了显著的发展。随着资本主义生产的进一步发展，资本家手中的闲余资金越来越多，他们迫切地感受到手工工场的生产方式已经不能为他们带来更多的利润。1705 年，牛考门的引擎已经出现，1733 年约翰·凯的飞梭发明成功，1767 年哈格里夫的发明改良了纺织机，1771 年亚克莱成功地发明了先以马力、后以水力为动力的辗转纺织机。到 1778 年，瓦特的蒸汽机出现，不久便应用于纺织业。技术上的变革带来了生产力的飞速提高，资本家也将越来越多的资本投入到应用新技术上来。这样，到 18 世纪后 30 年，英国工业革命开始了。

在商业方面，受重商主义理论的影响，国内外贸易的限制干涉政策依然存在。这些政策，不仅已经过时，而且变成阻碍工商业发展的桎梏。因为如果对某些部门还人为地加以保护和限制，就会妨碍产业资本在各个部门间的自由活动，束缚产业资本家的自由经营。另外，当时的英国已经成为世界上最先进的国家之一，国际贸易的自由有利于国内资本主义的发展，成为与商业对手竞争的最有力的武器。基于这些原因，斯密极力主张经济的“自由放任”，对于重商主义的限制干涉政策，予以全面批判。

经济的发展也带来了新的国内矛盾。“圈地运动”宣布了无产阶级的诞生，同时也酝酿着资产阶级与无产阶级的矛盾。工业的发展壮大了产业资本家队伍，经济实力的提升使他们迫切需要得到与其经济实力对等的政治地位。而与此同时，贵族大地主们正凭借手中的权力极力维护着自己的利益，限制产业资本家的发展。资产阶级与贵族大地主阶级之间的矛盾不断激化，逐步成为社会的主要矛盾。

在思想理论方面，17 世纪和 18 世纪的自然法哲学，特别是 17 世纪英国的唯物主义哲学和利己主义人性论构成了斯密经济学说的哲学基础。对斯密产生重要影响的英国哲学家首推约翰·洛克（1632～1704）和休谟（1711～1776）。洛克发展了近代哲学家关于自然法的思想，强调自然规律的客观性。在洛克看来，自然法乃是合乎人类理性的法则，自由平等尤其是私有制乃是公民自然权利中首要的权利。休谟在其《人性论》（1739 年）中宣称，他的人性论是“一切科学唯一稳固的基础”，各门具体科学只是研究“人性”的某一方面，经济学也不例外。他认为，“自私”和“贪欲”是人的本性，人的欲望乃是人类劳动的唯一动机，人类的经济活动是人类的“自私”、“贪欲”等自然本性作用的结果，追求私利只要不威胁“公益”就不必加以限制，经济动机在国家经济增长中扮演着积极的角色。这些理论思想对斯密经济思想的形成产生了重要的影响。

三、亚当·斯密的基本经济思想

亚当·斯密一生曾写过十几种有关社会科学的著作，但生前出版的只有《道德情操论》和《国富论》。前者是一部伦理学著作，其中心思想是论证同情心是人的本性，指出人作为一个无私的旁观者有助于区分是非曲直和善恶丑美。后者是一部经济学著作，中心思想是阐明经济增长的规律和途径。这本书几乎囊括了斯密的所有经济思想。它以国民财富的性质和原因为研究对象，以“富国裕民”、寻求财富增长的方法为目的。全书共分五篇，第一篇论述劳动生产力增进的原因，以及生产品在各阶层人民间的分配；第二篇论述资本的性质、蓄积和运用；第三篇论述各个国家财富的不同发展过程，即经济史；第四篇论述政治经济学的体系，即经济学说史；第五篇论述国家收入，即财政学。全书以国民财富为中心和主线，几乎包括了经济科学各学科的内容，反映了斯密力求建立一个完整的理论体系的意图。

在斯密的经济学说中，分工、交换、货币、价值四个理论有着内在的逻辑联系。一国财富的增长取决于劳动生产力的提高，生产力的提高取决于分工，而分工起因于交换，进行交换需要交换的工具和原则，从而引起了人们对价值的思考，并产生了货币。

(一)关于分工的思想

分工是斯密全部经济学说叙述的起点。他从劳动分工入手论述劳动生产力增进的原因，认为分工是提高劳动生产率，增进国民财富的主要原因和方法。他说：“劳动生产力上最大的增进，以及运用劳动时所表现的更大熟练、技巧和判断力，似乎都是分工的结果。”在高度赞赏分工的同时，斯密也指出分工造成的不平等现象。因为分工使工人终生从事一项简单操作，没有机会发挥他们的才智和才能，使他们变得愚钝无知。

(二)关于交换的思想

在分析了分工以后，斯密接着分析了交换以及分工与交换的关系。他认为交换是产生分工的原因，分工是交换的结果，是由于人类的“交换倾向”引起的。分工要受市场的限制，也就是说，分工的程度取决于交换的能力和市场范围。他说：“分工的程度，总要受到交换能力大小的限制，换而言之，要受市场大小的限制。市场要是过小，那就不能鼓励人们终生专务一业。”

(三)关于货币的思想

在分析了分工与交换之后,斯密认为要使交换顺利进行,就必须有货币。货币是在分工产生以后,由于人们之间的物物交换引起的,是人类长期交换实践的产物。他主要从商品种类的增多,交换的困难考虑货币产生的必然性,认为货币就是从交换发展中自发地和客观地产生的。

关于货币的性质,斯密认为,货币是从普通商品中分离出来的一种人人都愿意接受的商品,是一种方便交换的工具。“金属货币同其他商品一样,也是劳动的产物,也包含着一定的劳动量,也具有价值”。商品与货币的交换,就是商品与商品的交换。

斯密提出了货币的两种职能,交换的媒介和价值的尺度。他认为货币的主要职能是充当交换的媒介或流通的手段。他虽然也认为货币还有作为价值尺度的职能,作为支付手段、储藏手段和世界货币的职能,但在他看来这些职能都是流通手段这一职能的派生物。

斯密还探讨了货币流通量和纸币流通的规律性问题。认为货币流通量受全社会商品总量的支配。他说:“商品的价值增加了,立刻会有一部分商品被运到有金属铸币的外国,去购买为流通商品所必须增加的铸币量。”纸币和金属货币具有同等的作用,并且比金属货币更便宜,更经济。他主张用纸币代替金属货币,其中包括银行兑换券,而且主要是指银行兑换券。关于纸币的流通,斯密认为,“任何国家,各种纸币能毫无阻碍地到处流通的全部金额,绝不能超过其所代替的金银的价值”,一旦超过了这个限界,过剩的数额将全部退回到银行要求兑换,从而可能引起危机。

(四)关于价值与价格的思想

在分析了分工和交换以及交换的工具之后,斯密接下来探讨的自然就是交换的依据。他首先区分了使用价值和交换价值这两个概念:“价值一词有两个不同的意义,它有时表示特定物品的效用,有时又表示由于占有某物而取得对其他货物的购买力,前者叫做使用价值,后者叫做交换价值。”斯密是最早区分商品的使用价值和交换价值的经济学家,并在一定程度上说明了二者的关系。

在价值的决定方面,斯密坚持了配第的劳动价值学说。他认为价值是由劳动决定的，不但开采金银的劳动，其他一切生产商品的劳动也能直接创造价值。“劳动是衡量一切商品交换的价值尺度”，商品同商品的交换，也就是劳动同劳动的交换。但在讨论劳动如何决定价值时，斯密却提出了两种价值论：一种是生产中耗费的劳动决定价值的理论；一种是交换中购买的劳动决定价值的理论。前者是对配第劳动价值理论的发展，把决定商品价值的劳动归结为一般社会劳动。后者则把价值问题又从生产领域推到了流通领域，混同了耗费劳动和购买劳动。但在斯密看来，两者是一回事，只有所购买的劳动同所花费的劳动一样，才能实现等价交换。

随着产业资本的产生，斯密感到耗费劳动决定价值同购买劳动决定价值之间存在矛盾。在经过反复思考之后，他提出，劳动决定价值的规律只适用于简单商品生产，不适用于资本主义社会。于是，他便抛弃了劳动价值论，而倾向于收入构成价值论。

他认为在资本主义社会中，商品价值由三种基本收入——工资、利润和地租三部分构成和决定。在简单商品生产条件下，劳动者生产的商品属于劳动者自己所有，在等价交换的条件下，这个劳动者把所生产出来的商品出卖而换回的另一商品所包含的劳动量是相等的，即耗费的劳动与购买的劳动相等。而在资本主义社会中，因为有了资本积累和土地私有，资本家出卖商品所换回的劳动量，并不等于生产这种商品所耗费的劳动量，即除了用作支付工资的部分外，还包括利润和地租。

斯密还分析了自然价格和市场价格的问题，实际上就是对市场机制的分析。他说：“自然价格是中心价格，一切商品的价格都不断受其吸引。各种意外事件，固然有时会把商品价格抬高到这种中心价格之上，有时会把商品价格强抑制到中心价格之下……但商品价格时时都向着这个中心。”自然价格和市场价格不符的主要原因是由于商品受供求关系变化的影响，但这种不符是有益的，它可以自发地调节生产。当某种商品的市场价格低于自然价格时，生产者就会减少一部分生产；当市场价格高于自然价格时，生产者又会使用更多的资本去增加生产。这样，通过平衡供求最终使市场价格与自然价格趋于一致。

(五)关于分配的思想

斯密是资产阶级经济学家中第一个正确划分资本主义社会结构的人。他根据人们占有的生产条件和取得收入的形式,把国民划分为三个阶级:以劳动换取工资的工人阶级;占有资本,购买劳动而取得利润的资本家阶级;占有土地,以出租而取得地租收入的地主阶级。这三大阶级的收入——工资、利润、地租乃是社会的三种基本收入,其他收入都是由此派生出来的。

关于工资,斯密提出了两种不同的见解:一方面,他认为工资是由劳动创造出来的价值的一部分,其余部分要当作土地地租和资本利润的一部分扣除。所以,在这三种收入中,只有工资是劳动的收入或报酬;另一方面,他又认为工资是劳动的价格和价值,是商品价值的构成部分和源泉之一。劳动作为商品同其他商品一样具有价格,工资、利润和地租是"一切可交换的价值的三个根本源泉"。关于工资量的决定和变动,他认为工资额应至少等于工人必要的生活资料,而且必然随着资本的积累和国民财富的增长而不断提高。

把利润当作资产阶级社会的一个特殊的经济范畴来研究,这是斯密的一大功绩。他明确指出,利润是随着资本的出现而出现的,是与资产阶级社会三大阶级的收入相联系的,资产阶级获得利润,地主和工人两个阶级分别获得地租和工资。和工资理论一样,斯密在利润上也存在着双重见解:一方面,他认为利润是工人劳动生产的价值的一部分,是雇主分享的由工人对原材料劳动所增加的价值在扣除工资以后的余额;另一方面,他又认为利润是资本的自然报酬,是商品价值或生产费用的一个构成部分,是商品价值的源泉之一。随着资本的积累,社会财富的增加,利润必然日益下降。

斯密对地租理论的见解也是双重的:一方面,他认为地租是工人劳动所产生的价值的一部分,是投入土地的劳动生产创造的价值在工资、利润以外的一个扣除部分;另一方面,他又认为地租是使用土地的代价或自然报酬,是商品价值或生产费用的一个构成部分,也是商品价值的源泉之一。斯密在研究了工资、利润和地租之后,对资本主义社会三个阶级的三种收入关系作了这样的结论:随着国民财富和资本的增加,地租和工资都必然增加，而利润则必然降低。

(六)关于资本和再生产的思想

斯密把资本看作是使国民财富增加的积极因素之一。他把资本区分为流动资本和固定资本，他是第一个提出这两个概念的经济学家。他把人通过学习获得的才能也看作是固定资本的一部分，这包含了“人力资本”的思想。

在讨论资本主义再生产时，斯密提出了总收入和纯收入的概念。他认为，“国内全部居民的收入可分为总收入和纯收入”。总收入是“一个国家全体居民的总收入，包含他们的土地、资本和劳动的全部产物”。纯收入是“在总收入中减去维持固定资本和流动资本的费用，其余留供居民自由使用的部分”。通过区分总收入与纯收入，斯密为社会资本再生产提供了理论上的解释。

(七)关于经济政策的思想

斯密从个人的利己主义角度提出了市场的自发调节的观点。他认为“利己心”是一切经济现象和经济过程的本质，而充满“经济人”的市场不仅能够满足个人利益，而且能提高整个社会的福利。基于这种观点，在经济政策上斯密主张自由放任，提出了经典的“看不见的手”理论。他认为，在“一切都听其自由”的社会里，人们受一只“看不见的手”的指引，每个个人“都不断地努力为自己所能支配的资本找到最有力的用途”，他们追求自己的利益，同时有效地促进社会利益的提高。这只“看不见的手”，实际上就是资本主义自发的竞争机制。因此，斯密主张自由竞争，反对垄断，认为垄断妨碍资本的流通，不利于资本主义经济的发展。他反对任何形式的国家干预，指出政府只要像一个“守夜人”那样防止外来的暴行和侵略并维持公共治安就可以了，不要干预经济的自由。自由主义的原则不仅适用于国内，也适用于国际，即主张在国际间实行国际分工和对外贸易。在他看来，国际的分工和贸易，正如国内的分工和交换一样，能促进劳动力的发展，使交换双方都能得到好处。因此，斯密反对闭关自守和关税保护政策，认为这是对各国经济发展的阻碍。

四、亚当·斯密的财政思想

财政学作为一门独立的学科是斯密在《国富论》中第一次创立的。该书的第五篇《论君主或国家的收入》是专门研究财政问题的。他从国家财政收支对增进国民财富的影响的角度来研究财政,在财政支出方面,他主张政府力求节约,只有财政支出少于收入,国民财富才能增长,资本积累才能提高;在财政收入方面,他探讨了税收的原则,要求税收应公平合理。

(一)关于财政支出的思想

斯密是根据国家的职能来划分财政支出的。按照他的观点,"君主只有三个应尽的义务,第一,保护社会,使其不受其他独立社会的侵犯。第二,尽可能保护社会上各个人,使其不受社会上任何其他人的侵害或压迫,这就是说,要设立严正的司法机关。第三,建设并维持某些公共事业及某些公共设施"。与这三个国家职能相应所需的经费是国防义务——国防费,司法行政义务——司法费,公共设施及公共工程义务——公共事业费。除上述经费以外,再有就是"一国君主,除了执行种种职务所必要的费用以外,为维持其尊严,亦须有一定的费用",此即王室经费。这就是亚当·斯密的国家经费论。由于他主张经济的自由放任,反对政府对经济的干预,因此,斯密提出应当把政府的财政开支缩减到最低限度,以尽量减少政府对经济的影响。

1. 国防费

斯密认为,"保护本国社会的安全,使之不受其他独立社会的暴行与侵略",所需要的经费为国防费,即军费。军费"因社会状态不同以及进化时期不同,而大不相同"。就狩猎民族和游牧民族社会来说,由于"人人都是狩猎者,人人亦是战士",而不需要什么军费。但是在分工日益明确的社会里,上战场作战的人已不可能用自己的劳作来养活自己。由于战争技术的进步,战士们必须放弃日常的劳动来参加训练和适应新的作战工具,这也要求战士必须专一从事这一职业,其生活的经费只能来自政府的发放。而随着战争技术和武器的日新月异,国防费用也开始不断膨胀起来。斯密说:"近代战争火药费用的浩大,显然给能够负担此浩大费用的国家提供了一种利益，而使文明国家对野蛮国家立于优胜的地位。在古代，富裕文明国家很难防御贫穷野蛮国家的侵略，在近代，贫穷野蛮国家却很难防御富裕文明国家的宰割。火器的发明，乍看起来，似对文明的持久与继续有害。但实际上，乃对文明的持久与继续有利"[①]。这就承认了国防的重要性，认可了军费的增长及其不断膨胀。

2. 司法费

斯密认为，"为保护人民不使社会中任何人受其他人的欺侮或压迫，换言之，就是设立一个严正的司法行政机构"，所需要的经费就是司法费。在狩猎民族社会，人们"几乎谈不上有什么财产，即使有，也不过是两三天劳动的财产罢了。那种社会，当然用不着何等固定的审判官，或者何等经常的司法行政机构，所以司法费也就没有必要了"。到了游牧民族时代，私有财产的产生，带来了"保持权力和服从所必要的某种程度的民政组织"。就保障财产的安全来说，民政组织的建立实际就是保护富者来抵抗贫者。大宗财产的获得，必然要求政府建立私有财产的保护制度，富者为防卫贫者的侵占就必须借助民政与司法权力。最初司法权归于君主，裁判费由提出申请裁判的人负担，因而这些收入成为君主的一大收入源泉，结果贿赂公行，司法的正义受到巨大的损害。后来，到君主开始征收赋税之时，为了防止裁判的腐败，在司法部门实行审判官工薪制，让审判官独立，让司法权和行政权分离。于是为实现司法的公正，司法费就成为资本主义国家不可缺少的经费之一。

3. 公共事业经费

斯密认为，"君主或国家的第三种义务就是建立并维持某些公共机关和公共工程"，所需经费就是公共事业费。国家为什么必须负担土木工程及公共设施经费呢？因为这些工程"对于一个大社会是有很大利益的，但就其性质说，设由个人或少数人办理，即所得利润不能偿其所费。所以这种事业，不能期望个人或少数人出来创办或维持"。

---

① 亚当·斯密，《国民财富的性质和原因的研究》，下卷，商务印书馆，第 260 页，1988 年。

至于公共事业的内容，斯密认为，“除上述国防及司法行政两方面所必需的公共设施和公共工程外，与其性质相同的其他设施和工程，主要为便利社会商业，促进人民教育的公共设施。教育的设施，可大致分为两类：一是关于青年教育的设施，一是一切年龄人民的教育设施”。他主张加强青年教育，特别强调劳动者阶级子女教育的重要性，如果青年们在成长为工人前经过基础教育，有利于劳动生产率的提高。同时，斯密还认为，由分工带来对人类智力健全的破坏作用要靠教育来消除。“分工的进步，依劳动为生的大部分职业，也就是大多数人民的职业，仅局限于少数极单调地操作，甚至单纯到只有一两种操作。可是人类大部分智力的养成，必由于其日常职业。一个人如把他一生全消磨于少数单纯的操作，而且这些操作所产生的影响，又是相同的或极其相同的，那么，他就没有机会发挥他的智力或运用他们的发明才能来寻找解除困难的方法，因为他永远不会碰到困难。这一来，他自然要失掉努力的习惯，而变得愚蠢、无知”。因此，斯密主张加强教育，消除此等弊害，用以防止社会秩序的紊乱。

用于便利商业为目的的经费，可分为“为一般商业提供方便所必需的”和“为特殊商业提供方便所必需的”两种。前者为“一国商业的发达，全赖有良好的道路、桥梁、运河、港湾等等公共工程”，后者为与野蛮未开化国家通商贸易就需要对商业给予特别保护。例如，在别国领土上建筑堡垒等，为方便与不需要武装保护国家的贸易可设立公使和大使馆。这些设施由于个人无力承担或者不直接产生利润，因此其经费必须由国家承担。

4. 王室费

斯密认为，为维持君主的尊严，亦须有一定的费用。

根据斯密对生产性劳动和非生产性劳动的划分，只有增加商品价值的劳动才是生产性劳动，反之为非生产性劳动。国家经费不属于创造利润的经费支出之列，所以斯密认为这些经费都是非生产性经费。在许多国家中，国家收入的全部或几乎是全部使用在维持非生产性劳动上。这些人本身不生产，完全依赖别人劳动的产物。因此，如果他们人数增加，每年的消费也要相应地增多，就要妨碍明年或后年的再生产。这就是国家经费的非生产性问题。于是，斯密认为政府的作用就是充当社会的“守夜人”，维持社会的正常运行就可以了，尽量不要干预经济，经济的发展在“看不见的手”的指导下会进行自我调节，并最大限度地实现社会福利的最大化。这就是斯密所谓的“廉价政府”论。

（二）关于财政收入的思想

斯密承认经费支出虽是非生产性支出，但却是有用的经费。接着，他从经费支出的作用、效果论述经费筹集的方式问题。政府用经费支出向全国人民提供服务，国民均等地享受其利益。作为其代价，人民缴纳赋税，即由所谓一般税赋维持经费支出。与此相反，当国家向特定人的利益提供服务时，这部分经费支出必须由享受利益的人来负担，此即所谓由受益者负担的经费筹集之说。按照这种思想，总结斯密的财政收入来源有以下四种：由受益者负担的收入、国有事业及国有财产收入、赋税收入、公债收入。

1. 由受益者负担的收入

“由受益者负担”的思想贯穿于斯密的整个财政收入理论之中。对国家提供的服务，由其受益者对直接所受利益交付贡纳，这可以看成是基于消费者主权的交换原则。关于这一点，他还主张以自由放任原理作为理论基础，尽量把市场原理、消费者主权、交换原则应用到财政结构中去。

斯密认为，在国家收入财源中，司法费、公共事业费可由受益者负担，即通过手续费、使用费等方式来筹集，国防费与王室费则应该由全社会的一般贡赋来开支。司法费涉及整个社会的利益，所以司法的建立应由全社会的贡赋来承担。但是，司法的行政费应该由上诉人负担，用斯密的话说就是“那些由法院恢复其权利的或维持其权利的人，当然应该支付手续费”。关于公共事业经费，斯密认为，一方面它给全社会带来了利益，应该由全社会的贡赋来承担。但另一方面，还应通过征收使用费或特种税对享受其利益者征集这种经费。例如，公路、桥梁、港湾、运河等土木工程建设可望向受惠的商人、运输者征收通行费、港口税等，来充当一部分建筑费与维持费。斯密还认为，地方性工程应由地方财政负担，地方财政应与中央财政区别开来。他说：“凡利在一地一州的地方费用或州区费用(例如特定城市和特定地区支出的警察费),应由当地收入或州区收入开支,而不应由社会一般收入开支。为了社会的局部利益,增加社会全体的负担,那是大不当的。”

2.国有事业及国有财产收入

对于国有事业及国有财产收入,他认为“特别用于君主或国家的资源或收入源泉,由资财及土地构成”。“君主有其资财取得收入的方式,与其他资财所有者相同,计有两种,一是亲自使用这笔资财,一是把它贷与他人。他的收入在前者为利润,在后者为利息”,“土地是一种比较确实和恒久的资源。所以一切越过了游牧阶段的大国的收入,都是以国有土地的地租为主要收入源泉”。

斯密认为,君主经营商业几乎没有成功的先例,因为元首很容易滋生官僚的浪费与挥霍。“君主的代理人,往往以为主人有无尽的财富,以何种价格买进,以何种价格售去,由一地运往他地,花多少费用,他们都是草率从事,未去精打细算。他们往往与君主过着一样的浪费生活,并且,有时就是浪费了,仍能以适当方法捏造账目,而积聚有君主那样大的财产。例如东印度公司,在纯粹由商人经营期间,股东都能分到红利,而归君主经营后,则为免于破产,须向政府请求给与特别补助”。

同时,斯密认为,国有财产即领地收入比不上赋税收入,因为其管理不善,所以不如拍卖给民间。他说:“君主以此大价格卖出,就立即可以享受此项收入。而且在数年之内,还会享有其他收入。因为王室领地一旦变为个人财产,不到几年,即会好好地改良,好好地耕植。生产物由此增加了,人口亦必随着增加,人民的收入和消费必因此增大。人民收入和消费增大,君主从关税及国产税得到的收入势必随着增加。”斯密认为,拍卖王室领地形成土地私有化,会刺激私人企业的利己心,提高土地的生产力,从而增加人民的年收入,成为国家税源的重要源泉。总之,经营王室领地的收入,不如作为民间私有更能使生产增加,所以希望以赋税的形式收取相应的收入。斯密的拍卖王室领地的根据,是从私营比国营生产力高的立场上来看的。斯密否定国营的论点实际上是主张发展国民的生产力,亦即国民经济增长与增加财政收入同时并举。

3. 赋税收入

(1)赋税的原则

赋税原则是指导税制建立和政策制定的基本准则和规范。在资本主义制度的萌芽和成长时期，根据什么样的准则建立起适合资本主义生产方式发展需要的税收制度和政策，这是斯密税收理论所要解决的头等重要问题。斯密从他的经济自由主义思想和国家观出发，吸收了配第、尤斯蒂等人的思想，明确、系统地提出了对资产阶级税收理论具有重大影响的赋税四原则，即税收的平等、确定、便利和经济的原则。

①平等的原则。指一切公民都必须"按照各自能力的比例，即按照各自在国家保护下取得收入的比例，缴纳赋税"。

在斯密看来，赋税的本质就是国家和纳税人之间的利益交换关系，纳税人享受国家提供的各种利益，如安全、教育、卫生、公共设施、道路、桥梁等，应当通过纳税向国家支付报酬，提供补偿。衡量一种税是否公平的重要标志是，纳税人税负的轻重是否同其享受公共利益的数量相适应。如果相适应，受益多的多纳税，受益少的少纳税，那就是公平的；否则，就是不公平的。应当指出的是，斯密在这条原则上提出的税收平等，指的是税收"利益说"基础上的平等，并非税收"能力说"基础上的公平，这与他的自由主义哲学思想和经济思想相吻合。

②确定的原则。指每一个国民应当完纳的赋税必须是确定的，不得随意更改。而且，政府还应当将税收缴纳的日期、方法和纳税时间清楚地告诉纳税人。

斯密认为，确定人民应纳税额是尤为重要的事情，因为"赋税虽有不平等，其害民尚小；但赋税稍不确定，其害民实大"。一个不确定的赋税对于国家的危害主要表现在：一是每个纳税人随时有可能被税吏的权力所左右，破坏经济自由发展的秩序；二是税吏会乘机加重赋税，或者利用加重赋税作为恐吓，勒索赠物或贿赂；三是腐蚀税吏，使那些哪怕原来是不专横、不腐化的税吏，由此而专横和腐化起来。

③便利的原则。指"各种赋税完纳的日期和完纳的方法，须给予纳税者最大的便利"。

斯密认为，赋税的征收应当放在最适当的季节，在纳税人最有钱或最有负担能力时进行。就完纳的日期来看,应当确定在纳税人取得产品的季节或取得收入的时候征收。只有在这时,纳税人才有现款缴付税款,因而对纳税人说来是便利的。他以奢侈品一类的消费品的课税方法为例,认为对奢侈品的课税方法是便利的,因为消费者每次购买时,就会负担少许税款,并且每购一次,缴纳一次,消费者有着纳税与不纳税的自由。

④经济的原则。指一切赋税的征收活动,都必须以经济、节省为目标,尽量使人民所付出的等于国家所收入的,两者之间的差额越小,赋税就越经济,因而也就越好。如果人民所付出的多于国家所收入的,就是不经济的。

斯密之所以提出上述经济的原则或最少征收费用原则,是因为他看到当时赋税制度存在以下四个弊端:第一,税吏过多,耗去了大部分税收作为俸禄,而且税吏在税收以外苛扣人民,额外增加了人民的负担。第二,税负可能妨碍人民的勤劳和经营产业的进取心,使人民对那些有益的职业裹足不前,并因税负过重,减少并破坏人们举办上述事业的基金。第三,重税足以诱发逃税,而严惩逃税,势必导致倾家荡产,使社会失去由使用这部分资本所能获得的利益。他认为,这种因重税诱使逃税而遭致的严惩,设陷阱于民,完全违反了普遍正义的原则。第四,税吏频繁的"光顾"和可厌的稽查,最终就使人民所付出的远大于国库的收入,即税收徒困于人民而无补于国家。所以,斯密提出,征收费用最少的税收即最好的税收。

(2)赋税的源泉

研究社会财富的来源,包括税收的来源问题,一直是早期资产阶级学者的重要任务之一。重商主义从商人的角度出发,认为对外贸易是一国财富的来源,也是国家税收的重要源泉;重农学派则把农业看作是唯一的生产部门,提出农业部门创造的"纯产品"构成赋税的最终来源;英国古典经济学派的创始人威廉·配第虽然第一次提出赋税最终来源是劳动创造的收入,但这个观点只是粗线条的。斯密对政治经济学说史和财政学的重大贡献之一,就是第一次较为正确地描述了资本主义社会阶级结构及其收入的形式,并在此基础上较为科学地提出了一切赋税归根结底都出自社会的三种基本收入的观点。

斯密根据资本主义社会生产资料或生产要素的占有状况和取得收入形式的不同，将社会的阶级状况划分为三大主要阶级，即工人阶级、资本家阶级和地主阶级。其中，资本家阶级取得利润，工人阶级取得工资，地主阶级取得地租收入。在分析了资本主义社会的三大阶级及三种收入之后，指出“个人收入，最终总是来源于三个不同的方面，即地租、利润和工资。每种税赋，归根结底，必然是这三种收入源泉的一种、两种或无区别的由三种收入源泉共同支付”。也正是从这一理论出发，斯密把资本主义社会的赋税设计为利润税、工资税和地租税等三大税系。

(3)赋税体系及其负担

①对利润的赋税及其负担

利润是资本家投入资本后的经营所得。斯密把利润又划分成两部分，一部分是借入资本的利息，另一部分是支付利息之后的剩余利润。考虑到赋税对经济增长的影响，他不赞成对资本家的利润征税。

就剩余利润来说，斯密将这部分利润看作是资本家节欲和承担投资风险而获得的报酬。向这部分利润征税，会减少资本家的投资回报，从而降低他们的投资热情，有害于社会生产和国民财富的提高。同时，斯密还认为，即使对利润征税，资本家为了保持其平均利润，会采取各种方式转嫁税负。例如，如果资本用于农业生产，农业资本家为了维持必要的平均利润，就会相应扣减交付给土地所有者的地租。这样，对利润征税，最终由地主阶级负担。如果对投资工业的资本课税，资本家就会通过提高产品价格的形式，把税负转嫁给消费者；同样，如果是借贷资本，资本家将把税负转嫁给借贷资本家负担。

对于利润的另一种形式——利息，斯密认为，由于平均利润率受可供使用的资本量和社会对资本的需求支配，因而利息被视为完全扣除投资风险的报酬之后所剩余的纯利润。表面看起来，这部分收入似乎与地租一样，是可以直接征税的，然而，斯密也不赞成对资本利息课税。因为资本同土地不一样，土地的数量与价值是公开的，而且是相对确定的。但一个人所拥有的资本数量几乎总是个秘密，所以很难确定借贷资本的总额。况且，由于资本的流动性高，更增添了其确定的难度，因而给课税带来技术上的困难。他还进一步认为，与土地的固定性特征不同，资本是可以自由流动的，不仅在国内，甚至可以在全世界内自由流动。如果一个国家对资本课以重税，资本所有者就会将资本转移到其他国家。资本的减少，必然导致部分产品的停产，土地荒废，劳动者失业，从而减少该国的生产。所以，斯密得出结论："税收如有驱逐国内资本的倾向，那么，资本被驱逐出多少，君主及社会两方面的收入源泉就会枯竭多少。"

②对地租的赋税及其负担

斯密把地租看作是土地的垄断价格，是租地人按照土地和其经营的实际情况所能缴纳的最高数额。从这一点出发，他认为地租是最适宜的课税对象。

斯密认为，地租税不会抬高地租，因为地租是在偿还农业资本家的合理利润之后所剩的部分。而且，地租是地主阶级不用亲自劳神费力，便可享得的收入，将这种收入的一部分充当国家费用，不会妨碍任何产业，也不会影响财富的生产和多数人的收入。所以，斯密在这一点上赞成重农学派的观点，即一切赋税应当尽可能地课于地租收入上。

斯密评价了欧洲各国实行的地租税的两种征收方法：

一种是定额地租税，即英国当时实行的，按照某种标准，对各地区评定一个定额地租，设定以后不再变更。斯密指出，这种地租税在评定之初还算平等，但由于各个地方耕作情况不同，久而久之，必然会不平等。而且，由于自英国设定土地税以来，地租随着农业生产发展而增多，但税额固定，这样，其中增加的地租就落入地主手中。斯密认为，这种定额土地税虽然不公平，却因为税制明确、纳税方便、征税费用低，因而符合税收原则的后三条。

地租税的另一种征收方法为变动地租税，即税额随着土地的实际地租的变化而变化，随土地耕作情况的改善或恶化而增减。这种地租税被重农学派称之为最公平的税收。但斯密认为，这种理论与各种赋税的实际归宿不符合。而且，这种变动地租税亦是有利有弊，尽管它随地租变动而变动，比定额地租税公平。但因税额逐年变化，不仅在征收上不便利，而且导致耗费更多的征税费用。

③对工资的赋税及其负担

斯密认为劳动者工资收入高低，要受劳动力需求和食物平均价格两个因素的支配。当劳动力需求和食物价格没有变化时，对工资直接课税的结果，就是把工资总额提高到稍稍超过这个税额之上。换言之，不论工资税率如何变动，在一切情况下，工资都会按照税率的比例相应增高。这样，斯密就表明了，工资税是不可能由劳动者负担的。在他看来，对劳动者的工资直接课征纳税，虽然由劳动者缴纳，仅实际上由资本家垫付。至于最后的支付，则在各种不同的场合，又不尽相同。制造业劳动者的工资因课税而提高的数额，雇主通过提高产品售价转嫁给消费者负担；农业劳动者的工资因课税而提高的数额，将由农业资本家通过少付地租而转嫁给地主负担。总之，对劳动者工资课税的结果，或转嫁于消费者，或转嫁于地主，而与劳动者无关。

④其他赋税及其负担

在论述了以上三种赋税及其负担之后，斯密还进一步讨论了人头税和消费税。

人头税是流行于封建社会的对人身征收的一种原始直接税。斯密认为这种税要么极不公平，要么极不确定，所以反对征收人头税。人头税的征收可以依据两种不同的标准：一种是根据纳税人的财富或收入，一种是根据纳税人的身份。前一种方式根据纳税人财富或收入的状态按比例征收，虽然较为公平，但具有很大的随意性。因为一个人财富的状况时刻都在变化，税务机关很难准确掌握。如果根据后一种标准，即根据纳税人的身份来征收，又会导致赋税不公平。因为同一身份的纳税人，财产和收入的状况却不一定相同，其富裕程度亦差异很大。所以，斯密指出，人头税这类税种，“如果企图使其公平，就要完全成为任意的、不确定的；若要企图使其确定而不是任意，就要完全成为不公平的税种”。

由于人头税具有任意性、不公平等弊端，因而不论它采取何种形式，都难以按照人民收入的比例征收。正是由于这个原因，才导致了消费品税产生的必要。

消费税不同于人头税，它属于对消费者征收的一种间接税。人们消费商品的费用，一般同他们的收入水平成正比。所以，这种税也是对人们的收入课征的间接税，即把税金加在消费者所购买的商品上。作为征税对象的消费品可以分为两类：生活必需品和奢侈品。

生活必需品是维持劳动者生活必不可少的产品。按照斯密的观点，必需品的平均价格和对劳动的需求共同决定劳动的工资水平。只要必需品的价格上升，工资就会相应提高。显然，对必需品的税收，必然会引起价格提高，并会略高于税额。这样就会使工资按照必需品价格的比例而增加。因此，斯密认为，对生活必需品征的间接税会产生同工资税相同的结果。

不过，斯密认为，对奢侈品课税的结果不同于生活必需品。虽然对奢侈品征税也会引起价格升高，却并不一定会导致劳动工资的增加，因为这类商品价格的上涨，一般不会减少低层阶级人民的家庭消费能力。相反，对于朴实勤劳的家庭说来，奢侈品课税会使他们俭用，或完全克制而不消费那些他们已不能轻易买得起的奢侈品。由于这种强制性节约，他们养家的能力，不但不会因此而削弱，反而会增强。

4. 公债收入

在亚当·斯密《国民财富的性质和原因的研究》出版前的 1775 年，英国公债发行总额为 1.29 亿英镑，当时一年的财政收入总计不过 1000 万英镑，所以收入的很大一部分用于公债的偿还。尽管在 10 年间的和平时代偿还本金额还不到 1000 万英镑，但大部分公债是 1739 年西班牙战争以来，英国以保护殖民地为目的连续发起对外战争所引起的。当时各国领土扩张欲望极盛，殖民地形势一天也不得安宁，不知于何时爆发何种战争，假如每逢战争都滥发公债，国家负债累累，结果将不堪设想。斯密承认在战时维持紧急经费支出的筹集方法是发行公债。他认为，战争所需的大量经费不可能通过固定的税收来筹集，因为税收的收入是每天每月积累起来的，而一旦发生战争，国家就需要在最短的时间内筹集大量的经费用于武器、弹药和粮食。而这些经费不可能依靠税收这种逐渐的、慢慢的收入方式来筹集。同时，斯密又认为，君主的奢侈是国家发行公债的根源。正是由于君主平时的浪费，使国库没有足够的积蓄应付突发的事件。因此，“在万分紧急的情况下，除了借债，政府再不能有其他方法了”。

最初国家举债不提供特别担保，后来演变成和个人间借款一样，按私债原则提供担保。举债的种类，既分为有担保的、无担保的，也分为有利息的、无利息的。按偿还期限分为短期、长期和永久的几种。斯密认为：“国有急需，大抵会使政府以极有利于出借人的条件借款。”而且，“那担保证物大概能以比原价高的价格，在市场上买卖。商人或有钱者，把钱借给政府，可从中获利，他的营业资本不但不会减少，反会增加”。

斯密已经意识到了公债的本质。他指出，公债不过是预借的赋税收入。由于国家的主要财政收入都源于赋税，所以公债最终会用税收收入来偿还。“近代各国政府平时的费用，多半是等于或者大约等于其经常收入，所以战争一旦发生，要政府按照费用增加的比例而增加收入，就不仅非其所愿，而且非其所能。他们之所以不愿，是因为突然增加税率或开征新的税种，恐伤害人民感情，使得他们厌恶战争。他们之所以不能，因为战争所需费用不确定，赋税应增加多少才能满足战争的经费，没有把握。出于这两层原因，政府便采取了举债的办法。借债能使它们只要增税少许，就可以逐年获得战争的费用”。

关于公债会给国民经济再生产以怎样的影响，斯密说，“当国家费用由举债开支时，该国既有资本的一部分，必逐年受到破坏，用以维持生产性劳动的部分，必会被转用来维持非生产性劳动”。“由公债提供的政府支出，其总体经济机能就是使私人的投资转换为公共消费，这样看来，公债比赋税对既有资本具有较大程度上的破坏”。

斯密认为，公债累积过了头就会招致国家破产。届时，掩饰国家破产的惯计就是提高铸币的名义价值，“像这样偿还债务实不过貌为偿还罢了”。货币将越改越坏，而这样做的后果就是劣币对良币的驱逐，酿成通货膨胀，并以通货膨胀的途径将政府的债务转嫁给人民负担。

为减少公债以及减少偿还公债所产生的弊端，斯密主张：第一，改革税制，谋求大幅度增加公共收入，把税制扩张到殖民地、属地去，采取赋税主义立场。第二，大幅度削减公共经费。第三，必须让英国殖民地分担本国的负担，如果英国殖民地不负担本国的经费，就应该放弃该殖民地，以便缩减英国经费。

五、对亚当·斯密财政思想的简要评述

在斯密以前，许多学者对财政理论问题都进行过研究，其中不乏闪光的观点。但总体看来显得零乱、分散，不成体系，而且也缺乏深度。斯密对财政学发展的重大贡献就在于他第一次将财政问题的研究建立在较为科学、系统的经济理论基础上，提出并初步研究了涉及资本主义财政和税收的许多基本理论问题，如国家经费论、税收的原则、税收的负担及其转嫁、公债理论等，初步建立了资产阶级的财政理论体系。这一体系对后世资产阶级财政理论的发展产生了重大影响。

第一，斯密从国家经费的角度来论述财政的支出，并通过对财政支出的分析引出财政收入，可以说是对“以支定收”的财政思想的初步论述。斯密认为，国家的基本职责就是为社会“守夜”，保证社会的正常运行。在自由放任的经济思想指导下，他反对国家对经济的过多干预。这种思想在斯密的“廉价政府”和“夜警国家”论中表现出来，这一思想对财政理论的直接影响就是国家应尽量减少财政支出，以便对经济的发展产生尽可能小的影响。同时，斯密主张财政支出的重点在公共设施和工程上，这又包含了公共财政的基本思想。

第二，斯密根据自由放任的经济思想，提出了以税收中性为特征的税收原则，反对税收对经济的过多干预。在斯密的理论中，贯穿的一条主线就是经济自由主义的思想，主张自由竞争、自由放任，让“看不见的手”自发调节经济运行，不赞成乃至反对政府以任何借口、任何方式(包括税收方式)干预经济。因此，他提出了旨在约束政府征税行为的四项税收原则，即“平等、确定、便利和征税费用最省”，使税收在满足政府最低限度财政需要的前提下，成为促进经济自由发展和企业公平竞争的条件。

第三，斯密提出了符合新兴资产阶级利益的税收平等观，反对封建的税收特权。斯密所处的时代跨越产业革命的发生和发展时期。在这一时期，封建国家的租税制度和重商主义的关税壁垒，因其严重的税负不公和政策歧视，阻碍着新的产业发展。斯密根据资本主义社会财产占有状况和取得收入的形式的不同，把社会成员划分为三大基本阶级，即

工人、资本家和土地所有者，他们分别获得相应的收入，即工资、利润和地租。他认为，一国的各种赋税最终是由这三种收入源泉共同支付的。凡取得上述任何一种收入的社会成员都应无一例外地、平等地向政府纳税，而不允许封建贵族和僧侣阶层享有豁免税收的特权，也不再允许继续把税收重负加在农民阶级和新兴资产阶级身上的不平等现象出现。所以，他指出："任何赋税，如果结果仅由地租、利润、工资之一负担，其他二者不负担，那必然是不平等的。"

第四，斯密在分析资本主义社会阶级构成和收入来源的基础上，提出了以收入所得课税为主体的税制构想。封建社会的主体税是古老的直接税，主要有土地税、房屋税、人头税等。这类税种的共同特点是，大多以课税对象的某些外部标志，如土地的大小、房屋的间数、面积或烟囱数，以及人数等作为计税标准。这种计税方法很容易导致纳税人的税收负担同纳税能力之间脱节，形成税负不公，而且还给大地主、贵族阶层的逃税创造了可乘之机。斯密根据对资本主义生产方式和阶级关系的分析，将社会成员划分为工人、资本家和土地所有者三大阶级，并分别取得工资、利润和地租三大收入。然后，他依此为资本主义社会设计了三大税系，即工资税系、利润税系和地租税系。他把课征于工资以及与工资有关的各种税归于工资税系，把课于利润及与利润有关的各种税归于利润税系，把课于地租以及与地租有关的各种税归于地租税系。这为现代资本主义国家建立以所得税为主体的税制模式奠定了理论基础。

第四节　大卫·李嘉图的财政思想

一、大卫·李嘉图的生平和主要著作

大卫·李嘉图(David Richardo，1772～1823)出生于英国一个犹太教家庭，他的父亲是伦敦证券交易所的一名经纪人。尽管李嘉图是一名影响了几代经济学人的经济学大师，但他仅受过两年的商业学校教

育,14 岁起就跟随他的父亲参与交易所事务。后来他因为同一名基督教女子结婚,并改信基督教而与父亲决裂,脱离了父亲的买卖,自立门户。这位投机天才在金融领域如鱼得水,很快成为伦敦交易所台柱之一,到 25 岁时,他已拥有 200 万英镑(一说是 3000 万法郎)资产,成为当时英国金融界的大富豪。巨额的财富为李嘉图潜心研究学问奠定了雄厚的物质基础,他曾研究过数学、物理、化学、矿物、地质等,1799 年他读了亚当·斯密的经济学巨著《国富论》,对经济学产生了兴趣,并从此开始研究经济学。

18 世纪末、19 世纪初,英法战争爆发,造成财政亏空,英国政府便大举公债,通过英格兰银行大量发行通货,1797 年暂停银行券兑换黄金,实行实质上的纸币本位制,结果造成金价猛涨、英镑贬值、通货膨胀严重,这引起了英国朝野内外的一场"金价论战"。作为与英格兰银行有广泛接触的金融活动家,李嘉图也参与了这场论战,于 1809 年 8 月 29 日在《晨报》上发表了他的第一篇经济学论文《黄金的价格》,指出货币的数量多少是相对的,货币过多过少由国与国之间的流通调节,币值下跌的原因是纸币发行过多,因此他建议恢复金本位制,敦促英格兰银行制定办法收缩流通中的纸币数量,并主张银行券的发行应随着准备金的增减而增减,恢复银行券兑换金币的制度,以稳定通货。这篇在当时引起极大反响的文章已经奠定了李嘉图的货币数量说的基础。后来他还就货币问题发表了许多文章,如《金块高价:银行券标志的证明》(1810)、《答博赞克特先生关于金价委员会报告的实际观感》(1811)、《关于一种既经济又稳定的货币建议》(1816)等,在他逝世前一个月还完成了《设立国家银行的计划》一文。他的建议于 1819 年为国家所采纳,英格兰银行按 60 盎司的金锭恢复黄金兑现,此后除了大规模战争和金融危机外,金本位制在英国实行了一百多年。1815 年李嘉图又发表了《论谷物低价对资本利润的影响》,同代表地主贵族利益的马尔萨斯展开论战,主张取消谷物进口关税,实行谷物自由贸易。1817 年,李嘉图发表了他的代表作《政治经济学及赋税原理》,在书中对商品价值理论和财富分配问题进行了深入的研究,对地租和国际贸易问题也进行了卓有成效的讨论,这本书被认为是英国古典经济学最后完成的标志，李嘉图本人也被认为是继斯密之后英国最有影响的经济学家。李嘉图的其他著作还有：1819年为《大英百科全书》写的《融资制度》，1820年的《马尔萨斯〈政治经济学原理〉评注》，1822年的《农业保护论》，1823年的《绝对价值与相对交换价值》，等等。

二、李嘉图思想产生的背景

大卫·李嘉图是英国古典经济学的伟大继承者。李嘉图从事学术活动大约比亚当·斯密晚40年，但却正处于英国产业革命激烈进行的时期。产业革命对英国的影响已深入到方方面面，因此，考察李嘉图思想产生的背景，就是研究产业革命对英国的影响。

通常所说的始于英国的产业革命，就是由工场手工业向机器大工业的转变过程。产业革命使当时社会的各种经济关系发生重大变化。劳动对资本的隶属关系是从手工业工场时代开始产生，而机械生产使这一关系最终确立。机器训练了工人，最终使工人隶属于机器。随之，工人社会状态也发生变化，工业与农业完全分离，形成了工资工人。

工业方面的产业革命也影响到农业。小生产者受到了致命的打击，谷物及其他农产品价格上涨刺激了农业集约化，使已经比较发达的大农场以更高速度向前发展，驱逐小农经营，圈地运动波及更大的范围。在农业节约耕作的同时粗放经营也得到发展。耕地被改造为牧场与牧草地，牧羊业、牧草栽培业和节约耕作同样盛行，农民减少，农村人口流入城市，形成了城市产业预备军。英国社会发展成由工人、资本家和土地占有者三大阶级组成的社会。

产业革命的影响使得英国产业资本家与土地占有者的利害冲突激化。产业资本家用低工资雇用女工、手工业者和农民，从而获得巨额利润，工业生产力迅速发展。这个时代，英国工业产品在世界市场上处于支配地位，使英国成为“世界工厂”。但产业资本家利润也受到日益上涨的地租的威胁。此外，由于工业的迅速发展需要农产品原料，工业城市成为最大的农产品消费市场，对工业资产阶级来说，更需要进口低廉的国外农产品。但在议会中占有一定席位的贵族地主设置关税壁垒，堵塞从国外进口低廉谷物，以维护自身利益。虽然保护关税法规定，若国内市场谷物价格超过官定最高价格时允许进口外国谷物,而这种官定最高价格却在不断提高。农产品特别是谷物价格的上涨,必然导致劳动工资的上涨,于是在一定程度上侵蚀了产业资本家的利润。外国谷物进口不但非常困难,而且常常遭到禁止。这一情况显然与产业资本家的利益相矛盾,特别是妨碍了其工业产品征服世界市场。为了使工业产品出口成功,英国必须成为农业国的农产品进口市场。因此,谷物条例成为产业资本发展所面临的障碍,妨碍了英国与农产物出口国之间自由地进行商品交换。这就使产业资本家与贵族地主的利害冲突激化,彼此斗争长达数十年之久。

产业革命带来英国货币信用制度的变化。早在1694,英国就成立了英格兰银行,信用业务组织发生根本变化:作为国家特许的英格兰银行,多年来一直垄断英国的金融市场。到了18世纪中后期,地方的工商业中心相继成立银行。工商业资本的高速积累必然引起借贷资本的高速积累。商业和工业开始分泌巨额的空闲货币资本,同时对货币资本的需求也增加,因此银行的存款和贷款业务发展到空前的规模:银行的发行范围扩大,支票的流通广泛普及。生利资本从属于资本主义生产方式的条件和需要的过程基本结束。为适应资本主义的生产和流通的需要,商业信用和银行信用形成了统一的银行制度。但是,由于革命后连绵不断的战争造成货币信用制度混乱。1797年,英格兰银行停止银行券兑换,改为发行纸币,以发行银行券补充军费。纸币变为不兑换银行券,每次新的发行,都会贬值。在所谓劣币驱良币法则支配下,金属硬币从流通领域中消失了,商品价格上涨。纸币与金银偏离问题、发行纸币影响商品价格问题、信用货币流通问题,成为当时须紧迫解决的经济问题。

产业革命的影响不仅仅在经济领域,在政治思想方面同样产生深刻的影响。通过经济结构的变化,阶级势力的急剧分化等原因,在政治思想上产生了特有的气氛。在这种背景下,伦理学家兼哲学家边沁的功利主义哲学成了英国自由主义及急进主义的福音书。边沁的思想对李嘉图产生了很大影响,此外,同时期的萨伊也对李嘉图产生重要影响。

三、李嘉图的经济理论

(一)劳动价值理论

劳动价值理论是李嘉图全部经济学说的基础和出发点。李嘉图继承和发展了亚当·斯密的耗费劳动决定价值的理论,并运用这一原理来考察资本主义的一切经济范畴和规律。这是他对劳动价值论和政治经济学的最重要的发展。

第一,“原始社会”的价值决定:商品价值由生产商品所耗费的必要劳动量决定。李嘉图首先研究了使用价值和交换价值的区别,比斯密更恰当地分析了二者的关系,认识到了使用价值是交换价值的物质前提。李嘉图认为使用价值虽然不是交换的尺度,但使用价值对交换价值是不可缺少的,没有使用价值的东西不会有交换价值。李嘉图认为绝大多数商品价值取决于生产它们所耗费的劳动量。生产商品的劳动量增加,其价值就一定增加;反之,其价值一定减少。李嘉图在研究商品价值量过程中,除了注意劳动量多少与价值的关系外,还认为商品价值的大小与劳动生产率成反比,劳动生产率提高,单位商品中包含的劳动量就减少,价值就下降;反之,单位商品价值就提高。李嘉图还考虑了不同质的劳动、简单劳动与复杂劳动如何决定价值的问题。他实际上已把不同质的劳动还原为同一的社会劳动来加以比较,把复杂劳动视为倍加的简单劳动。

进一步地讲,李嘉图认为决定商品价值量大小的不是每一个生产者实际耗费的劳动量,而是“获取时所必需的劳动量”,或“生产所必需的劳动量”。(李嘉图,《政治经济学及赋税原理》,商务印书馆,1976年,第25页)因此,他已经提出了决定商品价值的“必要劳动”概念,并认为商品相对价值量的变动,只是“由于必要劳动量有变化”造成的。他说:“一切商品,不论是工业制造品、矿产品还是土地产品,规定其交换价值的永远不是在极为有利、并为具有特种生产设施的人所独有的条件下进行生产时所必须投入的较大量劳动;也就是由那些要继续在最不利的条件下进行生产的人所必须投入的较大量劳动。这里所说的最不利条件,是指所需的产量使人们不得不在其下进行生产的最不利条件。”

（李嘉图，《政治经济学及赋税原理》，商务印书馆，1976 年，第 18 页）李嘉图批判了斯密购买劳动决定价值的理论，认为购买劳动不能决定商品价值，只有耗费劳动才能决定商品价值。同时，他也批判了斯密以三种收入决定价值的观点，明确了商品价值的决定和商品价值的分配是两回事，不能混为一谈。一种商品的价值可以在社会成员中进行分配，形成工资、地租、利润等分配形式，但这种分配不会影响商品价值的决定，其分配的数额以商品价值为限。

第二，"资本"条件下的价值决定。这里的资本，指的是机器厂房设备等生产工具。在这种情况下，李嘉图认为直接劳动和间接劳动共同决定商品价值。李嘉图明确指出，商品价值不仅决定于生产它的直接劳动，还决定于生产它时使用的生产资料中所物化的间接劳动。他说："影响商品价值的不仅是直接投在商品上的劳动，而且还有投在协助这种劳动的器具、工具和工场建筑上的劳动。"（李嘉图，《政治经济学及赋税原理》，商务印书馆，1976 年，第 17 页）

李嘉图还谈到了劳动决定价值的原理不因资本的积累而改变。他认为劳动决定价值的原理，不仅适用于早期的"原始社会"，也适用于资本主义社会。资本主义生产方式下，劳动由一部分人提供，资本专门积累于另一部分人手中，这只是使商品价值的分配形式发生变化，而不能影响商品价值的决定。因此，商品相对价值由必要劳动时间决定这一原理，也不会因工资、利润的高低变动，或工资同利润的比例变动而变动。

第三，"资本"变化条件下的价值决定。李嘉图假定等量资本具有相同的资本构成，相同的使用时间和相同的周转速度。但事实上等量资本在这些方面差异很大。在这种情况下，李嘉图认为劳动决定价值的原理，因使用"资本"的变化而发生变更。这种变更主要有两方面原因：一是各行业资本构成不同；二是资本的周转速度不同。李嘉图所说的固定资本主要是指机器、工具、厂房等；流动资本是指工资。李嘉图经过分析得出结论：由于资本有机构成或资本周转速度的不同，等量劳动不能创造等量价值。而事实上，马克思认为李嘉图所指的不同的价值实际是生产价格。

李嘉图在研究了价值的决定的基础上，又分析了价值和价格的关系。他认为,市场竞争和商品供求关系的变动,会造成资本在不同部门间的转移,从而使不断波动的商品市场价格与其自然价格趋于一致,并使不同资本获得大体相同的利润率。

(二)分配理论

分配论是李嘉图经济理论的核心。收入怎样分配直接影响着利润和资本积累,影响着社会生产力的发展和国民财富的增长。

李嘉图接受了斯密三个阶级三种收入的学说,认为价值必须在劳动者、资本所有者、土地所有者这三个基本阶级之间进行分配,表现为工资、利润和地租三种基本收入形式。其理论特点在于:(1)以劳动决定价值为基础,坚持利润、地租来源于工人劳动;(2)坚持三种收入中工资量的变动起着决定作用,认为是工资变动引起了利润、地租的变动;(3)有意识地研究了工资和利润、利润和地租的对立关系,分析了资本主义经济关系中的阶级对立。

李嘉图强调在三种收入中只有利润对社会生产力的发展最重要,因为只有利润增加,才能增加资本积累,促进生产力发展,而利润的增长又受制于工资和地租的变动。所以,研究工资、利润、地租之间的比例关系及变动趋势,是李嘉图分配论的主要内容。

第一,工资理论。李嘉图认为工资是雇用工人的劳动收入,是劳动创造的价值的一部分,而这一部分就是劳动者自身的价值或价格。所以,他认为工资是"劳动的价格"。工资量决定于工人及其家庭的必要生活资料的价值。他区分了劳动的自然价格和市场价格。劳动的自然价格,由劳动者维持其自身与家庭所需要的食物、必需品和享用品的价格决定,自然价格相当于平均工资水平。由于国家、地区、时期的不同,劳动的自然价格必将随着历史道德、风俗习惯的不同而变化,各国各地区都有自己的工资水平。"劳动的市场价格是根据供求比例的自然作用实际支付的价格。劳动稀少时就昂贵,丰裕时就便宜。"市场价格是实际支付的价格。

李嘉图对工资变动规律进行了分析。他认为工资变动规律表现为劳动的市场价格,由于劳动供求关系变动,围绕劳动的自然价格上下波动,并不断趋向于劳动的自然价格,使劳动者出卖劳动只能得到必要的生活资料。

李嘉图还探讨了工资变动的趋势。他认为随着社会的进步、财富的增加、资本的积累，货币工资有上涨的趋势，实际工资有下降的趋势。货币工资上涨的原因是决定劳动自然价格的主要商品——以农产品为主的必需品，由于生产困难加大而有涨价的趋势。实际工资下降的原因，李嘉图认为有两点：一是对劳动需求的增长赶不上劳动供给的增长；二是货币工资增长速度赶不上谷物价格上涨速度，所以实际工资呈下降趋势。

在工资理论方面，李嘉图还提出了前人未曾提出的相对工资理论。他认为一国的产品在三个阶级之间的分配比例在不同的阶级是不同的，要正确判断地租率、利润率和工资率不能根据某一阶级所获得的绝对产品量，而应根据所得的相对产品量。

第二，分配理论。李嘉图在劳动价值论的基础上研究利润问题，认为利润是资本所有者的收入，是劳动者创造价值的一部分。关于利润量的决定，他认为在劳动时间决定商品价值的基础上，利润量的多少取决于工资的多少，利润是劳动创造的价值超过工资的部分。利润同工资成反比例关系（李嘉图，《政治经济学及赋税原理》，商务印书馆，1976 年，第 78 页）。

李嘉图认为随着社会的进步、财富增长、资本积累和人口增加，利润有自然下降的趋势。其原因同造成货币工资上涨的原因一致。李嘉图所说的利润是指相对利润，即利润相对于总资本的比例。同时，他又认为利润的下降是有限度的，因为只要利润下降为零，积累就会停止，生产也会停滞，社会就会形成一种“静态社会”。他认为农业的改良、技术的进步、机器的发明和应用、外贸的发展，特别是廉价粮食的进口，都将有力地遏制利润率的下降趋势。

第三，地租理论。李嘉图认为地租是为使用土地原有的和不可摧毁的生产力而付给地主的那一部分土地产品，是投入土地的劳动产品价值的一部分，它是平均利润以上的超额利润。李嘉图认为，“地租总是由于使用两份等量资本和劳动而获得的产品之间的差额”。这就是说，运用等量资本与劳动耕种不同质量（主要指肥沃程度）、位置不同以及在同一土地上连续投资所得结果不同而产生的产品差额构成地租。由于土地肥力不同、位置不同而产生的地租属于级差地租第一种形式，由于在同一土地上连续投资所得产量不同而产生的地租属于级差地租第二种形式。

李嘉图还探讨了地租变动趋势及利润和地租的对立问题。他认为随着社会的进步，财富和资本的积累、人口的增加，地租必然不断地增长。而地租的增长，又必然引起利润的下降，利润量和地租量必然朝相反方向变动，所以利润和地租是对立的。造成地租增长、利润下降的原因是：随着人口增加，必然引起对食物需求的增长，因而不断有更为劣等的土地和生产率更低的资本投入农业生产，使农产品生产耗费的必要劳动不断增加，农产品价值超过一般利润的余额不断增长，结果是地租增长，货币工资上涨，因而必然造成一般利润的下降。他还认为，工人阶级从社会进步中没有取得什么利益，因为实际工资下降。而资产阶级则由于社会进步蒙受了更大的损失，因为利润是必然下降的。

(三)货币理论

在货币的本质问题上，李嘉图确认了货币的商品性质，认为货币价值也是由生产它所耗费的劳动量决定的。在货币的职能问题上，他主要论述了货币的价值尺度和流通手段的职能，认为金币或黄金是最适宜的价值尺度。

关于货币流通的规律，李嘉图认为：首先，一国所能运用的货币量必然取决于流通一定量商品的价值。其次，货币流通量的变化取决于商品流通的需要和商业的兴衰。“如果一国的商业增加，这就是说，如果通过储蓄它能增加它的资本，这种国家就需要增加其流通媒介的数量”。反之，“如果资本减少了，产品的总额也会减低，如果以往为产品流通所必需的货币仍保持同样的数额，它就会对货币具有较大的比例，因而可以预料商品也会涨价”。(《李嘉图著作和通信集》第3卷，商务印书馆，1986年，第227页)最后，纸币和金币服从不同的流通规律。他认为纸币与金币不同，它没有内在价值，只有法定的价值，银行把过多的纸币投入流通，纸币就会贬值，物价就会上涨。

李嘉图还坚持货币数量论。在他看来，作为流通手段的货币包括纸币和金币，都是在流通中尽职的，当流通中的货币数量多于正常需要水平时，商品价值就以多量货币来表现，于是商品价格上涨；相反，当流通中货币数量少于正常需要水平时，商品价格就以少量货币来表现，于是商品价格下跌。这样，货币虽有内在价值，但在流通中却变成了价值的金属符号。

（四）资本主义运行机制理论

1. 资本主义经济运行的动力与前景

李嘉图认为资本主义是商业完全自由的制度，如果没有外在干预的影响，资本主义就会自然地、永恒地发展下去。他吸取了亚当·斯密的利己主义思想与边沁的功利主义思想，断言资本主义社会中个人利益与社会利益并不矛盾。追求个人利益是人们社会经济行为的动机与目的。每个人在对他自己最有利，也可能是对国家最有利的情况下运用其劳动与资本，不受任何限制与束缚，这个社会就会在财富日益增长中顺利发展。

在资本主义发展问题上，李嘉图是萨伊定律的信从者。他认为生产可以创造需求，他相信人们的欲望是没有止境的，需求是无限的，任何人从事生产都是为了消费或销售。既然这样，人们绝不会总是生产那些没有需求的商品。社会不会出现普遍的生产过剩，即资本主义普遍的经济危机不可能发生。

2. 资本积累

李嘉图处在工业革命凯歌行进的时代，他深知发展资本主义经济就必须以资本的不断积累为条件。他提出资本积累就是节约收入，增加资本，增加生产性消费，减少非生产性消费。为此，他还区分了总收入和纯收入。他认为总收入是三种收入（工资、利润、地租）的总和，纯收入则是利润加地租。

李嘉图认为资本积累的源泉，只能来自纯收入，而在纯收入中，资本积累的多少，又取决于利润的大小，因而利润是资本积累的真正源泉，也是资本积累的动机或目的。利润就是一切，利润的高低是一个国家、一个社会的实际利益所在。他认为妨碍资本积累的主要原因是把纯收入用于非生产性消费，而最主要的非生产性消费就是地租和赋税。而减少地租的主要办法是提高劳动生产力,实行对外谷物自由贸易,废除谷物法,而减少赋税的办法是政府减少开支。

3.自由主义经济政策与自由贸易学说

在经济政策上,李嘉图接受斯密的思想,主张自由主义的经济政策。他认为每个人在追求个人生命和财产时,并不与整个人类、整个社会的利益相冲突,而是一致的。他认为自由竞争既保证了个人利益与整个社会利益的结合,也为生产力的无止境发展创造了可能性。因此,他反对国家对经济生活的任何干预。

斯密主张自由对外贸易,李嘉图把斯密的自由对外贸易思想发展成为国际自由贸易学说。他认为自由贸易有利于生产力的发展,因为自由贸易会使各国把他们的资本和劳动用于最有利于本国的用途上,最有效地利用本国的禀赋(各国自然具有的优越条件,如资源、地理位置、气候、特殊技能等),最有效、最经济地分配本国劳动。

斯密曾提出绝对成本理论,以生产绝对成本的高低解释国际分工,在此基础上,李嘉图提出比较优势理论,即每个国家都生产自己生产上占相对优势的产品,生产那种成本相对低的商品,用以同别国交换。

四、李嘉图的财政思想

(一)赋税理论

李嘉图认为:"赋税是一个国家的土地和劳动的产品中由政府支配的部分;它最后总是由该国的资本中或是由该国的收入中支付的。"(李嘉图,《政治经济学及赋税原理》,商务印书馆,1976年,第127页)而且赋税都有"减少积累能力"的影响,从这个意义上讲,"如果它侵占资本,它就必然会相应地减少一笔基金,而国家的生产性劳动的多寡总是取决于这笔基金的大小的。如果它落在收入上面,就定会减少积累,或迫使纳税人相应地减少以前的生活必需品和奢侈品的非生产性消费,以便把税款节省下来。赋税的巨大危害不在于课税目的的选择,而在于整个说来的总效果"。(李嘉图,《政治经济学及赋税原理》,商务印书馆,1976年,第128～129页)李嘉图分析了赋税政策对国民经济的影响,或者说赋税的转嫁与归宿问题。

1.直接税

(1)地租税

李嘉图认为,“地租税只会影响地租,全部都会落在地主身上,不能转嫁到任何消费阶级上”。(李嘉图,《政治经济学及赋税原理》,商务印书馆,1976年,第146页)他把地租税看成是地主的负担,其理论根据是“地主不能提高他的地租,因为他不会改变生产效率最小的耕地的产品与其他各级土地的产品之间的差额”。(李嘉图,《政治经济学及赋税原理》,商务印书馆,1976年,第146页)如前所述,李嘉图把地租作为级差地租来看待,因为土地的自然级差产生生产力的差异,所以其生产力的大小不是构成农产品价格的要素。地租由农产品价格的高低来决定。因为地租不包括在农产品价格中,充当地租的那部分赋税虽使农产品价格昂贵,但这些负担并不转嫁给消费者,而是落在地主身上。但是“对于地主由于人们使用他在农场上投下的资本而得到的报酬所课的税,在进步的国家中就要落在农产品消费者身上,这是极为确实的”。(李嘉图,《政治经济学及赋税原理》,商务印书馆,1976年,第147页)也就是说,因为租地人以地租名义付给地主的地租中,包括附属在土地上的各种建筑物与固定设备的利息,所以这部分转嫁到农产品价格中而由消费者负担,结果使工资上涨,相应地减少了利润,成为资本家的负担。

(2)利润税

李嘉图坚持在劳动价值论的基础上分析利润,始终把利润看作是劳动产品中扣除各种耗费后剩余的部分。资本家从事生产经营活动要受平均利润率规律制约,因而他关于利润课税转嫁的理论也是以保持平均利润为前提的。他指出,“对利润课征不公平的税收将使承担这种税款的商品涨价。例如,对制帽业者利润课征的税,会使帽子涨价……”。(李嘉图,《资产阶级古典政治经济学选辑》,商务印书馆,1976年,第543页)因为如果只对一个行业的利润征税,而其他行业的利润不征税,若该行业不提价,就不可能保持社会平均的利润水平。其结果是,资本家必然就要从本行业抽出资本,转而经营其他行业。因此,对利润征税的必然结果就是商品价格上涨。当然,如果对各行业的利润都按一定比例征税，那就会使各种商品的价格都要提高。

(3)工资税

李嘉图继承了斯密的观点，即对工资课税会促使工资提高。李嘉图论证说，工资是劳动的价格，即供养劳动者维持生活的基金。国家对工资课税，就无法维持必要的人口，造成劳动供给不足，从而推动劳动价格的上涨，这如同国家对帽子或啤酒征税导致价格上涨一样。而且，他进一步分析说，国家对劳动者工资所征的税款，主要用于政府雇用劳动者，而无须负担这一课税的资本所有者仍有原先那样多的雇用劳动基金。这样，势必形成政府和资本所有者之间对劳动需求的竞争。在需求增大，供给不变，甚至下降的情况下，劳动工资必然上涨，其结果就是资本所有者雇用工人时的工资增加了。

然而，在工资税的最终归宿问题上，李嘉图和斯密的见解却截然不同。斯密断言，农场主所支付的增加工资，最终要通过少付地租而转嫁给地主负担；制造业者所增付的工资将通过提高商品价格的办法，转嫁给消费者。李嘉图认为，一切可以提高工资的原因，就可降低利润率。因为投在不支付地租土地上的资本，所得收获决定农产品价格。如果课征工资税，其负担或者是由农场主支付，减少利润；或者是通过农产品加价而得到补偿，地主是决不会负担工资税的。而且，工资税也绝对不会使制造业主有权把这笔税款连同一笔利润加到商品价格上，因为他不能提高商品价格；否则，如果大家都能提高商品价格，以便连本带利地补偿税款，而各个人又将相互消费他人的商品，那么税款显然就永远没人支付。所以，李嘉图的结论是：任何税如果有提高工资的效果，就要靠减少利润来支付，工资税事实上就是利润税。

2.间接税

(1)农产品税

李嘉图认为，对农产品课税会影响财富在各个阶级之间的分配。国家对土地经营者生产销售的农产品课税以后，提高产品价格是农业经营者能够支付税款，并继续从资本的这种用途中取得平均利润的一般方法。他既不能从地租中扣除这笔税款，迫使地主负担，因为他没有向地主支付地租；同样，他也不会从自己的利润中支付这项税款，因为他没有理由在其他行业都能取得较高利润的情况下，继续从事这种利润较低行业的经营。所以，农业经营者有权按税额提高农产品价格，并使两者数额大致相等。李嘉图由此得出结论：农产品税既不会由地主支付，也不会由农场主支付，而只能由消费者负担。

李嘉图进一步指出，加在农产品和劳动者生活必需品上的税收，不仅提高产品价格，由消费者负担，而且最终结果还是会提高工资。由于人口原理对人类繁殖所产生的影响，最低工资绝不会持续地超过劳动者生理上和习惯上所要求的最低生活费，这个阶级也无论如何不能负担高额赋税。因此，工资增加是必然的。然而，工资增加后，利润就会下降。如果政府对国内消费的一切谷物课税，其中一部分税款由谷物消费者负担，另一部分税款由企业负担，降低利润，从而妨碍资本积累。

(2)什一税

这种税是对土地的全部农产品收获量征收的。由于不论劣等地还是优等地的农产品，都要缴纳什一税，并且它能够影响地租影响不到的土地，从而提高地租税所不能改变的农产品价格。所以，农场经营者缴纳此税后，可以从农产品价格上涨中得到补偿，其税收负担落在消费者身上。地主和农业资本家和一般劳动者一样，作为农产品的一般消费者负担此税，其税负轻重相当于各自消费量的比例。至于落在工资收入者身上的那一部分税款，则要通过提高工资和降低利润得到补偿。

(3)土地税

李嘉图将土地税划分为两大类：一类是以地租为课税对象并随地租变化的土地税。由于这种税不对未提供地租的土地征收，也不会落在资本产品上，因而它不会影响农产品价格，税款也由地主负担。这种土地税实际上就是一种地租税。另一类是对一切已耕土地(包括劣等土地)征收的土地税。由于劣等土地是最后投入耕种的，虽然它可以不支付地租，但因课税使土地耕种者得不到平均利润。除非产品价格提高，以补偿课税损失；否则，劣等土地就不会被投入耕种。所以，这后一类土地税不可能转嫁给地主负担，而只能通过提高价格，转给消费者负担。

(4)黄金税

李嘉图站在货币数量论立场上，认为货币流通数量与商品有着相反的关系：货币数量大于商品数量时，货币价值就要下跌，商品价格就上涨；反之，货币价值上升，商品价格就要相对地降低。李嘉图以上述货币理论为依据，认为征收黄金税是必需的。李嘉图认为谷物价格会因对谷物课税而迅速上涨，这部分赋税将转嫁到消费者身上，但黄金税不是对使用货币的人课征的，而是对那些纳税的矿山所有者或占有者的一种暂时性负担。李嘉图得此推论的背景是矿山地租适用级差地租理论。

(5)济贫税

济贫税是为救济贫民而征收的一种税。李嘉图认为，"济贫税言明是按地租多寡对农场主征课的税，因此支付极少地租或全然不支付地租的农场主也只支付极少的济贫税或全然不支付。果真如此，农业阶级所支付的济贫税就会全部落在地主身上，而不能转嫁到农产品消费者身上。但我相信真实的情况并不如此，济贫税并不是按农场主实际支付给地主的地租征课，而是按其土地的年价值征课，不问这种年价值是由地主的资本赋与的，还是由租地人的资本赋与的"。(李嘉图，《政治经济学及赋税原理》，商务印书馆，1976 年，第 220 页)因此，济贫税"根据不同情况而落在农产品和制造品的消费者身上，落在资本利润上和落在地租上"(李嘉图，《政治经济学及赋税原理》，商务印书馆，1976 年，第 219 页)。

(二)公债论

李嘉图所处的年代，发生了英法战争(1793～1813)。当时，英国由于对法战争财政显著膨胀，战争期间虽增加了直接税、间接税，又另设了新税，但并未满足经费的需要，其差额由发行公债弥补。自 1793 年度末到 1815 年度末，公债余额从 2.4 亿英镑上升到 8.61 亿英镑，增加了 3.5 倍以上。同期国内公债费也由 920 万英镑剧增到 3220 万英镑。战后，公债费在经费中成为固定数，在财政规模缩减中不起作用。因此，战后英国财政负担求乞于课税。

李嘉图的公债理论主要包括三个方面的内容：

1.李嘉图定价定理

李嘉图在其《政治经济学原理》的第 17 章中，曾就征税和举债的效应问题写道："如果为了一年的战费支出而以发行公债的方式征集

2000万镑，这就是从国家的生产资本中取去了2000万镑，每年为偿付这种公债利息而课征的100万镑，只不过由付这100万镑的人手中转移到收这100万镑的人手中，也就是由纳税人手中转移到公债债权人手中。实际的开支是那2000万镑，而不是为那2000万镑必须支付的利息。付不付利息都不会使国家增富或变穷。政府可以通过赋税的方式一次征收2000万镑；在这种情形下，就不必每年征课100万镑。但这样做并不会改变这一问题的性质。”（李嘉图，《政治经济学及赋税原理》，商务印书馆，1976年，第127页）李嘉图认为课征2000万英镑税收和举债2000万英镑公债，都会使一国的生产资本减少2000万英镑。

2.赋税比公债筹集资金有利

1786年佩蒂在英国设立了减债基金制度，采取逐渐偿还公债的政策，但也未能达到预期目的。李嘉图的公债理论是围绕减债基金制度展开的。他认为赋税比公债筹集资金更有利。李嘉图认为动辄举债“会使我们不知节俭，使我们不明白自己的真实情况。假定战费每年是4000万镑，每人每年应为这笔战费捐纳100镑。如果立即令其缴足应缴款项，他就会设法从收入中节约100镑。但在举债的办法下，他就只要支付这100镑的利息，即每年5镑，并会认为只需在支出方面省下这5镑，因而错误地认为自己的境况还和以前一样富足，如果全国的人都像这样想，并这样做，因而只节约4000万镑的利息即200万镑；那么所损失的就不仅是把4000万镑资本投在生产事业上所能提供的全部利息或利润，并且还有3800万镑，即他的储蓄和开支之间的差额”（李嘉图，《政治经济学及赋税原理》，商务印书馆，1976年，第210页）。

李嘉图还批评了当时英国的减债基金制度。他说道：“如果偿债基金不是从公共收入超过公共支出的部分中取得的，就不能有效地达到减轻债务的目的。遗憾的是，我国的减债基金只是徒有其名，因为我国收入并不超过支出。我们应该通过节约，使之名副其实地变为实际有效的偿付款项的基金。”（李嘉图，《政治经济学及赋税原理》，商务印书馆，1976年，第211页）此外，李嘉图认为，减债基金与公债易于诱发战争，与此相比，靠赋税筹措战费更大，所以为了防止战争，赋税比公债更为便宜。

3.公债有利于借贷资本的培育

李嘉图指出,应该以赋税收入超过经费支出部分充当减债基金的财源。而且在偿还过程中,一部分将起到转化为借贷资本的作用。他说:“如果,供作偿债基金的赋税,是从收益而不是从资本中得来的,通过偿债这一行动,每年将有收益的一部分转变为资本,因此,社会的整个收益将增加。”(李嘉图,《公债论》,《李嘉图著作和通讯集》第四卷,商务印书馆,1980年,第163页)“如果赋税的任何部分,显然是为了偿债基金而从收益中拨付的,这部分资金如果不用以纳税,就会作为收益而把它花费掉,这时偿债基金就有了无可否认的好处,因为它促进了我们土地和劳动年产量的增加,由于我们不得不认为这就是偿债基金的作用,因此敢断言,偿债基金在公正、恰当的运用下,是有利于财富的累积的”。(李嘉图,《公债论》,《李嘉图著作和通讯集》第四卷,商务印书馆,1980年,第169页)李嘉图认为,用于筹措减债基金的赋税,如果不是从资本中而是从收入中提取的,那么这部分赋税将转化为借贷资本。而在偿还它的时候,其金额就将转化为借贷资本。

(三)补贴论

1813年～1817年间,英国产业资本家与农场主就谷物问题展开了激烈的争论,李嘉图站在产业资本家立场上主张谷物的自由贸易,李嘉图的补贴论就是在此背景下产生的。内容包括:

1.论出口补贴

李嘉图认为,财政补贴是国家财政支出的一部分,由出口补贴和生产补贴两部分构成。出口补贴又分为对农产品补贴与工业制造品补贴两种,李嘉图认为这两种补贴有不同的作用与效果。首先来看李嘉图有关谷物出口补贴的论述,他说,“谷物输出的补贴会降低谷物对国外消费者的价格,但不会长期影响其国内市场价格……因此,一种补贴如果使英国谷物在外国的价格低于该国的生产成本,它自然就会增加英国谷物的需求,并减少其本国谷物的需求。英国谷物需求的这种增加在一定期间,必会提高国内市场价格,并且在一定时期内也会使其在外国市场上的价格不致跌到这种补贴所将造成的程度”。(李嘉图,《政治经济学及赋税原理》,商务印书馆,1976年,第256页)也就是说,由于对谷物补贴，对英国谷物需求增加，导致价格上涨，而且这种价格上涨是在原有的实际生产成本上发生的，农场主的利润就会比以前高很多，这样农业就成了利润率较高的部门，资本就会从制造业中撤出，改投在土地上。因此，谷物出口补贴使地主和农场主获得利益，但对产业资本家却并非如此。他认为，"谷物的自然价格不像其他商品的自然价格那样固定。因为只要谷物的需求有所增加，质量较差的土地就必须投入耕种，在这种土地上生产一定量谷物所必须的劳动量就会增加，谷物的自然价格就会提高。所以持续贴补谷物出口就会使谷物价格不断上涨。但是这种趋势必然会提高地租。所以乡绅对于谷物的出口补贴和进口禁令不但有暂时的利害关系，而且有永久的利害关系；但制造业者对于各种商品的高额进口关税和出口补贴却没有永久的利害关系，对于他们来说，这种利害关系完全是暂时的"。（李嘉图，《政治经济学及赋税原理》，商务印书馆，1976 年，第 266 页）总之，对地主和农场主来说，谷物出口补贴是有永久利益的；而对产业资本家来说，工业制造品出口补贴则只带来暂时的利益，他明确了农产物与工业产品出口补贴的不同。

2. 论生产补贴

李嘉图认为生产补贴改变了各种商品的相对价值，从而影响自然价格，这样会刺激自然价格下降的商品的输出，并同样刺激国内自然价格提高的商品的输入，必然会改变各行业的自然分配状况，这样对实行生产补贴的国家不利。至于生产补贴对自然价格的具体作用，李嘉图仍然从对农产品补贴和对工业制造品补贴两个方面分析：(1)对农产品生产补贴的分析。李嘉图认为对谷物的生产补贴只是改变财富在各阶级的分配，就全国而言，财富整体上没有发生变化。对谷物生产的补贴，会使谷物自然价格相对降低，工业制成品自然价格相对上升。(2)对工业制成品生产补贴的分析。李嘉图认为，"假定政府采取了一种相反的措施：为其他商品的生产提供补贴基金而征收谷物税。在这种情形下，谷物价格显然会上涨，其他商品价格则会下跌。如果劳动者由于各种商品便宜而得到的利益和他们因谷物昂贵而遭受的损失恰好相抵，那么劳动价格就会依旧不变。否则工资即将提高，利润即将跌落，货币地租则会依旧不变。利润将会下降，是因为（正像我们刚才所解释的）劳动者所负担的税课是通过这种方式由雇主支付的。通过工资的增加，劳动者在谷物价格提高中所缴纳的税款可以得到补偿。他的工资既然没有任何部分用在制造品上，他就不能得到补贴的任何部分；全部补贴都由雇主获得，而税课的一部分却要由被雇者支付，所以对于加在劳动者身上的这种额外负担，要以工资形式付给劳动者作为补偿，于是利润率便会降低”。（李嘉图，《政治经济学及赋税原理》，商务印书馆，1976 年，第 277～278 页）李嘉图推断说，工业制造品的生产补贴由地主和农场主的赋税提供时，地主和农场主会将其赋税的相应部分转嫁于谷物价格，使谷物价格相应地上涨，由谷物消费者来负担。但工人势必因谷物价格上涨向雇主要求提高工资，所以归根到底会使产业资本家的利润下跌。

五、对李嘉图财政思想的评析

李嘉图的财政思想与他的经济理论一脉相承，以劳动价值论为起点，研究税收、公债、补贴等财政问题。无论是李嘉图的经济理论还是财政思想，都贯穿着一个核心：代表当时新兴的工业资产阶级，为工业资产阶级服务。因此，评析李嘉图的财政思想，要从其阶级性出发，坚持历史的、辩证的方法。

1. 提出税收中性的资产阶级税收原则，反对税收对经济的过多干预

以斯密、李嘉图为代表的英国古典学派主张自由竞争、自由放任，让“看不见的手”自发调节经济运行，不赞成甚至反对政府以任何借口、方式（包括税收）干预经济。斯密曾提出著名的税收四原则，使税收在满足政府最低限度财政需要的前提下，成为促进经济自由发展和企业公平竞争的条件。在此基础上，李嘉图认为任何赋税都会妨碍资本积累，主张最好的赋税就是最轻、最少的赋税，即税收应该保持中性，反对一切形式的国家干预，包括政府以征税方式对经济的干预。

2. 坚持税负转嫁的“绝对说”，揭示资本主义社会中社会各阶级、阶层之间的关系

在税负转嫁及最终归宿问题上，李嘉图认为土地所有者仅负担课于地租的税收，除此之外课于土地的所有其他税收，土地所有者均可转

嫁给他人负担；至于工资税，李嘉图认为工资不会受税收的影响，工资税能够转嫁，不由工人负担，而由雇主或资本家通过减少利润来负担。由此可以看出，李嘉图通过对税负转嫁的分析，揭示了资本主义社会中社会各阶级、阶层之间的关系，反对地主，维护工业资产阶级，虽说有历史进步性，但也有片面性。因为当工人的工资低于劳动力价值时，无所谓转嫁问题；即使在工人工资较高的场合，工资税的负担要大于因征工资税而增加的工资额。而且，缴纳工资税的那部分资本家可以采取延长劳动时间、增加劳动强度的办法，或者提高商品价格，将自已垫付的工资税款转嫁出去。因此，劳动者或其他消费者仍然是工资税的最终归宿。

3.反对过量发行公债，以保护生产资本

李嘉图认为公债把一个国家中的生产资本变为不生产的消费支出，从而减少了生产资本所带来的利润。从这个立场出发，他反对公债，但是另一方面，公债为当时英国对法战争筹集了战费，对资本的原始积累起了杠杆作用。通过公债信用，培植出借贷资本，这不仅在产业革命后的英国用货币资本弥补了产业资本的不足，还促进了股票市场、金融市场的形成与发展。

事实上，公债不仅不会减少生产资本，还会增加生产资本。在现代社会公债已成为国家财政政策工具，国家通过发行国债将社会上的闲散资金集中起来，用于生产性投资，刺激整个社会的投资，这是将消费性支出转变为生产性支出。当然，在李嘉图的年代，经历了英法战争，公债只是筹集战费的手段，自然李嘉图得出公债把一个国家中的生产资本变为不生产的消费支出的结论，并且李嘉图主张“自由放任”，反对国家对经济的任何干预，也就不能看到国家宏观调控经济的作用。但是，李嘉图反对过量发债的思想，仍值得借鉴。因为国债实质上是国家信用，需要国家偿还。如果不顾偿债能力，盲目发债，就会导致偿债危机。

4.批判补贴制，主张自由贸易

李嘉图认为出口补贴改变了商品相对价格，阻碍自由贸易，不利于工业生产。对于生产补贴，他认为会造成工人工资的上涨，从而减少资本家的利润。因此，他从资产阶级利益出发，极力反对补贴。

李嘉图对补贴制度的批判，在今天仍有很大的借鉴意义。当前的国际贸易原则就明确禁止各国对出口商品进行补贴，政府减少对生产的补贴的趋势日益明显。但生产补贴有利于发展中国家保护、培育国内幼稚工业，调整经济结构。当然，由于李嘉图处于当时世界领先的英国，为维护工业资产阶级利益，自然对补贴持绝对批判态度。

思考题

1. 对比配第和斯密的赋税原则和各税分析，说明有何异同？

2. 为什么说只有到了亚当·斯密，财政学的理论体系才初步建立起来？

3. 从休谟、斯图亚特到斯密、李嘉图，公债理论有何发展？

4. 经济思想与财政思想的发展有何相互影响之处？

第二章　法国重农学派的财政思想

第一节　法国重农学派产生的历史背景

英国由重商主义向古典经济学的过渡是一个较为温和的、渐进的过程，而在法国，这一转变是以对重商主义的激烈批判开始的，法国的古典经济学从产生时就与重商主义断然决裂，是在同重商主义的激烈斗争中作为重商主义的对立物出现的。由于不同于英国的自然历史条件，法国的古典经济学家非常重视农业，强调只有农业是唯一生产纯剩余的生产事业，因此发展成为独具特色的重农学派。

一、法国重农学派产生的历史条件

(一)经济背景

17 世纪的法国与英国不同，在英国古典经济学产生时，英国的资本主义已经有了很大的发展，资本主义生产方式在工业和农业中都已建立和发展起来，贵族中也有一部分已经资产阶级化了。而法国一直到 17 世纪末、18 世纪初古典经济学产生时，封建生产关系仍占统治地位，此时的法国处于太阳王路易十四的统治下，他的财政大臣柯尔培尔推行限制与管理的重商主义政策，为了保证出超，从国外收集金银，就牺牲农业来发展工商业，创办了上百个享有特权的“皇家手工工场”，降低不动产税，废除内地关卡，给工场主以贷款和补助，实行关税保护政策，也鼓励民间出口工业，把农产品价格压到极低水平，禁止原料、谷物出口，鼓励这些物品进口等，而维持殖民战争和奢侈无度的宫廷生活所需的巨额开支，主要靠土地所有者和农民所缴纳的税收，不定何时，以何名目，政府就可以向人民征税。同时，封建贵族和僧侣也残酷盘剥农民，农民每年收入的1/3、1/2甚至3/4都要作为地租缴付。这导致农民纷纷弃农外逃，土地荒芜，农业凋敝，民不聊生，法国处于经济和财政极端困难之中。在这种情况下，法国古典经济学的创始人、重农学派的先驱布阿吉尔贝尔、坎铁隆等最早对重商主义进行了有力批判，认为发展农业才是国民经济新的出路。但一直到18世纪中叶以前，重商主义仍然支配着法国的经济政策。

1716年，来自英国的重商主义者约翰·罗(John Law，1671～1729)成为路易十五的财政大臣。罗与一般重商主义者不同，他是一名信用论者，认为“银子是按照它所有的实用价值，即依照自己的实际价值实行交换的；它由于自己充任货币，更获得了一种补充价值”。(卢森贝，《政治经济学史》第1册，三联出版社，1959年，第100页)就是说，货币铸造和发行机构能创造价值，即国家可以通过铸造和发行货币创造价值，印发纸币也能生产“补充”价值。在他的建议下，法国政府开办国家银行，大量发行纸币，同时回收金属货币。他认为这样可以充实发行准备，使国内和国外贸易繁荣起来，并通过对外贸易顺差，回收更多的贵金属，从而使国库充实，财政困难的局面就可以得到扭转。国家银行在1719年～1720年间发行了将近30亿利弗尔的银行券，用来赎兑政府公债，而银行的真正财产不过7亿利弗尔。这样无限发行纸币最终造成了恶性的通货膨胀，引发挤兑风潮，银行破产，财政崩溃。罗本人被解职，逃到意大利威尼斯。这标志着重商主义的彻底失败，因此经济问题成为法国社会中最重大的问题，也成了思想界讨论的中心。在这样的背景下，重农学派产生了。

(二)政治背景

17世纪下半叶到18世纪初期的法国，仍然是封建君主专制国家。路易十四自称“朕即国家”，拥有绝对王权，无论贵族还是教会在政治上都绝对从属于国王。资产阶级力量薄弱，还未成为一支独立的政治力量。当时的封建统治者除了加强掠夺农民外，还不断向工商业资产阶级课征捐税，使封建阶级同资产阶级的矛盾尖锐起来，而无产阶级则遭受着资本家和封建贵族的双重剥削和压迫。由于当时的法国，经营农工商各业是被贵族所鄙视的，像英国那样的贵族资产阶级化并没有成为法国的特色，所以法国资产阶级只能在农民、小手工业者和平民中寻找反封建的同盟军。

在对外关系方面，法国在路易十四时期对外进行了四次战争，到1713年西班牙王位继承战争结束时，国家财政赤字已达到25亿利弗尔，是国家每年财政净收入的32倍。这更加深了国内矛盾，封建制度已日暮穷途，反封建革命风暴的爆发和资本主义制度的兴起已势不可挡。而代表着当时新兴的资产阶级的利益和要求的重农主义学派的产生、发展也就十分必然了。

(三)思想理论基础

18世纪的法国，个人主义思潮来势凶猛。伏尔泰、卢梭、孟德斯鸠、狄德罗、霍尔巴赫等启蒙思想家，对教会和专制政府进行抨击，提出了天赋人权、自由放任等反对封建制度的响亮口号，推动了一次思想大解放运动，为从人性和人的权利出发研究所谓“自然秩序”奠定了哲学思想基础，而自然秩序观点则是重农学派的整个经济思想体系的基础。

中国的古典思想对重农学派也产生了很大的影响。从16世纪起，以儒家为代表的先秦各家著作连同宋明理学，开始传入欧洲。后来随着中国物产大量贩运到欧洲，形成了遍及整个欧洲的“中国热”，这股热潮在18世纪前半期达到了高潮。如法国著名的启蒙思想家伏尔泰把中国看成是当时“举世最优美、最古老、最广大、人口最多和治理最好的国家”，甚至还提出了“全盘华化”的论调。在这样的背景下，重农学派的许多代表人物都对中国传统的思想文化表示了高度的推崇，并深受中国传统思想的影响。重农学派的创始人魁奈当时就被誉为“欧洲的孔子”，在他看来，中国就是一个以农为本、高度重视农业的理想国家。关于重农学派的自然秩序观点，有一种说法就认为是来自中国先秦的“天道观念”，所谓“天道”就是自然界客观存在的规律性的合理的秩序，是人类行为的准则。

二、法国重农学派的主要代表人物

作为重农学派的先驱不可忽视的人物是沃邦、布阿吉尔贝尔等。18世纪中叶，由魁奈创立了重农学派。其他代表人物还有老米拉波、奈穆尔和勃多等。在魁奈以后，杜尔阁是重农学派最重要的代表人物，他把重农主义体系发展到了最高峰。在他之后，另一个著名代表人物是小米拉波，他在1789年法国大革命的立宪会议上，把大部分重农主义的原则，从理论变成了现实。

三、法国重农学派的特点

(一)以"自然秩序"为最高信条

自然秩序观点是重农学派的哲学基础，重农学派一词的原文就是希腊文Physiocratie，由"自然"和"统治"两词构成。按重农学派的解释，是神意规定了一个普遍的、固有的、完善的自然秩序，它是至高无上的，是不可违背的。如果由人们的意志所决定的人为秩序符合自然秩序的规律，就能得到最大幸福；反之，如果人为秩序违反自然秩序，社会便会处于病态，出现糟糕的结果。由此可以看出，重农主义是一种主张依据自然秩序规划经济生活的学说体系，把自然秩序看作合乎理性的秩序，是支配自然界和人类社会的自然规律。他们认为当时的法国就由于违背了自然秩序而处于病态之中，而他们的任务就是开出良方，使法国恢复到自然秩序，恢复健康状态。尽管重农学派本来是对资本主义生产方式最早的科学分析，但他们却把"自然秩序"说成神意安排的秩序，为他们的学说披上了宗教外衣，而且他们把社会变革的希望寄托在"开明君主"的身上，显示出其局限性。

(二)带有浓厚的封建主义色彩

重农学派的理论和政策在本质上代表着新兴资产阶级的利益和要求，研究的是资本主义生产方式，但他们却自认为是在研究封建生产方式，自认为是在对封建农业生产进行诚心诚意的维护和改良，他们对于资本主义社会的真正形态是模糊的和陌生的。所以，重农学派带有浓厚的封建主义色彩，表现在政治上主张开明君主专制，在经济上主张全部剩余产品归地主阶级占有。但他们又把农业解释成唯一进行资本主义生产即剩余价值生产的部门,主张全部赋税都从地租课征,主张赋税主要用于发展大农业生产,这说明他们的学说在实质上还是资本主义性质的。但他们的封建外观还是欺骗了同时代的人们,甚至能够为封建贵族的代表人物所接受,而且还欺骗了他们自己,正如马克思所说:"一种理论体系的标记不同于其他商品的标记的地方,也在于它不仅欺骗买者,而且也往往欺骗卖者。魁奈本人和他的最亲近的门生,都相信他们的封建招牌。"(《马克思恩格斯全集》第 24 卷,人民出版社,1972 年,第 399 页)

(三)重视农业,反对重商主义

重农学派反对将货币看作财富的唯一形式的重商主义观点,视农业为财富的唯一来源和社会一切收入的基础,把农业放在国民经济的首位加以考察。布阿吉尔贝尔自称是农业和农民的代言人,认为只有农业才是一个国家繁荣富强的根本。重农主义者继承了这一传统,将理论研究从流通领域转入了生产领域,特别是农业生产领域。他们认为商人、工业家、政府公务员都是不生产的,只有农业生产剩余价值——魁奈称之为"纯产品",因此农业的繁荣昌盛是一切其他物质财富的必要基础。但他们主张大力发展的农业,并不是封建农业,而是当时只在法国北部某些地区刚刚萌芽的、和封建农业相对立的资本主义农业。

(四)大力提倡经济自由,主张自由放任

由于强调自然秩序,重农主义者认为,社会可以自己运行,甚至假如政府听任社会独自运行,它可以比在政府管理之下运行得更好,政府对于人民的经济活动不应该加以任何干涉和限制,自由放任是实现给予人类最大幸福的自然秩序的主要条件。

第二节 布阿吉尔贝尔的财政思想

一、布阿吉尔贝尔的生平和主要著作

比埃尔·勒·庇逊·德·布阿吉尔贝尔(Pirre le Pesant Sieur de Boisguillebert,1646～1714)出生于法国北部诺曼底省的卢昂,本来是一名律师,做过卢昂地方议会的法官和路易十四的经理官,1678年取得子爵封号。在任法官期间,他受理过很多农民案件,对农民和农村的状况有很深的了解,面对当时法国经济的混乱现象,出于对民间疾苦的同情,他开始研究起经济问题来,并认定人民的贫困与财政的贫乏两者之间具有因果关系,反对当时的财政大臣柯尔培尔的重商主义政策,反对其靠牺牲农业扶植、发展工商业的做法,同时大力宣传发展农业的重要性,还曾为此被流放。

布阿吉尔贝尔的主要著作有《法国详情》(写于1695年,出版于1714年)、《谷物论》、《货币缺乏的原因》、《论财富、货币和赋税的性质》(这三部著作大约在1697～1707年之间写作)、《法国详情补篇》(1707)、《法国辩护书》(1707)等,还发表了许多经济学论文。他的经济思想和财政思想散见于他的著作中,主要强调税务改革,废除谷物出口税,同时对当时的经济政策提出了不同的意见。他是法国古典经济学的创始人,他重视农业,倡导放任自由主义的思想被后来的重农学派所继承和发展,成为重农学派的先驱者。

二、布阿吉尔贝尔的基本经济思想

(一)价值理论

布阿吉尔贝尔没有专门研究价值理论,他是在分析农产品价格如何确定时谈到这个问题的。首先,他认为商品交换必须按"公平的价格"来进行,这个价格必须能补偿生产商品时所必需的费用,而且"各种货物的价格必须始终保持一定的比例,只有这样的协调才能使各种货

物一起生存，它们的生产才能经常彼此相互促进”，“商品按照一定比例的价格交换，对于一个国家的繁荣，对于它的生存的维持都是同等重要的。”(《布阿吉尔贝尔选集》，商务印书馆，1984 年，第 156、162 页)而这个“公平的价格”，也就是“真正价值”，是由个人劳动时间在各个产业部门间分配时所依据的正确比例决定的，这样，布阿吉尔贝尔事实上已不自觉地提出了劳动时间决定交换价值。他还把交换价值的存在形式归结为土地生产物，尤其是小麦，他说：“一切交易则以土地生产物、尤其是小麦作为准则”(《布阿吉尔贝尔选集》，商务印书馆，1984 年，第 205 页)。

布阿吉尔贝尔还认为各行业生产必须均衡发展，劳动产品才有价值，他说：“决不应该使某一部分的发展超过其他的部分”，“必须使一切贸易往来均衡发展”，一切行业“形成了一条财富的链条，只有组成链条的各个环节连接在一起的时候才有价值，一旦从中脱掉一个环节，它们就会失去价值，至少会失去最大部分的价值”。(《布阿吉尔贝尔选集》，商务印书馆，1984 年，第 205 页)而各行业间的购买，都是依“一定比例”进行的，各行业劳动者是以一定比例把自己的产品分开而相互购买的，实际就是把他们的劳动时间划分为一定比例来互相交换的。他从整个社会劳动按一定比例分工来考察价值，是一个重要的科学贡献。他认为自由竞争的市场交易可以维持供求、价格的比例协调均衡，“只有大自然能够安排这个秩序并维持和平；其他的权力，尽管是出于善意，如果要过问其事就会将全盘搞坏”(《布阿吉尔贝尔选集》，商务印书馆 1984 年，第 162 页)。

布阿吉尔贝尔同配第一样，也没有区分开价值和实用价值。他“把物化在商品交换价值中并用时间来衡量的劳动同个人直接的自然活动混为一谈”，“把劳动的资产阶级形式……看成是个人劳动借以达到它的目的的合乎自然的社会形式”(《马克思恩格斯全集》第 13 卷，人民文学出版社，1980 年，第 44～45 页)。

(二)货币理论

布阿吉尔贝尔反对重商主义者对金银的无限追求，他认为货币不能吃也不能穿，只能作为交换和支付之用，甚至失之偏颇地认为“硬币本身并非财富，而且，它的数量一般和一个国家的富裕无关，只须足够支付生活必需品的价格就行了”。“在一个充满生活必需品和舒适品的国家，金银数量的多寡，对于居民能否过丰裕生活一事是不相干的”。“在财富中，钱币只是手段和方法，而对于生活有用的各种货物才是目的和目标”。(《布阿吉尔贝尔选集》，商务印书馆，1984 年，第 59、141、143 页)他提出，由于货币的作用只是交易和相互让渡的保证，只要交换商品都能按比例进行，那就可以不用金银作为流通手段，而采用“更加便宜和廉价的办法”代替，即以信用票据和纸币这类无需成本的东西代替，它们能够履行金钱的一切职能，“一个国家愈富裕，就愈可以不需要硬币，因为在这种情况下，对于更多的人来说，硬币可用一张名为纸币的纸来代替”(《布阿吉尔贝尔选集》，商务印书馆，1984 年，第 59 页)。

布阿吉尔贝尔还谴责货币，认为因为有了货币，买卖双方尔虞我诈，使得商品交换不能按照“公平的价格”或“真正价值”进行，破坏了商品的再生产。按照货币的本性，“货币是要经常地流通的，并在它的每一次周转中会赚一笔收入的”。因此，“贵金属为商业服务的一点功劳，还抵不上它所造成的罪恶的百分之一”。(《布阿吉尔贝尔选集》，商务印书馆，1984 年，第 217、145 页)他甚至把货币及其积累看成是人民贫困和社会罪恶的根源，出于对货币的追逐，统治者肆意加重赋税，压低谷物价格和禁止谷物输出，结果导致了法国农业和其他各行业的衰退，造成农民和小生产者的贫困和破产。所以他主张保存商品生产，而取消货币。

(三)工资理论

布阿吉尔贝尔同情小农的悲惨生活，但反对农业工人要求增加工资，反对一切工人为提高工资而斗争的战斗团结和集体协议，认为如果一个工人得到完全的报酬，他就不愿做全星期的工作。他主张工人的工资只能等于最低限度的生活资料，这个“最低限度”不需要法律来规定，只要实行粮食高价政策，在劳动力市场的自由竞争下，实际工资就自然下降到这个限度，甚至这个限度以下。

(四)重农思想

同货币即财富以及商业是财富源泉的重商主义观点相对立，布阿吉尔贝尔认为“一切财富的来源，就是土地的耕种”，“只有衣食等物品，才应当称为财富”。(《布阿吉尔贝尔选集》，商务印书馆，1984 年，第 210、136 页)一国的繁荣和富裕取决于农业，农业发达，百业兴旺；农业衰落，百业将废。社会各行各业都是靠农产品来养活的，“要是土地变成像非洲沙漠那样的不毛之地，那么，这二百种职业中就会有一百七十种以上散伙或者消灭掉”。(《布阿吉尔贝尔选集》，商务印书馆，1984 年，第 215～216 页)因此，农业是一国财富的基础，要革除弊害，使民富国强，唯一的出路是大力发展农业，他一再引用亨利四世的大臣徐理的话：“农业和畜牧业是国家的两个乳头，他们完全可以代替秘鲁的银矿。”

三、布阿吉尔贝尔的财政思想

布阿吉尔贝尔的财政思想是和他的经济思想紧密联系的，而且同他的经济思想一样，并没有建立起完整的理论体系，只是针对法国当时财政萎缩的状况讨论了一些重要的理论问题，而且基本上侧重于税收方面。

(一)国家干预经济的必要性

尽管布阿吉尔贝尔坚持自由竞争原则，但也认为在一定情况下，国家干预经济也是必要的。他认为，货币正常流通，就能造成相应的收入(财富)而使货币积聚，使之闲置而不进入流通，就会产生混乱，致使国家处于瘫痪状态。这一恶果“后来就不知不觉地影响所有其他的国民，甚至最上层的人们；因此设法制止这样大的混乱，应当是他们十分关心的，对于这种混乱，国王由于他在国家所处的地位，一定会更加关切”。(《布阿吉尔贝尔选集》，商务印书馆，1984 年，第 61～62 页)即政府有必要设法制止因货币不正常流通而造成的经济混乱。他指出，尤其是政府(权力机关)应对谷物之类的生活绝对必需品的买卖进行干预并规定其价格，以制止交易中违背正义和公益的商人贪欲行为。“当每一个人为了各自的利益而工作时，不应漠视正义和公益，因为他就是从那上面才能得到丰衣足食的；……然而，人们从早到晚的种种行为，实际上却与正义和公益的维护背道而驰，由于财迷心窍，人们在向别人购买商品时，不但要售货者亏本出售，同时还要捞取额外的油水，才会感到心满意足；因此，假使一个高级的和普通的权力机关，对于像谷物那样的生活绝对必需品的买卖，不进行干预并规定价格，以制止这种贪欲，那么，有些很不人道的人，临到紧急的时刻，就只有在他们同胞以倾家荡产作为代价时才肯拯救其生命。同时，因为这种干预不能在各方面同样地规定得很具体而详细，就必须有间接形式的补充，那就是由有力的权力机关来阻止某种商品成为商人贪欲的牺牲品。”(《布阿吉尔贝尔选集》，商务印书馆，1984 年，第 205～206 页)由此可见，在布阿吉尔贝尔看来，至少在货币流通、小麦及其价格上，政府有必要进行干预。

布阿吉尔贝尔看到了政府在货币流通、小麦及其价格方面有干预的必要，但对这种干预行为的具体施行，则几乎未予以明确阐述。他只曾提及，制止货币不流通之法，只须效法前人，做到收入多少货币，“立刻就用掉多少”(《布阿吉尔贝尔选集》，商务印书馆，1984 年，第 65 页)。这样，就不致使货币聚敛而得以正常流通了。至于小麦及其价格，他只强调由国王和大臣们来直接规定。“国王和大臣先生们是谷物价格的绝对主人，因为他们可以不管在什么时间、在什么季节任意地降低和提高其价格”。但到底如何规定，则也未作“精确的说明”，而只是对人民在有关小麦问题上的行为以羊打比方：人民无疑就像一群羊，人们要想让它们从一扇十分窄小、十分拥塞的门里进去，那就只有扯着一二只羊的耳朵，用力拉，于是其他所有的羊就以人们赶头两只羊用的那样的劲死命往里挤。这样，“比例将开始恢复”。(《布阿吉尔贝尔选集》，商务印书馆，1984 年，第 359～360 页)此间，政府在小麦及其价格问题上的干预作用，被描述得既形象又一目了然。(王仲君，《布阿吉尔贝尔的市场经济思想》，《铁道师院学报》，1997 年 10 月)

事实上，在布阿吉尔贝尔那里，反复讨论得最多的，主要是政府的税收行为——调整和改革税制，这一点将会在下文详细说明。

(二)财富观

布阿吉尔贝尔的财政思想是以他的财富观为基础的。

1. 财富的来源

前面介绍过，布阿吉尔贝尔认为“将金银当做财富和幸福生活的唯一的源泉是一个严重错误”。(《布阿吉尔贝尔选集》，商务印书馆，1984

年，第140～141页）在他看来，一切财富可分为农产品和工业产品两类，而且“真正的财富……包括人们全部的享受，不仅是生活必需品，也包括非必需品以及能够满足人们身体官能的快乐的一切物品”。（《布阿吉尔贝尔选集》，商务印书馆，1984年，第153页）他还把财富与消费、收入等量齐观，甚至以消费来检测财富。“所谓富裕，不是别的，只是一种大量的消费，也就是说一种极大的财富”。“世上不论是君主，还是其臣民的一切收入，或者不如说世上的一切财富，只是由消费所组成；地上最美味的果实和最珍贵的食物一旦未被消费，则只是粪便而已”。（《布阿吉尔贝尔选集》，商务印书馆，1984年，第298、303页）并且认为增加消费就会引起收入（财富）成倍增加的作用，“只要有大量的消费，就能得到很多收入”（《布阿吉尔贝尔选集》，商务印书馆，1984年，第62页）。

而财富的来源，他认为“一个王国的财富就在于它的国土和商业”。（《布阿吉尔贝尔选集》，商务印书馆，1984年，第20页）一方面，他认为土地和劳动尤其是农业劳动是财富之源，这集中体现在他的重农思想里。另一方面，他又认为财富还取决于商业，“一个国家的财富体现于继续不断的交易行程中，从而使土地、工人、工作绝不会有片刻的停顿，货币也因此流通不停”。（《布阿吉尔贝尔选集》，商务印书馆，1984年，第273页）在他看来，一切物品只有被消费，才是财富；而能使消费得以维持的，便是商业。只有连续性商业才能使人们相互调剂，从而获取物品以维持正常的消费，并由此而形成财富；否则消费就会停止，也就无所谓财富。因此他断言，商业“是公共富裕的唯一维护者”（《布阿吉尔贝尔选集》，商务印书馆，1984年，第169页）。

2.财富的分配

根据布阿吉尔贝尔的观点，法国的一切财富，都来源于土地的耕种；而土地的收入，主要在地主和佃耕农（租地农场主）之间分配，地主凭土地所有权得到一份地租，佃耕农租地经营获取一份利得（利润），“其中也会有国王的一份”。（《布阿吉尔贝尔选集》，商务印书馆，1984年，第58页）此外，受雇做工的工人则取得工资。但他认为，现实经济生活中，一是分配极不公平，尤其是国王向人民索贡过重，致使人民大批破产，土地荒芜，陷于赤贫绝境。二是雇主与雇工之间在分配上是根本对立的。“雇工希望占有收获成果的全部价格作为他的辛劳的报酬，一点也不计及使他有工做的、向地主纳租和向国家纳税的人的处境，也不顾虑这会影响到佃农将没有能力再次经营土地生产，从而就不能再次给他以谋生的工作；在佃农方面，则希望占有他雇用来耕种土地的人的劳动，而只给这些职工以微薄的酬劳，还不足以维持他们和他们家属生活”。(《布阿吉尔贝尔选集》，商务印书馆，1984 年，第 59 页)为此，他提出，必须按照“公平的规则”来进行收入分配，不仅国王索贡要公平合理，而且人民也应根据自己对社会的贡献来取得报酬。“每一个人应当不停地工作，经常地对群众有一份贡献，同时从社会中领回一份相同的报酬”。(《布阿吉尔贝尔选集》，商务印书馆，1984 年，第 60 页)可以说，布阿吉尔贝尔试图从社会阶级结构的视角来探讨收益(财富)分配的问题。当然他对此的认识还很不清晰，也不准确。

(三)赋税思想

布阿吉尔贝尔是站在维护农业的立场上，通过对法国当时实行的税制进行批判来阐述其赋税思想的。他认为，当时法国经济凋敝、人民生活困苦的主要原因，就在于沉重不合理的赋税政策，“使人无法耕种其土地的原因只能有两种，或者因为必须有一定的钱而他自己没有，也借不到，因此无法筹集这笔钱；或者由于耕种之后，不能像以前那样卖掉产品，结果他丧失了所有垫支的经营费用，从而使他处于不得不让土地荒芜的不幸境地。造成第一个原因的是任意规定的达依税(注：为维持国王的常备军而征收的税，它是按人口和产业向平民征收的)，因为拥有一份巨额进款的人一点也不缴纳达依税(或者缴纳很少)，可是一个只靠双手为自己和他的家庭谋生的穷人，却受到重税盘剥。至于第二个原因，是由于酒税、出口税、王国内部的过境税等是商品所能承担的 4 倍，于是造成这样一种情况，即人们所消费的只达到 30 年或 40 年前的四分之一”。(《布阿吉尔贝尔选集》，商务印书馆，1984 年，第 115 页)通过对税制的分析，他指出了构成当时法国财政收入重要来源的达依税的弊端：(1)变化不定。即达依税完全被任意规定，没有固定税制，税率也变化无常。(2)征收方式不合理。当时赋税大都招人承包，由税收承包人向皇家政府缴纳固定数额，其余则由承包人尽其搜刮之能事，把过高的税率压在已经不堪重负的老百姓头上。(3)税负分配不均。达依税在确定税收负担时，不是根据纳税者的财产来规定税额数量的，收税官、税收承包人、稽查员和权贵们都把减免税收作为地位象征，结果导致税收对富人少收，收入越多的人，纳税反而越轻；收入越少越穷的人，则百般榨取，其税负越重，结果导致老百姓彻底破产。而且国内关卡林立，过境抽税，阻碍了货物的运输，又禁止原料和谷物的出口，断绝了海外市场，酒税的征收也限制了酒商对谷物的购买，种种原因导致货物输出大量减少，产地的谷物价格下跌，农民不得不放弃耕地，地主、佃农破产，并造成工商业的衰败。

在指出上述弊端的基础上，布阿吉尔贝尔提出了改革税制的建议：

1.避免对农民课税过重，扶植农业的健全发展。即整顿不适宜的间接税代之以直接税，不得任意指定直接税，应根据负担税负的能力平等地按比例地征交直接税；改革人头税；撤销补助金、国内关税制度；提出征收炉灶税、什一税方案。

2.主张废除国内通行税和出口关税，“把出口关税和酒税归并到达依税上来征收”，以使道路“自由畅通”。(《布阿吉尔贝尔选集》，商务印书馆，1984 年，第 100 页)他认为只要实现商业的自由和捐税分派的公平，扩大国内商业，促进行业分工，加快货币与商品流通，就可以解决根本问题，“只要使道路上往来自由和捐税公平，那么在 24 小时内人民就可以富有起来”。(《布阿吉尔贝尔选集》，商务印书馆，1984 年，第 102 页)而国王则“能够在十五天内……通过使他的臣民收入增加一倍而使自己的收入翻一番”(《布阿吉尔贝尔选集》，商务印书馆，1984 年，第 112 页)。

3.反对政府的粮食低价政策，认为人为压低谷物价格有害于农业的发展，主张废除谷物出口税，许可并奖励谷物出口，允许谷物价格自然上涨。总之，越是能在市场上反映商品的真实价值，就越是对经济发展有利。但由于一般消费者能从价格低廉的各种货物中得到好处，所以他又认为谷物的输出、输入又不能绝对自由，主张除粮食歉收时外，要禁止谷物的进口或对进口粮食课以重税。

4. 改革招人承包的税收制度，实行公平税负。他认为税收承包人的意图就在于获得巨额回扣，这必然引起破坏性的后果，他们利益的大小是和对人民的危害的程度成正比的。他主张财政官员在对其整个稽征区的财产进行逐个调查和平衡的基础上，按拥有财产的多寡和比例，实行公平征税，以实现贫者少缴，富者多缴。但他的提案并未被采纳。

5. 反对货币税，主张实行实物税。基于他的货币观，他主张废除货币，退回到物物交换。在他看来，如果各种商品价格符合各部门分配的劳动，而且相当稳定或变动很小，并到处都可以按比例进行交换，那就可以不用贵金属作货币，直接进行物物交换。那么，在税收课征实体的选择上，与其征货币不如直接征收实物。因为金钱这个商品交换中的残酷的中介物，由于它的职能而糟踏了大量的商品。就税收而论，货币税形式对于税收分配的不公平、不合理具有掩盖作用，如对酒类征收的货币税，不考虑生产者能否收回成本，无中生有，强征那些不可能有的东西。所以，他最后愤慨地指出，实行货币税的恶果较之于强盗抢劫，有过之而无不及（王振宁等，《赋税思想史》，吉林人民出版社，1998 年，第 153 页）。

第三节　魁奈的财政思想

一、魁奈的生平和主要著作

弗朗斯瓦·魁奈（Francois Quesnay，1694～1774）出生于离凡尔赛不远的蒙福尔·拉穆里的一个从事律师工作的小地主家庭，由于兄弟姐妹众多，12 岁才开始读书，13 岁丧父，16 岁外出谋生，为近郊一位外科医生作助手，并一度在巴黎大学学医，后来主要靠自修，在 25 岁时成为合格的外科医生。1730 年他被选为外科医师协会秘书，1744 年获得庆得逊大学的医学博士学位，1749 年被任命为名声显赫的蓬巴度侯爵夫人的侍医，后来又因治愈皇子的痘疮被封为贵族，升任路易十五的侍医，并移居凡尔赛宫。由于居住在宫廷内，有机会结识当时法国一流的思想家、哲学家和经济学家，并可以接触大量关于法国社会经济状况的材料，魁奈在60岁左右开始了对经济学的研究。当时最为社会关注的经济问题就是谷物价格和赋税问题，因此魁奈的研究也是从这方面开始的。他于1756年、1757年为狄德罗主编的《百科全书》先后写了《农民论》、《谷物论》、《人类论》、《赋税论》等经济论文，其中后两篇论文，由于《百科全书》在1757年被政府查禁而未发表；1758年发表了《经济表》，1763年发表了《农业国经济统治的一般准则》，1766年发表了《经济表的分析》，其中《经济表》和《经济表的分析》是魁奈的代表作。

魁奈以"自然秩序"思想为基础，运用抽象分析法，深入分析了资本主义的生产和再生产过程，并针对法国当时财政几近崩溃的状况，讨论了农民阶级贫困的原因，阐明农业是一国最基本的产业以及资本主义的大农经济，是一国经济繁荣的基础，并提出了自己的政策建议。魁奈的研究将经济学推向了新的发展阶段，他创立了重农学派的理论体系，他的很多思想完全为后来的重农学者所接受并奉为圭臬，他在重农学派中的领袖地位也是绝对的。

二、魁奈的基本经济思想

(一)纯产品理论

纯产品理论是魁奈理论体系的核心和基石，他的其他经济理论和政策建议都是以此为基础的。而对纯产品的论述，又是从等价交换原则出发的。魁奈认为在自然秩序下，充分的自由竞争会使商品交换以商品的生产费用为基础按等价原则进行，因此，财富的来源就不可能是在流通领域，而只能来自生产领域。这从根本上否定了重商主义的理论，并将研究的重心转向了生产领域，这一点对经济学的发展有重要意义。

魁奈还区分了财富的增殖和财富的相加，认为只有农业生产才能实现财富的增殖，而其他部门的生产职能补偿其自身的生产费用，最多不过是原有物质财富的相加。"在工业制品的生产中，并没有财富的增加。因为在工业制品中价值的增加，不过是劳动者所消费掉的生活资料价格的增加。商人的大财产也只能从这个观点来加以考察。就是它和小商人的利得是同性质的东西，不过是大商业企业综合的结果……所有这些企业者，都不过是把别人的支出，来作为他的财产。因此，在这里并不存在财富的增加”(《魁奈经济著作选集》，商务印书馆，1981 年，第 85 页)。

而在农业生产中，每年生产出来的农产品在扣除生产过程中所耗费的生产资料和农业生产者的生活资料后，通常都会有剩余的农产品，这部分剩余的农产品就是“纯产品”。可以看出，这里的“纯产品”实际就是农业总产品(C＋V＋m)超过生产费用(C＋V)的余额，也就是劳动者生产的剩余产品或剩余价值。在魁奈看来，农业不仅是国民经济的基础，而且只有农业能够生产纯产品，“土地是财富的唯一源泉，只有农业能够增加财富”。(《魁奈经济著作选集》，商务印书馆，1981 年，第 333 页)对于这一点需要作以下几点说明：第一，魁奈认为只有在大规模的、按资本主义生产方式经营的“大耕作”农业中，使农业雇佣劳动者同生产资料相结合才能创造出纯产品。而个体劳动的小农生产是不能提供纯产品的。所以说，魁奈研究的是资本主义农业经济，分析的是资本主义生产关系。第二，魁奈一方面把纯产品的生产归结于农业劳动者的劳动，另一方面又将纯产品看作是自然赐予，只有农业才能生产纯产品的原因就在于“自然”参与了农业生产，因此，自然界是纯产品的源泉，而劳动则是纯产品的创造者。第三，魁奈将资本家的利润看作是资本家熟练劳动的工资，像普通劳动者的工资一样，也包括在生产费用中，所以纯产品不包括利润，它全部等于地租。这样地租也就成了剩余价值的唯一形态，利息被魁奈看作是违反自然的高利贷。

魁奈的纯产品理论，实际上研究了剩余价值及其来源，第一次系统地从生产领域说明了剩余价值的生产。但由于历史条件的限制，他对剩余价值的认识有片面性和狭隘性，以肯定地租的方式来肯定剩余价值，为他的理论披上了一件封建外衣。

(二)社会阶级结构理论

在《经济表》中，魁奈根据人们与纯产品的关系和所在的生产部门，将全国居民划分为三个阶级：

1. 生产阶级，即从事农业活动，生产纯产品的阶级，“生产阶级是耕种土地，逐年再生产国民财富的阶级”，(《魁奈经济著作选集》，商务印书馆,1981年,第309页)包括租地农场主和农业工人。由于租地农场主和农业工人都不是土地的所有者,魁奈将他们划为同一阶级,认为他们是唯一能生产纯产品的阶级,是社会全部经济生活的基础,国家的兴旺寄托在他们身上。他假设这个阶级占全国人口的1/2。

2.土地所有者阶级,即以地租、赋税形式从生产阶级获得收入,占有纯产品的阶级,"包括君主、土地所有者及什一税的征收者",(《魁奈经济著作选集》,商务印书馆,1981年,第310页)在魁奈的早期著作中,他把这个阶级看作是不从事生产活动、不劳而获地取得地租的,但在晚期著作中,他又认为土地所有者是部分生产的,因为他们曾在土地上作了永久性的改良措施,支出清理土地和排水等费用,由此获得土地果实的请求权。他假设这个阶级占全国人口的1/4。

3.不生产阶级,即既不生产纯产品,也不占有纯产品的阶级,"是由从事农业以外的其他工作和别种劳动的人组成",(《魁奈经济著作选集》,商务印书馆,1981年,第311页)包括工商业中的资本家、财贸人员和工人(包括工匠和技工)。魁奈认为这个阶级不能创造纯产品,但它也是必要的,因为没有这个阶级,会使农产品市场缩小,从而阻碍农业资本的增长。他假设这个阶级占全国人口的1/4。

受哈维的血液循环学说的启发,魁奈将社会资本的循环比作人体的血液循环,将上述三个阶级比作社会器官,社会财富就像血液一样在其中进行再生产和流通,而这种流通顺利进行的条件就是自由竞争,因为只有在自由竞争的条件下,等价交换才可能实现,从而社会财富在各个阶级之间才会得到合理分配。

把阶级划分同生产联系起来,试图从社会经济关系中引申出人们之间的阶级关系,这是魁奈的一大贡献,尽管他的这种划分是矛盾和错误的。

(三)资本理论

魁奈并没有提出"资本"范畴,在说明《经济表》时,他将农业资本划分为"年预付"和"原预付"两部分,"年预付是每年花在耕作劳动上的支出数额",如种子、原料、工资等;"原预付是购置农业设备的基金",(《魁奈经济著作选集》,商务印书馆,1981年,第312页)如水利设施、仓库、农具、耕畜等。可以看出，其实年预付就是流动资本，每年都要支付，全部加入每年的生产费用，并且由每年的产品来全部补偿；原预付就是固定资本，只在开办时或其后几年才支付一次，每年只部分地加入生产费用，要经过多年才能取得完全补偿。

魁奈的生产资本只是农业资本，他认为工业资本是不生产的，商业资本也只是通过贱买贵卖获得利润，并不产生纯产品。货币也不是资本，只是流通工具，只是获得预付（资本）的手段，而年预付和原预付的划分是到货币转化为生产资本的各种要素时才发生的。

魁奈将生产和资本联系起来，将生产资本与剩余价值（纯产品）联系起来，从再生产角度出发对生产资本的构成进行划分，为理解资本的性质开辟了正确的道路，为科学地研究社会资本再生产和流通提供了可能。但他只注意到资本的生产形态，忽视了资本的货币形态和商品形态。

（四）《经济表》——投入产出和社会再生产的宏观分析

魁奈的《经济表》在经济学史上第一次试图说明社会总资本的再生产和流通过程，并对社会资本简单再生产理论提出了一些科学的和天才的见解。《经济表》及其分析概括了魁奈的经济理论和政策建议，它表示了社会财富的生产、流通、分配的基本关系即再生产过程的自然秩序，内容非常丰富。

《经济表》用图式说明了一年生产的财富是如何在各阶级中流转、分配，并使下一年的社会再生产顺利进行下去的过程。尽管存在着片面性、逻辑矛盾等缺陷，但这一再生产和流通的理论，对科学地分析社会资本的再生产问题，是很有启发意义的。马克思对《经济表》的评价很高，他说，“实际上，这是一种尝试：把资本的整个生产过程表现为再生产过程，把流通表现为仅仅是这个再生产过程的形式；把货币流通表现为仅仅是资本流通的一个要素；同时，把收入的起源、资本和收入之间的交换、再生产消费对最终消费的关系都包括到这个再生产过程中，把生产者和消费者之间（实际上是资本和收入之间）的流通包括到资本流通中；最后，把生产劳动的两大部门——原料生产和工业——之间的流通表现为这个再生产过程的要素，而且把这一切总结在一张《表》上，这张表实际上只有五条线，连接着六个出发点或归宿点。这个尝试是在十八世纪三十至六十年代政治经济学幼年时期作出的，这是一个极有天才的思想，毫无疑问是政治经济学至今所提出的一切思想中最有天才的思想”(《马克思恩格斯全集》第 26 卷，第 1 册，人民文学出版社，1980 年，第 366 页)。

三、魁奈的财政思想

(一)自由放任思想

自然秩序是魁奈的经济思想的基础，因此经济上的自由放任就成为他必然的主张。他认为，个人利益是社会公共利益的仆人，个人追求自己的利益，最终将增进整个社会利益。因此，他主张实行全面的自由放任政策，取消一切限制性干涉政策，“必须维持商业的完全自由。因为最完全、最确实，对于国民或国家最有力的国内商业和对外贸易政策，在于保持竞争的完全自由”。(《魁奈经济著作选集》，商务印书馆，1981 年，第 338 页)在魁奈看来，自由放任原则既适用于国内交易，也适用于国际贸易。他反对重商主义的贸易保护政策，认为禁止谷物出口等措施是违反自然秩序的，使生产阶级因农产品低价而减少了收入，因工业品高价而增加了支出，这直接危害农业生产，从而使经济衰退。而自由竞争、实行自由贸易政策，则是符合自然秩序要求的，自由贸易会使国内的农产品和工业品的价格按国外市场的水平波动变化，农产品价格提高而工业品价格降低，从而使工农业产品能实行等价交换，并促进资本主义农业的发展。魁奈还反对国家对工业的干涉和垄断，甚至国家对工业的课税按照他的单一税原则也都应免除。

但应当看到，魁奈提出这样的主张的物质基础是当时法国农产品在国际市场上有一定的竞争力，实行自由贸易政策对法国农民是有利的，如果法国当时面临外国廉价农产品的强有力竞争，既主张自然秩序又主张保护农业的魁奈就难免要遇到矛盾了。

(二)赋税思想

魁奈的赋税思想散见于《谷物论》、《赋税论》、《农业哲学》和《农业国经济统治的一般准则》等著作中，他的财政论中最有名的就是土地单一税主张。

纯产品理论是魁奈的赋税思想的基础。在他看来，只有纯产品使财富增加，纯产品也是一切税收的源泉，所以"对于土地所有者，对于君主和全体国民来说，把赋税完全对土地收入直接征收，是有很大的利益的。因为所有其他的课税形式都是违反自然秩序的，都是对于再生产和赋税本身有害的，都是会在赋税之上加上赋税的"。(《魁奈经济著作选集》，商务印书馆，1981 年，第 314 页)根据纯产品理论，只有农业部门能生产出纯产品，而纯产品的唯一形式就是地租，所以魁奈主张一切赋税都由获得地租的土地所有者负担，即实行土地单一税，并建议土地单一税的征收不需要多于纯产品的 1/3。

如果对租地农场主征税，由于其收入是用来补偿生产中所消耗的资本的，对其征税会影响再生产，破坏一国财富的源泉。因此，魁奈主张"赋税应该对土地的纯产品征课……同时也不应对租地农场主的财富征收，因为一个国家在农业上的预付，应当看作是不可动用的基金，是为赋税的收入和所有市民阶级的生活资料的生产所必需的。不这样做，赋税就会变成掠夺，很快使国家趋于衰落破灭"(《魁奈经济著作选集》，商务印书馆，1981 年，第 333 页)。

如果对工商业课税，由于工商业属于不生产阶级，都不能创造出比投入资本更多的新财富，税收负担的加重，会使商品价格提高，最终转嫁给消费者，一部分转嫁到土地所有者身上，一部分转嫁到生产阶级身上，由于生产成本增加，必然导致纯产品减少。如果商品价格不提高，那就会减少工商业对生产阶级产品的购买，从而造成农业生产收缩，纯产品也会减少。而如果工业品和农业品都因赋税负担各自提高自己产品的价格，最后，也必然落到没有商品出卖的土地所有者身上，"在从土地取得财富的王国，任何方法征收的课税，结局都是土地所支付的。因此最简单，最合理，对于国家最有利，对纳税者负担最轻的课税形式，是比例于纯产品，对继续再生产的财富源泉的直接课税"(《魁奈经济著作选集》，商务印书馆，1981 年，第 342 页)。

魁奈不主张对从事农产品贸易和把农产品运往国外按好价出售的商人征税。因为他们手中的财富是为发展农业生产，增加国民财富所必需的。他主张实行自由贸易，不论是对进口产品，还是出口产品，都不应当课税，解除妨碍对外贸易和国内贸易的一切禁令和规定，这样才能有利于农产品的生产和贸易，增加国家的财富和收入。

魁奈反对征收财产税和向个人课征人头税或劳动所得税。他认为对财产课税会减少个人的消费和支出，从而降低农产品的售价和产量；对后者征税，更有悖于“自然秩序”，并且极不公平，极为有害，因为人头税有害于土地的耕种和农业生产，会加重人民负担，加速他们的贫穷和破产。

对于实行土地单一税制的好处，魁奈认为是：(1)由于土地所有者以租借形式收取的收入足够缴纳土地税，并且这笔租借费在租约中已规定，其数额租地农场主一清二楚。即使今后土地所有者和租地农场主重新订立租约时，租地农场主的竞争也经常会使土地所有者处于弱者地位，并使后者的收入同土地的产量相适应。(2)由于土地单一税是比例于纯产品，对继续再生产的财富源泉的课税，因而它是最合理的税种。(3)因为全国实行只对土地收入征收单一税，因此，就简化了税制和税务机构，节省了征税费用和人员，抑制了税务官员对人民的欺压。(4)对土地所有者说来，对土地收入课征单一税比对农产品和其他商品征税的负担要轻，因为在后一种情况下，土地所有者进行消费时，不仅负担税款，而且还要支付农产品和商品征税的巨额费用，而在土地单一税情况下，则无须支付此项费用。由此可以看出，尽管在表面上似乎是为土地所有者打算，但土地单一税的实质是有利于工业和农业资本家的，免除了产业资本家的赋税负担，保护和促进资本主义生产方式的萌芽和发展。

魁奈在他的一些著作中还多次论述有关国家征税要适当的问题，支出在租税与国民收入关系上，不应该加重赋税的负担，税收的增收部分和国民收入的增加应该成正比，即“赋税不应过重到破坏的程度，应当和国民收入的数额保持均衡，必须随收入的增加而增加，赋税应该对土地的纯产品征课，为了避免使征税费用增加，赋税应该对土地的纯产品征课，为了避免使征税费用增加，妨碍商业，和使每年不致于有一部分财富被破坏，赋税就不应对人们的工资和生活用品征课。……不这样做，赋税就会变成掠夺，很快地使国家趋于衰落破灭”。(《魁奈经济著作选集》，商务印书馆，1981年，第333页)“对农民、雇农或短工的征税也同样应当适度；重要的是对农村的下层阶级的征税不要过分，使他们对赋税的数额能够放心。如果任意征收不适度的税，他们就会对自己的工作不抱任何希望”(《魁奈经济著作选集》，商务印书馆，1981年，第201页)。

(三)其他财政思想

魁奈对于国家经费、财务行政、公债的看法是“政府与其只注意节约，不如着重于促使国家繁荣所必要的措施。因为支出虽然庞大，如果财富跟着增加，就不能算过多，但是不应把浪费和真正的支出相混淆。原因是浪费会吞噬掉国民和君主的所有财富”。“财务行政不要在赋税征收方面或是政府支出方面形成货币财产。因为这种财产会把收入的一部分从流通、分配以及再生产过程中夺去。国家非常必要的财源，只能从国民的繁荣中取得，绝不应该求之于金融业者的信贷。因为货币财产是一种不知道什么叫君主或祖国的隐秘财富”。(《魁奈经济著作选集》，商务印书馆，1981年，第339页)魁奈具有这种思想，是把当时法国专制王权的财政贫困的一个重要原因，归咎于金融资本的暴利。魁奈从抨击金融资本牟取暴利的立场出发，主张国家财源不应求之于公债。他认为公债使国家负担足以破产的债务，而且由于这种票据的中介，引起金融交易或票据买卖，而票据的贴现使不生产的货币财产日益增多。这种财产使现金离开农业，从农村剥夺去不动产改良和土地耕作经营上所必要的财富([日]坂入长太郎，《欧美财政思想史》，中国财政经济出版社，1987年，第113页)。

第四节　米拉波的财政思想

一、米拉波的生平和主要著作

米拉波(Victor Riquetti Marquis de Mirbeau，1715～1789)是重农

主义的热心组织者。魁奈的《经济表》发表后，在他周围逐渐出现了一批门徒和追随者，他们自称为"经济学家"，对魁奈的思想加以宣传、研究和系统化，并且定期集会，讨论即将发表的论文和主张，形成了一个见解基本一致的学派，被后人称之为重农学派。米拉波就是其中的代表人物，他的主要著作有《人群之友或人口论》、《赋税论》等，他的《农业哲学》一书是四本重农主义教科书中的第一本，其中还有对《经济表》的解释部分。

二、米拉波的财政思想

米拉波受魁奈等人的影响，在他的《人群之友或人口论》中力主经济自由与农业的重要性。他认为一国产业的兴衰取决于人口的多少；而人口的多少又取决于维持人口的财富，尤其是粮食生产，而当时法国人口减少的原因主要在于农村受到重税盘剥，农产品卖价自由受到不适当的限制。这样，劳动力不足，必然导致农业经济的不振，因而他主张振兴与保护农业。从这一立场出发，在《赋税论》有关税收的本质或税收依据的论述中，他指出："每个人都需要保卫自身活动的权力……每个人都同意各自应对公共权力作出贡献。赋税是由事实上的同意而成立的。每个人在其贡献中考虑的是各自的切身利益。"（米拉波，《赋税论》，法文版，第 6 页，转引自坂入长太郎《欧美财政思想史》，中国财政经济出版社，1987 年，第 114 页）另一方面，"君主自己也应当考虑。君主既然向臣民征收费用，因为我具有了臣民所期望的价值，我才成为人人都服从我的人民的首长"。（米拉波，《赋税论》，法文版，第 7 页，转引自坂入长太郎《欧美财政思想史》，中国财政经济出版社，1987 年，第 114 页）由此可以看出，米拉波是以自然法思想为理论前提的，认为赋税的依据在于国家给予个人以法律的保护，采取了承认赋税与人民受益之间具有内在联系的"利益说"的立场。从这一立场来提供公共资金，公共资金为各个臣民所消费，用于臣民的个人利益，通过评价各个人所获的利益，便可决定作为利益代价的赋税额。所以，米拉波得出结论："每个人在纳税时考虑的是自己的利益。减少这种利益，市民的纳税就要少。完全取消这种利益，市民也就会不缴赋税。一言蔽之，和所有货物同样是一种交易”(米拉波,《赋税论》,法文版,第 7 页,转引自坂入长太郎《欧美财政思想史》,中国财政经济出版社,1987 年,第 114 页)。

尽管米拉波认为国家与依据财产私有权而拥有财产的财产所有者,在财政上都具有共有权,得以分配利益即得以征收所谓赋税,但他并不主张君主拥有限制乃至没收臣民私有财产的课税权。也就是说,“君主为国家主人,但是君主不是国家,也不可能是那样。君主作为保护所有的私有财产的庇护权者,因此具有分享财富的权利。可是他绝不是唯一的所有者”。“国家对人民的吸引力无他,财产与报酬而已,财产匮乏即无报酬可言,这种地方已经不存在国家了”(米拉波,《赋税论》,法文版,第 120、126 页,转引自坂入长太郎《欧美财政思想史》,中国财政经济出版社,1987 年,第 115 页)。

米拉波同魁奈一样,也十分痛恨赋税包征人所经手的苛税活动。他说:“他们使国家置于被猛禽吞噬的境地,他们肆无忌惮,无恶不作,使一切销声匿迹,逃之夭夭。”甚至连僧人都说,“税吏不死,大难不止”(米拉波,《赋税论》,法文版,第 105 页,转引自坂入长太郎《欧美财政思想史》,中国财政经济出版社,1987 年,第 115 页)。

作为重农主义者,米拉波虽然不反对土地单一税理论,但又认为土地纯收益单一税实际上无法加重到足以承担国家经费开支的地步。由于土地单一税无法满足国家的全部财政需要,因此,他主张通过其他税收来弥补,如征收盐、烟草等间接税,以及辅之以适当的直接税。但应该以盐、烟草税充作偿还公债使用。这样,米拉波实际主张的复税制体制就同单一税理论发生了矛盾。这种矛盾与其说是理论上的,倒不如说更体现了米拉波出于国库实际需要的考虑。米拉波认为,“在一切政治学中,没有比征收国家经费更重大的研究对象了。总之如我们所证实那样,全部国家权力与调谐工作都倾注在这个重大研究对象上”。“财政学伟大的秘诀在于:适度、公正、平等课税不是根据道德的、自然的义务,而是取决于物质的、政治的必然性。因为无秩序的课税将毁灭国家与国库”(米拉波,《赋税论》,法文版,第 142、145 页,转引自坂入长太郎《欧美财政思想史》,中国财政经济出版社,1987 年,第 116 页)。

第五节 杜尔阁的财政思想

一、杜尔阁的生平和主要著作

安·罗伯特·雅克·杜尔阁(Anne Robert Jacques Turgot, 1727～1781)是重农学派的另一个重要代表人物。他出生于巴黎的一个旧贵族家庭,接受的是神学教育,从沙比斯神学院毕业后,曾担任索尔滂恩修道院的院士和名誉副院长,1751年放弃神职,进入政界,历任代理检察长、市参议员、法院裁判长等职,在此期间,他开始与重农学派有接触,并受到了魁奈的影响,但他对魁奈的学说并不是亦步亦趋,在很多方面都有所发展。1755年,他陪同当时的商务总监顾尔内在国内旅行两年,看到了国家干涉政策的种种弊端,再加上顾尔内也是一个力主经济自由放任主义者,因此启发了他的经济自由思想。1761年杜尔阁被任命为里摩日州长,在职长达13年,任职期间他进行了许多改革,如改善征税制度、改进土地底账、建设道路、实行以货币纳税代替徭役制、准许州内谷物自由流通、革新农业技术、奖励新产业、调查纯产品等,赢得了良好的声誉。

1774年路易十六继位,5月杜尔阁就被任命为海军大臣,8月调任财政大臣。这时的法国财政状况恶劣,杜尔阁试图在不增税和不举债的原则下,解决财政问题,并将重农主义的理论付诸实施。他反对国家干涉经济的各种措施,主张取消一切特权,并试图以包税制度代替租税管理制度,撤销谷物贸易限制,准许粮食自由买卖,实行以赋税代替徭役。1775年他降低粮食输入城市的税率,并把这种税第一次推行到特权人物身上。此外,对各特权阶级还课以道路税,同时取消征自农民的道路劳役。1776年他不顾特权集团的反对,颁布了许多重要法令:解散行会组织,恢复工商业自由经营,废除对发展工商业有妨碍的苛捐杂税共23种;实施酒类贸易自由,从而使酿酒领主失去一项重要的专利权。为了减轻国库和社会对于信贷垄断者——银行家和包税人的依赖,还设立了一个名为贴现银号的股份公司，调剂全国金融。（赵崇龄，《外国经济思想通史》，云南大学出版社，1991 年，第 105 页）这些法国历史上空前的重大改革，遭到了贵族、僧侣及其他特权阶级、最高法院、地主阶级的激烈反对，另一方面也没有得到民众的支持，而他在财政上的失败也使路易十六不满，因此 1776 年 5 月，在当权两年后，杜尔阁辞去了财政大臣职务。此后，他逐渐脱离政治生活，转入自然科学的研究。而伴随着杜尔阁的失败，重农学派的思想和声势急剧跌落。

杜尔阁不承认自己属于重农学派，他几乎没参加过魁奈的所谓“经济学家”的派系活动。但他的学说具有重农学派的一般特点，如自然秩序、自由放任、纯产品、农业是一国财富的唯一源泉、土地单一税等，都是和魁奈一致的。但他的经济理论封建外观较少，更加直率地代表新兴资产阶级的利益，经过他的发展和修正，重农学派作为资产阶级思想体系的特征有了更加鲜明的表现。正如马克思说：“在杜尔阁那里，重农主义体系发展到最高峰”（《马克思恩格斯全集》第 26 卷，第 1 册，人民出版社，1972 年，第 28 页）。

杜尔阁的代表作是 1766 年写成的《关于财富的形成和分配的考察》，这是他最重要的著作。此外，还有《关于商业方面的重要问题》(1755)、《市集与市场》(1756)等论文。

二、杜尔阁的基本经济思想

（一）对纯产品理论的发展

魁奈认为纯产品是“自然的恩赐”，杜尔阁虽然也承认这一点，但他认为，纯产品是自然对于农业劳动者劳动的赐予，自然赋予农业特殊的自然生产力，农业劳动者的劳动使自然生产力得以发挥，生产出纯产品，“土地离开了劳动，便不能生产任何东西”。（杜尔阁，《关于财富的形成和分配的考察》，商务印书馆，1978 年，第 27 页）这样，杜尔阁已经把纯产品即剩余价值的来源归结为农业劳动者的劳动了。土地所有者能够占有纯产品，并不是由于“自然秩序”，而是由于人为的法律规定，“土地所有者除了通过土地耕种者的劳动以外，什么都得不到；……但是土地耕种者之所以需要土地所有者则仅仅是由于人类习俗和民法，这种习俗和民法的任务就在于保障最初的土地耕种者和他们的子孙所已占有的土地的所有权，即使他们已经不再亲自耕种这些土地”。（杜尔阁，《关于财富的形成和分配的考察》，商务印书馆，1978 年，第 27 页）所以，杜尔阁已经把地租看成是对他人剩余劳动的占有，看成是土地私有权的产物，并初步提出了土地私有权阻碍资本主义生产发展的思想。

（二）对社会阶级结构理论的发展

在对社会阶级结构进行划分时，杜尔阁把魁奈的三个阶级进一步划分为五个阶级，把生产阶级和不生产阶级划分为资本家和雇佣劳动者两个阶级，并正确指出二者之间的根本区别是是否占有资本，“企业家、制造业主、雇主阶层，都是大量资本的所有者，他们依靠资本，使别人从事劳动，通过垫支而赚取利润；另一阶层则……除了双手以外，一无所有，他们的垫支只是他们每日的劳动，他们得不到利润，只能挣取工资”。（杜尔阁，《关于财富的形成和分配的考察》，商务印书馆，1978 年，第 54 页）这样，杜尔阁已经把一个典型的资本主义社会的生产关系揭露出来了。但他还没有跳出魁奈按人们对纯产品的关系和所在生产部门划分阶级的局限，没有能把工农业两大部门中的资本家和雇佣劳动者分别合并为资本家阶级和工人阶级，亚当·斯密做到了这一步，杜尔阁的划分是从魁奈到斯密的过渡。

（三）对资本理论的发展

重农主义者中，只有杜尔阁提出了“资本”这个概念。他认为，资本就是可动的积累起来的价值。凡是没有消费掉的、因积累而保存的产品都是“可动的财富”，由于它可以不当作生活资料消费掉，能为它的所有者自由支配，并能取得一定的收入，它就成了资本（漆光瑛、蔡中兴，《外国经济学说史新编》，上海财经大学出版社，2002 年，第 64 页）。

（四）工资、利润理论

杜尔阁的重要贡献之一是他的工资学说。他同魁奈和配第一样，将工人工资归结为最低限度的必要生活资料。但他把自由竞争原则应用于工人和资本家之间的交换关系上，进一步说明由于工人众多、竞争激烈，才形成了这样的工资标准。

在重农主义者中，杜尔阁是第一个将利润作为一个独立范畴来考察研究的人。他认为企业家有获得利润的可能性，用资本买进一份田产，这时相应的收入为地租；用资本租种土地经营农业、从事制造业生产或经营商业，这时的收入为利润，既然资本促进了纯产品的增加，就应分享一份。关于利润的来源，他曾概括地指出，整个社会"除了土地的纯产品以外，没有收入。所有其他年利润不是从这种收入中支付的，就是形成用来生产这种收入的开支的一部分"。(杜尔阁，《关于财富的形成和分配的考察》，商务印书馆，1978 年，第 84 页)所以，归根到底各种利润都来自农业中的纯产品即剩余价值。

三、杜尔阁的财政思想

杜尔阁在其所著《关于财富的形成和分配的考察》一书中认为，只有农业劳动是唯一典型的生产劳动，即"农人为大家提供最重要的和数量最多的消费品，因此，他就处于独立性更大一些的有利地位……这既不是荣誉方面的，也不是体面方面的首要地位，而是一种理所必然的首要地位……农人的劳动使土地能够生产他本人需要以外的东西，这些东西乃是社会中一切其他成员用他们的劳动交换得来的工资的唯一基金"。(杜尔阁，《关于财富的形成和分配的考察》，商务印书馆，1978 年，第 20 页)他还认为，"土地永远是一切财富首要的、唯一的来源；作为耕种的结果而生产一切收入的就是土地；在完全未耕种以前，为人类提供第一批垫支基金的也是土地"。(杜尔阁，《关于财富的形成和分配的考察》，商务印书馆，1978 年，第 48 页)然后"除了土地的纯产品以外，一个国家里不存在任何真正可以自由支配的收入"。(杜尔阁，《关于财富的形成和分配的考察》，商务印书馆，1978 年，第 83 页)"不但除了土地的纯产品以外不存在也不可能存在任何其他收入，而且提供构成农业和商业垫支总额的全部资本的也是土地。"(杜尔阁，《关于财富的形成和分配的考察》，商务印书馆，1978 年，第 84 页)"如果只有土地才负有资助公共费用的义务，那么，只要这种捐款一经规定，买进土地的资本家就不会把必须提作这种捐款的那一部分收入计算在他的货币利息之内；同样，一个在今天买进一块土地的人并没有买进教区长所征收的什一税，甚至所有已知的赋税，而只买进那部分已扣除了什一税和赋税的收入”(杜尔阁,《关于财富的形成和分配的考察》,商务印书馆,1978年,第83页)。

杜尔阁认为,直接税是土地所有者从其所得中所支付的赋税;间接税区分为对佃农征收的赋税、对企业利润征收的赋税以及对销售或消费商品征收的赋税三种。土地所有者由于增加费用开支而收入减少,也要担负这三种间接税。所谓间接税包括对土地纯收入所征收的直接税以外的一切赋税。因此,夺走了再生产所必需的财富就损害了国家财富,也就不能不有害于政府的力量。换言之,除对土地纯收入征收的赋税以外,所有赋税都应该废除([日]坂入长太郎,《欧美财政思想史》,中国财政经济出版社,1987年,第117～118页)。

第六节 重农学派财政思想评析

重农学派是18世纪下半期(即50至70年代)由法国古典经济学主要代表人物所组成的学派,他们的思想体系以重农为特征。一般的重农思想,古已有之。但法国的重农主义同古代和中世纪的重农思想有所不同,第一,法国重农学派十分强调“自然秩序”,这是重农学派全部经济理论的精髓,这一秩序不以人们的意志为转移,既是人们必须理解和服从的必然秩序,也是对整个社会最有益的秩序。在他们看来,重视农业就是“自然秩序”的一种体现。第二,法国重农学派是在反对重商主义的激烈斗争中形成的,并对重商主义的瓦解和古典经济思想的发展起了促进作用。第三,法国重农学派最早分析了农业资本,在农业生产领域而不是在流通领域寻找剩余价值的起源,对经济学的发展具有十分重要的积极意义。第四,重农学派对资本主义社会的几大基本阶级及其相应的收入形态作了初步划分,尽管这一划分并不科学,但从社会经济关系中引申出人们之间的阶级关系,这还是第一次。第五,重农学派最早系统地研究了资本主义生产方式,是对资本主义生产方式的第一个系统的理解,它对亚当·斯密的经济理论体系的建立,产生了相当大的影响。他们所倡导的经济自由思想,对法国资本主义的发展起了促进作用。第六，重农学派在马克思以前就对社会总资本的再生产和流通作了最天才的说明，用最简单的方式，说明了社会再生产中最基本的问题。需要指出的是，重农学派的代表人物及许多经济理论大都带有封建色彩，如他们大多拥有贵族身份，在政治上拥护君主制，又声称纯产品应全部作为地租归地主阶级占有。但是，所有这些封建的外观都不能掩盖重农主义学说维护农业资产阶级利益的本质。这一点在土地单一税理论及其政策主张方面体现得尤为明显。

客观地说，魁奈提出的土地单一税，与其他资产阶级学者提出的诸如消费单一税、财产单一税、所得单一税等构想一样，都有着某种意义上的历史必然性。魁奈作为法国资产阶级古典政治经济学的杰出代表，他的经济理论中包括土地单一税，反映了那个时代新兴资产阶级的利益和愿望。实行土地单一税，表面上看是有利于土地所有权，不是为了工业的利益，而是为了土地所有权的利益，但是，土地单一税的实质仍是有利于工业和农业资本家的。重农学派试图通过土地单一税，把赋税全部加在土地所有者身上，降低工商企业的税收负担，保护和促进资本主义生产方式的萌芽和成长。马克思指出，在重农学派本身得出的结论中，对土地所有者表面上的推崇，也就变成了对土地所有权的经济上的否定和对资本主义生产的肯定。一方面，全部赋税都转到地租身上，换言之，土地所有权部分地被没收了，而这正是法国革命制定的法律打算实施的办法，也就是李嘉图学派的充分发展了的现代政治经济学的最终结论。这也正是隐藏在重农学派全部理论中的真实目的。

但是，魁奈的土地单一税制设想，在理论上的片面性和错误也是十分明显的。

缺陷之一：土地单一税设想是建立在农业部门作为唯一生产部门并创造“纯产品”或剩余产品这一错误的理论基础之上的。魁奈的错误在于，把农业“纯产品”这种剩余价值的一种形式当成了剩余价值的全部内容。其实，由雇佣劳动者的剩余劳动创造出的剩余价值，经过初次分配要转化成工业和农业资本家的利润、借贷资本家的利息和土地所有者的地租。剩余价值作为国家税收的来源，它不仅包括地租，也包括利润和利息，它们同工资等收入一样，都可以成为税收课征的对象。

缺陷之二：社会当年新创造的国民收入在进入消费之前，要经过一系列的分配和再分配，最终形成社会各阶级、阶层、集团及个人的收入。在这个复杂的分配过程中，收入会分布在社会再生产过程的各个点上。近现代国家的税收制度必须适应国民收入分配的这一特点，建立起由多税种、多环节、多层次课征的复税制体系，才能把分散于社会经济生活各个方面，且应归国家的收入及时集中起来，满足国家财政需要。而土地单一税在国民收入分配的众多环节上，仅选择地租一项课税，这在实践上是行不通的。

缺陷之三：资产阶级关于赋税原则的重要一条是纳税要公平，即凡享受国家提供利益、取得收入的纳税人都应依法纳税；凡收入相同的纳税人都应交纳相同的税款。然而，按照土地单一税理论，国家只对土地所有者的收入课税，工业、商业和借贷资本家虽也取得收入，却享有不纳税特权，这本身也是同资产阶级的税收平等观相背离的。

重农学派是在同法国重商主义的斗争中产生的一个资产阶级经济学流派。但他们在反对将货币等同于财富的同时，又走向另一个极端，主张废除货币和货币税，退回到物物交换，实行实物税。这一点在布阿吉尔贝尔那里表现尤甚。布阿吉尔贝尔由于受历史和经济理论的局限，从否定货币是财富，走向否定货币税的观点是错误的。他不懂得货币本身也是具有价值的物质财富，否则，货币就不可能具有流通手段和支付手段职能。同样，他也不可能理解，就像货币本身是商品交换发展的产物一样，货币税也是在实物税的基础上，随着商品货币经济关系发展而必然出现的一种课税形式，并且由货币税代替实物税也反映了税收发展的一大历史进步。这说明他对商品生产和商品交换的社会性质缺乏认识，也不知道商品交换的发展必然会产生货币是客观规律。

在财政支出方面，重农学派极力主张压缩政府经费，“以为一切既任人民以自由，则国家职权，可以缩小。而支出自然减省”。（尹文敬，《财政学》上册，商务印书馆，1934 年，第 23 页）不过，除了主张政府应该将其活动限制在可能的最小范围内，要求政府支出尽可能节俭以外，重农学派对于财政理论没有作出什么很大的贡献（张馨，《公共财政论纲》，经济科学出版社，1999 年，第 516 页）。

思考题

1. 重农学派的主要财政思想是什么？

2. 纯产品理论、社会阶级结构理论对重农学派的财政思想有什么影响？

3. 杜尔阁对重农学派理论的主要发展是什么？

第三章　庸俗经济学派的财政思想

第一节　庸俗经济学派产生的历史背景及财政思想的特点

18 世纪末，束缚资本主义发展的封建制度被彻底扫清，资产阶级政权得以巩固，英国的产业革命即将完成，资本主义得到前所未有的发展。资本主义社会的矛盾由封建主义和资本主义的矛盾转化为无产阶级和资产阶级的矛盾，庸俗经济学派就是在这个时候发展起来的。

庸俗经济学派最初以解释和传播古典经济学的面目出现，伴随着资本主义制度和生产方式的确立，他们转而充当资本主义的辩护者，抛弃古典经济学的科学成分，致力于发展其中的庸俗成分，并于 19 世纪 30 年代后取代古典经济学的主流地位。

马克思在评价庸俗经济学派时说，资本主义制度的建立“敲响了科学的资产阶级经济学的丧钟。现在的问题不在是这个或那个原理是否正确，而是他对资本有利还是有害，方便还是不方便，违背警章还是不违背警章。不偏不倚的研究让位于豢养的文乞的争斗，公正无私的科学探讨让位于辩护士的坏心恶意”。

庸俗经济学派的理论主要表现在：

1. 反对古典学派把劳动分为生产性劳动和非生产性劳动，认为物质产品生产以外的官吏、法官都有生产性。德国的庸俗经济学派甚至声称：官吏、法官创造的生产力甚至比物质劳动者的劳动更具生产性。

2. 国家对经济生活的干预是为全体人民谋福利，公共需要是满足全社会福利的手段，税收是人们取得社会福利的代价。

3. 公债也会给国家带来好处，即可以把国家紧急事件所花费的费用平摊到以后若干年内，公债具有生产性。

庸俗学派的理论分为三个阶段：从 18 世纪末到 19 世纪上半叶，是与古典经济学并存的阶段；从 19 世纪中叶到 20 世纪初，是与马克思经济学说并存的阶段；从 20 世纪初进入了与社会主义经济并存的阶段。庸俗经济学派在凯恩斯以前的代表人物有萨伊、马尔萨斯、约翰·斯图亚特·穆勒等人。

第二节　萨伊的财政思想

一、萨伊的生平和主要著作

让·巴蒂斯特·萨伊(Jean Baptiste Say，1767～1832)出生于法国里昂一个清教徒的大商人家庭，由于父亲营业破产，他没有接受完普通教育，不到 12 岁就开始学习经商，后到英国伦敦的商业学校求学，并在那里完成了学业，了解到英国的经济情况和产业革命，并且开始接触亚当·斯密的经济学理论。回法国后，他在一家保险公司担任经理的秘书。不久后，法国大革命爆发，萨伊投身革命，积极参加军队与保皇军作战。但是，当雅格宾党上台以后，他又站在大资产阶级一边，反对雅格宾派政权，离开军队，脱离革命。1794 年～1799 年间，萨伊担任《哲学、文艺和政治旬刊》杂志的主编，发表了许多经济论文，博得了拿破仑的赏识，这位当时的第一执政任命萨伊为法官，并派他到财政委员会工作。但后来由于反对拿破仑的保护关税政策，萨伊被解职，而且 1805 年～1813 年间，他的著作也被禁止发行，因此，他不得不重操旧业，与人合伙开办了一个以最新式机器装备起来的棉纺厂，自己当经理。萨伊不仅是一个能干的经理，而且是一个工程师、机械师，甚至是一个建筑师。

拿破仑失败，波旁王朝复辟后，萨伊离开了自己的工厂，回到巴黎恢复研究工作，并受到重用，被派往英国考察工业，在英国曾在格拉斯哥大学任教，教授政治经济学；1816 年在法国埃西尼大学主讲政治经济学原理，为法国讲授这门课的第一人；1831 年任法兰西学院政治经济学教授，直至 1832 年在巴黎去世。

他的主要著作有 1803 年出版的经济学巨著《政治经济学概论》，1817 年出版的《政治经济学问答》，以及 1829 年出版的六卷本《政治经济学全集》，形成了他的系统的庸俗政治经济学理论。

萨伊是法国资产阶级庸俗经济学派的创始人，他的学说很受法国资产阶级欢迎，被誉为"科学王子"、亚当·斯密的"伟大继承者"和欧洲大陆的政治经济学权威，他本人也以亚当·斯密理论在欧洲大陆的解释者、继承者和传播者自居，但与同时代的李嘉图不同，他只吸取了斯密理论中的中外部描述因素，避开内在分析，以解释的形式出现，开创了重经济学一般数量关系研究的先河，实际上只是斯密学说中庸俗成分的继承者和发挥者。

二、萨伊的基本经济思想

(一)三分法

萨伊抛弃了斯密使用的了解本质联系的抽象法，认为政治经济学研究和说明财富生产、分配和消费各环节之间的连续关系，就是"根据那些总是经过仔细观察的事实，告诉我们财富的本质。它根据关于财富本质的知识，推断创造财富的方法，阐明分配财富的制度与跟着财富消灭而出现的现象"。(萨伊，《政治经济学概论》，商务印书馆，1982 年，第 18 页)并以此为根据，把政治经济学的内容划分为彼此相互独立的生产(包括交换)、分配和消费三部分，他的代表作《政治经济学概论》的副标题就是"财富的生产、分配和消费"，并依此分为三篇，这就是经济学史上著名的"三分法"。这是一种对社会经济生活领域的科学的首创的划分法，有其可取之处，为以后西方经济学的内容划分和体系的构建奠定了基础，并被广泛地加以采用。(后来詹姆斯·穆勒在他的《政治经济学要义》一书中，进一步将政治经济学分为生产、分配、交换和消费四部分，被称为"四分法"。此后西方经济学实际上接受了穆勒对于萨伊的这一修正意见)但萨伊的三分法是抽象地、一般地研究社会财富的生产、分配和消费,并把三者并列起来,否认生产对分配、消费的决定作用,因此他的三分法尽管使得经济学的研究更加系统、条理,但却是肤浅、庸俗的。

(二)生产三要素

萨伊的生产论是他的价值论的基础,他完全在一般的意义上观察生产,认为"所谓生产,不是创造物质,而是创造效用。生产数量不是以产品的长短、大小或轻重估计,而是以产品所提供的效用估计"。"创造具有任何效用的物品,就等于创造财富"。而效用则是"物品满足人类需要的内在力量"(萨伊,《政治经济学概论》,商务印书馆,1982 年,第 59、60 页)。

萨伊认为,效用是通过劳动、资本和土地这三个生产要素的协同活动和协力作用生产出来的。"所谓劳动,实际上只不过是人类役使自然力而已"。劳动的作用就是"利用自然所提供的力,把效用授予物质""或扩大物质已经具有的效用"。(萨伊,《政治经济学概论》,商务印书馆,1982 年,第 62 页)而使用在产业上的人类劳动,必须得到资本的协助,才能活动起来,把效用授予各种物品,"如果没有资本,劳动就不能生产什么东西"。(萨伊,《政治经济学概论》,商务印书馆,1982 年,第 72 页)除了资本的协助外,劳动还须利用各种各样的其他因素的力量,这些因素不是劳动自己创造的东西,而是自然赐给人类的东西,通过这些自然力的合作,劳动把一部分效用给予各种东西。因此,萨伊认为,一切产品或效用都归因于劳动、资本和自然力(土地)这三者的作用和协力,而所谓生产,也就是这三要素共同协作,使自然界已有的各种物质能用来满足人们的需要,这就是对以后西方经济学影响很大的"生产三要素论"。

但萨伊不仅认为劳动创造价值,而且在他看来,土地和资本也都具有生产性,他说:"事实已经证明,所生产出来的价值,都是归因于劳动、资本和自然力这三者的作用和协力,其中以能耕种的土地为最重要因素但不是唯一因素。除这些外,没有其他因素能生产价值或能扩大人类的财富"(萨伊,《政治经济学概论》,商务印书馆,1982 年,第 75～76 页)。

(三)价值理论

萨伊的价值理论完全脱离了劳动价值理论,是庸俗的、混乱的。他认为价值是由效用决定的,“人们所给与物的价值,是由物品的用途而产生的。……当人们承认某东西有价值时,所根据的总是它的有用性。……没用的东西,谁也不肯给与价值”。“物品的效用就是物品价值的基础,而物品的价值就是财富所由构成的”。(萨伊,《政治经济学概论》,商务印书馆,1982 年,第 59 页)这里他把价值和使用价值混同在一起。

但效用是一种主观判断,无法衡量,为了解决这个矛盾,萨伊说,“价格是测量物品的价值的尺度,而物品的价值又是测量物品的效用的尺度”。而“价格只是以货币估定的市值”,“人们毫不犹豫地愿意拿出以交换一件东西的一定数量的货币叫做价格”。(萨伊,《政治经济学概论》,商务印书馆,1982 年,第 60、325、58 页)可以看出,萨伊混同了价值如何决定和价值如何表现的问题,混同了价值的内在尺度和外在尺度,把价格作为测量商品价值的尺度,是本末倒置的。萨伊还分析了供求关系对价格的影响。

由于效用是由生产三要素生产的,因此价值也是由生产三要素共同生产的,劳动创造工资,资本创造利息,土地创造地租,这三种收入分别是使用生产三要素创造效用时所必须支付的代价,从而它们也就构成企业家的生产费用。因此,萨伊得出结论:生产费用决定效用,由于效用决定价值,所以生产费用也决定价值。这一理论,吸取和利用了斯密价值论中的庸俗成分,否认劳动是创造和决定价值的唯一因素。

(四)三位一体分配论

以生产三要素理论和价值论为基础,萨伊提出了他的分配论。他认为,是生产三要素共同创造了效用,创造了价值,所以在分配上,三要素的所有者——工人、资本家和地主各自应从产品价值中取得一份相应的报酬,工人取得工资,资本家取得利息,土地所有者取得地租,这就是后来被马克思称为“三位一体公式”的分配论:劳动—工资、资本—利息、土地—地租。这一分配论完全抛弃了斯密理论中的内在关系分析,吸取并发展了斯密理论中的外部现象描述,是含糊不清的、庸俗的。

（五）萨伊定律

萨伊经济理论最有名气的就是所谓的“萨伊定律”，即“供给自动创造需求”的自动均衡论。他认为一件产品在生产的时候就创造了需求，“一种产物一经产出，从那时刻起就给价值与它相等的其他产品开辟了销路”。（萨伊，《政治经济学概论》，商务印书馆，1982 年，第 144 页）一件商品的卖出同时就是另一件商品的买入，一件商品的买者就是另一件商品的卖者，货币只起一种媒介作用，供需必然相等，即使供需不等也只是暂时现象，市场机制会自动调节，生产过剩的危机不会出现。在此基础上，他还表明了自己的反国家干预、提倡经济自由的立场，他认为“最繁荣的社会必定是不受形式拘束的社会”，“干涉本身就是坏事，纵使有其利益……一个仁慈的政府便应当尽量减少干预”（萨伊，《政治经济学概论》，商务印书馆，1982 年，第 197、199 页）。

这一理论在当时就遭到西斯蒙第的反驳，后来更受到马克思的严厉批判，但一直在西方经济学中具有支配力量，为李嘉图所接受并加以发挥，并得到马歇尔、庇古等人的默认，直到 20 世纪 40 年代凯恩斯经济学取代传统经济学的“正宗”地位，才趋于没落。但 20 世纪 70 年代以来，资本主义国家陷于“滞胀”困境，凯恩斯主义失灵，于是又有人以萨伊的学说为基础，建立了一个影响很大的经济学流派，即供给学派。

三、萨伊的财政思想

萨伊也像斯密一样，没有将自己的财政思想和财政理论形成专著，而是作为一个组成部分包括在自己的经济学著作中。他在财政方面的理论观点基本上是照搬斯密的，但又有他自己的观点。

（一）提出“无形产品”的概念

萨伊认为一切劳动都是生产性的，只是劳动的产品有“有形产品”和“无形产品”之分，“有形产品的价值，只限于那些在创造后能和物质混合起来并且在长时间或短时间内保持不坏的价值。但是，人类劳动所创造的价值，不是全属这种性质的价值。有一种这样的价值，它必定是实在的价值，因为人们非常珍视它，愿以贵重和经久的产品交换它，但它却自己没有永久性，一生产出来，便立即归于消灭。这种价值叫做无形产品”。

（萨伊，《政治经济学概论》，商务印书馆，1982 年，第 126 页）物质生产制造的产品是“有形产品”，而官吏、牧师、军人、法官等生产的就是“无形产品”，“无形产品是这样的性质，使人无法在任何时候把它们储集起来，成为国民财富的一部分。一个包括大群音乐家、教士和公务人员的民族，可能乐趣洋溢，精通教理，把国家管理得井井有条，但只不过这些，没有别的了。纵使这些人极其勤勉地执行个别的职务，国民资本也不能从他们的劳动直接获得增加，因为他们的产品一经产出就被消费掉。”（萨伊，《政治经济学概论》，商务印书馆，1982 年，第 128 页）

萨伊的上述理论对当前的三个产业的划分有着积极的影响，从重商主义经重农学派到斯密，都认为劳动必须固着于某一物上，才具有生产性。而萨伊的上述观点则指出服务行业提供的“无形产品”与物质领域提供的“有形产品”，除了有“形”还是无“形”之外并无本质区别，都能使人的需要得到满足，服务行业因萨伊的学说而得到“正名”。

（二）国家职能论

萨伊是从“公共消费”开始分析财政问题的。“除那些从私人消费得到满足的个人需要与家庭需要外，还有由于个人集合组成社会这种情况而产生的新的种类的需要，就是说，社会作为整体的需要，满足这种需要是公共消费的目的。社会购买并消费，管理它的事物的各部部长的个人劳务，保护它不受外国侵略的军人的个人劳务，以及保护它的各个成员的权益不受侵害的民刑推事的个人劳务。所有这些不同职业都有它们的用处，尽管它们往往增加到不必要多的程度，或得到过多的报酬，但这是起因于不健全的政治组织”（萨伊，《政治经济学概论》，商务印书馆，1982 年，第 464 页）。

这里的公共消费，是私人消费的集合，但又不是私人消费，而是政府履行职责时购买并消费的个人劳务的集合。这些公共消费，是为了对外防御，对内保护私人权益的司法活动等，都是政府及财政最基本的职能。萨伊的财政论是立足于“公共”、从“公共性”的角度来分析问题的，可以看出，他有着明确的公共财政观，他的公共财政论是建立于斯密的公共财政论基础之上的，比之于斯密的公共财政论，在公共性的探讨和论述上，又有很大的进步（张馨，《公共财政论纲》，经济科学出版社，

1999 年,第 526～527 页)。

以国家所提供的财货和劳务的使用效益相比照,萨伊主张所谓课税的利益学说,即“对纳税来说,他从公务员的服务所得到的好处,或从为达到公共目的而作的消费所得的好处,却是实得的利益”(萨伊,《政治经济学概论》,商务印书馆,1982 年,第 466 页)。

萨伊认为公共消费与个人消费具有同样的性质,都是“财富的消费”,并提出了财政活动所引起的正效用必须超过负效用的观点:“如果政府或个人是这样消费,以致能生产比所消费的更大的产品,生产劳动的努力便有好结果”。(萨伊,《政治经济学概论》,商务印书馆,1982 年,第 467 页)他指出“唯一的利益是需要的满足,如果需要不存在,消费肯定是个祸害,因为它是无目的的消费。公共消费也是这样,为消费而消费,故意浪费对国家的消费来说也是一样”。而“公共浪费和私人浪费比起来更是犯罪行为,因为个人所消费的只那些属于他的东西,而政府所浪费的却不是它自己的东西,它事实上仅是公共财富的托管人”。(萨伊,《政治经济学概论》,商务印书馆,1982 年,第 467 页)“由于国家或代表国家的政府的消费,带来价值的损失,因而带来财富的损失,所以,只在牺牲的价值能给国家产生相当利益的条件下,消费才是适当的消费”。“因此,政府应当善于随时权衡所要作的花费与所预期的社会利益。政府的得不偿失的举动,都是愚蠢行为或犯罪行为”(萨伊,《政治经济学概论》,商务印书馆,1982 年,第 469 页)。

萨伊允许把有形产品用来充分满足社会的共同需要,他提出这种公共消费在“国家总消费中占那么大的部分,有时达到社会总消费的六分之一、五分之一甚或四分之一,以致政府所施行的制度,必定对国家繁荣的增进或衰退有很大的影响”。(萨伊,《政治经济学概论》,商务印书馆,1982 年,第 470 页)在谈到公共消费限度即公共部门与民间部门资源分配时他指出:“一个国家的消费不可超过它的国民收入。”(萨伊,《政治经济学概论》,商务印书馆,1982 年,第 471 页)但是,节约政府的公共消费要比个人的节约更微弱,因此节约公共的消费在于改革臃肿而浪费的国家机构(萨伊,《政治经济学概论》,商务印书馆,1982 年,第 471～473 页)。

与斯密的观点有所不同的是，萨伊承认国家消费具有再生产的意义："军需品和粮食同用于有效的保卫国家的文武官员的时间与劳动，尽管消费掉或消灭掉，却是用得其宜"（萨伊，《政治经济学概论》，商务印书馆，1982 年，第 467 页）。

（三）税收理论

1. 税收的性质

萨伊论述税收的性质时指出，"所谓赋税，是指一部分国民产品从个人之手转移到政府之手，以支付公共费用或供公共消费"。（萨伊，《政治经济学概论》，商务印书馆，1982 年，第 501 页）他认为课税在本质上是国民所作的牺牲。

关于政治经济学研究的赋税的范围，他认为，"在政治经济学，必须把赋税看作事实问题，而不是把它看作权力问题。这里，所研究的只是赋税的性质、赋税的价值来源以及对国家和个人的影响"。（萨伊，《政治经济学概论》，商务印书馆，1982 年，第 501 页）他明确指出：课税应该研究所缴纳货物的价值而不是货物的实际，纳税人赋税就损失了货币，赋税一经政府和官员消费，对整个社会来说，其价值就损失了。

谈到课税与再生产的关系时，他认为，当课税收入用于非生产性的消费时，不仅无助于生产，而且是有害的。他认为课税是生产费用的增加。对产品征税提高了产品的价格，从而降低了对产品的消费需求，相应减少了供给，导致生产的萎缩，资本积累很困难。所以，"虽然课税所征收的款项，如果用得其宜，可能带来好处，而且事实上往往带来好处，但征税行为在开始时总是有害的"。（萨伊，《政治经济学概论》，商务印书馆，1982 年，第 503 页）因此，他反对税收使生产者加倍努力，有助于国家生产的理论。

但是，萨伊并不把赋税看作只是非生产性的消费支出，他还进一步指出：当税收收入用于生产性消费时，所收到的益处往往与其害处相抵，"当政府不把对资本所征的税款消费掉，而把它投在生产事业时，或当私人设法以自己积蓄补充被政府所征收去的资本时，赋税的害处就给中和这害处的利益所抵消。当赋税收入是用于改善国内交通、筑港或兴办其他公共工程时，那就是投入再生产"（萨伊，《政治经济学概论》，商务印书馆，1982 年，第 514 页）。

2. 税收原则

关于赋税的原则，他的依据是“赋税有害论”，因此，“最好的财政计划是尽量减少花费，最好的赋税是最轻的赋税，即为害最少的赋税，重税是一种自杀政策”。（萨伊，《政治经济学概论》，商务印书馆，1982 年，第 504 页）他提出赋税五原则：（1）税率适度；（2）在最小程度上造成只烦扰纳税人而不增加国库的困境；（3）各阶层人民负担公平；（4）在最小程度上妨害再生产；（5）有利于增进国民道德（萨伊，《政治经济学概论》，商务印书馆，1982 年，第 504 页）。

萨伊的赋税原则，比斯密的赋税四原则增加了“有利于增进国民道德”这一条，并以法国专制王权下的二十分之一税与享乐不课税为例子，反对以牺牲工业对奢侈给予奖金，反对以彩票、赌场收入取代赋税。在各阶层人民负担公平原则中他指出，“租税是一种牺牲，其目的在于保存社会与社会组织”。（萨伊，《政治经济学概论》，商务印书馆，1982 年，第 509～510 页）并主张向奢侈品课征比必需品更多的税，以施行累进税率来实现公平。（萨伊，《政治经济学概论》，商务印书馆，1982 年，第 510 页）他指出：“无论现在或将来征收的税，都必须依照这些原则，衡量其好坏”（萨伊，《政治经济学概论》，商务印书馆，1982 年，第514～515 页）。

3. 税收转嫁与归宿理论

萨伊不同意斯密的关于税收最终可以转嫁给地主和消费者的主张，他通过对商品供求关系和价格变量的定量分析，从供需弹性变化的角度说明税收转嫁的方向、数量和最终归宿，首次创立了税收转嫁与归宿的供求弹性学说。萨伊认为，对一个物品所课的税，绝不会使这个物品的价格按全部税额提高，因为要使它增高到这样的程度，就得使这个物品的需求保持原状，然而，这是无法做到的。在这种情况下，这个税收将部分地由物品涨价后仍继续使用它的那些消费者负担，部分地由其生产者负担。生产者销售的产品因加上了一部分税收而比从前减少，而他销货所得的收入，由于需求减少，在扣除税款以后，实际上也减少了。国家增加的收入，等于消费者支付的全部超额价格和生产者所被迫放弃的全部利润。

此外，在税收制度方面，萨伊反对单一税制度，认为复税制度可以推进“各阶层人民负担公平分配的原则”（萨伊，《政治经济学概论》，商务印书馆，1982 年，第 504 页）。

（四）公债理论

萨伊反对国债是“右手还左手的债”，不会把国家弄得贫困的理论。他认为，公债是把资本借于政府消费，不能给任何人带来利润，而且公债所筹集的资金，使国家一部分民间的资本，从生产性投资转向非生产性消费方面，促使通货膨胀。而利息的支付是挪用税款来支付的，是后代的赋税负担。

萨伊批判将公债券和有价证券看成社会现有的实际价值的理论。他认为，公债和有价证券只是一种代表财产所有权的书面文件，使他每年得到一定的利息，这利息是纳税人交纳税收的一部分，假如这种书面保证被撤消了或国家破产了，那么国家的财富还是和原来一样不增不减，一切有价证券都不是真正的资本，而是虚假的资本。

另一方面，萨伊认为公债的优点是能够把意外紧急事件所需的费用在若干年内分摊，“如果公债数额不大，所收到的债款很好地或适当地花费在有益事业上，就是给那些不懂得好好利用资本的少数人提供投资机会”（萨伊，《政治经济学概论》，商务印书馆，1982 年，第 541～545 页）。

（五）财政支出理论

如前所述，萨伊认为国家财政支出（公共消费）的目的是满足社会整体的需要，是社会购买并消费管理它的事务的官员的劳务，保护它不受外国侵略的军人的劳务，保护它的成员不受侵害的个人劳务，是人民付出赋税的代价而获得的。所有的公共消费都是价值的牺牲，为了不使公共消费浪费掉，政府应当随时权衡所要作的花费和所预期的社会收益，如果得不偿失，就是愚蠢的甚至是犯罪的行为。

萨伊在《政治经济学概论》第 3 篇第 7 章《关于公共支出的主要对象》中专门阐述了公共消费的各项支出，把公共消费分为 5 项：(1)民政与司法费用；(2)陆海军费用；(3)公共教育经费；(4)公共慈善机关经费;(5)公共建筑物与土木工程费用。

关于民政和司法费用,萨伊认为是由人民负担的。他提出官员的薪俸应该按照服务的重要程度设置,使有才能的官员的服务报酬与人民预期利益相称。关于军费,他认为战费的增加给生产力造成弊害,使国家变得贫困,国家应把军费减少到仅仅能够抵御外来侵略即可,所需要的是少数的须经长期训练和实践的军队。萨伊提出,公共教育经费能收到增进国家财富、纯正风俗、传授道德的效果,国家必须支持办好初等教育和高等教育。关于救济机关费用,萨伊认为穷人危难是否有权要求救济不是要讨论的主题,而应从经济学观点出发比较救济机关为社会服务所承受的牺牲和由此获得的利益。关于公共土木工程费用,萨伊不讨论公共所需的各种土地建筑物,而是打算拟订一些关于国家公共建筑费用的一般规则。

此外,萨伊还进一步分析了中央政府与地方政府之间的费用分担问题,他指出某些经费项目如国防、司法等,由于国家每一个人和每一个阶级都享受到其利益,是应当由全国负担的;而其他一些项目,"地方行政与地方公用机关、教育机关、慈善机关或娱乐场所,似乎专给它们所在地带来利益,所以它们的费用,应当归当地人民负担"(萨伊,《政治经济学概论》,商务印书馆,1982 年,第 500 页)。

第三节　马尔萨斯的财政思想

一、马尔萨斯的生平和主要著作

托马斯·罗伯特·马尔萨斯(Thomas Robert Malthus,1766～1834 年)是英国萨利郡一个乡绅的儿子。他的父亲当过律师,并且是法国启蒙思想家卢梭的朋友。马尔萨斯从小受到了良好的教育,1784 年进入剑桥大学学习哲学和神学。1798 年取得英国教会僧籍,并任萨利郡亚培利的牧师。这一年,他匿名出版了名为《论影响于社会将来进步的人口原理,反对葛德文、康多塞和其他作家思想的评论》(我国译为

《人口原理》)的小册子,阐述了他自己的人口观,这本书一经出版就很受欢迎。1799年～1802年间,马尔萨斯在欧洲大陆作了三年旅行,在此期间,对这本小册子进行了修改,将之由5万字扩大为几十万字的厚本书,并于1803年署名出版。在他生前,这本书经过了四次修订再版。

从1805年直到逝世,他受聘于东印度公司,在赫福郡的海累伯利学院担任历史学和政治经济学教授,他的研究方向也转向政治经济学,发表了许多关于政治经济学的著作,如《地租的性质与发展的研究》(1815)、《政治经济学原理》(1820)、《价值尺度》(1823)、《政治经济学定义》(1827)等。

二、马尔萨斯的人口论

马尔萨斯最有名的理论是其人口论,其人口论可以简要地概括为:两个公理,两个级数,两个抑制,一条规律,一个适度和一个结论。"食物为人类生存所必需","两性间的情欲是必然的,且几乎会保持现状",(马尔萨斯,《人口原理》,商务印书馆,1961年,第4页)这是两个公理。马尔萨斯从"两个公理"出发,引出了有名的"两个级数"命题。马尔萨斯写道,"人口,在无妨碍时,以几何级数率增加。生活资料只以算术级数率增加"。(马尔萨斯,《人口原理》,商务印书馆,1961年,第5页)马尔萨斯的"两个公理"和"两个级数"告诉我们:人总是要吃饭的,但自然界所能提供的食物却是有限的;人总是会繁殖的,而繁殖的能力则是无限的。以无限对有限,所以食物少,人口多,势必饥饿、贫困。怎样解决人口过剩呢?马尔萨斯提出了"两个抑制"论。所谓"两个抑制",就是两个"妨碍"人口增长的手段或力量,这就是积极抑制和预防抑制。前者通过战争、灾殃、饥馑和瘟疫,直接使死亡率增加,削减现有的人口,这是痛苦的方法。后者包括道德抑制和罪恶抑制,作用在于使出生率减少,防止新的人口增加。道德抑制就是禁欲和晚婚,直到具有赡养一个家庭的能力时才结婚;罪恶抑制指避孕节欲、独身主义、堕胎、营养不良等。马尔萨斯认为,"由于获取食物的困难,一个对人口的有力抑制是时常运行着的"。为什么获取食物那样困难呢?这是因为有一条规律在起作用,这就是"土地肥力递减律"。马尔萨斯在《人口原理》的字里行间,告诉人们每一个国家都必须注意人口增长的适当的限度，切莫超越人口极限，从而“使现实的人口与生活资料保持均衡”。根据以上的论述，马尔萨斯得出了他的结论，这就是：无产阶级和劳动群众的贫困和苦难，不是由于资本主义制度造成的，而主要是由于“人口增长快于生活资料增长”这一人口自然规律造成的。所以，没有必要进行革命以改变社会制度，而可以用“人口改良方案”来解决人口问题。

尽管马尔萨斯的人口论强调了人口增长与经济增长相适应，主张国家以教育作为对穷人的赠礼，以便使他们能够获得就业机会，并促进了人口学的发展。但他把人口完全看作一种自然现实，否认它也有其不可忽视的社会性质和受社会经济规律支配的一面，是片面的、错误的，而且他对待贫苦人群的冷酷无情态度也一直为人诟病。

三、马尔萨斯的财政思想

马尔萨斯有关财政方面的著述不是太多，只是在其代表作《政治经济学原理》一书中略有提及，他抛弃了古典经济学派的劳动价值理论，代之以生产费用论，认为商品价值的尺度并不是劳动，而是生产费用，把利润说成是生产费用的一部分；资本家的利润是由于资本家向地主、僧侣、国家官吏缴付地租和税金的结果。这些人就是利用这些收入向资本家购买商品，这是利润的来源，即所谓非生产阶级的“让渡”。这样，在马尔萨斯的经济理论中，国家的财政支出已成为商品销售和实现利润的重要条件。他认为，资本主义自由经济并不像亚当·斯密等人描绘的那么美妙，而是存在着经济危机的可能，危及的根源在于有效需求不足。而要增加社会的有效需求，即增加人们的购买欲望及其实现此种愿望的购买能力，就必须依赖地主、牧师和政府的支出。增加政府支出是可以做到的，政府通过扩大财政支出，就可以兴建公共工程项目，增加对生产资料的需求，并多购买一些消费品，这样，政府就增加了社会的有效需求，防止了经济危机的爆发。以马尔萨斯的观点来看国家支出，政府有时挥霍浪费也不失为一件好事。（毛程连、庄序莹，《西方财政思想史》，经济科学出版社，2003 年，第 120 页）这就从根本上否定了古典学派关于国家支出属于非生产性消费，并尽力限制其规模的观点。

在税收理论方面，马尔萨斯无甚建树，其某些观点主要基于对现存的国家税收制度进行辩护。他认为在课税已经对私有财产造成祸害时，如果企图以暂时牺牲为代价，降低税率，恢复以前的分配秩序，而不考虑这个国家在现实情况下，由于缺乏有效需求而造成的损失是否会超过因减轻赋税而得到的好处，显然，这样的企图是不明智的。因为减轻税负对于依靠固定收入生活的人们来说，是一件大好事；对商人阶级来说，则要根据不同的情况判定，有时是好事，有时是坏事。但是，对于劳动阶级来说，由于政府的税收降低，社会不生产阶级以税收为来源的各种消费支出就会削减，对劳动的需求也会降低。其结果是，不论是取消赋税也好，或谷物价格十分低廉也好，都不能补偿对劳动需求缺乏的损失。假如对劳动的一般需求减少，特别是这种减少是突然的，劳动阶级就将在物价低廉声中过悲惨的生活；相反，如果对劳动的需求很大，他就会在物价昂贵声中过比较富裕的生活。

第四节　约翰·斯图亚特·穆勒的财政思想

一、穆勒的生平和主要著作

约翰·斯图亚特·穆勒(John Stuart Mill，1806～1873)是19世纪中叶英国最著名的哲学家、逻辑学家和经济学家，他的父亲詹姆斯·穆勒是李嘉图的密友和经济学上的学生，老穆勒是第一个系统阐述李嘉图理论的人，也是李嘉图学派中最有名望的人物。约翰·穆勒自幼就在父亲的指导下自学希腊文、拉丁文、数学、化学、逻辑学等，13岁时开始学习李嘉图的经济理论，并接受了李嘉图的直接教诲，十四五岁随英国哲学家边沁的弟子游历法国时，还曾在萨伊家中住过一段时间。15～18岁间他编写并出版了五卷本的边沁手稿。17岁时，他在父亲的介绍下进入东印度公司通讯检查署当秘书，并一直任职到该公司解散，前后长达35年。在此期间，他还从事哲学和经济学的研究。1865年～1868年间他还担任过短期国会议员。

他在经济学方面的主要著作有《论政治经济学中若干未解决的问题》(发表于1829年～1830年间的论文,1844年汇集出版)、《政治经济学原理及其在社会哲学上的应用》(1848)等。后者简称《政治经济学原理》,是穆勒最重要的经济学著作,在很长时期内被英国经济学界视为"无可置辩的圣经",成为大学政治经济学教科书,直到边际效用学派兴起为止。这部著作与《共产党宣言》同一年发表,这一时期,欧洲工人运动高涨,资本主义的各种矛盾在政治、经济、社会各个领域中暴露出来,空想社会主义理论的影响日益明显,在这样的背景下,穆勒的这部著作集古典经济学之大成,同时也接受了时代的要求,对古典经济学作了修正,形成了折衷主义经济理论。

二、穆勒的基本经济思想

(一)生产理论

在《政治经济学原理》第一篇里,穆勒分析了生产财富的三个要素:土地、劳动和资本。在这一点上,他承袭了前人的观点,但他更详尽地、在更一般的形式上论述了各种要素(主要是劳动和资本)的存在方式、性质、条件和作用。

穆勒讨论了生产规模问题,他强调了后来人们所说的规模经济的优越性(提高效率、节省开支等),论述了实现规模经营的条件(资本和市场)等,分析了实施规模经营的方式(股份制),还论述了农业中规模经营的局限(与工业相比)。给人的印象是,穆勒站在发展生产力的立场上,热烈地赞成施行工业和农业的规模经营。此外,穆勒还讨论了生产增长的规律,分析了各生产要素和数量的变动同社会生产力发展之间的关系。

(二)分配理论

在讨论分配问题之前,穆勒先论述了所有制问题,他对当时的空想社会主义所主张的财富公有制表示了相当多的理解和宽容。但另一方面,他也并不认为私有制一定不好,"我们对采取最好形式的私有制或采取最好形式的社会主义能取得什么样的成就都一无所知,因而无法确定这两种制度中哪一种会成为人类社会的最终形态"。(穆勒,《政治经济学原理》上卷,商务印书馆,1991年,第237页)他对劳动和资本的所有权给予充分肯定，而对土地的私有权则加以明确的否定，“私有财产制度，就其根本要素而言，是指承认每个人有权任意处置他靠自身努力生产出来的物品，或不靠暴力和欺诈从生产者那里作为赠品或按公平的协议取得的东西”。但“任何人都未曾创造土地。土地是全人类世代相传的。对土地的占用完全出于人类的一般利益。如果土地私有不再有利，它就是不正当的”。（穆勒，《政治经济学原理》上卷，商务印书馆，1991年，第244、260页）因此，他承认适当的遗赠的正当性，但反对单纯的不是靠劳动而来的继承。

穆勒分别探讨了工资、利润和地租。

1. 工资论

在工资论方面，穆勒最初也像前人西尼尔、马尔萨斯、詹姆斯·穆勒那样接受了“工资基金”理论，认为从长期看，工资是由工人最低的生活资料价值决定的，也就是自威廉·配第以来所提出的“自然工资”；在短期内，工资决定于对劳动的供给和需求，即被雇用的工人人数和用来购买劳动的那部分资本的比例，这部分用来雇用工人的资本就是所谓的“工资基金”，它决定着劳动的需求，在一定时期内可以看作是一个不变的量；劳动的供给则决定于寻找工作的人口。因此，工人为改变自己的处境而要求提高工资是徒劳的，穆勒还批评了通过法律规定最低工资率、由政府给穷人发放补贴和救济之类的提高工人工资的办法，认为工人贫困的原因在于工人人数过多，而改善工人生活处境的主要办法是节制生育，减少人口和普及国民教育，以及实行大规模的对外殖民，以提供去海外发展的机会和条件。

但穆勒在1869年发表于《双周评论》的文章中，又放弃了工资基金说，认为是劳动价格本身决定基金的数额而不是相反，经济条件允许工资率大幅变动，提高工资的真正限制是资本家亏本停业，因此工会可以把工资提高到一定程度。

2. 利润论

关于利润的定义，穆勒说：“按照西尼尔先生的确切说法，则是对节欲的报酬。”（穆勒，《政治经济学原理》上卷，商务印书馆，1991年，第452页）他将利润分解为三个部分：利息、保险费和经营管理的报酬，它们分别是资本家节欲、冒险、监督与管理所需要的劳力与技能应得的报酬。在利润的来源上，他反对利润来自流通的说法，指出“利润的产生，是劳动生产出超过为维持其本身所必需的生产物”。(穆勒,《政治经济学原理》上卷，商务印书馆，1991 年，第 465 页)但在接下来的论述中他又重复他父亲的观点，把利润归结为资本家的垫支，显示出他将李嘉图和老穆勒原本不同的说法结合起来的企图，结果当然是使他的观点混乱而奇怪。

穆勒还接受了亚当·斯密和李嘉图的观点，认为各行业的利润率将倾向于平均化，并且有继续下降的趋势，原因是投资危险性的降低和人们深谋远虑的增加，在这一点的论述上他与前人是有所不同的。

3.地租论

穆勒的地租理论，基本上是对亚当·斯密和李嘉图等人的地租理论的继承，特别是李嘉图的观点。根据斯密的理论，他也认为“对于使用土地所付的报酬，叫做地租……地租是垄断的结果……为什么地主对其土地可以要求地租呢?这是因为土地是许多人所喜欢的商品，而且只有从地主那里才能得到”。(穆勒,《政治经济学原理》上卷，商务印书馆，1991 年，第 472 页)他又接受李嘉图的观点，认为“某一土地的地租由其收获超过已耕作的最劣等土地的收获的部分构成”。“或者由超过在最不利情况下使用的资本的报酬的部分构成”。(穆勒,《政治经济学原理》上卷，商务印书馆，1991 年，第 476、478 页)他也认为最劣等土地没有地租，只谈论级差地租。

(三)价值理论

穆勒说:“价值是个相对名词;某一商品的价值，指的不是该商品本身具有的某种内在的本质特性，而是该商品所能换得的其他物品的数量。必须时刻记住，某一商品的价值是相对于另外某一种物品或一般物品而言的。”(穆勒,《政治经济学原理》上卷，商务印书馆，1991 年，第 491 页)可见，穆勒把价值归结为交换价值。

他根据商品获得的困难程度，把商品分为三类来讨论其价值决定情况:第一类是供给量绝对有限的商品，如古董、古书等，其价值决定于市场供求。第二类是供给量可以无限增加，而单位生产费用不会提高的商品，如大多数的工业品，其价值决定于生产费用和供求关系。第三类是供给量可以增加，但当产量增加到某一定量后，其生产费用会递增的商品，如农产品，其价值决定于生产必需的供给量的最大生产费用。

穆勒的价值理论几乎包括了到19世纪中叶的古典经济学的各种价值论，完成了由劳动价值论到生产费用论的演变。在他的分析中，已经涉及需求弹性问题，这一点为后来的资产阶级经济学家所重视，并发展为公式化，以预测价格变动，提供了制定获取最大利润的生产计划的依据。

（四）国际贸易理论

穆勒对古典经济学的主要理论贡献就是他的国际贸易理论，他接受了李嘉图的国际贸易自由及其比较成本规律，并有所发展，讨论了李嘉图没有涉及的国际贸易的实际交换比率，提出了国际价值的决定问题。

穆勒认为，资本和劳动在国际间的流动，决不能像在国内各地区流动那样顺利。因此，进口商品的价值，不决定于该商品的生产费用，而是决定于进口国为交换该商品而必须给予外国商品的数量，即决定于为支付进口而输出商品的生产费用；国际间的交换条件，决定于外国对每件商品的需求强度和弹性，国际价值则决定于国际间的供给与需求法则，这个法则就是他所称的"国际需求方程式"，"以上我们说明的法则，可以恰当地称为国际需求方程式。对此可以作如下的简述，一国的生产物总是按照该国的全部输出品抵偿该国的全部输入品所必需的价值，与其他国家的生产物相交换。这一国际价值法则是更为一般的价值法则，即我们称之为供给和需求方程式的延伸"。（穆勒，《政治经济学原理》下卷，商务印书馆，1991年，第137页）这一点被认为是对李嘉图比较成本学说的重要补充和发展。

关于货币的输出与汇兑问题，穆勒认为货币或贵金属是一种外国商品，它的投入采取两种形式：交易媒介物（作为偿还债务的货币）以及作为金银条块形式的普通商品。前者的价值取决于汇兑，后者则由国际价值法则即相互需求规律决定。如果一国出现贸易逆差，汇兑就对它不利，这可能是由价格偏离引起的，应通过输出金银来纠正；也可能是偶然发生的，可以通过汇票的汇水来解决，汇水由佣金和利息两部分组成，通过汇水和价格的调整，就可以使不利的汇兑得到矫正，保持贸易平衡。他还吸收了休谟和李嘉图的观点，认为一国的贸易逆差可以用减少国内通货的办法来解决。在他看来，如果让一部分货币流出国外，随着国内通货的减少，物价和出口价格相继下跌，从而导致外国增加对该国出口商品的需求；与此同时，吸收货币的国家，随着国内通货的增加，物价和出口商品价格上升，最终导致国际贸易建立起新的均衡格局。

三、穆勒的财政思想

穆勒的财政思想在《政治经济学原理》中得到集中的体现，同亚当·斯密的《国富论》一样，在第五编里专门论述了财政问题。穆勒的财政思想对公共财政论的发展作出了重要贡献。

(一)政府职能论

在这一方面，穆勒只是将古典学派的"自由放任"思想作为"一般原则"继承下来，他把政府的职能分为必要的职能与选择的职能。

所谓必要的职能，是"根本不能与政府观念分开，且为一切政府行使的习惯上从未有人提出异议的职能"。(穆勒，《政治经济学原理》，世界书局，1936 年，第 736 页)穆勒认为，通常将政府的必要职能只限于保护人民不受侵犯与干扰的学说是不够的，还有许多必要的职能，如严格执行继承权、履行契约、颁定公众必须严格履行的各种契约的名目、制定司法行政法律、预防争端等法律、依法保护幼儿和病人等，也都是政府必须履行的职能，还有许多事情需要广大民众授权政府采取强制的方式来履行，如造纸事业、制定度量衡标准、铺设街道、安装路灯、清扫街道、修建改建港湾、建筑灯塔、绘制地图海图以及修筑堤防等。对政府职能是否必要的判断标准是"一般便利"的原则。

所谓选择的职能，"均不包含无关系或随意选择的意思；那不过表示，应否行使这种职能，尚未能决定，尚容有种种意见存在"。(穆勒，《政治经济学原理》，世界书局，1936 年，第 736 页)即在政府可履行的各项职能中那些是否确实应该为政府所履行尚属值得怀疑的职能。保护本国产业，限制高利贷法，对商品价格加以限制，给予产业或商业垄断，取缔工人联合等职能是必须予以否认的选择的职能。

穆勒将政府的干涉区分为权威的干涉和非权威的干涉。所谓权威的干涉，即由政府发布命令，强制执行；所谓非权威的干涉，即采取劝告或"扩大情报"的措施。穆勒认为政府的权威干涉应尽可能限于狭小的范围内。他列举了政府权威干涉的弊端，主张以自由放任主义作为一般原则。穆勒列举了教育事业、保护劳动者、公共事业、殖民地开发事业和救济事业等项，认为在这些领域允许行使政府干涉。

关于政府的选择职能，穆勒总结说："政府的干涉，实际上，不限于本来适合的各种事态，这些事不能突然停止。在某个特定时期，国民的特殊事情，从一般利益看来是真正重要的事情，个人对比不是不能有效地实行，而是他们不愿实行，政府要勇敢地承担起来，把这些事认为是非所希望的或非必要的，几乎是没有的。……良好的政府要发现而对个人努力精神的一切萌芽，尽力予以奖励抚育使其成形，给以一切助力，尽力排除对个人企业的妨碍和抑制，给予必要的便利，一切指导帮助，使之具有热心，他的资金只要有实行可能不是排挤私人努力，而是援助其使用，为诱发其努力，充分利用给予报酬及奖励机构"（穆勒，《政治经济学原理》，世界书局，1936 年，第 903 页）。

有关穆勒的国家职能论，在许多情况下与亚当·斯密狭义的国家职能，即"警察国家"以及"廉价政府"的观点不同，穆勒是以"一般便利"的原则从制度上理解，修正了亚当·斯密扩大政府职能的思想。但是，原则上，穆勒坚持以"自由放任主义为一般原则"抨击政府的干预政策。

穆勒的财政观与斯密的财政观是基本一样的。穆勒也是立足政府，从对政府的职责任务的探讨开始论述财政问题的。穆勒所谓的"政府职能"，指的是政府应该履行的职责任务。尽管穆勒论述问题的角度和斯密有相同之处，但双方也存在着重大的差异，如：(1)穆勒从"政府"的角度论述财政收支，他认为国家是公共的国家，财政收支是国家或政府收支，而斯密则从君主的角度论述财政收支，认为国家是君主的私人国家，财政收支是君主的收支。从 1776 年斯密的《国富论》出版到 1848 年穆勒的《政治经济学原理》出版，其中间隔 70 余年，同为英国作者而对财政主体用词发生了重大变化，应该是这一时期英国的政治权力更多地转到政府手里这一现实状况的反映。(2)穆勒在强调政府收支时,大量地使用了"政府"一词论证财政问题。西方财政学关于财政主体从"国家"向政府的转变至少可以追溯到穆勒这里。(3)穆勒的"政府"是公共性质的政府。他指出"必须把政府看作是全体人民的政府",这是他与斯密等人一脉相承的地方。因此,他们的"财政"都是公共性质的政府活动,都同时是以 public 来形容的政府。(4)穆勒用了大量的篇幅来描述政府与市场的关系。而以往的经济学者,如李嘉图和斯密都只是概要性地分析了政府和市场的关系。关于政府问题的分析,是穆勒财政理论最有特色和作出最大贡献的内容。

(二)财政目标

穆勒赞同斯密和李嘉图对财政目标的论述,即政府活动应该促进国民财富的增加,这可以理解为财政应提高资源的配置效率。穆勒还注意到了财政目标的公平分配的问题,在论述赋税的平等原则时,将其扩大到政府活动的一切方面:"为什么平等应该是征税的原则?因为在一切政府事务中都应遵循平等原则。既然政府对所有的人或阶级向政府提出的要求都一视同仁,政府要求人民所作的牺牲也就该尽量使所有的人承受同样的压力;必须指出,这正是使全体人民所作出的牺牲减至最低限度的方法。"(穆勒,《政治经济学原理》,商务印书馆,1991 年,第 378 页)可见,穆勒认为政府可以通过分配来改良社会,已经有了公平分配的财政目标的思想萌芽。

(三)税收理论

穆勒的赋税税论中继承了亚当·斯密和李嘉图的理论,但他又重新研究、修正了他们的理论。

穆勒的有关赋税原则论,引用了亚当·斯密的四项课税原则,即平等原则、确实原则、便利原则和最少征收费原则。穆勒对其中的平等原则作了解释:功利主义是个人主义社会观的一部分,即边沁等人的综合的思想,最大多数人的最大幸福即个别单位的总和。从这种思想出发,他排斥赋税理论中的利益说与交换说,主张按平等牺牲理论求得课税平等与最小牺牲。穆勒把纳税能力解释为牺牲,他说:"要求一切人均等牺牲的格言"就叫平等原则。换言之,亦可谓之平等牺牲说。但是他的平等牺牲说并不明确。

虽然穆勒把按各人的能力负担纳税的理论，即所谓的能力说引入平等牺牲赋税原则中，但在制定具体的赋税时又提出了比例税和累进税的选择问题。面对比例税或累进税问题，穆勒的态度是不赞同累进税而主张采取比例税。他批评累进税说："对较高的所得额比对较低的所得额，按较高的税率课税，这是对勤勉与节约课税，有人比其邻人更多地劳动，更多地储蓄，这是对他课以罚金。"(穆勒，《政治经济学原理》，世界书局，1936 年，第 747 页)穆勒反对累进税，主张比例税。但是对比例税，穆勒附有如下条件：条件之一是，"由于供应生活必需品的必要，要把不课税的一定最低限所得除外"。这里的最低限指的是维持生命和健康的最低生活费。条件之二是，"保留对贫民消费的奢侈品课税"。条件之三是，"限制大财产在不劳而获者手中的积蓄"。作为例外，他也承认累进税，如赠与税和遗产税(穆勒，《政治经济学原理》，世界书局，1936 年，第 746～748 页)。

关于地租税，他站在李嘉图级差地租论的立场上，认为增加土地的"地主们，不工作，不冒险，不节省，可以在睡眠间发财"。(穆勒，《政治经济学原理》，世界书局，1936 年，第 755 页)因为不劳而获，所以作为一般的比例课税的一种例外，不得不征课某种程度的重税。关于利润税和资本税的原则，穆勒认为"赋税应落在所得上，不应当落在资本上"。但他并非绝对地反对利润税，因为"在资本丰富，蓄积精神强固的国家，课税的这种结果，不常被感觉到"(穆勒，《政治经济学原理》，世界书局，1936 年，第 758～759 页)。

牺牲学说(分为均等牺牲学说与最小牺牲学说)应从自由和个人主义立场出发支持均等牺牲说，应从功利主义观点出发，从最大多数人最大幸福为目标来看最小牺牲说。均等牺牲与最小牺牲未必一致，穆勒则是从社会正义的角度来说明牺牲学说的。但这种说明本身大有可怀疑的余地。另外，穆勒在赋税理论中还引进能力说的思想，而在具体制定税制时还主张按比例课税，由此可知，在他的均等牺牲原则中，还存在许多疑点。

为实现均等牺牲原则，穆勒把赋税划分为直接税与间接说。穆勒把直接税定义为,“要由谁支付即由谁支付的赋税是直接税,直接税或以所得为对象,如:地租、利润、工资、一般所得税,或以支出为对象,如:房屋税、窗税、乘马和马车税”。间接税的定义是,“课加在这个人身上但原意要使这个人牺牲别人来赔偿自己的赋税是间接税,如货物税或关税”(穆勒,《政治经济学原理》,世界书局,1936 年,第 761 页)。

关于地租税,穆勒认为“地租税是完全落在地主身上的。地主没有方法把这一负担转嫁给他人,地租税不影响农产品的价值或价格”(穆勒,《政治经济学原理》,世界书局,1936 年,第 762 页)。

关于利润税,穆勒认为“至少就其直接作用而言,应完全落在纳税者身上”(穆勒,《政治经济学原理》,世界书局,1936 年,第 763 页)。

如果仅仅对部分行业征税,这将增加生产费用,物品价格上扬,这种税就转嫁到了消费者身上,不影响利润,如果对所有行业征税,这种税就不会影响一般价格,至少最初它将完全落在资本家身上。在繁荣富裕的国家,利润税还会产生一种隐蔽的影响,由于富裕,年资本积累率很高,利润率就很低,利润税的征收会更加降低这种利润率,为了提高利润空间,发明作为一种手段,就被刺激起来了。但若发明所产生的利润不足以抵补税收时,这就阻碍了生产,“使停滞状态更早地到来,使国民财富减少”。

关于工资税,穆勒将劳动工资区分为熟练劳动与不熟练劳动工资两种。前者因为具有垄断价格性质,所以工资税负担就落在纳税者身上;后者和人口增加密切相连,工资税暂时要由劳动者自己负担,但如长期地缴纳工资税则将使劳动人口减少,从而工资上涨,劳动者恢复从前生活水平。于是工资提高,一般物价亦会随之上升,最终结果是工资税转嫁给资本家,资本家则由其利润中缴纳。

关于所得税,要使所得税与正义的原则不相违背,必须满足三个条件:第一,一定额以下的所得,应完全免税。这个最小额使所得者恰好够购买现人口生活必需品。第二,限度以上的所得,其比例应就限度以上的剩余部分来课税。第三,在所得中,被储蓄起来的投资数额,应准免纳所得税。穆勒认为,按照这三个条件来公平课取的所得税,从正义的目光看,是一切课税中缺陷最少的赋税。但是,这种税的缺点是,在实际征收中，不能确定纳税人的真实所得，所以，这样征收，更容易遭人非难。

关于房屋税，穆勒将房租分为两部分：地皮租和建筑物租。建筑物租的税负落在消费者身上，地皮租的税负将落在所有者身上。落于居住者身上的那一部分税负和房屋的价值成正比例，由于房屋税是居住人支出的一部分，所以是衡量居住人所得的最恰当的标准。房屋税比直接以所得为对象的税更易于实现公平。

关于货物税，穆勒认为是指"对生产者课征的税，或指对介于生产者和最终消费者之间的运输者或商人课征的税"。穆勒还认为若对所有商品课征货物税，则这种税会落在利润上；若只对某些商品课征货物税，则这种税会落在消费者身上；对生活必需品课征货物税，会影响人民的健康生活，因而应尽量对奢侈品征税。

关于关税，对输出入商品课税的作用，会对国际的交换产生影响，课税将使全部商品价格腾贵，其结果有使商品需要减少的倾向，所以对国际贸易课税，会扰乱"国际需要方程式"。所谓"国际需要方程式"，是穆勒放弃了李嘉图的比较生产费用说而提倡需求供给的论点，即"某国生产物要具有能用该国输出总额支付该国输入总额所必要的价值而无过与不足，才可与他国的生产物交换"。

（四）公债理论

穆勒和亚当·斯密、李嘉图一样，把公债的作用看成是筹划财源，以供给"战争或其他非生产性支出"（穆勒，《政治经济学原理》，世界书局，1936 年，第 74 页）。

穆勒认为，公债"在国家资本中有一部分是由工具、机械和建筑物构成的，借款决不能从国家资本的这一部分取出。要由另一部分支出，即用来支付劳动者的部分，劳动者遂要受苦"。（穆勒，《政治经济学原理》，世界书局，1936 年，第 75 页）穆勒还认为，把能够使用作为生产的资本的吸收作为公债，是坏的财政手段。但是他指出，公债由外债或国内的过剩游资应募时，则劳动阶级不受损害，也不会扰乱国家产业而会发挥有利的作用。借债的程度要有一个限度，作为这个限度的标准要根据公债的发行是否会引起利息率的上升而定。若引起了利息率的腾高，说明政府与民间的资本产生了竞争，这样是不可取的。

关于公债的偿还方法，穆勒认为有两种：一种是通过普遍性课税一次性偿还债务，另一种方法是用多余的财政收入慢慢偿还债务。穆勒认为，在一次性偿还的方法上，通过财产课税来归还国债是可行的办法，但不能仅仅依靠财产课税，通过一般的普遍性的课税也是必要的，比较可行的办法是对财产课重税，同时征收普遍性的课税。穆勒还认为，"国家如果拥有地产或其他财产，而又没有充足的理由为了国家的利益保留和支配这些财产，那就应该用它们来偿还国债。任何偶然的或意外的收入自然也应该用来偿还国债"。

对于用财政盈余来偿还国债，穆勒认为"无疑是适当的"。他反对那种"不如'把税款留在人们的口袋里让其结果实'"的观点。不征收这部分税款来偿还国债，人们会把税款中的一部分当作资本；相反，将征收的税款返还给债权人后，债权人会将其全部作为资本，这"反而更有可能结果实"。

穆勒认为通过发行一定数量的公债作为较为贫困的社会成员或经验较少的社会成员提供一种投资方式是需要的而且是必不可少的，但是随着经济和社会的发展，拥有一些大公司的股票和债券同样有这一优点且不涉及强制性的课税。

一个可行的办法是建立一种存款和贴现的国家银行，既可吸收存款，把支付利息作为债权人的一种投资方式，又贷放资金获取工商企业的利息，这样国家就成了一个大的保险公司，既保障中小投资者获取一定的收益，又确保他们的资金安全。

思考题

1. 为什么说萨伊已经有了明确的公共财政思想？

2. 马尔萨斯的人口论对他的财政思想有何影响？

3. 穆勒的国际贸易理论与前人相比有哪些发展？他关于货币输出与汇兑的讨论对当代的国际贸易、国际金融有何借鉴意义？

4. 穆勒的财政思想中有哪些是继承前人的？又有哪些发展？

第四章　德国历史学派的财政思想

第一节　德国历史学派产生的时代背景及特点

德国资本主义发展要晚于英法等国，17～18世纪，英法等国已经相继进行了资产阶级革命，并且英国已进行了产业革命，但德国仍是一个封建君主制的农业国家，政治上仍处于分裂状态。当时在德国，资本主义方式尚未成熟，但资本主义制度下两大阶级的对抗性矛盾，却在英法两国蓬勃发展的阶级斗争的影响下日趋激烈。1848年的革命，由于封建势力的强大和资产阶级的软弱，既没有实现德国的统一，也没有像法国大革命那样摧毁封建统治，最终以同封建地主相妥协而告终。由于德国资本主义发展的特殊性，使古典政治经济学作为一门科学不可能在德国产生。19世纪初期，德国的经济思想有所发展，一些注重实际的经济思想家力图从德国自己的民族实际出发去解释英法等国的古典政治经济学，强调政治经济学的民族性，这就是以李斯特为代表的"国家经济学"的产生。

弗里德里希·李斯特是德国历史学派的先驱者。作为德国资产阶级的代言人，他发表了大量评论与演说，积极宣传资本主义民主主义思想，呼吁在德国国内消除封建割据，建立统一的国内市场。当时德国在经济上面临双重任务：一是为了发展资本主义工商业，需要国内结束封建割据，实行自由贸易，以促进国内统一市场的形成；二是，起步较晚的德国资本主义工商业又面临着英国发达的资本主义工商业的强烈竞争。为使德国工业尽快成长起来,以便同发达国家抗衡,德国资产阶级要求在对外贸易中实行关税保护制度。李斯特的经济思想代表了德国资产阶级的这一要求。李斯特的这一思想被以后的历史学派所继承,并发展成为庸俗经济学的一个学派,所以李斯特成为历史学派的重要先驱之一。

19 世纪 40 年代,继李斯特之后德国出现了旧历史学派,旧历史学派把同英法古典经济学的对立发展到了极端的地步,在经济学研究方法上根本否定了古典学派的抽象演绎法,极力推崇所谓的“历史方法”。旧历史学派继承了李斯特的观点,否认人类社会经济发展存在普遍的客观规律,只承认各个国家和民族特有的社会经济发展道路。他们强调大量收集各个国家和各个民族的历史与现状的资料来说明其发展的特点,以建立具有民族的和历史特点的国民经济学。直到 19 世纪末 20 世纪初,历史学派一直占据德国经济思想的主流,对德国近代政治经济学的发展有深远影响。其代表人物有罗歇尔、希尔德布兰德、克尼斯等。

19 世纪 70 年代以后,德国资产阶级政治经济学发展到新历史学派阶段,新历史学派形成的社会历史条件同李斯特和旧历史学派所处时代有很大的不同。19 世纪 70 年代德意志帝国的建立,完成了德国统一的历史任务。政治的统一和国内统一市场的形成为德国资本主义的进一步发展扫清了道路。19 世纪最后 20 年德国经济得到迅速发展,并赶上了英国。在 19 世纪末,德国已进入了帝国主义阶段。新历史学派正是在这样的社会历史条件下形成的。新历史学派是旧历史学派的继承者,其主要观点同旧历史学派基本一致,不过在运用历史归纳法上更趋于极端,同时更加强调伦理道德和法律对社会经济发展的决定作用,他们更加热衷于鼓吹阶级调和和自上而下的改良,极力鼓吹国家的超阶级性,以此来否定马克思主义,对抗科学社会主义。其代表人物有史泰因、谢夫勒、瓦格纳等。

德国历史学派产生的上述理论背景,决定了其财政思想与古典主义的不同。下面我们对其进行具体阐述。

第二节 李斯特的财政思想

一、李斯特的生平和主要著作

弗里德里希·李斯特(Friedrich List,1789～1846)出生于德国罗伊特林根城一个制革小业主家庭,幼时没有正式进学校读书,17 岁时开始在符腾堡王国政府中任公务员,十年后升任到内政部部长助理,1817 年受聘为杜宾根大学的行政学、政治学和经济学教授,1819 年因对当局腐朽政治的批评而被解职,离职后他倡导成立了德国工商业协会,主张取消国内各邦间的货物流通关税,代之以国境关税。1822 年当选为符腾堡国会议员,任职期间积极主张自由主义的政治经济改革,如主张取消公路什一税及其他苛捐杂税;倡导司法行政上采用公告制度及陪审制度;呼吁裁减冗员、出卖公产、推行单纯直接所得税,以平衡国家收支等。这些反封建的主张触怒了统治阶级,他们以叛国罪的罪名判处李斯特 10 个月监禁,后来又将他驱逐出境。李斯特在 1825 至 1832 年间定居于美国,从事矿业和农业投资,还创办德文报刊宣传贸易保护思想,在美国博得了很高的名望。1832 年,李斯特以美国驻莱比锡领事的身份重回德国,积极从事德国铁路建筑运动,并为德国的统一积极进行理论和实践活动。1834 年德国建立关税同盟,李斯特是主要推动者。但他的思想一直为封建贵族所反对,他本人也屡遭迫害,饱受挫折,终于在 1846 年因健康状况恶化和经济困难而开枪自杀。

李斯特是德国历史学派的先驱者,1827 年在流亡美国期间,他发表了第一部系统的政治经济学著作《政治经济学大纲》,第一次针锋相对地反对古典经济学的自由贸易信条。1837 年,他在法国写下了《政治经济学的自然体系》一书,标志着他的政治经济学观点更加成熟。他最主要的代表作是 1841 年出版的《政治经济学的国民体系》,这本书出版后迅速成为德国保护关税派的重要思想武器,几年中数次再版。

二、李斯特的财政思想

李斯特生活的19世纪前半叶，当时，德国通过移植亚当·斯密的《国民财富的性质和原因的研究》和萨伊的《政治经济学概论》，使古典学派的自由主义学说不断渗透到德国经济中来，并逐渐成为德国的主要经济学说。但是，古典学派的自由主义学说，特别是自由贸易理论和德国现实的经济政策不能融合在一起，于是掀起一股重新估价古典学派自由资本主义经济学的风潮。1841年，李斯特出版了《政治经济学的国民体系》一书，主张经济发展阶段论，提出在贸易理论上使后进资本主义国家的现实政策与先进资本主义国家的理论相结合，由于德国资本主义经济特殊性，主张采取保护主义。他抨击了英国古典学派的自由放任和“世界主义”政策，认为它忽视了国家的作用和不同国家经济发展的民族特点，因而竭力反对自由贸易政策，主张实行保护关税制度。为了论证德国实行保护关税的必要性，他提出了生产力理论和经济发展阶段学说。在李斯特看来，财富的生产力要比财富本身重要得多。向外国购买廉价商品，似乎可以增加财富，比较划算。但从长远看，将会阻碍德国工业的发展，使德国长期处于从属国地位。为了培养德国的生产力，政府必须采用保护关税政策。李斯特提出的经济发展阶段学说，将人类经历过的社会划分为五个阶段：(1)野蛮和狩猎阶段；(2)游牧文化阶段；(3)自给自足农业阶段；(4)农业加上供当地消费的制造业阶段；(5)农业加上世界贸易的制造业阶段。他认为，英国古典学派所主张的自由贸易适用于社会发展的第五个阶段。这对于当时英国的情况是适合的，但不适合他自己时代的德国。德国在考虑自己贸易政策以前，需要进一步扩张它的制造业，以达到英国早已实现的经济发展阶段。为了发展德国的制造业，就必须通过征收进口关税来建立保护制度。不过，在采用这种制度时须逐渐进行，以免不恰当地损失现有利益。而且，当受到保护的工业建立起来之后，应将进口税率降低。他提出，最初的保护税率可定为40%～60%；待新工业建立后，继续课征的保护税率为20%～30%；而当这种发展完成之日，应终止执行保护关税政策。

李斯特批评了亚当·斯密和萨伊的劳动生产性、非生产性理论，认为一个国家虽然并不直接生产价值，但“某些法律，某些公共设施，在生产或消费生产力上，都要起或强或弱的作用”。(李斯特，《政治经济学的国民体系》，商务印书馆，1981 年，第 127 页)只有维护法律及制度、公共设施，才能使人民得以发展生产力，他有关国家经费支出的生产性理论，是以这一论点为基础而展开的，这一理论是后来结出丰硕果实的德国财政学说——国家经费生产论的先驱。

第三节 史泰因的财政思想

19 世纪后半叶创建德国财政学黄金时代的三大巨星为史泰因、谢夫勒和瓦格纳。他们在财政学上的影响，一直到 20 世纪还强烈地存在着，日本学者阿部贤一曾评价道：“有了这几位学者，德国的财政学在广与深方面便得以压倒他国。不消说，若从今说来，则其所说是有矛盾，皮相，独断这许多缺点，固然是难以否定，然在学史上的意义，依然顶重要。”(阿部贤一，《财政学史》，商务印书馆，1936 年，第 28 页)

史泰因(Lorenz von Stein，1820～1890)是 19 世纪后半叶德国的著名财政学者之一，其代表作有《财政学教科书》(1860)和《财政学序说》等。

德国历史学派理论的一个重要特点，是根据德国的历史条件及经济发展状况，抛弃了英国古典经济学派的自由主义经济理论、消极的国家观及其财政观，广泛地扩展了国家职能及其财政税收作用的范围。作为历史学派的主要代表之一，史泰因把财政学理解为庞大的国家机体的一个组成部分，或者是国家学的基础。他认为应把财政学置于国家学体系中来研究，这就要求从比国家经济更高的国家观念出发来研究国家经济的概念。史泰因以法律的眼光，将国家活动区分为财政宪法——即财政制度以及财务行政两部分，国家活动在意图和行动两方面体现上述两个组成部分。财政制度论证国家立法与执法的程序，它是由国家经济的生存条件的特殊性质所赋予的立法制度，或称财政宪法。财政制度在国家财政中是立法与执行预算的基本法规，它与宪法密切相连。与此对照，财务行政则是与支出、收入、公债等这些能够计量的财政活动相关的国家活动，它使私人经济的经济性原理发展成一种经济体制。他的国家财政观念概括地说，就是在“国民生活与国民经济的所有领域国家正在扩大其行政职能”（岛恭彦，《财政学的对象与方法》，日文版，第14页，转引自坂入长太郎，《欧美财政思想史》，中国财政经济出版社，1987年，第291页）。

从这种财政观点出发，史泰因指出国家财政在行政方面的职能为：第一，对国家生活予以节度；第二，维持国家生活的秩序；第三，由其本身“再生产”自行消费的经济力。在第三种职能中，他提出国家经费开支的生产性和税收再生产学说。

史泰因的国家财政再生产理论指出，世界上的任何生活、任何经济及国家经济，如果自身不能再生产出其存在的条件，它就不能生存下去。同理，国家的收入与支出若不建立在相互的再生产关系上，非生产的行政支出就要使收入减少，这样行政就变成了简单再生产，甚至缩小再生产。由此决定的税收再生产的基本思想是，税收数额应当同国家职能的经济价值，即国家向人民提供的物质资料和服务相适应。如果从国民中征收赋税的价值超过行政提供的物质资料、服务，则由于国家这种非生产的行政将导致作为国家收入的源泉的每个人的生活水平的下降，并势必使其形成资本的能力下降或衰退。他进而指出，上述的物质生活规律是绝对的，是任何权力所不能改变的。不向人民要求高于行政价值的收入，在行政的各领域提供与收入相适应的共同福利，进行支出的分配，此乃国家经济的最高经济原则，并且正确制定和运用这一原则是国家经济最重而又最高的任务。

史泰因在阐述上述税收再生产理论时指出，赋税应当有助于所有个别经济的资本形成，由各个资本形成的负担赋税的经济实力，就是国家财富。如果国家课税能够加强个别经济的生产性的经济力量，不妨碍个别经济的资本形成，就会加强国民经济的基础，并再次形成国家收入的更多源泉。而且，税收的再生产性表明，一方面，国家所有的国民应向政府提供赋税，另一方面，政府应对所有国民提供物质资料与服务。当这种投入与产出形成有机循环且健全有力时，国民经济实力就会增大。

史泰因关于税收再生产学说的内容，体现在他的税收原则之中。他从税收的再生产理论出发，提出了税收的经济原则、财政原则和国家经济原则：(1)经济原则，是指税收必须以资本产生的所得作为来源，不得课及资本自身，更不得课征重税，妨碍资本积累。(2)财政原则，是指税收不得超过国家现实的总需求，即税务行政应尽量减少征税费用，国库收缴的税金在作为经费支出以前，应当有效地使用，以减少损失浪费。(3)国家经济原则，是指"负税力产生税收、税收产生行政、行政再生产负税力"，亦即"经济—税收—经济—税收"的良性运行准则。

第四节 谢夫勒的财政思想

谢夫勒(Albert Schaffle，1831～1904)是新历史学派的一名重要代表人物，著有《赋税政策原理》和《赋税论》。在上述著述之中，他在社会有机体学说的基础上，阐述了他的财政理论。谢夫勒认为应把经济社会看作是全部个别经济及无数部分经济有机结合而成的国民经济(包括私人经济和共同经济两部分)，把市场经济与共同经济加以精辟地对比和分析。这是他全部经济理论和财政理论的出发点。

谢夫勒把私人经济组织——市场经济看作个人企业，基于自私自利思想，通过竞争以谋取最大利润的经济组织；共同经济则不同，经济行为不是通过一个个人的固有权利承担而是靠人格化的团体或组织来承担。在经济运动中人格化的团体或设施所做的一切经济活动的整体称为共同经济。共同经济系由自由的结合体与强制的结合体两者构成，而后者包括国家、地方公共团体。共同经济靠以交换与竞争为基础的市场经济来补充，两者密切融合，建立起完整的人类社会经济。

基于上述经济思想，谢夫勒认为，财政与国民经济之间的关系极为密切。在市场经济条件下，由于私人经济对许多劳动力和财产的消费很不经济，国家经济的诸多方面需要国家提供物质资料和公共服务，所以，他认为国家经济在国民生活中有着促进节约费用和扩大利用资源等方面的经济作用，而财政分配和预算收支计划又是管好国家经济不可缺少的基础。为了充分发挥财政在国家经济中的作用,他提出,财政学的最高原则是在国家需要和非国家需要之间保持均衡、充足,使其在国民经济中均衡、充足。换言之,财政分配的基本准则就是要实现资源优化配置,将一定量的社会生产物在国家需要和个人需要之间进行适当分配。

此外,谢夫勒较早系统地研究了纳税人的负担能力与累进负担制度之间的关系。他提出赋税力或纳税力的概念,即纳税人负担税收的经济能力。他认为,国家应基于现实的赋税力,向一切有纳税能力者课税,以实现国民所得在国家需要与私人需要之间的均衡分配。

赋税力的源泉一般为财产和所得。谢夫勒认为,对财产和所得课征直接税,虽然属于对纳税主体的平均赋税力的课征,但难以依据纳税主体现实的赋税力实行。所以,依据赋税力征税必须同时使用两种不同的征收方法:一种是直接税,它根据平均赋税力,以所得为基础课税;另一种是依据消费、储蓄等多种用途,以及这些用途所表现出的各种现实的赋税力予以征税。对高收入者征高税,实行累进负担;对低收入者征低税,还可实行税收减免措施。

谢夫勒主张通过累进税率,实现纳税能力与税收负担水平相适应的目标。他推崇累进税制,实现资源在国家需要与私人需要之间合理配置,其主要目的就是试图通过税收的再分配作用,调节财富的合理分配,以改良分配方式的办法,缓解当时德国日益尖锐的阶级矛盾。

第五节　瓦格纳的财政思想

一、瓦格纳的生平和主要著作

阿道夫·瓦格纳(Adolf Heinrich Gotthelf Wagner,1835～1917)生于德国的埃尔朗根,1853年～1857年在哥廷根和海德堡大学学习法律和国家学,后来研究经济、财政、统计等,曾任维也纳商学院、汉堡大学和柏林大学教授。后来他积极参加社会政治活动,1872年与新历史学派的代表人物穆勒和布伦坦诺共同发起成立了"社会政策学会",积极为俾斯麦的政策效劳,从经济理论上为俾斯麦的政权开拓,由于学会成员多为大学教授,经常在讲台上宣扬他们的社会政策主张,故被称为"讲坛社会主义者"。他还曾任基督教社会党首领,任满后放弃政治活动,专心从事学术研究。

瓦格纳早年倾向于自由主义思想,但后来既反对古典经济学的自由主义,又反对马克思主义,提倡和宣扬所谓的"国家社会主义",主张把个人主义与社会主义调和起来,由国家干预私有经济。瓦格纳在政治上虽然落后,但在经济理论尤其是财政学领域颇有贡献,财政学成为一门独立学科,他被公认为是建立者。他是19世纪下半叶德国财政学界三大巨星中最著名的一位,他1872年出版的巨著《财政学》对于各国财政学的影响一直延续至今。

瓦格纳建立了一整套社会改良主义的财政纲领,以《租税纲领》(1882)为其整个社会改良主义纲领的最本质的实践纲领。他的其他著作还有:《政治经济学教程》(1876)、《财政学体系》(1877~1901)、《政治经济学原理》(1892~1894)、《社会政策思潮与讲坛社会主义和国家社会主义》(1912)等。

二、瓦格纳的财政思想

瓦格纳是德国历史学派的集大成者,他继承和发展了他以前的历史学派经济学者的理论,尤其是其中的国家观、财政观和税收观。

瓦格纳生活于19世纪下半叶,当时,德国正处于向资本主义急剧转变的过程中。与此同时,资本家与工人以及支配专制主义政治机构的保守的容克地主,形成三足鼎立的复杂的社会结构。正是在这样的社会政治、经济背景下,瓦格纳在李斯特旧历史学派理论的基础上,提出了国家实行社会政策的主张,打出了"讲坛社会主义"的旗帜,一方面反对自由主义经济政策,承认国家对经济活动具有积极的干预作用,另一方面又谋求改正所得分配的不公平现象以解决社会问题,为德国资本主义发展创造条件。瓦格纳在解决上述两大理论课题的过程中,通过吸收、整理、总结他以前社会政策学派代表人物,如史泰因、谢夫勒等的思想及观点，逐步形成了自己的以社会财政、税收思想为核心的理论体系。

瓦格纳认为财政是与历史发展的阶段相适应的。他把亚当·斯密的“市民社会”后面的时代看作是必须推行的社会改良乃至社会政策的“社会时代”的阶段。为了修正和排除资本主义经济体制运行中所产生的弊端，必须采取社会政策财政学的观点。

瓦格纳认为，可以按经济行为的心理动机，把国民经济社会中的经济组织区分为私人经济或个人主义的经济组织、慈善的经济组织、共同的经济组织三种形式。个人主义的经济组织通过自由竞争与自由契约根据法律原理组成，各经济组织或个人都是为追求利润的经济原则所支配的经济组织。慈善的经济组织是在经济社会中以道德行为为原理，克服利己中心动机而形成的组织。共同的经济组织是根据共同经济的原理自由结合，共同利益是共同原理的出发点，利用权力与强制结合成的强制共同社会，这种强制共同团体即国家。国家为完成其职能，在获得和使用必需的财货时所进行的经济活动即财政。上述三种经济组织是互相补充的关系，共同构成国民经济有机整体。

瓦格纳认为，以权力为中心的共同经济就是财政，强制共同体国家乃至公共团体，为完成其职能所采取的获得和使用必要的财货的经济活动即财政，与此有关的科学，即财政学。总而言之，“财政是把行政上代表国家的机关即政府作为经济主体的个别经济”。

瓦格纳认为，国家的目的不仅限于自由资本主义时代的法治及权力，还应加上文化与福利。国家不仅有维持国内的法律秩序和防御外敌的任务，同时还必须使日益增多的部分有享受文化财富的机会。而且国家目的高踞于私人经济目的之上，在这个关系上要限制私人经济活动，必须强制对国家尽责，即“社会政策”的国家目的比“市民时代”的国家，有着明显的扩大。为确保完成国家目的的财源，他主张一方面扩大国有资产，实行铁路、保险、银行的国有化，施行新的特权及烟草专卖，坚决贯彻煤气、水道、交通设施的国有化，另一方面必须按照社会的政策积极地改变人民所得的分配。

瓦格纳联系国家目的、任务及其活动的财政需要论述了国家经费问题。国家活动应把法律和权力目的与文化和福利的目的这两个国家目的有机地结合在一起加以实施，为此应形成一种给付体制，这就是财政的经费体系，构成财政需要体系。支配国家财政的机关为议会，它也决定着国家通常的活动范围。为此财政收入与国家活动有着不可分割的关系，瓦格纳提出了如下三个财政原则：(1)监督原则，也就是应有正当自主的财政监督组织；(2)节约原则，也就是应当尽量减少财政运行成本，降低运行费用；(3)应兼顾国民所得与财政需要的关系。

此外，瓦格纳发展了公共支出的再生产费学说。他认为国家财政支出是生产性的，这就排除了仅把国家支出看成是维持军队、维持法律秩序、解决社会问题所需的国家经费支出的限制。关于公共活动特别是国家经费的扩大膨胀，瓦格纳也进行了解释，他认为财政经济是国家为完成其总体经济机能的任务所必须的物质辅助手段。因此，财政经济范围必然由各时期的国家任务、国家活动的范围以及种类来决定。由于不同国家中央及地方政府的活动呈现有规律的扩大的趋势，为了满足这种不断增长的需要，中央及地方政府经费也必然增加。按瓦格纳的经费膨胀规律，国家应该扩大支出，即使出现暂时的财政不均衡也无妨。他认为，如果将来带来的财政收入增收额能和这些公共支出的费用相抵的话，利用公债举办公共事业也是可行的。

瓦格纳还系统地阐述了他的税收理论，他认为，税收一方面有获得财政收入的纯财政目的，即获得国库收入的目的；另一方面还有运用税权对所得和财产分配进行干预与调整社会政策的目的。瓦格纳从他关于税收可以矫正个人所得和财产分配的思想出发，按照课税客体的性质，将税收划分为收益税系、所得税系和消费税系，并提出了按照各个课税客体的负担能力不同，贯彻量能负担原则的观点。它认为，在个人利己主义社会秩序和自由竞争制度下，财产和所得的分配是不公正的，改变这种分配制度，除了要采取纯财政性的税收外，还需要所谓社会政策的税收，以便干预财富分配关系，使之趋于公正。他进一步分析说，凡是由土地和资本这两个生产要素所带来的收入，因为他们具有持续和永久的性质，负担能力强，因此应当多课税；凡是由劳动力这个生产要素所带来的收入，因为它时常受到疾病和失业的影响，具有不稳定性质,税收负担能力较弱,因此应当少课税;对于只能取得维持基本生存需要的最低生活费用的人,由于缺乏税收负担能力,应当免税。为了有效调节个人财富和财产的分配,瓦格纳主张征收累进税。他认为,赋税应当适应经济的支付能力进行平等的课征,其标准应当因时因地而有所不同。所得愈大,税率应当愈高;所得愈少,税率应当愈低。

为了制定和实施他的社会政策目标,瓦格纳提出了著名的"四端九项"税收原则。瓦格纳认为:"赋税的最后原则不是一个,所以很难使单一租税适合这些原则,而应当结合各类性质不同的多数课税,形成一个赋税体系。"瓦格纳所强调的税收原则,其基本内容包括"四端九项"。

(一)财政政策原则

这一原则包括两项内容:一是收入要充分的原则,即税收以外的财源在不断得到充分保证时,国家的财政需要就必须依靠税收收入得到充分保证。二是弹性原则,它是指随着国家支出的增长或其他收入的减少,在财政发生不足时,税收要能够自然地增加,以便及时弥补缺损。

(二)国民经济原则

这一税收原则包括两项内容:一是税源选择原则,能够作为政府税源的有三类,即所得或收益、资本或财产、消费。他主张税源应力求于所得,反对税收课于资本或财产;否则,势必会逐步减少财产,削弱国民经济基础,导致税源枯竭。二是税种选择原则,瓦格纳认为,要预先规定税收负担是不可能的,只能通过税种选择来预期税负的分配。国家应根据国民经济的要求,尽量选择那些难以转嫁或能够预知转嫁方向及作用的税种,选择不影响国民经济发展的客体课税。

(三)社会政策原则

这一原则包括两项内容:一是普遍原则,即每一个享受国家提供利益的公民,都应当向政府履行纳税义务,赋税应当普遍,而不能偏于某一阶层、某一职业或某一社区。二是平等原则,他主张要根据社会公正的要求,不得以财产收入的多少按比例税率征收,而应当按照每个纳税人的纳税能力,按照累进原则征收。收入多、负担能力强的多纳税,收入少、负担能力弱的少纳税。

(四)税务行政原则

这一原则包括三项内容:一是确定原则,即税法要简明扼要,防止征缴过程中发生曲解和误解。二是便民原则,即国家征税的方法要简便,尽量方便人民。三是最少征收费原则,即税收的课征费用应当尽量节省,做到节时、省费、高效率。

瓦格纳还探讨了在国家财政中关于公债或赋税及所谓财源选择的理论。瓦格纳考察了国家经费中财源选择问题,把财政需要区分为经常费与临时费,认为在公共经济中是否能求得收支的平衡,取决于财源选择得当与否。经常费就是赋税,它是满足国家收入的最低界限。临时费就是公债,它表明政府收入所能达到的最高限度。他进而指出,从财政支出的目的及作用来看,当临时收入的筹集比经常收入的筹集能对国民经济产生有利影响时,应当允许选择经常收入外的临时收入。但应遵守由经常收入来满足经常支出总额的原则。

瓦格纳探讨了赋税与公债的作用,当选择公债代替赋税时,按构成公债源泉的资本种类,区分为三种公债:

第一,来自国民经济中现实处于自由资金状态的资本公债。

第二,来自外国国民经济资本的公债(外债)。

第三,来自国内资本的公债,由于公债的发行,这些资本是从国内其他生产部门那里夺来的。

从国民经济的立场来看,满足一般的临时财政需要的方法和课税相比,采取第一种和第二种比采取赋税要好,必须避免第三种方法,此时必须以课税取代之。瓦格纳认为发行公债比课税毫无疑问地更加不利于国民经济。其不利作用就是国家负担经费,即全体的牺牲比对现代个别经济课税所造成的分配的不平等、不公正更严重。国民所得的分配在公债上比在赋税上更不平等,而且比为避免发行公债而尽量提高全体赋税额的做法还要不平等。公债的这种不利作用将在长期间内危害国家财政。

关于来自外国资本的公债,瓦格纳认为,只要它有使国内资本增加的作用,就可以断定它对全体国民是有利的。他认为如果借入外债当即投入生产,就会得到特殊的好处,即利用外资发展整个国民经济,这种场合利益可能更大一些。他认为国民所得及国民财富的增加，即使扣除外债利息及以后年度还本的对外支付之外还会有余。至于发行公债靠夺取其他部门的生产投资吸收国内资本的做法，瓦格纳认为这种公债的作用是利少弊多。与课税相比，公债有助于维护有产者即向公债提供资本的人的利益，却加重了下层工人阶级的负担。

瓦格纳并不求助于资本主义本身内部结构的改革，而是部分地调整资本主义经济矛盾，他从古典学派的赋税利益说出发，为了人类最高共同体的国家的存续，国民都有根据自己的能力担负纳税义务，在赋税义务说的基础上，构筑有机的国家观的财政理论。对当时不可侵犯的"廉价政府"、"中性政府"，他主张国家权力主要通过赋税政策积极地介入干预国民经济，改正所得分配的不公平，缓和工人阶级的反击政策。另一方面他用"廉价政府"以军费为中心的"经费膨胀规律"与"经费生产性"理论来武装德国，赋予国家伦理性，以专制主义国家权力为背景采取维护"高价政府"的立场。从这个意义上说，当时德意志帝国及其经济基础的资本主义垄断化是必然的问题。他利用国家财政使之矫正资本主义的弊害所起到的补充作用，来对付垄断资本主义；他把财政学看成国家经济，使官方学与古典学派相结合；他使古典学派财政学作为经济学的一部分，从政治经济学中独立出来；他把财政学归纳成理论的、系统的科学，形成独立的社会科学——瓦格纳的德国正统派财政学。

第六节　德国历史学派财政思想评析

历史学派是德国的资产阶级庸俗经济学派，它的产生和发展与英国资产阶级古典学派和庸俗学派相比有着巨大的进步。英国古典经济学产生于17世纪中叶，完成于19世纪初。这一时期的英国资本主义正处于自由竞争时期，工业生产获得了迅速发展，无产阶级与资产阶级之间的阶级斗争尚处于潜伏状态。德国的情况则不同，它是一个后期的资本主义国家，工业发展一直落后于英、法等国，当德国的资产阶级开始登上历史舞台时，资本主义已开始由自由竞争阶段向垄断阶段过渡。在这一阶段，不仅资产阶级同封建残余势力之间存在矛盾，而且，资产阶级同无产阶级的矛盾业已公开化，并且日趋尖锐。因此，德国资产阶级在振兴本国工业、发展资本主义的过程中，面临着十分复杂的社会环境。所有这一切，都决定了德国资产阶级历史学派必须选择与英国古典学派迥然不同的经济理论和财政政策。

1. 历史学派的主要代表一反传统古典学派关于"廉价政府"、"税收中性"的理论和政策，主张推行积极的社会政策财政。亚当·斯密等人提出，资本主义自由竞争关系赋予国家的使命，仅在于维持使个人资本的活力得以充分发挥作用的社会秩序，因此，主张压缩国家权力及职能范围，提出了以"廉价政府"和"税收中性"为特征的税收原则，反对财政活动对经济的任何干预。而瓦格纳等人的观点恰好相反，他们提出了所谓的"社会国家"的概念，即主张不应当把国家的任务局限于法律目的的狭隘范围之内，而必须使复杂的国家活动实现社会目的的需要，扩展政府职能。从这一认识出发，历史学派将财政置于国民经济运行的重要地位，认为财政应当在经济运行中发挥更为重要的作用。同时，历史学派不再仅仅把税收作为筹集国家经费的纯财政手段，更重要的是将其作为改变国民收入分配的工具，赋予税收广泛的经济调节和社会职能，使一般财富的分配职能从属于社会政策的目的。

社会政策财政思想是德国历史学派理论的精髓，在他们看来，只有通过社会政策财政特别是税收手段的应用来改变财产、所得分配不公正的矛盾，才能稳定德国资本主义发展所必需的社会秩序。例如，瓦格纳提出了累进税、最低生活费免税、对奢侈品和不劳而获的所得加重课税等具体措施，以此作为缓和阶级矛盾的手段。上述理论的提出，迎合了当时统治者的需要，部分地调整了社会生产关系，以适应当时德国垄断资本主义发展的要求。而且，瓦格纳等人的这套社会政策财政理论及其调节方式，不仅对当时的德国，即使是对一些现代资本主义国家，也产生了深远的影响。各国累进个人所得税制度的建立，部分缓和了分配不公的矛盾；各项社会保障制度的实施，在一定程度上提高了无产阶级在全部国民收入中的份额。从客观上说，这些措施对于保证二次世界大战以来资本主义经济相对平稳的发展起到了重要作用。

2.历史学派的主要代表一反古典经济学关于财政与经济关系的消极观点，提出了财政再生产理论。英国古典经济学派主要代表大卫·李嘉图就把国家看成非生产性的消费主体。在他看来，凡属财政活动包括赋税在内都有减少积累能力的趋势。法国庸俗经济学者萨依消极的财政原则更为明确。他认为，“使非生产性消费不利于再生产的原因，也使课税不能促进再生产”。并断言，赋税一般都有害于再生产。历史学派则不然，史泰因就把国家和税收视为社会再生产过程中不可或缺的一个因素，认为人民向政府纳税和政府向人民提供物质资料或服务，这两者之间形成的良性循环，构成社会再生产运动的一个重要方面。瓦格纳继史泰因之后，也认为财政自身具有再生产力。他指出，国家通过课税取得财政收入，课税虽然形成纳税人的负担，但国家财政不久就会变成国家活动赖以发挥有效作用的能力，这种能力又可进一步形成新的税源和再生产能力。

历史学派和古典学派在财政再生产性问题上的两种截然对立的观点，反映了资本主义发展不同阶段上对国家和财政职能范围的不同要求。大卫·李嘉图、萨依等古典学者生活于资本主义自由竞争时代，“看不见的手”即市场力量调节着社会经济生活的一切方面。资产阶级所需要的只是一个“夜警政府”，财政的职能在于满足国家非生产性的消费，仅此而已。当资本主义发展到垄断阶段，尤其是国家垄断资本主义开始出现后，日益扩大的社会生产力和私人资本占有之间的矛盾更加尖锐。倘若政府职能仅限于“夜警”的范围，势必难以维持资本主义再生产所必需的条件。因此，正是这样的历史条件决定了国家及其财政活动应当介入社会再生产，干预经济生活。历史学派的财政再生产理论，也正是从国家垄断资本主义的初步实践中得出的自然结论。

3.历史学派一反古典学派自由贸易的理论，主张实行保护关税政策。当英、法等资本主义国家的工业发展起来后，以亚当·斯密和大卫·李嘉图为代表的古典学派主张自由贸易，以便为本国资本主义发展开辟更加广阔的市场。然而在德国，李斯特、瓦格纳等历史学派代表人物则竭力反对自由贸易政策，强调保护关税制度对德国工业发展的重要意义。

李斯特等人提出的保护关税政策，一方面反映了德国资产阶级发展本国工业的历史需要；另一方面，它又为后来的俾斯麦首相实行保护关税政策提供了理论依据。该政策的实施在一定时期内起到了保护德国工业发展的作用，为德国资本主义的兴起创造了条件。

4.历史学派特别是瓦格纳还比较早阐述了公债理论，瓦格纳对公债的三种划分，以及每种公债对经济发展的作用都进行了比较系统的阐述，从而为西方公债理论的发展作出了贡献。

思考题

1.对比德国历史学派的代表人物的贸易保护政策，分析他们反对自由主义、转向保护政策的原因。

2.何谓社会政策财政？其意义是什么？

3.为什么说瓦格纳的课税原则是发展得最为完备的课税原则？

4.瓦格纳的公债理论有何特点？

第五章　纯经济学派的财政思想

第一节　马歇尔的财政思想

一、马歇尔的生平和主要著作

阿尔弗雷德·马歇尔（Alfred Marshall，1842～1924）是19世纪末20世纪初英国最著名的经济学家，是英国剑桥学派（又叫新古典学派）的创始人，是19世纪末20世纪初西方经济学界最有影响的人物之一。他出生于英国伦敦的一个中产阶级家庭，他的父亲是英格兰银行的出纳员，祖辈都是商人。马歇尔自幼笃信宗教，喜好数学。他9岁时才开始读书，中学毕业后，放弃了牛津大学奖学金，在叔父的帮助下于1861年进入剑桥大学圣约翰学院学习数学，4年后他作为优秀数学生毕业，并被推荐为特别研究生留校辅导数学，同时转修物理，后来任数学讲师，这为他习惯边际效用主义的数学分析方法打下了基础。由于与哲学、经济学界人士的广泛交往，他的学术兴趣逐渐转向哲学社会科学。据说是在约翰·穆勒的影响下，他从25岁开始深入研究政治经济学。1868年～1877年，他在剑桥大学圣约翰学院任道德哲学讲师，主讲政治经济学，也讲授逻辑学和近代哲学。在此期间，他曾赴德国研究康德哲学和黑格尔的历史哲学。1875年他到美国调查研究贸易保护政策。1877年～1882年，他就任布里斯托尔大学政治经济学教授和学院院长，与夫人柏莱（Paley）共同讲授经济学，并合著《工业经济学》一书。1883年，他接替逝世的著名经济史学家A.汤恩比，任牛津大学巴里奥尔学院研究员和讲师，讲授经济史。1885年，马歇尔又回到剑桥大学任政治经济学教授，直至1908年退休，正是在剑桥的这一段岁月里，马歇尔逐步登上了英国经济学的皇座，开创了英国经济学的马歇尔时代。

马歇尔的主要著作有:《国内价值与国际贸易》(写于1879年,去世后出版)、《工业经济学》(1879)、《经济学原理》(1890)、《工业与贸易》(1919)、《货币、信用与商业》(1923)等。其中,1890年出版的《经济学原理》是他的代表作,这本堪称划时代的著作在马歇尔生前就出了8版,是近现代英美等西方国家经济学的基础,被认为是一部可以与亚当·斯密的《国富论》、大卫·李嘉图的《政治经济学及赋税原理》相提并论的巨著,在相当长的时期内一直被世界大多数国家包括我国采用为教材。

马歇尔的学说集19世纪上半叶至19世纪末西方经济学之大成,把边际效用学派及以前各种庸俗经济学理论兼收并蓄,加以综合,形成了自己独特的理论体系和方法,对现代西方经济学的发展有着深远的影响。他的研究扩大了传统西方经济学的研究范围,为现代西方经济学的微观经济理论在理论上和方法上奠定了比较深厚的基础,他的经济学说形成了现代微观经济学理论的基本框架。在当时的英国,几乎整个年轻一代的英国经济学家全成了马歇尔的追随者,庇古、梅纳德·凯恩斯、琼·罗宾逊都是他的学生和拥护者。即使到了20世纪30年代中期以后,凯恩斯主义经济学占据支配地位的时代,马歇尔的学说在许多理论的基本原理方面,仍对当代西方经济学有着很大的影响。

二、马歇尔经济学说产生的历史背景

19世纪70年代以后,英国经历了长时期的经济萧条,工农业生产都发生了困难,经济发展速度急剧下降。在工业生产方面,1850年～1870年每年平均增长3.2%,而1870年～1913年每年平均只增长1.9%。在农业生产方面,由于海上运输的便利,北美谷物大量输入,使农产品价格不断降低,从而使英国农业的发展速度也急剧下降。德国和美国机器工业的迅速发展使英国在国际市场上面临激烈的竞争，往日素有“世界工厂”称号的英国，如今经济实力已相对削弱。英国的统治阶级为保障其在国内国外的经济地位，加强了对工人阶级剥削，从而使工人阶级反对资产阶级的斗争有了新的发展。在此情况下，英国统治阶级也迫切需要一种新的经济学说来为自己服务，马歇尔的经济学说就是为了适应这个新的需要而产生的。

19 世纪 70 年代，旧的英国庸俗政治经济学理论由于受到马克思的批判和德国历史学派及奥地利学派的指责，逐渐走向破产。在 60 至 70 年代，英国庸俗政治经济学界分成了不同的派别，以约翰·穆勒为代表的一些人，打着李嘉图学派的旗号，主张以生产费用(劳动)决定价值。而以杰文斯为代表的另一些人则主张以最后效用决定价值。两派在较长时期内一直争论不休。马歇尔以边际效用论为基础，把争论双方的观点加以折衷，并收集了各种新旧庸俗政治经济学的理论，建立了他的理论体系。由于马歇尔的经济学说突破了传统经济学的研究内容和研究方法，使其带有“现代经济学”的色彩，所以他的经济学说成为西方当代经济学的起点。他本人也就成了当代西方经济学，特别是现代微观经济学的最重要的先驱者。

三、马歇尔的基本经济思想

在资产阶级庸俗经济学说史中，马歇尔在承袭或参考了其庸俗前辈和同辈庸俗论点的基础上，确立了一系列新的或比别人更为完整的基本观点，构成其庸俗经济学说体系的思想基础和理论支柱。这些基本观点对当今西方经济学说的发展确实有着重大影响。

1. 确立“经济学”学科名称，并确定经济学的研究对象和目的。在他以前，“政治经济学”是这个学科的常用名称。从他开始，把“政治”二字删除，确立“经济学”这个名称。从此以后，直到当代资产阶级经济学界大都袭用“经济学”这个名称。同时，他明确规定经济学的研究对象是财富，也研究人，把研究对象确定为人与财富的关系，他所要研究的人，不是抽象的“经济人”，而是“普通人”。他认为，现代工业生活的基本特征是，人们在经济生活中，形成了一种预测的习惯。一方面常使人们彼此竞争，另一方面也常促使人们互相合作。但他又认为，现代社会的特性，不是自私自利，而是深思熟虑的行径；主张用“工业及企业自由”，即“经济自由”去代替“竞争”。

关于经济学的目的，他强调主旨在于解救贫困和增进福利，能使“下层阶级”的生活趋于改善。因此，消灭贫困，增进福利和提高人类的生活水平，就是经济学的任务。

2. 利用“自然不飞跃”这句格言，歪曲达尔文进化理论为庸俗进化论，以此来反对社会革命，支持他的改良主义教义，硬说经济进步只有量的渐变，没有质的飞跃。这就为资本主义发展前程问题确立了基调：它的某些缺点(如工人阶级贫困问题)可以通过各种改良措施得到逐渐解决，根本不要实现社会主义革命，因而对资本主义的前途抱着十分乐观的态度。

马歇尔这种庸俗的进化观点为当代西方经济学各个学派在对待资本主义前途问题的根本态度上，确立了一个共同的基调。事实正是如此，当代西方经济学界所有各个流派，几乎没有例外，都明确地或暗含地继承了这种观点和见解。

3. 供求均衡原理是马歇尔经济分析的基本方法，此中包括市场调节的供给与需求两方面的作用。马歇尔坚信这种市场机制的协调性和完善性，认为均衡是经济的正常状态；当经济出现供求失调的脱节情况时，会通过市场机制的自由调节，自动恢复均衡。这是马歇尔供求二元论的折衷主义经济学说体系的脊梁柱。这使他必然主张自由放任，反对政府干预。

局部均衡分析方法在其《经济学原理》中广泛使用，均衡价格体系(包括价值论及其在分配论中的具体应用)成为他的整个经济学说的中心内容。

均衡观念、供求均衡原理、局部均衡分析方法，及由此而推导出来的均衡价格理论体系是马歇尔经济学说的实体，也是资产阶级古典价值学说庸俗化进程中臻于最后完成境界的里程碑：他对无垄断的微观经济现象作出了最系统、最完整的分析，影响极为巨大。

四、马歇尔的财政思想

马歇尔没有写过论述财政的专著，对资产阶级财政思想的贡献和影响不是很大。他只是在一些著作中偶尔涉及一些财政理论和政策问题，其中反映出来的财政思想主要是税收方面的理论，集中在以下几个方面：

（一）税负的转嫁和超额负担问题

马歇尔在《经济学原理》第五篇第九章中借用赋税的转嫁与归宿来说明价值的形成问题。他认为，"如果有一种税加于某些人用来生产售与其他人的商品或劳务的任何一种东西上，那么这种税就有使生产萎缩的趋势，这将使大部分赋税向前转嫁给消费者，小部分向后转嫁给供应这些生产者以生产必需品的那些人身上。同样，任何一种东西的消费税在大小不同的程度上向后转嫁给它的生产者负担"。

马歇尔在阐述自己关于税收转嫁基本看法的基础上，详细论述了与税收转嫁有内在联系的所谓超额负担问题。马歇尔提出的"税收超额负担"，是指纳税人在缴纳税款以外所遭受的其他经济损失。他认为，税收对市场经济的干预作用是巨大的。当税收因素加入市场后，各种经济活动的成本与报酬之间的关系将被破坏，即税收成为一把"利剪"，把生产者成本与消费者利益两者截然分开，它意味着对资源利用的低效化。

马歇尔采用计数效用分析方法，描述和说明了税收超额负担的状况。如图 5-1 所示。

在没有税收的情况下，某商品的市场均衡点为 E，即以一个单位 OB 的价格出售 OP 的数量。如果政府以低于 FD 的从量税课于该商品，则供给曲线变为 S+T，而税后均衡点则变为 F，即以较高的价格 OA 出售较少数量的 OH。

在图 5-1 中，征收这种商品税所增加的收入为 CD（数量）乘上 DF（税率），以 AFDC 的面积表示。消费者因为课税而遭致的"消费者剩余"损失为 ABEF，生产者受到的"生产者剩余"损失为 BCDE。不过，剩余损失的合计面积（ABEF＋BCDE）却要大于税收收入（ACDF），多出的部分 FDE 即为超额负担。也就是说，纳税人不仅要支付税款 ACDF，而且因为选择行为被课税所扭曲，还会接受超额负担损失。马歇尔还举例分析了超额负担对一个行业不同阶层的影响。如对印刷业课税，就会使从事该行业的人们受到打击，因为他们试图提高价格，则需求势必急剧下降。进一步分析，这种打击对该行业的不同阶层是不同的。首先是印刷机的价格和排字工人的工资降至很低；同时，另一部分税款势必要由辅助工业，如造纸业和铸型业等来负担。此外，作者和出版商也会因被迫提高书价或减少销路而负担一部分课税损失。

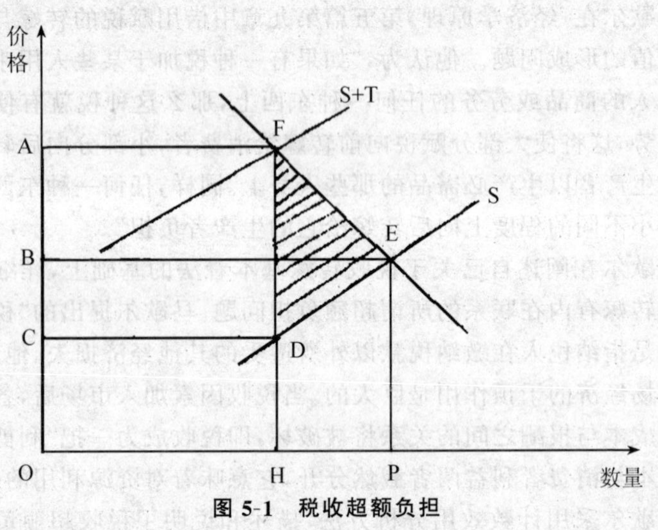

图 5-1　税收超额负担

马歇尔指出，产生超额负担主要原因是由于对某一特定物品的课税妨碍了对被课税物品与其他物品有效率的选择。他认为，这种负担可以采取三种方式予以避免：(1)选择没有需求弹性的物品课税，即课税导致价格上升，但物品需求量并不因此下降。(2)所有物品均课征同等数量的税款。(3)课征所得税。

在税负转嫁问题上，马歇尔税收思想的特点主要体现在，他脱离资本主义条件下税收负担的阶级分析，引入边际分析方法。他认为，如果对农作物征收一种永久性的赋税，农户总是力求使消费者负担一部分税款。但是，转嫁税款导致价格上涨，就会减少需求，因而对农户又起反作用。为了研究究竟有多少税款转嫁给了消费者，马歇尔引进了“有利支出边际”这一概念。其中包括运用劣等土地或远离有利市场的土地的少量支出边际和运用优等土地或靠近人口稠密工业区的土地的大量支出边际。他说，“如果靠近边际所曾生产的只是少量的谷物，那么，农户所得纯价格的些许下降，不会使谷物的供给锐减。因此，消费者所付的谷物价格不会急剧上升；而消费者所负担的税实属有限，但是谷物的价值超过生产费用的剩余势必有很大的下降。如果农户所耕种的土地是自己的土地，他就负担较大一部分租税，而如果是租来的土地，他可以要求大大减少地租。相反，如果靠近耕作边际所曾生产的是大量的谷物，则租税有使生产大大缩减的趋势，由此而引起的价格的上涨会阻止这种缩减，从而农户进行和以前几乎一样的集约经营，而地主在地租上所受的损失极小”。

马歇尔的结论是：“一方面，一种税要是课得使土地的耕作或建立农场用房受到节制，它就有转嫁于农产品消费者的趋势。而另一方面，对来自土地的位置、广袤及其阳光、热、雨和空气的那部分(年)价值所课的税，只能由地主负担，当然，租地人在短时期内就是地主。”

(二)关于税收的公平问题

马歇尔认为，税收公平与否，必须从税制总体上加以判断。几乎每一种无偿税收都会对某阶级或其他阶级加以不适当的压迫，但如果各种税收的不均为其他税收的不均所抵消，则赋税制度可以说是公平的，尽管就其中任何一部分看都欠公平。根据这种税收公平观，他主张对地产收益等按“股份制原则”课税，依据这个原则，受益多者多纳税，受益少者少纳税。又如他主张对所得和财产，尤其是对不劳所得和继承财产课以重税。不过，他又提出对资本课税应当特别慎重，因为资本税会妨碍资本增加，并促使其流往国外。同时，他也指出，对消费品课征的国内消费税和关税，与其说是对富人的征收，毋宁说是从劳动阶级的所得中征收。除少数例外，这类税收不问收入高低，统一实行一个比例税率，造成税收负担的上轻下重，对穷人极不公平。

(三)关于累进税问题

马歇尔在经济理论上属于新古典学派的经济学者，但在税收思想上有时也显得较为激进。譬如，他出于缓和日趋尖锐的阶级矛盾、维持资本主义制度“长治久安”的考虑，竭力主张对富人的财产和个人所得征收累进税。他的累进税主张是建立在他的价值递减原理基础上的。他认为，一个人取得的超过维持生存所必需的生活费用以上的剩余，是个人幸福的源泉。人们从其收入中获得的满足，是以维持生存所必需的生活费用为起点，以后便以收入增加上的同一比例增加额而获得同样的满足。虽然由于富人拥有资本和财富，其收入增加的绝对额要远远高于穷人，但富人和穷人所增加的同一比例收入，对增加幸福的程度来讲又是相等的。因此，对于个人增加的同一镑收入，富人增加幸福的程度必然要小于穷人增加幸福的程度。基于这个理论，马歇尔主张采用累进税将富人手中相当一部分收入集中于国家，以提高整个国家和全体人民的幸福。

(四)关于地方税问题

马歇尔在《经济学原理》附录七中专门谈到了地方税的征税范围、性质和设计等问题。他提出，“地方税征税范围的确定，要看居民是否流动，以及这个税种是有偿还是无偿”。他认为选择地方税种的征税对象和范围，要以不导致工人的流动为优。如果对某一行业征收地方新税，这一行业的纳税人和征税对象具有流动性，那就不宜征收。而且，地方税最好是采取有偿性税种的形式，即大部分地方税应当用于直接增进当地居民和工人的福利上，而这些福利和便利除了由当地政府提供外，是不可能用其他方法更便宜地提供的。与之相对应的无偿税，它属于对纳税人不提供补偿利益的税种，具有驱逐纳税人的趋势，这类无偿税不宜用于地方税。马歇尔最后指出，无偿税和有偿税适用的原则是：偏重于全国性服务的税种，一般应采取无偿税形式，而偏重于地方性服务的税种，宜采用有偿税形式，以便根据纳税人负担税款的数量，给予他们以直接和特殊的利益。

五、马歇尔思想述评

马歇尔的经济学说集中地反映在他于 1890 年出版的《经济学原理》一书中，这部著作的出版，不仅使他本人名声显赫，而且连同他的学生也因此备受世人青睐。由于他先后长期在英国剑桥大学任教，因而被称为剑桥学派，又被称之为“新古典学派”。马歇尔是剑桥学派的创始人。他的学生中比较著名的有庇古、罗伯逊和凯恩斯。资产阶级经济学家把马歇尔的《经济学原理》看作是与亚当·斯密的《国富论》、大卫·李嘉图的《政治经济学及赋税原理》等齐名的划时代著作，是对古典经济学的继承和发展。因此，马歇尔就被称为“新古典学派”的奠基人和主要代表。

马歇尔是处于资本主义向帝国主义过渡时期的资产阶级经济学家。但是，他的基本观点仍是以自由竞争的市场经济为假定条件的传统的经济自由主义。他的主要经济学说都是从这一基本观点出发的。他的主要代表作《经济学原理》自 1890 年出版以来已有 100 多年，尽管现代西方经济学流派丛生，众说纷纭，但都受到马歇尔经济学说的巨大而深远的影响。20 世纪 20 年代，福利经济学的创始人庇古的福利经济理论、30 年代初期英国罗宾逊和美国张伯伦的垄断竞争理论，都是在马歇尔经济学说的基础上形成的支流。即使是在 30 年代后期，对以马歇尔为首的“新古典经济学”进行了革命的凯恩斯，也承认他的理论是他已深信多年的马歇尔理论思想的自然发展。时至今日，马歇尔的经济学说仍然是现代西方经济学的基础。

第二节　巴斯泰布尔的财政思想

巴斯泰布尔(C. F. Bastable)是19 世纪末英国著名的财政学者。他在财政税收理论方面，继承了英国庸俗经济学者穆勒的思想，同时受德国社会政策学派的影响较大。1892 年，巴斯泰布尔的《财政学》一书出版，填补了穆勒之后英国没有出现完整体系的财政学著作的空白，成为当时英国最具代表性的财政著作。

一、财政总论

按巴斯泰布尔的解释，国家作为政治团体，要完成其职能就要提供财货、服务，即公共财，不论是发展中国家还是高度发达的国家都必须提供公共财。获取并使用公共财的方法，随着社会进步的程度有很大的不同。在原始社会是比较单纯而直接的，在近代工业社会则要依据复杂与严密的法律来执行。国家财源的供应与使用就叫做财政，研究这种社会科学的就是财政学。财政的本质就是作为有机体的国家为满足公共欲望而运行的收支经济。

巴斯泰布尔吸收了前人的见解，特别强调国家经济的强制性或公共欲望满足性，阐明了财政与私人经济的区别："公共经济、国家经济中的第一个特点是它的强制性……国家活动的强制性是截然区分国家和个人与企业的一个标志；第二个特点是国家的目的在于满足公共欲望的活动，为国家提供的公共财因系非物质性的，所以是无形的生产，对最高限度与经费数额没有精确的评价尺度；第三个特点是关于公共支出的用途，在股份公司中对小股东要求的私人利益，由股东大会投票决定有无损害全体的利益，处于国家的场合则为了本身的利益趋向于牺牲一般的利益；第四个特点即其活动范围，私人企业活动以获得最高利润为基准，国家则尽可能地采取强制的国家保护，并尽可能地使私人企业的存在以及进行经营活动而不致妨害企业活动；第五个特点是私人经济与国家经济的不同，私人经济以获得盈利为目的，而国家则谋求收入与支出的平衡；第六个特点是国家支出所以必须以收入来调整，是因为其形式上的区分方法，实际上不论国家经济或私人经济在这点上都没有根本的不同"（巴斯泰布尔，《财政学》，日文版，第 55～63 页）。

巴斯泰布尔赞同亚当·斯密的观点，认为财政是国民经济的一环，以国家收入和支出为对象，反对李嘉图应用分配论的赋税问题，把赋税问题从财政问题中分离出来，即使赋税理论成为财政学中心的趋势。他认为，若在财政学研究课题中对国家支出予以轻视甚至排除在外，只有国家收入特别是赋税论和公债论成了财政学的对象，这可以说是财政学的不幸。巴斯泰布尔是以国家支出与国家收入作为财政学的研究对象，把收入与支出纳入行政管理制度的轨道，把财政学研究的范围扩展到涉及收入与支出的作用、效果，以及国家收入与支出的平衡等。

在财政学与其他邻近学科的关系方面，巴斯泰布尔认为财政学是由政治经济学独立出来的社会科学，所以经济学与财政学有着密切的关系，且国家支出为社会消费的一部分，并要遵守一般财富消费理论。另外，在国有财产管理方面需要具备经济理论的知识，其中包括有关公共垄断事业的一般理论，最需要的经济理论是赋税论。赋税制度在一般的价值判断上需要援引经济方面的理论。赋税的公平问题为道德的伦理的问题，但为了了解经济的作用与效果——赋税负担乃至财富的分配——公债论也必须依据经济理论有关信用部分的内容。由此可见，经济理论对财政学的研究者来说是不可缺少的必要条件。他还认为，支出财政行为在民主国家中涉及宪法，它与政治学、社会学有着深刻的关系。历史学研究的一个重要方面是对财政史的分析，财政学也离不开统计学，没有国家收支的正确统计数字，就不能实行国家的财政政策。总之，巴斯泰布尔重视财政学与其他邻近学科的关系，那些邻近学科都是确立财政学理论所必须引用的学科（坂入长太郎，《欧美财政思想史》，中国财政经济出版社，1987 年，第 362～364 页）。

二、财政支出理论

巴斯泰布尔很重视财政支出理论，他说："无论研究任何公共支出，对其在国民经济方面的社会经济的影响置之不理，不能说是周密的。国家通过中央与地方两种职能，既是最大的货物买主，同时又是劳务的最大雇佣者，对物价与工资具有强大的影响力，并通过这种影响力对财富分配给予变动。""古典学派认为，最廉价的物品是最好的，最廉价的国家也是最好的国家，这不是真实情况。对人民给与最大利益，而且为人民将来的发展作出最佳考虑的政府才是最好的政府，最廉价的政府"（巴斯泰布尔，《财政学》，日文版，第 220、224 页）。

在国家职能方面，巴斯泰布尔赞成斯密的观点，但又认为由于国家职能会随着社会经济的发展而扩大，所以不应把国家职能固定化。他把公共支出依次划分为国防费、司法警察费、行政监督事物费、贫民救济费、教育宗教费、工商业奖励费、宪法及外交费、中央及地方费。这些国家支出都是为执行国家职能所需的无形财货服务，即所谓非物质财货所必要的经费。（巴斯泰布尔，《财政学》，日文版，第 81～196 页）他常把国家经费区分为经常费与临时费，但是两者的界限模糊不清，相比之下区分为经济的经费与非经济的经费较为得当。前者是以确保将来收入为目的而支出的经费；后者则不具有这样的效果，如公安、文化、教育费用等，这些支出因为提供无形的效果，属于消费性质，所以必须由国民所得的积累部分开支，而且这种经费时常不得不受到经济状况较强的制约。而经济的经费也可以把公债作为财源。这样也就不能无限制地批准经济的经费，而在适当规模上安排各项经费（巴斯泰布尔，《财政学》，日文版，第203～205页）。

巴斯泰布尔具有财政收支平衡的思想，因此他还考察了与经费开支有密切关系的公共收入问题。他认为公共收入——赋税要依赖于国民收入，但不能一律按国民所得决定赋税负担，必须考虑以下条件以决定公共收入与国民所得的负担比率：(1)若支出的目的是用于经济的费用则多些也无妨；(2)依赖于国民所得之多寡；(3)财富的分配与财富的种类。但是，决定经费的恰当规模是困难的，最有效的办法是对既定的经费进行局部的变更或增加（巴斯泰布尔，《财政学》，日文版，第206～211页）。

通过对各国实际情况的分析，巴斯泰布尔认为国家经费的膨胀是不可避免的，其原因主要是由于国防费、行政管理费和文化教育费用等的增加。

三、赋税理论

(一)税收本质观

巴斯泰布尔在税收本质观上的见解，不同于资产阶级古典学派。他认为："所谓赋税，即个人或团体为履行公共义务或公共权力而进行公共活动，在财富方面被强制分担的贡献。"（巴斯泰布尔，《财政学》，日文版，第393页）关于这个税收定义，他解释说：(1)赋税的强制性，指的是通过法律规定缴纳税款的数量、方式、时间及课税主体，而没有接受纳税人意见的余地。换言之，纳税意味着纳税人的牺牲，即使纳税人通过政府提供公共财物或劳务而获得利益，那也不是纳税的结果，而是由于赋税的作用。因此，这种利益不能直接的与个别的牺牲（赋税）相比较而得的报偿。(2)赋税的缴纳不一定采取货币形式，还包括强制性的劳动即劳役、兵役或修筑公路等。(3)赋税向全体国民课征。以对商品征收的间接税为例,税款虽由纳税人提供,但最后都要由消费应税商品的消费者负担,消费者亦即赋税主体。(4)赋税是对国家设施的缴纳。国家具有自身的财政需要,为满足这些需要,就必须课税。至于判断某一需要的合理与否,应由拥有课税权的政府来决定。(5)为国家征收赋税以便提供公共财力。

在上述观点的基础上,巴斯泰布尔讨论了赋税的一般性质,他"对赋税有增加生产的效果极为怀疑。即使具有这种效果,其能量也甚少,而且这样的情况只会发生在很少的情况下,所以没有在财政学上考虑的价值。本来,课征这种强制的收入,从小处来说对纳税人,从大处来说对社会,只蒙受征课额的损失。由赋税得到的唯一报酬,则是为有效地完成国家职能所产生的利益。不注意这一根本事实的理论,不问赋税究竟是什么,在原理上出现谬误,毫无疑问,会在实际上招致显著的弊害"。(巴斯泰布尔,《财政学》,日文版,第431～432页)这表明他认为赋税是一种消费。

巴斯泰布尔指出,"税收利益说"对税收本质的解释存在缺陷。因为由国家提供的财政或劳务的价值测定,既困难又不现实,因而这种理论难以采用。他提倡"以最为人所知,最为广泛承认的能力(即收入能力)——财力来作为课税尺度的原理"。(巴斯泰布尔,《财政学》,日文版,第453页)他赞成关于税收本质的"能力说",但他认为纳税能力作为课税标准也有含混之处。因为判别纳税能力的标准是多种多样的,既可以是财产,也可以是收入等。巴斯泰布尔比较倾向于穆勒提出的"税收牺牲说"。在他看来,"均等牺牲原则不过是均等能力原则的另一种表现。均等能力意味着负担牺牲的能力均等。均等负担应使均等能力的纳税人们所感觉的牺牲相同,能力不均等时,应相应规定不均等的课税额以达到这一均等牺牲的目的"。"但是,能力与牺牲这两个词之间稍有不同。能力使人想到的是纳税力这个积极因素,牺牲则使人想到的是由于纳税所受损失这个消极因素。前者由某种客观的标准测定,而后者则属于纳税人的感情,所以从哪一方面来说都是主观的"。(巴斯泰布尔,《财政学》,日文版,第454～455页)站在"税收牺牲说"的立场上,巴斯泰布尔认为,社会的最大幸福是使全体纳税人负担最少的牺牲。也就是说,有纳税能力的人们应加重负担;同时对平均负担领以下的人们免除负担。只有通过采用这种"最少牺牲说"来分配负担,才能实现真正的纳税平等。

巴斯泰布尔还把以能力为基准分担的赋税分为三种类型:纯粹比例税、附有条件的比例税——扣除必需费用或酌量修改所得的构成部分以及累进税。他否定了纯粹比例税和累进税,认为平等的纳税应"在避免无规律的累进税的危险的同时,应考虑维持牺牲的平等。这就必须对所得规定一定的限制,超过者按统一税率课征,而低于该限制者全额免税或部分课征,此即所谓的累进税"(巴斯泰布尔,《财政学》,日文版,第476～477页)。

(二)税收转嫁与归宿论

巴斯泰布尔是从分析直接税与间接税的负担来研究税收转嫁与归宿问题的。他认为,所谓直接税,是最终向纳税人的直接课税;而间接税是指由直接纳税者转嫁于最终负税者的税收。在各种转嫁税中,以商品税最为典型。一般说来,生产者交纳商品税后,通常要通过提高价格转嫁于最终消费者。在这种情况下,消费者因物价上涨而减少消费需求,供求关系变动又使物价恢复到课税前的水平。反之,如果商品课税后价格不变或者价格下降,由于不能保证平均利润,生产者和销售者也将无法继续从事生产经营。这样,在资本运动自由的条件下,生产经营者的选择只能是通过提价转嫁税收,使之由最终消费者负担。巴斯泰布尔指出,在商品课税情况下,消费者和生产经营者这两种截然相反的目的和选择,旨在说明两者必须相互让步商定合理价格,即消费者应当承担价格有限程度提高所带来的负担,生产经营者也必须让渡一部分利润,分担税收损失。

当然,巴斯泰布尔也指出,课税导致价格上升的转嫁问题,不仅仅影响某一种商品的需求,也影响其他商品的需求,使其价格不得不下跌。在这种情况下,即使流动资本的所有者不受影响,土地或固定资本所有者却无法逃脱税收的负担。总之,资本转移的困难,就是税收转嫁的困难。此外,供求规律、课税方法和税负轻重也都会影响税收的转嫁。

此外，巴斯泰布尔还认为赋税的职能仅限于充实国库，反对在赋税中引进社会政策目的，如果将消除财富的不平等也列为课税追求的目标，将会导致两个目标都达不到。

四、公债理论

尽管巴斯泰布尔认为收支平衡是理想的国家财政，但他也指出，一般正常的财政是不平衡的，收支平衡是偶然的结果，特别是在发生战争或要兴办特别的公共事业需要临时支出时更是如此。他列举了作为临时支出的财源措施：发行公债，为紧急事态而储备的非常准备金。对于后者，他认为在国家还没有信用或信用不发达的时代，非常准备金能发挥有效的作用。但随着经济的发展，随着国家公共信用的提高，非常准备金的比重则有所下降，公债逐渐成为筹集资金的主要手段。

巴斯泰布尔还分析了公债的特点，他认为国家信用为近代信用制度的一部分的观点是正确的，公共信用的一般形态也和私人经济中生产的信用或非生产的信用一样。但与个人或团体不同的是，国家债务是否偿还在于国家的意愿，尽管公共信用为一般信用的一种形态，但由于国家经济的特殊性与公债的重要性，由私人信用规定的指导原则在公共信用中并不明确使用。国家在金融市场筹集资金时，应和事业公司处于同样的立场，使用同样的方法，按照获得信贷所必要的价格，衡量国家支配能力的大小，要考虑到纳税人的负担能力。基本上，巴斯泰布尔是倾向于公债有害论的，认为公债也给国家经济带来不利影响。他批判了孟德斯鸠关于公债给国民经济带来利益，增加通货可以增进国家财富的观点，赞同休谟和亚当·斯密的观点：过多的公债会破坏国家的公共信用，或是公共信用破坏国家，二者必居其一。赋予政治家举债权利，如同给予浪子银行信用一样。（巴斯泰布尔，《财政学》，日文版，第923～930页）他认为赋税与公债的主要区别在于赋税的负担将遍及全社会的收入，公债则会导致为了资本家的利益而减少工人的报酬的结果，其负担会过多地由工人承担。对采用这种公债制度的国家来说，在募集公债和还本付息时，会遭受双重的损失。公债费用会加剧社会资源实质性的负担。因此，如果希望慎重地举债，那么，除了周密考虑经济的经费外，决不该采用公债手段，而仅能用于明显地可以扩大国家活动领域的场合。因此，不管在任何场合都不应依赖于公债，国家必须拥有经常收入以支付经费。

但是巴斯泰布尔并没有完全否定公债，他认为经济的经费可以由公债支付，特别使国有企业、公共事业的财源，如普鲁士修建铁路的费用，英国办理电报的费用等，应当由发行公债来支付，采用赋税的方法是不妥的。这是由于他主张短期持续的收支平衡理论，认为购进生产的财产或为创立收益事业所需费用由公债支付最为适当，以普及教育为目的或以改善工人住宅为目的的公债，即使不直接支付其利息，但由于它既可在不提高税率的前提下使社会所得增加，又不进一步厉行征收，所以依然能够使赋税收入增加。但非经济的经费必须由主要的岁入支付。假如这种费用不能由岁入来支付，那就不该举办该种事业。与此相关，虽然鼓励国民文化、教育、社会进步事业也是重要的，但就其本身的迫切性而言，尚无举债的必要。

第三节　维克塞尔的财政思想

一、维克塞尔的生平和主要著作

约翰·古斯塔夫·纳特·维克塞尔(Johan Gustav Knut Wicksell，1851～1926)是瑞典学派(又称斯德哥尔摩学派，以货币、利息和国际贸易理论为研究的重点)的奠基人和现代宏观经济理论的先驱者。他出生于瑞典斯德哥尔摩一个中等家庭，17岁进入乌普萨拉大学，学习数学、语言学、文学和哲学，1885年获得该校的数学硕士学位。维克塞尔不仅是一位学者，还是一位积极的社会改革活动家，在大学期间就曾被选为学生会主席，并且是一个有名的演讲者和小册子作者。但在一次发表关于饮酒原因分析的演讲时，他被人批评缺乏经济学知识；再加上对瑞典社会问题的关心，1885年～1890年间，他先后游历了古典、新古典经济学以及历史学派的故乡英、法、德、奥等国，进入这些国家的大学;广泛研读了李嘉图、穆勒、杰文斯、瓦尔拉、庞巴维克等人的著作,他的研究重心也转向了经济学。1889 年,他被聘为隆德大学的经济学讲师,1895 年获得了乌普萨拉大学的经济学博士学位,1900 年获得隆德大学副教授职位,4 年后升为教授,1911 年又获得科里斯蒂尼亚大学的法学博士学位。1916 年退休,在这一年,他访问了英国,并会见了约翰·梅纳德·凯恩斯。以后到了 20 世纪 30 年代,正是由于凯恩斯等人的介绍,维克塞尔的经济思想在英、美等国才日益受到重视。他的主要经济学著作有:《价值、资本和地租》(1893)、《财政理论研究》(1886)、《利息与价格》(1898)、《国民经济学讲义》第一卷(1901)、第二卷(1906)等。

维克塞尔的思想深受庞巴维克和瓦尔拉的影响,庞巴维克的边际效用价值论和瓦尔拉的一般均衡论构成了他的学说的两个支柱,他的主要理论贡献在货币和利息理论方面,这也成为瑞典学派的传统。他还是马尔萨斯的狂热崇拜者,终生为控制人口而斗争。尽管在世时经历较为坎坷,但维克塞尔后来还是获得了经济学界的高度评价,美国著名经济学家熊彼特将他列为 1870 年～1914 年间在纯理论上作出最大贡献的三位经济学家(瓦尔拉、马歇尔、维克塞尔)之一,并认为“作为一个货币理论家,他在死后赢得的国际威望甚至比马歇尔和瓦尔拉还要大”(熊彼特,《经济分析史》,牛津大学出版社,1954 年,第 1085 页)。

二、维克塞尔的基本经济思想

古典经济学历来都是将经济理论和货币理论分开的,前者专门研究商品和要素价格的形成与变动问题,即所谓的价值论与分配论;后者则专门研究货币价格或一般价格水平的决定与变动问题,即所谓货币数量论。这样的二分法在研究经济危机、物价变动等现实问题时显得无能为力,维克塞尔最早认识到了这种二分法的错误,并试图建立货币经济一体化的理论,他对西方经济学的主要贡献就在于他的货币利息理论。维克塞尔的货币利息理论把货币理论、商业周期理论、公共财政理论和价格理论综合成一个体系,并使用宏观的均衡分析方法,对货币现象的总供给、总需求、总储蓄、总投资进行探讨,成为后来凯恩斯经济学的来源之一。

(一)货币理论

维克塞尔把银行存款、银行券等广义的信用引入货币理论进行分析,论述了实物经济和金属货币向银行或信用货币转变的制度因素对货币流通速度的影响,放弃了货币流通速度不变的传统假定,指出有组织的信用,尤其是商业银行形式的有组织的信用的出现,已经能够或多或少随心所欲地增加流通速度,“信用是加速货币流通速度的一个很有力的手段,甚至是最有力的手段”。(维克塞尔,《国民经济学讲义》,上海译文出版社,1983 年,第 263 页)这对于货币数量说而言,是一个很大的发展。

不仅如此,维克塞尔还以货币数量的变动解释价格水平的变动,并进一步深入到生产过程中去,把彼此分离的货币理论和经济理论相融合,使他的货币理论跨进一个新的领域。“在实际的经济情况中,则一切交换、投资或资本转移事实上都是通过货币而实现的……货币的使用或滥用实际上可以积极地影响实物交换和资本交易。滥用货币(如政府纸币)——这确是常常发生的——可以破坏大量的实物资本并使社会的整个经济生活陷于绝望的混乱。但另一方面,通过货币的合理使用,实际上可能积极地促进实物资本的积累和一般生产的增加……从最广泛的含义来说,信用还给资本提供最大可能的生产力。总之,对于货币与其职能之深入的研究,将可揭露再生产与消费两个领域内的或多或少预期不到的关系”。(维克塞尔,《国民经济学讲义》,上海译文出版社,1983 年,第 214～215 页)因为储蓄和投资都是以货币形式来表现的,这样就将商品的生产和消费或曰供给与需求,同货币的总供给和总需求联系起来。这是维克塞尔在货币理论方面最突出的贡献。

此外,他还提出了“中性货币”的概念:在静态或真实分析中,如有必要以货币单位表现时,须假定它只具有交换手段的职能,故称为“中性货币”;如涉及货币对经济的影响时,则货币就称为“非中性”的。维克塞尔试图以假定货币只是一种交换手段来避开货币的边际效用问题,但未进一步说明货币如果没有主观价值的话,凭什么能取得这种交换手段的职能(胡寄窗,《西方经济学说史》,立信会计出版社,1991 年,第

260页)。

(二)利息理论

维克塞尔的货币理论是和他的利息理论密切关联的,他把商品价格的波动问题作为货币理论的主要问题来考察,而在他看来,商品价格的涨落是与利息率的变动紧密联系的,因此,他对利率进行了分析。

首先,他把利率分为自然利率和货币利率两种。关于前者,他说:“贷款中有某种利率,它对商品价格的关系是中立的,既不会使之上涨,也不会使之下跌。这与如果不使用货币,一切借贷以实物资本形态进行,在这样情况下的供求关系所决定的利率必然相同。我们把这个称之为资本自然利率的现时价值,其含义也是一样的。”(维克塞尔,《利息与价格》,商务印书馆,1982年,第83页)即储存的劳动和土地的边际增量,或者说是资本的边际生产率。后来在《国民经济学讲义》中,他又修正为“借贷资本的需求与储蓄的供给完全一致所形成的利率,并与新创造的资本的预期收益基本一致的利率叫做正常的或自然的实物利率”。(维克塞尔,《国民经济学讲义》,上海译文出版社,1983年,第374页)即新资本的预期收益率。技术发明、人口增加等生产领域的各种因素都可以引起自然利率的变化。自然利率的变动,一般较为缓慢,并且具有连续性。而货币利率是指货币资本的报酬,即取决于货币贷放的市场利率。货币利率的变化会受到价格变动、经济兴衰等因素的影响,决定于金融当局。货币利率的变动常是非连续性的,可能人为地造成突然的升降。这种在西方经济学史上具有开创性意义的划分,是维克塞尔的首创观点。

其次,他分析了自然利率和货币利率的关系,并发展出了著名的累积过程理论。维克塞尔认为,在两者的关系中,自然利率居于主要地位,货币利率则处于从属地位,会随着自然利率的变动而变动。两种利率会经常出现背离,货币利率会倾向于接近自然利率。

通过对自然利率和货币利率的背离如何影响经济的分析,维克塞尔描述了累积过程:二者相等时,资本的供给(储蓄)和资本的需求(投资)平衡,经济处于均衡状态,此时的货币是中性的,对物价不起作用,对经济运行只起交换媒介的作用。当货币利率低于自然利率时,投资的利润大于货币利息，企业家会扩大生产、增加投资，从而引起生产要素价格和收入的上升，收入的增加则会导致消费需求的增加；另一方面，货币利率的低下使储蓄欲望受到抑制，消费也会增加，引起消费品价格的上升，经济活动加强，这是一个累积的经济扩张过程，投资与储蓄和总需求与总供给的缺口会越来越大。这一过程将持续到资本的需求大于供给，从而使货币利率上升，直到它等于自然利率时为止。当货币利率高于自然利率时，就会是与以上相反的价格水平下跌的累积过程。关于价格水平的累积运动，维克塞尔曾概括道："如果其他情况不变，世界的主要银行把它们的利率降到正常水平（即自然利率）以下，譬如说1%，并且保持若干年，那么，所有商品的价格水平将无限制地上涨、上涨、上涨。相反，如果主要银行把它们的利率提高到正常水平以上，譬如说1%，并且保持若干年，那么，所有价格除零外将无限制地下降、下降、下降"（维克塞尔，《利率对价格的影响》，载《经济学杂志》，1907年第17期，第213页）。

因此，就整个经济体系而言，当自然利率恰好等于货币利率，从而投资恰好等于储蓄时，价格水平就稳定不变，经济体系保持均衡状态，但市场机制不能自发地实现均衡，而且其趋势是走向不均衡，如何解决这一问题呢？维克塞尔寄希望于政府和中央银行，他在《利息与价格》一书中倡导控制贴现率和利息率以稳定商品价格，实现经济均衡。所以，他是最早具有国家干预思想的经济学家之一，他的政策建议开启了凯恩斯国家通过货币政策对经济进行干预的先河。而且他的累积过程学说是一个宏观经济均衡体系，凯恩斯就是在借鉴、吸取维克塞尔理论和分析方法的基础上，建立了一套宏观经济理论体系。所以西方有人说："维克塞尔的著作无论对前期凯恩斯的经济思想还是后期凯恩斯的经济思想都产生了影响。"

三、维克塞尔的财政思想

在奥意学派特别是奥地利学派代表人物庞巴维克的影响下，维克塞尔将公共财政学向边际主义方向推了一大步，作出了创造性的贡献，提出了对公共产品供应的效率评价标准——维克塞尔一致同意原则，并与他的学生林达尔一起建立起了公共产品最佳供应的模型。

他的财政思想主要体现在他1896年出版的《财政理论研究》一书中。他接受了公共产品供应须使个人效用最大化这一基本准则，认为国家的公共服务所给予个人的边际效用，应与个人纳税所损失的财富的边际负效用相等。他反对意大利经济学家马兹勒等的公共产品的模拟市场价格机制，认为他们忽视了政治程序对公共产品有效供应的直接决定作用。维克塞尔指出，不通过某种政治程序，个人将不愿说出自己对于公共产品的真实偏好，而个人的坐享其成心理和短视行为，将会使公共产品的最佳配置无法实现。由于公共产品的消费者数量极为庞大，个人支付的费用对于公共产品的供应不会产生具有决定意义的影响，因此，对于个人来讲，即使不付费，也不会影响公共产品的供应，从而也不会影响到他对公共产品的享受。可以看出，维克塞尔已经清醒地认识到了后来以“搭便车”和“囚徒困境”原理而著称的问题。他反对将政府假定为是利他主义的和全能的，指出要使公共产品供应达到理想的结果，真正需要解决的问题是要建立起切实可行的政治运作程序。而理想的政治程序是由消费者对多种公共支出的成本负担方案进行选择，消费者一致通过的方案将成为政府的最终决策。但这种理想化的状态在现实中是几乎不存在的，因此，维克塞尔又提出了近似一致通过原则，并强调要保护少数人的应有权益。

维克塞尔的分析为建立规范化的投票模型奠定了基础，他将政府账户的支出方与税收收入方放在一起分析，并且明确地将公共部门的决策看成是一个政治性的与集中性的抉择过程。他的论著为以后社会抉择论的创立提供了最初的理论分析，他本人也成为社会抉择论的先驱。

1918年，维克塞尔的学生林达尔在前者的指导下在博士论文中建立了分析公共产品成本负担问题的林达尔模型。在这个模型中，假定有两个政治上平等的消费者必须共同承担某项公共产品的成本，那么当A承担的成本越多时，B承担的就越少，在收入既定的条件下，A的支付曲线对B而言可以转换为他的供给曲线，反之亦然。当A与B的两条支付曲线被确定与同一矩形图平面上时，它们的交点（这一交点被称为林达尔均衡点火均衡解)就决定了公共产品供应的均衡数量，以及A与B各自的均衡税收份额。在这一点上，每个人所支付的税收价格就是著名的林达尔价格，这一价格等于每人各自从产品的消费中得到的边际效用，并且二者之和等于该公共产品供应的总成本。林达尔价格体现了利益赋税原则，是符合效率原则的，并且他的模型在本质上是对市场行为的模拟，弥补了维克塞尔的观点上的缺陷。但正如萨缪尔森后来所指出的那样，林达尔曲线仅仅只是一条“虚幻的需求曲线”，林达尔模型也仅仅是只是对公共产品供应的模拟均衡过程的描述，因为在人数少的情况下会出现讨价还价，在人数众多的情况下人们还是不会显露自己的偏好，“搭便车”和“囚徒困境”还是会出现。但这一模型为我们提供了公共产品供应的又一效率标准，是对公共财政学和公共产品论的重大贡献。

在税收原则方面，维克塞尔认为在近代民主国家中代表人民意志的是政党，议会决定课税，因此决定课税的是个人意志，他从个人主义立场主张利益主义学说，指出课税原则应求得国家付给个人的边际效用与个人因纳税损失财富的边际效用的等价关系，“课税公正是以弄清现有财产及所得分配本身是否公正作为默契的前提……原因是命令某人退还不当所有财物时，或阻止某人承认他无权拥有所有财物时，这对一般国家来说，既不是付给，也就不能认为是牺牲。”(维克塞尔，《财政理论研究》，德文版，1896 年，第143 页)

维克塞尔主张利益说，以此为立场统一地说明了课税总额与赋税分配两原则，并批判了以往的牺牲说，“这只是专对分配额作出的决定，也只得这样决定。对全体课税的绝对额，这一点也不明确。”“抛开课税的绝对额是不科学的。”“作为事实问题，当今各国课税逐步增大，并依赖于国民代表的意志。假如不代表纳税人利益的话，那也不是没有的事情。如果课税按利害关系，以利害为基础就不能课税，那倒是奇怪的事情。”(维克塞尔，《财政理论研究》，德文版，1896 年，第 76～83 页)但他也承认牺牲说的适用，“在公共活动中不适用利益说。那是因为站在有机的国家观上，以给付能力及牺牲比例为基础，单凭行政命令分配赋税，也应视为正当范围。对此我也绝不忽视。”(维克塞尔，《财政理论研究》,德文版,1896年,第7页)维克塞尔的这种观点实际上是扩大了利益说的适用范围,可以认为,他"以沙格斯理论的国民经济论为出发点,给旧的利益说灌输了新的生命"([日]时子山常三郎,《财政本质论》,日文版,第215页)。

维克塞尔还将边际效用学说引入了赋税利益说,即个人或阶级对国家给付的边际效用应该与课征财富的边际效用成等价关系。依据利益原则,应该以每个人的评价为基础来课税,但在实践中都是由国家权力机关决定征税额。要解决这种矛盾,方法是援用议会中国民代表的赋税赞助权,即"最终的一致决议及完全的自由意志,对不公正的赋税分配为唯一确实明白的保障。这除非在近似的范围内逐步进行,否则有关公正课税的全部议论都将落空。"(维克塞尔,《财政理论研究》,德文版,1896年,第116~117页)但是在现实中,在议会政治中取得全体一致是非常困难的,因此只能以相对的一致、由有限度的多数决定。以国家给付的边际效用为标准,使赋税通过政治程序对个人或利益集团进行分配,于是,"某项经费经过政治程序议决,也就议决其财源,其财源以新赋税来满足,或以原有赋税的自然增收来供给。"这就使"公正的分配赋税与赋税具体数额多少的正确程度两个问题最终得到解决"(维克塞尔,《财政理论研究》,德文版,1896年,第115、121页)。

根据赋税利益说,赋税是对国家给付的相反给付,因此,应以赋税源泉所得关系的正当性为前提,在所得关系被歪曲为不正当的情况下,也可以课税。因而维克塞尔主张以利益说作为征收个别不当所得的赋税原则:"在现有财产或所得分配的内部,对其权力产生怀疑,而在现今的公正意识面前,一般不得存在所有及获得项目时,或修订与之有关现存财产关系,对全体来说,不仅有权利,无疑也应负有义务。而要实行这种修订,特别应征得有利害关系人们的同意,使之完全依赖他们的愿望显然将是过多的要求。"(维克塞尔,《财政理论研究》,德文版,1896年,第114页)因此他主张对继承制度、不劳所得课税。他的学生林达尔继承并发展了这一思想。林达尔把国家的一般给付理解为公共财富,个人或组织政党的个人集团对这种财富所支付的价格就是赋税。要是这种公共财富消费基金所需的所得和财产的分配形式不公正,那么作为这种财富的价格的赋税也就不公正，因此，为了实现公正，他主张应设立特别税，没收所有的不正当财产，还主张发生的这种赋税负担应该适应公正的财产分配次序。前者为没收原则，后者为纯财政原则(林达尔，《公正课税论》，德文版，第 8 页)。

第四节　道尔顿的财政思想

道尔顿(Hugh Dalton，1887～1962)曾任英国伦敦经济学院教授，在讲授“财政学理论”过程中，不满意一般的财政理论，因此将自己的讲稿加以整理，以“财政学原理”定名并于 1922 年出版。在这本书中，道尔顿以财政与经济的关系为重点讨论了财政理论，并努力探讨那些“是简单地鼓励人家判断，而非麻烦地告诉人家判断”的新思路，因此他的财政理论在 20 世纪初的西方是颇有新意的。

一、财政总论

道尔顿认为：“财政学系介于经济学与政治学之间的一种科学。”(道尔顿，《财政学原理》，正中书局，1954 年，第 1 页)财政学的中心问题，是要研究将社会经济资源用于最有利益的方面，最大社会利益原理是财政学的一条基本原理，即“最佳的财政制度乃在于通过它的作用，获得最大社会利益”。(道尔顿，《财政学原理》，正中书局，1954 年，第 6 页)这是他的经费(财政支出)理论和赋税(财政收入)理论的起点。他还提出了两个衡量社会经济福利增长的主要标准：一个是生产力的改进，即社会能够通过最少的劳动投入取得最多最好的产品产出，满足社会需要。在这方面，有两种情况，一种是用较少的劳力，使平均每人的生产物增加；另一种情况是由于生产物量与质的改善，通过资源的合理运用而产生经济福利。二是生产物分配的改进，即通过分配能够减少社会成员之间所得分配的不均，以及减少某些阶层和个人在各个时期所得的变化差异，谋求社会经济生活的稳定性和扩大个人所得及就业的安定性。如果财政分配能够促进这两方面的进步，那么，这种分配活动就是正当的，这种财政制度就是好的财政制度。在他看来，财政上的大部分活动，表现为一部分社会购买力的转移。一方面，可以通过税收或其他方式将购买力由个人转移到国家手中；另一方面，也可以公共经费的方式，把购买力由国家转回到个人手中。这些购买力的转移，有的是以服务为交换，如警察、政府雇员等；有的则无服务交换，如老年保险金等。这些活动的结果，必然使得财富的性质与数量，以及财富在个人、阶级之间的分配格局发生变化。如果这些变化对社会来说是有利的，则国家的财政活动就是正当的，否则，就是不正当的。

二、财政支出理论

对于财政理论历来多偏重于收入方面的研究，而忽视经费（财政支出）方面理论的倾向，道尔顿持反对态度，他认为"财政学系研究公共机关（国家）之收入与支出及公共机关（国家）和其他公共团体（地方）相互调节的学问，所以财政学原理应该是讨论上述关系的一般原则。"（道尔顿，《财政学原理》，正中书局，1954 年，第 1 页）收入理论和支出理论这两个等价的部门组成了财政学。因此，他对财政支出理论讨论的比较多。

（一）财政支出的生产性

道尔顿反对古典学派把公共支出视为非生产的支出，他认为："任何支出生产或非生产的测验，乃在视其支出后有无经济福利的生产性以为断。"（道尔顿，《财政学原理》，正中书局，1954 年，第 5 页）如"教育费与卫生费的支出，在此种意义下，总比私人用于奢侈品之支出甚至用于新资本物之支出，更具有较大的生产性"（道尔顿，《财政学原理》，正中书局，1954 年，第 5 页）。可见，道尔顿判断经费生产性的立场依然是最大社会原理，认为公安费、国防费等都不仅是经费问题，也是判断财政活动社会利益效果的经济标准之一。凡是能增进社会经济福利的，就是生产性的，如果财政支出能促进生产力的改进、缓和收入分配不公、促进生产物分配的改进，那么这种财政支出就是正当的，是追求最大的社会利益的。

（二）财政支出的限额

尽管承认国家经费具有积极意义，并倾向于扩大经费支出，但道尔顿仍然认为财政支出规模不能无限度的扩张，要有一定的总额限制："公共机关之视为法人，仅系法律的创意，显与自然人有别，故不能估计各种支出之边际效用。但为各政治家所应用之一般原则，仍属相同。各种形式的公共支出对社会的边际效用仍相等，而如何分配全部支出于不同对象间这一问题，亦由此而能获得理论上之解决。公共支出的总额究应如何决定？理论上的解答显而易见。公共支出在每一方皆应达到此一程度，即继续增加些微支出对社会所引起的利益，适为相应的增加税课或其他地方法获取收入对社会所引起的不利益所抵消。换言之，即经费增加之数所给予社会之利益，较之税民因此项增加支出而招受之损失，足以相衡，则此项经费之增加，尚为限度以内所许，过此则非所宜有也。由此决定了公共支出与公共收入二者的理想总额。至公共收入源自租税和其他收入来源的理想分配亦同样能达到，祗须因筹款而发生的边际社会不利益或负效用，在一切收入来源上均属相等。"（道尔顿，《财政学原理》，正中书局，1954 年，第 13～14 页）即公共支出应以各项经费对社会的边际效用均等为限。运用边际的概念来分析财政支出的总额限制和经费与收入的界限以及经费与收入分配，道尔顿的这一方法为后人所继承，并发展出公共产品有效率配置的数学模型。

（三）财政支出的作用

在道尔顿看来，财政支出应当配合财政收入使经济资源从它原有自由放任时的流通路线，转移到由政策所既定的流通路线上来，从而显著地改变生产的性质和数量。在其他条件不变的情况下，决定经费支出的原则应是使生产尽可能增加。一般说来，经费支出都能增加生产，如国防费、司法费等虽被看作是非生产性的经费，但正是这些经费使有组织生产成为可能。经费支出对劳动能力也有积极的作用，如补助金支出，像教育、医疗的服务设备以及廉租防务等，可以增加直接受领人的子孙将来的工作效率，具有直接的生产效果。经费支出还能增加储蓄能力，促进经济资源在不同用途与地域间转移，特别是以增进公众保险、教育、知识等为目的的经费，当支出合理时，就能取得特别大的效益。

经费支出还应当以缓和不平等状态为目的，当无偿支出的组织具有较强的累进性时，会缓和所得分配的不平等状态，而且累进程度越大,缓和程度也越大,因此无偿支出的分配,应依据最大利益的原则,考虑最大的累进率的程度。政府的无偿支出在不同时期对个人及其家族还有进一步促进其所得欲望的作用,还将改善分配状况,如政府支出的养老金、医疗补助、失业救济等。除了这种有关政府给予特定个人的特定利益以无偿支出的情况外,道尔顿还考察了带来利益的政府无偿支出对分配产生的作用。他认为由国库拨付给地方政府补助金,从而使地方税的负担者受利,以及国家或地方政府经办的道路改建工程的费用支出使地方土地价格上涨,从而有利于当地的土地所有者,等等,都将引起分配的许多变化(道尔顿,《财政学原理》,正中书局,1954 年,第 153～157 页)。

道尔顿还讨论了经费的其他作用。关于行政经费的作用,他指出,应当以支出的行政费与得到的成果是否相当,来判断政府必须支出的行政费是否得当。如果行政费过多而没有取得应有的成效,那么对财物和劳力是一种浪费,相当于减少了生产能力。关于公共土木工程事业费,在道尔顿看来,远比民营事业具有更大的效果,公共土木工程事业不仅能持续维持最佳就业,减少失业,还能在民间企业萧条时期给予民间失业者就业机会,减少社会分配状况不均(坂入长太郎,《欧美财政思想史》,中国财政经济出版社,1987 年,第 375～377 页)。

三、赋税理论

虽然没有明确提出赋税的定义,但道尔顿作了这样的表述:赋税就是政府为取得一定收入而课征的强制的负担。在政府和纳税人之间并不存在直接的回报关系。(道尔顿,《财政学原理》,正中书局,1954 年,第 34 页)他在税收理论上表现出反古典的倾向,反对亚当·斯密、大卫·李嘉图等认为税收课征所削弱的大部分私人经费为生产性的,而税收所供给的一切公共经费为非生产性的观点,他指出,无论何种经费都可以带来生产性,它在经济上的检验方式,就是对社会经济福利的生产力造成何种影响,凡是能增进社会经济福利的,就是生产性的。

道尔顿批评了"私人比政府用钱用得好"的观点,并指出,那种喜欢说"把钱留在人民的口袋里、让它开花结果"的人,忽视了政府用于老年抚恤金、疾病和失业救济，以及类似经费的利益；同时，他还批评了“赋税只以收入为目的”的观点，认为所有的赋税除了取得政府收入之外，都还有着其他影响。最好的赋税，就是在其所需收入之外还有着最好影响的赋税。因此，他提出研究各种税对于社会经济福利的影响，是税收理论的一个重要问题。

（一）税收分类

道尔顿根据不同的标准，将税收划分为不同的种类。他提出了五种分类方法。

1. 按照税收是否具有转嫁性质，分为直接税和间接税，他认为这是一种最常见的分类方法。一般说来，直接税是不能转嫁的税，而间接税则是可以转嫁的税。不过，他又指出，这种分类方法也并非十分严格和清楚。如所得税一直被视为直接税，但美国最高法院在1861年曾宣布它为间接税。

2. 根据课税物品在用途上的相对持久性不同，税收可以划分为财产税和货物税。

3. 根据国家征税的意图为标准，税收可以分为暂时税和永久税。

4. 根据税收课征的客体不同，税收可以分为对人税和对物税。道尔顿认为，这种划分方法可以有正误掺杂的三层意思：一是人头税是以人数或人的身长、体重、宗教等为依据征收的，而对物税则是根据纳税本人以外的其他标准征收的；二是人头税由人缴纳，货物税则是由货主出的；三是人头税属于直接税，货物税则为间接税。

5. 根据税制中税种构成的数量不同，税收制度可分为单一税制和复合税制。

关于单一税的构想，除了魁奈提出的土地单一税外，还有所得单一税、消费单一税、财产单一税等。道尔顿认为，单一税理论虽然有其产生的客观性及某些方面的优点，但总的看是弊大于利。例如，土地单一税的主要缺陷是：它在近代社会不可能提供充足的财政收入，它将使税收分配产生极不公平的结果，因为一个没有土地的百万富翁可以分文不缴，而一个将其储蓄尽投入购买房屋的低收入者，却要缴纳很重的土地税。再如所得单一税，也存在着三个方面的弊端：一是对所得额小的所得课税，比较困难，且征税费用很高；二是对应当课征重税的财产继承者，难以征到特别的收入；三是不利于鼓励增加储蓄和资本积累。相比之下，一个由多种税组成的复合税制，则拥有许多单一税制不曾具有的优点。主要如，它可以对单一税制下必然发生的各个纳税人之间的课税差异加以校正；同时，在单一税制下容易发生的漏税和逃税，在复合税制的对照之下，容易查出。

虽然复合税制在总体上优于单一税制，但道尔顿认为，税制过于复杂也不好。他不同意财政学者杨·阿瑟(Arthur Young)倡导的“扩大税基”的观点。后者曾说：“假如要我给完善的税制下一个定义，那就是轻轻地把重税加于无穷点上，而不加重于任何一点上。”道尔顿则认为，在这种过于复杂的税制下面，其总的税负压力不一定小。因为从数学原理上分析，无穷数的小重量要比单是一个中等的重量还要大；况且，这种税制的征收数额虽小，但因征税数目极多，因此，不但征税费用高，而且课税麻烦。他指出，一个合理的税制，最好是将大部分税收放在几个基本的税种上，这样，不仅能够保证收入，而且还可以施展税收的调节作用。税收若要课富者，所得税和遗产税是最好的方法；如果要课贫者，只需要对几种消费极广的物品征税就可以达到目的。

(二)税收的归宿

每一种税对经济都会产生程度不同的影响，这些影响主要是通过税收负担的归宿表现出来的。所以，道尔顿极为重视税收归宿问题。他在《财政学原理》中以较大的篇幅阐述了资产阶级税收归宿的一般理论，对后来的西方学者产生了重大影响。

道尔顿认为，所谓税收归宿，通常是指税收由谁负担的问题。由于税收归宿与税收负担问题关系紧密，因此，他在分析税收归宿问题之前，首先提出和区别了税收的直接负担与间接负担、货币负担与实际负担四个既有区别又相联系的概念。他举例分析说，纳税人向国家缴纳1元的赋税，一个穷人所牺牲的经济福利通常要比一个富人大一些。这不是税收归宿，而是税收的直接实际负担；当一种商品的价格因课税而上涨后，一个家庭只得减少对这种商品的消费，因而经济福利也会有少量牺牲。这也不是税收归宿，而是税收的间接实际负担；当一种商品税是对卖者的存货课征时,虽然卖者最终要通过加价把商品税转嫁出去,但由于征税与存货售出之间有一时间差,在此期间,卖者要承担税款部分的利息损失,这种损失同样也不是税收归宿,而是税收的间接货币负担。那么,什么是税收归宿?道尔顿认为,税收归宿就是交纳税收的直接货币负担者。他说,国家有1元的税收收入,某人便有1元的直接货币负担。任何税收产生的总的直接货币负担等于这种税给国库带来的总收入。

道尔顿在提出了税收归宿就等于税收的直接货币负担这一概念后,着重分析了在商品课税情况下,商品价格和商品的供给与需求弹性对于税收归宿的影响。

商品价格变化对税收归宿的影响有三种情况:(1)对卖者课征的商品税,假定其直接结果是使物价上涨至相当于全部税额的水平,则税收全部归宿于买者;(2)如果物价没有上涨,则税收全部归宿于卖者;(3)如果物价上升幅度小于全部税额,其结果是,税收的一部分归宿于卖者,一部分落于买者。

关于商品供给弹性和需求弹性对税收归宿的影响,道尔顿概括为两个总的命题:(1)在其他条件不变的情况下,由于买者在课税面前总想以减少需求而将税收归宿于卖者,因此,课税对象的需求弹性愈大,税收落于卖者的部分就愈多;(2)反之,由于卖者在课税面前总是试图以减少产品供给量而将税收归宿于买者,因此,课税对象的供给弹性愈大,税收归宿于买者负担的就愈多。双方实现使自己遭受课税损失最小目的的能力,决定税收归宿于谁。

道尔顿在分析了供需弹性双方对税收归宿影响的若干种实例之后,便将上述税收归宿问题的总命题合二为一,即一种税课加于任何课税对象,其直接货币负担常常根据课税对象的供给和需求弹性的大小,按比例分配于卖方和买方。如果供给弹性和需求弹性相等,则买方和卖方平均分担税收,这时,课税对象的价格将涨至税额的一半。

(三)税收原则

关于一国税制如何实现直接货币负担的公平分配,道尔顿认为,可以有三种原则供选择:一是“服务成本原则”,即国家根据对纳税人提供各种服务的成本，来确定对不同纳税人的征税数额。但是，由于国家提供的某些服务，如军队、警察、公用事业等服务的成本难以准确计算，所以，他认为，这条原则看似公平，但难以广泛地运用于实际。二是“服务利益原则”，即根据纳税人享受国家提供利益的多寡，来确定不同纳税人负担税款的数额。他认为，由于这种利益同成本一样，也是难以计算的，因而这条原则也难以成立。三是“纳税能力原则”，即国家根据纳税人能力的大小，来确定其负担税额或作出纳税牺牲的多少。道尔顿主张根据这后一条原则来实现税负的公平分配。不过，他又认为，如何测定“纳税能力”，仍然是一件困难的事情。讨论这个问题时，人们常常提到纳税能力同纳税牺牲相适应的问题。至于两者关系如何确定才算作公平，有四种不同理论予以解释：

1.平等牺牲说。即税收直接货币负担的分配，必须使各个纳税人的直接实际负担相等。假定各纳税人的经济福利与收入的关系相同，并且随收入增加，其边际效用随之渐减（下同），则平等牺牲说要求实行累进税率。因为同是缴纳1元税款，穷人牺牲的经济福利要比富人大一些。

2.比例牺牲说。即每一纳税人的税收直接实际负担，必须同他们来自收入的经济福利成比例。那些收入高、享受经济福利多的纳税人，其税收负担的比例也相应要高一些。根据比例牺牲说，它要求实行累进程度较高的累进税。

3.最小牺牲说。即一种税制对纳税人的总体直接负担愈少愈好，主张只对最大的所得额征税。也就是说，税收要将所有大于某一数额的高所得，削减为等于该数额的所得；而对凡未达到该数额的所得予以免税。根据这一理论的要求，实际上许多人将获得免税，而对于不能享受免税的高收入者，则要课以累进程度更高的累进税。

4.维持纳税人固有地位说。这种理论认为，收入的不平等不宜因赋税而有所增减，它要求税制实行比例税。不过，道尔顿认为，根据收入与经济福利两者间的合理关系，也可以使这一理论变成对累进税的要求。

综上所述，道尔顿得出结论，以上对“纳税能力原则”的四种不同理论解释，其中任何一个都可以要求实行累进税制。所以，他主张国家税收的大部分负担应当放在“肩头最硬”的富者身上。但是，有些财政学方面的知名学者，以亚当·斯密赋税原则的第一条，即"一国国民都必须按照各自能力的比例，即按照各自在国家保护下享得收入的比例，缴纳赋税，维持政府"为依据，仍不愿放弃比例课税的理想。道尔顿认为，亚当·斯密虽然在当时是十分著名的财政经济学家，但那时人们尚未发现边际效用递减规律，因此，亚当·斯密提出的税收平等原则及其对比例课税的要求，不能完全适应现代国家的情况。

(四)税收的经济效应

道尔顿对资产阶级税收思想的另一个大的贡献，是他较为详细地研究了税收对经济，包括对生产和分配等多方面的影响。主要表现在以下三个方面。

1.税收对人民工作及储蓄能力的影响

在道尔顿看来，任何税收都有减低人们工作效率的趋势，因而也会减少工作的能力。所以，他不赞成近代社会对较为贫穷的人征收任何赋税。因为这些人太穷，税收若减少他们的收入，就会降低成年人现在的工作效率和儿童们未来的工作效率。他认为，这个论据可以适用于对小额收入的课税及生活必需品课税。

同样，国家若对具有储蓄性的边际收入课税，也会降低储蓄能力。因此，对富人课以重税，虽然合乎正义的原则，但要减少社会的储蓄能力，影响社会生产。相反，只有专门对贫穷而又无储蓄性边际收入的人民课税，才不致于降低储蓄能力。显然，道尔顿关于税收与储蓄关系的论述，是同他的"最小牺牲"税收原则相矛盾的。

2.税收对人民工作及储蓄欲望的影响

一种税收对于人民工作及储蓄欲望的影响，一方面要决定于税收的性质，另一方面要决定于个人对该税作如何反应。个人对税收的反应，则又是由他对于收入的需求弹性决定的；而这种需求弹性的大小，又要以他为谋取收入而付出的努力及牺牲为转移。道尔顿认为，一般说来，国家课税的结果，都会使个人定量努力或牺牲取得的收入少于从前。如果一个人对于收入的需求弹性很小，他在纳税后就要更加努力工作和增加储蓄，以保持原有收入水平。在这种情况下，征税就会鼓励人们工作及储蓄的欲望；反之，如果一个人对于收入的需求弹性较大，他在纳税减少收入后，就会感到努力工作及储蓄不值得，因而就会压抑个人努力工作和增加储蓄的欲望。于是，实际的问题就在于找出对于收入的需求弹性，分析在各阶层人民之间及在各种情况下，它们有着怎样的不同。通常，大多数人对于收入的需求弹性都是很大的。因此，除了少数例外，各种税收大都会阻碍人们工作及储蓄的欲望。

3.税收对经济资源的各种用途及地域分配的影响

道尔顿指出，过去的一些经济学家认为，经济资源由“自然归流”转向分散后，在新用途中总没有原来的生产力大，这种分散有碍于生产。在近代税制中常见一些导致经济资源分散的课税办法。如当时英国的地方税，对房屋课以重税，造成从事建筑业的资本和劳动力分散流向其他部门，使得英国恶劣的住房条件一时难以改善。但是，道尔顿也认为，有些税收导致生产力分散，又有利于生产发展。例如，对某种用途（如游戏、地主行乐）的土地课税，将使土地由这些非生产性用途分散于其他生产性用途，其结果可以促进有效利用生产力，增加产品，降低售价。

道尔顿得出结论，在近代社会，既要征重税，又要使其对生产不造成阻碍，是不可能的。在其他条件相同的情况下，只能以妨碍生产程度最小的税制为最优税制。至于这种妨碍程度的大小，要视税收的性质及纳税人的性质而定。就上述税收效应的三种情况来看，第一种阻碍，尤其是对储蓄能力的影响最为严重；第二种阻碍作用要取决于纳税人对收入的需求弹性，但这种阻碍是可以避免的，并有可能转化为激励作用；第三种阻碍作用则要取决于税种选择的行政安排，它也具有阻碍生产和激励生产两方面的可能性，只要税种运用得当，税收对于生产的激励作用或许比阻碍作用大得多。

最后，道尔顿分析了税收对分配的影响，这是税收与经济的关系的另一个重要方面。自从德国财政学者瓦格纳首次提出通过税收矫正收入分配不均的“社会政策”税收思想以来，许多国家看到了减少所得分配不均，其作用并不亚于生产的增长，因此，采用这种税收政策的国家愈来愈多。

他分析说，不同的税收形式对于收入分配的影响是不同的。累退税制显然趋于加重所得分配不均，比例税制、甚至温和的累进税制同样难以改变这种状况，只有激烈的累进税才能减少收入分配的不均。他主张实行最为激烈而又能推行的累进税制。因为从经济的立场来说，在一个收入分配不均的社会中，没有理由要求全体人民或大多数人都要纳税。那种主张凡有经济福利可供牺牲的人（包括穷人），或多或少都要纳税的“平等牺牲说”或“比例牺牲说”是难以成立的，只有“最小牺牲说”才是合理的。因为它对社会贫穷阶级予以免税，对富人则课以累进程度极高的累进税，具有实现收入分配均等的趋势。

不过，道尔顿也认为，对于“最小牺牲说”还应当在公平的含意之外，另从经济角度予以广泛的解释。换言之，要把所有的经济影响（包括对生产和分配的影响）都加以计算，来得出最小牺牲。而这种最小牺牲，从长期看，就是最大社会利益的原则（王振宁等，《赋税思想史》，吉林人民出版社，1998 年，第 205～212 页）。

四、公债论

（一）公债的分类

道尔顿将公债分为国内公债与国外公债，并根据债务国支付债务所受的经济福利损失的程度，将其负担分为直接的货币负担与直接的实质负担，间接负担则要依据阻碍社会生产力发展的程度而定。对于国内公债，由于只不过是在国家内部货币、财富的转移，因此既无直接货币负担，也无直接货币利益，间接负担也不会对整个生产产生阻碍效果。但对于国外公债，向外国的支付将导致削减国内的劳动力与储蓄力，有直接的、间接的负担。但从整体上看，公债负担经常使劳动能力削减，货币的转移也不能刺激国内债权人的劳动与储蓄的愿望，因此对整个社会来说必将导致加大实质负担。

根据公债与公有财产的关系，道尔顿还将公债区分为再生产公债（Reproductive Debt）与沉重公债（Deadweight Debt）。前者是指有等值资产对应存在的公债，它对债权人所支付的利息就来自这种资产的收益。后者则是指没有相对的资产存在的公债，它支付利息的来源则是赋税。

（二）公债的偿还速度

道尔顿讨论了公债偿还速度问题。对于国外公债，其偿还速度完全取决于债务国的财富与其所负债额之间的比例关系，债务国越富裕，而债务越少，则公债偿还速度越快；反之，如果债务国财富越少，而债务越多，则公债偿还速度越慢。对于国内公债，情况则有所不同，因为内债的偿还，并不引起国家财富的变化，仅仅是国家内部财富的转移，利益不会为外国人所得。但道尔顿主张还是尽早尽快偿还为好（道尔顿，《财政学原理》，正中书局，1954 年，第 176～177 页）。

（三）公债的作用

对于公债对国民经济的各种作用，道尔顿的论述颇具特色，他是从公债偿还的角度，分现金偿还、调换偿还和公债废弃三种情况来论述的。

用现金偿还公债，会使金融市场宽裕，引起利息下降。道尔顿认为，如果仅借助于比较少量的减债基金偿还公债，则只会慢慢地减少支付利息的负担，同时延长支付减债基金这种附加的负担，结果相当于长期阻碍生产及有益的经费支出。如果以特别的暂时课征的赋税及早偿还公债，则可以迅速减少支付利息的负担，而且即使因此会导致赋税负担过重，但仅仅会发生在赋税的征课时期，而不是永久的负担。同时，公债负担大大减少，会使赋税大大地减轻，而社会上所希望的各种经费可以大大增加，这样，阻碍生产及有益的经费支出的倾向，在比较短的时期中就会变得非常小。因此，道尔顿主张为了及早偿还公债，采取重税是必不可少的，尽管这会给企业界带来危机，但这仅是短时期的，仔细分析会发现这样做对企业界是利大于弊的（道尔顿，《财政学原理》，正中书局，1954 年，第 180 页）。

对于公债的调换偿还，道尔顿指出，对于国家而言，由于是以新公债调换旧公债，每次调换偿债都将增加国库负担，使信用膨胀。他论述了国家信用的重要性，如果国家由于社会革命之类的偶然事件或者基于政策手段，而拒绝偿付公债，即废弃公债，那么在未来任何时期再举债都将会是一件困难的事情。特别是如果拒绝偿付外债，必会引起与债权国之间的纠纷，不仅会严重损害两国间的贸易，还会造成与债权国之间的敌对，甚至会导致战争（道尔顿，《财政学原理》，正中书局，1954 年，第 182～183 页）。

五、财政收支平衡论

道尔顿的预算均衡是指经费的质处于收入完全相等的情况，但应从经费中扣除所有的偿还债务，如扣除公共工程事业的债务支出这类以再生产为目的而借入的各项债务等。因此，预算可以分为经常预算与资本预算。还应从收入中扣除具有资本性质的部分，如从出售公有资产、盈余准备积累所获得的收入额，因为公有资本财产的减少等于沉重公债的增加。在一会计年度期间没有沉重公债的增加，就可以认为合乎预算平衡的定义。但并不需要要求预算在任何年度都是平衡的，一两年的短期预算不必一定要取得平衡，预算平衡的实际问题，是预算不平衡期间长短与数量的问题。（道尔顿，《财政学原理》，正中书局，1954 年，第 198～202 页）道尔顿认为不平衡预算必然导致通货膨胀的说法是错误的，如果政府不依赖发行纸币或银行信用，而依靠一般公债或出售公有财产来弥补收入，就不一定会引起通货膨胀。为了抑制预算收入的不足，或将其控制在合理的范围，道尔顿提出了可采取紧缩政策与膨胀政策两种可能的措施（坂入长太郎，《欧美财政思想史》，中国财政经济出版社，1987 年，第 382 页）。

第五节 纯经济学派财政思想评析

纯经济学派的财政税收思想的主导地位，从 19 世纪末延续到 20 世纪 30 年代。其特点是以边际效用作为理论分析的基本工具，认为国家公共需要既是满足需要的手段（赋税），又是个人价值判断的对象。由此制定出财政政策和赋税基准，形成所谓纯经济学的方法。该学派把税收视为影响经济运行的重要参数，注重研究税收与经济活动，包括生产、消费、储蓄、投资、工作等的相互关系。例如，沙格斯就把税收看成财富转移所发生的较大边际效用的分配形式，换言之，税收的价值要以个人价值判断为转移。道尔顿则以边际效用递减规律为依据，阐述关于影响税负转嫁的供需弹性，论证他的税收负担分配原则，注重从技术角度探讨税负转嫁与归宿的特征，构成了现代税收转嫁理论的重要内容。有的学者还将现代数学方法引入分析税负转嫁问题，有的则用个人经济行为准则来解释国家课税行为。诸如此类，不论是理论基础的变化，还是分析方法的标新，纯经济学派的财政税收思想体系除了力图解释现存的资本主义分配关系，模糊人们对国家课税本质和税负分配真实状况的认识之外，很难起到其他积极的作用。就连一些资产阶级学者对纯经济学派的财政税收思想也颇有非议，其原因在于"以主观价值理论来解释财政现象，似欠正确。例如，税收课征就常含有政治的、伦理的因素，单纯从经济学角度予以解释，只能见其一面，而不能窥其全貌。特别是在个人利己主义意识浓厚的社会里，若要比较个人财富自用的效用与转移于国家使用的效用，实属困难"。

当然，作出上述客观的总体评价，并非否定纯经济学派在资本主义财政思想中的作用。相反，这一学派的许多思想对现代财政税收理论的发展产生过重大的积极作用，特别是他们在分析问题时所采用的某些新思路、新方法，均为后人所借鉴。纯经济学派的财政思想从19世纪末一直延续到20世纪30年代，其主导地位才被凯恩斯学派的财政思想所取代。

思考题

1.边际效用学说对纯经济学派的财政税收思想有何影响？主要表现在哪些方面？

2.如何理解马歇尔的"税收超额负担"？

3.对于最早形成独立完整的财政学体系并出版财政学专著的财政学家巴斯泰布尔，你对他的财政思想有何看法？

4.维克塞尔—林达尔模型的积极意义在哪儿？其缺陷又是什么？

5.你如何理解道尔顿的税负转嫁和归宿理论？

第六章　凯恩斯学派的财政思想

第一节　凯恩斯的财政思想

1936年，凯恩斯的代表作《就业、利息和货币通论》出版。这本具有划时代意义的巨著一出版，就轰动了经济学界。这本著作提出了与传统经济学完全不同的思想，抛弃了传统的储蓄与投资的利息理论，否定了传统的自由放任的理论基础——萨伊定律，这被称为西方经济学发展中的一次革命。在经历了初期的论战之后，凯恩斯的经济理论逐渐成为西方经济学的主导经济学说，凯恩斯学派也成为当代西方经济学界和经济领域影响最大的一个学派，他的追随者还对他的学说作了许多发展和补充，提出了形形色色的经济波动论、增长经济学和动态经济学等，所有这些在凯恩斯理论基础上发展起来的经济学理论，被统称为"后凯恩斯主义"，其中最重要的两大支派就是以美国经济学家萨缪尔森为代表的"新古典综合派"和以英国经济学家罗宾逊夫人为代表的"新剑桥学派"。凯恩斯主义学派在理论上和政策上的复杂性、多变性和变异性，为当代西方经济学说其他流派所远远不及。

一、凯恩斯思想产生的时代背景

在凯恩斯理论出现之前，以马歇尔为代表的、建立在萨伊定律基础上的新古典经济学居于西方经济学的正统地位。这一学派坚持自由竞争的观点，认为在市场机制的自动调节下，会实现资源的有效配置和充分就业，因而主张自由放任的经济政策，然而“那种保持充分就业均衡的自然趋势的学说，未能经受住 1930 年代市场经济完全崩溃的考验”。（琼·罗宾逊，《经济理论的第二次危机》，载《现代国外经济学论文选》第一辑，商务印书馆，1979 年，第 4 页）1929 年～1933 年的波及整个资本主义世界的经济危机，是资本主义有史以来最严重和最深刻的危机。这次危机在深度上特别深重，生产大幅度下降，贸易空前萎缩，失业人数猛增，社会危机十分严重，西方主要资本主义国家的生产倒退到 20 世纪初甚至 19 世纪末的水平；在广度上，特别广泛，不仅席卷于工农业和商业，而且波及了金融市场、资本市场和货币流通等领域；在持续时间上特别长久，以往的经济危机，持续时间不过几个月、十几个月，而这次却是几十个月，如美国，长达五个年头。因此，这次经济危机空前严重，使资本主义社会濒临“全部毁灭”（凯恩斯语），而面对危机，传统的自由放任的经济理论完全失灵，在政策措施上束手无策，一筹莫展，其理论基础被无情地摧毁了。经济危机以事实宣告了新古典经济学的破产，提出了对新的经济学理论的迫切需要。

另一方面，美国的罗斯福新政又为政府干预理论提供了实践上的支持。

20 世纪 20 年代，美国的经济趋于繁荣，但在繁荣的背后隐藏着严重的危机：一是市场的虚假繁荣掩盖了贫富的差距和供求的矛盾；二是狂热的股票投机，增加了金融市场的不稳定性。在这些因素的综合作用下，经济危机不可避免地爆发了。而产生这些因素的根源，正是资本主义制度所固有的基本矛盾。20 世纪 30 年代的大危机空前严重，产生了极大的破坏力。一方面，剩余产品充斥，生产力遭到破坏；另一方面，大量劳动力闲置，社会动荡。危机的结果是 1932 年美国的工业生产几乎下降一半，整体经济水平又倒退至 1913 年。1932 年已有 86000 家工商企业停产，1933 年初全国失业工人 1700 万，在业工人的工资也下降 35％～40％，农业总收入比 1929 年下降 60％，100 多万农户破产。作为垄断资本最高形态的金融资本也濒于瘫痪，至 1933 年，全国 5500 多家银行倒闭，千百万美国普通人的多年积蓄付诸东流；仍在维持的银行库存现金不过 60 亿美元左右，而要兑付的是 410 亿美元的存款。华尔街的证券交易所和芝加哥的商品交易所都正式关门，金融活动陷入严重混乱和窒息状态。

然而，当政的胡佛总统所信奉的传统自由放任经济理论对这次大危机毫无“还手之力”，能够建议胡佛所采取的唯一措施就是于1932年建立了一个复兴金融公司。新古典经济学说在这次百年不遇的经济大危机前所表现出来的软弱无能，促使1932年上台执政的罗斯福总统毅然选择了国家干预的政策，将传统的自由放任理论束之高阁。

罗斯福新政的主旨是政府对财政、货币、金融、产业等部门进行宏观调控，限制生产、稳定物价、保障利润，从而达到摆脱经济危机、拯救资本主义的目的。为挽救和重建濒于崩溃的金融货币体系，罗斯福于1933年3月6日暂时关闭全国银行。三天后，国会通过紧急银行法，委托联邦储备银行发行纸币以解救货币荒，授权复兴金融公司购买银行优先股票给全国银行提供流动资金，授权财政部整顿和资助银行，并禁止储存和输出黄金。5月27日和6月6日，国会又分别通过《联邦证券法》和《证券交易法》，政府对证券的发行和交易实行管理。6月16日通过《格拉斯—斯蒂高尔银行法》，将投资银行和商业银行分开，防止银行用储蓄者资金投机，还规定建立联邦储蓄保险公司，对小额存款实行保险。1933年4月间放弃金本位制，实行美元贬值和有节制的通货膨胀，以提高物价、刺激生产、鼓励出口和减轻债务人负担。为恢复工、农、商诸业，1933年5月12日通过《农业调整法》，授权农业调整管理局用政府津贴鼓励农民缩减耕地面积、销毁大量农产品、屠宰大量幼畜，以控制基本农产品产量和牲畜饲养头数，提高农产品价格和农民购买力。结果1936年农业总收入较1932年增长50%。6月16日通过《全国工业复兴法》，规定建立国家复兴管理局，指导劳资双方订立本行业的公平竞争法则，对各该行业产品的产量和价格作出规定，希图实行某种程度的计划经济，但由于大企业的操纵，收效不大。该法还规定劳工有同企业主签订集体合同的权利，并有关于最低工资和最高工时的规定。为紧急救济大批失业者和贫民，1933年～1934年期间，先后建立平民自然资源保护队、联邦紧急救济署、房主贷款公司、联邦住房管理局、公共工程管理局、国民工程管理局，为失业者提供就业机会和起码的救济。

1933年5月18日，通过建立田纳西河流域管理局的法案。兴办田纳西河流域水利工程，从事防洪、发展航运、保护环境、生产化肥和提供廉价电力等。新政给美国经济、政治和社会生活带来很大影响。虽然这些措施是治标不治本，但是在当时确实挽救了岌岌可危的资本主义制度。这种采用强有力的政府干预经济危机的方式在资本主义危机史上是史无前例的。

罗斯福新政在一定程度上减缓了经济危机对美国经济的严重破坏，促进了社会生产力的恢复。由于经济的恢复，使社会矛盾相对缓和，从而遏制了美国的法西斯势力。特别是新政中国家对经济加强干预的政策，加强了美国国家垄断资本主义，它不仅成为现代美国国家垄断资本主义经济制度的开端，而且对其他许多国家经济政策的发展，都产生了重要影响。对于新政，凯恩斯给予了高度的赞扬。当时正值凯恩斯的就业一般理论接近完成的阶段，他曾在英国对公共工程理论和政策的推广进行了不懈的努力。行之有效的罗斯福新政，对凯恩斯的理论起到了先导、借鉴和印证的作用。

二、凯恩斯的生平和主要著作

约翰·梅纳德·凯恩斯(John Maynard Keynes，1883～1946)出生于英国一个既有金钱又有学术，同时还有从政传统的家庭。他的祖父是一个制造商，曾担任过市长。父亲尼维尔·凯恩斯是马歇尔的早期弟子，曾以《政治经济学的范围与方法》一书而闻名，还曾任剑桥大学伦理学讲师、大学部注册科主任、剑桥大学地方考试委员会秘书。母亲弗洛伦斯·布朗是个女强人，曾担任剑桥市的参议员和市长。因此，凯恩斯从小就受到了良好的教育，并在青年时代就有机会同学术界人士广泛接触。他最擅长的是数学，由于数学成绩突出，14岁时他获得了伊顿公学奖学金，后来又以数学及古典文学奖金进入剑桥大学学习数学。尽管不久后他的兴趣转向了政治方面，但这样坚实的数学基础，也训练了他以后进行经济研究所必须具备的逻辑思维能力。1905年他从剑桥大学毕业，为了应付文官考试，他又继续在剑桥大学跟随马歇尔和庇古学习经济学，这是他接受过的仅有的经济学教育。1906年，他通过了文官考试，进入印度事务部工作，其间对印度的通货膨胀问题进行了研究，并在 1913 年发表了他的第一部著作《印度的通货与金融》，这本书被认为是论述金汇兑本位制的代表著作。1908 年在马歇尔的推荐下，凯恩斯回到剑桥大学讲授经济学原理和货币学。1911 年，还是在马歇尔的推荐下，他出任英国皇家经济学会杂志《经济学杂志》的主编，直到去世。

凯恩斯并没有埋头于象牙塔里专做学问，他还从事过许多政治活动。1913 年～1914 年间，他被任命为皇家委员会调查印度通货和财政的委员，1915 年～1919 年间被调任财政部顾问，一战结束后，他以财政部首席代表资格出席巴黎和会，并以顾问身份出席四强会议。但由于他认为过重的战争赔款会使赔款国货币贬值，增强其出口的竞争优势，从而不利于接受赔款国家的出口和经济恢复。因此，他提出了不要战败国支付赔款的独特建议，当然该建议未被接受，他忿而辞职，回到了剑桥，写了《和约的经济后果》(1919)一书，阐述他自己关于战争赔款的观点。这本书迅速被译成几国文字发行，凯恩斯一跃而成为国际知名人士。1921 年，他担任了国民互助保险公司的董事长，后来还创建了国家投资公司，从事证券投资、外汇投机和一些商品如棉花、金属等的投机生意，获利不菲。1923 年他出版了《货币改革论》，在这本书的第一、二章中已经注意到失业问题。1929 年～1931 年间，他又担任国家财政与工业调查委员会委员，1930 年还担任内阁经济顾问委员会主席，同年他发表了两卷集的《货币论》。通过总结自己理论的不足并不断改进，1936 年他的巨著《通论》问世，标志着他的学术思想的发展已臻完成和新经济理论体系的建立，被西方经济学者誉为像“哥白尼在天文学上，达尔文在生物学上，爱因斯坦在物理学上一样的革命”，是 20 世纪内“对社会经济政策最有影响的一本书”。(加尔布雷斯，《凯恩斯主义为何来到美国》，转引自罗志如等，《当代西方经济学》上册，北京大学出版社，1989 年，第 80 页)1940 年他写了《如何筹措战争费》的小册子，为当时的财政大臣提出战时财政计划，并于同年被丘吉尔聘为财政部咨询委员，同时还担任英格兰银行董事。1942 年，英国国王封授他为勋爵，随即他被选为上议院议员。1944 年，他代表英国出席在美国布雷顿森林召开的国际金融会议，为创立国际货币基金组织和国际复兴开发银行两个机构作出贡献，并兼任这两个组织的董事。1946 年 3 月，凯恩斯代表英国出席在美国召开的国际货币基金组织和世界银行的第一次会议，在会议上，他与美国代表就这两个组织的性质、所在地、权限划分等问题产生了尖锐的分歧，4 月因心脏病突发去世。

三、凯恩斯的基本经济思想

1936 年凯恩斯的《就业、利息和货币通论》的发表，标志着凯恩斯经济理论体系的形成，使凯恩斯在此之前陆续提出的经济学说及政策主张理论化、系统化了。其中反复阐述论证的是资本主义社会的就业理论、投资理论和危机理论。

就业理论是凯恩斯撰写《通论》的目的和宗旨，是《通论》中阐发的中心内容。凯恩斯否定了传统庸俗经济学所奉行的萨伊定律——“供给自行创造需求”说，指责他们否认需求不足而导致失业的存在。他列举资本主义社会大量失业存在的事实，指出大量失业工人的存在是资本主义社会不稳定和动乱的原因，是可能诱发革命的因素。这就是他为什么重视就业问题的真正目的所在。

凯恩斯就业理论的中心是，资本主义社会之所以存在大量失业是因为全社会“有效需求”不足，即投资需求不足和消费需求不足同时存在。前者表现为企业投资萎缩，后者表现为消费太低。有效需求决定就业是凯恩斯就业理论的出发点。这里，凯恩斯着眼于宏观经济分析，对象是社会经济总量。他认为，一个国家在一定时期内的就业量决定于社会的总需求或有效需求，决定于总供给等于总需求的均衡状态。如果总需求或有效需求不足，即消费需求不足和投资需求不足，那就达不到充分就业。凯恩斯说，在资本主义社会消费需求之所以不足，是由于“心理上的消费倾向”，消费的增加赶不上收入的增加，是边际消费倾向递减所致。凯恩斯强调，要消灭失业就要解决有效需求不足的问题。其办法就是多消费、多投资。但增加消费又受社会消费倾向的影响，边际消费倾向又是递减的，这就决定了必须增加有效需求。但用增加消费的办法，潜力不大。所以要解决有效需求不足的问题，主要靠增加投资。投资是就业的决定因素，投资的高水平决定了就业的高水平。

凯恩斯还分析了投资对就业的作用，即失业是由于有效需求不足引起的，尤其是投资需求不足引起的。解决失业的唯一办法是投资。而投资主要是由国家投资。他指出："我们不能把决定当前投资量之职责放在私人手中。"国家投资能起到"药到病除"的作用。同时，他认为投资的小额变动会在就业上引起巨大的变动，投资的较小的增加就会引起更大的就业量。他说："当投资数量变动时，却使得总就业量与总所得之变动程度，远远超过投资量本身之变动。这种现象，有了乘数原则以后就得到了解释。"凯恩斯把这一系列关系称之为"投资乘数"或"投资倍数"原理。为了使这个原理能够成立，凯恩斯列举出下述例子：如果政府增加一万元新投资，必先用来购买生产资料，于是这一万元就增加了对生产资料的需求，成了生产资料部门的收入；如果这个部门把这笔收入全部用于消费，那么生产消费资料的部门又必需增加一万元的需求与收入。这样互相推动下去，收入和就业便可以增加了又增加，一直达到充分就业。因此，凯恩斯得出结论说，在投资与收入、投资与就业之间有一种倍数关系存在：投资与收入之间的这种比例关系叫做"投资倍数"；投资与就业之间的这种比例关系叫做"就业倍数"。这个倍数的大小，要看这种新投资所直接引起的收入，究竟以什么比例增加消费而定。他说倍数的大小决定于消费倾向（包括生产消费和生活消费）。边际消费倾向愈大，则倍数愈大。

投资理论是凯恩斯就业理论的重点。其目的就是要探讨哪些因素影响和决定投资量。他指出：当前投资量决定于投资引诱。而投资引诱又决定于两个因素：一是资本的边际效率，二是贷款的利息率。凯恩斯论证说，资本家决定投资与否以及投资多少，就看他的投资能否带来利润和利润多少。而这又取决于两个因素；一是资本的边际效率，二是利息率。资本的边际效率越高，资本家就越肯投资，利息率越高，资本家就越少投资；反之，利息率越低，资本家就越肯投资。资本家的投资量主要取决于资本的边际效率扣除利息率后的预期纯利润率。其中，资本的边际效率是决定投资量的诱发因素，利息率是决定投资量的弹性因素，资本的纯利润率是决定投资量的决定因素。但在凯恩斯看来，资本的边际利润率和利息率最终受“三个基本心理因素”——即消费倾向、对资本未来收益的预期、流动偏好所影响。心理上的“消费倾向”决定消费需求，心理上“对资本未来收益的预期”决定资本的边际效率，心理上的“流动偏好”(和货币量)决定利息率。

凯恩斯的危机理论是在论证就业理论、投资理论以及进一步分析资本主义经济运行情况的基础上提出来的。他认为，决定就业和投资的一切因素，如“三个基本心理因素”，对资本主义经济运动与循环都起作用，但作用最大的还是资本之边际效率之循环性变动。因按凯恩斯的理论体系，消费倾向不变，就业量取决于投资量；利息率不变，投资量取决于资本边际效率；而危机的主要原因在于“资本之边际效率突然崩溃”。

资本之边际效率何以突然崩溃呢？凯恩斯认为投资需求决定于资本家对资本未来收益的预期。预期乃是一种估计，它随着资本家的情绪变动而经常变动：情绪高时，估计过高；情绪悲观时，估计过低，预期很难适中。资本家在投资市场上都各行其事，一旦发现市场情形与自己预期的不符，情绪失常，对市场便作出急骤的反应，因而引起资本边际效率的剧烈变动。凯恩斯又把资本边际效率时高时低的这种变化，称作资本边际效率的周期波动。资本边际效率高时造成经济循环的上升阶段，资本边际效率低时造成经济循环的下降阶段。在这个阶段上，资本边际效率继续下降，降到极低点时，投资停止，结果造成停滞与危机。危机经过一段时间以后，资本主义经济会缓缓复苏，其原因是资本边际效率复苏所致。凯恩斯说，资本之边际效率在危机时期降到最低点，甚至是负数。经过一段时间，由于销售、使用、陈旧、损坏，资本物逐渐稀少起来，存货售完，利息率低，投资市场对资本家又滋生一种新的吸引力量，资本家情绪又逐渐乐观起来。资本边际效率逐渐提高，投资市场开始活跃，于是又造成经济高潮，结果投资量猛增，失去均衡，资本主义经济运行又会出现困难，如此循环往复，周而复始。这就是凯恩斯对资本边际效率突然崩溃的原因的解释，也是他对资本主义经济发展中产生危机及其周期循环的原因所作的解释。

凯恩斯认为，要使社会生产迅速增长，使人们经济生活正常化，必须克服危机。克服的有效办法是让政府实行若干调节政策。他认为"最聪明的办法还是双管齐下。一方面设法由社会来统制投资量,另一方面用各种政策来增加消费量"。凯恩斯在其《通论》中,自始至终把"三个基本心理因素"看成决定消费与投资以及经济均衡发展的根本力量。所以,他认为克服危机的一项重要措施就是政府调节这三个基本心理因素,以增加有效需求,从而实现充分就业和消除危机。为此目的,凯恩斯敦促政府实施有关财政政策和金融政策,予以保证。通过相关财政政策,国家对经济实行干预。如实施"公共投资政策"和"举债支出政策"来扩大政府支出和社会支出,以增加有效需求,实施高额累进税政策来缩小分配不均的幅度,增加政府支出的财源,以增加消费和提高就业水平。通过有关金融政策来广泛刺激投资,大大增加就业量。如实施低利政策,鼓励私人投资,增加收入和就业;实施"有节制"的通货膨胀政策,通过降低工人实际工资,以增加资本家的利润,从而鼓励投资,扩大就业。总之,凯恩斯渴望通过上述财政、金融政策的实施,能够克服危机,实现资本主义经济在近似繁荣的水平上稳定增长。

四、凯恩斯的财政思想

对于古典学派理论所设想的充分就业状态,凯恩斯认为,"1.真实工资等于现行就业量的边际负效用;2.严格意义的非自愿的失业并不存在;3.供给会给自己创造自己的需求,意思是说,不论产量与就业量在何种水准,总需求价格等于总供给价格"。(凯恩斯,《就业、利息和货币通论》,商务印书馆,1977年,第24页)凯恩斯认为,"古典学派所假定的情形,是各种可能的均衡位置的极限点,不仅如此,而且这种特例所含属性,恰不是实际经济社会所含有的,结果是理论与事实不符,应用起来非常糟糕"。(凯恩斯,《就业、利息和货币通论》,商务印书馆,1977年,第9页)在他的就业理论、有效需求原理、工资与物价理论和经济周期等理论的基础上,凯恩斯得出一个与古典经济学完全不同的结论:资本主义市场不存在一个能把私人利益转化为社会利益的"看不见的手"。因此,他断定,要实现充分就业,扩大国民收入,就必须由国家对经济进行干预,并提出了一整套经济政策主张,扩大财政支出,刺激消费，增加投资需求，使总需求和总供给的均衡达到充分就业的均衡。

凯恩斯理论政策的核心就是国家干预经济生活，借此刺激有效需求，即刺激消费和投资。在财政政策方面，在总需求小于总供给时，主张减税、增加财政支出，以扩大投资和消费；在总需求大于总供给时，主张增税、减少财政支出，以减少投资和消费。在货币政策方面，在萧条时期主张增加货币供应量，降低利息率以刺激投资；在高涨时期主张减少货币供应量，提高利息率以限制投资。凯恩斯认为有效需求不足是阻碍经济发展的根本原因。因此，他从有效需求不足出发，提出了“赤字财政政策”，就是指政府增加的支出只要能够促进经济增长，并使个人收入增加，即使经常出现财政赤字也无关紧要。他主张通过变动政府支出和收入来调节经济。他的赤字财政政策的具体措施主要有举债支出和通货膨胀。

以有效需求理论为基础，凯恩斯指出，经济危机的出现是因为有效需求不足，要解决这一问题，发行公债是一个良策，运用举债方式来扩大政府支出，能增加社会消费和投资需求，进而增加国民收入和就业量。他说：“假设有不自愿失业存在，则劳力的边际负效用，一定小于边际生产物之效用，也许小得很多。……如果我们接受这一点，则由此可以推出：举债支出虽然‘浪费’，但结果倒可以使社会致富。如果政治家因为受古典学派经济学之熏染太深，想不出更好办法，则建造金字塔，甚至地震、战争等天灾人祸，都可以增加财富。”（凯恩斯，《就业、利息和货币通论》，商务印书馆，1977 年，第 109～110 页）并指出，“举债支出的一个目的是为起到增加投资；另一目的则使其起到增加消费倾向的作用”。（凯恩斯，《就业、利息和货币通论》，商务印书馆，1977 年，第 109 页注 1）他还进一步说明：“我们用‘举债支出’一名词，包括政府用举债方式来兴办的投资事业，以及其他用举债来维持的经常支出。严格说来，后者应当算作负储蓄，但政府作负储蓄之动机，与私人储蓄之心理动机，并不相同。‘举债支出’是一个很方便的名词，包括一切政府举债净额，不论举债的目的是为了兴办资本事业，或为弥补预算的不足。前者增加投资，后者增加消费倾向”。（凯恩斯，《就业、利息和货币通论》，商务印书馆，1977 年，第 110 页）在凯恩斯看来，公债的用途一般有两种：一是兴办投资项目，由国家进行公共投资，兴办公共工程等，这会增加投资；二是弥补其他预算项目的赤字，这会增加消费倾向。如果举债支出不能用于这两个用途时，政府可以采取一些不合理的，甚至荒唐的办法："设财政部以旧瓶装满钞票，然后以此旧瓶，选择适宜深度，埋于废弃不用的煤矿中，再用垃圾把煤矿塞满，然后把产钞区之开采权租于私人，出租以后，即不再闻问，让私人企业把这些钞票挖出来，——如果能够这样办，失业问题就没有了，而且影响所及，社会之真实所得与资本财富，大概要比现在大许多。"（凯恩斯，《就业、利息和货币通论》，商务印书馆，1977 年，第 110 页）他甚至主张政府应从事扩军备战，增加军费支出，从而刺激生产，增加部分就业，并给大企业有保障的利润和军火销售市场，以延缓经济危机的爆发。

政府举债支出的实质是赤字财政政策，通货膨胀是其必然的后果，但在凯恩斯看来，通货膨胀本身也可以作为克服危机、增进就业的一项措施，一方面它可以减低利息率，使之与资本边际效率相适应，可以避免与减少经济的不景气；另一方面，通货膨胀和物价上涨，可以压低工人的实际工资，有助于增加私人企业的投资，从而解决"非自愿失业"。因此，他是倡导"半通货膨胀"的。

凯恩斯主张通过改革国家的赋税制度来改善国民收入再分配，以提高民间消费倾向。在古典经济学派的财政理论中，认为资本的增长是从"富人过剩收入中储蓄而来"的，但凯恩斯则认为财富的增长不仅不在于富人的节约，而且恐怕反而是遭到了这种节约的阻挠，因此如果"采取步骤，重新分配收入，以提高消费倾向，则对资本的增长大概是有利无弊"。（凯恩斯，《就业、利息和货币通论》，商务印书馆，1977 年，第 318 页）他主张以累进所得税、资本利得税及遗产税为中心的赋税体制，以缩小收入分配不均，增加消费需求和提高就业水平。但在二战后，这种观点逐渐被否定，人们更期待通过减少所得税与社会保险制度等措施来提高消费倾向。

在主张运用财政政策调节经济运行的同时，凯恩斯也提出了"反失业、反危机"的金融货币政策。他认为，可以通过中央银行控制货币供应量，影响利率的变动，从而影响社会总需求，使国民收入达到充分就业的水平。中央银行调节货币供应量和利率的主要手段是调整法定准备率、调整贴现率和公开市场业务，凯恩斯认为在这些货币政策手段中，"公开市场交易不仅可以改变货币数量，而且还可以改变人们对于金融当局之未来政策之预期，故可以双管齐下，影响利率"，（凯恩斯，《就业、利息和货币通论》，商务印书馆，1977 年，第 169 页）并通过利率的降低刺激投资，影响有效需求。

但在财政政策和货币政策中，凯恩斯把财政政策放在"反危机"政策的首位，而把百余年来资本主义一直采用的金融货币政策放在从属地位，作为财政政策的辅助手段。主要是因为凯恩斯主义者认为，资本主义制度不能使利率降低到等于在充分就业下将出现的储蓄量的那种投资支出所要求的利率水平，这个制度就会处于一种资源未被利用的有非自愿失业的就业不足的均衡状态。补救这种状态的唯一办法（假定忽略对外贸易的存在）就是通过预算赤字使社会的储蓄倾向减低。一般说来，充分就业只有通过财政手段对有效需求的调节才能达到。因为存在倍数效应，所以由政府举债支出所导致的经济扩展可以增加私人投资。并不是政府举债支出会挤出私人投资，而是将有一种挤进效应。已经增加的政府举债支出通过加速数机制将使私人投资增加，这两种形式的支出都是由储蓄上升提供资金的。这个摆在首位的财政政策，根据他的见解，又是一个"赤字"的财政政策，其理由是，如果政府一面扩大支出，一面又增加收入来保持预算平衡，则增加支出虽能带来投资和消费的扩大，但增加收入却又减少了可供运用的资金，促使私人投资或私人消费进一步下降。相减相抵，就不能产生"补偿"私人"有效需求不足"的实际效果。因此，"有效地"挽救经济危机的财政政策，在凯恩斯看来，只能是一个用举债方法来扩大政府支出的赤字财政政策。

凯恩斯主张国家对对外贸易也要进行干预。他分析了贸易顺差对就业和克服经济危机的积极意义，如果在一定时期内，工资水平和流动偏好都相当稳定，而银行又固守成规，国家既不能直接控制利息率，又不能直接操纵国内投资，那么增加贸易顺差就是政府可以增加投资、解决失业问题的唯一直接办法；同时，贸易顺差会使得贵金属内流，从而使国内利息率降低，因此，增加贸易顺差又是增加国内投资动机的唯一间接方法。“贸易顺差，实在是一箭双雕”（凯恩斯，《就业、利息和货币通论》，商务印书馆，1977年，第286页）。

五、对凯恩斯财政思想的简要评述

凯恩斯的财政政策使资本主义国家暂时摆脱了经济危机的困扰，取得战后一段时间内经济的显著增长，起到了积极的作用。

凯恩斯以《通论》为基础的理论体系，认为要摆脱困境必须改变政策，传统庸俗经济学强调健全财政原则，坚持传统理财方针。《通论》不惜笔墨，大肆鼓吹扩大政府开支，推行赤字财政和通货膨胀政策，如此等等，标新立异。战后几十年来，西方各国都在竞相推行凯恩斯的扩张财政政策，给危机中的资本主义经济注射激素，确实收到一定疗效，20世纪50至60年代，西方各国经济都有很大增长。各国凯恩斯主义者对此而陶醉，欢呼“凯恩斯时代”。但是，凯恩斯的理论政策主张都是错误的，用它们指导资本主义经济运行，只能头痛医头，脚痛医脚。即便能收效于一时，但那也是饮鸩止渴的办法，必然萌生新病。主要资本主义国家由于长期推行凯恩斯的那一套理论和政策主张，不但没能医治好资本主义经济的旧病，没有持续而彻底地解决大量失业和经济危机，反而引起了一系列新病，造成了持续的通货膨胀，结果导致了生产停滞与通货膨胀并发症的产生，西方又称此为“滞胀”病，成为西方世界双重的社会瘟疫。《通论》中所阐发的理论和政策主张前一时期在英美推行得最为彻底，所以那里的“滞胀”病也最为严重。70至80年代初，英美垄断资产阶级的统治集团不得不摒弃凯恩斯那一套理论和政策主张，另谋对策。美国等西方国家经济学家便由率先信奉国家干预主义又回到原先经济自由主义传统上来，旨在寻找摆脱危机的出路。于是凯恩斯的经济学就从长期占据的官方经济学宝座上败退了下来。但这并不意味着凯恩斯主义从此就退出历史舞台，销声匿迹，不起作用了。事实上，它的影响仍渗透到资本主义社会经济生活的各个方面。

纵观半个世纪以来资本主义世界经济的风云变幻，凯恩斯的经济学从兴起到鼎盛,在西方世界风靡一时,然而好景不长,终遭摒弃。这个变化过程表明,垄断资产阶级想要借助凯恩斯用国家垄断资本主义取代私人资本主义的方案,来拯救资本主义和对抗社会主义革命道路的企图,是永远不能实现的。凯恩斯在《通论》中对资本主义经济危机原因的分析是违背事实的,是恰恰倒因为果的。实际上是危机影响着资本家的情绪,而不是资本家的情绪导致危机。他对资本主义危机病因的分析是肤浅的,只抓住资本主义经济的一些次要的表面现象进行理论概括,得出什么"有效需求原理"和"三个基本心理因素",这不是科学的抽象,而是地道的唯心主义概括。凯恩斯还得出结论说,资本主义制度之所以存在失业和危机,主要是由于有效需求不足和三个基本心理因素失调所引起的,医治的药方就是增加"有效需求"和调节三个基本心理因素。这完全是一种误诊,自然谈不上对症下药。除了阶级局限性之外,就是理论的贫乏。他完全抹煞了资本主义剩余价值剥削这个生产关系,找不出来资本主义生产的真正限制在于资本本身这一真理。他完全没有触及资本主义基本矛盾,生产社会性与生产成果的资本主义私人占有制之间的矛盾。这就注定了凯恩斯主义必然失败的命运。

凯恩斯的《通论》处在资本主义经济衰落的紧急阶段,为缓和社会矛盾,拯救资本主义经济免于危亡,从而改变自由放任的理论模式,采用政府干预经济,以图变资本主义为"可调节的资本主义"的方案。这也是适应当时资本主义经济危急局势的迫切需要的。凯恩斯的经济理论及其政策主张虽然没能治愈资本主义痼疾,但它们毕竟在一定时期和一定程度上对资本主义基本矛盾起着镇定剂的缓和作用,收到一时之效。因而西方各国战后能够在一定时期内暂时避免了20世纪30年代那样的经济大危机,并能在50到60年代,使各国经济都有所增长。这说明:凯恩斯主义虽然不是什么科学体系,但却收到一时之效,我们对它不能简单行事,不加分析地完全予以肯定或完全否定,都不免失之偏颇。要认真予以研究,找出它对我们进行社会主义宏观经济管理有无可供启示与借鉴之处。

第二节　汉森的财政思想

一、汉森的生平和主要著作

阿尔文·哈维·汉森(Alvin Harvey Hanson,1887～1975)出生于美国南达科他州,1910年在该州的兰克顿大学获文学学士学位,1915年又获威斯康星大学博士学位。1915～1916年任教于威斯康星大学,1916～1919年任教于布朗大学。1919～1927年任明尼苏达大学经济学讲师,1937～1956年任哈佛大学经济学教授,退休之后,他作为访问教授在美国多所大学任教,直到1975年88岁高龄去世为止。由于他在经济学上的成就和影响,曾被推选为1937年美国统计协会副会长和1938年美国经济协会会长。汉森不仅是一位著名的经济学者,同时还是政府经济机关的一位高级官员,曾担任过国务院经济专家、社会安全咨询委员会委员、国家工业会议局经济顾问委员会主席、美加(加拿大)联合经济委员会主席、联邦储备局特别经济顾问等许多重要职务。

汉森早期是李嘉图和萨伊理论的信奉者,后追随凯恩斯理论,成为一名忠实的凯恩斯学派倡导者。许多西方学者认为,汉森是最早把凯恩斯理论引入美国的,在这方面所作的努力和贡献,比任何其他经济学家都重要得多,而且在解释和发展凯恩斯经济理论方面,更是起了极其重要的作用。他在20世纪30年代末期长期指导的哈佛财政政策研讨班,影响和培养了整整一代学生,包括萨缪尔森、托宾、索洛、奥肯、加尔布雷斯等,成为后来凯恩斯学派分支之一的新古典综合派的先驱者。汉森本人也获得了"国际第一流经济理论家"、"凯恩斯主义权威"等美名,甚至被称为"美国凯恩斯"。他的主要著作有:《经济周期理论》(1927)、《失衡世界的经济稳定》(1932)、《财政政策与经济周期》(1941)、《国民经济中的国家与地方财政》(与H.S.珀洛夫合著,1944)、《经济政策和充分就业》(1947)、《货币理论与财政政策》(1949)、《凯恩斯学说指南》(1953)、《美元与国际货币体系》(1965)等。

二、汉森的基本经济思想

在积极传播凯恩斯理论的过程中，汉森作了大量的补充和订正工作，美国哈佛大学教授、著名的凯恩斯主义者西默·埃德温·哈里斯曾评价道，“作为美国最著名的凯恩斯主义者，汉森曾对美国学生和普通人士阐释凯恩斯主义经济学；同时他又大大丰富了他的内容”，而且“对于凯恩斯的错误、混乱、自相矛盾，不能前后贯穿言之成理之处以及不负责任的说法，他以应有的注意，并给以友好而坚定的批评”。（转引自《当代外国著名经济学家》，中国社会科学出版社，1984 年，第 130～131 页）汉森的代表性经济观点主要有：

（一）IS—LM 模型

IS—LM 模型又称为“希克斯—汉森模型”，最早是由英国著名经济学家希克斯(John Richard Hicks，1904～1992)于 1937 年发表的《凯恩斯与古典派》一文提出的。当时，希克斯并不是要建立一个什么分析模型，而是试图对投资、就业和收入起关键作用的利息率的决定进行分析，并以此说明凯恩斯的就业理论并不像他自己所说的那样是一种“通论”，而只能算是一种“特例”。当时希克斯提出的是 IS—LL 分析，12 年后，汉森在他的《货币理论与财政政策》一书中重提这一分析工具，并将 LL 修改为 LM，认为将凯恩斯的理论和新古典经济学派的理论结合起来，就可以对利息率的决定提供一个明确的解决办法。在 1953 年发表的《凯恩斯学说指南》中，汉森又对这一模型进行了大力宣扬，成为现代凯恩斯学派的典型利息理论，后来更是被萨缪尔森等新古典综合派广泛用于商品市场和货币市场的一般均衡分析，因此广为流传，受到极大的重视和运用，成为公认的分析模型。这都得力于汉森的努力，也使汉森在经济学界长期享有较高的声誉。

IS—LM 分析，是将凯恩斯的投资、储蓄、流动偏好等理论和新古典学派的一般均衡理论结合起来，使均衡收入与均衡利率在商品市场和货币市场的相互作用下同时确定，并决定政府应当采取的调节措施，反映了新古典综合派的特点。IS 和 LM 是两条曲线，I 代表投资，是利率的函数；S 代表储蓄，是收入的函数。IS 曲线是投资等于储蓄条件下，利率和收入的各种组合，其方程式是I(r)=S(Y)(其中，r表示利息率，Y代表国民收入)。位于IS曲线左方的收入和利率组合都是投资大于储蓄的非均衡状态，位于IS右边的组合都是投资小于储蓄的非均衡状态，只有在IS曲线上的组合，才是使投资和储蓄相等的商品市场均衡状态。L代表货币需求，由利率和收入决定；M代表货币供给，可以看作是一个既定的量。LM是在货币供求均衡条件下，利率和收入的各种组合，其方程式是M=L1(Y)+L2(r)。位于LM曲线左方的收入和利率组合都是货币需求小于货币供给的非均衡状态，位于LM右边的组合都是货币需求大于货币供给的非均衡状态，只有在LM曲线上的组合，才能使货币市场达到均衡状态，这条曲线也被称为货币数量曲线。IS曲线与LM曲线的交点E就是商品市场和货币市场的均衡点。但均衡点E不会永远固定不变，随着I、S、L、M四个因素中的一个或几个因素的变动，E点也会不断变动。例如，投资(I)的增加或减少，会使IS曲线向右方或左方移动，储蓄(S)的减少或增加，也会使IS曲线向右方或左方移动。而M的增加或减少，L的减少或增加，会使LM曲线向右或向左移动。两条曲线或其中任何一条曲线的移动，都会使E点变动，从而使均衡利率和均衡收入发生变动。

汉森从分析中得出结论：只有在商品市场和货币市场同时均衡时，才能实现充分就业和经济稳定，而市场自发调节不能完全达到均衡状态，只能借助于政府力量，采取措施调节利息率和国民收入，以保持均衡，从而使这一经济分析成为国家干预经济的理论基础。

(二)45°线

在凯恩斯对国民收入均衡条件的分析中，假定只有居民和厂商两个部门，则均衡条件是总供给等于总需求，用公式表达是C+S=C+I，其中C代表消费需求，S代表储蓄，I代表投资需求。对于这一模型，汉森进行了发展。他在《货币理论和财政政策》一书中提出，由于在45°线上任何一点的横坐标和纵坐标的数值都相等，因此可以用来表示收入随消费与投资的变化而变化的确定数值，从而建立了以C+I与45°线交点为均衡点的宏观经济模型，这一模型后来也为萨缪尔森所继承和改进。

（三）两重经济论

汉森在《财政政策与经济周期》一书中，提出了两重经济理论。他认为从20世纪开始，生产手段社会化和收入消费社会化的倾向日益显著，国家对经济的影响作用也就日益增大，世界上大多数资本主义国家的经济，已经不再是单一的纯粹的私人资本主义经济，而是同时存在的"社会化"的公共经济，形成了公私混合的"两重经济"，而公私经济混合的经济制度有取代自由资本主义制度的可能性。汉森进一步把这种"两重经济"区分为生产领域方面的"公私混合经济"（如国有企业与私营企业并存）和收入与消费领域方面的"公私混合经济"（如公共卫生、社会安全、福利开支与私人消费的并存）。

汉森认为，无论是从生产还是从消费方面来看，"两重经济"均能给个人自由发展以更好的保证。如铁路和公用事业由国家经营就比由私人经营为好，它能够由国家调节收入水平，保证充分就业和经济稳定，使私人消费得到改善。所以汉森断言：无论是在美国还是在西欧国家，都存在着从个人主义经济向公私混合经济过渡的趋势。

汉森的"两重经济论"，是后来新古典综合派萨缪尔森等人的"混合经济论"的思想渊源，为鼓吹国家干预经济观点提出了理论基础。

（四）长期停滞理论

汉森对凯恩斯学说的发展的另一个重要方面，是提出了长期停滞理论。凯恩斯对经济停滞问题已有论述，但他只进行了短期观察分析，只能是"短期停滞经济学"。汉森在凯恩斯理论基础上，加入长期考察，提出了长期停滞理论。故有西方学者称：凯恩斯理论中隐而不露的长期投资是经济进步的起动力——这是汉森长期停滞理论的出发点。汉森称19世纪的欧美各国经济为"起动"的经济，因为人口增长、领土扩展、资源开发和技术革新这几大因素，形成了投资的发展，从而推动了经济进步。汉森指出，到了20世纪，推动投资形成的因素已逐渐失去影响力，尤其是人口增长和土地扩展开发已进入饱和状态；而技术革新这个因素又受到垄断社会的制约，因为人们在垄断条件下很难采用先进技术和设备。这样一来，各种刺激投资增长的因素都已逐渐消失，就必然会使经济处于长期停滞不前的状态，因为经济发展失去了投资这个起动力。

那么这种停滞有没有办法改变呢？汉森认为，必须运用政府力量，增加公共投资，以弥补私人投资的不足，从而刺激经济发展，由此他提出了补偿性财政政策。汉森的长期停滞理论不仅发展了凯恩斯经济学说，同时提出偏重运用财政政策来改变停滞局面的思想，对凯恩斯学派理论的进一步发展和西方国家经济政策选择起了很大的影响作用。

（五）加速原理与乘数原理相结合的理论

汉森指出，凯恩斯提出了“乘数原理”以说明增加投资对增加收入的刺激作用，但却忽视了收入增长将“引致”投资更迅速增长的效应，即没有分析加速原理的问题。

在汉森看来，引起投资变动的因素有两类：一是自发投资因素，即由经济的外生因素，如人口增加、技术进步、新资源的发现、新产品的发明以及政府活动等而引起的投资，称为自发投资；二是内生因素，即由收入变化而引起的投资，称为引致投资。所谓加速原理，就是用来说明收入的变动将怎样引起投资变动的这种引致投资的理论。大体说来，当收入（产量）的相对量（即本年的收入与上年比较的变动百分比）增长时，投资便加速增长；反之，当收入（产量）的相对量停止增长或下降时，投资便加速减少。这就是加速原理的基本含义和内容。

汉森和他的学生萨缪尔森将加速原理与凯恩斯的乘数原理结合起来，建立了用来解释经济波动原因的汉森—萨缪尔森模型：

$$y_t = b(y_{t-1}) + [I_0 + a(C_t - C_{t-1})]$$

其中，y_t、y_{t-1}分别表示本期和上一期的收入（产量）水平，b 和 a 分别表示边际消费倾向和加速系数，I_0 表示自发投资量，C_t、C_{t-1}分别表示本期和上一期的消费水平。公式表明，在假定 b 和 a 为已定的情况下，各个时期的收入（产量）水平取决于自发投资 I_0 的变动。当 I_0 增加时，各年的收入（产量）水平就会呈周而复始的先上升后下降的波动趋势。这样，在他们看来，经济波动就是加速原理与乘数原理相结合作用的结果。

三、汉森的财政思想

汉森在传播凯恩斯的经济思想方面作出了积极贡献；同时，他又结合美国的现实情况对凯恩斯学说作了较大发展。汉森的财政思想是建立在凯恩斯的理论基础之上的，但因为他所处的时代已发生了变化，和凯恩斯研究的大萧条时期有所不同，通货膨胀问题已困扰着西方各国。所以，他在沿袭凯恩斯的财政思想的同时，提出了一些新的东西。

(一)补偿性财政政策

进入20世纪40年代后，30年代的大危机和长期萧条的局面已经改变，凯恩斯提出针对危机的以扩张性为基调的财政政策已经显得不合时宜，汉森便适时地首先提出了补偿性财政政策。汉森指出，资本主义经济发展正如前述乘数原理与加速原理相结合的模型所表明的那样，是周期性地由繁荣到萧条的上下波动的过程，通货紧缩和通货膨胀交替出现，补偿性的财政政策就可以有意识地从当时经济状态的反方向调节景气变动幅度，有意识地安排好各项"反周期"的措施，在膨胀时期主动紧缩经济，削减公共投资、课征消费税、实现财政盈余等，以抑制和减少民间的过剩需求，抑制通货膨胀；在萧条时期，则主动扩张经济，增加公共投资、减税，通过财政赤字、增加财政支出等刺激整个社会经济有效需求的增加，刺激经济复苏。这就是所谓的补偿性财政政策，在此政府不必强求年年预算平衡，只要在一个经济周期内能达到收支平衡就可以了。因此，这又被称为"长期预算平衡论"或"周期预算平衡论"。

1945年汉森还提出了可供政府选择的三种财政政策模式(汉森，《财政政策选择的三种模式》，英文版，第882～886页)：

1.依靠公债调度资金的赤字支出方法。

2.依靠赋税调度资金，增加财政支出使所得扩张方法。即为了增加新预算平衡的税收，应提高税率，其结果将在新所得水平上既减少储蓄，也减少消费。

3.以大幅度减税谋求增加民间消费与储蓄，由增加消费带来所得的扩大方法。这样做的结果是减少了赋税而财政支出是一定的，所以会产生财政赤字，其数额将由增加的储蓄和游资来弥补。

汉森认为补偿性财政政策能避免经济的一盛一衰，消除经济周期波动，实现稳定增长，并使资本主义实现国民经济发展的"计划化"。他的这种主张也成为了战后40、50年代美国历届政府制定财政政策的重要依据，但进入60年代后，便为充分就业增长的扩张性财政政策所取代。

(二)财政支出理论

在1941年出版的《财政政策与景气循环》一书中，汉森以长期停滞理论为基础将支出分为三类：(1)创造效用的支出；(2)创造效率的支出，除提高劳动生产率外还增大实质所得；(3)创造所得的支出。他认为提高效率但不创造效用的支出能取得非同寻常的效果，比如战争支出在非常时期中，不仅仅能充分就业，由于使得住宅建筑与其他投资领域积累短缺，在战后也能起到刺激民间投资的作用(汉森，《财政政策与景气循环》，摘自《西洋经济学者及其名著辞典》，外文书店，1980年，第325～328页)。

当经济处于萧条时期，汉森主张增加财政支出，"借助公共投资以补整民间投资的减退"，以促进整个社会有效需求的增加。他指出已投入的支出可以"诱发新投资：(1)使消费支出增加；(2)诱发民间新投资也起作用"。(汉森，《财政政策与景气循环》，摘自《西洋经济学者及其名著辞典》，外文书店，1980年，第325～328页)前者就是凯恩斯论述过的乘数原理，后者则是汉森论述过的加速原理，由于二者对增加国民收入的影响是交互作用的，在实践中很难区分，因此把表示最初增加的支出与由该支出产生的附加国民收入增加两者之比的系数称为杠杆率系数，以衡量乘数原理和加速原理各自产生的效果或合成效果。

(三)财政收入理论

1. 赋税理论

汉森认为，随着公共支出的不断增加，必须比以前更重视发挥赋税政策在稳定经济和保证充分就业方面的作用。在《经济政策和充分就业》一书的第11章"赋税政策"中，他分析了税收对投资、刺激和调节经济、消费和储蓄的影响。

(1)对投资的影响

汉森认为,税收是刺激投资的重要手段,税收体系的建立必须考虑如何刺激投资,而所得税在这方面的作用尤为突出。他说:"运用所得税作为刺激私人投资的工具是可能的。贾莱斯基先生曾建议一种'修正的所得税',规定对于凡是所得中用以投放于固定资本的部分,减免其所得税的全部或一部分。换句话说,从课税所得中将减除新投资的全部或一定比例,譬如说50%。这样,对于投放于固定资本的所得,适用差别利率。例如,投放于固定工厂与设备的公司的保留收益,完全不纳赋税,或按较低税率支付,而不做这种投资的保留收益,则须缴纳全税。另一种变种是对于未扣除折旧的总所得课税,但对于总投资中投放于固定资本的部分,应将其全额从课税所得中扣除。还有一种变种,是对投放于新的固定资本的部分,在一定百分比范围内,譬如说25%或50%,许可其从课税所得中扣除。"(汉森,《财政政策与景气循环》,摘自《西洋经济学者及其名著辞典》,外文书店,1980年,第19章)汉森提出运用课税刺激投资的方案,实质上是对私人资本积累课税的优惠政策,其措施主要有:对收入中用于新投资的部分实行减免税、实施加速折旧、亏损结转、对于重新投资于固定资本的那部分收入的所得税实行部分退税制度等。从公平社会财富角度来看,汉森主张征收所得税,而且是累进税制,用以调节收入分配;但同时他从刺激投资出发指出这种累进税率不能太高,以免影响私人投资。

(2)对经济运行的影响

汉森比凯恩斯更注重以财政政策来调节干预经济,而不主张依靠货币政策,仅将货币政策放在很次要的地位。他坚持认为,税收政策是政府调节经济保证经济稳定发展的有效手段。从长期停滞理论观点出发,他认为要刺激经济增长,摆脱停滞阴影,必须依靠政府强有力的调节,而税收正是政府实施调节的主要杠杆。

不同于凯恩斯,汉森认为税收减免对防止经济衰退和萧条有重大影响。他认为,减税可以增加私人税后所得,直接增加人们消费支出,从而提高消费倾向,而当政府的预算达到一定数额时,税收将对防止经济萧条之侵袭发生巨大的影响。他指出,在大危机年代,税收收入和预算收入都较少，如 1929 年美国联邦税收才 40 亿，即使将这 40 亿全部减免，对国民收入的影响也不会很大。而战后美国的个人所得税获得了空前的发展，个人所得税的比重不断增加，个人所得税的纳税人不再是极少数人，而是范围广泛的大多数人，在这种情况下，个人所得税的减免作用是显而易见的。

税收调节经济周期波动，主要依靠税率调节。“税率的变动是调节经济短期波动的很有效的武器。在将来，作为‘反经济周期’措施的税率的调节，也许将取代利率变动过去所占的地位”。(汉森，《经济政策与充分就业》，上海人民出版社，1959 年，第 147 页)汉森认为以变动个人所得税的基本税率为最佳选择。“最适宜于调节的税率是基准的或称标准的个人所得税税率。在战后任何一年的赋税结构中，来自个人所得税总收入的约有 50%～60%是用标准税率，亦即适用于课税所得的最初部类的税率充当的。这一税率影响所得税的全部纳税人，它适用的范围最广泛，对大众购买力的影响也最大。一旦降低税率，赋税收入突然受影响，从而将刺激消费支出的增长。相反，如果税率提高，对于通货膨胀的发展，可收立即有效制止的效果。为了使得这一措施行之有效，很明显，标准的或基本的所得税率须在政府统制之下、在国会规定范围之内，总统应有权任意提高或降低标准的所得税率”。(汉森，《经济政策与充分就业》，上海人民出版社，1959 年，第 147 页)但汉森同时也指出，个人所得税税率也不能任意变动，因为任何税率的变动，即使是温和的，在实际中也会产生较大困难。

(3)对消费和储蓄的影响

汉森认为，税收必然影响消费函数和储蓄函数，但影响的程度取决于税收的多少和税收的结构。如果税收结构主要偏重于对广大消费者的征税，势必使消费数额大量减少，消费函数变动较大；如果税收主要来自高收入阶层，则会使储蓄数量减少，影响到储蓄函数变动；如果双管齐下，则既影响消费又影响储蓄。他进一步分析，当税制结构越趋于限制消费时，就越需要大量的政府支出和私人投资来保证充分就业；而当税制结构越趋于减低储蓄时，充分就业所需要的各种支出数额就越少。无论是对消费还是储蓄，都应该是影响越小越好，因此应建立一个对消费和储蓄影响较小的税制结构。由于政府的任何税收或多或少地会影响消费和储蓄，他主张通过举债来代替税收。

2.公债理论

汉森认为，在国家财政支出日益庞大的情况下，如果只依靠税收就必然造成通货紧缩和失业，所以必须要依靠借债来保证一部分财政支出。他认为有两类支出可以使用公债来融资：一类是国家用于非生产性公共项目的支出，如国家公园和公共建筑等，这类支出虽然不具有生产能力，但它能带来一定的社会收益；另一类是国家用于能够直接或间接增加社会生产力的支出。他认为要维持与人口增长和技术进步需要相当的、足够数量的总需求，就必须举借适当数量的公债。他还探讨了增长与公债的作用，指出公债、税收和货币供给的变动都是平衡机制的组成部分，公债的增长刺激了财富的更广泛的分配，因为新发行的公债被节俭的机构所购买，公债是一种公共政策机制，它是控制国民经济的一种手段，并与税收结构的分配保持一致（毛程连、庄序莹，《西方财政思想史》，经济科学出版社，2003年，第300～301页）。

（四）国家在实现充分就业中的作用

汉森十分关注失业问题，早在第二次世界大战正在进行、美国的失业问题还不严重的时候，他就已经开始担心战争结束后所有交战国军队人员复员回到平民生活时可能造成大量失业的危险情势了。1947年出版《经济政策和充分就业》就提醒人们应认清“市场不足的危险（较之恶性通货膨胀）更大地威胁着我们”，告诫政府要把实现充分就业当作自己经济政策的主要目标，而千万不要因为医治通货膨胀而引起通货紧缩和失业。在这本书里，他全面论述了国家在实现充分就业中的重要作用。

汉森是从讨论什么是现代民主政治国家的首要职责来展开论述的。他认为，就经济事务而论，民主政治国家的职责在于保证公民享有充分的经济机会。随着经济机会内容的变化，国家的职责也要发生变化。现在在所有近代民主国家中，生产技术发展的趋势都限制了极大多数人获得一个工作的——但不是去建立他们自己企业的——经济机会，能够得到有效的、有报酬的和经常的就业权利，已成为今天经济机会的象征了。因此,随时维持充足的就业机会就必然成为现代民主政治国家应尽的首要职责了。

在汉森看来,"充分就业"并不是指政府担保可以为每个人都找到工作,而只是为大家提供机会自由地寻找各种工作的环境。在一个动态的市场经济中,季节性的、过渡性的和技术性的失业是不可避免的。因此,美国的所谓充分就业,也仍意味着约有4%或5%的劳动力是处于失业状态的。要实现充分就业,就必须有足够的总需求,而单靠私人的、自发的支出,是不可能提供足以达到和维持充分就业的总需求量的,只有利用不断扩大的公共支出来抵补私人支出的不足,才能达到充足的总需求。因此,一个有庞大的政府预算所支持的、为维持一个充足的总需求量所必需的公共支出,是实现充分就业所必不可少的先决条件。汉森认为,必须建立一个既能保护以市场或价格制度为特征的私人企业所有制,又能充分发挥国家对经济的调节和控制作用的新的经济制度,这就是他提出的"两重经济"制度。

根据上述分析,汉森建议美国政府应采取以下三种方法来发挥国家在实现经济稳定和维持充分就业中的作用,即:(1)广泛而灵活的公共支出计划;(2)全面的社会安全制度;(3)所得税基准税率的随时变动。汉森深信,只要充分实行这些方法,商业循环就会从过去由自发力量作用下的最坏状态中摆脱出来,而成为可以管理和易受社会控制的了。也就是说,他深信国家可以左右经济的发展,无政府状态的资本主义可以变为有组织的资本主义。

第三节　新古典综合派的财政思想

凯恩斯的经济理论于20世纪30年代在英国产生后,尽管是合乎当时极端危困萧条的经济形势需要的,但直到二战爆发以后的一段时间内,凯恩斯主义仍在西方经济学界处于"异端"的弱小地位。但大战爆发后,财政大量开支和战时动员使长期无法解决的严重失业问题迎刃而解,印证了凯恩斯的经济理论,其说服力大大增强,并逐渐由"异端"

变成正统，成为西方各国制定经济政策的指导思想和理论依据。在美国，战后政府执行类似于凯恩斯的经济政策，并取得了十余年的经济繁荣，这使得人们对凯恩斯的学说开始重视起来。哈佛大学教授汉森以哈佛政治经济学院为阵地对凯恩斯理论进行宣传并培养了一批凯恩斯主义者，形成了美国凯恩斯学派，其中最典型的是以萨缪尔森为代表的新古典综合派。

一、新古典综合派的形成

战后随着凯恩斯主义的广泛流行，其理论体系上的一些先天不足也逐渐暴露出来，如只有宏观理论，没有微观理论；只有需求理论，没有供给理论；只有短期静态分析，缺乏长期动态分析。而且，凯恩斯主张国家干预经济生活，而传统的经济学则主张自由放任、国家不干预经济生活，这样在西方经济学理论体系内部就产生了干预与反干预两种主张以及由此造成的各种矛盾和不协调。在现实中，由于凯恩斯未曾系统论述的通货膨胀问题开始出现，价格、工资等问题又上升到重要地位，而失业问题不像以前那么突出。因此，为了使应对相对萧条状态的凯恩斯主义能适应战后的相对繁荣状态，消除西方经济学说的内部矛盾和冲突，一些支持凯恩斯经济理论的西方经济学家试图把凯恩斯的宏观经济学和新古典的微观经济学综合在一起，建立起了新古典综合派的理论体系。

早在 1937 年英国经济学家约翰·希克斯提出，后来经汉森发挥而形成的希克斯—汉森模型(IS—LM)，就已经显示出凯恩斯理论与新古典理论相互结合的倾向。后来，汉森的学生萨缪尔森在 1948 年出版了名为《经济学：初步分析》(简称《经济学》)的教科书，对凯恩斯理论和新古典理论进行了综合，这标志着新古典综合理论体系的正式形成。在 1961 年第五版的《经济学》中，萨缪尔森正式把他的理论称为“新古典综合”(New-Classical Synthesis)。后来由于资本主义经济陷于新的“滞胀”困境，凯恩斯主义遭到质疑，新古典综合派也遭到了来自凯恩斯阵营内外的攻击，因此在 1972 年《经济学》第 8 版中，萨缪尔森又用“后凯恩斯主流经济学”(Post-Keynesian Mainstream)代替了“新古典综合”,但其内容基本没有变化。1985年在《经济学》第12版中,他又把“后凯恩斯主流经济学”改名为“现代主流经济学的新综合”,在原有新古典综合的基础上又吸收和容纳了货币主义、供给学派和理性预期学派等非凯恩斯主义的观点和理论,在更广的范围内进行了理论综合。

对于“新古典综合”一词,萨缪尔森在《经济学》第7版中给出了解释:“只要适当地增强财政货币政策就可以使我们的混合经济不会过分的繁荣或萧条,能够达到健全地前进地成长。如果能够理解这个基本点,那么对处理小规模微观经济学的老古典派的原理,认为它缺乏现实妥当性的反论,也就自然会消失了。总之,如果坚持收入决定的现代分析,那么也会确认作为古典派基础的价格原理,所以现在的经济学家被认为是能够填平微观经济学和宏观经济学之间的鸿沟的。”

二、新古典综合派的主要代表人物

保罗·安东尼·萨缪尔森(Paul Anthony Samuelson,1915～)出生于美国印第安纳州的加里城,年仅16岁就进入芝加哥大学学习,四年后获得文学学士学位,1936获得哈佛大学文学硕士学位,1938年获得哈佛大学经济学硕士学位,1941年获得哈佛大学哲学博士学位,其博士论文获哈佛大学的韦尔斯奖。在哈佛毕业前一年被聘为麻省理工学院经济学助理教授,后升任副教授,1947年晋升教授直到现在。他获得过许多荣誉和奖励:1947年获美国经济协会专为40岁以下最有成就的经济学家设置的克拉克奖,1953年任美国经济计量学会会长,1961年任美国经济协会会长,1970年获阿尔伯特·爱因斯坦奖,同年还获得了诺贝尔经济学奖。他还是美国《新闻周刊》的固定撰稿人,并曾任美国资源计划局顾问、战时生产局顾问、美国总统经济顾问委员会成员等。萨缪尔森一生从事经济学的研究,是凯恩斯的忠实追随者,自命为凯恩斯的嫡传弟子,是美国新古典综合派的主要代表人物。他著述极丰,有许多论文和著作,他“甚至在哈佛当研究生时,就已赢得了国际声誉,并对经济理论作出重要贡献”。1947年他发表的《经济分析基础》对凯恩斯《通论》的思想进行了系统的数学表述,同时又加入了自己的一些看法,尽管此文不过是他博士论文的扩展,但却被誉为划时代的数理经济学巨著，使他一举成名，并成为他获诺贝尔奖的依据。而1948年出版的《经济学》更是成为有史以来最受欢迎的教材，是美国和许多西方国家大学经济学科的必修教科书，先后修改再版了16次，并有12种以上的外文译本在世界传播，影响极为广泛。萨缪尔森的其他比较重要的著作和论文还有：《乘数分析和加速原理的联合作用》(1939)、《国际贸易和生产价格的均等》(1948)、《线性规划与经济分析》(1958)、《资本理论的寓言和现实性：代用的生产函数》(1962)、《萨缪尔森的样品》(1973)等。

新古典综合派的其他代表人物还有：詹姆斯·托宾(James Tobin)、罗伯特·索罗(Robert M Solow)、弗兰克·莫迪利安尼(Franco Modigliani)、阿瑟·奥肯(Arthur Okun)、华尔特·海勒(Walter W Heller)、赫伯特·斯坦(Herber Stein)和詹姆斯·杜森贝利(James Duesenberry)等。

三、新古典综合派的基本经济思想

新古典综合派的最大特点就是“综合”，其经济理论充分体现了这一特点，如提出混合经济理论，将新古典学派的微观经济理论与凯恩斯的宏观经济理论相结合，以IS—LM模型将凯恩斯主义和货币主义加以结合，以AD—AS模型将凯恩斯主义、货币主义、供应学派、理性预期学派、新古典学派和自己的宏观经济理论加以综合，提出了将凯恩斯经济论与新古典经济理论相结合的新古典增长模型，等等。

(一)混合经济理论

新古典综合派继承了凯恩斯和汉森关于资本主义经济是一种“混合经济”的理论观点，并以之作为理论分析的制度前提和理论体系的出发点。“混合经济”的基本含义是指政府干预和市场作用交织在一起共同组织生产和消费的经济。“混合经济”的思想在凯恩斯《通论》中已有表述，即“国家之权威与私人之策动力量相互合作”(凯恩斯，《就业、利息和货币通论》，商务印书馆，1977年，第321页)但将其作为一个经济学名词提出来的是汉森，在汉森1941年发表的《财政政策与经济周期》一书中就提出了这一概念。萨缪尔森将混合经济理论作了极为充分的论述。

萨缪尔森在《经济学》一书中，用专门的篇幅阐述了混合经济，在他看来，混合经济就是国家机构和私人机构共同对经济实施控制，也就是政府和私人企业并存，垄断与竞争并存的混合经济制度。这包括两种含义：一是混合经济是指由私营经济和国有经济混合构成的经济；二是混合经济是指垄断和竞争的混合制度，即西方国家经济既不是一个完全竞争的制度，也不是一个完全垄断的制度，而是垄断和竞争交织并存的制度。

根据这种混合经济理论，萨缪尔森一方面肯定自由市场的作用，承认"看不见的手"的效率。他全面重复了马歇尔的"均衡价格论"，提出在现代的混合经济中，经济学的三个基本问题，即生产什么、如何生产和为谁生产的问题主要并不依靠集权的中央法令所决定，而是依靠市场与价格制度来决定。但是，在现实世界中，竞争又是"不完全的"。这是因为：(1)厂商不知道消费者的爱好在何时变动，因此生产的物品不可能完全符合市场需求的状况。(2)许多生产者根本不知道其他生产者所使用的方法，成本不会降低到最低点，加之在竞争中的技术保密，也使得相互间难以了解对方的状况。(3)更重要的是对完全竞争的背离来源于垄断，由于垄断的存在，常常形成错误的价格决定。因此，萨缪尔森认为："一切经济生活都是竞争成分与垄断成分的混合物。通行的方式是不完全竞争(垄断竞争)，而不是完全竞争。社会所能争取的仅仅是最接近于完全竞争的状态。"所以，他强调国家干预的重要性，极力主张加强国家对经济的调节作用。他说，"普遍存在于世界各地的事实是：现代混合经济国家的人民都要求他们的代议制政府采取各种经济政策，来维持高额的就业数量，旺盛的经济增长和稳定的物价水平"。(萨缪尔森，《经济学》，麦格劳一希尔图书公司，1980年英文第11版，第348页)他认为，政府财政收支对经济有着极大调节作用：一是对社会财富进行再分配的作用。"当一个民主社会不赞成在自由放任条件下用货币选票进行分配时，它可以用再分配性质的税收来改正这一情况。公民们通过他们的政府，用政府的支出来补充某些人的实际或货币收入"。二是控制社会经济，促进经济稳定的作用。他认为，"完全不受限制的市场制度可能使某些人缺乏收入以致饿死,而其他的人得到不合适的或过多的收入”。而政府调节经济就可以补充某些人的收入,可以给公民提供医疗和失业津贴。不仅如此,政府还可以提供公共服务。“当人们发现每人都该管的事是没人管的事的时候,政府就出头露面了”。政府投资正和私人投资一样,对于收入具有乘数影响。

然而,对于混合经济能否给资本主义带来永久性的繁荣、能否消除“停滞膨胀”,萨缪尔森本人也没有充分的信心。他说:“混合经济仍然远远不能为这些新的可怕的疾病提供有效的治疗方案。”

(二)收入支出理论

收入支出理论就是关于社会总产量及相应的就业量、总收入(国民收入)水平是由哪些因素决定,以及如何决定的理论。新古典综合派就是以这一理论来对“混合经济”的运行机制进行分析的,并以此为基础,阐述了他们的经济增长理论、经济周期理论、失业与通货膨胀理论,提出了他们的经济政策主张。

新古典综合派的这一理论是在凯恩斯的收入决定论基础上发展起来的,凯恩斯的两部门模型以及汉森对之的发展前面已有提及,在此不再赘述。凯恩斯的模型中所达到的国民收入均衡状态并不一定是理想状态,因为这种自然均衡状态的均衡收入通常是小于充分就业的均衡收入的,因此需要政府进行干预,以实现充分就业均衡。萨缪尔森将政府税收 T 和政府支出 G 引入了收入支出模型,建立了三部门经济模型(居民、厂商、政府):$C+S+T=C+I+G$ 或 $C+S=C+I+(G-T)$。由于政府干预措施的影响程度和效果都不一样,新古典综合派还提出了政府购买乘数、政府转移支付乘数和政府税收乘数的概念。

前述模型都是封闭宏观模型,新古典综合派又引入了对外贸易,将之扩展为开放条件下的国民收入均衡公式,提出了四部门经济模型(居民、厂商、政府、进出口):$C+S+T+M=C+I+G+X$。其中 M 表示进口,X 表示出口。根据新古典综合派的分析,出口的变动对国民收入的影响程度取决于边际进口倾向和对外贸易乘数的大小。

(三)IS—LM 模型

收入支出理论考察的是以利率不变为假定条件的商品市场的均

衡，希克斯和汉森提出的IS—LM模型则将凯恩斯理论体系的四个重要概念消费函数、资本边际效率、灵活偏好和货币数量结合在一起，阐述了投资、储蓄、货币供应量、货币需求量、利率和国民收入等经济变量的相互依存和相互影响的关系及商品市场和货币市场在经济体系中同时达到均衡的条件。但这一模型暗含着的一个前提是不考虑劳动市场的变化，新古典综合派对此进行了修正和发展，把IS—LM模型拓展到劳动市场的均衡分析，将古典的劳动市场模型嫁接到IS—LM模型中，以得出新古典经济学的通过市场调节能实现充分就业均衡的一般结论。

但后来萨缪尔森在其《经济学》第12版中新增了AD—AS模型来代替IS—LM模型作为分析宏观经济重大理论问题的工具，被称为是新古典综合派的第二次综合。

（四）AD—AS模型

IS—LM模型有一个前提就是物价水平固定不变，货币价值的升降与实际价值一致，即名义价值等于实际价值。但在实际生活中，一般物价水平的上涨是经常现象，而且物价水平的变化对劳动力市场也会发生影响。因此，20世纪60年代后，新古典综合派对IS—LM模型作了两项修正，一是把货币供给视为一个内生变量，即可受价格水平左右的变量，这样，IS与LM的交点就会在价格水平影响下左右摆动，从而导出总需求（AD）曲线；二是引入工资水平，以生产函数为中介，建立劳动力市场理论，并由此导出总供给（AS）曲线。将两者结合，就建立起AD—AS模型，又叫收入—价格模型，这一模型既是凯恩斯理论与新古典理论的综合，又是凯恩斯学派与货币学派、理性预期学派、供给学派的大融合。正如萨缪尔森在他的《经济学》第12版中所说："我们采用总供给和总需求（AS—AD）作为了解价格和国民产量全部运动的主要方法。宏观经济学的全部主要问题现在都用这些新工具来进行分析。这样，我们就把各种不同的思想流派——凯恩斯的、古典的、货币主义的、供给学派的、理性预期的和现代主流派的宏观经济学界合成一个整体"（萨缪尔森，《经济学》，麦格劳—希尔图书公司，1985年英文第12版，序言）。

(五)经济周期理论

关于经济周期的概念,萨缪尔森说:"在繁荣之后,可以有恐慌和暴跌,经济扩展让位于衰退,国民收入、就业和生产下降,价格与利润跌落,工人失业。当最终达到最低点以后,复苏开始出现。复苏可以是缓慢的,也可以是快速的。它可以是不完全的,也可以强大到足以导致新的高涨。新的高涨可以表现为长期持续的旺盛的需求、充足的就业机会以及增长的生活标准。它也可以表现为短暂的价格膨胀和投机活动,紧接而至的是又一次灾难性的萧条。简单说来,这就是所谓'经济周期'。"(萨缪尔森,《经济学》上册,商务印书馆,1979 年,第 351 页)可以看出,经济周期呈现出"扩展、高峰、衰退和谷底"四个阶段。

萨缪尔森在汉森的指导下,在 1939 年发表的《乘数分析与加速数原理的相互作用》一文中,将英国经济学家卡恩最早提出、凯恩斯系统论述的乘数原理与法国经济学家阿夫塔里昂最早提出的加速原理结合起来,建立了动态经济模型,通过对政府支出、个人消费和私人投资等主要经济变量相互关系的分析,来说明经济周期性波动的原因和幅度。

在萨缪尔森看来,新古典经济学的资本主义经济本身能够自行调节并趋于均衡的结论是成立的,"在西方世界的每一个地方,政府和中央银行都已经证明:他们能够打胜一场反对持续的萧条的战争,如果人民愿意他们这样做的话。他们有财政政策的武器,也有货币政策的武器来移动决定 GNP 和就业量的各种曲线。正如我们不再消极地忍受疾病一样,我们也不再需要忍受大量失业"。(萨缪尔森,《经济学》,商务印书馆,1970 年第 8 版,第 322 页)但是萨缪尔森认为混合经济仍然会有偶然的衰退,因为投资的波动还会出现,政府支出的变动可以在短时期内对一般经济活动产生不稳定的影响,控制通货膨胀的企图有时也会造成经济活动的下降和迟缓,国际环境也可以产生不利的影响。只不过经济周期波动的程度可以得到控制。所以,即使绝对的增长没有消失,处于潜在的发展趋势之下的迟缓增长也可以被称为衰退。

(六)经济增长理论

20 世纪 40 年代,凯恩斯的追随者、英国经济学家哈罗德(R. F. Harrod,1900～1978)和美国经济学家多马(E. D. Domar,1914～)同时独立地提出了内容基本相同的经济增长理论和模型,西方经济学家把这两个模型统称为“哈罗德—多马模型”,此后各种各样的经济增长理论大都是在这一模型基础上加以修正和扩充而发展起来的。这一模型旨在说明资本主义经济均衡稳定增长的条件和经济波动的原因,但它说明的实现经济均衡增长的途径是极其狭窄的,被称为“刀锋”式的增长途径。但新古典综合派的经济学家们认为,“刀锋”式的经济均衡增长途径是完全可以避免的,提出了新古典经济增长模型。

新古典经济增长模型是由1987年诺贝尔经济学家获得者、美国经济学家索罗和英国经济学家斯旺在1956年分别提出来的。1961年英国经济学家米德在他的《新古典经济增长理论》中对这一模型作了系统的阐述。新古典经济增长理论引进了新古典的微观经济学来补充凯恩斯的宏观经济理论,引进市场调节机制来补充国家干预的经济政策。根据新古典经济增长模型,市场机制的作用可以调节资本和劳动在生产中的配合比例,从而改变资本—产出比率来实现经济的均衡稳定增长。他把资本主义社会描述为一个能够实现充分就业均衡增长的社会,“在这样一种社会中,由于任何从消费中节余下来的储蓄部分都可以转化为资本,所以任何经济增长率都是‘有保证的增长率’。究其原因在于:(1)不存在储蓄与投资相脱节的问题;(2)资本—产出比率不是一个固定不变的常数”(萨缪尔森,《经济学》,麦格劳—希尔图书公司,1980年英文第11版,第702页)。

(七)失业与通货膨胀理论

根据凯恩斯的理论,如果有效需求不足,总需求小于总供给,厂商将缩小生产规模、减少雇佣工人,从而出现经济萧条和失业,此时应增加财政支出、扩大货币供应量,以刺激有效需求;反之,如果总需求大于总供给,有效需求的增加已使经济达到充分就业,生产资源和劳动力都已得到充分利用,此时继续增加货币供应量以致需求过度,就会引起物价同比例上涨,引发通货膨胀,这一理论被西方经济学家称为“需求拉动的通货膨胀”理论。因此,按照上述分析,有效需求不足与过度需求不可能同时发生,通货膨胀与失业也不可能同时发生。但在战后,西方资本主义各国出现了与凯恩斯的理论不符的现象,一方面失业人数有所增加，另一方面，物价也温和地持续上涨。为了解释这种现象，新古典综合派引入了菲利普斯曲线，以弥补凯恩斯理论的不足。

菲利普斯曲线是英国伦敦经济学院教授菲利普斯于1958年在《经济学报》上发表的一篇论文中提出来的，它是以英国1861年～1957年间的统计资料为根据，以数理统计方法估算出来的一条表明货币工资变动率与失业率之间此消彼长、互为替代的逆向变化关系的曲线。1960年萨缪尔森和索罗在《反通货膨胀政策的分析》一文中引用了这一曲线，但以通货膨胀率替代了货币工资率，使菲利普斯曲线成为解释失业率和通货膨胀关系的分析工具。新古典综合派的分析结论是：在劳动生产率一定时，如果货币工资增长率上升并超过劳动生产率，就会导致通货膨胀或物价水平上涨，这种通货膨胀是一种新类型的通货膨胀，萨缪尔森称之为"成本推动的或卖方的通货膨胀"。萨缪尔森和索罗根据美国20世纪60年代以前的统计资料分析得出结论：在美国经济生活中，要满足充分就业（使失业率保持在3%或以下），通货膨胀率就必定要保持在4%～5%的水平。因此，政府在制定政策时可以利用菲利普斯曲线在一定范围内选择社会经济可以接受的通货膨胀与失业率的组合。

但到了20世纪60年代末期，特别是70年代以后，西方经济出现了高通货膨胀率和高失业率的"停滞膨胀"现象，通货膨胀率和失业率不是相互替代而是同时并存，这使得新古典综合派受到了越来越多的批评。而新古典综合派也意识到靠传统的凯恩斯经济理论的需求分析和菲利普斯曲线都无法解释滞胀问题时，他们提出，要以凯恩斯以前的新古典学派的微观经济理论，特别是对生产要素的供给及其价格变动的分析来补充宏观经济理论，从而对70年代以来的现实经济问题作出新的解释。

新古典综合学派从微观经济分析的角度分析滞胀起因，所作出的解释主要有以下三种：

1. 微观经济部门供给的异常变动是滞胀的基本原因，这主要是华尔特·海勒提出的观点。例如，20世纪70年代世界性的石油、粮食供给短缺和价格飞涨，推动了各国通货膨胀日益严重；而一些与石油、农产品相关的部门因生产成本高，产品销路锐减，造成生产收缩，失业增加，通货膨胀与失业同时并存的滞胀困境形成。

2. 微观财政支出结构的变化加剧了滞胀的程度，这是萨缪尔森的观点。他指出，进入70年代后，由于福利国家制度的建立，发达国家政府财政支出中相当大的一部分用于各种福利支出。不同于公共工程的支出，福利支出尽管在一定程度上稳定了总需求，但却使得失业者不急于找工作，自愿性失业人数增加。这样，一方面由于收入扩大，使得经济萧条时期物价居高不下，甚至促进了通货膨胀；另一方面，失业人数也没有减少。所以，大量的福利支出使得"即使发生了经济停滞的情形，失业也不会像在残酷的资本主义制度下那样产生压低物价水平的力量"（萨缪尔森，《经济预测家的理论失去了作用》，载《商业周刊》，1974年6月29日）。

3. 用微观的市场结构变化来解释，这种观点主要是托宾和杜森贝里提出的。根据他们的解释，现代资本主义市场存在着两大垄断力量——大公司和工会组织。这两大力量分别控制了物价和工资，使得物价和工资都具有"刚性"特征，易升不易降。在劳资谈判中，双方都会因强调对方价格上涨而要求提高自己的产品价格，形成你追我赶的所谓"跳跃游戏"，引起工资和物价的螺旋式上升，推进了通货膨胀。而另一方面，劳工市场是一个不完全竞争的市场，根据工人的工种、技术、性别、年龄和居住地区的不同，被划分为许多彼此不能相互替代的市场，因此，常常会出现结构性失业。比如市场需要的是车工，而失业的却是纺织工人，二者不能相互替代，就会出现失业与职位空缺并存的现象。只要存在职位空缺，就会使工资水平上涨，而且强大的工会力量也会使工资水平易升不易降，所以就会出现失业与工资水平上升并存的局面；工资水平上升会推动物价水平上涨，因此，又会转化为失业与通货膨胀并存。

基于这些解释，新古典综合派还提出了治理滞胀的经济政策，将在下文介绍。

四、新古典综合派的财政思想

从上述新古典综合派的经济思想可以看出，其理论分析的制度前提和理论体系的出发点是源于凯恩斯和汉森的“混合经济”理论观点，并且认为国家对经济的干预是必不可少的。这是因为：“看不见的手有时会引导经济走上错误的道路。如前所述，市场经济有时出现市场失灵的情况，例如垄断和外部效果；它们易于遭受重复出现的通货膨胀和失业。最后，市场经济中的收入分配对选民来说是不能接受的。……为了对付看不见的手的机制中的这些缺陷，现代经济是市场和政府税收、支出和调节这只看得见的手的混合体。”（萨缪尔森、诺德豪斯，《经济学》上，第12版，中国发展出版社，1992年，第78页）因此，新古典综合派认为政府应该通过财政政策和货币政策，加强对经济的干预。

（一）政府职能观

除了国防、维持社会治安等职能外，对于政府在经济方面的职能，萨缪尔森总结为：“在包罗万象的政府职能中，政府对于市场经济主要存在三项职能。它们是：提高效率、增进平等以及促进宏观经济的稳定与增长。（1）政府通过促进竞争、控制诸如污染这类外部性问题以及提供公共品等来提高效率。（2）政府通过税收和支出项目等手段，像某些团体进行有倾斜的收入再分配，从而增进平等。（3）政府通过财政政策和货币政策保证宏观经济的稳定和增长——在鼓励经济增长的同时减少失业，降低通货膨胀。”（萨缪尔森、诺德豪斯，《微观经济学》，第16版，华夏出版社、麦格劳希尔出版公司，1999年版，第27页）新古典综合派是通过分析微观经济领域的市场缺陷和宏观经济领域的市场缺陷来说明政府的三大经济职能对现代混合经济是必不可少的，“市场机制在许多领域决定价格和产量，而政府却通过税收、支出方案和规章制度来调节市场。市场和政府这两个部分都是必不可缺的。没有政府和没有市场的经济都是一个巴掌拍不响的经济”（萨缪尔森、诺德豪斯，《经济学》上，第12版，中国发展出版社，1992年，第86～87页）。

（二）财政政策理论

在分析了政府的经济职能之后，新古典经济学派还提出了政府干预经济的两个工具——财政政策和货币政策，并且适应资本主义经济发展的需要，对其财政货币政策理论不断进行改进和补充。

20世纪50年代，新古典综合派主要是接受汉森的观点，主张补偿性的财政货币政策，这种政策的特点就是逆经济风向行事，在经济衰退时采取扩张政策，政府增加预算开支，降低税率，中央银行则增加货币供给量，降低利率，刺激社会总需求，使经济繁荣，以消灭失业；在经济过分膨胀时采取紧缩政策，政府要压缩预算开支，提高税率，中央银行要减少货币供给量，提高利率，抑制过度需求，抑制通货膨胀，实现经济的长期稳定增长。这样的政策主张为20世纪50年代的美国政府所采纳，但还是没能避免经济危机的发生，1953年～1960年间出现了三次经济危机，美国的实际国民生产总值平均增长率约为2.5%，这一时期被人们称为"艾森豪威尔停滞"。

1961年，肯尼迪出任美国总统，任命新古典综合派的经济学家海勒、托宾、奥肯三人为美国总统顾问委员会委员，其中以海勒为顾问委员会主席，另外还聘请萨缪尔森为非正式顾问。为了克服经济增长停滞，托宾、奥肯、海勒等人又提出了"增长性的财政货币政策"，主张即使在经济上升时期，只要实际国民生产总值小于潜在的(即充分就业)国民生产总值，也要奉行扩张性的财政货币政策，人为地刺激总需求，以实现充分就业，促进经济增长。在财政政策方面，要从过分害怕赤字的恐慌中摆脱出来，实行赤字财政。具体政策包括：减税，特别是削减个人所得税(这一政策被肯尼迪和约翰逊所采纳)；实行投资赋税优惠来刺激投资；变更耐用消费品消费税的办法来刺激消费；根据失业的情况决定发放或停止发放联邦失业津贴补助；扩大赤字财政支出等；同时，搭配以膨胀性的货币政策。这样的政策被采纳后，生产和就业得到了恢复和增长，根据1966年美国总统经济报告的估计，截至1965年，由于减税而增加的全部国民总产值约达300亿美元；1965年春，失业率也下降到4.7%。奥肯曾不无得意地说："正是这种积极的策略，才是打开1960年代持续扩张之门的钥匙"(转引自黄范章，《美国经济学家奥肯》，载《世界经济》1981年第10期，第74页)。

但是，由于把赤字财政政策和货币扩张作为常规手段，赤字规模越来越大，最终酿成了美国20世纪60年代末期的停滞膨胀局面，新古典综合派的政策主张受到了经济学各流派的指责。于是，到70年代初，新古典综合派又提出要运用多种政策工具实现多种经济目标，即多种经济政策综合运用的策略。

1.财政政策和货币政策的“松紧搭配”

在滞胀情况下，应根据总的经济形势酌情搭配使用财政政策和货币政策，搭配的形式有：一是用“松的”财政政策(如投资优惠、减税、扩大政府支出等)来鼓励投资，增加就业，同时搭配以“紧的”货币政策(控制货币供给量)以防止因投资需求过旺而引起通货膨胀；二是以松的货币政策(增加货币供给量，降低利息，扩大信贷规模)来刺激投资，增加产量和就业，同时搭配以“紧的”财政政策(缩减政府支出等)来减轻总需求对市场的压力，以稳定物价，防止通货膨胀。

2.财政政策和货币政策的微观化

所谓微观化是指政府针对个别市场和个别部门的具体情况制定区别对待的财政货币经济政策。微观财政政策包括对不同的部门实行不同的征税方法，制定不同的税率，个别调整征税范围，调整财政支出的内部构成以及调整政府对各个不同部门的拨款等；微观货币政策包括规定不同的利率，控制对不同行业的信贷条件和放款量等。这种微观化可以避免宏观经济政策在总量控制过程中给经济带来较大的震动，使政府干预和调节经济生活的措施更为灵活和有效。

3.收入政策和人力政策

新古典综合派提出一些使经济增长不与其他政策目标发生冲突的补充措施，如收入政策、人力政策、浮动汇率政策、能源政策、外贸管制和外汇管制、指导消费等措施。

收入政策又被称为工资—物价管制政策，是指限制各种生产要素的收入增长率，限制大公司对物价的操纵，以避免出现严重的通货膨胀。具体措施有：冻结工资和物价，禁止工资和物价上涨；劳资双方进行协商，共同遵守限制工资收入增长率的措施；实行以税收为基础的收入政策，以增税或减税作为惩罚或奖励来限制工资收入增长率等。

人力政策也叫做劳工市场政策，是针对劳动市场的不完全性，解决失业和职位空缺并存的矛盾，从而增加就业机会的政策。具体措施有：发展劳动密集型企业和部门，为劳动者创造更多的就业机会；由政府直接雇用私人企业不愿雇用的工人和非熟练工人；加强劳工的培养和再训练；指导和协助失业人员寻找工作，增大劳工在地区或职业方面的流动性。

萨缪尔森还指出了财政政策的三大工具："(1)对收入、商品和服务的税收。这些税收减少了私人收入，从而减少了私人的支出(如购买汽车或去餐厅吃饭)，同时为公共支出(购买坦克，在学校提供午餐)提供了来源。税收制度还对某些经济活动(如吸烟)征收更高的税以对其进行抑制，同时鼓励那些征税较轻的部门的发展(如私有住宅)。(2)在某些商品或服务(如，坦克、教育或治安)领域中的开销，以及为个人提供资源的转移支付(像社会保险及医疗保健补贴)。(3)管制或控制措施，用以指导人们从事或减少某些经济活动，比如，对企业污染的限制，确定射频频谱标准，或是强制检验新药安全性等措施"(萨缪尔森、诺德豪斯，《微观经济学》第16版，华夏出版社、麦格劳—希尔出版公司，1999年，第228～229页)。

(三)财政支出理论

新古典综合派指出，在国民收入均衡点与充分就业水平不一致时，财政支出是一项可以选择的主要政策工具。财政支出是决定实际GNP短期变化的一个关键性因素，对产出有着和投资一样的影响，乘数原理和加速原理都是适用的，"政府用于物品和劳务的开支(G)对产出和就业水平有着关键的影响。在凯恩斯模型中，如果G上升，由此而造成的产出水平的提高等于G的上升量乘以开支乘数的数值。因此G有可能成为经济周期中GNP变动的稳定(或不稳定)力量"。(萨缪尔森、诺德豪斯，《经济学》上，第12版，中国发展出版社，1992年，第278页)甚至政府的消费支出即用于支付养老金、社会救济金、社会保险金等方面的转移支付，也是具有乘数效应的"强有力的支出"。

但他们也指出财政支出的使用在实践中并不像在理论中那样直截了当，因为政府的一些公共工程项目从制定到实施需要花费很长的时间，如果衰退期是一年，然后两年持续稳定上升的话，那么当政府的反衰退的公共工程项目在三年后实施时，经济已转入了通货膨胀开始时期，这样，财政支出不仅没有起到经济稳定器的作用，反而成为经济周期的扩大器了。政府扩大支出的公共就业项目或公共服务性就业项目，倒是可以迅速地开始和结束，避免了公共工程项目的缺点，但这些项目往往具有次级的重要性，而且从公共服务性就业工作转向正常工作一直是非常困难的。至于政府的福利开支计划，确实能够起到自动稳定器的作用，虽然增加转移支付是一件容易的事，但在经济景气时期想要削减转移支出却是难上加难，因为有利益刚性的作用，因此政府在后来的衰退中，不得不比以往更加谨慎地斟酌使用转移支付工具。尽管如此，他们还是主张扩大财政支出，但是政府的公共投资支出计划必须根据经济的实际情况进行较长时期的规划，而不能仅仅做一种权宜之计。

新古典综合派还批判了有关赤字会挤出投资的观点，主张推行赤字财政。萨缪尔森认为要区分结构性赤字和周期性赤字，较大的结构性赤字使得利率对此作出反应而上升，造成挤出投资："当由于货币市场的反作用，财政政策的效力减小时，挤出得以出现。结构性赤字的增加(由于减少税收或增加政府开支而引起的)可能导致利息率上升，从而导致较低的投资。因此，被引致出来的CNP增加量中有一部分可以随着较高的赤字挤出投资而被抵消。"(萨缪尔森、诺德豪斯，《经济学》上，第12版，中国发展出版社，1992年，第580页)但是，这种挤出主要是与结构性赤字而不是与周期性赤字有关。萨缪尔森指出，由衰退引起的赤字增加属于周期性赤字，因而挤出逻辑是完全不适用它的。因为经济衰退会引起货币需求的减少，利率不会上升，还是保留在较低的水平，因而是不会造成挤出效应的："必须首先加以强调，挤出是与结构性赤字的影响联系在一起的，而结构性赤字又是由相机抉择G的增加或G的削减而产生的。一般我们没有理由认为：衰退所造成的赤字会提高利息率，从而挤出投资。"(萨缪尔森、诺德豪斯，《经济学》上，第12版，中国发展出版社，1992年，第580～581页)因而，他们主张在经济衰退时要加大政府公共支出规模，实行赤字预算，以使经济尽早地复苏，而当经济复苏时，周期性赤字也会自然消失，私人投资是不会被挤出的。当然，经济繁荣时期也并不意味着不需要赤字预算了，因为繁荣并不等于充分就业,只要还没有达到充分就业,就可以推行赤字预算。

针对"保守主义者"担心政府财政支出不断增长的状况,新古典综合派指出公共选择的结果能保证民主政体的政府所支出的数量基本符合选民们的愿望,并指出了指导政府开支和赤字的两条法则:"第一,税收、开支和赤字的总的平衡应该以控制经济周期的需要为准绳,应以平衡现在和未来的消费愿望为准绳,以及以平衡私人的和公共的需要为准绳。第二,具体的政府方案应该服从严格的成本和收益分析。这两条原则形成方案应该服从严格的成本和收益分析。这两条原则形成关于政府的规模和构成的规范经济理论的核心。"(萨缪尔森、诺德豪斯,《经济学》上,第12版,中国发展出版社,1992年,第588页)

在上述理论的基础上,萨缪尔森提出了一些财政支出政策:(1)政府应扩大耐久性的公共工程项目支出而不是一般性的政府支出,因为前者更能促进经济的增长。(2)对于基础理论和应用科学的研究和开发,政府应给予足够的重视,并给予直接投资或补助金,政府加大在科研领域的支出是十分必要和值得的。(3)政府应重视劳动力资本的教育和培训,劳动力资本与实物资本一样,都能带来可观的收益,但在市场经济条件下,私人经济往往缺乏对劳动力资本的投资,长而久之会影响到劳动生产率,因而这方面的开支需要由政府来加以解决。(4)公民身体健康关系到一个国家劳动力的整体素质,需要由政府支付公民健康调查和管理等方面的支出。(5)对私人投资给予不定期的临时补贴,以减轻私人投资的风险,促进私人投资的积极性。(6)自然环境保护也是政府的一项重要职责,诸如此类的其他各项间接社会资本支出也是十分必要的,政府应加大这方面的财政支出。(7)在经济尚未达到充分就业的状态下,政府的财政支出应有意识的投向社会福利和第三产业方面,实行赤字财政政策,这样可以刺激私人投资的增加,在乘数效应和加速原理的作用下,使国民生产总值成倍增长,劳动力就业大大增加。

在公共产品理论方面,萨缪尔森也作出了相当大的贡献。1954年和1955年萨缪尔森发表了两篇论文:《公共支出纯论》(The Pure Theory of Public Expenditure)、《公共支出论图解》(Diagrammatic Exposition of a Theory of Public Expenditure)。在这两篇论文中,他以崭新的思路分析了公共产品的最佳供应模型，对林达尔模型进行了更新、发展和完善。

首先，他对公共产品作出了定义：每个人对这种产品的消费，并不能减少任何他人对该产品的消费。他还分析了公共产品消费的非排他性(non-excludability)和非对抗性(non-rivalness)问题，指出了个人产品与公共产品在消费量上的不同，即前者的全社会消费总量等于每个个人消费数量之和，而后者的全社会消费总量却与每一个人的消费数量相等。以此为基础，他运用一般均衡方法分析了公共产品最佳供应问题，并相应建立了萨缪尔森模型。

在该模型中，他假定存在一个无所不知的计划者或全知全能者，它指导每一个公共产品的消费者对于公共产品的真实偏好。在既定的资源和技术条件下，这个计划者决定着一组最优解的集合，其中每个解都包含公共产品和个人产品的产量组合，以及个人产品在消费者之间的分割状态。由于该集合中的每个解都反映消费者的不同福利位置，为此应运用一条社会福利函数曲线去确定整个社会唯一的"极乐点"(Bliss Point)。由于每个解都反映公共产品最佳配置的不同位置，并且该解的集合都满足消费上的边际替代率之和等于生产上的边际转移率的条件。这就是他关于公共产品最佳供应的帕累托效率条件，也成为萨缪尔森条件(Samuelson Condition)。它不同于个人产品最佳供应效率条件之处在于，个人产品的最佳解条件是每个消费者的边际替代率都相等，并且等于边际转移率。这样，从根本上看，公共产品是遵循着与个人产品相同的帕累托效率准则的，只不过根据公共产品不同于个人产品的特性作了相应的变动而已。

萨缪尔森认为，货币收入和税收价格的分布状态，对于确定公共产品最佳供应有效解是必需的。他认为，个人偏好虽然应当由投票来揭示，但个人偏好是与个人在既定的货币收入分配基础上的有效需求相一致的。为此，萨缪尔森于1969年将货币收入和税收等因素加入了他的模型之中。但萨缪尔森模型所需要的需求曲线，是通过假设存在一个"无所不知"的万能者来解决的，此时再将货币收入等分配因素列入对偏好真实性考察之中，恰好是对"无所不知"的否定，本身就打乱了该模型的分析前提，因而是不足取的。此外，萨缪尔森模型假设存在掌握消费者真实偏好的无所不知计划者，因此，该模型追求有效解的分析过程，仍然是在撇开偏好的真实性问题的基础上进行的。(张馨，《公共财政论纲》，经济科学出版社，1999 年，第 608～610 页)

(四)财政收入理论

1. 赋税思想

萨缪尔森《经济学》一书中论述的税收理论和政策主要包括的内容有税收性质、税收原则、税收分类、税收归宿、税收影响。

(1)税收性质

萨缪尔森认为税收具有强制性，"税收听起来好像是另一种'价格'。这里，它就是我们为公共品所支付的价格。但税收与价格之间存在着一个重大的差异：税收并不是自愿支付的。每个人都要服从税法，我们都有义务支付一部分公共品的成本。当然，作为公民，通过民主过程，我们既选择了公共品，又选择了为它而负担的税收成本。但是，私人品的支出与消费之间的密切联系并不适用于税收和公共品之间的联系。我购买汉堡包，仅仅是因为我当时需要它；但我却必须支付我的所有税金，以支持国防和公共教育，即使我对这些东西一点也不关心"(萨缪尔森、诺德豪斯，《微观经济学》第 16 版，华夏出版社、麦格劳—希尔出版公司，1999 年，第 29 页)。

他还认为税收是对收入的两次再分配，"在税收中，政府实际上是在决定如何从居民和企业手中取得所需要资源用于公共目标。通过税收筹集来的货币实际上只是一种媒介工具，通过它可以将那些实际的资源由私人品转化为公共品"。(萨缪尔森、诺德豪斯，《微观经济学》第 16 版，华夏出版社、麦格劳—希尔出版公司，1999 年，第 235 页)在这里，萨缪尔森指出了政府税收来自对私人部门的征收，这是税收的第一次再分配；另一方面，他认为，政府取得的税收主要用于转移支出，这是第二次再分配。

(2)税收原则

萨缪尔森提出了帮助建立一种公平而有效的税收制度的两个主要原则：(1)受益原则，这个原则认为对不同个人征收的税应与它们从政府计划中得到的利益成正比。(2)支付能力原则,这个原则认为人们纳税的数额应与其收入或财富相对应,财富或收入越多,所纳的税就应当越高。他还举例说,若建造一座新桥的资金要靠过桥费来偿付,则体现的就是受益原则,因为只在使用时才为之支付;但若建桥资金来自所得税,则就是应用支付能力原则的例子。

但在萨缪尔森看来,不管按哪种原则进行组织,税收体系都应该体现公平合理的原则。公平原则分为横向公平和纵向公平两个原则,前者是指收入相同的人应缴纳相同的税;后者是关于如何确定不同收入水平的人们的纳税待遇,这是一个有争议的原则,里根减税是因为他认为高税收对那些努力工作和为将来储蓄的人是不公平的,但10年后克林顿说:"现在我们新增税额的80%以上是由年收入200000美元以上的人承担的。在这种税收模式中我们会得到真正的公平。"可见,在某些人看来很公平的做法,在另外一些人看来可能就很不公平(萨缪尔森、诺德豪斯,《微观经济学》第16版,华夏出版社、麦格劳-希尔出版公司,1999年,第235页)。

(3)税收分类

①累进税和累退税

这两种税的划分标准,是依据对不同收入者的征税比例,"税收被称为比例的、累进的还是累退的,取决于它从高收入者那里征税额占收入的比例是等于、大于或小于它从低收入者那里的征税额占其收入的比例"。(萨缪尔森、诺德豪斯,《微观经济学》第16版,华夏出版社、麦格劳-希尔出版公司,1999年,第236页)按照这种标准,比例税是每个人都按同一比例纳税;累进税是使高收入者按比低收入者收入的较大比例来纳税;累退税则是低收入者按比高收入者收入的较大比例纳税。萨缪尔森认为个人所得税肯定是累进税;销售税大部分是累退税,但对高档消费品征收的则是累进税;遗产税即使是按比例课征,也极有可能是累进的。

②直接税和间接税

这两种税的划分,是看税收对人们的影响如何。间接税是对商品和服务征收的,所以是"间接地"对个人征收。例如货物税、销售税、烟草税、汽油税、进口关税以及财产税等。间接税的优点是征收费用比较便宜,管理也比较容易,因为可以在零售和批发环节上征收。而直接税是直接对个人或企业征收的。例如个人所得税、社会保险、其他工薪税以及遗产税、赠与税。直接税的优点是更容易进行调整,以适应不同人的不同情况,如家庭规模、收入、年龄和一般支付能力等。

萨缪尔森还考察了美国联邦和州税收体系的组织原则,对主要税种进行了分析。

(4)税收归宿

萨缪尔森很重视税收归宿问题,赋税的归宿就是它最终由谁分担以及它对价格和其他经济范畴总的影响。不能假定那些向政府纳税的个人或企业就一定是这些税款的最终出资者,它有可能把该税转嫁出去。根据税的大小而提高他的价格,从而"向前"转嫁给产品的消费者身上;或者,"向后"转嫁给要素的供应者(劳动、土地和其他要素的所有者)身上。萨缪尔森对此进行了分析:"供求的相对弹性是决定税赋归宿的关键因素。如果需求相对于供给缺乏弹性,……则税收的负担大部分转嫁给了消费者;相反,如果供给相对于需求缺乏弹性,……则税赋大部分转嫁给了供给者。下面是税赋归宿的一般原理:税赋归宿取决于供求均衡时税收对价格和数量的影响。更一般地说,税收归宿取决于供给和需求的相对弹性。如果需求相对于供给缺乏弹性,税收向前转嫁于消费者;如果供给相对于需求缺乏弹性,税收则向后转嫁于生产者"(萨缪尔森、诺德豪斯,《微观经济学》第16版,华夏出版社、麦格劳－希尔出版公司,1999年,第56页)。

他认为,税收归宿的影响会扩及整个经济,使分析变得复杂,有时需要采用一般均衡的分析方法。他说:"我们想做的概念上的实验是:首先衡量没有税收和转移支付时的收入;然后衡量由税收和转移支付时的收入;最后将这两种情况的差额计为财政归宿。"(萨缪尔森、诺德豪斯,《微观经济学》第16版,华夏出版社、麦格劳－希尔出版公司,1999年,第240页)财政归宿考察税收和支出计划对国民收入的影响,关心的是政府计划总的累进或累退的程度。

(5)税收影响

新古典综合派认为,税收会对经济产生很重要的影响:

一是在劳动供给领域,税率对于工作实践的影响是不明确的,因为工资变化的收入效应和替代效应的作用方向是相反的。由于所得税是累进的,有些人会选择更多的闲暇而不是工作,另外的一些人则会更加努力地工作来赚取更多的钱。

二是在储蓄和投资领域,税收显然对经济活动有很大影响。当一个部门的税收很高时,资源就会流向征税较轻的领域。因此,效率不仅来自税收的存在,也来自税收在各个部门之间的分布。

对于消费和国民收入,萨缪尔森认为,税收对消费的影响是巨大的,政府增加税收,使得人们的实际可支配收入将降低,而可支配收入的降低又使人们减少消费支出。他分析指出,消费支出的减少必然使消费曲线下移,较低的消费曲线自然相交于较低的国民收入曲线,导致国民生产总值的减少。其结论是,税收的增加对消费产生不利影响,进而导致国民收入下降。

税收还具有宏观调节作用,主要表现在两个方面,一是税收具有自动的内在稳定作用,税收制度是一个有力的和作用迅速的内在稳定器。这种内在稳定器具有一定程度的"自动伸缩性":税收在通货膨胀时期趋于上升,而在经济萧条时期趋于下降。这是稳定经济活动和减轻经济周期被动的一个有力因素。这种自动伸缩的内在稳定器作用,是税收本身具有的,它无须任何外界作用即可在一定程度上发挥,从而自动对经济波动作一定调整。另一方面,税收的这种内在稳定器还不足以完全消除经济波动,还需要运用税收手段进行政府干预调节,需要政府根据不同的情况"斟酌使用"税收政策,通过税率的调整有针对性地"熨平"经济波动,使经济保持稳定的增长。

2. 公债理论

新古典综合派对于扩张性财政政策极为重视,主张不仅在经济萧条时期推行扩张性的财政政策,即使在经济回升期,只要实际的国民生产总值小于潜在的国民生产总值,也要通过赤字财政政策刺激总需求,使实际的国民生产总值等于潜在的国民生产总值,从而实现充分就业,促进经济增长。这其中,公债被视为国家执行其财政政策以稳定经济的一个有力武器。萨缪尔森说:“如果像某些人所相信的那样,我们处于‘长期停滞’,私人储蓄与投资常常造成通货收缩的缺口,那么,只有使公债长期增加才能维持稳定的高度就业”。“大量的公债给‘联邦’提供大面积的回旋余地来从事大规模的公开市场业务,以便稳定经济。”(萨缪尔森、诺德豪斯,《经济学》上,第12版,中国发展出版社,1992年,第588、591页)他认为,私人债务和公共债务不同,公债虽然也有一些实质性负担,但它毕竟与私人债务构成沉重负担不同,持有公债会使一般人感到较为富有,从而提高人们的消费倾向。对于一个运转失常的经济制度,这会增加消费和投资,从而有助于减少失业。因此,政府可以灵活运用公债政策为经济发展服务。

对于公债的负担问题,萨缪尔森通过区分内债和外债来进行分析:外债涉及了从本国人民所能得到的物品和劳务中纯粹减掉一些东西,将之送到国外去支付债务的利息,从而减少了本国的国民收入,因而是一种真正的负担。而内债则是本国政府欠本国居民的,情况有所不同。当政府募集公债用于投资,增加了资本品的总量时,这种公债就不会造成负担;但是当公债不是用于投资时,它还是有可能造成负担的。

萨缪尔森分析了公债所造成的资本替代问题,他指出,大量公债的最为严重的后果是公债代替了一国财产存量中的资本而引起的。资产可分作两类:一类是政府债券,另一类是那些最终代表对私人有形资本、土地和类似项目的所有权的资产。随着政府债务的增加,人们对其他资产的持有量必然会减少。也就是说,私人资本可以被政府债务所取代。但是,这种代替可能是部分的代替,所代替的确切的数量将取决于生产情况和家庭的储蓄行为。由于厂商的投资、生产与家庭储蓄行为受到利率影响的程度不同,造成公债的增加引起公共部门与私人部门对资本的竞争,利率上升,并使经济产出量减少。至于公债的替代效应实际上到底有多大,萨缪尔森认为经济学者并不具有关于替代效应的确切知识,至少在目前还是一个悬而未决的问题。他还指出,人们对债务所持的态度包含大量的感情成分,这是不得不加以注意的。当债务增加引起人们的恐慌时,即使债务增加还在人们的承受能力之内,但情绪上的悲观主义导致将来实际利率上升带来的负效应更为严重。如美国 20 世纪 80 年代对政府赤字的担忧是早期赤字膨胀的结果，这种担忧影响了经济。人们合乎理性地或非理性地预期未来的巨额赤字，促使未来的利息率上升。而悲观主义对 80 年代中期的高实际利率起促进作用。总之，萨缪尔森虽然认为应考虑公债的真正负担，如外债、税收所造成的效率损失和资本替代等问题，但是不必过于夸大这些负面效应，“国家失去偿还能力或金融崩溃的幽灵对于 80 年代的美国来说并不是一个真正的问题。”（萨缪尔森、诺德豪斯，《经济学》上，第 12 版，中国发展出版社，1992 年，第 598 页）他对于政府利用公债来调控宏观经济是表示赞同和支持的。

第四节　新剑桥学派的财政思想

一、新剑桥学派的形成

第二次世界大战结束后，在对凯恩斯的理论进行补充和发展的过程中，属于凯恩斯主义的经济学家分裂成了两个尖锐对立的主要流派，一派是在美国马萨诸塞州剑桥市的麻省理工学院，以萨缪尔森、索罗和托宾等人为代表的“新古典综合派”，其理论观点在前一节我们已经详细的介绍；另一派则是在凯恩斯主义的发源地英国伦敦的剑桥，以凯恩斯的学生琼·罗宾逊夫人、斯拉法、卡尔多等人为代表的“新剑桥学派”，他们的理论与以前剑桥学派的马歇尔等人的观点是完全对立的，他们以代表“正统”凯恩斯经济学自居，认为新古典综合派是“冒牌的”或“异端的”凯恩斯主义，并与新古典综合派进行长达十年的论战，这就是著名的“两个剑桥之争”。尽管同属于后凯恩斯经济学，但这“两个剑桥”在一系列理论问题和政策主张上都存在严重分歧，比如，在分析方法上，新古典综合派接受了马歇尔的均衡观念和瓦尔拉的一般均衡观念；而新剑桥学派则强调社会历史因素分析。在何为凯恩斯经济理论核心的问题上，新古典综合派认为是收入—支出理论；而新剑桥学派认为是《通论》的社会哲学结论。在均衡增长问题上，新古典综合派特别强调均衡及其稳定性，认为通过市场竞争和价格机制就可以达到均衡；而新剑桥学派则认为由于“未来的不确定性”，资本主义经济不可能实现稳定性的增长，因而均衡增长是不现实的。在储蓄与投资的关系上，萨缪尔森和托宾等人认为是“储蓄支配投资”；而罗宾逊夫人则坚持凯恩斯的“投资支配储蓄”观点。在“滞胀”问题上，新古典综合派是以菲利普斯曲线来说明的；而罗宾逊夫人则坚持物价水平取决于货币工资率的观点，认为收入分配不均是“滞胀”的根本原因，而菲利普斯曲线不过是“经济计量学家玩弄的魔术”罢了。在什么是凯恩斯宏观经济理论的微观经济分析基础上，新古典综合派认为是以马歇尔为代表的新古典主义学派的微观经济学；而新剑桥学派则认为应该研究价值理论和分配理论，使宏观经济学具有微观经济学基础。在分配理论上，新古典综合派坚持边际生产力论；而新剑桥学派则坚持投资支出对国民收入如何在利润和工资间分配起决定作用。在政策主张和目标上，新古典综合派主张相机抉择的财政货币政策，并辅之以收入和人力政策，以实现经济稳定增长的目标；新剑桥学派则根据国民收入分配的不合理状况，主张利用税收、福利和就业等各种政策，实现国民收入分配均等化目标，等等。新剑桥学派其实就是在与新古典综合派的论战过程中形成的。

新剑桥学派的理论基础是凯恩斯的经济理论，他们师承了凯恩斯的投资—需求分析，强调投资对就业和国民收入水平的决定作用以及“不确定性”对经济活动的重要影响，坚持凯恩斯的有效需求不足等。他们非常推崇凯恩斯在《通论》第 24 章中关于社会哲学的论述，认为资本主义社会的财富和收入分配的不均等、不合理以及资本主义社会可以和平过渡到没有食利者阶层的新阶段。

波兰经济学家米哈尔·卡莱茨基(Michal Kalecki)的理论也是新剑桥学派的重要理论渊源。卡莱茨基于 1933 年以波兰文出版了《经济周期论文集》一书，提出了几乎与凯恩斯有效需求原理相同的资本主义经济周期性波动的理论，他把社会分为两大阶级、国民生产分为两大部类的分析引入资本主义经济活动的分析，还把不完全竞争、垄断价格等因素的作用引进国民收入决定理论，强调投资对国民收入变动和分配的影响，这些对新剑桥学派的形成起了一定的作用。如艾尔弗雷德・S. 艾克纳(Alfred S. Eichner)所说："很难说在后来的四十年里，谁对后凯恩斯理论的发展起了更大的影响，是凯恩斯自己还是卡莱茨基。他们一起代表着古典凯恩斯主义中两股不同的来源——一股来自凯恩斯的货币观点，另一股来自卡莱茨基的实际部门的分析。具有讽刺意味的是，卡莱茨基的真正的部门分析变成了剑桥大学后来工作的基础……。"(艾克纳，《后凯恩斯理论：导论》，载《挑战》1978 年 5～6 月号，第 6 页)罗宾逊夫人也说："卡莱茨基的论述在某些方面是比凯恩斯的《通论》更为真正的'通论'"(琼・罗宾逊，《经济理论的第二次危机》，载《现代国外经济学论文选》第一辑，商务印书馆，1979 年，第 7 页)。

长期在剑桥大学工作的意大利经济学家斯拉法(Piero Sraffa，1898～1983)对新剑桥学派的理论也具有重大影响。他在 1960 年出版的近 30 年的研究成果《用商品生产商品》一书，为新剑桥学派提供了微观经济理论基础。他以精练的文字，严谨的逻辑重新恢复了李嘉图的价值理论和分配理论，新剑桥学派宣称要通过他的理论体系回到李嘉图古典经济学的传统，"重建政治经济学"。所以，新剑桥学派也被人称为"新李嘉图主义"。

二、新剑桥学派的代表人物

琼・罗宾逊(Joan Robinson，1903～1983)是新剑桥学派最有影响的经济学家。她 1903 年出生于英格兰坎伯利的一个军官家庭，她的父亲原来曾享有爵士称号，后因在第一次世界大战中批评了英国政府的政策而被撤销爵位。1922 年她进入剑桥大学的格顿学院攻读经济学，1925 年以优异成绩毕业并获得学士学位，次年与当时剑桥大学讲师、同是当代著名经济学家奥斯汀・罗宾逊结婚，之后去了印度。1929 年她返回剑桥大学任教，1937 年升任讲师，1949 年成为高级讲师，1958 年被选为英国皇家学院院士，1965 年被聘为剑桥大学的政治经济学教授(这是马歇尔与庇古曾经拥有的头衔，是一个西方经济学者所能达到的最高地位)。罗宾逊夫人早年是马歇尔的学生，也是凯恩斯的学生。她在 20 世纪的 20 年代曾是马歇尔的积极支持者，1933 年她发表了《不完全竞争经济学》,该书补充了传统的市场理论,使罗宾逊夫人闻名于西方经济学界。在凯恩斯的《通论》发表后,她转而追随凯恩斯,成为凯恩斯经济学说积极的倡导者与推行者。1956年,她出版了《资本积累论》一书,将古典价值理论和凯恩斯的储蓄—投资理论相结合,建立起自己的经济增长模型。1973年她与约翰伊特韦尔合著出版的《现代经济学导论》是按新剑桥学派观点系统阐述现代经济理论的入门书。她的主要著作还有:《论马克思主义经济学》(1942)、《经济增长论文集》(1962)、《经济哲学》(1963)、《经济学的异端》(1971)、《经济论文集》(四卷,1951~1973)、《就业理论引导》(1973)等。罗宾逊夫人还是西方少数对马克思主义经济学颇有研究的经济学家之一,在她晚年的研究生涯中,曾试图将马克思、凯恩斯和李嘉图的经济理论结合在一起,形成一套新的经济学理论,当然这是不可能实现的。她的理论发展过程,是从自由竞争均衡发展到不完全竞争,再到凯恩斯的宏观分析,又到对凯恩斯体系缺陷的弥补,并部分地接受马克思经济理论,这种变化在正统经济学家中是很少见的。琼·罗宾逊一生对西方经济学理论作出了积极贡献,并是一个倡导和平主义者,在经济学界赢得尊敬。就连她在理论方面的争执对手萨缪尔逊,也对她未能获得诺贝尔经济学奖感到难以理解和遗憾。

尼古拉斯·卡尔多(Nicholas Kaldor,1908~1986)是新剑桥学派另一位代表人物,这位英籍匈牙利经济学家被认为是经济学界少见的"双料人才",既是新剑桥学派的代表人物,又是新福利经济学的代表人物;既是一流的经济理论家,又是杰出的政治活动家。他1908年出生于布达佩斯,1930年毕业于英国伦敦经济学院学,1932年~1947年留校任教,1947年任联合国欧洲经济委员会研究及计划小组组长,后又作为联合国充分就业国际衡量专家组成员,参与撰写很有影响的联合国报告《关于充分就业的国内和国际衡量》。1949年返回英国在剑桥大学执教,1966年升任教授,1975年退休。其间曾两度任英国财政部部长特别顾问,并先后担任墨西哥、土耳其等多个国家的政府经济顾问。为表彰他的成就和贡献,1974年他被授予终身爵位。

卡尔多的经济理论研究领域很广,从福利经济学到资本理论、经济周期理论和经济增长理论，几乎无所不包；经济学应用方面，从货币政策税收政策到贸易政策，他无不涉猎。他早年着重研究福利经济学，于1939年发表《经济学的福利命题和个人之间的效用比较》一文，提出了著名的“补偿原理”，被看成是新福利经济学派的重要人物。战后转为研究凯恩斯经济学，在发展凯恩斯理论方面作出了重要贡献。1950年发表了《几种不同的分配理论》，力图把经济增长理论与收入分配理论结合起来，并提出了自己的增长模型，将凯恩斯理论长期化、动态化。1956年发表的《可选择的分配理论》，同琼·罗宾逊的《资本积累》一书，一起被认为是新剑桥学派的重要标志。一些西方学者认为卡尔多一生著述很多，虽然他只写了《支出税》和《货币主义的灾难》两本专著，但他的论文、报告等文章的数量却极惊人，他的《经济论文集》已达8卷之多，而且可说是篇篇精彩。他的著作风格具有清楚、明晰、严谨的特点。

三、新剑桥学派的基本经济思想

1. 价值论与分配论

新剑桥学派的经济学家认为，分配论是价值论的引申，为了建立客观的价值理论，就必须批判边际效用学派的主观价值论，恢复到古典经济学的传统，从李嘉图的劳动价值论出发进行研究。琼·罗宾逊认为，斯拉法的《用商品生产商品》一书，为新剑桥学派的收入分配理论提供了一个价值论基础。

李嘉图的经济理论是以分配问题为研究中心的，由于他坚持劳动价值论，因而无法解释劳动时间决定商品价值量的法则与等量资本得到等量利润这一资本主义经济现象的矛盾。为解决这一理论难题，李嘉图花费了毕生的精力力图寻找一种“不变价值尺度”——这种商品的价值在投入劳动量不变的条件下不会随着工资和利润分配份额的变化而变动。斯拉法在《用商品生产商品》一书中，通过建立一套由合成商品组成的“标准体系”，解决了李嘉图遗留下来的理论难题。斯拉法的分析说明了剩余（国民收入）的生产和商品价值（或生产价格）的形成是由物质生产条件决定的，是一个客观的过程；而剩余的分配则是与社会制度因素和生产关系有关的过程，涉及阶级之间的利益关系。斯拉法明确指出:“我现在发表的这套命题有一个特征,虽然它没有对价值和分配的边际学说进行任何讨论,它们仍旧是为了作为批判那一学说的基础而设计的。”① 新剑桥学派正是以斯拉法理论为基础,批判了新古典综合的理论观点,提出了自己的价值论和分配论。

新剑桥学派认为,斯拉法的理论坚持了自重农学派创立者魁奈以来的,并为李嘉图和马克思所继承和发展的古典经济学的分析方法,把资本主义生产看作是一个循环往复的再生产过程,拒绝了新古典学派(新古典综合派亦持有)的把生产看作是一种从“生产要素”的使用开始到消费者“偏好”得到满足而结束的“单行道”观点。在价值论和分配论方面,斯拉法抛弃了把主客观因素混淆在一起的供求论,根据物质生产条件和社会制度因素来解释价值的形成和收入分配的决定。新剑桥学派据此提出,在资本主义经济制度下,国民收入的分配中,工资和利润是对立的。收入分配结局的形成与历史上形成的财产占有制度有关,也与劳动市场的历史条件有关,在研究收入分配问题时,决不能撇开所有权因素和历史因素对分配的影响。工资可以划分为货币工资和实际工资,前者受到一国历史上形成的工资水平、国内劳资双方议价的力量对比等因素的影响,后者则与利润率、商品和货币流量以及收入分配构成有关。在斯拉法的生产方程中,国民收入是由年投入劳动量生产的,由此可见,利润作为国民收入的一部分是资本占有者凭借其财产占有权而取得的非劳动收入。

在此基础上,新剑桥学派批判了新古典综合派的边际生产力分配理论。这一理论认为,工资和利息(利润)各自取决于劳动和资本的边际产量。以新古典综合派常用的“柯布－道格拉斯生产函数”为例,该生产函数的形式是 $Y=AL^{\alpha}K^{1-\alpha}$,由于生产函数服从边际收益递减律,分别对 L 和 K 求 Y 的偏导数,得出:

$$\begin{cases}\partial Y/\partial L=\alpha(Y/L)\\ \partial Y/\partial K=(1-\alpha)(Y/K)\end{cases}\tag{6.1}$$

公式(6.1)表明,劳动力和资本的边际产量决定了工资和利润在国

① 斯拉法,《用商品生产商品》,剑桥大学出版社,1963年,第6页。

民收入中的分配份额。

新剑桥学派认为,新古典综合派的边际生产力分配论是完全错误的:其一,新古典综合派企图不考虑社会制度因素,只从生产的技术条件方面来解释收入分配方式,把现行制度中的工资和利润分配格局看成是公平合理的,这一理论不仅不能说明资本主义经济中收入分配的实际状况,而且歪曲了真实的状况。其二,按照新古典综合派的边际生产力分配论,必须先依照一定的价值(或价格)计算出各种异质资本品的价值(或价格)总量,然后才能计算出资本的边际产量的价值(或价格),再得出利润率和利润额;而斯拉法的生产方程体系已经证明,计算资本总量必须以一定的收入分配条件(即利润率与工资的确定)为前提,因此,边际生产力分配论在逻辑上是一种循环论证。琼·罗宾逊曾指出:"资本概念本身意义含混……这一错误使得新古典学派(指新古典综合经济学——引文者注)的主要部分是不合逻辑的。"①

2.经济增长理论

新剑桥学派的经济增长模型,也是在哈罗德一多玛经济增长模型上发展起来的,其主要倡导者是琼·罗宾逊、卡尔多和帕西内蒂。新剑桥学派经济增长理论的一个最重要的特点是把经济增长同收入分配问题结合起来考察,一方面阐述如何通过收入分配的变化来实现经济的稳定增长,另一方面说明在经济增长过程中收入分配变化的趋势。

琼·罗宾逊和卡尔多是新剑桥学派经济增长理论的奠基者,1956年,他们分别在自己的著作和文章中提出了各自的经济增长模型。首先我们来考察卡尔多的增长模型。

在卡尔多的模型中,经济增长速度和收入分配是具有相互内在联系的范畴。卡尔多认为,既然社会的收入是在各个阶级之间分配的,其中每一个阶级都有自己的固定不变的储蓄倾向,那么,收入分配中利润和工资的比例关系就直接影响到整个社会的储蓄水平,从而决定了积累率和经济增长速度。另一方面,要达到一定的经济增长速度,就要有

---

① 琼·罗宾逊,《生产函数和资本理论》,载《经济学论文选集》第2卷,麻省理工学院出版社,第114页。

一定的积累率，从而也要有相应的收入分配的比例关系。因此，经济增长速度和积累率也是影响国民收入分配的重要因素。上述关系可以用下面一组方程式来加以说明：

$$Y=W+P \tag{6.2}$$

$$S=s_pP+s_wW=I \tag{6.3}$$

将(2.7)变形为 $W=Y-P$，代入(2.8)，则有：

$$s_pP+s_w(Y-P)=I \tag{6.4}$$

将(2.9)移项整理后，可写成下列形式：

$$P/Y=(1/(s_p-s_w))\cdot(I/Y)-s_w/(s_p-s_w) \tag{6.5}$$

上述方程组中，Y 为国民收入；W 为工资总额(劳动者收入)；P 为利润总额(财产收入)；S 为储蓄总额；s_w 为工资总额中储蓄所占比例(劳动者的储蓄倾向)；s_p 为利润总额中储蓄所占比例(财产所有者的储蓄倾向)；I 为投资总量。

在卡尔多模型中，收入分配和资本积累是直接相关的，当 s_p 和 s_w 既定时，资本积累率(I/Y)直接影响着利润在国民收入中的份额(P/Y)，也可以说，投资量直接决定着利润量的大小，卡尔多运用这一模型所反映的各经济变量相互之间的关系阐明了经济增长理论中的两个基本问题：经济均衡增长的条件和决定经济增长率的各种因素。

关于经济均衡增长的条件，卡尔多认为，只要把 $s_p>s_w$ 这一限制条件作为收入分配机制运用到经济增长模型中去，那么，经济均衡增长不仅是存在的，而且是稳定的。卡尔多确信，在实现经济生活中，S 同 I 的任何偏离都会引起国民收入分配的变化，以致使得 S 适应于 I。例如，在充分就业条件下增加投资并导致社会总需求的普遍增加，将会产生的后果是价格上涨超过工资提高的速度，因此，收入分配的变化有利于利润的增加和降低工资在国民收入中的份额；由于 $s_p>s_w$，结果收入分配的变化使社会总储蓄额增加，S 与 I 恢复均衡。假定出现相反的情形，投资和社会总需求趋于全面缩减，则价格的下跌会快于货币工资下降的速度，收入分配变化将有利于劳动者，出于 $s_w<s_p$，结果社会总储蓄额将会相应减少，使得 S 与 I 恢复均衡。这种通过国民收入分配变化来调整储蓄，使之适应于投资的分配机制的作用，在西方经济学文献

中，通常被称为“卡尔多效应”。据此，卡尔多断言，在短期内，国民收入分配是投资和总需求及相对价格变动的函数。

在分析长期经济增长的因素时，国民收入分配也是一个非常重要的因素，因为它直接影响到积累率的大小。在公式(6.5)中，若 s_w 和 s_p 既定(同时资本一产出系数也既定)，积累率的任何上升(也就意味着国民收入增长率的上升)，必然要求利润在国民收入中的份额增大，反之亦然。卡尔多将式中含有的 $1/(s_p-s_w)$ 这一系数，称为“收入分配的灵敏度系数”，因为它表明了积累率的变化对利润在国民收入中所占比重的影响。s_p-s_w 之间的差额越大，积累率变化对利润份额的影响就越小；s_p-s_w 的差额越小，此种影响就越大。同样，假定积累率是既定的，那么收入分配的变化将取决于资本家和劳动者各自的储蓄倾向，当 s_w 不变时，s_p 愈小，P/Y 值愈大。也就是说，资本家(财产占有者)储蓄的愈少，消费的愈多，利润在国家收入中的份额愈大。这也证实了新剑桥学派信奉的卡莱茨基的名言：资本家所得到的也就是他所花费的。

卡尔多经济增长模型表明，资本主义经济中经济增长问题和收入分配问题是密切相关的。经济要按照充分就业均衡道路增长，势必涉及收入分配问题。由于社会各阶级的储蓄倾向是不相同的，因此，收入分配将要精确规定利润和工资在国民收入中的相对份额，以保证一定社会积累率的实现；并且当在经济增长过程中发生波动时，分配份额的改变是保证经济稳定增长的必不可少的条件。

如果将卡尔多模型中的(6.4)写成 $S=s_pP+s_w(Y-P)$，并使式子两端同除以 Y，则得到全社会储蓄率 s(=S/P)的公式：

$$s(=S/Y)=(P/Y)(s_p-s_w)+s_w \tag{6.6}$$

将(2.11)代入哈罗德经济增长模型，得到：

$$G_w=s/V=(P/Y)(s_p-s_w)(1/V)+(s_w/V) \tag{6.7}$$

由于 V=K/Y，代入上式后，则有：

$$\begin{aligned} Gw &=(P/Y)(s_p-s_w)Y/K+(s_w/V) \\ &=(P/K)(s_p-s_w)+(s_w/V) \\ &=p(s_p-s_w)+(s_w/V) \end{aligned} \tag{6.8}$$

(p 为利润率，等于 P/K)

假定自然增长率(G_n)等于6%、$V=3$;$s_p=0.3$,$s_w=0.05$;若利润在国民收入中的比例(P/Y)为0.4,则将上述数字代入(6.7),可算出有保证的增长率(G_w)等于5%,$G_w<G_n$,不能保持经济沿着充分就业均衡道路增长。在这种情况下,如果将利润在国民收入中的比例调整到0.6,同时假定s_p与s_w不变,即可改变全社会的储蓄率(从收入分配变化前的15%提高到20%),从而使得$G_w=G_n$。

琼·罗宾逊的经济增长模型与卡尔多的模型略有不同,她力图根据由社会生产的两大部类即生产资料生产和消费品生产之间在技术经济上的相互联系,引出与经济增长和收入分配有关的主要经济变量的关系。她运用了两大部类和两大阶级收入的分析模型,把生产部门划分为投资品(生产资料)和消费品(消费资料)两大部类,把总收入分为利润和工资两大部分。按照她的分析,工人将其所有收入(工资总额W)用于消费(C),资本家将其所有收入(利润总额P)用于投资(I),这时,工人的收入等于消费品的总价格,资本家的利润等于投资品的总价格,国民收入中利润和工资的相对份额,等于消费品的总价格与投资品的总价格之比。如果根据凯恩斯的储蓄等于投资的假定,P=S=I,则有下列方程:

$$Y=W+P=W+S=W+I \tag{6.9}$$

如果加进对资本存量(K)的考察,那么,利润率(π)就等于资本积累率(g),公式表示为:

$$\pi=P/K=g=I/K \tag{6.10}$$

倘若取消资本家将其全部收入都用于投资的假定,这时利润总额中有一部分被用作资本家的消费,其余部分则是可用作投资的储蓄总额。用s_p表示资本家的储蓄倾向(储蓄总额占利润总额的比重),则利润、储蓄和投资三者间的关系为:

$$s_p \cdot P=S=I \quad \text{或} \quad P=I/S_p \tag{6.11}$$

把(2.16)代入(2.15),得到:

$$\pi=P/K=(I/K)\cdot(1/s_p)=g/s_p \tag{6.12}$$

在技术进步的假定下(即假定技术进步并不引起资本和劳动在产品价值构成中的相对份额),资本价值对产量的比例在经济增长过程中保持不变，因而，资本增长率（积累率 I/K）也就等于整个经济增长率(g)。

根据上述公式所揭示的关系，在资本家储蓄倾向一定的情况下，利润率与积累率（从而经济增长率）有一种互相制约的关系，即一定的利润率产生于一定的积累率（或增长率），而一定的积累率（或增长率）又必须以一定的利润率水平为前提，两者呈正比变化。按照琼·罗宾逊的经济增长理论，资本主义经济要稳定地、均衡地发展，必须满足下列条件：技术进步稳定而没有偏向，市场竞争机制充分发挥作用，积累率与劳动人口增长率以相同的比率稳定增长，利润率长期不变，实际工资水平随人均产量上升而提高，资本家对投资的未来收益有足够的信心，投资以每年相同比率增加。在这种情况下，年产量（国民收入）同资本量（新增资本即投资）以一种适当的比率同时增长。琼·罗宾逊把满足上述条件的经济增长状态称为"黄金时代"。

与卡尔多不同的是，琼·罗宾逊认为，"稳定增长模型不过是用简单形式说明论点的一个便当方法。在现实中，增长决不是稳定的"。[①] 决不能根据增长模型就轻率地断言资本主义经济会自动地趋向一条充分就业的稳定增长的均衡途径。她强调指出，由于资本主义经济中经常出现资本家的积累冲动不稳定而引起的投资波动、市场竞争机制受阻碍、劳动力的供给不足或过剩、技术进步对生产方法和经济结构的影响等，所以不可能经常具备"黄金时代"所需要的种种条件。

琼·罗宾逊在以"黄金时代"为标准，对资本主义经济失调的类型进行分析时，揭示了资本主义经济不能稳定增长的一些原因，认为"劳动与财产的分离"，即资本主义的生产资料私有制，是造成资本主义经济各种矛盾和冲突的重要原因。例如，琼·罗宾逊指出，假如资本家的高利润不是高积累率的结果，而是垄断的结果，那么，由于工资没有得到相应的提高，社会消费需求水平的增加将受到阻碍，从而进一步制约了投资需求，使得在高利润的条件下出现投资缩减和经济停滞的趋势。这时，必须通过改变国民收入的分配使工资随着劳动生产率的提高而

① 琼·罗宾逊、约翰·伊特伟尔，《现代经济学导论》，商务印书馆，1982 年，第 245 页。

提高，从而解决资本主义经济增长过程中的矛盾。由此可见，琼·罗宾逊试图用她的经济增长理论说明，只要政府采取一定的经济干预措施，特别是抑制垄断势力的增长和使国民收入分配趋于均等化，资本主义经济还是可能保持一定的增长速度的。

四、新剑桥学派的财政思想

1. 对“滞胀”的解释

新剑桥学派在解释停滞膨胀的原因时认为，必须抛弃物价水平仅取决于货币数量的传统理论，回到凯恩斯关于物价水平主要受货币工资率支配的论断上来。他们从区分商品市场类型或不同类别的经济部门着手，结合价格形成中的垄断因素，货币工资谈判中的阶级冲突因素，来说明通货膨胀的原因，进而解释停滞膨胀现象。

卡尔多将经济生活的部门区分为三类：初级部门，它为工业提供不可缺少的基本供应品，如食物、燃料和基本原料；第二级部门，它将原料加工为成品以供投资或消费之用；第三级部门，它提供辅助其他部门的各种服务（如运输或销售，或各种专门技术），以及提供欣赏的不是辅助其他部门的服务（如戏剧演出）。卡尔多认为，第三级部门是决不可能发生重大问题的，但是，初级部门和第二级部门（工业部门）却很可能成为通货膨胀的根源。根据卡尔多的看法，“持续和稳定的经济发展要求这两个部门的产量的增加应符合必要的相互关系——这就是说，可出售的农矿产品产量的增加，应该和需求的增加相一致。这种需求的增加又是反映第二级（以及第三级）部门的增长的。”① 但是，“从技术观点看，不能保证由节约土地的革新所推动的初级生产的增长率，正好符合第二级和第三级部门的生产和收入的增加所要求的增长率。”② 也就是说，如果初级部门产量的增长和工业制造业部门生产的增长之间出现比例失调的话，就有可能导致经济生活中出现停滞膨胀。

---

① 尼·卡尔多，《世界经济中的通货膨胀和衰退》，载《现代国外经济学论文选》第一辑，商务印书馆，1979 年，第 322 页。

② 同上。

卡尔多认为，不同类型生产部门的产品价格决定是通过不同的经济机制进行的：

(1)在初级生产领域中，对个别生产者和消费者来说，市场价格是既定的，价格是以亚当·斯密所描述的传统方式，直接响应市场供求关系的压力而变化的，价格变动是调节未来生产和消费的“信号”。

(2)在工业部门中，至少是在大部分生产集中在大公司手中的现代工业社会中，制造品的价格是被“管理”的，也就是说由生产者自己确定的；生产对需求变动的调节是通过库存调节机制进行的，与价格无关；商品积存时，就减少生产，库存减少时则增加生产。工业制造品的这种“管理”价格，不是由市场而是由生产成本决定的，具体地说，是根据“完全成本原则”和“垄断程度原则”来决定的，即在直接的劳动和原料成本上，加上按工厂的标准开工率计算出来的一般管理费和折旧费，再在这两种成本之上加上一个纯利润。按照这种方式决定的价格，对需求的反应不是非常敏感的，但对成本的变化(如工资和原料价格)却能作出迅速的反应。

根据以上分析，卡多尔得出一个“基本的命题”：从世界经济范围来看，“农矿产品价格的任何巨大变动——不论它对初级生产者是有利还是不利——对工业活动往往起抑制作用”。[①] 其原因在于：

(1)初级部门的农矿产品价格下降时，虽然有可能刺激工业部门吸收更多的初级产品，同时由于食物价格的下降会使工人的实际工资有所提高，从而有可能增加对工业制成品的需求。但是，由于贸易条件(初级产品和制造品两类价格或两类总价格水平的比率)在农矿产品价格下降时对初级部门生产者极为不利，所以就将减少初级部门生产者对工业制成品的有效需求，结果势必是抵消了农矿产品价格下降所带来的对工业制成品的需求而有余，造成一种灾害性的后果——经济大萧条。卡尔多认为，本世纪 20 年代未至 30 年代的资本主义经济大危机正是由此引起的。

---

① 尼·卡尔多，《世界经济中的通货膨胀和衰退》，载《现代国外经济学论文选》第一辑，商务印书馆，1979 年，第 324 页。

(2)当农矿产品的价格上涨时,它在工业品成本方面具有强有力的通货膨胀的影响。因为农产品、基本原料和燃料的价格上涨,通过各个生产阶段,将依次进入制成品的成本中,使得工业制成品价格提高。这种价格上涨将有利于利润而不利于工资在国民收入中的份额,因而在工会力量强大的国家中,它是引起工资压力增加的一个有力的因素,工人将通过工会与资方的工资谈判,抵制实际工资的降低,要求增加工资,以保持工资在国民收入中的份额。与此同时,通货膨胀本身也有着缩小工业制成品有效需求的作用,一方面,初级部门的生产者利润的增加和他们的开支增加不相称,例如石油生产者积累了大量的金融资本而未花费掉;另一方面,大多数国家的政府有可能采取财政金融措施来对付国内的通货膨胀,这些紧缩性的经济政策和措施,将会减少消费者的需求,并抑制工业部门的投资。这样,农矿产品价格上涨很可能在工业部门引起工资一物价螺旋式上升的通货膨胀,它反过来又使工业部门的活动受到紧缩性经济政策的限制。卡尔多认为,美国 1972 年～1973 年的通货膨胀就是起因于农矿产品的价格上涨(同时工资随着生产费用的上涨而上升);在这种情形下,政府采用了强有力的抑制主义的货币政策来对抗通货膨胀,从而造成了一次相当严重的经济衰退。①

琼·罗宾逊除了通过区分各种类型的市场和分析操纵价格外,还从货币和资本主义经济的“不确定性”因素方面来解释停滞膨胀问题。琼·罗宾逊认为,按照凯恩斯的看法,资本主义经济是一种货币经济,而货币之所以存在,之所以在经济生活中起着重要的作用,并不因为它仅仅只是一种交易媒介;货币本身还具有贮藏的职能,正是它的这种性质使得它成为“现在”和“不确定的未来”之间的联系环节。因为货币在所有价值储藏手段的资产中,流动性最高,风险性最小,人们愿意把一部分收入或财富以货币形式保存在身边;社会经济活动中的一切契约也都是用货币来计量和订立的。同时,货币和信用制度的存在,也为资本家的投资提供了取得资金的便利,使他们的投资不受自有的收入或

① 尼·卡尔多,《世界经济中的通货膨胀和衰退》,载《现代国外经济学论文选》第一辑,商务印书馆,1979 年,第 325～326 页。

财富的限制，资本家可以通过投资来控制经济资源在投资品和消费品生产之间的分配。当社会经济生活中的投资率较高时，势必造成比较多的经济资源用于投资品生产，比较少的经济资源用于消费品的生产，结果是工人的实际工资份额将相对下降。在货币经济中，工资是以货币支付的，货币工资是由劳资双方通过集体谈判制定的，可是一定的货币工资的实际价值（即工资所能购得的消费品）却是受企业资本家的投资决策决定的；投资率的提高所引起的消费品产量的减少和实际工资的下降，将会产生了一种“通货膨胀障碍”，即通过通货膨胀来制止利润的提高和实际工资的下降。琼·罗宾逊指出：“在一个工会强大的现代经济社会中，厂商要提高利润以压低综合工资份额（特别是它如果导致实际工资率下降的话）的企图受到坚决抵制。于是厂商提高货币工资率以免工人罢工……这被认为是提高利润的通货膨胀障碍。”[①] 也就是说，投资率提高导致实际工资下降，就会促使工人通过工会提出提高货币工资的要求，从而导致工资—物价螺旋式上升的通货膨胀，最终造成经济停止增长和大量失业，出现停滞膨胀局面。

此外，琼·罗宾逊在分析停滞膨胀问题时，还以卡莱茨基的理论为基础，讨论了“政治方面的商业循环”问题。琼·罗宾逊在分析资本主义国家的政治生活对经济周期的影响时，她认为当下届政府的选举问题隐约出现时，政府可能在要求减轻失业灾难的压力增加的背景下，实行减少失业的经济政策；过后，政府又可能屈服于大企业和食利者阶层的压力，从而使得政府的经济政策非但没有解决失业和通货膨胀问题，却使经济处于停停走走的“政治方面商业循环”的状态中。琼·罗宾逊指出：“卡莱茨基在 1943 年曾经预言，战后，我们将战胜了经济方面商业循环，我们就将生活在政治方面商业循环的制度下。现在，政治方面商业循环似乎正在采取一个比以前任何时候更为激烈的方式。”[②] 根据新剑侨学派的看法，正是新古典综合派这一冒牌的凯恩斯主义的经济政

① 琼·罗宾逊、约翰·伊特韦尔，《现代经济学导论》，商务印书馆，1982 年，第 245 页。

② 琼·罗宾逊，《经济理论的第二次危机》，载《现代外国经济学文选》第一辑，商务印书馆，1979 年，第 9 页。

策造成了经济停滞膨胀的局面,因而他们反对新古典综合派用调节总需求和实行工资—物价管制的方法来解决滞胀问题,而积极主张把调节资本主义经济和解决停滞膨胀的措施的重点放在收入分配方面。

2.税收思想

卡尔多有两个著名的租税观点:第一,在课税原则上,他主张以消费为课税基础较以收入为课税基础更适宜,因为收入的可税能力不可能充分的测量。例如,各种财产有的产生较多的可税收入,有的则较少;即使收入相同,有些人花费多而另一些人花费少,花费多的人应纳较多的税,因为他用了较多的社会资源来满足自己的欲望。故对人的课税单纯征收所得税是不适当的。他建议:在所得税之外征收资本利益税、财产税、个人支出税和赠与税。这些建议由印度政府采纳实行(卡尔多,《印度税制改革》,《经济政策论文集》,英文版。转引自胡寄窗,《西方经济学说史》,立信会计出版社,2002年,第413~414页)。第二,提倡“增值税”,即从制造商到零售商的每一阶段均按其在中间产品之外新增的价值部分进行课税。这种税制不仅公平并能增加租税收入,现在已经为世界很多国家所采用。

3.财政支出思想

新剑桥学派认为政府的任何指出都会对私人经济活动产生重大影响,必须重视财政支出的作用。政府常常运用支出来作为其干预经济的有力工具。新剑桥学派也将政府支出分为消耗性支出和转移支出两类,消耗性支出是政府对社会资源的单纯消费,转移支出主要是解决资本主义国家中收入分配方面的不公平而作的支出。他们将财政支出作为提高就业水平的一个工具。在他们看来,资本主义国家的失业是由两种情况造成的:一是因为有效需求不足产生的;二是现有的生产设备不足产生的。他们关心第一种情况造成的失业。那么,如何提高社会的有效需求呢?这就需要提高投资者对未来投资收益预期的信心。在这方面,政府并非是无能为力的,而是可以通过扩大财政支出来鼓舞投资者信心,从而促进私人投资,提高社会有效需求。政府支出用于哪些方面呢?新剑桥学派认为在公共事业方面政府可以大有作为,但他们反对通过扩充军备的办法来增加就业,因为这会减少资本的积累,并将资源浪费在不利于生活的方面。在公共事业方面，政府可以重建和扩充工业，以加快工业的现代化步伐，政府还可以兴建一些对社会有益的公共工程项目。这些政府的支出都增加了固定资产投资，由于乘数原理和加速原理的交互作用，最终会像凯恩斯所论证的那样，国民收入的增长和就业量的增长将数倍于政府的初始支出量。不过，基于对资本主义现实的深刻认识，他们认为政府支出的必要性不能仅由有效需求不足来决定，要注意政府的支出政策不能被大垄断财团的利益所利用。新剑桥学派还认为，在实现充分就业以前，特别是经济衰退的时候政府应该实行赤字预算政策，不过他们并不赞同凯恩斯关于提高有效需求就要实行赤字预算的观点，因为如果已实现了充分就业，再推行赤字预算就会导致通货膨胀。这时，政府只需在预算平衡的情况下维持充分就业的支出政策（毛程连、庄序莹，《西方财政思想史》，经济科学出版社，2003 年，第 154 页）。

4.经济政策主张

在经济政策主张方面，新剑桥学派既反对新古典综合派给资本主义经济开的药方，也反对货币主义者减少国家干预的主张。他们认为，新古典综合派提出的调节社会总需求和实行工资—物价管制的经济政策主张已经被实际经济生活证明是无效的；它们不但没有解决通货膨胀和失业问题，反而造成了社会资源的巨大浪费、环境的污染和收入分配的进一步失调。对于货币主义者提出的减少政府的干预，听任市场机制发挥作用调节经济的主张，新剑桥学派认为，30 年代的资本主义经济大危机已经证明，市场机制是一个效率极差的调节工具，因此，货币主义者的观点实质上是一种倒退。

新剑桥学派通过对收入分配、经济增长和停滞膨胀等问题的研究，对资本主义社会的"病症"得出了他们自己的看法。新剑桥学派认为，资本主义社会的症结在于分配制度的不合理和收入分配的失调。在资本主义社会中，分配是在一部分人占有生产资料，另一部分人未占有生产资料这一历史形成的不合理的分配制度中进行的，现存社会的分配制度是造成收入分配不公平的原因，因此不能指望在现行制度下通过市场机制的调节作用来改变不合理的分配格局。并且，在现行制度下，经济增长本身是在收入分配失调的基础上进行的，因而经济增长丝毫不能改变这一分配格局，反而只会加剧收入分配不合理的程度。根据上述对资本主义社会“病症”的诊断，新剑桥学派的经济学家们得出结论，要医治资本主义社会的弊病，必须改革资本主义社会的收入分配制度。所以，新剑桥学派的经济政策主张的重点就是收入分配政策。

基于市场机制的调节作用并不能改变不合理的收入分配格局，新剑桥学派提出，必须通过资本主义国家政府实施一系列社会经济政策，才能改变现行的分配制度和收入分配不合理的格局。他们的主要政策主张有以下几项：

(1)实行累进的税收制度来改变社会各阶层收入分配不均等的状况。累进的税收制度可以对高收入者课以重税，这在一定程度上消除一些收入不均等(尤其是收入水平太悬殊)的状况。

(2)实行高额的遗产税和赠与税，以便消除私人财产的大量集中，抑制社会食利者阶层收入的增加；同时政府还可以通过这一税收方式将所得到的财产用于社会公共目标和改善低收入贫困阶层的状况。

(3)通过政府的财政拨款对失业者进行培训，提高他们的文化程度和技术水平，以便使他们能有更多的就业机会，并能从事收入较高的技术性工作，从而拉平一些收入上的不均等状况。此外，国家可以通过预算给低收入水平的家庭以一定的生活补贴，增加他们的收入。

(4)制定适应经济稳定增长的财政政策，减少财政赤字，逐步平衡财政预算；并根据经济增长率来制定实际工资增长率的政策，以改变劳动者在经济增长过强中收入分配的相对份额向不利方向变化的趋势，从而在经济增长过程中逐渐扭转分配的不合理。

(5)实行进出口管制政策，利用国内资源的优势，发展出口产品的生产，以便为国内提供较多的工作岗位，增加国内的就业机会，降低失业率，提高劳动者的收入。

(6)政府运用财政预算中的盈余来购买私人公司的股票，把一部分公司股份的所有权从私人手中转移到国家手中，从而抑制食利者阶层的收入，增加低收入家庭的收入。

由于新剑桥学派的经济政策主张比较激进，因而它从来没有被资本主义国家的政府所接受和采纳，更没有被付诸实施。当然，即便如此，新剑桥学派的经济政策主张仍然属于改良的性质。

第五节　新凯恩斯主义学派的财政思想

一、新凯恩斯主义学派的产生

新凯恩斯主义经济学(New Keynesian Economics)是20世纪80年代在西方经济学界崛起的一个经济学流派。新凯恩斯主义经济学区别于传统的凯恩斯主义经济学(Keynesian Economics)。新凯恩斯主义经济学的主要代表人物有：哈佛大学的劳伦斯·萨默斯(Lawrence Summers)和格雷戈里·曼昆(N. Gregory Mankiw)、哥伦比亚大学的约瑟夫·斯蒂格利茨(Joseph Stiglitz)、麻省理工学院的奥利维尔·布兰查德(Olivier Blanchard)和普林斯顿大学的本·伯南克(Ben Bernank)等人。从1988年以后，"新凯恩斯主义经济学"这一术语正式出现在经济学学术论文中。1991年由格雷戈里·曼昆和戴维·罗默主编并出版的《新凯恩斯主义经济学》两卷本论文集集中了新凯恩斯主义最具有代表性的著作。20世纪90年代，新凯恩斯主义(和新古典主义)成为西方最有影响力的经济学流派之一。

凯恩斯主义经济学产生于20世纪30年代。1929年到1933年的大萧条使大多数经济学家相信：由"看不见的手"引导的自由市场经济的效率是值得怀疑的，客观上需要一种能解释并克服大规模市场失灵的理论，凯恩斯主义经济学应运而生。根据凯恩斯主义的理论制定的政府干预经济的政策在实施中取得明显效果，凯恩斯主义开始盛行。二战后，凯恩斯经济学与古典经济学进行了综合，进一步发展了凯恩斯主义。由于IS－LM模型提供了总需求理论，菲利普斯曲线为跨时期的工资和价格调整提供了经验概括，又使许多经济学家相信：人们对经济的理解是近乎完美的，需要补充的只是一些细节问题。随着欧美一些发达国家经济发展黄金时代的来临，凯恩斯主义盛极一时，成为西方经济学领域中占统治地位的主流经济学。

20 世纪 60 年代中期以后，随着滞涨等经济现象的凸显，以凯恩斯主义为核心的新古典综合派的理论无法解释和解决诸如滞涨、劳动生产率低下和资本积累迟缓等问题，其政府干预经济的政策开始失灵。新古典综合派和供给学派对凯恩斯主义的批判，使凯恩斯主义的理论缺陷日益明显：第一，宏观经济理论缺乏微观基础；第二，理论模型同统计检验的结果相悖。这无疑动摇了凯恩斯主义在经济学领域的统治地位。随着时势变迁，凯恩斯主义从官方经济学的地位上跌落下来。经济学开始了一个众多学派百家争鸣的时代。

新凯恩斯主义诞生于原凯恩斯主义衰落，学派林立，争论不休，经济自由主义独领风骚的时期。一批中青年经济学家坚持凯恩斯主义的非均衡理论和基本信条，对凯恩斯主义进行了反思。他们吸收了新古典宏观经济学派及其他经济学派有用的理论观点，引入大量新颖的分析方法，着眼于研究新的宏观经济理论。他们将宏观理论与微观理论有机的结合起来，构建了有微观基础的（包括理性预期的）坚持凯恩斯主义结论的宏观经济理论。新凯恩斯主义实际上是被修正并复兴了的凯恩斯主义。

新凯恩斯主义的兴起，也有其现实的经济背景。20 世纪 80 年代初，欧美各国经历了严重的经济衰退，直至 80 年代末 90 年代初，以供给学派、理性预期学派和货币学派为代表的经济自由主义政策在实践中仍未取得令人满意的效果。例如，按照供给学派的减税政策，并未达到刺激储蓄投资的目的，实施货币主义货币供给目标的结果却出现了严重的通货紧缩。这就使得凯恩斯主义的非均衡理论和政策主张重新受到重视，因而使新凯恩斯主义崭露头角。

二、新凯恩斯主义的基本特征

新凯恩斯主义并非是对凯恩斯主义简单的承袭。新凯恩斯主义同凯恩斯主义无论是在经济分析方法还是在理论观点上，都存在着重要而明显的差别：第一，新凯恩斯主义在继承凯恩斯主义的非市场出清假设的同时，用工资和价格粘性概念取代了名义工资刚性和价格刚性。第二，在理论模型的假定前提上，新凯恩斯主义强调经济当事人的利润最大化、效用最大化和理性预期。而以前这些都是被凯恩斯主义所忽略的。第三，新凯恩斯主义从微观的角度，来解释工资—价格刚性、非自愿失业、普遍生产过剩等，从宏观经济和微观经济的结合中发展了具有微观基础的宏观经济理论。第四，新凯恩斯主义通过分析经济中存在的实际刚性、风险和不确定性、菜单成本、不完全竞争的市场结构、不完全的且昂贵的经济信息等来解释宏观经济波动，突破了凯恩斯主义的宏观经济波动理论框架。

新凯恩斯主义之所以被冠以"凯恩斯主义"，是因为在几个最根本的命题上，他们坚持了凯恩斯主义的基本信条。首先，新凯恩斯主义者认为，总需求和总供给变动后，由于工资和价格的粘性，市场不能完全出清，经济一般处于非均衡状态，因而市场上经常存在着超额劳动供给。他们坚持了凯恩斯主义所强调的经济一般是"小于充分就业均衡"的论点。其次，新凯恩斯主义者认为，尽管在短期内通货膨胀与萧条可能同时上升或下降，但通货膨胀与萧条的程度是交替出现的，因而经济中存在显著的周期性波动。他们坚持了凯恩斯主义关于经济的"周期性波动是普遍性现象"的论点。最后，即使有理性预期的存在，经济政策也会对就业和产量产生影响，因而政府对经济的政策性干预是必要的。他们坚持了凯恩斯主义"政府干预经济"的政策主张。

新凯恩斯主义不仅是在补充和修正凯恩斯主义过程中形成的，也是在同新古典宏观经济学的论战中发展的。他们不仅坚持了凯恩斯主义的基本命题和信条，也吸收或借鉴了新古典宏观经济学的理论观点和方法。新古典宏观经济学的宏观经济理论是建在微观经济学基础之上的，并认为理解宏观经济行为要建立一个简单的一般均衡模型。但新古典经济学过于追求理论结构和分析方法的完美，在市场出清的假定前提下，利用完全信息、完全竞争、完全的市场体系、不存在交易成本、有代表性的经济主题等来建立自己的经济模型。其微观经济分析脱离实际，宏观经济分析的结论缺乏说服力。新凯恩斯主义者吸取了新古典理论相同的一般均衡分析，利用了与新古典理论不同的非市场出清的假定、不完全信息、不完全竞争等，对产品市场、货币市场、信贷市场进行了分析，建立起了有微观经济基础的新凯恩斯主义的宏观经济理论模型。因此，新凯恩斯主义是凯恩斯主义的复兴，也是经济学的一次新的“综合”。

三、新凯恩斯主义的基本经济思想

1. 有成本的价格调整论

有成本的价格调整论，又称菜单成本论，是新凯恩斯主义有关产品市场分析的一个重要理论。其理论逻辑是：在产品市场上，垄断厂商是产品价格的决定者。厂商调整价格时实际支出的成本即菜单成本的存在，阻滞了厂商对价格的调整，使价格水平具有粘性。在价格具有粘性的情况下，一旦总需求受到冲击，厂商则不愿通过调整价格来适应总需求的变化，而是通过改变其产出量来适应总需求的变动，因而总产量的上下波动引起整个经济的波动。

所谓菜单成本是指厂商每次调整价格时需要花费的成本。它包括调整价格时实际支出的成本，如重新印制价目表、作新的广告宣传、给营销人员新的价格通知等，还包括厂商调整价格的机会成本。菜单成本在某种程度上会阻碍价格的调整，而只有当价格改变后带来的边际利润大于其菜单成本时，价格调整才会发生。

有成本的价格调整论的理论模型是曼昆模型、近似理性模型和鲍尔—罗默模型。

2. 劳动市场理论

凯恩斯主义的一个微妙之处是：讨论工资粘性和失业问题时几乎不讨论劳动市场，这使得凯恩斯的工资刚性理论没有微观经济学基础。新凯恩斯主义学派则高度重视劳动市场问题，在经济人追求自身利益最大化和理性预期假设基础上，多侧面地讨论了工资粘性和劳动市场非出清问题，较好地解释了滞胀现象。工资粘性是指工资不能随需求的变动而迅速的调整，工资上升容易而下降比较困难。名义工资粘性是指名义工资不能随名义总需求的变化而变化；实际工资粘性指实际工资与需求的变动几乎不存在正相关。名义工资粘性论包括交错调整工资论、长期劳动合同论；实际工资粘性论包括隐含合同论、失业留滞论和

"局内人—局外人模型"、效率工资和经济周期论。

3.信贷配给理论

新凯恩斯主义学派的信贷配给理论丰富和发展了西方经济学中的金融理论。传统经济学认为,信贷市场上仅是利率机制在起作用,当信贷市场上对贷款的需求大于供给时,利率会上升;反之,利率下降。供求相等时达到均衡利率,均衡利率是唯一的,均衡利率使市场出清,政府只要让利率市场化,没有必要干预信贷市场。新凯恩斯主义学派从信贷市场中信息非对称性出发,认为单独考察利率机制过于片面和简单化,有均衡利率连续系统的市场经常处于无效率的均衡状态,只有政府干预才能有效的修正信贷市场失灵。利率能使信贷市场出清,仅是经济学家的理想,使信贷市场出清的利率既没有识别效应,也没有激励效应;既不能作为检测机制,也不能对厂商产生激励作用。而存在信贷配给的利率既有识别效应,又有激励效应,利率和配给方式相结合银行才能实现利润最大化。

四、新凯恩斯主义的财政思想

1.新凯恩斯主义者对财政乘数理论的发展

新凯恩斯主义者为财政乘数论建立了微观基础。曼昆在1988年建立了一个不完全竞争企业的定价政策与凯恩斯主义的乘数之间关系的简单模型,他认为只要让瓦尔拉斯一般均衡模型中加入商品市场不完全竞争这一个假设,就可以推出传统凯恩斯主义的财政政策效应,特别是当商品市场不完全竞争的程度达到最大时,如所有的企业达成完全的联合,就可以得到标准凯恩斯主义的乘数,即凯恩斯的财政乘数是曼昆模型的极限情况,这为凯恩斯主义的乘数理论提供了微观基础。他通过分析不完全竞争下的总支出均衡解,得到了各种财政政策乘数,在不完全竞争下,他假定企业的价格行为是 $\mu=P-c/P$,μ 是企业要求的利润幅度,则可以推导出平衡预算乘数为 $1-\beta/1-\beta\mu$,税收乘数为 $-\beta/1-\beta\mu$,政府购买乘数为 $1/1-\beta\mu$,其中 $\mu=P-c/P$ 是企业要求的利润幅度,随着竞争程度越来越不完全,利润幅度 $\mu\rightarrow1$,则曼昆乘数与凯恩斯简单乘数是一致的。

新凯恩斯主义者针对新古典宏观经济学对价格刚性的质疑，提出了一系列对价格粘性的解释，包括菜单一成本理论、近似理性理论、厂商声誉模型等，为价格刚性或粘性提供了牢固的微观基础。曼昆和罗默在1991年还对价格粘性与财政政策乘数的作用效果进行了分析，他们认为在垄断竞争条件下，由于企业改变名义价格会存在菜单成本，而财政支出的增加会导致名义需求增加，由于价格粘性的存在，在微观层次上将促使企业增加产出，导致累积产出增加，财政政策乘数加大，因此，价格粘性越强，经济政策传导过程中被价格等名义成分变化吸收的程度越低，经济政策对实际产出作用的乘数作用越明显。

2. 新凯恩斯主义否定财政赤字挤出效应存在的微观解释

20世纪90年代以来，新凯恩斯主义通过建立财政赤字合理性的微观基础来论证财政赤字的必要性及其作用，其目的是否定财政赤字挤出效应的存在。这些学者主要包括Robert Esiner、Catarina、Marc lavoie、Alain Parguez和Mario Seccareccia。

这些学者首先批评了新古典宏观经济学财政赤字有害论在实践中的危害。他们指出，在东南亚金融危机中，国际货币基金组织开出的药方就是平衡预算、消除财政赤字和紧缩信贷，实行“双紧”政策，其结果是灾难性的。紧缩政策使公司获得信贷的成本太高、利润减少，当公司不能履行还款承诺时一系列破产事件就发生了，其结果是整个社会政治、经济秩序的混乱。

其次，新凯恩斯主义认为新古典宏观经济学分析的假设条件不正确。如果放松假设条件，赤字负效应就不再是非常明显的。新古典宏观经济学的一个重要假设是储蓄是投资的先决条件，根据这种观点，当公司在证券市场上出卖债券或普通股时，公司必须给储蓄所有者高额的回报以交换资金使用权。其隐含意义是：假如储蓄是不足够的，投资项目将不能进行。因此长期增长需要高储蓄率，而高储蓄率靠高的真实利率，而高真实利率是私人部门放弃消费的代价。新凯恩斯主义认为这些观点是极其错误的。

新凯恩斯主义认为，高储蓄意味着消费的减少，消费的减少意味着销售量的降低和公司实现利润的减少。利润的减少将迫使公司减少生产，进而解雇工人。其结果是消费进一步减少，利润进一步下降，最终使公司减少投资，经济陷入衰退。因此，新凯恩斯主义认为有效需求而不是储蓄决定投资，而投资产生收入，有收入才会有消费和储蓄。

最后，新凯恩斯主义对财政赤字的必要性作了微观的解释，然后通过国民收入恒等式证明，财政赤字有利于公司的发展，是治愈经济危机的一个良方。

(1)财政赤字必要性的微观解释

与新古典宏观经济学储蓄决定投资的假设相反，新凯恩斯主义以“现代经济是货币经济”为理论基点，从公司经营角度出发得出投资决定储蓄的结论，进而说明了财政赤字的必要性。

由于现代经济是货币经济，没有货币的存在，生产便不能进行。为了使生产能正常进行，货币必须由第三方来供应，这个第三方就是现代经济中的银行。

经济循环可分为两个阶段。在循环的开始阶段，假定公司没有储蓄、没有钱，但有投资的想法和计划。在预期和对市场进行评估的基础上，公司决定生产按一定价格出售的某种产品。预期的收入用来弥补生产成木、对股东支付红利和作为公司留用利润。但在工人和其他关系人对生产作出贡献之前，生产是不能进行的，也不能得到收入。因此，为了执行生产计划，公司必须先向银行借钱以支付工人工资。

在第二阶段，公司开始收回已向家庭支付的货币。这种收回或是通过销售实现，或是通过发行新的金融资产实现。当银行贷款仅用于支付生产成本时，公司仅将上述收入分配给家庭。如果家庭将其收入用于购买消费品和购买金融资产，公司的收入等于最初的支出。如果家庭收入用于储蓄将不可避免的减少公司收入，由于加速效应，储蓄增加所导致的消费减少最终引起未来投资的减少。因此，投资不需要先存在储蓄，恰恰相反，投资产生储蓄。

银行给公司贷款意味着货币的创造，当公司偿还贷款时，意味着货币的消失。然而，当家庭没有用完其全部收入而将其存于银行时，公司的收入将比最初支出的少。因此，公司将不能偿还全部贷款，货币还不能完全消失，只要家庭愿意以银行存款的形式持有储蓄，部分债务就不能被清偿。其结果就有相当数量的货币被创造出来，这就意味着公司处于赤字状态。当公司开始新一轮循环时，公司不仅没有偿还全部旧贷款，还需要新的贷款，这是公司经营中的正常现象。但是，这种累积赤字和债务并没有妨碍公司的经营，相反，要使公司经营得好，一定的赤字是必要的。

假如我们考虑赤字对政府的作用，很显然，如果政府不从银行系统借钱，政府就没有为其支出融资的手段。这是因为在任何收入产生之前，政府不能征税，政府得不到任何收入。在政府没有得到货币收入前，政府必须有一定的赤字，通过贷款用于支付工资、转移支付和基础设施的支出。在这个过程中，私人部门的净收入等于政府赤字的规模。因此，政府的赤字代表了相应数量的私人部门盈余。上述分析表明：政府为财政赤字融资导致利率上升而产生挤出效应的问题是不存在的，而且要使政府正常运转，一定的财政赤字是必要的。

在第二阶段，政府开始收税和出售债券以筹集收入支付贷款。就像公司赤字一样，没有偿付的债务会加入新的循环。累积债务将与私人部门累积盈余相对应，私人部门的财富增加。其结论是，财政赤字不对私人部门的繁荣构成威胁。

(2)财政赤字是治愈经济危机的一种良方

新凯恩斯主义通过构建相应的宏观经济模型，通过解释公司利润的决定因素论证了财政赤字是治愈经济危机的一种良方。

此模型表明，私人部门的总储蓄可分为家庭储蓄(S_h)和企业储蓄即留存利润(R)。用公式表示为：

$$S_h+R-I=(G-T)+(X-M) \tag{6.13}$$

上式又可变为：

$$R=(I-S_h)+(G-T)+(X-M) \tag{6.14}$$

由公式(6.14)可知，家庭储蓄和进口一定会减少公司的收益和利润，而财政赤字($G-T>0$)是公司利润的一个来源。

很显然，低的税收导致高的赤字，但会增加公司利润。储蓄的增加降低公司的收入和利润，低利润使公司偿还贷款变得困难并增加了破产的可能性；低利润减少了公司扩大生产能力和考虑新投资计划的动机，如此会进一步减少新的利润机会，加大公司破产、衰退和危机风险。只有财政赤字能抵消储蓄对公司利润的负面影响；财政赤字是改善公司预期和弥补利润减少的重要政策工具，减少普遍衰退和危机发生的可能性。因此，财政赤字不是危机的原因而是治愈危机的办法。

财政赤字能充当治愈经济危机的良方，还由于财政赤字有助于降低公司的筹资成本。为了证明这一点，新凯恩斯主义的论证是：由于财政赤字增加了公司利润，提高了私人投资的获利能力，这就意味着财政赤字能改善公司的财务状况。在某种意义上，财政赤字能为公司带来内部资金，能使公司免于提供高的回报以吸引投资者购买其股票和债券。因此，财政赤字能减少公司筹资成本从而有助于投资增加，投资的增加有助于经济的繁荣，财政赤字不是挤出投资，而是拉动投资。

3.新凯恩斯主义的财政政策观点

(1)名义工资刚性条件下的财政政策效应

这种观点是由布兰查德提出的。在名义工资刚性存在的条件下财政政策能影响实际工资水平。在短期内，税率的降低通过扩大财政赤字提高总需求水平，同时通过降低企业所负担的实际工资水平提高总供给水平。然而如果个人所得税税率降低或公司所得税税率降低都会对总需求和总供给产生影响，或是增加就业和扩大财政赤字，或是价格下降，实际货币余额增加，财政赤字下降。在此基础上布兰查德认为降低企业所得税率比降低个人所得税是一种更可取的扩张性财政政策。但是为了防止财政赤字的增加，还必须辅之以扩张性的货币政策。

(2)以交易搜索为基础的市场协调失灵条件下的财政政策效应

这是由戴蒙德提出来的，其基本观点是：在由许多经济人构成的经济中，交易的协调是困难的。商品所有者必须耗费时间和费用，在市场上寻找到愿意购买该商品的交易者后，商品交易才能成功。市场中不存在一个保证所有的商品都能在市场上成交的机制，尤其是在现代发达的经济中，多种商品之间的交易变得更复杂，人们更加难以发现某些潜在的交易机会，从而增加了交易过程的不确定性。这种交易随机性使交易过程变幻莫测，交易变得困难，市场交易协调失灵，从而导致生产下降，失业率上升。

政府通过扩大公共消费，增加社会总需求，结果市场上潜在交易者增加，交易变得容易，从而提高了销售概率。随着销售概率的提高，生产的机会增加，整个经济会从低产出均衡向高产出均衡运动，或从无效率的稳定均衡状态向有效率的稳定均衡移动。政府调整协调机制，通过政策纠正市场的外生性(外生性是指经济中协调机制失灵，不能通过市场交易所形成的分配网络将全部产品分配给个人，产品积压、市场不能出清，从而形成社会福利损失)，具体政策包括长期刺激政策和短期稳定政策。

第六节 凯恩斯学派财政思想评析

第二次世界大战后，特别是20世纪50至60年代期间，凯恩斯经济学变成为西方经济学的新正统，其政策建议获得了长期应用。在政策上，凯恩斯反对“自由放任”，强调国家干预经济，国家要参与经济调节，提出了如下三个最重要政策：(1)政府预算的平衡应联系经济中的需求状况来加以评价(传统经济学则强调财政预算平衡的必要性和重要性)。如果存在大规模失业的时候，那么财政预算就应增加赤字，而不是降低赤字。(2)降低实际工资或货币工资不会必然创造更多就业(这是传统经济学积极主张解决失业问题的办法)，而可能招致相反效果。(3)货币政策如不借助财政措施，则不可能终止大规模失业(迈克尔·布利奈(Machael Bleaney)，《凯恩斯经济学的兴起和衰落》，1985年，英文版，第31页)。

从20世纪70年代今日，凯恩斯学派的理论不断演进，概括说来，现代西方经济学可以分为两大派：现代凯恩斯学派和现代古典学派，就其经济哲学而言，它们无非分别属于政府干预派和自由放任派。两派的重大分歧集中在关于资本主义市场是否出清，即市场体系的稳定性问题上，并由此提出各自不同的政策主张。

就现代凯恩斯主义经济学而论，最有影响的是两大支派，即新古典综合派和新剑桥学派。前者是将凯恩斯的宏观经济模式同新古典派微观经济理论“综合在一起”的产物，它暗含的假定是，经过很好训练的政府官员能够利用“微调”经济政策把私营部门的经济不稳定性减低到最小限度。后者是把凯恩斯理论看成反对新古典派经济学的基石，并试图使它与更早的古典派传统——李嘉图理论连结起来，以便削弱新古典派思想意识的整个结构。这就是新剑桥学派或称为“凯恩斯左派”，它积极发动在西方经济理论方面进行“第二次凯恩斯革命”。

自20世纪80年代以来，西方又兴起了新凯恩斯主义经济学。这是美国一批青年宏观经济学者为回答新古典宏观经济学的挑战，仍然肯定政府的经济政策有其积极作用，他们自称是新凯恩斯主义者，正为复兴凯恩斯主义而努力。

下面分别对凯恩斯主义经济学中以上三个派别进行评析。

一、新古典综合派

凯恩斯的宏观经济理论所着重的是，由投资和其他任意开支而引起的“收入效应”；但流行的微观经济理论所着重的则是，由价格变动而引起的“替代效应”。尽管这两种理论之间没有一致性，可是新古典综合派却认为，两者是可以实行“融合”的。因为在新古典综合派看来，凯恩斯的理论仅适用于短期，即只适用于各种市场的不完全性，因而就使得新古典派理论中调节机制不能得到充分效应，由此产生的失业很可能表明政治上难以接受。但在较长的时期内，特别是在政府保证处理短期失业问题并达到充分就业时，新古典派理论仍将再度适用。

新古典综合派学者们认为，资本主义经济趋向于一种充分就业的均衡，但是，除非政府在经济衰退期间促进需求，经济才有可能需用许多年来达到充分就业均衡。他们的论证是，因为短期总供给曲线是从左到右向上倾斜的，所以刺激需求在提高产量方面是有效的。然而，从长期来看，他们却同意新古典派学者和货币主义者的观点，即供给曲线是垂直的，所以只有通过提高生产率，才能增加产量。

新古典综合派的理论导致了20世纪60年代“微调”美国经济的政策。这派的成员们设想，资本主义国家的经济基本上是稳定的，因而无需更加极端的干预形式，即他们坚信相机抉择的、灵活的财政金融政策能寻求持续的经济增长和充分就业的实现。

但是，面对20世纪70年代各主要资本主义国家出现的通货膨胀与失业并发症，调节总需求的宏观经济政策，无论是财政政策还是货币政策，都无力解决这个困难问题。据说，标准凯恩斯式的财政金融政策只能对付单独发生的通货膨胀或单独发生的失业。因此，新古典综合派进一步主张，为对付通货膨胀与失业并发症，应当在推行宏观的财政金融政策的同时，配合实行收入政策和人力政策。

收入政策是用来限制垄断企业和工会对物价、工资的操纵的一种重要政策，即实行以管制工资—物价为主要内容的政策。人力政策是用以改进劳工市场状况，消除劳工市场不完全性，以便克服失业和通货膨胀进退两难的困境。

自20世纪90年代以来，新古典综合派的成员再次主张：货币政策应以降低利息率为主要武器和财政政策应以增加公共部门的开支为主，以便提高生产率和创造就业机会。

然而，西方许多经济学者却对新古典综合派对于《通论》的解释和对于资本主义经济体系稳定性的强调表示异议，他们或者强调不确定性和由此产生的不稳定性已成为资本主义经济的特性，或者强调由于适当的价格信号没有传递而使市场出清失灵，特别是琼·罗宾逊更把新古典综合派的分析方法看成是复旧，是滑到凯恩斯理论以前的老调上去了。

我们认为，新古典综合派确实是将新古典派微观经济理论和凯恩斯宏观经济理论凑合在一起，从而主张实行私人经济活动和政府经济活动并存的"混合经济"，即在生产资料资本主义私人所有制的基础上，资源在各种不同用途之间的配置主要是通过价格机制由许多个体行动来决定的；但是，政府则用财政金融政策在决定总产量水平方面，以及用累进税率和福利法规在决定收入分配方面，都起着作用；有时候，政府对某些部门还可实行国有国营。所以，新古典综合派实际上是以资本主义经济体系基本上具有稳定性为前提，据此提出"微调"经济的政策措施，在短期内助以一臂之力，以达到预想的充分就业和稳定的经济增长。

就政策效应而论，尽管20世纪60年代美国肯尼迪—约翰逊政府的新经济政策（新古典综合派代表人物赫勒、托宾等为当时总统经济顾问委员会主席或委员），特别是税收削减计划方案，被看成是凯恩斯主义新经济学（新古典综合派当时被称为“新经济学”）的伟大创举，被宣扬说成“新经济学家已经学会应用凯恩斯主义的理论：在某种意义上，应用该理论将会维持高就业和稳定的经济增长，而不诱发通货膨胀”。但是事实证明，1964年～1965年美国政府实行减税，其“成功”却为时甚短，到1965年中期，美国就开始出现了通货膨胀的迹象，而当约翰逊总统离开白宫时（1969年初），美国通货膨胀率上升到5%，随后进入70年代，美国通货膨胀更成为头号问题了。可见，新古典综合派事实上并未使美国经济真正摆脱其固有的困境。

二、新剑桥学派

新剑桥学派认为：新古典综合派用新古典派微观经济理论来“填补”凯恩斯宏观经济学的“空白”，这正是拼凑起一个“杂种”的宏观—微观理论，实质上是偷偷地回到凯恩斯以前的市场均衡论的传统上去了。琼·罗宾逊特别指出：新古典综合派曲解或违背了凯恩斯的基本原理，忽视或者抛弃了凯恩斯的一些较“激进”的思想（如完全的不确定性；对资本主义社会里不合理的收入分配成为社会不公平、需求不足和资源分配失调的根本原因的关心；要求通过低利率而使“食利者”阶层安然去世，以及需要投资的部分社会化等），而且，把凯恩斯的政策主张变成了“军事化凯恩斯主义”，它依靠军备开支、中央情报局颠覆活动和局部地区的战争来维持收入和就业的高水平，于是在主要资本主义国家出现了军事—工业综合体以及经济增长与贫穷之间矛盾日益加深的现象，存在着“富裕中的贫穷”的现象。据此，琼·罗宾逊声称“凯恩斯革命”是“一出悲剧”。

新剑桥学派认定资本主义主要弊病的根源在于收入分配的失调，所以琼·罗宾逊等竭力主张对资本主义经济的调节措施应放在收入分配领域和其他可能影响现有收入分配格局的方面。例如，调节措施应该是：(1)通过合理的税收制度（如累进制所得税）来改进收入分配不均的状态;(2)给予低收入家庭以适当的补助;(3)减少用于军事等方面的支出,用以发展民用服务、环境保护和原料、材料生产等部门;(4)提高失业者的文化技术水平,以便他们能有更多的就业机会;(5)制定适应经济增长的、逐渐达到消灭赤字的财政政策和预定的实际工资增长率政策等;(6)实施进口管制,发展出口品的生产,增加出超,从而为国内提供更多的工作职位。

从长远来看,琼·罗宾逊特别主张:实行没收性的遗产税(只给孤儿、寡妇留下适当的终身财产所有权,并用同等重的赠与税收来支持这样的遗产税的征收),以便消灭私有财产的集中,抑制食利者阶层收入的增长,并把政府由此得到的财产及其收入专用于公共目标。此外,还可用政府预算中的盈余去购买股份,把公司股份所有制从个人转移到国家手中。而且,照此办法,就能实现凯恩斯所向往的"食利者阶层的消失",进入"文明生活的社会"的目标。

我们认为,新剑桥学派对新古典综合派的抨击是有一定见地的:对于资本主义经济增长所带来的弊端的揭露也多少有可取之处。但是,从总体上说,新剑桥学派对现行资本主义社会的病症的诊断,实际上只看到一些"病象",并未察觉"病根",因而它提出的解救资本主义经济困难的政策处方,毕竟只是在用止痛剂,而不是去除病根,因其政策含义只是限于收入范围内的某些"改善",而未从根本上改变资本主义生产关系,消除雇佣劳动制度。

三、新凯恩斯主义经济学

新凯恩斯主义是对原凯恩斯主义的继承和发展。与新古典宏观经济学派相比,他们更注重经济事实,使用的分析方法也是动态一般均衡方法,因此也能得出一些有价值的结论。

在不完全竞争条件下,存在着超额利润是符合实际的。西方经济学家已经作过实证分析,即使像美国这样的市场经济发达的国家,不完全竞争仍然在经济中占主导地位,经济常常处于低产出状态,经济中几乎不存在一种自发的力量,推动经济达到充分就业状态。因此,在这种框架下进行分析其前提是没有多大问题的。曼昆提出的平衡预算乘数、税收乘数和政府购买乘数具有一定的兼容性。在完全竞争条件下，$\mu=0$；在完全垄断情况下，μ 接近于 1。

但是，这些乘数的推导，是在一系列假设和高度简化的情况下得出的，与经济现实有一定的距离，模型所使用的变量均为实际变量而不是名义变量，这样，模型只是反映了实际变量之间的关系，对于名义变量如何影响实际变量没有说明，在缺少调整名义变量的情况下，没有理由认为名义扰动会影响实际配置。另外，根据这些公式计算的乘数与原凯恩斯主义的乘数相比，其数值往往是偏小的，这是否符合实际，也是有疑问的，但这与他们对宏观经济政策的作用采取折衷的看法是一致的，即他们认为财政政策和货币政策具有一定的作用。

名义刚性在经济中确实经常存在，如年薪制、合同制等，财政政策通过影响价格水平而影响实际工资（W/P），由于税率降低，人们的可支配收入增加，投资和消费也就可能增加，加上政府扩大财政支出，致使总需求提高，带动价格上升，在名义工资不变的情况下，实际工资下降，企业工资成本下降，供给扩大，就业和产量上升。但这也只是理论上的推论。

减税既可能扩大消费需求，也可能扩大投资需求，当企业扩大投资需求时，也就增加了供给，所以降低企业所得税比降低个人所得税更可取。在政府既减税又增加财政支出的情况下，需要辅以扩张性货币政策以弥补财政赤字，则容易使经济诱发通货膨胀。

市场经济是分散经济，有许多买者和卖者，由于信息不灵，交通运输不便，政策规则限制等，交易难以形成，致使产品难以及时销售出去，影响进一步生产。如果政府扩大购买支出，使买者增多，交易变得容易，有利于扩大生产，从而增加就业和产量，所以财政政策是有作用的。但是，在正常情况下，政府购买的产品，往往是一些特定的产品，而且数量有限，对经济不足以产生重大和持久的影响力。

总之，虽然凯恩斯主义财政政策观点有这样或那样的缺点，但其基本观点仍是值得肯定的，这些基本观点也构成了各国政府运用财政手段干预经济的依据。事实上，世界各国也一直在运用财政政策和货币政策调节经济，只不过运用政策的方式和程度不同而已。

思考题

1. 凯恩斯的赤字财政理论有哪些要点？

2. 汉森对凯恩斯的财政思想有哪些发展？

3. 新古典综合派与新剑桥学派的理论分歧有哪些？试对比二者的财政思想有何不同？

第七章　福利经济学派的财政思想

第一节　福利经济学派及其经济理论

福利经济学是从福利的观点对经济体系的运行进行评价的经济学，它以一定的伦理价值为标准，来判断一种经济体系的运行究竟是增进了福利，还是减少了福利，进而判断这种经济体系是好还是不好，是一种包含价值判断内容的规范经济学。严格来说，福利经济学不能算是一个独立流派，而是西方经济学的一个重要分支学科。它是衡量经济政策的标准，也是制定经济政策的基础，大部分财政学家使用的框架正是福利经济学。

一、福利经济学的产生

福利经济学的思想渊源，至少可以追溯到亚当·斯密。但它的直接先驱者则是英国经济学家霍布森(J. A. Hobson，1858～1940)，他提出要以社会福利作为经济学研究的中心，用最少的人类成本，求得最多的人类效用，从而获取最大量的福利，并主张国家干预经济生活，以实现“最大社会福利”，他认为这是经济学研究的“新方向”。但他没有建立起福利经济学的完整体系，又因为他是非职业的“异端”经济学家，所以他的影响不是很大。

19 世纪末到 20 世纪初是福利经济学从萌芽到产生的时期。1920 年，英国经济学家庇古出版了首次以“福利经济学”为题的著作，对福利的概念及其政策应用作了系统的论述，创立了系统完整的福利经济学理论体系。因此，庇古《福利经济学》一书的出版标志着福利经济学的正式产生，庇古本人也被称为"福利经济学之父"。美国经济学家卡特林(W.B.Catlin)评价道："自从霍布森和庇古以来，'福利经济学'一语便广为使用"(卡特林，《经济学进展：经济思想史》，1962年英文版，第183页)。

20世纪30年代中期以后，许多西方经济学家运用意大利经济学家帕累托的序数效用论和"最优化理论"对庇古的福利经济学进行了修补和补充。美国经济学家勒纳和霍特林摒弃了庇古关于福利均等化的福利命题，论述了实现"帕累托最优化"在交换方面和生产方面所应具备的条件，并以此作为福利最大化的条件。英国经济学家卡尔多在《经济学的福利命题和个人间的效用比较》一文中，一方面否认了个人间效用比较的可能性，从而把收入分配问题撇开；另一方面则提出社会福利增加的"客观检验方法"，即虚拟的补偿检验。这一理论在希克斯等人的补充和发挥下形成了所谓的"补偿原则论"。美国经济学家伯格森在《福利经济学某些方面的重新表述》一文中，提出了以"社会福利函数"来考察社会福利最大化问题，萨缪尔森等人对此作了进一步阐述，形成了"社会福利函数论"。这一时期这些不同于庇古的福利经济学观点的出现，标志着新福利经济学的产生。

第二次世界大战后，福利经济学得到进一步发展，其中"相对福利论"的出现就是突出一例。20世纪60年代以来，一些资产阶级经济学家非常重视相对收入对福利的影响。美国经济学家伊斯特林于1974年发表了《经济增长改善了人类的命运吗》一文，提出了"福利相对性"的概念，强调福利的主观性和相对性，实际上是开始怀疑社会福利的实际意义和实现的可能性。这是福利经济学发展的一个新动向。这种理论是反对进一步扩大社会福利设施思潮的一种反映。

二、福利经济学的理论基础、理论特征和分析工具

(一)理论基础

福利经济学的哲学基础主要是边沁(J.Bentham)的功利主义。边

沁的功利主义包含两个原理：一是功利原理或幸福最大原理，二是自利选择原理。就幸福最大原理来说，边沁认为，追求幸福是人的天性。因为社会由个人组成，故社会仅是一个假想团体，所以社会幸福只是个人幸福的总和。这样，社会利益只能以最大多数人的最大幸福为标准，而判断个人行为和政府政策的准则只能是功利原理，即增加幸福的行为应肯定，减少幸福的行为应否定。就自利选择原理来说，边沁认为，每个人是否幸福只有他自己最清楚，所以他是自身是否幸福的最好判断者。每个有理性的人都为自身谋求幸福最大是人性的某种倾向，所以政府应依据功利原则最低限度地行使权力，即只限于保护自由和财产安全。除此之外不做任何干涉，经济上自然应实行自由放任政策。

（二）理论特征

福利经济学的突出特点是强调道德判断或价值判断，把价值判断，即是非善恶的标准引入经济学，来判断经济行为的好与不好，或应该如何与不应如何。把是非善恶的标准引入经济学中，就使得经济学成为一种规范性的科学，或称为“规范经济学”，以区别对经济行为本身进行说明的实证经济学。旧福利经济学作为福利判断的道德标准是边沁的功利主义。这就是：第一，个人行为在于求得最大满足；第二，社会福利是所有个人满足的总和。新福利经济学则认为各个人的满足不能加总，因此，他们提出的道德标准是：“第一，个人是他自己福利的唯一判断者；第二，社会福利取决于组成社会的个人的福利。”福利经济学家之所以要突出福利经济学的规范性质，是为了适应资产阶级政府制定政策的需要。

（三）分析工具

从分析方法来看，福利经济学通常采用的是长期、静态和微观的分析方法。他们应用边际效用论、最优化原则以及消费者主权论，提出了“福利标准”和“社会福利最优状态”。他们所说的“福利标准”是指产量和满足程度的增加，“社会福利最优状态”是指社会福利得到满足的最高程度，并把生产和交换活动对“最优状态”满足的条件，叫做生产和交换的“最优条件”。从这个意义上说，福利经济学所提出的“最优状态”和“福利标准”，以及为满足这种状态和标准所需要的“最优条件”，就是关于生产和交换活动的经济效率的标准和条件。这意味着福利经济学的研究对象主要是关于生产和交换活动的经济效率问题，即资源的有效配置问题。

三、福利经济学的经济政策

福利经济学家提出的社会经济政策主要有以下几个方面：

(一)“福利国家”政策

早期，庇古在旧福利经济学中提出过改变收入分配状况，把富人的收入向穷人转移一部分，以增大社会福利的主张。他还提出过征收累进所得税和遗产税，用来举办社会福利事业的主张。后来，特别是第二次世界大战以后，各主要资本主义国家的政府为了缓和社会矛盾，实行了较大范围的社会福利政策。到70年代，在主要资本主义国家社会福利设施已普遍化。他们断言已成为了“福利国家”。

(二)“资源最优配置”或“增加社会生产”政策

新福利经济学家们回避了收入分配问题，他们把增加生产和资源的最优配置作为主要政策目标。因此，有关产量和价格的政策成为他们的基本福利政策主张。

在福利经济学家看来，经济效率的高低来自资源配置的适当与否。有效的资源配置意味着高效率，经济效率问题实际上就是资源配置问题。同时，他们认为产量必须定在价格等于边际成本那一点上，这样才能达到理想的资源配置和理想的产量；否则，就应按此进行调整。从价格分析出发，他们进而认为在现代资本主义条件下，由于不能依靠价格机制自动调节经济，致使产品和生产资料不能灵活替代和转移，资源不能适当分配，所以必须制定适当的价格政策，以稳定资本主义经济(金国利、李静江，《西方经济学说与当代流派》，华文出版社，2002年)。

第二节　庇古的财政思想

一、庇古的生平

阿瑟·塞西尔·庇古(Arthur Cecil Pigou,1877～1959)是英国现代著名的经济学家,1900年毕业于剑桥大学,获文学硕士学位。他师承马歇尔,并于1908年至1943年间继马歇尔之后担任剑桥大学政治经济学教授,还曾任英国通货与外汇委员会委员、国际经济学会名誉会长、皇家所得税委员会委员及通货和英格兰银行纸币发行委员会委员等职,1929年被选为英国科学院院士。

庇古是马歇尔理论体系的忠实维护者,并成为马歇尔去世后新古典经济学家的领头人,对西方经济学的发展作出了极大的贡献。他一生中写过大量的经济学著作,有《福利经济学》(1920)、《产业变动论》(1926)、《财政学研究》(1928)、《失业论》(1933)和《社会主义和资本主义的比较》(1937)等。其中最重要的是1920年出版的《福利经济学》,该书被认为是福利经济学诞生的标志,庇古本人也因此被称为福利经济学之父,成为旧福利经济学的主要代表人物。他的学说也是第二次世界大战后"福利国家"的理论基础之一。

二、庇古的财政思想

庇古接受了霍布森把社会福利作为经济学中心的思想,以基数效用论和局部均衡分析方法为基础,发挥了马歇尔的经济学要解救贫困、增进福利的论点,建立了一套完整的福利经济学体系,并以此提出了一系列经济政策的准则,反映了他对正义和保护穷人利益的关心。庇古的财政思想蕴含在他的福利经济学思想中,其主要内容大致有以下几个方面:

(一)福利的概念与财政目标的提出

关于福利的概念,庇古提出了两个命题:"第一,福利的要素是一些意识形态，或者说是意识形态之间的关系；第二，福利可以置于较大或较小的范畴之内。”（庇古，《福利经济学》第4版，伦敦1932年）据此，他把“福利”分为两类，一类是一般福利，包括“自由”、“家庭幸福”、“精神愉快”、“友谊”、“正义”等人们在一般的欲望、情感和知识等方面的满足，这是难以计量的，超出了经济学研究的范围。另一类是经济福利，是指同人们经济生活有关的效用的满足，是“可以被直接或间接以货币尺度来衡量的”，庇古认为这部分社会福利就是福利经济学研究的对象。他说《福利经济学》“这本书的目的，就是研究在现代社会实际生活中影响经济福利的重要因素”（庇古，《福利经济学》第4版，伦敦1932年，第11页）。

庇古以边际效用基数论和边际效用递减规律等基本原理来计量经济福利。他认为福利在于满足，而满足则以效用来表示，“效用就意味着满足，一个人的经济福利就是由效用构成的”。（庇古，《福利经济学的几个方面》，载《美国经济评论》，1951年6月号，第293页）如果一个人的欲望不变，那么他所持有的某种商品越多，对于该商品增加的单位所得到的效用就越少，因而他愿意支付的货币量也就越少，这就是边际效用递减规律。因此，为了得到最大的满足或效用，人们就需要对自己的货币收入进行合理的分配来购买各种商品，以使所购买的各种商品的边际效用与商品的价格成比例。庇古还认为，不仅同一个人对商品的满足程度可以比较，而且各个不同的人或集团对于商品的满足程度也是可以进行比较的。但比较的前提是必须假定货币的边际效用不变。因为如果货币本身的边际效用是可变的，那么就无法用可变的货币单位来计算商品效用。

以上述福利经济概念和福利计量理论为基础，庇古将国民收入和全社会的经济福利联系在一起：“正是由于经济福利是可以直接或间接的与货币尺度联系起来的那部分总福利，因此国民收入是可以用货币衡量的那部分社会客观收入，其中包括国外收入。所以经济福利和国民收入这两个概念是那样对等，对其中之一的内容的任何表述，就意味着对另一个内容的相应表述。”（庇古，《福利经济学》第4版，伦敦1932年，第31页）这样一来，通过商品的购买和价格计量，作为一国国民个人福利总和的国民收入变成了主观满足的客观对应物，国民收入的增长、分配和变动就同全社会的福利变化有机地联系在了一起。并且，国民收入总量愈大意味着国民福利或全社会的福利愈大，因此庇古指出，国家应当注意贫穷问题，致力于增加福利，也就是说提高国民经济福利应成为国家财政的目标之一。

（二）收入均等化思想中蕴含的财政思想

由于一个国家的全部经济福利是个人经济福利的总和，而"经济福利和国民收入这两个概念是那样对等"，庇古指出："以下情况中的任何一种情况，即：或者国民收入增加，而不减少穷人在其中占有的绝对份额，或者使穷人占有绝对份额增加，而不减少国民收入，都一定会增加经济福利。"（庇古，《福利经济学》第 4 版，伦敦 1932 年，第 645 页）因此可以看出，国民收入量的增加和收入分配的均等化是实现福利最大化的两个必要条件，即公平和效率应成为社会经济福利这一总目标的评价准则。

庇古对"收入均等化"提出了这样的论点："收入从一个相对富裕的人转移到一个类似性格的相对贫穷的人手里，由于它能使更多的强烈需要以不太强烈需要为牺牲而得到满足，就必然增加总的满足量。旧的'效用递减率'为此确切地得出这一命题：任何穷人手中的实际收入的绝对份额增加的原因，倘若从任何观点都没有导致国民收入总量的减少，一般来说，将增加经济福利"（庇古，《福利经济学》第 4 版，伦敦 1932 年，第 89 页）。

由此可以看出，庇古以杰文斯和马歇尔关于货币的边际效用会随着其数量的增加而递减的原理为基础，论证了在一定条件下，越是平等的收入就越可能增加经济福利。因为收入越多，货币收入的边际效用越小；收入越少，货币收入的边际效用就越大。同一英镑，对穷人的效用要大于对富人的效用。如果把货币收入由富人转移给穷人，就可以增加货币的边际效用，社会经济福利就会增大。而当每个人的收入彼此均等时，社会经济福利就达到了最大化。因此，庇古提出了他的政策主张：由政府通过一些措施把富人的收入转移给穷人。他的建议主要有以下几点：

1. 福利措施应当以不损害资本增值和资本积累为宗旨，否则就会减少国民收入和社会福利

庇古认为“如果这种转移影响到资本家的投资和积累，那就会使有钱人被搞穷了，穷人到头来反而吃了亏。”（庇古，《全民福利国家的几个问题》，载《代奥杰内斯》杂志，1954 年第 7 期，第 10 页）。从富人那里转移出去的收入，是指资本家用于消费的收入，而不包括用于积累的收入，即收入的转移应仅限于消费的部分。而且，仅就用于消费的收入来说，富人和穷人之间也应有所不同。他认为“如果富人和穷人是属于不同气质的两个种族，从任何既定的收入，富人比穷人内在地能够获得更大的经济上的满足量，则这种收入转移能否增加福利值得严重怀疑。再者，即使抛开关于内在的种族差别的假设，可以认为富人从其出身和所受教育来说，能够比穷人从任何既定的收入获得更为大量的满足”。因此在转移收入时，应考虑到这种享受能力的不同，否则就“很难说收入形式的改变会增加福利”，“甚至会导致满足的纯粹损失”。（庇古，《福利经济学》第 4 版，伦敦 1932 年，第 90～91 页）

2. 政府可以通过征取收入累进税和遗产税等，相对减少富人的货币收入

庇古认为，从富人向穷人转移收入有两种方式：一是自愿转移，即富人拿出其一部分财产来兴办教育、保健、娱乐等福利设施，或创建一些科学和文化机构；二是强制转移，即政府通过征收累进的所得税和遗产税来进行收入再分配。但庇古认为“自愿转移”要比“强制转移”好。

3. 政府应通过社会福利政策和设施，使穷人直接或间接地增加收入

庇古把向穷人转移收入的办法也分为两类：一类是直接转移，如举办一些社会保险或社会服务设施；另一类是间接转移，如政府采取对穷人必需品的生产部门进行补贴的办法，来降低这些商品的售价，使穷人受益，或者对工人住宅的建筑进行补贴，以降低这些房屋造价，降低房租，使穷人受益，或者补贴垄断性的公用事业，以降低服务价格，如公共交通的票价等，使穷人受益。他说：“有充分理由可以相信，如果把适当数量的资源从较富的人那里转移给较穷的人，并把这些资源投资于穷

人，以便使他们更有效率，那么这些资源由于增强能力而在额外生产上所得到的报酬率，是会大大超过投资于机器厂房的通常的利息率的”(庇古，《福利经济学》第4版，伦敦1932年，第747页)。

但庇古认为，不论实行何种收入转移措施，都要防止懒惰和浪费，以便做到投资于福利事业的收益大于投资于机器的收益。并且他还反对实行施舍性的无条件的普遍补贴制度，认为最好的补贴是那种“能够鼓励工作和储蓄”的补贴，并且在实行补贴时，应先确定受补贴者自己挣得生活费用的能力，再给与补贴。

(三)生产资源最优配置思想中蕴含的财政思想

收入的转移只是引起国民收入量再分配的变动，因此经济福利更大的增加，最重要的还必须是国民收入量的增加。庇古认为，国民收入总量愈大意味着国民福利或全社会的福利愈大。他把生产资源的最适度配置，看成是增加国民收入量进而增加社会福利的关键。在分析这个问题时，他提出了两个新概念：边际私人净产值和边际社会净产值。前者是指厂商每增加一个单位生产要素所增加的私人净产品(包括劳务)及其价格的乘积；后者是指全社会每增加一个单位生产要素所增加的社会净产品(包括劳务)及其价格的乘积。边际社会净产值在考察厂商所得到的边际私人净产值以外，还要考察因这种生产而使社会上其他人可能得到的利益或损失。因此，二者不一定完全一致。例如，某科学家的发明创造，给社会带来的利益超过科学家个人所得到的利益，此时边际社会净产值大于边际私人净产值；反之，如化工厂排放污水或有害废气，危害周围居民的健康和周围环境的生态平衡，此时社会成本大于化工厂的私人成本，从而边际社会净产值就小于边际私人净产值。这就是我们现在非常熟悉的“溢出效应”或“外部性”问题。

庇古还进一步分析了边际私人净产值和边际社会净产值与生产资源最适度配置的关系，当二者相等，以及由它们相等而得出的边际社会净产值在一切生产部门都相等时，生产资源就得到了最优配置，国民收入也就达到了最大量。但由于对私人有利的经济行为不一定有利于社会，而对社会有利的经济行为也不一定有利于私人，因此单纯依靠自由竞争并不能达到最大国民收入量，在这种情况下就需要由政府来采取适当的经济政策，消除边际私人净产值和边际社会净产值的背离。庇古的政策建议是：

1. 对边际私人净产值大于边际社会净产值的部门和企业进行征税

对于造成外部不经济的部门和企业，庇古主张政府应当向其征税，数额应该等于该部门或企业给社会造成的损失，从而使私人成本恰好等于社会成本，实现外部成本的内在化，这就是后来被人们称为"庇古税"(Pigouvian Tax)的政策主张。

他还提出了两种实行庇古税的方法，一种是向每一单位的产品征收一个给定数额的税收，税收的大小由边际外部成本的价值量来决定。由于造成环境污染的企业的产量比较容易确认，因而课税对象也能确定下来。另一种方法是直接按外部成本征税，也就是对企业排放的污水、废气以及其他有害物质的数量来征税，而不是按企业的产量来征税。两种方法中，最关键的问题都是确定外部成本的价值。在理论上，可以把外部成本的价值确定为受到环境污染的人们的支付意愿。比如，要想知道污水在边际上给人们带来的影响值多少钱，就可以让他们回答这样的问题，若采取措施减少一定量的污水排放，你愿意花多少钱？将所有受污染影响的人们愿意支付的价格加总起来，就可以得到外部成本的价值。然后将这一外部成本的价值分摊到企业的产量上，就能得到每一单位产品所造成的外部成本，要使经济恢复到效率状态就应向每单位产品征收这一相当于外部成本的庇古税。当然在现实中人们不一定都愿意表达自己对外部成本的评价，而且这一做法会使企业失去减少或消除外部成本的积极性。所以还必须根据企业边际外部成本的变化调整征税的标准。外部成本的价值还可以这样来确定，即估算社会消除这一外部成本造成的效率损失需要花多少钱，但这样做的结果可能会使社会花费比外部成本大得多的代价，从而使社会损失更大。政府的效率目标是生产产品的收益与生产产品的成本在边际上相等，从而使效率最优，而并非是消除污染。因此，第一种外部成本价值确定法是更现实可行的(毛程连、庄序莹，《西方财政思想史》，经济科学出版社，2003 年)。

庇古税的提出，为人们解决外部成本问题进而提高社会的经济效率提供了非常有借鉴意义的方法，税收可以促进社会效率的观点拓展了人们有关税收经济影响方面的研究思路。这种可贵的尝试是值得肯定的。

2.对边际私人净产值小于边际社会净产值的部门和企业给予补贴

对于外部经济的部门和企业，政府则应当采取补贴的办法，使得企业的私人收益与社会收益相等。在论述这个问题时，庇古的思想中已经开始出现现代的公共产品理论的萌芽。

比如农业用地的租佃和城市水电等公用事业的租让，承租人为了生产需要应该进行改良土地和维修设备的投资，但如果租期届满时，这些投资得不到补偿，承租人就会过度使用土地和设备，使社会产值受到损失。庇古认为在类似情况下，政府就应当为之提供适当的补贴。他还提到了一种较为极端的方式，即由政府提供某种产品所需要的全部资金，这可以在城镇规划、治安管理以及在某种情况下的贫民窟清洁卫生等项服务中予以采用。庇古的理论逻辑可以引申出这样的一个结论，当私人净产品为零，全部价值都体现为社会净产品时，该产品应该由公共提供，即以税收方式筹资进行全额补贴（毛程连、庄序莹，《西方财政思想史》，经济科学出版社，2003 年，第 141 页）。

但应当注意的是，庇古建议的国家干预，仅限于征税和补贴。他反对国家直接经营企业，认为会压抑企业的生产经营积极性，并可能导致腐败和官僚主义。庇古认为实现生产资源最优配置的基本机制仍然是私人经济的自由竞争。

3.资源合理利用的时间分配问题

庇古认为，由于人们的预见力有限，偏爱当前的享受，而不重视未来同等数量的满足，结果会在现在、较近的将来和遥远的将来之间分配资源时造成经济失调，导致新资本的创造被阻止，现存的资源被迅速地浪费，更大的将来利益被现在较小的利益所牺牲。因此，他要求增加储蓄以便促进经济发展，认为对储蓄的过多征税应受到谴责，包括财产税、遗产税和累进所得税在内；但对消费课以重税则是可取的，因为这会鼓励储蓄。

此外，庇古还看到，在不完全竞争条件下，会出现价格与边际成本背离,即价格高于边际成本,产出低于竞争的均衡水平,这也必须由政府加以干预,使价格等于边际成本,使资源利用效率最大化。

(四)其他方面的财政思想

1. 财政支出方面

庇古认为,政府活动必须尽可能最大限度地提高国民经济福利,与这样的政府职能相适应,政府需要资源的筹措与消费。庇古将财政经费区分为转让支出和消耗性指出:消耗性支出是对社会资源的一部分真实消费,它的目的是获得邮政、煤气、教育、陆海空等的财货和劳务,直接支付于国民经济市场,或作为偿还外债的本息流到国外;而转让支出是指支付内债利息、养老金、抚恤金、救济金等方面的支出,并不实际地消耗任何社会资源,对国民经济的影响作用是间接的。庇古还探讨了用于消耗支出的社会资源的来源问题,把它们分成六个方面,如国民为本身消费必须生产的财货与劳务、现有资本设备及劳动资料的直接使用、现有资本的间接使用等,并指出如果没有这种消耗性的支出,经济就不可能正常运转,它们如果不是政府来承担,便要由个人来负担。因此,如果政府削减这种消耗性支出,将原由政府公共财产承担的生产转让给私人经济,那么就可能会给社会带来净损失。可见,庇古对政府的财政支出持肯定的观点。在此基础上,庇古提出了财政支出的配置原则。庇古认为,政府并不具有决定适当的财政支出规模的自动机能,对于有些经费,政府是能够自由裁量的,而有些经费则政府不能自由裁量,划分能否自由裁量的经费,就可以大致决定政府支出的界限。转让支出在他看来就应列为无自由裁量余地的经费。而能够自由裁量的经费,是由政府年度预算政策决定的。在预算规模给定的条件下,各项支出的组合应使得每一项目的边际效用相等,预算规模则要求公共产出的边际效益等于私人产出的边际效益。由此,庇古提出了国家财政支出和收入仍该遵循的一些原则(庇古,《财政学研究》,日文版,第 5 章):

第一,政府总支出会随着国民人口数量的增加而有所增加,但是,在一定的人口数量下,财政总支出有一个最佳数额问题,即边际牺牲随着社会总所得的变大而由小变大,或者说财政支出增长的最优规模是根据社会总所得的增长规模按边际牺牲最小的原则来决定。

第二，在其他条件都相等的情况下，若增加政府的财政支出可以获得最大的利益，或者可以减少甚至排除影响国民经济发展的不利因素，而私人经济的支出又无法取得这样的效果，这就证明政府的支出是明智的，应当鼓励政府的这种做法。

第三，在一国的人口与国民收入给定的条件下，贫富差距越大的国家，富者越集中。此时因为边际牺牲小，国家的税收便易于征收，这就会使财政支出规模趋于扩大。但只要财政收入遵循边际牺牲最小的原则，支出规模的扩大也是可以接受的。

第四，假定如国民收入等其他情况相等的条件下，采取累进税率的税收征收制度，直接的边际牺牲比其他税制下要小，因此，国民收入分配愈不公平，就愈要推行累进的税制，因为它愈能增大政府的支出，从而在一定程度上消除收入分配不均的状况。政府的这种支出限度应是稍低于政府支出边际收益与国民边际收益相当的均衡点。如果存在收支不平衡的缺口，则可由筹集附加资金的办法来弥补。

庇古提出了财政支出的配置原则，即各项支出的组合应使得每一项目的边际效用相等，公共产出的边际效益等于私人产出的边际效益，这是一个不小的贡献。但这一原则运用于现实还有一定的差距。如果社会是一个整体，事情就简单了，可惜社会并不是铁板一块，而且每个纳税人的支付意愿依赖于其他人所作的贡献。政府作为众多公民的集体代理就必须对某些个人实施强制性措施，而这种强制性不可避免地会产生间接成本。尽管庇古注意到政府采取强制性措施是必要的，但他并没有进一步考虑促使政府了解个人如何评价社会产品的机制。

2. 财政收入方面

(1)税收公平问题

在税收的课征方面，庇古认为首要的准则就是公平，并把公平原则进一步区分为两个概念：横向公平和纵向公平。

所谓横向公平，即对经济情况相同的人应该课以相同的税收。横向的公平主要涉及税基的问题。例如，以所得为税基，则具有相同收入的人们应该缴纳相同的税收。所谓纵向公平，即对经济情况不同的人课以不同的税收。这主要涉及税率结构的问题。例如，收入多的人，税负亦应相应的较多;收入少的人,税负亦应相应的较少。通过收入的再分配,最好是能缩小贫富差距,从而达成收入均等化的目标。不过,他所说的公平或均等化,并不是绝对的平等,而只是希望削减不平等的程度而已。

庇古提出了税收的最小牺牲原则。他认为,税收制度加给纳税人的牺牲,是指纳税人在没有税收制度时所享受的净满足,与存在税收制度下纳税后所获得的净满足之间的差额。这里不考虑个人从政府公共支出中得到的利益。个人纳税后的牺牲或满足的总和,构成社会的总牺牲或总满足。政府的税收设计应使纳税人的经济损失最小。这一原则的前提是纳税的总牺牲或总满足是可以计量的。(杨之刚,《公共财政学:理论与实践》,上海人民出版社,1999 年)庇古认为,最小牺牲原则是实现社会福利最大化的财政政策的组成部分。他说:"根据政治原理关系,在达到最大总福利时,被认为是政府的正确目标……课税这个特殊部门的一般原则应与最小牺牲原则一致。"(庇古,《财政学研究》,日文版,1920 年,第 19 页)他还研究了应用各种不同原则的税收方式,得出了与埃奇沃斯相似的结论。他认为无论是选择等绝对原则还是选择等比例牺牲原则,都无法找到足够的理由,因此他偏爱于选择等边际牺牲原则(毛程连、庄序莹,《西方财政思想史》,经济科学出版社,2003 年)。

(2)税收效率问题

在研究解决外部性问题以外,庇古还深入探讨了税收效率问题的其他方面。他讨论了埃奇沃斯的牺牲法则,认为征税会有"宣布效应"并对此作了明晰的分析。所谓"宣布效应",就是政府在开征一种新的税种或改变一项税收政策(如提高某一税种的税率)时,纳税人会感到他所面临的选择发生了变化,因此会调整他的经济决策行为。这就产生了税收的"宣布负担",庇古将其称为消费者剩余和生产者剩余的损失。庇古接下来分析了所得税累进税率和比例税率,得出的结论是,在所得税的税收收入以及具体的纳税人给定的情况下,累进税率造成的"宣布负担"或损失较之比例税率和累退税率下的损失要大。但是,要得到一个给定的税收收入,在累进程度较低的税率政策下,势必会对较低收入的人征收较多的税,这样一来,到底是累进税率还是比例税率抑或是累退税率将会产生较大的“宣布效应”就变得不确定了，也就是政策制定者无法判断哪一种税率会造成较大的生产者剩余和消费者剩余。

庇古还继承了马歇尔用需求和供给弹性的概念来分析税收问题的方法。他指出，尽管税收有“宣布效应”从而纳税人会调整其经济行为，如改变劳动和休闲的选择，但改变劳动供给在现实生活中可能不会很多，因为毕竟劳动供给的弹性是较低的，所以税收的“宣布效应”对这方面的影响较小，也就是生产效率不致遭受大的损失，倒是应对税收所带来的收入分配问题给予更多的考虑权数。他还指出，根据最小牺牲原则，在计算所得税税基时应扣除储蓄，因为如果将储蓄包含在所得税税基中的话，那么对未来消费所课征的税率就会高于现在消费的税率，这样就会违背最小牺牲原则。他解释说，这是因为储蓄是收入的一种弹性较大的用途，如果要对它课征的话，也应该使用较低的税率。(庇古，《财政学研究》，日文版，1928 年，第 138 页)所以，庇古认为要实现税收效率就应该采用支出税，当然可以对一些支出项目予以扣除。但是，他又认为，采用累进税率的支出税是不可行的，因此要选择扣除投资收入的所得税作为替代的办法。为了限定支出范围，防止不合理的意外收入被扣除，庇古提出扣除数只限于未来的投资收入。这一扣除法启发了 50 年后的经济学家，当他们讨论要向支出税转轨的问题时，其思想渊源便可追溯到庇古。庇古还指出，对其他一些来源的收入，也要考虑到税收的宣布效应，不能一概而论，而要对它们采取区别对待的税收政策。比如，庇古认为，对未改良的土地价值进行征税便不会产生宣布效应，因此可以把它确定为税收的一个基本来源。同样的道理也适用于意外收入。当然，向已经长期占用某一块土地的所有者课征高税率的土地税时应小心谨慎，以防过于严酷，从而使效率受损。在分析产品税的“宣布效应”时，庇古同样也运用到了需求弹性、供给弹性等概念，他认为：“筹集一定收入的最佳方法……是通过税制，在这种税制之下，当我们从使用很有弹性的需求或供给转向弹性越来越小的需求或供给时，税率就越来越高了。”(庇古，《财政学研究》，日文版，1928 年，第 105 页)但这一问题显然是非常复杂的，因此他认为，设计一个最佳税制“需要有一个功率更大的分析引擎”(庇古，《财政学研究》，日文版，1928 年，第

128页)。

庇古不愧是对财政学作出重大贡献的经济学家。他将效率问题放在税收理论中心位置的做法为当代最优税制的研究添砖加瓦。而最优税制理论已成为近代税收理论中最富有生命力的研究领域之一,这不能说没有庇古的功劳。

(3)公债理论问题

庇古认为国家财政的经济支出应当由公债来弥补。他把用于经济支出的公债分成了三种不同的情况:第一种是用于生产有利可图的生产企业的公债。既然是有利可图的公债,因此这种公债的还本付息也就自然要用其生产成果来负担,国家也就不必为此而担心。第二种是用于生产无利可图的生产企业的公债。这种企业虽然无利可图,但其往往是国民经济中必不可少的企业,而这类企业私人当然不愿意投资,所以必须由政府投资。但是政府由公债投资的这种支出,应该由专项基金保证其还本付息,这种专项基金就是"用新税建立的偿债基金"。第三种是在经济不景气时用于兴建公共工程的公债,这种公债可以有效地扩大就业,防止失业率的提高。

庇古主张战费财源应兼用赋税与公债。救济事业兴办的公共工程以公债为财源是一种有效手段。他还比较了赋税与公债的负担问题。他指出,用借款支付的任何事情的费用,由未来的一代人承担,而用赋税支付的费用,则由现代人负担。这种理论虽然在25年前可能会得到支持,而现在无论在何种场合,人们都认为是错误的。向外国人举借的债款,确实引起借贷国家下一代的负担。但是,国内公债的利息和偿债基金,只是从这一批人民转移给另一批人民,两批人民合到一起——现在的一代未来的一代作为一个总体——完全没有什么负担。

3.充分就业问题

庇古认为,在完全竞争市场上,通过价格机制的作用必然可以消除劳动和其他生产资源的超额供给。庇古是这样论证的:当存在失业以后,货币工资会降低,这将降低产品成本,从而使物价下降,这样,公众手中的货币资产能购买的实物资产增加了,即由一定的货币(现金余额)代表的实际余额相应增加。由于公众财富的增加,他们就会增加消费，从而刺激生产，增加就业，一直到实现充分就业。这就是庇古效应，或称实际余额效应。

三、对庇古的评价

庇古从传统的个人自利的研究转到社会经济福利的研究，为西方经济学开拓了一个广阔的研究境界，他的福利经济学理论和政策建议，在实践上具有一定的可操作性，在财政研究的很多方面都作出了开创性的贡献，但同时他的理论也有着根本性的缺陷：

首先，庇古以完全竞争为理论分析的前提，但又得出结论说完全竞争不能达到社会生产资源的最优配置，从而否定了自己的前提。而生产资源得到最优配置的条件——边际私人净产值和边际社会净产值相等以及由它们相等而得出的边际社会净产值在一切生产部门都相等，在现实生活中是很难或者说根本不可能实现的。

其次，庇古的理论最为人诟病的就是其建立的基础——基数效用论。他先假定货币的边际效用不变，从而认定效用可以衡量，但当他分析货币收入在富人和穷人之间的转移时，又指出货币的边际效用是变化的，出现了自相矛盾。因此，他的福利经济学后来为以序数效用论为基础的新福利经济学所代替。

第三节 新福利经济学派的财政思想

20世纪30年代后，庇古关于效用可比性的观点和收入均等化等理论受到了众多经济学家的批判，他们对庇古的理论进行了修改、补充和发展，逐渐形成了新福利经济学。其代表人物和代表著作有：霍特林的《同税收、铁路及利用率问题有关的一般福利》(1938)、伯格森的《再从若干方面阐述福利经济学》(1938)、萨缪尔森的《福利经济学与国际贸易》(1938)和《经济分析基础》(1947)、卡尔多的《经济学中的福利命题与效用在个人之间的比较》(1939)、勒纳的《统制经济学——福利经济学原理》(1944)、希托夫斯基的《经济学中福利命题释义》(1941)、《福利和竞争》(1951)和《福利与增长论文集》(1964)、李特尔的《福利经济学评述》(1950)、阿罗的《社会选择与个人价值》(1951)等。

一、帕累托的贡献

帕累托(Vilfredo F. D. Pareto,1848～1923)出身于一个流亡法国的意大利贵族之家,是瓦尔拉的继承者,他继瓦尔拉之后在瑞士洛桑大学开设经济学讲座12年,成为洛桑学派的奠基人之一。尽管帕累托的理论比庇古早20多年提出,但二战以来的福利经济论研究基本上是沿着他的理论体系发展的,因此他被认为是新福利经济学派的鼻祖。他的贡献主要有以下两点:

(一)序数效用论——新福利经学的分析工具

帕累托认为基数效用论关于边际效用可以计量的观点是没有根据的,因为物的效用无法以具体的数值表示出来,但可以根据偏好用序数来表示相对水平的高低或大小,即效用是一个顺序的概念。他利用埃奇沃斯的无差异曲线来分析效用最大化问题和生产领域的最大化问题,这个分析工具在后来的经济学研究中得到了广泛的应用。

(二)帕累托最优状态——判断经济效率的标准

在序数效用论和无差异曲线分析的基础上,帕累托发展了他的社会福利理论,并提出了社会最优状态标准。帕累托以序数效用和无差异曲线分析为基础,发展了他的社会最大满足原则或所谓最优状态。关于达到社会最大满足的条件,他定义为:"作出任何很小的变动不可能使一切人的效用,除那些效用仍然不变者外,全都增加或全都减少的状态。"(帕累托,《政治经济学讲义》,意大利文版,第818页)也是说,除了损害他人的利益外,社会资源的重新分配不会使任何一个人的状况得到改善,或者说不会使任何一个人移到更高的无差异曲线上,此时就达到了生产资源的最适度及社会福利的最大化。新福利经济学称之为"帕累托最优状态"(Parato Optimum)或"帕累托规范"(Parato Criterion)。

后来帕累托还区分了两种类型的效用最大化状态:一种是单一的"全社会效用最大化"状态,另一种是有无限的达到个人效用最大化的点,亦称为"社会的许多效用最大化"状态。这种区分,对政府选择何种政策，以实现效用最大化有极大的关系。假设在一个很富裕但其成员的收入极不平等的社会中，政府就应采取使全社会的效用最大化政策；如在一个贫困而有近似均等收入的社会中，政府就应采取为社会的许多效用最大化的政策。

实现“帕累托最优状态”成为了新福利经济学研究的中心课题，后来发展成为几个主要原则，即在完全竞争的前提下，(1)交换的最优条件是任何两种商品或劳务的边际替代率对于消费者来说都必须相等；(2)生产的最优条件是任何两种生产要素的边际技术替代率对于生产者来说都必须相等；(3)生产和交换的最优条件则要同时满足前两个条件，任何两种产品的边际替代率等于它们的边际转换率。20 世纪 40 年代以来，新福利经济学关于最优状态的大量论著，也无非都是分别从这几个方面来考察的。因此，帕累托被看作是新福利经济学的先驱者，但这些最优条件所包含的内容在实质上同庇古的资源配置最适度条件是一致的。

此外，帕累托的收入分配理论也值得一提。他通过对 19 世纪后半期一些国家关于收入分配的统计资料的搜集和整理，得到一条分配曲线，发现无论是从不同国家还是从同一国家的不同时期来看，社会收入不平等情况是基本稳定的，收入高的人数少，收入低的人数多，由此他得出结论：除非提高整个国民收入水平，否则通过收入重新分配以使收入实现均等化的努力是没有作用的。后来这一发现被称为“帕累托定律”，成为反对社会改革的理论武器。

二、希克斯的财政思想

(一)补偿原则理论

现实中，在社会变革时，不可避免地总会有一部分人受益而另一部分人受损。比如政府对垄断价格进行干预，强迫垄断厂商按边际成本定价出售产品，或向高收入者征税以帮助低收入或无收入者，等等。这些政策都是不符合帕累托规范的，如果只有在不侵犯任何人利益的条件下才能进行变革，那实际上就等于否定任何的社会变革。希克斯首先发现了这个矛盾，而卡尔多则首先提出了“虚拟补偿原则”，前者采用并发展了该理论。

卡尔多的虚拟补偿原则理论认为,当经济变动使一部分人受益而另一部分人受损时,政府应通过财政政策、价格政策、税收政策等,使受损者得到补偿。即政府可对受益者征收特别税,以削减他们的受益额,并向受损者支付补偿金,以减轻他们经济状况恶化程度,保持其原有的福利水平。如果在补偿了受损者之后受益者仍然有剩余,那么社会福利是增加的,则这一变革是值得肯定的。反之,如果受益者的所得并不能弥补受损者的所失,那么社会福利是降低的,这一变革就应该否定。但这种补偿是一种虚拟的补偿,而不是真实的补偿。

希克斯对卡尔多的理论进行了补充和发挥。他认为,不必要求每一次变革后受益者都要为受损者进行补偿,因为经济变革是经常发生的,这次变革的受损者可能是下次变革的受益者,从长期来看,彼此可以相互抵消。只要社会的经济变革以提高效率为导向且每次变革都能提高生产效率,使国民收入得到不断增加,全社会的福利都会提高,受损者的损失就会在长时期内得到补偿。

补偿原则理论的实质是把效率原则摆在首位,认为只要坚持效率原则,使国民收入快速增长,个人福利就能大幅提高,将收入分配问题排除在福利经济学之外。因此根据该理论,如果以一种政策措施,尽管导致贫者愈贫、富者愈富,只要它使国民收入总量有所增加,也被认为"增进"了社会福利,可见其阶级色彩十分浓厚。

(二)IS—LM 模型

IS—LM 模型又称希克斯—汉森模型,它是希克斯首先在其 1937 年发表的一篇论文中提出的,当时希克斯提出的是 IS—LL 分析。1949 年,汉森在其著作《货币理论与财政政策》中使用了希克斯的分析工具,并把 LL 改为 LM。后来的萨缪尔森等新古典综合派把这一模型应用于商品市场与货币市场的一般均衡分析,因此广泛流传开来,成为公认的分析模型。

IS 和 LM 是两条曲线,I 代表投资,是利率的函数;S 代表储蓄,是收入的函数。IS 曲线是投资等于储蓄条件下,利率和收入的各种组合。L 代表货币的需求,由利率和收入决定;M 代表货币供给,可以看作一个既定的量。LM 是在货币供求均衡条件下，利率和收入的各种组合。IS—LM 模型已经成为分析财政政策与货币政策关系的经典分析工具。萨缪尔森对此评论说："它说明产量、货币与利息率之间的相互作用，并且突出了当前宏观经济学争论的某些主要之点"（萨缪尔森、诺德豪斯，《经济学》，第 12 版，中国发展出版社，1992 年，第 605 页）。

三、伯格森、萨缪尔森等的社会福利函数理论与阿罗的不可能性定理

伯格森、萨缪尔森等经济学家反对将价值判断和收入分配排除在福利经济学之外，认为将实证与规范、效率与公平完全对立起来是错误的。由于补偿是否恰当是无法事先预测的，因此他们认为补偿原理也是不科学的。他们提出，经济效率是最大福利的必要条件，合理分配是最大福利的充分条件，他们将分配方面及其他所有支配福利的因素一并列入编制了社会福利函数。

社会福利函数是以社会次序体系为基础的社会所有个人的效用水平的函数。其数值取决于影响福利的一切变量，如所有家庭或个人消费的商品的数量、所有个人从事的每一种劳动的数量、所有资本投入的数量等。社会福利函数有两个层次，首先是个人福利函数，其次是社会福利函数，且社会福利函数必须是个人福利函数的增函数。其公式是：

$$W=F(z_1,z_2,\cdots\cdots)$$

其中 W 表示社会福利，F 表示函数，z_1、z_2……表示影响福利的各种因素。当 F 数值最大时就达到了福利的最大化。由于国民收入的分配直接决定社会各成员的商品消费量和要素占有量等，从而间接决定社会福利的高低，最优的或者说公平的国民收入分配是使社会福利达到唯一最优的重要前提条件。经济效率是社会福利达到唯一极大值的必要条件，公平分配则是充分条件，只有二者同时出现时，社会福利才能达到唯一的最优均衡状态。

但是社会上每个人各自有其福利函数，社会福利函数是各个人福利函数次序的组合，在数不清的个人福利函数次序排列中，究竟有没有可能选择出最大的社会福利函数？阿罗（K. J. Arrow）用数学方法证明，

在能被一般人接受的条件下，这是不可能做到的。阿罗认为，要从个人的偏好次序得出社会偏好次序，必须满足以下条件：

1. 社会选择必须建立在个人选择自由的基础上。

2. 帕累托原则，即如果所有个人都偏好 a 甚于 b，则社会偏好 a 甚于 b。

3. 不相关选择的独立性，这一要求可以简单理解为：只要所有个人对 a 与 b 的偏好不变(不管对例如 a 与 c 的偏好如何变化)，则社会对 a 与 b 的偏好不变。

4. 社会选择顺序不能强加。

5. 非独裁性，即社会偏好不以一个人或少数人的偏好来决定。满足这五个条件的社会选择才是真正的反映多数民意的一致选择。

但阿罗通过数理逻辑推导，证明同时满足以上五个条件的社会选择方法是不存在的。通常用来说明这一点的例子是假设一个社会中存在三个人：A、B、C，要对三个方案 a、b、c 进行选择，最偏好的选择用数字 1 表示，最不偏好的选择用 3 表示，列表如下：

	a	b	c
A	2	1	3
B	1	3	2
C	3	2	1

可以看出 A 和 B 宁选 a 不选 c，B 和 C 宁选 c 不选 b，A 和 B 宁选 b 不选 a，按照投票的大多数规则，不能得出合理的社会偏好次序，也就是说，个人福利与社会福利不完全一致。因此就一般情况而言，我们有阿罗的不可能性定理：在非独裁的情况下，不可能存在有适用于所有个人偏好类型的社会福利函数。

四、勒纳的统制经济学理论中蕴含的财政思想

关于统制的概念，勒纳的说法是"慎重地实施最能促进社会利益的一切政策，而不要预先判断集体所有和经营或某种形式的私人企业这个争论问题"。他强调，在这里所关心的主要是为人们的福利要怎样统制经济，并把收入分配问题看作统制经济所面临的主要问题之一。他把

分配问题划分为把一个社会各个消费者之间收入分配问题和把现有各种货物分配给各个消费者从而构成他们的消费份额的问题。他得出结论说，要使一定量社会总收入所提供的满足成为最大量，合理的办法是使各个人的收入平均化。勒纳的其他财政思想主要有：

1. 税收的制约机制

当消费者对商品必须支付的价格小于他愿意支付的价格时，他就取得了剩余。而当生产者销售商品的价格高于他的最低要求的报酬时，他也取得了剩余。只有在剩余总额大于赋税的场合，交易和剩余的生产才会继续进行。如果赋税大于剩余，将会妨碍交易并毁灭剩余，为社会带来损失，因为最终收不到税。个人所得税在减少收入或财富或花费方面对社会是可取的，因为高收入很少是工作的结果，大部分来自财产的收入。

勒纳指出，在集体主义经济中，政府在规定利息政策之前要先决定一个价格政策。政府必须通过调节消费与投资来防止通货膨胀和失业。

2. 机能财政——统制经济的调节手段

勒纳认为，内债数额大小是相对不重要的，只有外债才会使国家贫穷；赋税的目的决不是为了筹款，而是使保留在纳税人手中的钱比较少些，因政府可以用发行货币的办法满足它所需的一切款项；借债的目的也不是为了筹款，而是要使公众持有更多的公债和比较少的货币，并且这将会降低政府公债按货币计算的价值从而提高利率。在统制经济中，政府可以随心所欲地运用征税和花费、借债和贷款、购买和销售这六个财政手段，有效地影响消费和利率，从而完成对投资和就业的调节。整个消费和整个投资之间的调节是靠政府的投资政策实现的，这个投资政策通过利率来制定，而利率是靠政府的借贷来调节的。政府用在不同目的上的花费应当尽量调节，以使各种不同用途中的边际社会收益都相等。同样，各种不同的赋税的边际社会成本也必须相等，从而使纳税人所受到的损失减少到最小限度。政府和私人的花费之间的调节，必须以这两方面支出的边际社会收益相等为目标。这种计划虽然以预算不平衡为代价，但却有趋向平衡的长期趋势。

五、次优理论

在一般均衡理论中，所谓次优，德赛帕(Allan C. Deserpa)定义为“给定在经济的某些部门中一个或多个帕累托条件不能被满足时的一种最适度配置”。(德赛帕，《微观经济理论——问题与应用》，英文版，1985 年，第 535 页)所谓次优理论，则是指“当某些限制性因素使一种经济无法达到帕累托最适度状态时，为了确定次好状态而对各种可供选择的低于最适度的状态进行分析的理论”(格林沃尔德主编，《现代经济词典》，商务印书馆，1981 年，第 399 页)。

关于次优理论的意义，美国经济学家曼斯菲尔德(Edwin Mansfield)总结道：“次优理论的主要结论是，因为部分效率条件未能满足，就不能保证未满足条件数目的减少将导致福利增加。这对福利经济学有十分重要的意义，它意味着，如果经济的某些部分在其没有满足第 3 节叙述的条件(即帕累托的交换最优条件、生产最优条件以及生产和交换的最优条件)的意义上是失误的，那就没理由相信如果经济的其他部分可能被说服(或被强迫)去满足这些条件后福利将更大。”(曼斯菲尔德，《微观经济学——理论与应用》，英文第 4 版，1982 年，第 462 页)格林沃尔德主编的《现代经济词典》中说：“帕累托最优状态所要求的各种必要条件有一个得不到满足，那么，即使其他条件都能够得到满足，也可能达不到次好的状态。例如，鼓吹自由贸易的人很久以来一直认为，任何降低税率的做法都会增加福利，从而更加接近于帕累托的最优状态。但是，关税同盟降低成员国之间的税率，则会引起生产变动，而这种变动可能降低效率。这样一来就离帕累托最优状态更远了”(格林沃尔德主编，《现代经济词典》，商务印书馆，1981 年，第 399 页)。

六、相对福利理论

20 世纪 60 年代以后，一些新福利经济学家从福利的相对性出发研究福利，认为社会福利既无实际意义，又无实现可能，形成相对福利理论。美国经济学家伊斯特林(Richard A Easterlin)提出了“福利相对性”的概念，他认为，人们从生活中得到的快乐就是福利，“快乐”是主观的东西,无法衡量,无法比较,是相对的,是因人因地因时而异的(伊斯特林,《经济增长改善人类的命运吗》,载保罗·戴维和墨尔文·雷德尔主编,《经济增长中的国家和家庭》,纽约,1974 年版,第 116～117 页)。

他们还认为,绝对收入水平的增长,并不一定带来个人福利的提高,人们更关心自己的相对收入。英国经济学家米香(Ezra Mishan)认为,“一个人宁肯在其他人的收入减少 10%的前提下,把自己的收入减低 5%,而不愿意大家的收入都提高 25%”。(米香,《增长和反增长:问题何在?》,节选自威廉米契尔编《宏观经济学文选:当前政策问题》,纽约,1974 年版,第 496 页)既然福利是相对的,与个人的收入并没有直接的联系,因此,提高国民收入水平、资源配置最优化和国民收入均等化等政策都不能增加社会福利。

第四节　福利经济学派财政思想评析

福利经济学是资本主义经济发展到 20 世纪二三十年代的产物。在这一时期,资本主义社会的许多固有矛盾和市场机制的某些内在缺陷暴露无遗。例如,社会分配不公、外部不经济等重要经济学问题。对此,古典经济学的理论已束手无策。正如一位名叫汉内的西方经济学家所指出的:“英国的社会问题——庞大的财富和大众贫困的对比——非常严重,并且由于世界大战而变得尖锐起来。因此,有些经济学思想家以建立社会福利的一种标准概念作为目标,并导致经济学研究社会政策,以接近那种目标的倾向就突出起来。”

庇古以及随后的凯恩斯等学者意识到了在这些矛盾和缺陷背后隐藏着的严重后果。所以,庇古第一个打出“福利经济学”的旗帜,不仅建立了完整的福利经济学体系,而且提出了一系列与之配套的财政政策措施。自庇古开始,福利经济学派一直把公共财政问题作为研究的重点之一。庇古对国家福利、外部性及其解决,财政政策和税收原则的分析,新福利经济学对补偿理论的分析为公共财政学奠定了基础。

20 世纪 20 年代产生的福利经济学的代表人物庇古主张国家实行

养老金制度和失业救助制度,建立了福利经济学的社会保障经济理论。福利经济学的社会保障经济理论为当代西方社会保障经济理论打下了坚实的基础,他们运用边际效用递减规律,以18世纪末和19世纪初英国哲学家边沁的功利主义理论为基础,依据边沁所提出的"最大多数人的最大福利"这一功利原则论述了社会保障政策的经济意义。庇古假定在收入分配中有一个货币收入的边际效用递减规律在起作用,同一英镑的收入对穷人和富人的效用是不相同的,穷人1英镑收入的效用大于富人1英镑收入的效用。因此具有收入再分配性质的社会保障政策可以扩大一国的"经济福利",因为收入再分配过程中穷人得到效用的增加要大于富人效用的损失,社会总效用会增加,因此他主张:(1)增加必要的货币补贴,改善劳动者的劳动条件,使劳动者的患病、残疾、失业和养老能得到适当的物质帮助和社会服务。(2)向收入高的富人征收累进所得税,向低收入劳动者增加失业补助和社会救济,以实现收入的均等化,从而增加普遍的福利效果。(3)实行普遍养老金制度,或按最低收入,进行普遍补贴的制度,通过有效的收入转移支付实现社会公平。而他主张国家实行养老金制度和失业救助制度,建立了福利经济学的社会保障经济理论。其后的经济学家分析和论证政府干预经济事务的方式都是从庇古这里学来的,因此庇古成为现代公共财政和现代福利理论之父。

庇古十分重视累进的所得税和财产税的再分配功能,主张运用税收手段与财政补贴手段的配合,促进财富的合理分配。他还认为,由于存在边际私人纯产值与边际社会纯产值的背离,必然出现生产的外部不经济问题,而市场经济本身又不可能完全解决。所以,他还主张政府采用税收手段进行"矫正"或调节,实现资源的最优配置。这些理论和政策对于后来的一些资本主义国家实行"福利国家政策",以及凯恩斯主义理论和政策都产生了重大影响。同时,也对当今转向市场经济体制的其他发展中国家,具有一定的借鉴价值。

当然,如同其他西方经济学说和财政理论一样,受时代和自身立场的影响,以庇古为代表的福利经济学及其财政理论也存在某些缺陷,一些政策措施在资本主义现实社会中也仅仅只有形式上的意义。比如,庇古的全部税收理论都是建立在“最小牺姓原则”基础上的，而恰恰是这种根据“基数效用论”所提出的“最小牺牲”概念，具有极大的主观性和非科学性。

新福利经济学同庇古的福利经济学相比，在财政理论方面没有很大的创新，这与他们在其理论体系中抽象掉分配问题有关。不论是“帕累托最优状态”还是其他新福利经济学者提出的“最优条件论”，都是以既定的分配为前提。其实，分配问题是整个社会经济活动的重要组成部分，离开收入分配问题谈生产、交换的最优条件和社会福利的最大化，就不可能建立科学完整的经济理论体系。特别是在现代市场经济条件下，分配问题尤其是国家的财政分配，是政府进行宏观调控的重要手段，抽掉财政分配是不可能达到社会资源最优分配的。

与新福利经济学家相比，随后的经济学家在财政理论研究方面有更大的成就，特别是阿罗与阿马蒂亚·森对社会选择理论的研究为公共财政的公共选择理论的发展作出了重大的贡献。

庇古等福利经济学家因为所处的历史时期和观察问题的角度等原因，对一些经济问题的分析还是有一些局限性，特别是当今社会，人们注意到一些西方发达国家过于注重平等，广泛实行各项福利设施，从而带来了一系列后遗症，如竞争力的衰退、效率的下降。另一方面，国际间的贫富差距越来越大，引发了国际间的一系列矛盾。因此如何解决这些问题，福利经济学对财政的研究应该如何进行、如何进行改善是当今福利经济学发展面临的一个重要课题。

思考题

1. 庇古的福利经济思想中蕴含了哪些财政思想？
2. 庇古的税收思想与现代的最优税制理论有何联系？
3. 希克斯对卡尔多的思想有何发展？
4. 何为阿罗的“不可能定理”？
5. 福利经济学派的财政思想有何现实意义？

第八章　货币学派的财政思想

第一节　货币主义与货币学派产生的背景分析

货币主义的英文原文是 Monetarism，是由美国罗彻斯特大学管理研究院经济学教授卡尔·布伦纳(Karl Brunner)于 1968 年首先使用的。现代货币主义是在弗里德曼的大力倡导下，以芝加哥大学为发源地和大本营，于 20 世纪五六十年代在美国兴起并逐渐传播到世界各地的西方经济学流派，也称"货币学派"或"芝加哥学派"。

任何一种理论的产生都并非偶然，总是一定历史条件下社会实践的反映。货币学派的理论体系也不是凭空建立的，而是有其理论渊源和历史背景的。

第二次世界大战以后，凯恩斯主义风靡西方，成为各主要资本主义国家制定经济政策的指导思想。实行凯恩斯主义的经济政策，虽然对战后西方经济的"繁荣"起到了一定作用，但也造成了持续的通货膨胀。特别是到了 60 年代后半期，各主要资本主义国家的通货膨胀日益加剧，预算赤字越来越大，经济增长反而减缓，以至出现了通货膨胀与经济停滞、失业增加共存的"滞胀"现象。这是凯恩斯主义无法解释的，从而陷于不攻自破的绝境。在这样的历史背景下，现代货币主义应运而生。

现代货币主义的产生和兴起可分为三个阶段：

1. 20 世纪 50 年代后期——产生阶段。50 年代后期，随着美国通货膨胀状况不断恶化，弗里德曼发起了一场"凯恩斯革命的反革命"，猛烈抨击凯恩斯主义的理论和政策，提出了“以解释通货膨胀为主要内容”的经济理论和政策主张，从而使现代货币主义作为与凯恩斯主义相对立的一个现代西方经济学流派而产生了。1956 年，弗里德曼发表《货币数量论：一种重新表述》一文，标志着现代货币数量论从此崛起，为现代货币主义奠定了理论基础，

2. 20 世纪 60 年代——理论体系逐渐完成阶段。这一时期，弗里德曼写了一系列的文章和著作，使现代货币主义在理论和政策主张方面都发展成为一个完整的体系，但由于当时凯恩斯主义占绝对统治地位，现代货币主义并未受到西方国家政府和经济学界的重视。

3. 20 世纪 70 年代——影响和作用日益扩大的阶段。资本主义世界“滞胀”现象的出现，帮了现代货币主义的大忙。“滞胀”彻底暴露了凯恩斯经济学的“失算”和“破绽”之处，使弗里德曼名声大噪，使现代货币主义在西方首先是在英国流行起来，并日益得到广泛关注。1976 年，弗里德曼因“反对后凯恩斯主义的片面性”获得了诺贝尔经济学奖，更扩大了现代货币主义的影响。1979 年 5 月，以撒切尔夫人为首相的英国保守党一上台，就全面实行了现代货币主义的政策主张，使现代货币主义登上了“官方经济学”的宝座，成为新自由主义思潮最重要的堡垒和当代凯恩斯主义最强劲的对手。

第二节 货币学派的经济思想和基本理论

一、现代货币数量论（新货币数量论）

现代货币数量论是弗里德曼于 20 世纪 50 年代后期在对费雪、马歇尔等人的传统货币数量论进行修改和补充并吸收和修正凯恩斯灵活偏好论的基础上提出的一种货币理论，是现代货币主义的理论基础和核心。

现代货币数量论者与传统货币数量论者在两个问题上的看法是一致的：第一，通货膨胀是一种货币现象，在解释这种现象时，货币数量是

基本的因素；第二，西方国家的滞胀表明凯恩斯主义已经彻底失败，需要新的理论取而代之。这两点反映了货币主义的基本特征。但是，现代货币数量论对传统货币数量论中不适合当代资本主义现实的一些假设和论点进行了修补和发展，在许多理论和政策上区别于传统货币数量论。

1.现代货币数量论抛弃了传统货币数量论关于充分就业和货币流通速度是固定不变的常数的假设。新货币数量论与传统货币数量论的差别在于，传统货币数量论假定资本主义经济体系存在着"充分就业"的自动趋势，在"充分就业"的条件下，产量或国民收入不变，货币流通速度是由制度决定的固定不变的常数。因此，货币供应量的增减会直接使物价水平同比例涨跌。弗里德曼在"重新表述"货币数量论时避开了"充分就业"这个不现实的假定，仅在纯粹经验中考察货币数量的变化究竟反映在价格水平变化上，还是反映在产量水平的变化上。弗里德曼认为，随着国民生产总值的增长，货币流通速度的长期趋势是缓慢下降的，而当货币流通量增加造成物价普遍上涨时，货币流通速度将随之增大。为了把物价和经济活动的变动主要归因于货币供应量的变动，需要尽可能缩小货币流通速度的变动对物价可能产生的作用，因此他提出这样的论点，货币数量论并不需要假定货币流通速度是固定不变的常数，而只需要假定货币流通速度同经济变量之间有着稳定的函数关系。

2.具体分析了影响货币需求的因素。弗里德曼认为，货币数量论不是产量或收入的理论，也不是物价水平的理论，而首先是货币需求的理论。价格水平或名义收入水平是货币需求函数和货币供给函数相互作用的结果。因此，他主要对影响货币需求的因素进行了分析，并提出了单个财富持有者的货币需求函数为：

$$M/P=f(rb,re,rp,w,y,u)$$

其中，P为一般价格水平，rb为市场债券利息率，re为预期的股票收益率，rp为价格的预期变动率，w为非人力财富与人力财富之间的比例，y为实际国民收入，u为其他影响货币需求的变量。

通过建立这样的货币需求函数，弗里德曼主要表明的含义有两点：①货币需求函数是极为稳定的。从上述货币需求函数可知，弗里德曼强调的是实际货币需求。在他看来，实际货币需求主要取决于作为总财富代表的永久性收入（即一个人在相当长时期内从拥有的物质资本和人力资本中经常能够获得的收入流量，它大致相当于一个人在一定时期收入的平均数），由于永久性收入在长期内取决于实际生产因素的状况（如人口、生产技术水平、资源利用状况等），其变动是相当平稳的，因而货币需求也是相当稳定的。这就为论证调节货币供应量以适应经济增长的货币政策重要性奠定了理论基础。②影响货币需求与货币供应的因素是互相独立的。货币需求函数表明，货币供应与影响货币需求的因素完全无关。既然只有货币需求、货币供给二者的结合才能说明名义收入的变化，而货币需求又具有极大的稳定性，并且独立于货币供应的影响，那么，货币供应就成为影响名义收入变化乃至经济波动的主要因素。

3.创立了名义收入货币理论。在对货币数量论重新表述的基础上，弗里德曼还提出名义收入货币理论。其基本内容是：名义收入即货币收入是一种综合指标，包括价格与产量，它是价格与产量的乘积。因此，名义收入的变化既可表现在产量的变化上，也可表现在价格的变化上。由此，货币数量的变化在一定时期内对产量和物价都有影响，而传统货币数量论认为在充分就业条件下，产量不变，货币数量的变化仅仅影响物价水平。

4.自然失业率假说。自然失业率是现代货币主义用来解释资本主义社会的“滞胀”问题而提出的一个概念。按照自然失业率假说，在没有货币因素干扰的情况下，当劳动市场在竞争条件下达到均衡时，并不意味着所有的工人都已就业，因为这时有的工人嫌现行的工资太低而不愿意就业，有的则因正在进行自愿的工作变动而不能就业。这些失业的工人被称为自愿失业或摩擦失业者。所以自然失业率便是自愿失业和摩擦失业人数与全体劳动力总数的比率。自然失业率是稳定的、独立于通货膨胀率的，只要没有货币因素干扰，实际失业率总是以这种自然失业率为轴心而上下波动的。

弗里德曼认为，自然失业率大小是随着时间的变化而变化的，是难以预测的。它取决于与货币因素相对立的“实际”因素，即取决于劳动力市场和商品市场的现实的结构特征。如市场竞争的不完全程度、供求的随机可变性、有关工作空位和劳动力可得性的信息收集成本、劳动力的流动成本等。按他的意思，市场竞争越不完全，供求的随机可变性越小，信息收集成本和劳动力的流动成本越高则自然失业率越高，反之则越低。因此，只要市场是完全竞争的，工资是有伸缩性的，劳动力有较大的流动性，且劳动力市场的信息畅通，那么，一切有就业技能而又愿意工作的人迟早都是可以得到就业机会的，而那些因缺乏技能而不被雇主需要的人，不管产量如何变动，也得不到就业机会。所以，自然失业率中的失业者实际上都属于摩擦性失业，即因缺乏技能或受到就业结构方面的限制而无法就业的人，根本不存在凯恩斯所说的“非自愿失业”。

根据自然失业率理论，弗里德曼认为，由于人们对货币发行的增长会产生通货膨胀预期心理，使政府以充分就业为目标的通货膨胀政策只具有短期作用，而在长期内失效。在他看来，如果政府试图借助扩大货币供给把现期失业率降到自然失业率以下，价格的上涨便会暂时高于市场的预期水平，引起实际工资下降，使店主乐于增雇工人，增加产量，于是就业增加。这样，通过提高通货膨胀率来降低失业率的目标暂时是达到了，但价格上涨很快将影响到通货膨胀预期，刺激名义工资上升，使实际工资恢复到原来的水平，再度打击了雇主增加产量的积极性。这样，失业率就被拉回到与一个较快的价格增长率相对应的自然率水平。

正因存在自然失业率，凯恩斯主义那种依靠通货膨胀刺激“充分就业”的扩张性财政政策和货币政策，不仅不能消灭失业，相反却引起和加剧了通货膨胀，从而造成了当前资本主义国家高通货膨胀与高失业同时并存的“滞胀”局面。

由上可见，现代货币主义是用“自然失业率”来解释“滞胀”的，其实质是坚决反对凯恩斯主义用通货膨胀去替换失业的主张，并为其政策主张提供理论依据。

二、货币传递机制理论

所谓货币传递机制是指货币数量的变化和国民收入变化之间的传

送渠道。凯恩斯认为,货币量的变动影响利息率,利息率的变化影响投资,而投资的变化影响国民收入。弗里德曼则认为,一般来说货币供给的变动最初并不影响全社会的收入,只是对现有资产的价格发生影响。当货币供应量增加时,人们持有的现金量会超过他们愿意持有的现金量,他们就会把超量的货币用于购买各种资产,直至其实际持有的现金量等于其愿意持有的现金量为止。这样,就发生了资产的结构调整,即改变了各种资产在其总财富中所占的比重。在这种资产结构的调整过程中,实际上起内在支配作用的是各种资产的货币价格,它影响着各种资产的相对收益率。虽然多余现金对资产的购买会引起所购买资产的价格上涨,从而抬高这种资产的相对收益率,增加对它的需求并促使生产的扩大,但是,全社会的共同购买却最终会使各种资产的相对收益率大致相等。这表明:持有货币的收益取决于价格运动,价格上涨越快,货币购买力的下降也越快,从而持有货币的收益也越小。

按照凯恩斯学派的观点,由于资产选择最初仅在货币与债券之间进行,利率成为最终影响国民收入的一个重要的调节经济的政策工具,所以,调节货币供应量的目的在于控制利率。另外,他们还认为,出于货币需求的不稳定性,对货币供应量的调节往往不能达到预期的扩大支出,刺激有效需求的目的,因而削弱了货币政策的重要性。而在货币主义学派看来,由于资本选择是在更大范围内进行的,对货币需求的利率弹性并不重要,因此,为了使货币需求量适应已经增加的货币供应量,增加的货币供应量的大部分将直接作用于国民收入,归根结底将引起物价的普遍上涨。由此看来,货币供应量是决定社会经济活动的最重要的因素,因而也是调节经济最适宜的工具。

三、通货膨胀理论

弗里德曼等人是以现代货币数量论为基础来解释通货膨胀的。他们对通货膨胀的论述可概括为四点:

1. 通货膨胀是一种货币现象。按现代货币数量论的解释,货币供应量的变动是物价水平和经济活动发生变动的最根本的决定因素。因此,现代货币主义者认为,通货膨胀在任何时候任何地点都是一种纯粹的货币现象。只有在货币量增加的情况下,才会发生持续的通货膨胀。

2.通货膨胀发生的直接原因,是货币供应量增加的速度超过了产量增加的速度。产量的增加要受物质资源、人力资源、技术水平等的限制,金属货币的量也同样要受到实物的限制;而现代货币——纸币的增加,却没有任何限制,能以任何速度增长。当货币数量的增加明显地超过产量的增加时,通货膨胀就发生了;货币量增加得愈快,通货膨胀率就愈高。而货币供应量增长过快,又是由于政府实行了凯恩斯主义错误的财政政策和货币政策所造成的。因政府为了弥补巨额财政赤字,最简单的增加货币供给量的办法就是开动印钞机,这就不可避免地要造成通货膨胀。

3.通货膨胀是一种危险而致命的社会疾病。现代货币主义把通货膨胀看作一种可能带来激烈的社会动乱的疾病,所以把制止通货膨胀作为主要目标。为此,他认为应把主要注意力集中在解决当前西方国家的通货膨胀上,以实现没有通货膨胀的稳定增长。

4.制止通货膨胀的唯一办法是降低货币增长率,使其与生产的增长率大体一致。正如英国经济学家班布里奇所形象比喻的那样:既然通货膨胀起因于经济脸盆里的货币溢出太多,那么,关住货币水龙头,就可以制止浴室中流溢满地的通货膨胀。不过,弗里德曼认为,这往往是知易而行难。因为制止通货膨胀的措施,必须经过大约两年的时间才能看到效果,而在短期内则会导致生产下降和失业增加,容易遭到反对。但他强调,这是唯一可供选择的道路。

四、市场经济理论

弗里德曼认为:“市场经济的理想模式是:在这种经济中个人作为追求其自身利益的本人而行事的。如果有谁是作为别人的代理而行事,那么他是在自愿的、双方同意的基础上这样做的。”这段话包含了三重意思:第一,在市场经济中,交换是建立在自愿和互利的基础上;第二,参加者的价值观念和个人偏好不同,双方通过交换都能得到最大满足,这样交换才能发生;第三,在自愿和互利的基础上,市场能够通过价格机制发挥作用:协调人的活动。这是因为价格传递了供求双方的变动信息，促使生产者按需求变动的信息及时调整产量，并通过价格决定生产者的收入。同时，弗里德曼认为，在现实生活中理想的或纯粹的市场经济是不存在的。由于垄断和类似的市场不完全性和邻近影响的存在，严格意义上的自愿交换实际上是不可能的。因此，市场经济必须借助政府的力量才能正常运行。不过弗里德曼指出，政府的干预只应保留在有限的范围内，“即维护法律和秩序、规定财产权的内容、作为我们能改变财产权的内容和其他经济游戏的规则的机构，对解释规则的争执作出裁决，强制执行合同、促进竞争、提供货币机构、从事对抗技术垄断的活动和从事广泛地被认为重要到使政府能进行干预的邻近影响的消除。同时，又包括补充私人的慈善事业和私人家庭对不论是疯人还是儿童那样的不能负责任的人的照顾”。只有坚持交换的自愿和互利原则，发挥价格的三种功能，并由政府维持市场秩序，市场才能正常发挥调节经济活动的作用。

货币主义学派的理论基础是货币数量论，但货币主义学派的理论不仅仅涉及货币方面，它实际上是一种基于新经济自由主义的西方宏观经济学理论。弗里德曼的新自由主义具有这样一些特点：第一，强调两种意义的自由，即人们相互关系的自由和个人的自由；第二，强调人们相互关系的自由在经济活动中主要依靠私有制和市场经济来实现，在政治活动中则主要依靠某种形式的少数服从多数来实现，而经济自由是达到政治自由的一个不可缺少的手段；第三，强调人是一种“不完善的实体”，“绝对的自由是不存在的”；第四，上述两种意义的自由只有在政府的保护下才能实现。这些特点表明：弗里德曼在一定程度上揭露了资本主义自由的虚伪性，同时，从市场经济的角度看到了自由与市场经济和政府作用的关系。

货币主义学派理论的另一个特点是，运用了预期量分析法和名义量分析法。弗里德曼采用预期量分析法时引入了时间因素，通过现期量和预期量的差异来区分货币作用的短期效果和长期效果。在此基础上，他又利用名义量分析法，通过经济变量的名义量和真实量的差异来分析货币的短期作用和长期作用，以及短期作用向长期作用的转化。这两种分析方法对研究市场经济下的货币作用过程是具有重要的理论意义和实用价值的。

第三节　货币学派的主要财政思想和政策主张

货币学派的财政思想和政策主张是与它的理论基础和主要观点相一致的。主要有以下几个方面。

一、提倡自由竞争，反对国家干预经济

货币学派反对国家干预经济，认为政府的活动不仅没有有效的调节经济、消除波动，反而使经济的波动更为剧烈，是经济活动中出现问题的根本原因。它的主要表现有：(1)政府为增加支出而增加课税，从而使人们失去投资、存款的积极性。(2)政府实行企业国有化，不仅支持了下滑的企业，而且不同部门之间的必要调整和经济活动中的能动调整不能得以进行。(3)国家干预所导致的通货膨胀使价格体系和市场结构出现失衡，经济效益下滑；消费者为避免通货膨胀引起的损失，不是努力工作而是从事投机活动；政府为制止通货膨胀而对工资物价进行管制更使得价格体系的变动失常。

货币主义否认所谓"不自愿失业"的存在，认为经济生活中存在一种"自然失业率"，是由于劳动力市场和商品市场自发供求力量形成的均衡状态的失业率，因而不需政府的干预；通货膨胀也仅是一种货币现象，其直接的原因是政府投放的货币量大于市场中的货币需要量。失业和通货膨胀之间不存在凯恩斯认为的负相关关系，二者的并存是政府按凯恩斯认为的负相关关系制定经济政策导致的。

基于以上理论，货币学派提倡恢复自由竞争的市场经济，因为价格可以协调人的活动，调动人们追求财富的积极性，从而繁荣社会经济。当然，国家在一定程度上还存在干预经济的必要性。

二、认为凯恩斯主义的财政政策是无效的

凯恩斯主义提倡需求管理并把财政政策作为实现需求管理的一个

主要手段，而货币主义并不认为如此。在弗里德曼看来，以需求管理为宗旨的财政政策最终都是通过货币量的扩张和收缩来实现其经济调节作用的，而扩张性的“过头反应”必然导致通货膨胀。由于自然失业率的存在，这种通货膨胀仅仅是借助于人们暂时的预期失误而对降低失业率产生短期作用。在长期中，失业水平仍将滞留在自然率的水平上，因此，以实现和维护“充分就业”为目标的财政政策，不但不会减少失业，反而会使通货膨胀率越来越高。

货币主义还认为，如果推行纯粹的财政政策，而未伴之以货币调节，那么，这种政策只能在短期内对国民收入产生影响，而在长期内则使实际收入不变。其原因在于政府支出（或税收）对于私人支出会产生“挤出”效应。由于这种效应的存在，政府支出的增加只会带来私人支出的相应减少，而完全谈不上“乘数”效应。所以，货币主义得出结论：没有相应的货币政策的配合，纯粹的财政政策在刺激经济方面是无效的；由于政府支出（或投资）往往是非生产性的，而私人投资一般是生产性的，因而“挤出”发生的结果往往会降低整个经济的增长能力。总之，在货币主义看来，凯恩斯主义所主张的扩张性财政政策无助于刺激经济增长，降低失业率，反而会引起通货膨胀，降低国民经济增长率。

三、反对权衡性的货币政策

货币主义坚持这一主张的理由在于经济政策的滞后性质。弗里德曼认为，从发现经济运行中存在的问题，到针对问题而执行的政策全部产生效果之间存在一系列的步骤，而其中每一个步骤都需要时间才能完成。这些步骤可以列举如下：

第一，认识问题。了解经济运行中是否存在问题或存在什么样的问题，需要时间进行观察和研究。

第二，政策的制定与决定。一旦问题被识别以后，还需要时间来制定相应的政策。如果存在着各种可供选择的方案，还得在方案之间进行选择并且在决策人之间还得取得大体一致的意见。

第三，政策效果的实现。政策的效果不是马上全部实现的，而需要在一定的时间以后才能发挥它的全部作用。

除了上述步骤以外，还可能存在其他步骤，它们被称为时间的滞后。据此，弗里德曼认为，经济政策的时间滞后不但使它不能起到熨平宏观经济波动的作用，反而会造成加剧经济波动的后果。

在弗里德曼看来，如果任其自然，资本主义经济会出现波动的现象，但这种波动的程度是轻微的。正确的经济政策虽然有可能起到"熨平"波动的作用，然而，由于政策的时间滞后，也会产生推波助澜的作用，使得宏观经济的运行更不稳定。

据此，弗里德曼不赞成对宏观经济运行进行"微调"，即反对权衡性的经济政策，因为这种政策弊大于利。

以弗里德曼为首的货币主义者根据他们提出的理论和对经验资料所做的分析，否定了凯恩斯主义的经济政策，提出了自己的政策建议，其核心是所谓单一政策规则。

1. 单一规则的货币政策

弗里德曼反对相机抉择的货币政策规范，主张单一规则的货币政策规范，即由立法机构授予货币当局以特定的任务，事先制定固定的货币政策规则，并向社会公众公开宣布，然后再由货币当局遵照执行以完成任务。他认为，与经济稳定相适应的货币政策的中心问题，不在于通过一种高度敏感的政策工具来不断抵消由其他因素引起的经济不稳定，而在于防止货币制度本身成为经济不稳定的主要根源。弗里德曼认为，货币政策不是万能的，它不能做到两件事，第一，除极短的时期外，货币政策对利率的钉住无法维持得更久。第二，除极短的时期以外，货币政策对失业率的钉住无法持续得更久。货币政策所能发挥的第一个作用也是最重要的一个作用是它能够被用来防止使货币本身成为经济波动的一个主要根源。第二个作用是为经济运行提供一个稳定的环境。最后一个作用是有助于抵消经济体系中来自其他方面的主要波动，如果存在着独立的、长期的经济高涨，货币政策可以通过实行较低的货币增长率来帮助当局控制宏观经济形势。货币政策以为必要且唯一可行的长期目标应当是保持物价稳定，实现没有通货膨胀的经济增长。弗里德曼认为，在现有的认识水平上，要达到这一最终目标只能"绕道走"。也就是说，只能选择一个能够为货币当局有把握加以控制的数量作为中间目标。按照他的分析，货币总量是可供利用的最佳中间目标，因为从长期看，货币流通速度和货币需求量是比较稳定的，这样，货币当局只要控制货币供应量就足够了。

为了有效地控制货币总量，货币主义主张取消贴现率和部分准备率制度，而保留公开市场业务作为实现中间目标的政策手段，但必须规定一个固定的货币年增长率并公开宣布一个长期不变的货币增长率，是货币政策唯一的最佳选择。弗里德曼的这一以货币供给量作为货币政策的唯一控制指标，而排除利率、信贷流量、准备金等因素的政策建议被称为单一的政策规则。

2.实行收入的指数化

所谓指数化，是指把工资、政府债券收益以及其他收入等，同生活费用如消费物价指数紧密联系起来，即对不同的个人收入一律实行指数化，与物价上涨指数相联系，以使各种收入能随着物价的上涨相应提高，消除通货膨胀的影响，剥夺各级政府从通货膨胀中捞取的不法收益。这是现代货币主义为了对付通货膨胀并减轻通货膨胀的负作用而提出的一项辅助性政策。

现代货币主义认为，凯恩斯主义对付“滞胀”的所谓“收入政策”，即对工资、物价实行冻结或管制的政策，不是医治通货膨胀的办法。因通货膨胀是货币流通量过多所引起的需求过度造成的，不管制货币供应反而管制工资和物价是不会奏效的。而实行收入指数化政策，可以抵消物价波动对收入的影响，“消除”通货膨胀所带来的收入不平等现象并“剥夺”各级政府从通货膨胀中获取的非法利润，从而杜绝搞通货膨胀的动机。当然，弗里德曼也认识到这种方案只能限制和减轻通货膨胀的负作用，不能彻底消除通货膨胀。要根除通货膨胀，只有一个办法，那就是减少通货增长量。

3.浮动汇率制度

第二次世界大战以后，国际金融体制中执行的是布雷顿森林会议所规定的固定汇率制，即美元与黄金直接挂钩，各国货币同美元挂钩，直接以美元为基础来确定各国货币的汇率。

早在20世纪50年代后期，弗里德曼就反对这种固定汇率制，主张实行浮动汇率制。所谓浮动汇率制度,就是在国际货币市场上对于各国货币之间的比值不作统一的、固定不变的规定,允许其根据各国币值的变化而自由浮动。弗里德曼认为,实行固定汇率制是一个完全错误的行为,这种汇率制必将彻底瓦解;自由浮动汇率才是维护一体化的稳定国际经济的更好手段,浮动汇率既保证国际贸易平衡发展,又不妨碍重要的国内目标,是一种自动机制,能够不断自动调节国际收支。例如,当一国出现国际收支逆差时,浮动汇率可以使本国通货的对外汇率自动下降,即所谓外汇行市自动上升,本国货币贬值,等下降到一定程度,就会扭转国际收支逆差的劣势;当一个国家出现国际收支顺差时,本国货币的对外汇率会自动上升,即所谓外汇行市自动下降,本国货币升值,就会扭转国际收支顺差的局面。扭转逆差和顺差的目的,在于平衡国际收支,这不仅有利于国际市场的稳定,而且促进了国际贸易和国际信贷的发展。

从 20 世纪 60 年代末到 70 年代初，由于欧洲美元泛滥，加上美国从 60 年代后期就进入了持续通货膨胀时期，国际收支状况不断恶化，引起了美元危机的频频爆发和国际金融市场的严重混乱。在这种情况下，美国政府被迫于 1971 年 8 月 15 日宣布暂停外国银行以美元兑换黄金，从而宣告了以美元为台柱的战后国际货币体制的彻底垮台。随后，西方各国都陆续实行了浮动汇率制，弗里德曼的主张被付诸实践。

4.负所得税方案

货币学派主张用负所得税制取代失业救济金和低收入差额补助金,因为前者鼓励了懒汉,不利于调动人们的工作积极性,不利于提高整个社会的经济效益。所谓负所得税,就是指政府规定某种收入保障数额,然后根据个人收入情况对不足保障数额者给予补助,收入越高,补助越少,直到收入达到所得税的起点为止。

公式为:

负所得税＝收入保障数额－个人实际收入×负所得税率

个人可支配收入＝个人实际收入＋负所得税

由公式计算可得,没有收入的人的可支配收入为收入保障额,随着收入的增加,所得到的政府补助就越少,而个人的可支配数额却越多,个人收入达到所得税起征点的人则不能再得到国家的补助。这样就拉开了低收入者的收入水平,纠正了差额补助法的那种把低收入者的可支配收入拉平的弊端。

现代货币主义者认为,这样做可以通过收入或享受上的差别来鼓励低收入阶层的工作积极性,纠正一些人宁可闲着坐收补助金,也不愿工作的懒惰思想,从而提高社会的经济效率。

由此可以看出,现代货币主义政策的主要特点有:

1.以自由放任为基调

现代货币主义攻击凯恩斯主义的一个重要方面,就是凯恩斯主义倡导的国家全面干预社会经济生活的政策主张。它认为,当主张恢复自由竞争的市场经济,让市场机制充分发挥其调节功能。它认为,政府的责任是为自由市场经济的有效运行创造和保持一个良好的环境。前资本主义国家所以会遇到如此严重困难的局面,就是因政府过多地干预经济生活,扰乱了市场经济的自然运行,破坏了自由经营所造成的经济繁荣。所以,现代货币主义重新强调自由放任,主张恢复自由竞争的市场经济,让市场机制充分发挥其调节功能。

2.以货币政策为重心,以制止通货膨胀为主要目标

在经济政策的重心和主要目标上,现代货币主义与凯恩斯主义也是针锋相对的。凯恩斯主义的经济政策是以扩大政府开支、举债花费、赤字预算的财政政策为主,货币政策为辅,以实现充分就业为首要目标的。现代货币主义对上述主张采取了全盘否定的态度,认为以需求管理为主的财政政策最终都是通过货币量的扩张和收缩来实现其经济调节作用的,而扩张性的"过头反应"必然导致通货膨胀。由于"自然失业率"的存在,这种通货膨胀仅仅是借助于人们暂时的预期失误而对降低失业率产生短期作用,而在长期内,失业水平将滞留在"自然失业率"水平上。因此,以实现和维护充分就业为目标的财政政策,不但对减少失业无所裨益,反而会使通货膨胀率越来越高。同时,没有相应的货币政策配备纯粹的财政政策在刺激经济方面是无效的;而由于公共投资的低效率,政府支出的增加带来私人支出的相应减少,往往会降低整个经

济的增长能力。因此,必须彻底抛弃这种有弊无利的财政政策和所谓实现“充分就业”的政策目标,把政策的重心放到货币政策上并把制止通货膨胀作为首要目标。

四、现代货币主义在英国的实践

如前所述,现代货币主义关于实行“浮动汇率制”的主张,从 20 世纪 70 年代初就逐渐为西方各国普遍实践,然而其政策主张的全面实施,则是在撒切尔夫人出任英国首相之后。

1979 年 5 月,以撒切尔夫人为首的保守党政府上台时,接收的是一个生产长期停滞、通货膨胀严重的烂摊子,她认定这是前届工党政府热衷于国家干预经济的结果,决定实施一套完整的现代货币主义政策以挽救英国经济。这些政策主要是:大幅度削减公共开支和紧缩信贷,严格控制货币供应增长率;改革税收制度,包括全面降低个人所得税的基本税率,减征投资收入税、土地开发税和公司利润税等,借以鼓励私人投资,同时加征间接税以弥补削减所得税而造成的损失;采取多项削弱或消除政府干预的措施,如取消物价管理委员会等政府机构,缩小国家企业局等政府机构的职权,放弃政府对私人企业工资标准的干预,减少对国有企业的资助乃至实行国有企业的非国有化等,借以达成有利于私人企业发展的气氛和环境。上述现代货币主义的政策措施,作为撒切尔夫人新官上任时的“三把火”,虽然在实施过程中迫于经济衰退的压力,不出几个月都被不同程度地打了折扣,但确实对降低通货膨胀率产生了明显的效力。1980 年 7 月,英国的通货膨胀率曾高达 21.9%,一年后下降到 17%,此后持续几年稳定在 5%左右,到 1986 年降到了 3.4%。然而,为换取通货膨胀率的下降,英国经济也付出了沉重的代价。首先是失业率急剧上升,且持续多年居高不下。1979 年 5 月,撒切尔夫人上台时,英国失业人数近 140 万人,失业率为 5.5%左右。到 1982 年 8 月,失业人数猛增到 329.2 万,失业率高达 17.8%,开创了英国近百年有失业登记以来的最高记录。此后,失业率虽有所下降但一直维持在较高水平。其次是大大延长了经济衰退的时间。撒切尔夫人上台不久,即 1979 年 7 月,英国就爆发了经济危机。在这次危机中,由于实行了紧缩信贷、降低货币增长率等措施，使经济衰退更加严重，工业生产直到1981年5月才停止下降，跌至谷底，前后长达23个月。此后在谷底还徘徊了3个月，直到同年9月才开始出现微弱回升；工业生产指数比危机前的最高点下降了15.2%。这是战后英国持续时间最长、工业生产指数下降幅度最大的一次危机。此外，由于紧缩政策加剧了经济衰退和失业，因而诱发和助长了国内各种动乱，加重了经济困难。

为了对付严重的失业问题和为下一次大选作准备，1985年9月2日，撒切尔夫人宣布对内阁进行重大改组，其中令人注目的是任命戴维·扬勋爵为就业大臣，并扩大了就业部的职能，形成了一个共同解决失业问题的班子，这被认为是关键性的一举，表明撒切尔夫人被迫放弃了以弗里德曼的"简单规则"的货币政策去解救通货膨胀的一贯做法，改而把解决失业问题放在优先地位。这种改变，标志着撒切尔夫人对现代货币主义教义的一种背离。也正是由于这种转变，英国的失业人数逐渐有所下降，经济增长率也明显提高，1987年达到4.8%，不仅远高于欧洲经济共同体成员国平均实际增长率2%的水平，也高于日本(3.9%)、美国(3.8%)的经济增长率，这是自第二次世界大战以来首次出现的现象。然而通货膨胀却又开始回升，1989年3月已升至7.9%，达到1982年以来的最高水平。为了防止通货膨胀进一步恶化，英国政府从1988年冬季起，不得不采取高利率政策等加以抑制，但长期推行这一政策必然会影响到英国经济的增长。除此之外，英国经济还存在着一些其他潜在的问题，如公共事业的质量日渐低落，贫富更加悬殊，经济项目赤字不断恶化等。因此，如何在有效地抑制通货膨胀的同时，维持经济的稳定增长，仍然是英国政府面临的难题。

现代货币主义的经济政策主张在英国的实践表明，它的那一套政策对于抑制通货膨胀虽具有一定的效力，但并不像弗里德曼所鼓吹的那样——只要抑制了通货膨胀，资本主义经济就能稳定增长。如同任何一个现代西方经济学流派一样，现代货币主义也有其时代的局限性和无法克服的矛盾，它对付通货膨胀和经济停滞的做法是彼此掣肘和互相抵消的，不可能成为包治百病的灵丹妙药。

第四节 货币学派财政思想的评价

现代货币主义是在批判凯恩斯主义中兴起的，在20世纪60年代中受到西方国家政府的重视。西方国家长期实行凯恩斯主义导致经济滞胀，现代货币学派选择通货膨胀为主要目标攻击凯恩斯主义，迎合了当时经济的需要，因而名声大振。有人指出，凯恩斯主义是大萧条的产物，货币主义是通货膨胀的产物。

货币主义的思想曾一度在西方具有相当大的影响。例如，在货币主义的影响下，美国联邦储备制度的公开市场业务从20世纪60年代中期开始逐渐把货币供给量本身，而不是利息率作为一个重要的控制目标，英国《经济学家》杂志1977年7月2日报道说"货币供给量的增长目标现正成为国际时尚"。

弗里德曼对货币作用进行的分析是有创见的。他在分析中运用预期的方法和引入时间因素，区分名义量和实际量的差别，分析货币短期作用向长期作用的转化，建立起货币传递机制理论。这些都对分析市场经济中货币作用过程具有重要的理论意义和实用价值。

弗里德曼在货币政策上的某些主张在一定程度上已为一些国家的中央银行所接受。瑞典皇家科学院认为，一位经济学家直接地和间接地，不仅对科学研究的方向，而且对实际政策有这么大的影响，这是很少见的。的确，弗里德曼的政策主张对西方国家特别是英国和美国的货币政策影响很大，并使这些国家在一定程度上控制住了通货膨胀。

弗里德曼关于政策滞后性的分析是十分精彩的。他说明了早些时候被人们忽略的一个重要问题，即稳定政策推出的正确时机。政策效果滞后论及政策滞后引起的不稳定性，对制定经济政策和执行经济政策都有积极的意义。

西方有些学者也指出了现代货币主义的不足。如萨缪尔森曾经指出，弗里德曼的货币传递机制理论与单一规则货币政策之间存在明显的矛盾，为抑制通货膨胀率的单一货币规则实际上使得货币流通速度的变化极不稳定。经济人的理性预期导致货币需求变得不稳定，这动摇了弗里德曼分析货币传递机制时的假定，即货币的需求是稳定的，从而动摇了货币传递机制理论的前提。如果承认卢卡斯的理性人假定是进行宏观经济分析的微观基础之一，那么，现代货币主义与凯恩斯主义一样，也忽视了货币引起的宏观现象的微观基础。

思考题

1. 简述货币主义的理论基础及对其财政思想的影响。
2. 货币主义的政策主张有哪些？

第九章　供给学派的财政思想

第一节　供给学派产生的背景及其代表人物

供给学派是当代西方经济学中以萨伊定律为基础强调供给分析的一个经济学流派。在20世纪70年代中后期的美国，“滞胀”动摇了凯恩斯主义的统治，供给学派乘机崛起并受到政界的重视和支持。1980年里根参加竞选并入主白宫以后，提出了以供给学派的论点为主要内容的“经济复兴计划”，供给学派更是名声大振，一跃成为美国的官方经济学。

从总体上看，供给学派的理论观点和政策主张是错误的。首先，供给学派以萨伊定律作为自己的理论基础，否认资本主义生产的内在矛盾，重复早已为资本主义经济危机证明是错误的东西，在理论上是一个退步。其次，他们脱离资本主义生产关系和资本主义的基本矛盾，仅从生产的供给方面做文章，不可能正确揭示美国经济问题的真正原因。最后，在国家垄断资本主义日益发展并得到加强的今天，供给学派主张的自由放任只能是一厢情愿的幻想。当然，也应当承认里根当政时期美国经济的回升与其采用供给学派的主张是不无关系的。但这决不仅仅是供给学派的功劳，而是多种因素综合作用的结果。要医治资本主义的痛疾，就目前的情况看，供给学派的前途并不乐观。

一、供给学派产生的背景

第二次世界大战结束后，各主要资本主义国家纷纷把凯恩斯主义作为经济政策的支柱。美国政府根据凯恩斯主义，采取国家干预经济的政策，在一定程度上刺激了美国经济的增长。但是，凯恩斯的经济理论和政策并不能从根本上解决资本主义经济所固有的矛盾。因而随着时间的推移，凯恩斯的“需求管理政策”给美国经济带来了一系列恶果。首先，政府开支庞大，赤字达到空前水平。其次，经济增长缓慢甚至停滞，通货膨胀加剧。1973 年以后，美国经济又陷入了“滞胀”。上述经济难题使凯恩斯主义的地位发生了动摇。在这种情况下，西方经济学界和政治家们又期待出现一个“新的凯恩斯”，能另辟蹊径。于是，在美国就出现了供给学派。

供给学派的基本思想，最早是由蒙德尔在 1971 年 4 月举行的一次经济学会议上提出的。他主张减税与紧缩货币同时并用，前者可使企业主增加投资多雇工人，从而刺激经济增长并降低失业率，后者则可以抑制通货膨胀。蒙德尔的上述“供给思想”引起了经济学者拉弗和万尼斯基等人的注意。拉弗研究并发展了蒙德尔的思想，他提出了著名的“拉弗曲线”，认为美国高税率严重削弱了人们工作、储蓄和投资的积极性，导致经济活动和政府税收蒙受双重损失。而减税将加速资本的形成、提高人们的工作积极性和生产率，有利于刺激经济增长从而最终增加税收；减税也不会导致通货膨胀。“拉弗曲线”是供给学派理论的核心，标志着供给学派的实际形成，但这时他们还没有使用“供给学派”这一名称。

拉弗等人的观点在政界也得到了积极响应。1975 年，国会议员杰克·肯普率先主张减税并聘请经济学家罗曼·图尔为他的减税方案编制计量模型，以便为供给学派思想的应用找到操作根据。1976 年 11 月，曾任尼克松政府经济顾问委员会主席的赫伯特·斯坦在《华尔街日报》上撰文攻击减税主张，并把单方面强调供给的经济学家比喻为“供给学派财政学家”。这一称呼正中拉弗、万尼斯基等人的下怀，从此他们自称为“供给学派经济学家”。供给学派一词也就正式流行于西方经济学的文献和报刊中。供给学派的代表作有：万尼斯基的《世界运转的方式》和乔治·吉尔德的《财富与贫困》等。供给学派自产生以来，影响不断扩大，以致在 20 世纪 80 年代初成为美国的官方经济学。

二、供给学派的代表人物

在美国，供给学派存在着所谓极端的供给学派和温和的供给学派之分。极端的供给学派又称纯粹的供给学派或激进的供给学派。由于其观点更鲜明、更富有特色，西方经济理论界又将极端的供给学派冠以正统的供给学派之名。温和的供给学派也称为传统的供给学派，它同极端的供给学派的区别不在于其基本理论思想方面，而在于它们对各自政策主张的效果所持的预期和判断不同。

（一）极端的供给学派的代表人物

最早提出供给学派基本思想的是加拿大籍美国经济学家罗伯特·蒙德尔。蒙德尔生于1932年，曾在加拿大、美国等地学习经济学，1974年转入哥伦比亚大学任教至今。早在1971年，他就批评美国政府通过增税方法来抑制通货膨胀的做法，而主张一方面应紧缩货币供给量以抑制通货膨胀，另一方面应该实施减税，刺激经济增长。这些无疑是供给学派的基本思想，因而蒙德尔被美国报刊称为“供给学派的先驱”。

供给学派最重要的代表人物当算阿瑟·拉弗。拉弗生于1941年，美国南加利福尼亚大学商学研究院教授，在尼克松政府时期曾任行政管理和预算局的经济学家。里根政府时期，他是总统经济政策顾问委员会成员。拉弗之所以引人注目，最主要的还是他所提出的描述税收与税率之间关系的曲线——拉弗曲线，尽管这一曲线最初是画在餐巾纸上的，但由于其对税收政策影响经济的解释更形象、更形式化，从而确立了拉弗曲线作为供给学派思想精髓的地位。极端的供给学派的其他代表人物或成员，基本上都是在受到蒙德尔和拉弗的影响后而开始致力于宣传、研究和实践供给学派理论的。

裘德·万尼斯基曾是美国《华尔街日报》的副主编。由于其所拥有的舆论工具，加之对拉弗理论的拥戴，在“供给学派革命”中占有一席之地。万尼斯基曾在文章中说：“像很多这样简单的观点一样，拉弗的观点尽管也相当简单，其含义却很深刻。”“‘拉弗曲线’是简单的但却是非常有力的分析工具，所有的甚至最简单的事务都是以这种或那种方式沿着这条曲线进行的”。甚至“懂得‘拉弗曲线’的政治家将会发现,在其他条件不变的情况下,他们能够击败不懂这条曲线的政治家”(外国经济学研究会编,《现代国外经济学论文选》,商务印书馆,1984 年,第 28、39、43 页)。

保罗·克雷·罗伯茨是另一位供给学派成员。他曾担任《华尔街日报》副主编和专栏撰稿人。他在供给学派兴起阶段所作的贡献,在于为“肯普—罗思法案”的提出所作的努力。在财政部担任主管经济政策的助理部长期间,他深入考察了供给学派革命在美国的发源、发展和演变的全过程,写成了《供给学派革命——华盛顿决策内幕》一书,比较系统地论述了供给学派的理论和实践,因而产生了广泛的影响。

乔治·吉尔德自认为其经济思想是深受拉弗、万尼斯基等供给学派成员的启发而形成的。但是,其名著《财富与贫困》所阐述的供给学派理论,实际上已超越了其他成员。美国行政管理和预算局局长戴维·斯托克曼曾鼓吹这是 50 年来最优秀的著作之一,并购书 30 册,分送给里根总统的助手们,作为他们必读的“经典之著”。吉尔德的著作和工作,为供给学派的兴起以及供给学派理论向现实经济政策的渗透起到了推波助澜的作用。

(二)温和的供给学派的代表人物

温和的供给学派的代表首推马丁·费尔德斯坦。费尔德斯坦曾任哈佛大学教授,38 岁时获得美国经济学会的 J.B. 克拉克奖章,曾出任里根政府经济顾问委员会主席。他原是一个凯恩斯主义者。他通过研究罗斯福的“新政”和约翰逊的“伟大社会计划”等政策之后,看到了政府干预“往往以好的意愿开始,以坏的结果告终”,(罗伯茨,《供给学派革命》,上海译文出版社,1987 年,第 29 页)转而成为“市场的新信徒”。其理论的闪光之处当数“费尔德斯坦曲线”——用以说明财政赤字水平对资本形成和通货膨胀的影响及其相互关系的理论模型。这一模型浸透了供给学派的理论和思想,其政策含义与“拉弗曲线”虽有不同,却构成了对宏观经济问题的独到的供给学派式的总体解释。

费尔德斯坦本人对供给学派两派的区别作了较好的说明。他把极端的供给学派称为“新派”,而把自己称为“老派”或“传统的供给学派”。

他认为新老两派的区别不在于“所提倡的政策是什么，而在于他们对这些政策所提出的论断是什么”。费尔德斯坦认为自里根登台以后的经济发展事实已经表明，“新派”的所有预言都是错误的。“老派”对供给学派的政策效应的预期和判断是留有余地的。不同于“新派”所过于乐观地预期全面降低边际税率一定会带来空前的增长，可以毫无痛苦地降低通货膨胀率、增加赋税收入、促使个人储蓄的增长。他认为，“老派”对政策效应的预期在于“一个国家实际收入的演变有赖于其有形资本和智力资本的积累，并取决于其劳力的质量与所作的努力”。(马丁·费尔德斯坦，《供给经济学：老原理和新论断》，《美国经济评论》杂志 1986 年第 5 期)按费尔德斯坦的说法，“新派”与“老派”的基本理论见解还是有诸多相同或相近之处的，只是“新派”对供给学派政策持有的“奇迹般的效应”的预期既没有什么实际内容，也为“老派”所不屑。

第二节 供给学派的基本经济理论

一、摒弃凯恩斯主义，复活萨伊定律

供给学派认为，凯恩斯的有效需求原理对 20 世纪 30 年代的大危机是正确的，当时刺激需求的政策的确可以挽救生产，并使企业主增加投资从而增雇工人以降低失业率。但凯恩斯的错误正是把这一特殊情况变成了所谓“需求自行创造供给”这个一般命题。美国经济 70 年代陷入“滞胀”，就是凯恩斯主义长期注重需求而忽视供给的必然结果。

在供给学派看来，美国当时较高水平的失业，与其说是由于对劳动力的需求不足，倒不如说是由于劳动力的供给不足。原因在于：首先，技术革命日新月异的发展使青年和缺乏技术的人难以就业，一方面是许多工人在寻找工作，另一方面则有大量工作岗位无合格人员应聘；其次，政府优厚的失业救济金和过高的所得税率降低了“失业成本”，打击了人们的工作热情，生成了一大批“新型的自愿失业者”，这种失业是无法用刺激需求来消除的；最后，最低工资法保障了技术不熟练工人不必

学习技术就可以获得一定工资，鼓励他们永远处于技术贫乏状态，使他们易于被解雇，加剧了高技术劳动力供给的短缺。供给派严厉批评凯恩斯主义忽视储蓄，使投资率和劳动生产率下降，从而导致经济增长停滞。凯恩斯把经济危机和失业的根源归咎于“储蓄过度”，致使“有效需求不足”，完全忽视了资本积累在经济增长中的作用。战后美国各届政府按照凯恩斯的理论，着重提高需求水平而不是扩大资本投资，加之征收高税，使储蓄率和投资率长期以来一直下降。由于投资不足，企业的设备更新和技术革新延缓，造成60年代以来美国劳动生产率的增长率持续下降，而通货膨胀率又居高不下，以致于70年代以来出现了“滞胀”。埃文斯曾说：“凯恩斯主义模型无法医治目前的经济病，因为它们把中心放在需求的问题上；而我们需要的则是强调供给一面，把中心放在生产力刺激上的模型。”（外国经济学研究会编，《现代国外经济学论文选》第5辑，商务印书馆，1984年，第65页）

为了摆脱“滞胀”，供给学派认为，必须把凯恩斯主义颠倒了的东西再颠倒过来，重新确立供给在社会经济活动中的首要地位。因此，他们提出了“回到萨伊那里去”、“重新发现萨伊定律”的口号，认为“供给会自行创造需求”的萨伊定律把注意力集中在供给即生产方面。乔治·吉尔德在其《财富与贫困》一书中明确指出：“萨伊定律，它的各种变化，是供给学派理论的基本规则。……萨伊定律之所以重要，是因为它把注意力集中在供给、集中在刺激的能力或资本的投资方面。它使经济学家们首先关心各个生产者的动机和刺激，使他们从专心于分配和需求转过来，并再次集中于生产手段。”（乔治·吉尔德，《财富与贫困》，上海译文出版社，1985年，第45、61页）他们主张，在社会经济活动中，首先是生产要素的投入，然后才有产出；只有出售这一产品的投入，才有购买其他产品的需求；需求量决定于供给量。就全部经济看，购买力永远等于生产力，生产者会创造出对他们产品的需求。供给学派把这个原理看作自己的理论基础。

供给学派宣称，战后美国的经济危机不是由生产过剩引起的，而是国家面向需求，干预市场机制作用的结果。例如，扩大社会福利支出，向高收入者大量征税，并没有增加需求反而阻碍了生产。因为这种财富转移损益相抵，不会增加需求，反而减少了资本的供给。同时，政府对经济的干预越久，市场机制越麻痹，人为刺激需求的时间越长，所需刺激的量越大，最终引起经济衰退和通货膨胀。因此，他们推崇萨伊的经济自由主义，宣扬减少政府干预，让市场机制重新发挥作用，以提高劳动生产率，带动经济增长并消除通货膨胀。

二、减税以刺激供给

如前所述，供给学派认为增加供给就是增加生产要素的投入和提高劳动生产率，而其实现途径是改变人们可自由支配的收入。所谓可自由支配的收入，是指人们纳税后的收入。这样，刺激供给的增加，其根本办法就是减轻税负，因此减税的主张就是供给学派的理论精髓和主要政策主张。他们的减税主张主要是削减个人所得税的边际税率，同时削减公司所得税和资本所得税。他们认为，美国高达70%的边际税率严重挫伤了个人储蓄、投资和工作的积极性，破坏了资本的形成，是造成投资率和经济增长率下降的根本原因。高税率对商品和劳动的成本也产生了巨大的通货膨胀影响，是美国经济"滞胀"的病根。

于是，供给学派在减税政策的具体操作上提出了三点建议：(1)全面削减个人所得税率30%；(2)将个人所得税率指数化(与物价指数挂钩)；(3)用加速折旧作为企业减税的主要途径，并降低资本所得税。这将增加个人收入和企业利润，进而促进储蓄和投资，刺激工作和经营的积极性，提高生产率，带来经济增长。

三、削减联邦开支和社会福利开支，平衡预算

20世纪60年代后半期以来，美国联邦总支出迅速增长。为了弥补巨额开支，政府不得不采取增税和赤字财政的政策。供给学派严厉批评说，巨额的政府支出和财政赤字，一方面挤占了本来可以用于生产性投资的资金，使投资萎缩和经济衰退；另一方面，人为地扩大需求，引起物价大幅度上涨。这正是"滞胀"的原因。因此他们主张必须降低联邦总支出的增长速度及其在国民生产总值中所占的比重。

在削减联邦总支出方面，供给学派着重强调要削减社会福利支出。

他们认为,庞大的社会福利支出,超过了经济增长的允许限度。严重影响了储蓄、投资和科研经费的增长,也是造成巨额财政赤字的直接根源。庞大的社会福利支出降低了“失业成本”,使许多人甘愿失业,扼杀了人们的进取和竞争精神,加剧了失业,也助长了浪费和舞弊现象。因此,供给学派主张对失业救济金课税,以减少“自愿失业者”,病人应支付一定的医疗费以减少医疗保险中的浪费。他们甚至主张取消现行的社会福利制度,代之以一种由“紧急援助的、严格的福利”和对儿童补贴相结合的制度,其数额应低于那些努力工作的人所取得的收入水平。总之,主张提高享受社会福利的“相对价格”,以促使人们努力工作,减少失业。

供给学派强调,他们主张削减联邦交出和社会福利支出,目的是为了直接减少赤字,平衡预算。他们还宣称,削减联邦总支出也是为了减少政府对经济的干预,发挥私人企业和个人的积极性以及市场的作用。

四、减少政府限制,依靠市场调节

供给学派认为,刺激供给与减少政府干预是并行不悖的。供给决定需求的一个重要前提就是经济自由。供给学派从萨伊等人自由放任的经济学说出发,反对政府对私营经济部门进行“不必要的干预和限制”。他们认为,在自由竞争的条件下,市场能够有效地配置资源、组织生产和分配消费者所需要的产品。政府干预越久,私营经济运行越有效率。他们认为美国推行凯恩斯学派的理论和政策、过多强调国家干预经济,挫伤了人们储蓄、投资、工作的积极性,从而造成了美国生产效率降低和经济地位的衰落。在他们看来,美国历届政府根据国家干预经济的理论,制定了大量繁琐的关于价格、工资、劳动雇用、环境保护、安全生产、商品检验与安全性、储蓄、贸易及证券交易等方面的法令、条例和规章制度,对私营经济管制过多,束缚了私营企业的手脚,扼杀了他们的活力与效率。这是造成美国经济“滞胀”和劳动生产率低下的又一重要原因。所以,供给学派积极主张减少国家对经济的干预,加强市场自由竞争,放宽或取消那些阻碍生产发展和发明创造的规章条例,鼓励企业制造新产品、开办新工厂和采用新工艺,鼓励企业投资扩大再生产、降低成本,增加就业机会和提高生产效率。

第三节 正统供给学派的财政思想主张及其实践

正统供给学派以拉弗、万尼斯基等人为代表，是供给学派的上流。由于他们主张立即实行大规模减税，并相信减税会产生快速万能的效应，所以有些经济学家称他们为极端供给学派。

一、罗伯特·蒙德尔的财政思想

罗伯特·蒙德尔被认为是最早提出供给学派基本思想的先驱，他著有《货币政策和财政政策在内部稳定和外部稳定方面的运用》等论文。

(一)蒙德尔的调整政策模型

蒙德尔认为在调控均衡方面，财政政策与货币政策有一定关联。战后西方经济学家曾长期在汇率理论方面进行争论。蒙德尔是持固定汇率论者，即主张建立一个稳定不变的或变动范围较少的货币平价制度。并且认为，在固定汇率下运用财政政策和货币政策，能保证经济稳定。浮动汇率论认为当国际收支逆差伴随着经济衰退时，或国际收支顺差伴随着经济高涨时，固定汇率都将影响国家政府执行国内财政政策和货币政策，因为国际收支逆差需要紧缩货币政策和财政政策，这就会加剧经济衰退，而国际收支顺差又需要放松货币政策和财政政策，这又会导致通货膨胀。为反驳浮动汇率论的意见，蒙德尔设计了一个模型，用几何图型进行了论证，如图 9-1 所示。

图中的横坐标表示利息率，纵坐标表示财政余额。FF 线表示国际收支均衡曲线，XX 线表示国内经济均衡曲线。FF 线下方为国际收支逆差，上方为国际收支顺差；XX 线的下方有通货膨胀压力，上方会出现经济衰退。因此，该图被分为四个区域。蒙德尔认为，无论经济处于哪一点上，只要用货币政策调节国际收支平衡，用财政政策调节国内经济，那么最终一定会使经济达到均衡点 Q。如图 9-1 所示，假设经济处于 W 点上，表明国际收支逆差，但国内经济均衡。这时，为了减少逆差，运用货币政策提高利息率使资本流回国内，W 点向 B 点运动，国际收支趋于平衡；同时出口利息率提高，国内经济均衡被打破，应运用财政政策扩大支出，使B点向C点运动，促使国内经济恢复平衡。这样连续调整，经济就会按箭头方向运动，最终实现均衡Q。

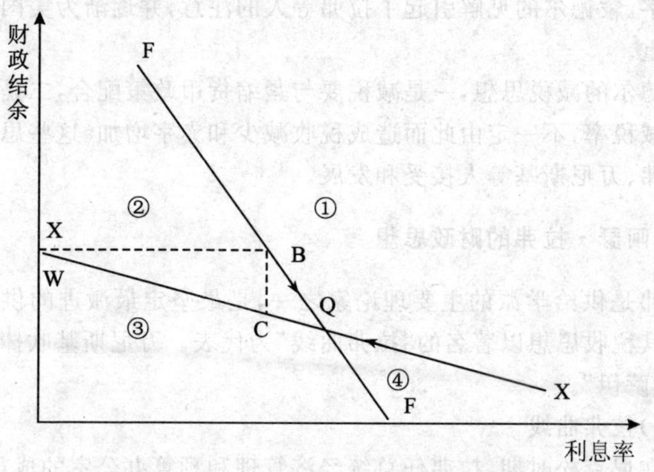

①国际收支顺差，经济衰退区域　②国际收支逆差，经济衰退区域
③国际收支顺差，通货膨胀区域　④国际收支逆差，通货膨胀区域

图 9-1　蒙德尔的调整政策模型

蒙德尔的调整政策模型，将复杂的经济生活过于简单化，在实际中较难实现。但他将财政政策与货币政策的运用综合分析得较为透彻，则是其他供给学派人物没有做到的。这个模型，为后来拉弗等人主张重新回到瓦尔拉斯的"一般均衡模式"，重新肯定萨伊定律等观点提供了依据，所以万尼斯基将蒙德尔捧为"当代的瓦尔拉斯"。

（二）蒙德尔的减税主张

蒙德尔是供给学派最早提出减税主张的。早在1971年，蒙德尔出席一次经济学家会议，会上他激烈地批评当时的美国政府用增加税收的办法来抑制通货膨胀，结果导致了经济危机。而且政府在增税的同时，还放松了货币供应量，使通货膨胀不但未减弱，反而更加严重。由此，他提出解决的正确办法，只能是一方面紧缩货币供应量以抑制通货膨胀，另一方面则必须减少税收，以增加工人收入，从而使资本家不必担心增加工资而多雇用工人，增加就业机会，减缓经济危机。1974 年在华盛顿举行的世界经济问题讨论会上，蒙德尔再次提出减税主张。并认为减税以后，政府的税收总额也会增加而不是减少，所以不一定会增加财政赤字。蒙德尔的见解引起了拉弗等人的注意，并逐渐为美国政界人物所看重。

蒙德尔的减税思想，一是减税要与紧缩货币政策配合，二是减税是通过削减税率，不一定由此而造成税收减少和赤字增加。这些思想被以后的拉弗、万尼斯基等人接受和发展。

二、阿瑟·拉弗的财政思想

拉弗是供给学派的主要理论家之一，是最坚定最激进的供给学派学者。其税收思想以著名的“拉弗曲线”为代表。万尼斯基吹捧拉弗为“当代的萨伊”。

(一)拉弗曲线

早在尼克松时期，拉弗任总统经济管理和预算办公室的成员时，就已被誉为“神童式”的经济学家。1974 年他向福特政府建议减税和恢复金本位制，福特政府选派切尼与之联系，同行者有后来被认为供给学派一员的万尼斯基。三人来到位于华盛顿宾夕法尼亚大街和 15 街之间的一家饭店饮鸡尾酒。席间，拉弗大谈其所构想的减税主张及其所依据的减税理论。对于这些也许是专业程度较深的谈话内容，切尼似乎有所困惑。于是，拉弗随手拿起一张餐巾纸，用笔在其上潇洒地辟出一方天地(平面直角坐标系的第一象限)，画出了一座小山形状的曲线。正是这一鸡尾酒席上的曲线，使得在西方经济理论大厦中新崛起的供给学派具有了最为明了，也最为简捷的理论模型或曰“思想精髓”。这一由拉弗首次描绘的表明税率与政府收入之间关系的示意图，被称为“拉弗曲线”。尽管爱德华·米道斯在《拉弗曲线球形部分加快速度》一文中曾经揶揄“拉弗曲线”似乎是“作为惑人的能治疗 1974 年以来美国所有经济病症的江湖药方”而出现的(外国经济学说研究会编，《现代国外经济学论文选》第 5 辑，商务印书馆，1984 年，第 78 页)，但是，分析显示，拉弗曲线对供给学派所有理论所作的最为简要的说明，的确是十分恰当的。

严格地说，拉弗曲线是用来指出一个命题，即“总是存在产生同样收益的两种税率”。这里的“收益”当然是指政府税收。如图 9-2 所示，纵轴表示税率，横轴表示税收。如果税率为零，则政府收入也就是零。因此，为了使政府得以运转，必要的正税率是不可免的。问题在于，政府所征收的税赋总额是否总是随着税率（不论是比例税还是累进税）的增加而增加呢？拉弗首先认为事情并非如此。

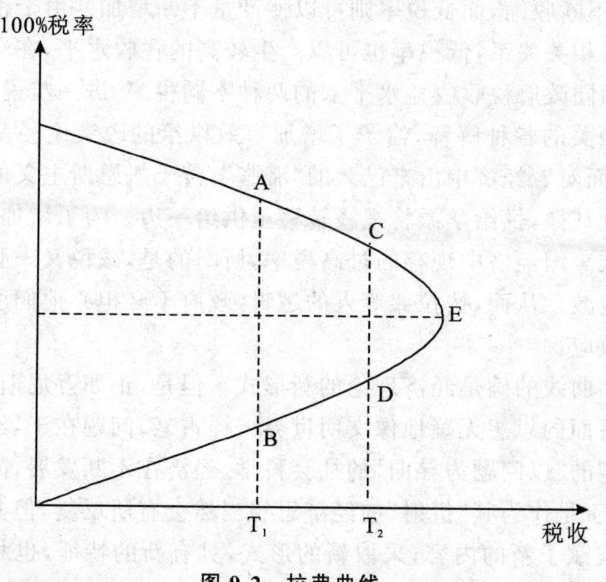

图 9-2　拉弗曲线

万尼斯基对拉弗曲线的极端情形作了扼要解释：当税率为 100％时，货币经济（与主要是为了逃税而存在的物物交换不同）中的全部生产都停止了，如果人们的所有劳动成果都被政府所征收，他们就不愿在货币经济中工作。由于生产中断，没有什么可供征 100％的税，因此，政府的收益就等于零。税率从 0％～100％，税收总额从零回归至零。这一结论用数学语言（或用几何图例）来描述的话，它只能是如图中的那种情形。其中必定存在一个转折点，在此点之下，即一定的税率之下，政府的税收是随税率增加而增加的，而一旦税率再增加而越过这一转折点，政府税收将随税率进一步增加而减少。在图中，高税率的 A 点和 C 点，分别与低税率的B点和D点，为政府提供着相同的赋税收益，换句话说，总是存在着产生同样政府收益的两种税率。

税率与税收之间的关系还须借助于产量(供给量)来解释。税收与产量的关系是简单的在特定的税率之下，它们总是呈正相关关系。但在税率与产量之间，实际上存在着两种不同的“反馈方式”，被称为拉弗式的“赋税—收入反馈”。它是指高税率达到一定程度后将使(货币经济的)产量不断收缩，而低税率则可以使产量不断增加。由于税收与产量之间的正相关关系，低税率也可以产生较高的税收水平，在经济中也就存在着相同政府税收收益水平上的两种不同税率。进一步说，拉弗曲线及与之相关的各种解释，给予了增加有效供给的政策途径及效应的基本说明。面对着经济中由来已久的“滞胀”，苦于凯恩斯主义的需求管理政策收效甚微，供给学派将视线转移至供给一边。为了增加供给量，就必须降低美国经济中现存的过高税率，所幸的是，减税又未必使政府税收收益锐减。从而，按拉弗等人的逻辑，政府不必担心他们所不愿看到的政策效应。

拉弗曲线的确是经济理论的新形式。但是，正如万尼斯基所说，拉弗曲线后面的思想无疑地像文明世界一样古老。问题在于，经济科学是非常典型的“以问题为导向”的社会科学。经济在不断发展，问题也在反复出现，于是作为其“折射”的经济思想当然会有所反复，但其每一次再现当会被赋予新的内容，采取新的形式，具有新的特征，也相应地被冠以新的名称。如果说休谟或斯密时代，资本主义经济还是自由竞争的市场经济，经济的运行与发展还没有出现失业与通货膨胀同时出现，经济关系还不十分复杂。那面对当今“有组织”的发达市场经济中所存在的错综复杂的经济问题，经济理论家包括拉弗在内，就不可能不去深入而系统地剖析经济运行机理，寻求可供操作的政策措施所依托的新理论了。拉弗曲线所蕴含的思想固然“古老”，但其派生出的理论体系统却是“新瓶装旧酒”。

拉弗曲线是供给学派解释和宣传其政策主张的有代表性的分析工具。拉弗认为，美国在第一次世界大战以前，税率的制定都是成功地停留在拉弗曲线所示的禁区以外，但在以后，却大多处于禁区之内。尤其第二次世界大战以后，过多采用凯恩斯学派的政策主张，使税率居高不下。因此，美国首要的经济政策应该是减税，降低边际税率，使政府收入和私人的储蓄投资同时增加。减税主要是减低边际税率，并不会造成政府税收损失，反而会由于产量的扩大而增加政府税收收入。尽管减低税率不会马上增加供给和税收，即在税收和税率之间存在着"时滞"，但"时滞"决不会过长。

拉弗曲线被许多人认为是看似美妙，而并不精确，只是降低税率可能带来高收入这一曾被斯密等古典经济学家论述的观点用并不很高明的曲线表达出来而已。但是，就供给学派而言，拉弗曲线确实足以称为典型反映其经济理论的代表，它不仅奠定了拉弗在供给学派的地位，而且为供给学派的减税理论的迅速传播起到极大作用。

（二）拉弗模型

拉弗和他的几位学生，从理论上考察税率与劳动供求及与资本形成之间的关系，建立一个被称之为劳动资本楔子模型。如果说，拉弗曲线表明的是税率与税收之间的关系，拉弗的这个楔子模型，则是试图说明税率对劳动力供求和资本形成的影响。如图 9-3 所示。

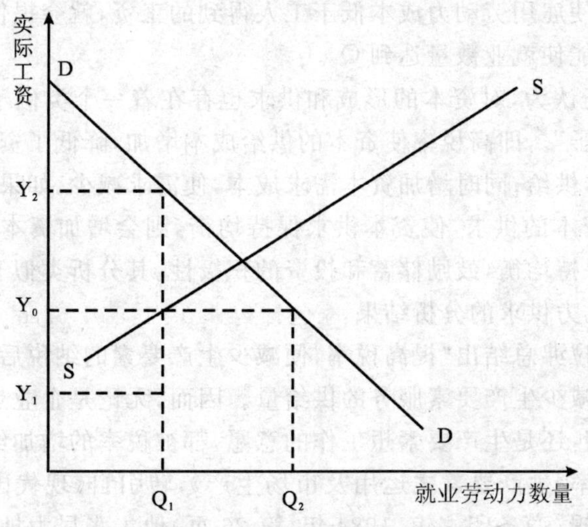

图 9-3　劳动资本楔子模型

图中,SS 表示劳动力供给曲线,DD 表示劳动力需求曲线。拉弗认为劳动力供求关系决定了就业机会的多少。而劳动力供求关系受到劳动力的市场报酬和劳动力要素成本的制约,即市场报酬越高,劳动力供给量就越大,而劳动力要素成本即雇用工人的成本费用越低,雇主对劳动力需求量越大。拉弗指出,政府课征的税收,就如同一个“楔子”,直接影响着劳动力供求。如图 9-3 所示,在没课税以前,雇主雇用劳动力的成本与工人的实际工资相等,此时工人的实际工资为 Y_0,劳动力供求保持均衡,就业的劳动力数量在 Q_2。政府征税,尤其是征收高税率的工资税,就等于在劳动力供求之间加一个“楔子”,会减少就业机会。因为税收是缴纳给政府的。当提高税率时,不仅减少了劳动者的实际收入,而且肯定增加雇用劳动力的实际成本。这种雇用成本高于支付给工人的实际工资的状况,就是拉弗称为的税收“楔子”。如图,当政府提高工资税税率,雇用劳动力成本上升到 Y_2,而工人实际得到的工资只有 Y_1,就使得劳动力数量只有 Q_1,导致雇主对劳动力需求的减少和劳动力市场供给的减少。相反,如果减少税收,就会向相反的方向作用于劳动力的供给需求,使就业机会增加,就业人数增长。假如再辅之以财政补助形式,使雇用劳动力成本低于工人得到的工资,就会提供更多的就业机会,可能使就业数量达到 Q_2。

拉弗还认为,对资本的形成和供求也存在着一个类似于前面所说的税收“楔子”。即高税率使资本的供给成本增加,降低了资本收益,从而减少资本供给;同时增加资本需求成本,使需求减少。如果降低税率,则会增加资本的供求,使资本供求保持均衡,则会增加资本的供求,使资本供求保持均衡,鼓励储蓄和投资的积极性。其分析类似于上面对税收影响劳动力供求的分析结果。

因此,拉弗总结出“提高税率,便减少生产要素的纳税后的收益。提高效率,也减少生产要素服务的供给量。因而,无论是企业想使用生产要素的愿望,还是生产要素想工作的意愿,都被税率的增加给削弱了”。(拉弗,《税率、生产要素之运用及市场生产》,转引自《现代国际经济论文选》第 5 辑,商务印书馆,1984 年,第 26 页)他主张尽力抽出这根“楔子”,“恢复独创性和生产率”,从而刺激生产要素供给的增加,促使经济增长。现代经济学家认为拉弗的这一“楔子”模型，实际上是一条派生的拉弗曲线，是拉弗曲线理论的进一步延申。

(三)拉弗的其他财政思想

拉弗最基本的财政思想就是减税，其他财政观点都主要是围绕这一核心思想的。

1. 强调减税的“收入效应”。拉弗始终认定，在现代经济社会中，减税不会减少政府税收收入，会由于减税后造成生产和供给的增加，而带来“收入效应”使政府的税收收入增加。这一观点除了在拉弗曲线中得到体现外，在其他论文中，拉弗也始终强调这一观点。

2. 主张大幅度减税。拉弗主张在美国实施大幅度减税方案，不要一点点地逐步减低税率，而应当一次将原有过高的税率减低。

3. 减税不会加剧通货膨胀。基于其减税不会减少收入的理论，拉弗认为减税不必考虑通货膨胀，减税也不会加剧通货膨胀。因为通货膨胀的根本原因是商品供给不足，而减税则是鼓励储蓄投资，鼓励生产和供给的增加。

三、乔治·吉尔德的财政思想

吉尔德的《财富与贫困》，是比较系统解释供给学派经济理论的著作。斯托克曼在这本书的扉页上写下：“《财富与贫困》在智力和观察力上是富于创造性的，它一度并且永远地打破了凯恩斯主义和福利国家的错误观念——这些错误观念曾给我们这一时代失败的传统理论带来沉重的负担。”(转引自罗伯茨，《供给学派革命》，上海译文出版社，1987年，第107页)吉尔德的财政思想也主要体现在这本书中。

(一)减税是摆脱停滞困境的基本手段

吉尔德从萨伊的“供给自行创造需求”定律出发，认为“从整体看，生产者在生产过程中会创造出对他们的产品的需求”，并认为这个原理就是供给学派的理论基础。按照这一基本经济思想，在西方国家经济增长缓慢甚至停滞不前的情况下，不能再运用凯恩斯学派的降低利率办法来刺激投资促进经济增长，而只能是用减税的办法来刺激供给。因为对收入和资本征收的过高税率对投资的阻碍作用，已远远超过利用利率杠杆的调节作用。所以，吉尔德把减税看成是使美国摆脱经济停滞的基本手段。他指出："税收政策要能有效地影响实际收入，其唯一办法在于改变对供应者的刺激。用改变报酬的方式来使人们喜欢工作胜过闲暇，乐于投资胜于消费，使生产源泉胜过财富的坑注，并使纳税活动胜过不纳税的活动，这样政府就能直接而有力地促进真正的需求和收入的扩大。这就是供给学派的使命。"吉尔德认为，世界上的财富是"人民的精神和独创性"，而不是"有形的资源"。只要适当的刺激和足够的资金供给，企业发展就会加快，从而使整个经济增长，而减税正是一种适当的刺激。

(二)居高不下的税率给经济造成巨大的危害

1. 高税率尤其是高的边际税率，必将削弱劳动者的积极性，导致劳动生产率下降

吉尔德认为，税率提高时，虽然人们可能会为了不使纳税后的收入下降，有更加勤奋工作的意向，但并非等于会因此提高劳动积极性，反而是削弱劳动积极性，使劳动生产率下降。因为高税率会使作为边际生产者的企业主停产或进行较低水平的经济活动。

高税率使就业结构发生不利变化。高税率和通货膨胀使人们的实际收入和实际购买力下降，也使税率的累进程度加强，从而使许多妇女投入劳动大军。吉尔德认为这种情况下，"已婚妇女会更加努力地工作，而已婚男子则恰恰相反。……因受通货膨胀的影响而提高的高度累进的税率，在劳动大军不断壮大的同时，只会使劳动生产率不断下降"。

高税率还会导致人们选择休闲、享受，而不再工作，从而进一步使劳动生产率下降。边际税率过高，使劳动者得到的实际收入减少，同时就使得休闲的价格相应降低，人们就宁愿选择休息和消遣，而不愿加班加点工作，劳动生产率自然会下降。

2. 高税率导致储蓄和投资不足，使经济增长停滞不前

首先，由于边际税率较高，用于消费的价格就越便宜，用于投资和储蓄的价格相对提高，这就势必造成投资和储蓄供给不足。20 世纪 80 年代这种发展给美国各个收入阶层和美国经济发展前景造成了灾难性的刺激："劳动生产率的增长陷于停顿，储蓄率降至百分之四以下。通常

作为经济发展锋芒的上层阶级——大部分投资的源泉——纷纷转向可以躲避税捐的非生产性活动，囤积黄金、购置不动产，从事投机买卖。”其次，边际税率很高，使大量妇女和非熟练工人为维持家庭生活需要，投入到劳动大军中，使许多企业倾向于雇用低薪工人，而不再继续花钱投资于购买机器设备和高薪聘用知识型人才。这不但使劳动生产率降低，也使资本供给更为不足。

3.高税率使个人投资者的发明创造革新精神丧失，是经济增长和社会进步的最大危害

吉尔德从社会学观点分析，高税率不仅阻碍了个人和企业的财富积累，更加重要的是使人们的创新精神受到打击。在任何经济制度中创造力和主动性的主要来源都是个人投资者。经济不会自行增长，也不能靠政府的影响而发展起来。经济是由于对人们的事业心，即甘冒风险，把设想变成垄断、垄断变成工业，并在知道将得到什么回报以前就给予的这种意愿作出反响而增长的。高税率的危害不仅是一时的问题，而且会造成对经济和社会的长期影响。

（三）减税主要是降低边际税率

吉尔德主张降低边际税率，从而使富有阶层的实际收入增加，以刺激投资的积极性。他反对长期以来主要倾向于用税收来调节收入分配，使富人收入减少，减少了投资供给。他说：“竭力从富人那里拿走他们的收入，就会减少他们的投资，而把资金给予穷人。这样就会减少他们的工作刺激，就肯定会降低美国的劳动生产率并限制就业机会，从而使贫穷永远存在下去。减税主要是降低边际税率，刺激投资和储蓄的供给增加，从而使经济增长，最终会提高所有人的生活水平。

第四节　中间供给学派的财政思想主张及其实践

中间供给学派与正统供给学派不同的是，虽然也认为供给不足是经济停滞的主要原因，但他们不主张大规模全面减税，反对拉弗等人认为的减税会有快速的“收入效应”观点。

一、马丁·费尔德斯坦的财政思想

作为供给学派代表之一的费尔德斯坦的观点表述比较系统，又有经济计量分析作依据。因此，许多人认为是他的学说为供给学派经济学奠定了基础。

（一）费尔德斯坦曲线

费尔德斯坦认为，美国经济的病症不仅在于很高的边际税率，也受财政赤字、通货膨胀、税收结构、社会保险制度的共同作用。他提出一个说明财政赤字对通货膨胀、资本形成的影响及其相互关系的分析模型，即著名的费尔德斯坦曲线，如图 9-4 所示。

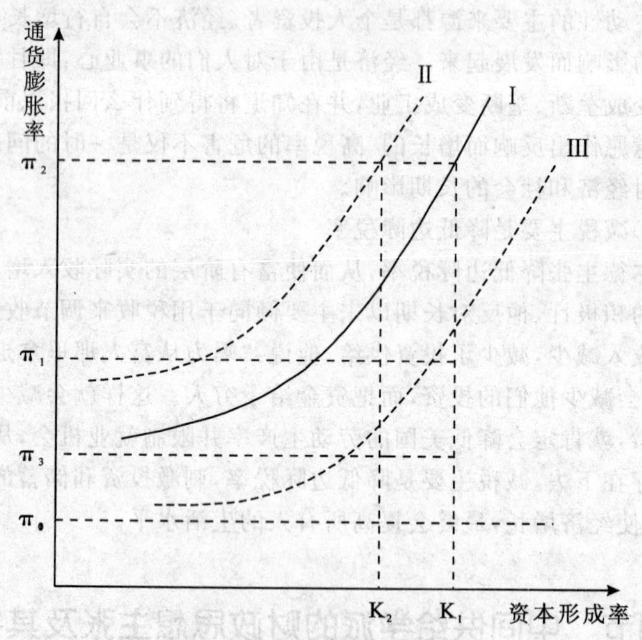

图 9-4　费尔德斯坦曲线

图中，横轴表示资本形成率，纵轴表示通货膨胀率。Ⅰ即费尔德斯坦曲线，表示在财政赤字条件下，通货膨胀和资本形成水平之间是一种正相关关系。Ⅱ、Ⅲ两条线表明费尔德斯坦曲线还会随财政赤字水平的变化而相应地移动。如图所示，当政府赤字增加时，曲线从Ⅰ上升到Ⅱ。这时为了保持原来的资本形成水平 K_1，通货膨胀率就得相应增加，增加到 π_2；相反，如果减少赤字，曲线就从Ⅰ下移到Ⅲ，这时用较低的通货膨胀率 π_3 就能维持原来的资本形成水平；当财政赤字为零时，Ⅰ就下移为一条和自然通货膨胀率 π_0 重合的水平线。这种情况的通货膨胀是独立于政府的财政变量，而对资本的形成没有影响。

费尔德斯坦根据这一模型，认定菲利普斯曲线所反映的通货膨胀率和就业之间的替代关系，只是在当时非充分就业的条件下短期内存在和有效，而在美国已达到充分就业时，就失去了作用，而应以费尔德斯坦曲线所表示的替代关系所取代。他认为凯恩斯学派的经济理论和政策已失效，应当从注重需求转移到注重供给，通过刺激性的财政政策如减低税率和紧缩性的货币政策，来消除财政赤字，减轻通货膨胀。由此，费尔德斯坦与拉弗等人的观点产生了分歧，拉弗等正统供给学派主张减税是灵丹妙药，而费尔德斯坦则认为减税不一定能带来“收入效应”和抑制通货膨胀。

(二)减税不是唯一的经济政策

费尔德斯坦认为，正统的供给学派对美国经济情况的分析过于简单化。因此，只单纯强调减税主张显然不能从根本上解决经济停滞问题。费尔德斯坦曾在一篇论文中指出：“供给学派说提高生产率就能消除通货膨胀，这是一厢情愿的看法。提高生产率可能对降低通货膨胀产生一点作用，但一味用供应学派政策来对付通货膨胀，那也是不负责任的。”他说的供给学派就是正统供给学派。他主张在解决美国经济问题方面，首先应实行紧缩货币政策以抑制通货膨胀，同时实行以改革现行税制结构和平衡财政预算为目的的减税，清除政府在资本积累方面设置的障碍，刺激资本供给增加。他认为减税不是唯一的经济政策，只是众多政策中的一个方面，是用来改善税制结构和相应压缩政府预算，作为平衡财政赤字的手段。

(三)减税应是循序渐进的

费尔德斯坦反对拉弗等人提出的大规模的全面减低税率，主张减税政策的运用不是突然和快速的，而应当是循序渐进的。“只有循序渐进地、有步骤地、确切地改变税制，才是不引起财政赤字无为增加，不给资本形成和个人生产带来很大刺激的最好的方针策略”。（外国经济学研究会编，《现代国外经济学论文选》第 5 辑，商务印书馆，1984 年，第 118 页）费尔德斯坦的这种观点和前面介绍的关于减税并不是唯一的经济政策的思想是一致的，这些思想观点被人们称之为“补充性税收政策”，以区别于拉弗等正统供给学派认为减税能够导致政府收入增加，抑制通货膨胀的“替代性税收政策”。

（四）减税的重点是削减公司所得税和资本收益税

费尔德斯坦赞同减税的主张，但他认为减税的重点应是削减公司所得税和资本收益税的税率。费尔德斯坦认为，由于减税不可能产生像拉弗宣扬的那样有神速的效果，所以降低个人所得税税率没有多大的实际意义，对劳动供给的增加带来的效果不会明显。而运用减低公司所得税税率和其他税收措施，来刺激资本的形成和增加，扩大潜在的生产能力，则对于抑制通货膨胀和促进经济增长是长期有效的。所以，费尔德斯坦主张将减税的重点放在削减公司所得税和资本收益税方面。费尔德斯坦还认为社会保障税税率也不应过高，因为社会保障税的征收，对资本形成水平有较大影响。

二、达克尔·埃文斯的财政思想

（一）高税率会影响工作积极性

埃文斯主张用减税办法刺激供给增加。“税率将影响工作积极性。如果对高收入者的税收增加了，他们也许会决定更长时间的休假或者减少他们的工作时间。甚至在收入水平较低的一端，多方面的研究确实表明，税率和工作积极性之间有着重要的关系。在一些用政府资助来维持收入水平的计划里，可以发现税率每提高 10%，导致大约 1%劳动供给量的下降”。较低的税率增进工作的积极性，导致工作的质量和数量的提高，反过来又进一步提高生产能力。因此，有助于通货膨胀率的减速。

（二）减税比增加政府支出具有更大效应

埃文斯在分析批判凯恩斯学派计量模型的基础上，反对凯恩斯学派关于增加政府支出比同等程度的削减税收将会导致需求和产量的更大增加的理论，提出“减税比增加政府支出具有更大的效应”。因为税率的降低提高了个人所拥有的资产报酬率，从而增加了个人储蓄的积极性。

（三）削减公司所得税比削减个人所得税对经济具有更大的效应

埃文斯从供给学派基本思想出发，主张以刺激供给增加为主要经济政策，因此他认为“削减公司所得税比削减个人所得税对经济具有更大的效应”。他认为，“公共部门的生产增长率是很小的或者不存在，所以把资源从公共部门转移到私人部门就提高了生产率的总增长率”。而要实现资源从公共部门向私人部门的转移，主要办法就是降低公司所得税税率。“降低公司税或者类似的措施，例如增加投资税优惠或使折旧提成自由化，由于提高纳税后的平均报酬率，便都直接有利于投资。较高的投资导致生产率的提高，结果单位成本并未因通货膨胀涨得更慢”。

（四）解决经济问题的办法很少是单方面的

埃文斯像费尔德斯坦一样，不认为只用减税的办法就能解决一切经济问题。他指出：“我们并不赞成这样的理论：所有经济病都能够简单地用减税率医治而不用考虑任何其他方面的财政政策或货币政策。解决经济问题的办法很少是单方面的。我们不能一心一意地降低失业率，像1977年试图的那样，我们也不能减税而不限制政府支出。……因此，减税必须在以后几年中伴以政府支出的减少或至少要放慢政府支出的增长率。”

第五节　供给学派财政思想评析

供给学派作为一个产生不久，且理论体系尚不成熟完善的经济学流派，自然会引来各方面评议，特别是由于它产生不久即被美国里根总统采用，成为轰动一时的“官方经济学”，更会带来众多的议论抨击。笔者认为，供给学派的产生，从经济思想发展史上而言，是对凯恩斯主义的直接否定;从经济实践需要来看,是适应当代资本主义经济发展变化的历史产物。因此,它无疑是现代西方社会最重要的经济学派之一。而且由于供给学派的经济思想的核心是减税,并在居西方国家首位的美国发生了直接的重要影响,其在西方财政思想发展史上无疑也具有极其重要的地位。

一、基本财政思想存在一定的合理性

供给学派的基本经济思想和财政思想,有一定的合理性。第一,供给学派是作为凯恩斯主义的对立面出现的,它比较客观地承认并系统地分析资本主义经济存在的滞胀现象,鲜明地提出凯恩斯学派的理论政策已过时,并提出与凯恩斯学派完全对立的理论政策。这是顺应了历史发展的需要,比较符合美国等现代资本主义国家的客观现实需要。第二,供给学派继承了古典经济学中某些合理成分,强调供给决定需求,肯定生产支配消费和分配,将凯恩斯学派颠倒了的供给和需求的关系又颠倒过来。第三,供给学派比较客观地指出市场机制的作用,主张减少国家对经济生活的干预,不要过多过细地干预经济,应该适当调整国家干预的内容、方向、程度。第四,供给学派主张节俭,反对凯恩斯学派鼓励的崇尚消费和挥霍的观点,有益于社会风气的净化。第五,供给学派的财政思想观点主要建立在减税的基础上,对美国战后不断增长的高税率引起的一些经济问题的解决有重要的积极意义。减税的基本理论依据——拉弗曲线,在一定程度上揭示了税收与生产的关系,其简洁的形式也有利于减税主张的普及和传播。供给学派经济思想中存在的这些合理部分,无疑是供给学派理论能在美国迅速传播和曾被里根政府作为"官方经济学"的主要原因。

二、理论观点缺乏系统性和科学性

供给学派是一个理论尚不成熟的经济学派。其本身没有形成完整系统的理论体系,尤其在社会哲学思想基础和宏观经济理论方面更显贫乏,难以和凯恩斯主义进行对抗。所以,供给学派虽然鲜明反对凯恩斯学派的政策,并在凯恩斯主义无法解释现实经济社会中滞胀问题时,

能将它从雄踞几十年的“官方经济学”宝座上拉下来，但却无法取而代之。供给学派的财政理论缺乏系统性和科学性，主要表现在：

第一，供给学派至今未有自己完整的理论体系，完全承袭了萨伊定律的衣钵，连一些西方学者也指责其只是一种过时思潮的复古。萨伊关于“供给会给自己创造需求”的定律是完全错误的。它将资本主义商品生产变成自然经济中的物物交换，否认生产和消费的矛盾，从而否认资本主义社会中会出现生产过剩危机。马克思早就斥责其为：“一种最愚蠢不过的教条”，“危机有规律的反复出现，把萨伊等人的胡说实际上变成了一种只在繁荣时期才使用，一到危机时期就被抛弃的空话。”（马克思《剩余价值论》，见《马克思恩格斯全集》第 26 卷，第 57 页）萨伊定律也遭到许多西方资产阶级学者的批判，认为是“在凯恩斯以后，萨伊定律已声名狼藉，并从宏观经济学中销声匿迹了”。供给学派复活萨伊定律，将供给的作用绝对化，没有从根本上认识和揭示资本主义社会经济危机的原因，也就难以科学、正确地揭示资本主义发展中的内在规律。

第二，供给学派错误地将西方社会中出现的经济衰退、失业增加、通货膨胀等经济问题，完全归罪于凯恩斯学派的经济理论和经济政策，不能正确认识和分析资本主义社会中经济衰退和生产过剩的根源所在，其实质是掩盖资本主义社会的基本矛盾。供给学派过分强调供给，认为只要增加生产，一切问题都会迎刃而解，较之凯恩斯学派的需求管理理论，是从一个极端走向另一个极端。本来，资本主义社会供给与需求之间的矛盾，实际上是生产的无限扩大向有支付能力的需求日益缩小之间的矛盾，这种矛盾源于资本主义制度本身，而不是某个学派的经济思想和政策主张造成的。因此，供给学派也无法用增加供给的办法，来解决凯恩斯学派从增加需求着手而不可能解决的经济难题。

第三，供给学派主张减少国家干预经济更是一种过时的理论。现代资本主义社会不可能倒退到自由竞争时期，反对加强国家干预，提倡自由竞争、自由放任是不符合现实状况的。战争的频繁爆发、危机的发生、科学技术的飞跃发展、地区部门之间经济联系的日益紧密、国际经济关系的进一步发展等，都在客观上要求现代资本主义国家加强经济干预调节。实际上，供给学派提出的减税政策，本身就承认国家干预，减税必须是通过政府调节才能实施的政策手段。因此,在国家干预经济问题上,供给学派的理论观点既缺乏科学性,也是自相矛盾的。

第四,供给学派过分强调减税,既忽视了对其他经济理论和经济政策的系统研究,也使减税主张缺乏科学理论依据。供给学派认为减税是增加供给的最佳途径,其理论核心就是减税,而忽视了货币政策和其他财政政策的作用,当然也就不重视除减税以外其他经济理论的研究。所以,它在经济理论方面非常贫乏。这点也是其他经济学派抨击指责的重要方面。同时,由于基础理论研究不足,其减税的政策主张也缺乏科学理论依据,以拉弗曲线为例,虽然简洁,但不精确,它无法说明当时美国的税率在哪一点上,也没有说明究竟百分之几的税率才能实现最佳点。所以西方一些人认为,拉弗曲线看上去很美妙,但实际上并不精确,也就失去了现实意义。

三、财政政策主张过于片面

供给学派经济政策主张的片面性,表现在:一是过于忽视了减税以外其他财政政策的作用,二是减税政策主张过于片面。拉弗等正统供给学派奉减税为灵丹妙药,认为只要削减税率,一切经济问题都迎刃而解,很少讨论其他经济政策。费尔德斯坦虽然没拉弗偏激,他主张减税作为一种补充性税收政策,但在论及财政税收政策、货币政策等相互配合时,却缺少令人信服的分析,仍旧是以减税为中心。供给学派竭力主张并积极宣扬减税政策,但他们对减税的论述也是片面简单的,缺乏科学论证和严密推理。

首先,他们片面强调减税政策,错误地认为减税不会使政府税收减少,反而可以立即产生"收入效应",使税收收入增加,不会造成财政赤字和通货膨胀。这种观点片面地夸大减税的作用,否认社会经济其他因素对生产供给的影响,也忽视了其他因素对减税的制约关系。

其次,供给学派片面地认为经济衰退、滞胀并存等经济问题都是高税率引起的。因此,只要削减税率就可解决问题,并用某些历史上减税的经验来证明。这样,他们就错误地将复杂之现实经济生活简单化,既不正视经济难题并非是高税率造成的这一事实,也忽视了历史上减税的背景与当代美国的情况不同，而且这种片面孤立地用历史上某种经验反证观点的论证方法也缺乏科学依据。

最后，供给学派主张全面减税，以减少公司所得税和资本收益税为主，这种“给富人以免费午餐”的主张，具有很大的阶级局限性和片面性。这种政策否定用税收政策调节收入分配，是显而易见的“劫贫济富”。同时，现实生活中富有阶层是否会真正将因减税而增加的收入用于生产投资呢？答案并不一定会使供给学派满意。另外，供给学派用于支持其减税主张的理论分析工具——拉弗曲线，是很不精确的，经不起推敲。许多持反对观点的学者提出，根据美国 50 年来统计资料的统计结果表明，同一税率可产生许多不同的税收值，税率与税收之间的关系，很难从简单的一条曲线表示出来。拉弗“楔子”模型中论证由于税收这一“楔子”，会使劳动力、资本供求量发生变动，减税就会增加劳动就业，刺激资本供给增加。这种论证也是片面夸大减税的作用，有学者认为“美国企业经理和他们的公司没有是由于他们的纳税躺倒不干的”。

四、财政政策付诸实践后的矛盾性和明显失效性

供给学派财政思想和政策主张，经“第一个供给学派总统”里根的采纳，在美国推行，成为 20 世纪 80 年代美国税制改革的主要理论依据，对美国经济造成一定的影响。尤其是以较大的幅度削减所得税税率，是战后历届美国政府较少采取的措施，对美国税制结构和财政经济带来很大影响。实践中，供给学派税收思想和政策主张表现出一定程度的矛盾性。主要是：第一，大幅度削减公司所得税还是削减个人所得税。按照原有设想，在全面减低税率的基础上，多降低公司所得税。可后来却是公司所得税税率降低幅度小于个人所得税。第二，全面减税还是部分减税。按其政策主张是全面减税，可到了最后，费尔德斯坦等人也主张增加社会保险税。

经过几年的实践可以看出，供给学派的财政思想和政策主张已明显失效。美国政府已转向用适当增税的办法来增加税收，凯恩斯主义的干预政策和需求管理政策又逐渐为政府首脑青睐。减税未能达到预期的目标，投资和储蓄的增加未能如愿以偿，并且加重了贫富悬殊，加剧

了社会矛盾。同时,实践宣告了拉弗的减税会增加收入的神话破灭,减税使政府收入减少,财政赤字增加。这样,里根政府不得不从供给学派立场后撤,甚至还在最后任期内提出增税计划。布什上台后也宣布增税,克林顿政府更是拿出增税方案以平衡预算一篮子计划。这些事实表明,供给学派的财政思想和政策主张,由于没有从根本上认识和分析资本主义社会中经济衰退与滞胀并存的原因,也就不可能解决这些由资本主义社会基本矛盾带来的经济问题。

思考题

1. 简述供给学派对凯恩斯主义的批判及其政策主张。

2. 拉弗曲线与拉弗模型是如何为拉弗的财政思想提供理论依据的?

3. 对比"激进的供给学派"、"温和的供给学派"和"中间供给学派"的财政思想有何异同?

第十章　公共选择学派的财政思想

第一节　公共选择学派的形成

公共选择学派(The School of Public Choice),又称弗吉尼亚学派,是美国20世纪60年代后期逐步兴起的一个新自由主义经济学派。公共选择学派是西方经济学中以经济学分析方法研究政治问题的一个重要理论流派,近年来其影响已遍及西方各国经济学界。公共选择学派以其公共选择理论(The Theory of Public Choice)而著称。公共选择理论就是用经济学的方法来研究广泛的非市场决策的政治问题,它主要研究集体决策或政治决策的决策过程和结构,其重点是研究经济政策的制定过程,从中探索关于经济问题的深层原因。其理论涉及政治过程的各个方面,如立宪、立法、行政与司法等,所以统称为公共选择理论。公共选择理论属于新自由主义,但观点与立场比较保守:强调个人自由,鼓吹市场机制,推崇古典学派经济思想,坚持自由放任,反对国家干预。

公共选择学派以布坎南和G.塔洛克为代表,此外还有邓肯·布莱克、奥托·戴维斯等。

一、公共选择学派的形成与发展

公共选择学派发源于20世纪50年代,首开公共选择研究之先河的是邓肯·布莱克,他于1958年发表的《委员会与选举理论》开创了对政治的公共选择研究方法。但是,促使公共选择学派形成并不断扩大其影响的，却要首推布坎南与塔洛克。

20 世纪 60 年代是公共选择学派逐渐成型的阶段。在这一阶段，布坎南等人在弗吉尼亚大学创立了托马斯·杰斐逊中心。布坎南等人主张恢复对政治经济学的研究，主张在经济研究上回到古典学派，分析规则和制度对经济的影响，把政治因素纳入经济分析之中。但这一时期的研究范围较广，涉及广义的政治经济学，其中包括法律经济学、产权经济学。他们的工作促成了新政治经济学的形成，也促成了公共选择理论的诞生。1962 年，布坎南与塔洛克发表了《同意的计算》，为现代公共选择理论奠定了强有力的基础。与此同时，他们宣扬经济自由，宣扬研究政治经济学，也遇到始料不及的批评与指责。

20 世纪 70 年代是公共选择学派扩大影响、独立出来并国际化的年代。在这段时期，布坎南与塔洛克于 1969 年在弗吉尼亚工艺学院创建了"公共选择研究中心"，并出版《公共选择》杂志，促进了公共选择理论的迅猛发展，同时使公共选择理论传播到欧洲和日本。

20 世纪 80 年代和 90 年代，公共选择理论受到广泛的重视，得到迅猛发展。公共选择理论的主要代表人物布坎南于 1986 年获诺贝尔经济学奖，使公共选择理论受到广泛重视。很多人应用公共选择理论来分析财政政策、分析市场失灵与政府失灵，在公共财政理论或公共经济学教科书中，更是长篇大论地介绍公共选择理论。

二、公共选择学派兴起的历史背景

公共选择学派的产生与发展绝非偶然，而是具有其特定历史背景的。这主要表现在：

第一，政府经济理论的缺乏。传统经济理论很少论及国家与政府的行为。政治经济学探讨了政府关于经济事务的政策选择问题，现代宏观经济学也分析了政府的各种经济政策及其效果，但这些理论都没有分析经济政策的制定过程——政治决策过程。在这些理论中，政治过程与经济过程是截然分开的。作为政策制定者的国家与政府，被看成是经济体系的一个外生变量，并且是以促进公共利益为目的。公共财政理论虽然涉及广泛的公共经济活动，但最初仍然缺乏关于决策过程的分析。这使人觉得,政策失误是由于作为其基础的经济学家与经济理论的失误,而不是政治过程的失误。在公共选择论者看来,如果说是经济理论的失误,那就应该是经济理论中没有分析到政治过程或政策制定过程,未视之为决定经济活动的内在因素。这是传统理论的一个重大欠缺。

第二,新福利经济学的影响。20 世纪 30 年代以来逐渐形成的新福利经济学,刺激了公共选择理论的诞生。一是社会福利函数理论探讨了将个人偏好次序加总归纳成为社会偏好次序,以实现社会福利最大化的问题。这种对最优加总偏好的实际程序的特点的研究,很自然地刺激了人们对在不同的投票规则条件下,相对于给定的一组偏好将会选择出怎样的结果这一问题的兴趣。二是 40、50 年代论述政策失误的著作探讨了在公共物品和外部性存在的情况下实现资源最优配置的条件,分析了资源的非市场配置问题,这就刺激了公共选择学派对资源配置的非市场决策过程的关注,如关于个人偏好显示过程如何等。

第三,国家干预的加强与失误。二战以来,由于认识到和经历过市场的失误,国家对市场的干预越来越多,政府部门与公共经济活动逐渐扩大,这就刺激了对公共经济活动的理论分析。同时,国家干预经济所引发的各种弊病,又促使人们通过分析非市场的集体决策过程来探讨国家干预失误的原因,就像分析市场失误的原因一样,把用以调查市场经济之缺陷和过失的方法同样应用于分析国家和公共经济的部门。而传统经济理论或者是未分析政府经济活动,或者像福利经济学那样未能看到国家的失误。

在这种背景下,公共选择理论开始关注经济政策的制定过程——政治决策过程,并从实证与规范两个角度用市场机制的特点去理解与塑造政治过程,从而促成公共选择理论的形成与发展。

三、公共选择学派的思想渊源

就像许多学科都能从以前的理论中找到其起源、发现其联系一样,公共选择理论也有其思想渊源,这主要体现在如下几个方面:

第一,维克塞尔财政理论。维克塞尔被布坎南认为是现代公共选择理论的主要先驱,尤其是宪制经济学的唯一最重要的先驱。维克塞尔对公共选择理论的主要影响，是他用公共选择方法和立宪观点解释了公共财政问题，这集中体现在他的《财政理论研究》(1896)一书中。该书在方法论上奠定了现代公共选择学的三个要素：方法论上的个人主义、个人助理性行为和政治是一个复杂的交易过程。在理论上，该书以立宪的观点分析了公共财政，对那种认为仁慈君主和国家谋求公众利益的观点提出警告，并指出要注重使政治代理人的政策选择受到规则的制约，要认识改革的努力必须是变动决策规则而不是通过影响参与者的行为来修正预期结果。也就是说，要注意宪制。为改革规则，维克塞尔提出了判断其功能的标准，这就是全体一致同意规则，它构成了宪制经济学的基础。此外，维克塞尔还十分注意政策的配置效率与分配公平问题，这也贯穿着整个公共选择理论，并将之区分为实证理论与规范理论。

第二，意大利的公共财政学派。意大利的财政学传统对公共选择理论也产生了重大影响。布莱克曾阅读过大量意大利学者关于所得税征收范围的著作，布坎南则于 1955 年～1956 年和 1959 年～1960 年两度赴意大利进修，对其财政学著作推崇备至。意大利学派提出的两种以民主模型为主的国家模型都被现代公共选择理论所接受，一种是垄断的专制的国家模型，其中各集团都是自私的，统治集团的决策，被统治集团只能被动接受或抵制，故统治集团会选择一个被统治集团抵制最小的财政结构；另一种是民主的或合作的国家模型，其中公共决策的基本单位是个人，每一成员既是决策的参与者又是决策后果的承受者。

第三，18、19 世纪的投票数学研究。投票是现代民主决策的一个重要方式，早在 18、19 世纪，就有一批数学家如孔多塞、博尔达等人对投票过程的数学分析感兴趣，但是他们的著作直到布莱克重新从经济学方面恢复了对这一问题的研究，才得到再度重视。

第四，以斯密为代表的古典政治经济学。这个学派具有真正的政治经济学研究特点，注重分析政治对经济的影响，分析不同制度环境下的经济行为，这也正是公共选择理论的分析特色。斯密是强调自由放任、鼓吹市场机制的，这一结论源自他对制度环境的比较分析。在假定个人是利己主义的前提下，斯密比较了有政治干预的市场和无政治干预的市场，认为后者要优于前者。与此同时，斯密也强调了制度或市场规则的重要性，指出了国家应有的作用。这些分析方法与结论，全都为现在的新政治经济学继承并发扬光大，其中包括公共选择理论。布坎南明确提到斯密的古典学说是现代公共选择理论尤其是宪制经济学的思想渊源。布坎南的生产性国家与保护性国家概念，也与斯密关于国家作用的观点相似。

第五，美国开国元勋们的联邦主义观点与宪法观点。联邦主义观点与宪法观点，主要影响到公共选择学派中的宪制经济理论。联邦主义观点与市场机制观点极为类似，政治过程中的联邦体制与经济中的市场体制几乎如出一辙，都是以分权为实质，以产权（宪法）的实施为基础，以自愿交换（或协议）为特征的个人或组织相互合作相互竞争的体制。这种体制被认为能获得最大效率。两百年前汉米尔顿与麦迪逊等人的联邦主义观点，与斯密的自由放任观点虽然分别对应着政治与市场两个领域，实质却是一样的，并都对两百年后的公共选择理论产生了深远影响。

第二节 公共选择理论的基本内容

一、公共产品理论

公共选择理论的一个重要特征，是将经济分析扩大和运用到社会的政治法规和制度的结构选择，这一分析首先是从政府提供的公共物品开始的。

（一）公共产品及其特点分析

在公共选择学派的分析中。公共物品具有以下三个特点：

一是非分割性。即如果集体中的任何一个成员可以得到公共物品的一个单位，那么该集体中的其他成员也可以得到一个单位。换言之，公共物品的消费只要在保持其物品和效用完整性的前提下，可以由众多的消费者共同享用。而不像私人消费品那样分割为可以计价的单位供市场销售，也不能通过一个一个消费者的购买来补偿其生产费用。因此，这就决定了公共物品只能由政府来提供或生产，其生产费用或成本只能通过政府的税收及其他筹资方式来补偿。

二是非竞争性。即任何一种公共物品的消费者的增加，不会引起该物品生产成本的递增。例如，在一条公路上或路灯下的行人的正常增加，一般不会引起建造这条公路或装置路灯成本费用的增加，同时也不会使消费者在其他方面的消费减少。相反，当任何一种私人物品的消费增加时，因需要更多的资源去生产出满足新增消费的需要，就必然会增大生产该物品的成本总量。公共物品的非竞争性表明，它的消费者增加所引起的边际成本为零，即消费者愈多，它所提供的利益愈大，这种物品也愈值得生产，但生产成本始终不变。

三是非排他性。即某个人消费某种公共物品，不能同时排除其他人也能同时消费这种物品。例如，每个消费者都可以从国防、路灯等公共设施中获得利益，不可能出现一人受益而排斥其他人受益的情况。而私人物品就具有排他性。当某个消费者为私人物品付费之后，别人就不能享用这种物品所带来的全部效用。正因为公共物品具有非排他性特点，它的生产者或卖主便不能保证只有付款购买此物的人才能获得它。因此，就可能出现部分消费者只想消费它，而不愿为之付费的“偷乘”或“搭便车”(Free Rider) 现象。

(二)公共产品与“搭便车”

布坎南等公共选择学派的学者认为，由于公共物品具有以上三个特点，尤其是可能出现的“搭便车”问题，必然导致市场选择的失灵或低效率。

首先，根据市场选择原则，某一公共物品是否值得生产，取决于该项公共物品对所有个人的真实价值与所有个人对该公共物品分担的成本之间的比较，其差额就为净意愿支出额。如果这个净意愿支出额为正数，生产就是有效率的；否则，就不值得生产。然而，在存在“偷乘”的情况下，每个人所报告的净意愿支付的数额不一定真实，有的人甚至会谎报自己支付的意愿，以便从其他人的支出而生产的产品中得到利益。这样，政府就很难判定一项公共物品是否值得生产。

其次，从公共物品的最佳产出水平分析，它是由需求曲线和供给曲线的交叉点所决定的均衡数量。在这个均衡点上,产出所增加的一个单位的公共物品须付出的成本,恰好等于社会愿意为这一单位所支付的价格。然而,由于存在公共物品消费的“偷乘”,使得需求曲线具有虚假性和不可靠性。这样,由公共物品供求曲线交叉点确定均衡产量或最佳产出水平的方法,就失去了实际意义。

最后,公共物品存在的非分割性和非竞争性特点,也使每个人在事实上都不能准确地表示他所需要的数量,因为这类物品的效用是整体的,不可能分割出售给每一个消费者。而且,任何一个消费者是否享用这类物品,享用多少,都不会改变公共物品的边际生产成本。所费和所得的不对称性和不可计量性,就使得消费者很难准确表示他对公共物品的需求量。

所以,他们得出结论:市场选择不适用于公共物品的生产,企图用市场选择来解决公共物品的生产均衡,以达到资源有效配置的目的,是无效的。要使人们在公共物品的真实价值与愿意为其分担的成本之间建立起可信的对应关系,使需求曲线成为有现实根据的可靠假设,就只有使每个人通过某些政治程序表现出他们对该项公共物品真实需求的数量和真实愿意支付的价格,即只有通过公共选择的办法,才能解决问题。

二、公共物品需求的直接决策理论

公共选择即非市场的集体选择。所谓公共选择规则,是指通过投票对公共物品作出抉择的规则。在公共选择学派看来,对于公共物品生产什么、生产多少,消费者或选民是有不同意愿的。这种意愿无法通过市场机制得到有效满足,而只有通过一定的政治程序才能得到协调,投票是达到这种协调的有效方法。因为通过投票可以有效地、公平地表达选民们对公共物品需求的真实意愿或偏好。

公共物品的需求决定在民主体制下有两种情况:一是由直接民主制决定,二是由代议民主制决定。在直接民主制情况下,公共物品的需求量由投票人直接投票决定,这就是直接决策。

(一)对投票决策规则的经济分析

在民主体制下,公共物品需求的直接决定无一例外地要通过投票进行。不同时期和针对不同公共物品的需求议案有着不同的投票规则：

1. 全体一致规则。本规则要求对有关公共物品的议案须经全体投票人赞成才能通过。按照这一规则决定议案可以照顾每一个当事人的利益，不使任何一人受损而使至少一人受益，从而达到帕累托最优。但这一原则也有缺点，一是忽略了成员的策略行为，二是需要花很多时间和成本才能达成一致协议，选择的成本太高，通过议案的代价可能超过实施议案带来的好处。

2. 多数规则。本规则要求对有关公共物品的议案只需半数以上的投票人赞成即可通过。该项规则又可分为最优多数规则和过半数规则。其中最优多数规则，又称比例多数规则。最优多数的确定须要考虑两个成本：一是决策成本，二是预期外在成本。决策成本是指表决和通过议案需要花费的成本。预期外在成本是指一项议案的实施带给人们的损失和负效用。最优多数所需的赞成人数不能太多而使决策成本过高，也不能太少而使预期外在成本过大，只有在两个成本总和最低时才是最优的。过半数规则，又称简单多数规则，在现实生活中比较通行，主要在于这种规则能节省决策成本。按照这一规则，如果只对一两项议案决定取舍就能得到一确定结果，但如果是多项选一，则结果取决于全体成员的偏好是单峰值还是双峰值。在单峰值情况下能决出一个唯一结果，而在双峰值情况下结果可能是多个。

多数规则的优点是，选择成本较低使公共物品容易生产出来；主要不足是，容易导致收入再分配效应，使投赞成票的多数投票者从通过的议案中得到好处，增加福利，不赞成者却要从中受到损失，减少福利。当然，如果对多数规则给予一定的限制条件，如要求受益者补偿受损者，这种规则也可以实现帕累托最优，即在不使一部分人福利受损的情况下，增加另外一部分人的福利。

(二)投票交易

投票交易有两种形式：一是买卖选票，二是互投赞成票。买卖选票是非法的，因而在现实生活中并不多见，而互投赞成票则经常发生。互投赞成票起因于各投票者对不同议案的偏好程度不一，通过交易活动使本应该否决的议案获得通过。互投赞成票总是给交易者带来效用改善，却给非交易者带来效用损失。因此，互投赞成票的结果是对社会福利的影响取决于上述效用改善与损失的比较。公共选择学派认为，私人物品和准公共物品往往对少数人有意义，而对大多数人没有意义，纳入集体决策容易造成互投赞成票。只有真正的公共物品如国防、教育、环保等利用投票交易，才能较好地反映各人对公共物品的偏好程度。

（三）过半数规则的经济后果

过半数规则的经济后果是指其对资源在公共物品配置中的效率影响，即最终通过的关于公共物品需求量的议案是否充分反映了各投票人的偏好。公共选择学派认为，利用过半数规则投票表决公共物品的需求虽然看起来比较民主、合理，能代表大多数人意见，但在实行过程中却会遇到许多问题：第一，低效或无效，当收入分配不平等而税收结构不累进时，决策结果就不能达到最优；第二，循环，在多维偏好和多维议案下公共物品的确定带有任意性；第三，操纵议案，通过操纵议案可控制决策结果使之有利于操纵者；第四，策略投票，投票人在投票时并非真实反映自己的偏好，而是在通盘权衡各种可能性后采取一种最佳投票方式，以使结果最大限度地接近自己的偏好；第五，多数极权，当过半数投票人的偏好一致时，就会形成一个自然联盟，在决定公共物品需求时压制非联盟的少数成员。

三、公共物品需求的间接决策理论

由于投票人太多，公共物品的决策在现代社会里一般采取间接决策即代议民主制的方式。先由投票人选出能代表自己利益的代表，如议员、州长、总统等，再由他们根据投票人意愿决定公共物品的需求。从某种意义上说，选举结果本身就是一个公共物品。

（一）政党经济理论与公共物品需求的决策

投票人的公共物品偏好集中反映在各自所支持的政党的竞选纲领和施政纲领中，纲领实际上就是一篮子公共物品，如果政党竞选纲领中所含公共物品是单维的，选民的偏好呈单峰和正态分布，竞选人为两人，则观点与中间投票人一致的候选人获胜。但实际上选民的偏好并非正态分布。因此政党的观点将向选民观点分布的众位数靠拢。而且，现实中政党的竞选纲领总是多维的，包含多种议题或公共物品，并且偏好也可能是多峰分布。这样就会出现互投赞成票局面，导致竞选结果的不确定和不稳定。

（二）代议民主制中的经济人行为

在公共选择学派看来，政治活动的各种主体其实和经济活动中的主体一样，都是理性的经济人，总是追求个人的最大利益。政治活动的当事人主要有政治家、选民或投票人以及特殊利益集团，公共选择学派逐一对他们的行为进行了分析。

1.政治家分为有理想的政治家、追求权势的政治家和追求金钱的政治家三类。第一类政治家希望提供的公共物品是他们认为公众希望得到的和应该得到的；第二类政治家一般会尽力反映拥护者的偏好，为他们提供所需的公共物品；第三类政治家提供的公共物品只反映其个人利益，不能很好地满足投票人意愿。现实中大多数政治家可能不同程度地兼具上述三类特点。

2.投票人或选民在决定公共物品的政治过程中被认为是理性的，因此总是投与自己利益一致的候选人一票。但投票人或选民又是缺乏信息的，并且缺乏收集信息的动力。因此主要依赖于政治家和新闻媒介免费提供的信息。由此得出的结论是：选民越多，投票率越低；选民越一边倒，投票率越低；选举越不重要，投票率越低；候选人观点越相近，投票率越低。

3.特殊利益集团是指由少数有共同利益的投票人组成的集团，议案的实施与否对他们的利益影响极大，而他们联合起来的费用较低，而联合在一起能够行使比分散大得多的权力。因此，他们总能左右议案的表决，通过有利于自己的议案。

（三）政治竞争

在进行公共选择的政治过程中，政治家为了赢得选民的支持而展开激烈的竞争。他们竞相向选民提出或允诺一些能最大程度满足其愿望的政策，这些政策涉及公共物品的提供和筹资，与市场竞争相类似。但政治竞争与市场竞争也有明显的区别：第一，市场竞争是连续的，而政治竞争是间断的，消费者在选择一些政治家之后就得在一定时期内承受这一选择的后果而不能更改;第二,市场竞争是无限可分的,而政治竞争是一次性的,对政治家所提供的一篮子公共物品只能全部接受或全部排斥;第三,市场竞争中消费者十分清楚自己选择可能导致的后果,而政治竞争中选民却不完全清楚选举带来的后果,尤其是在政治家不遵守诺言时更是如此。

(四)政府失灵理论

政府失灵是指个人对公共物品的需求在现代代议制民主政治中得不到很好满足,公共部门在提供公共物品时趋向于浪费和滥用资源,致使公共支出规模过大或效率过低,预算出现偏差。政府失灵的原因在于政治市场的不完全性,这些原因包括:第一,信息的不完全性;第二,公共物品组合的不完全性;第三,选民权力的不平衡性;第四,投票人的“短见效应”;第五,激励与约束机制的缺乏;第六,选举制度的缺陷。

(五)政府增长理论

政府增长是指政府活动的范围和数量的不断扩大,政府在经济活动中所占比重持续上升。公共选择理论认为,政府增长的根源是公共物品需求的决策规则与决策过程中存在问题。

第一,公共支出与税收决策的分离使政治家容易高估人们对公共物品的需求,而忽视对成本的限制,甚至为了连任而主动迎合选民对公共物品需求的偏好,因此现代民主政治易于强化支出倾向。第二,预算支出的众多项目一般分散进行决策,因而易忽视总支出的效应。同时,分散决策还忽视了各项目之间的不利影响,致使单项决策之间产生外部不经济。第三,在税收结构隐蔽,税源与支出项目多的情况下,容易产生财政幻觉。第四,投票人难以有效监督公共物品决策过程。第五,政治家为了能够连任而营造经济环境,采取扩张性政策以刺激产量和就业。

(六)现代政治过程的经济后果

公共选择学派认为,财政赤字与通货膨胀是现代政治过程与凯恩斯主义经济政策相结合的必然结果,是政治家、货币当局和选民的政策选择。就选民来说,他们更赞成预算赤字而反对预算盈余。这是因为预算盈余会因增加税收而减少人们的可支配收入,或因缩减开支而减少人们的预期收益；财政赤字却能刺激就业，减少目前的税收。就政治家而言，他们为了竞选连任自然会迎合选民的需要，绝不会以政治前途为代价冒险平衡预算，这样就很容易造成财政赤字；而弥补预算只能借助于货币发行，这在货币当局的帮助下迅速成为事实，因为货币当局名义上独立，实际上受到政治压力的影响，何况他们也不愿为紧缩通货所造成的后果负责。

第三节 公共选择学派的财政思想

一、个人对公共商品的需求与财政的关系

个人对公共商品的需求通常都由政府预算来满足，而政府预算资金的绝大部分又是通过税收筹集的。所以，对公民来说，政府提供公共商品和劳务的直接成本就是税收。征税的方式会明显影响选民对扩大或缩小公共商品和劳务规模的态度。所以，布坎南认为，公共选择学派财政理论的一个主要任务是，要分析、预测各种税收制度对作为"公民——投票人——纳税人——受益人"的个人所作决定或选择的影响。这种决定或选择和市场选择不同，个人不能够选择他最喜欢的纳税方式和纳税数量，而必须根据所有人选择的方式或数量履行纳税义务。

(一)公共商品的个人需求分析

布坎南对公共商品需求与税收关系的分析，首先是借助供需图表，从分析公共商品的需求状况开始的。假定考察的只是一种公共商品，不计收入效应，并且单位边际税收等于平均税收。他认为，"公共商品需求曲线就完全类似于普通私人商品的需求曲线"。(布坎南，《民主财政论》，商务印书馆，1993 年第 1 版，第 21 页)

在图 10-1 中，横轴表示个人对公共商品的需求数量，纵轴表示政府提供单位公共商品的单位税收——价格，Da 表示个人在一定的税收制度下，对某种公共商品的需求状况。需求曲线 Da 表明，如果公共商品均等地提供给每一个人，资金由特定税收提供，并且这种税属于对每

个单位商品征收的人头税,税金为OT。在这种情况下,个人将倾向于赞成所有主张把商品的供应量扩大到OX的支出——税收方案,并倾向于投票反对所有主张提供多于OX数量的支出——税收方案。

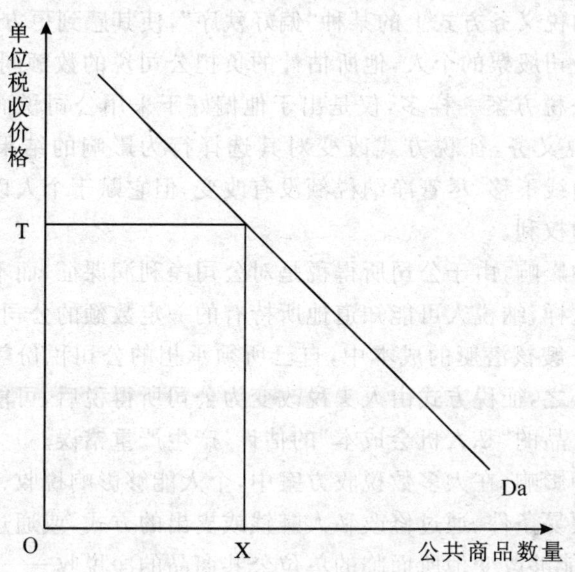

图10-1　公共物品需求曲线

以政府组织提供一定数量的核潜艇为例。对每一个公民来说,作为公共商品的核潜艇数量都是相同的,并且每增加一艘核潜艇的边际成本等于平均成本。这样,每个纳税人——受益人不仅能估算出在每一水平的潜艇防务所提供的集体利益中,他自己所享有的"私人份额",而且也能估算出自己在税收成本中的"私人份额"。现在,假定通过公民投票方式来决定核潜艇的供给量。在图10-1中,个人将倾向于投票赞成把潜艇数量增加到OX水平的支出方案,反对超出这一数量的其他所有方案。尽管在参与投票的公民中,有部分人不赞成OX支出方案,仅有个人的需求偏好不可能全部反映到集团决策的结果中来。

(二)税收制度及征税方法对个人选择行为的影响

图10-1所表示的状况反映了在人头税条件下个人的预期反应。现在假定核潜艇防务不是通过人头税,而是通过课征公司所得税来提供

资金。布坎南指出，税收制度及其征税方法的这一改变，对投票人——纳税人——受益人的私人选择决定，将产生三种可能的影响：

第一种影响，课征公司所得税这种纳税方式，可能满足了部分纳税人在履行纳税义务方式上的某种“偏好秩序”，使其感到更方便了。如果某一拥有公司股票的个人，他所估计的负担公司税的数额同图 10-1 所描述的人头税方案一样多，仅是出于他偏好于采用公司税而非人头税来履行纳税义务，征税方式改变对其选择行为影响的结果是将使税收—价格曲线下移。尽管净纳税额没有改变，但它赋于个人以自由选择纳税方式的权利。

第二种影响，由于公司所得税是对公司净利润课征，而不是按人口数计税。这样，纳税人可能知道他所持有的一定数额的公司股票，但他对于增加一艘核潜艇的成本中，自己所须承担的公司税份额可能一无所知。换言之，征税方式由人头税改变为公司所得税后，可能导致纳税人对公共商品的“私人机会成本”的估计，产生严重错误。

第三种影响，在大多数税收方案中，个人能够影响税收——价格即通国库的贸易条件。通过修改私人赚钱或支出的方式，或通过参加集体决策，个人能够改变他所面临的单位公共商品的净税收——价格。这第三种影响在均等人头税的条件下并不存在，但在绝大多数其他制度下，这一影响是存在的。

二、集体决策与财政的关系

在有效的民主政治秩序下，集体决策产生于这样一个过程，该过程把个人表示的偏好作为投入，并以某种方式把这些偏好结合在一起以产生结果。财政制度会影响这些偏好。然而，对个人行为的影响，并不等于对集体结果的影响。这样一个推广，要求跨过个人参与和集体选择的最后结果之间的桥梁，把制度对于个人行为的影响转化为对于政治结果的影响。

(一)相同的三人模型

在上文图 10-1 中，对个人来说，OX 是所要供应的“最优”公共商品数量。但个人是无法决定社会所供应的公共商品数量是多于、少于还是正好等于这个数量，因为集体决策将产生于一个政治选择过程，在这一过程中，他只是所有参与者中的一员。为了讨论集体结果的实现，有必要考察多个人的行为。现假定社会中只有三个人，而且假定这三个人在所有方面都是完全相同的。在所给定的税收——价格的结构之下，这一集团作为一个集体单位将决策把多少资源用于公共商品的供给。

假定在作出特定的财政决策之前，每人相等的税收制度已经在某一“立宪”背景下得到一致同意，规定总的税收额将由对于公共商品数量的投票过程的结果决定，并且商品以不变的价格提供给社会。在上述条件下，假定每个人的“私人”选择是给定的，则他将期望集体供给 OX 数量的商品，每个人将选择使集体花费同样的总支出。因此，这一结果可以毫无困难的获得一致同意，简单多数的投票将不会改变结果。因此，只要所课征的税是普遍性的而不是歧视性的，任何进行集体选择的规则，都会得到同样的结果。根据假设，因为人都是完全相同的，所以，无论是比例所得税还是累进所得税，或任何其他税，只要不是特别歧视某些人的，就都会使集团中的所有独立的成员承担相等的税收——价格。

(二)对公共商品有不同估计的三人模型

为使模型不那么有局限性，让三人对单一的公共商品的估评或需求上有所区别。这一变化能够分离出同税收制度的影响无关的改变决策规则对集体结构的影响。因为仍假设这三个人在同课征任何一般税有关的所有方面都相同，所有任何这类税收将仍然向每一个人索要同样的税收——价格。这三个人的需求曲线，连同根据共同的税收——价格个人所偏好的调整，描绘在图 10-2 中。如果个人 A 能够为整个集团进行独立的选择，那他将要集体提供 OX_A 单位；个人 B 将要集体提供 OX_B 单位；而个人 C 最为偏好的数量则是 OX_C。显然，在这种情况下，把决策权交给某一个人，将会随着“统治者”的不同而产生不同的后果。

如果对于付诸表决的提案数量没有限制，则在简单多数的决策规则之下，所选择的将是中间偏好的集团成员的单一峰值所代表的结果。个人 A 将宁愿选择 OX_B 而不是任何更大的数量，而个人 C 将宁愿选择 OX_B 而不是更小的数量。因此，个人 B 将成为在多数决策中的控制者，这个人的偏好是整个集团的中间偏好。这一分析表明，因为设立了中间人，所以有可能对多数规则下的集体决策进行分析。如果预测财政制度将影响由中间人所代表的偏好，那也就可以预测它们将沿同样的方向影响最终的集体结果。但是在全体一致的投票规则下，结果会在很大的范围内变得不确定。

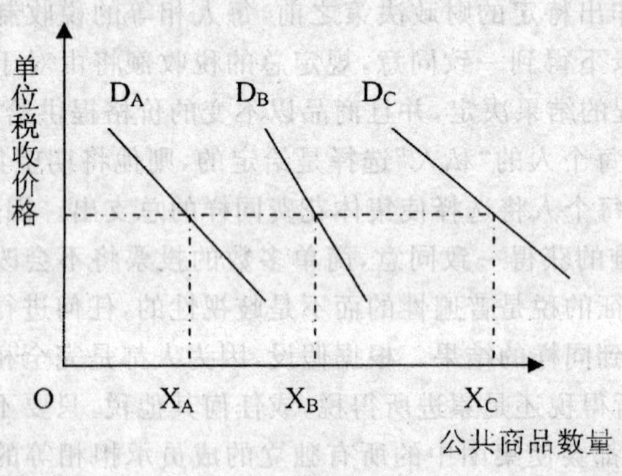

图 10-2

(三)估价相同但税收——价格不同的三人模型

在可能的程度上分离出财政制度的变化造成的影响，是有益的。现假定，独立的个人需求曲线是相同的，如图 10-3。然而，个人在可能同税收——价格的确定有关的某一方面有所不同(假定他们只在收入方面不同)。引入把纳税义务同收入水平联系在一起的税收制度，则个人将面对不同的税收——价格。假定在集团中 A 的收入最低，B 的收入中等，C 的收入最高。假设比例所得税使这三人面对图 10-3 中 P_A、P_B、P_C 所表示的一组税收——价格。尽管在需求方面相同，但因为有税收方面的歧视，三个人现在将偏好不同的公共商品量。在这一模型中，决策规则的特征将影响政治过程的结果。在多数规则下，收入处于中等水平的人往往会发挥控制性影响。从所产生的一般结果来看，累进所得税并不会同比例所得税有所区别，这种税收制度倾向于扩大较高和较低税收——价格之间的差距。但是，在多数规则下，中等收入者往往保有控制力，累进税有可能通过改变这一中间投票人所偏好的结果而对结果产生重要的影响。累进税制和比例税制在简单多数投票规则下对公共商品供给的不同影响，只有等到确定了这两种税制对中等收入者的相对税收——价格产生的影响之后，才能够预测。

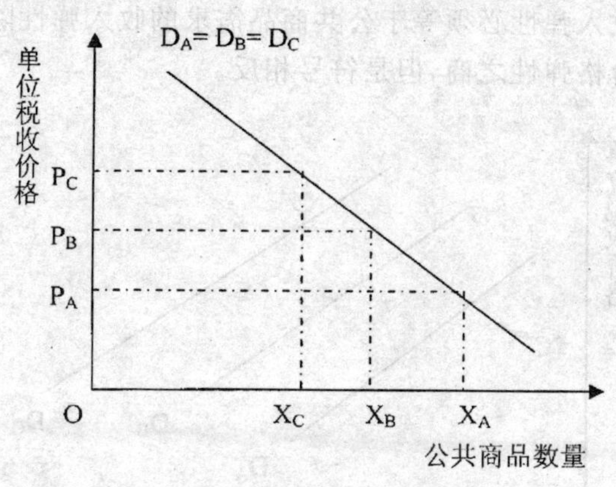

图 10-3

（四）估价不同、收入不同，但偏好形式相同的三人模型

在现实的财政背景下，不同的人对于公共商品的估价是不同的，而且人们在其他方面也会不同，其中一些同决定他们的纳税义务有关。现假定每个人的偏好形式是相同的，但收入不同。这使得边际估价或需求曲线由于收入对个人选择行为的影响而在个人之间有所变化。一般来说，任何可想象的公共商品收入弹性系数的值都可以用这一模型来分析。进一步假定这些系数是正的，以限定分析的范围。这意味着，三个人的需求曲线可以在有关的数量范围内按收入水平排列。在图 10-4 中，D_A 是收入最低的个人的需求曲线，位于 D_B 下方，同样，D_B 又位于 D_C 下方。

不论是在比例所得税制下，还是在累进所得税制下，三人中的每一个人所面临的税收——价格都会随收入而变化。因而，根据一个序列，只要收入弹性系数为正，税收——价格就同边际估价或需求相对应。这表明，可能存在着一个有序的税收——价格结构，该结构可以导致一个唯一的集体结果，对于这一集体结果，决策规则是没有影响的。这就是说，对于任何给定的对公共商品的边际估价的次序，应该存在某一税收——价格的序列,该序列可以保证"充分中性"的结果。这一结果将满足帕累托最优所要求的必要条件,而且也将不严重取决于赖以作出政治选择的规则的性质。实现"充分中性"所必须满足的条件为:税收——价格曲线的收入弹性必须等于公共商品需求的收入弹性除以公共商品需求的相对价格弹性之商,但是符号相反。

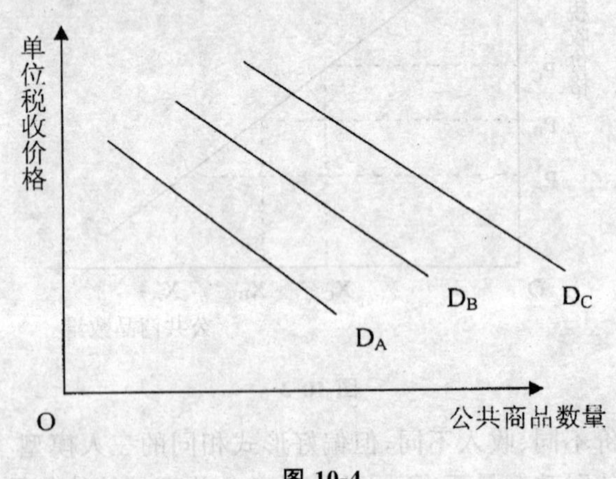

图 10-4

第四节　公共选择学派的财政思想评析

一、公共选择理论分析方法的评析

公共选择理论是经济学方法与政治学对象的结合,复兴了传统的政治经济学。在分析方法和理论上有独到之处:

1. 公共选择学派在方法论上强调个人主义,注重人们在政治活动中的理性行为。

2. 公共选择学派在理论上维护个人经济自由,推崇古典学派分析经济问题时对制度因素的重视,主张分权的政治体制。

3. 公共选择学派在政策方面反对凯恩斯主义的相机抉择政策,主张采取有规则的经济政策,力主财政预算平衡,倡导货币环境稳定并且是可预期的。

4.公共选择学派主张政治体制改革按自由市场机制的思路进行，采取与自愿交换相同的一致同意准则开展政治活动。

二、公共选择理论中税收思想的评析

公共选择理论的最主要特点，就是把市场经济分析方法运用于属于非市场抉择的税收领域，试图在国家征税决策和社会、个人选择之间建立起内在联系。

传统税收理论认为，税收制度和税收政策从来都体现政府的意志，政府决定着对什么征税、征多少税、如何征税，以及税款用于何处。个人的需求偏好仅仅只影响和受制于市场选择，个人意志对诸如税收之类的政治问题一般不起作用。然而，反映当代新自由主义经济思潮的公共选择理论，立足于“经济人”的分析，认为以成本—收益计算为基础的追求个人利益最大化的原则，不仅通行于经济领域，也通行于包括课税在内的政治领域。他们将市场选择中的供给—需求分析法、成本—效益比较法等引入税收领域，力图探讨纳税人面对特定的公共商品项目及其征税方案，“他”是如何估算自己对特定公共商品的需求—收益状况，如何估价这类公共商品的税收—价格，进而纳税人又是怎样对这类方案进行选择、决策和投票，单位公共商品的税收价格又是怎样决定的，等等。在布坎南及公共选择学派看来，只有遵循“经济人”的自由主义原则，尊重纳税人—投票人—受益人的意愿，才能努力促成征税方案尽善尽美，实现帕累托最优。公共选择学派的这些观点，不论是在理论体系及内容，还是在方法论上，无疑又为西方税收理论研究的发展开辟了一个新的领域。

公共选择学派在把自由主义原理运用于政治领域的过程中，一方面强调个人选择对于税收制度的意义，另一方面不赞成国家对经济的过多干预。亚当·斯密曾提出，个人对自身利益的追求能给社会带来巨大利益。布坎南则进一步指出，政治家们在追求自身利益的同时，却会导致政府对经济的有害干预。所以，公共选择理论反对凯恩斯主义的赤字财政和通货膨胀政策，主张采用公共选择规则和立法形式，约束政府的征税行为和预算规模，把税收规模限制在经济增长的范围内。公共选择学派的这种财政、税收政策主张虽然有其产生的经济背景，即国家干预经济政策的缺陷和凯恩期主义政策的失灵，但是，按照公共选择规则，以及由之产生的税收制度和政策措施，能否治愈资本主义经济的某些重大痼疾，促进社会福利最优化？看来问题不那么简单。

从形式上看，公共选择学派的税收理论是全新的。不过就其理论实质分析，它仍然是对古典学派税收理论的继承和发展。在古典学派看来，税收在本质上不过是政府和人民之间的利益交换关系。政府向人民提供人身、财产安全保障，创造生产、经营的外部条件，人民向政府纳税则是享受上述利益的代价。公共选择学派对古典学派关于税收本质理论发展的贡献在于，他们提出了一整套公共选择规则、程序和方法，将特定公共项目的财政支出与特定税收收入对应起来，有利于各个投票人—纳税人—受益人更为直接、更加具体地感觉到个人纳税（或个人成本）与个人预期受益之间的直接联系，使每一个纳税人都能针对任何特定的公共商品项目及其相应的税收方案，权衡利弊得失，决定自己的选择意向，努力争取以最小的税收成本换取最大的经济福利。

我们认为，不论是古典学派倡导的“税收利益说”，还是公共选择学派的税收选择理论，都是资本主义基本矛盾以及社会分配不公、税负不平矛盾的产物。这些理论对于限制资本主义国家滥用课税权和滥用税款、缓解社会分配矛盾、增进社会福利，都有一定的积极意义。然而，公共选择学派的税收理论也有着十分明显的缺陷：

第一，税收成本和税收利益的对称性要以特定税种和特定支出项目的对称性为前提。但在资本主义国家的税制体系中，税款具有特定用途的特定税种毕竟是少数。这样，布坎南为税收制度假设的第（2）个前提，即税收收入被明确指定用于一种单项公共商品或劳务就失去了普通意义。所以，公共选择学派关于税收成本与预期利益分析的许多结论，也就失去了现实的基础。

第二，公共选择规则的实质是投票规则。任何一种税收方案能否代表大多数人的利益，是否公正合理，关键在于投票规则是否公正合理。资本主义选票民主制度在形式上遵循多数票原则，但投票结果往往受政客、少数议员、各种院外集团(院外集团:是指西方国家中为了某种特定利益而组成的企图影响议会立法和政府决策的组织。其活动常在议会的走廊(Lobby)或接待处进行,故有院外活动集团、罗比分子或走廊议员之称。因在很大程度上可左右议会立法过程和结果,故又被称为议会两院之外的第三院)的操纵,往往导致经立法程序通过的税收法案不能反映广大人民,尤其是低收入阶层的利益要求。

第三,即使投票规则程序是公正的,但是,作为政府有关部门如何保证自己拟定并提供表决的税收方案的公正性和全面性,纳税人—投票人因信息不灵所产生的"税收幻觉"问题又如何解决。总之,政府如何保证经过公共选择程序通过的征税方案能够真实地反映广大选民的利益要求,实现社会福利最大化。对此,公共选择学派在其理论中也触及了上述问题,但并未提出有效的解决办法。

三、公共选择学派的政府失败理论评析

公共选择学派提出了"政府失败"理论,详细分析了政府行为各个方面的缺陷及其原因,并提出了各种改革措施。

关于"政府失败"的分析在经济思想中源远流长。19世纪后期就已经提出对"政府失败"的潜在可能性的深刻理解,20世纪60年代以后,随着政府债务失控,各种政府干预调节手段使经济窒息,政府决策日益受特殊利益集团左右,一批政治经济学家对政府纠正市场缺陷的能力日益表示怀疑,认为类似市场失灵一样,也存在"政府失败"的现象。经济学家如唐斯(Downs)、布坎南(Buchanan)、图洛克(Tolloch)和斯蒂格利茨(Stigiltz)等对"政府失败"的理论研究得到了系统化和深化,其中尤以布坎南和图洛克创立的公共选择理论是最系统化的形式。

公共选择学说运用经济学方法分析政治问题的理论,它引入了"经济人"假设,将选民、官僚、政治家等都看成是自利的(Self-interested)理性"经济人",使经济学分析工具在政治领域中的运用流行起来。公共选择理论家认为,人们长期以来忽视了"政府失败"现象,大量文献集中于揭示市场制度的缺陷和研究公共干预的逻辑及进一步完善公共权力的干预工具。但这种政府行为的理论需要这样一个前提,即对政府及其

利用的支配工具能产生符合公共利益的结果这一点抱有乐观的态度。在公共选择学派看来，政府是一种人类组织，政府的行动要受一些人为规则和结构的影响，它并不比其他任何社会组织更加正确无误。如果说市场机制是一种极不完善的机制，那么，政府作为一种替代和补救，也是缺陷诸多，"政府失败"现象普遍可见。

公共选择理论认为，造成"政府失败"的原因主要有以下几种：

第一，政府部门之间缺乏竞争，即利润概念在政府部门中是不存在的。政府部门是一个独占性的主体，在社会中不存在竞争对象，政府为弥补市场经济不足而采取的行动也就没有必要用利润标准来衡量。其结果是施加于企业的利润约束机制对政府活动不起作用，政府没有降低活动成本的压力，从而使社会支付的成本超出了社会本应支付的成本。而且，政府中的官僚与市场中的"经济人"一样是个人效用最大化者，在缺乏如利润约束之类机制的限制下，政府公职人员将最有可能追求个人最大化利益。因此，政府虽抱着弥补市场缺陷的初衷，但实际上往往导致"政府失败"。

第二，政府具有自我扩张的倾向，这种倾向内在地根源于政府的决策规则之中，使政府具有一种内在的"扩张逻辑"。这种扩张逻辑的结果就是政府部门超额生产公共服务，形成一种区别于不计成本的社会浪费形式，导致"政府失败"。

第三，对政府行为缺乏有效的监督。在一个民主社会中，政府必须服从选民及其代表的政治监督，包括立法机关等对政府的监督。从理论上讲，监督的效力取决于监督者对被监督者的独立性和监督者获取有关被监督对象的信息的能力。在现实的监督过程中，监督者所得到的信息往往由被监督部门(政府)提供和发布。在公共产品生产缺乏竞争的情况下，将没有客观的标准来检验监督部门所获信息的可靠性。因此，政府在缺乏有力监督的前提下，其政策和行为直接或间接地有利于自身的利益，而没有体现真正的公共利益，从而导致"政府失败"。

第四，社会采取对抗"政府失败"的"集体行动"困难重重，这导致了低效率的政府政策和行为持续存在的局面。根据曼库尔·奥尔森的"集体行动逻辑"，当许多人组成一个大集团为捍卫自身利益而行动时，其费用要远远高于少部分人组成的小集团，因为大集团中存在严重的“搭便车”(Free Rider)现象（外部性的一种表现）。

思考题

1. 公共产品理论对政府行为有何意义？

2. 何为“政府失败”？

第十一章　制度学派的财政思想

在西方经济学流派中，制度学派可谓独树一帜、别具一格。它以资产阶级经济学异端的面目出现，对资本主义制度和传统经济学采取了严厉的批评态度，主张用制度分析或结构分析的方法来说明社会经济现象及其发展趋势。它宣扬社会改良，主张国家通过法律和经济措施来干预私人经济。

但是，和众多其他的资产阶级经济学派不同的是，制度学派从来都不是一个严格的观点统一的经济学派，它从产生之时起就是一个众说纷纭的、缺乏共同理论体系的经济学流派。只是由于他们基本上都采用制度因素分析或制度结构分析的方法来说明社会经济现实及其发展趋势，所以才统称为制度经济学派。

第一节　制度学派的产生与发展

制度学派产生于 19 世纪末的美国，是近代资产阶级庸俗政治经济学的一个重要组成部分。它的形成，是 19 世纪末 20 世纪初美国社会政治经济发展在理论上的反映。

美国的资本主义发展较晚，直到 19 世纪 60 年代南北战争以后，资本主义生产方式才得以在美国最终确立。但是此后，资本主义在美国迅速发展，到 19 世纪末美国就赶上了西欧国家，其工业产量已跃居世界首位。20 世纪初，美国已基本上完成从自由资本主义向垄断资本主义的转变，成为世界上典型的垄断资本主义国家，具有垄断资本主义的一切特征。在钢铁、石油、化工等行业，大的垄断组织控制着美国最主要的经济命脉，垄断资产阶级由此获得高额垄断利润。垄断资本主义的发展造成了严重的贫富两极分化，不仅造成了大批中小企业的破产，而且使广大劳动群众陷入日益深重的贫困之中，这种情况进一步加剧了美国国内阶级矛盾。

在这种历史条件下，美国政治经济学中旧的庸俗理论特别是凯里的阶级调和理论，已经失去了其为资本主义现实辩护的作用。尤其是传统经济学以“制度”不变为假设前提，研究自由竞争下的和谐问题，显然与美国当时的情况不符。在这种情况下，以凡勃伦为代表的具有美国特有传统的制度学派经济学应运而生。

从历史发展来看，制度学派大体经过了以下三个阶段：

从 19 世纪末到 20 世纪 30 年代，是制度学派的形成阶段。这一阶段的代表人物是凡勃伦。他认为，人类经济生活中有两种制度：满足人类物质生活的生产技术制度和私有财产制度。这两种制度都以人的本能为基础。在资本主义社会中，这两种制度表现为“现代工业体系”和“企业经营”。资本主义社会的一切弊病都根源于这两种制度的对立。

从 20 世纪 30 年代中期到 50 年代初期，是由旧制度经济学到战后新制度经济学过渡的阶段。这个阶段的主要代表人物是：米音斯、贝利、艾尔斯、康芒斯、米契尔等。他们从企业权力结构方面分析了“所有权”与“经营权”的分离，强调法律制度和法律形式的企业所有权和经营方式的意义。

20 世纪 50 年代以后，是新制度经济学派兴起的阶段。这一阶段的代表人物是加尔布雷思、缪尔达尔等人。这一时期，西方社会科学技术迅猛发展，经济迅速增长，但与此同时，经济危机也更加频繁，并开始出现“滞胀”局面，社会矛盾日益尖锐，改革呼声很高，而主流的凯恩斯学派却仍忽视经济、社会、政治和文化等制度因素，已难以适应情况需要。作为凯恩斯主义的反对派，制度学派继承了前两个阶段的基本观点，特别是凡勃伦的制度因素分析和米音斯等人的所有权与经营权分离的观点，提出了一系列新的理论，包括：权力转移论、二元体系论、技术决定论、后工业社会论等。

第二节 制度学派的基本经济思想

制度学派的经济学家都强调制度在经济生活中的重要作用，主张经济学要研究与经济有关的各种制度的起源与发展，说明这些制度的作用，和与其相适应的社会经济关系，并以此把握社会经济及其发展趋势，即制度学派所标榜的“制度趋势”的研究。这是制度学派各种学说的一个共同点，也是形成制度学派的基础。

在制度学派看来，社会经济根源于和经济有关的制度，并受制度发展的约束。因此，社会经济的发展过程实际上就是制度的发展过程，制度是相对的和不断进化的，由此导致了社会经济的发展变化。因此，他们认为经济学应该从制度进化的趋势来考察社会经济的发展，探讨每一历史时期、每一经济体系的各种经济问题。

尽管制度学派的各种学说有着共同点，但是它们始终没有形成一个统一的理论体系，几个分支的研究课题各不相同，在具体分析过程和理论的着重点上有很大的不同。比如，凡勃伦着重于制度的心理和文化分析，把制度的发展看作是思想意识演进的结果，因而他的学说有时又被称为制度的“社会心理学派”。康芒斯则注重论证法律在决定社会经济发展中的作用，特别强调法院调节和管理经济的重要性，所以他的学说被称为制度的“社会法律学派”。米契尔把制度研究与经济周期的统计检验结合起来，论证统计检验是说明制度演进的主要依据，因而他的学说被称为制度的“经验统计学派”。

一、凡勃伦的主要经济思想

旧制度学派的代表人物——凡勃伦对资本主义制度进行了批评和责难，阐述了制度经济学的研究方向、方法和理论，为制度学派的形成与发展奠定了基础。

他首先给制度下了定义。在他看来，制度不是我们通常所说的政治制度、经济制度，而是指社会集团和组织、社会思想习惯、行为准则等，即所谓制度就是“广泛存在的社会习惯”。他写道：“制度实质上就是个人或社会对有关的某些关系或某些作用的一般思想习惯。”他把私有财产、价格、市场、货币、竞争、企业、政治机构、法律和谋利行为等，都说成是广泛存在的社会习惯，即制度形式。他提出，社会习惯是逐步形成的，所以制度本身也有一个历史进化过程。本能决定了人类行为的最终目的，推动了人类为达到这一目的而作出的努力，这些行为逐步形成为一种生活方式或“社会习惯”，于是就产生了制度。

凡勃伦进一步区分了两种不同的制度，一类是财产所有权或金钱关系的制度；一类是物质生活的生产技术或物质生活的工具供给。前者出自人类的虚荣本能，后者出自人类的工作本能，二者都是广泛存在的社会习惯。凡勃伦以此来解释现实的资本主义制度。他提出，在资本主义社会，这两种制度的具体形式就是“机器利用”和“企业经营”。他认为，由于机器利用和企业经营服从于不同的目的，因而两者发生了矛盾，这是资本主义社会一切矛盾和弊端的根源。他认为，在机器利用的初期，产品价格比较低廉，引起了市场的扩大，因而，此时产量的增加与利润的扩大是相一致的，二者并无矛盾。随着机器利用的进一步发展，由于技术进步，产品大量增加，市场却不能随之扩大，这样就产生了生产和利润的矛盾，并且不断加剧。

针对上述对资本主义制度的认识，他提出了社会改革方案，主张组织所谓“技术人员苏维埃”，把经济的控制权转到它手中，以此来代替企业经营，这样，以追求利润为目的的企业经营就将被抛弃，由此产生的一切矛盾也就自然会消失。他们认为，人类社会有两种制度，即满足人类物质生活的技术制度和私有财产制度，这两种制度在资本主义社会表现为“现代工业体系”和“企业经营”，前者的目的在于追求商品的最大量生产，后者的目的则是追求最大利润。资本主义社会的问题就在于这两种制度之间的矛盾。根据这些认识，凡勃伦提出了一个被人称为“凡勃伦传统”的思想体系：一是批判正统的传统经济学观念，建立以研究制度演进为基本内容的经济理论；二是批评揭露资本主义社会弊端，从结构上改良社会。

二、康芒斯与米契尔的主要经济思想

同凡勃伦一样，康芒斯也强调制度对经济生活的重要作用，认为制度是经济发展的动力。不过，他对于制度经济学的解释具有自己的特点，他认为，制度经济学就是“集体行动”的政治经济学，而所谓制度就是指控制个体行动的集体行动，他认为集体行动的种类和范围甚广，从无组织的习俗到有组织的机构，如家庭、公司、行会、法院、工会、银行等都可以归为集体行动之列。康芒斯指出，制度经济学就是要以集体行动为研究对象，以期对现代资本主义作出新的解释。

康芒斯把现代资本主义的社会关系解释为一种交易关系，把交易活动看作是人们之间财产权利的相互转让，从而把所有权作为制度经济学的基础来研究。所有权和“稀缺”一起，创造了人们在交易活动中的利益冲突，但另一方面，人们也互相依赖、互相维系。冲突和依赖互相制约就产生了集体行动。他说：“在每一件经济的交易中，总有一种利益的冲突，因为每个参加者都想尽可能地取多予少。然而每一个人只有依赖别人才能生存或成功。因此，他们必须达成一种实际可行的决议，并且，既然这种协议不是完全可能自愿地做到，就总有某种形式的集体强调来判断纠纷。”交易中的冲突可以通过公正的仲裁人进行和平的调节，而调节一切交易冲突的最高权力机构是国家，是法院。

从上述观点出发，康芒斯把资本主义的产生归功于法律制度，认为是法院保证了资本主义法制的胜利，破坏了封建社会的政治制度和经济制度，为资本主义的发展扫清了道路，并推动了资本主义的发展。他认为，现代资本主义制度本质上是一种法律制度，因为它完全以所有权为基础。据此他提出，既然资本主义是法律制度所促成的经济制度进化的结果，那么，它的缺陷和弊端也可以通过法律的调节而加以克服。因此，他主张用“法院的看得见的手”来代替斯密的“看不见的手”，以此对现代资本主义进行调节。

同样，米契尔也把制度看作一种“社会习惯”，并把这种制度研究同经济周期分析结合在一起，以此来说明现实的资本主义经济。他说：“商业循环就是商业活动上升和下降反复出现的循环，凡具有高度发展的商业组织的社会，其大部分经济活动都受到商业循环的影响。”

他认为资本主义经济制度的基本特征是货币经济，而商业循环正是起因于货币经济。在这种经济中，货币不仅用作交换媒介，而且一切经济活动都以赚取和花费货币的形式出现，社会就产生了盈利的企业组织和价格制度等。资本主义生产依存于现实的或预期的利润，而这些又依存于产品成本、价格和其他一系列因素之间的关系。对所有这些相互影响的关系的调整会经常出现失误，于是就造成周期性的波动。因此，当货币经济发展到大部分居民都依靠赚取和花费货币收入来生活的时候，商业循环就成为经济生活的显著特征。

三、加尔布雷思的主要经济思想

加尔布雷思是新制度学派的代表人物。他和制度学派的其他经济学家一样，强调制度因素或结构因素的重要性，反对抽象的“纯经济”分析，反对古典经济学和当代西方经济学的数量分析方法，主张把所有非经济因素如政治因素、社会因素、经济结构和制度因素等都纳入经济问题的分析之中。同时他继承了制度学派的规范分析方法，提出把经济价值和经济以外的其他价值综合起来作为价值判断标准，这个价值标准就是“生活质量”。具体而言，加尔布雷思理论的主要内容包括：

（一）二元体系理论

新制度学派认为，现代资本主义的权力分配已经或正在转化，这种转化导致社会经济发展失衡。只有进一步改变权力分配，才能改良和挽救资本主义。二元体系理论主要包括：权力转移论、公司新目标论、生产者主权论、企业外面关系转化论、阶级冲突变化论、二元体系论。加尔布雷思就是从这里开始分析现代西方资本主义社会的。

加尔布雷思认为，资本主义社会在二战前最主要的生产要素是资本，所以权力掌握在资本家手中，而现在，最主要的生产要素不是资本，而是知识，包括技术知识和管理知识，是知识的所有者掌权，也就是说公司权力已由股东手中转移到“技术结构阶层”手中。“技术结构阶层”是指专业人员，包括经理、科学家、工程师、会计师、律师等掌握了技术和管理知识的人。这就是加尔布雷思所说的权力转移论。

他又继续论述了生产者主权论。由于权力的转移，公司的目标发生了变化，从过去追求最大限度利润，转变为追求“稳定”、“增长”和“技术兴趣”。由于公司改变为以追求“稳定”为首要目标，商品生产就由过去的“消费者主权”转变为“生产者主权”。即生产者按照消费者心理去自行设计和制造产品，并控制价格，然后通过庞大的广告网、通讯网和推销机构对消费者进行“劝说”，而且也对政府进行“劝说”。由于以上几种因素和结构发生变化，企业与外界关系发生重大转变：工业资本和金融资本不再融合；企业与工人的关系日益密切；企业与国家不再只是纳税关系，而是关系越来越密切；企业与科教界关系紧密。最后，与这些变化了的关系相适应，阶级关系也发生了变化，不再是穷人与富人之间的对立，而是有知识者和无知识者之间的对立。

(二)二元系统论

加尔布雷思提出，现代资本主义经济是个“二元系统”，由1000家左右的大公司所组成的“计划系统”和由1200万个分散的生产经营单位所组成的“市场系统”两部分构成。但资本主义经济的“权力转移”、“目标变化”即“生产者主权”等都是在计划体系内部发生的，在市场经济范围内，权力仍属于所有者，企业仍以追求最大利润为目标，消费者主权仍占重要地位。两个系统中，“计划系统”可以支配他的环境，而“市场系统”一般受环境的支配。

两个系统的并存，并不是平等的。而这种权力地位的不平等，就给社会经济造成严重后果：一是造成社会经济各部门发展不平衡，计划体系的生产发展过快，而市场体系的生产则发展缓慢；二是造成两个体系间人们收入的不平等，富者愈富而穷者愈穷。整个社会经济虽高速发展，但贫困现象依然存在，其他一系列弊病也随之产生。因此，现代资本主义社会虽然是一个经济高度发展的社会，但同时也是一个病态的社会，必须加以改革。

(三)社会改革论

由于“二元系统”的存在，造成现代资本主义社会、经济等方面的弊端，所以要进行“结构改革”。“结构改革”的中心议题是使不完善的结构变得完善，使公共目标受到政府的重视，并使权力和收入分配均等化。

他认为两个系统之间首先要实现权力均等化，对个人实施收入均等化，并提出要运用政府的经济和法律措施实现权力均等化。他还认为，结构改革的任务落在科学教育界身上，要靠他们实现“信念的解放”，因为“进行改革时首先要争取的是，从已有的信念中解放出来。信念解放是改革最艰巨的任务，其他各项改革都有赖于它的实现”。

第三节　制度学派的财政思想

无论是旧制度学派，还是新制度学派，都承认资本主义制度存在缺陷并需要改变，提出了许多“治病良方”，其中当然不可能没有国家的财政政策。尤其是新制度学派，主张采取国家干预手段，对财政尤其是税收问题很重视。其财政思想，与凯恩斯学派及其他学派的思想不同，但却同样颇有特色。

一、康芒斯的财政思想

康芒斯在他的经济学著作——《制度经济学》一书中论及了以下几方面的财政思想：

(一)关于课税的警察权力

康芒斯强调“集体行动”，认为社会的经济问题也是集体行动，需要一定的权力约束。他认为，警察权力就是行动中的社会效用，“它是一种立法和司法的权力，不是一个行政人员——警察的权力”。“它是指挥个人行动的权力，是个人的行动采取某一种方向，而不采取另一种方向。在这方面，它和课税没有什么不同。两者都基于一项事实，没有一个人本身是自给自足的，而是通过交换从别人手中取得的收入”。

这里所讲的课税的警察权力，实际上是指国家运用税收手段进行调节。在行使这种课税权力的过程中，要考虑对个人的诱导和抑制，以及税收的数额。在经济上，这是限额交易的一种特殊情况，支配着买卖的和管理的两种交易。它做到这样是通过民主的各种特殊利益集团的合作制度，或是通过独裁政治或者占优势的集团的同样合作的活动。

康芒斯提出，“一切捐税，或多或少地，抑制一方面，从而诱导另一方面的扩展。单纯的国家收入的取得不是捐税的唯一目的”。也就是说，课税的警察权力远比取得收入的目的重要得多。正是在这种意义上，康芒斯提出“财政科学是经济科学，因为它分析这些是别人纳税的集体努力的手段和影响”。他还列举了关税保护税则，来说明课税警察权力的运用。“在我们的法院的判决下，课税似乎是警察权力的一种特别的运用，因为法院考虑到它是征收岁入的主要手段，而岁入是国家生命所系。所以并不时刻注意追究捐税的附带的调节性的效果。这一点从它们对保护税则的容许态度可以看出，保护税则显然不是一种目的在于岁入的捐税，而是为了把价值从一种人转移到另一种人的手里。这是警察权力以控制对外贸易的名义利用保护税则所达到的目的”。

(二)关于课税原则

康芒斯根据他的“集体行动”理论，提出“课税的原则不妨说是：捐税应该和一个人的纳税能力成正比例，和他为共同财富服务的能力成反比例”。

康芒斯首先提到了“纳税能力”这一概念，并指出按一般的“纳税能力”原则，只要是同样数目的投资或收入，就应当缴纳同样的税收，这是普通所谓平等的概念。也就是说，“投资于地基价值的一块钱，和投资于基础、建筑、家具设备、固有的生产力，或者投资于增进的或保持的生产力的一块钱，完全一样。每一块钱和任何其他一块钱代表相等的未来的纳税能力”。“一个人投资十万元于空着的地基价值，另一个人投资十万元于建筑物、基础、机器和家具设备，对这两个人的课税为什么要不同呢？他们具有相同的预期的纳税能力，纳税能力和投资的元数成比例，所有的元是没有区别的”。

于是问题就出现了，“如果一个人自己的财富增加完全由于土地的地基价值的增加，不开垦，不改良，不管生产力、森林、建筑，并且不改进它的交通条件，这种财富增加只是靠机会从共同财富中抽取，而不对共同财富作出比例的贡献。各人财富上同样的增加是纳税能力上同样的增加，可是一种是仅仅私人财富上的增加，另一种是私人财富和公共财富两者的增加”。康芒斯认为人们在增加私人财富的同时，应该为共同财富作出贡献，而税收应该作为鼓励人们增加共同财富的手段。“如果纳税能力是唯一的课税原则，那就是认为对空地所有人的捐税应该低于对生产的土地的所有人的捐税，……可是，如果有另一种课税原则可以适当地应用，就是根据对财富生产的影响，以有利于财富生产的公共目的为指导方针，那么只靠地点价值增涨而取得财富的人，就应该比那些靠工业或农业取得财富的人，缴纳较高的捐税”。

从某种程度上说，康芒斯的税收原则实际上是主张用税收鼓励人们创造公共财富。

(三)关于累进税

康芒斯赞成累进税制，并认为应对不同所得分别征收不同的累进税率，他指出，“从促使人们由于增加自己的财富因而增加共同财富的观点来说，累进所得税的合理的分类需要像这样的分类：个人所得，按最低的但是累进的税率；投资所得，按中等的但是累进的税率；地基价值所得，按最高的税率，并且对巨额的地产也是累进的”。

康芒斯指出，“课税与服务能力成反比例而累进的和纳税能力成正比例……较大的个人能力具有较大的纳税能力，可是个人能力比资本投资对国家提供较大的财富生产，资本投资只有在个人能力发明、控制和运用它们的时候，才有用。因此，对个人能力的课税应该按一种较低的累进的税率”。

但是，对于巨额地基价值，他认为，应课征高额累进税，也就是主张土地税应是高额累进的。“因此，累进税的原则适用于巨额的地基价值，不管那具体的土地是连在一起的或者分开的。纳税者是所有人，他们的纳税能力或者随实际收入的增加而累进地增加，像所得税和遗产税中所打算的那样，或者随巨额地基价值的所有权所包含的未来收入的增加而累进地增加”。

(四)关于静态与循环

康芒斯首先分析了税收作为影响经济的一个重要因素，是一种静态变动还是循环的变动。他通过四种方法来鉴别，即“纳税人用来避免捐税的负担：偷漏、迁移、转嫁和抑制”。

他说：“偷漏和迁移使政府不得不把负担增加在其他纳税人的身

上,以便取得它所需要的钱。可是这些负担,和政治或财政腐败的负担一样,在普通繁荣的时期不受人注意”。而转嫁和抑制不同,转嫁是用较高的价格将税负向前转移给购买者和消费者,或者用较低的工资和价格将捐税负担向后转移给售出者和生产者;抑制是减少作为课税对象的生产数量。“对捐税的转嫁和抑制的影响的静态分析,必须和一般物价涨落的循环结合起来。在一个时期,转嫁容易办到。它不是一种负担,不起抑制作用……在另一个时期,转嫁几乎是不可能的。负担受不了,生产和就业已经受到抑制”。他认为,不管怎样,这四种避免税收的办法,随着繁荣和萧条的变化而大不相同,人们变更不同的方法以适应经济情况的变化。

康芒斯的这种观点,是符合制度学派历史地演进地分析经济问题的基本思路的,应该说,也是比较符合现实的。“静态的分析使我们能把复杂的保税因素分解为它们的基本成分,并且形成关于它们的容易变化的影响的一班法则,但是繁荣和萧条的分析,使我们了解课税政策以及它对个人行动的影响这两方面实际的历史上的变化”。

二、加尔布雷思的财政思想

加尔布雷思是新制度学派的核心人物,他的主要著作有:《美国资本主义》、《丰裕社会》、《新工业国》、《经济学和公共目标》、《不确定的年代》等。在这些书中,他详细论述了他的财政思想,其中主要包括:

(一)实行累进税制

加尔布雷思根据他的“二元系统论”和“结构改革论”,认为资本主义社会的现实问题是由于存在着计划系统和市场系统这两个不平等的系统,要解决各种社会弊端,必须改革两个系统之间的关系,这就需要国家积极干预经济,包括实行累进税制。

首先,加尔布雷思认为实行累进税制,有利于实现权力的均等化。二元系统的主要问题是收入的不平等,而收入不平等的根源,是权力的不平等。实现累进税制,就是限制或减少计划系统的权力,适当加强市场体系的权力,建立符合公共利益的公共目标。“改革不应从要求稳定着手,而应从要求全面改革着手。改革也需要一个巨大的和稳定的政府支出流量，这些支出所适应的不是计划系统的目标，而是公共目标。为了达到公平的收入分配，作为支出的来源，必须是一个高度累进性的税收结构，这个结构所反映的不是计划系统的利益，也不是有权而贪图私利的专家组合的利益，而是公平合理的公共利益，这样的支出和这样的税制才完全符合稳定政策的要求。”

其次，加尔布雷思认为实行累进税制，有利于促进收入均等化。二元系统的存在带来的严重后果是人们收入不平等。“在把人送上月球的壮观的同时，有千百万公民生活在贫穷和卑贱之中”。实行累进税制，可以在很大程度上促进社会的收入分配均等，“然而，要通过温和的手段在计划系统达到较大程度的均等，累进税制是不可少的”。政府通过实行累进所得税，限制高收入的增长，“对个人所得税规定的累进性越大，对稳定和均衡所起的作用就越大”。累进税率将高收入者的部分收入收归国家所有，既刺激了需求增加，又调整了社会收入分配。“课税是富于累进性的，受到最沉重打击的是最富裕的人”。所以，“应当极端严格地执行累进制所得税，以此作为促进均等化的一个手段”。

（二）税收配合政府支出调节经济被动

加尔布雷思主张运用税收政策调节经济周期波动，但他一直不同意在刺激需求时用减税政策，而认为主要是运用增税政策和政府支出政策配合。“如果需求过大，一般说来适当做法是增税，政府支出是在需要的基础上决定的。计划系统利用它的权力，取得了对它的产品作出私消费的优先地位，其中包括其自身并不重要的一些公用产品的优先地位。增税所要取得的效应是削减次要的私消费，加强保卫比较重要的公消费。……如果需求不足，一般的正规做法是增加政府支出”。加尔布雷思不主张多用货币政策调节，而主张用增税的办法来限制资金借入量。“当需求出于同时存在的别的起因而增长从而使价格上升时，借入量将激增。这时就用增税的办法来制止这种现象”。

加尔布雷思主张在需求不足时，用增加政府支出的办法刺激需求，而反对用减税的办法，认为减税既对刺激需求收效很差，又给以后当需求过大需要增税时造成阻力。他批评说：“近十年间，当有必要增加需求时，通常所使用的手段是减低赋税，而不是增加政府支出。……赋税的这类减免助长了收入分配不均等现象。这对扩大需求来说,也是一个效率很差的办法——收入回到了富裕的纳税人手里,其中很大的一部分将被储蓄起来。……最后,当有必要抑制或压缩需求时,要增加税收却不容易”。

所以,从稳定收入、刺激需求增长、调节经济周期波动三个方面来看,加尔布雷思主张运用的税收政策是增加税收。

(三)反对对高薪阶层实行税收优惠待遇

加尔布雷思的权力转移论认为,现代资本主义社会中,公司的权力已由股东转移到“技术结构阶层”,这个阶层通常是由经理、企业经营管理人员、律师等组成的高薪阶层。对于这部分人的收入,一般西方学者都将其归为勤劳所得之列,在征个人所得税时享受优待。加尔布雷思反对这一种观点。

加尔布雷思指出现实社会中,“税法对公司经理级人员的收入是在非常温和的态度下规定的。态度的温和,在很大程度上采用免税消费这一方式表示。……经理级人员还有很大部分的收入是所谓资本利得,这方面的最高税率是35%。此外,前已提到,薪金收入的最高税率定为50%,这是最近作出的一个重大优惠措施”。对这些优惠措施,加尔布雷思持反对意见,他认为经理级人员的收入,不是根据市场评价,不是个人的劳力和智力,而是等级制度和官僚政治的力量,所以“提高税率并不会发生使劳力或智力的投入受到威胁的危险。降低税率也不会增加其供给额。时下论证的唯一后果是使不均等现象永久存在或变本加厉”。

加尔布雷思反对给予高薪收入阶层税收优惠,主要是为了促使收入均等化,保证社会稳定。这和他主张实施累进的所得税的思想是一致的。“公司和个人的所得税是最有利于收入均等化的。这种税可以随着收入和购买力的提高而超比例地提高,随着收入和购买力的降低而超比例地降低”。加尔布雷思认为,无论是个人所得税还是公司所得税,都不应当有“税则的额外让步——漏洞”,反对给高薪收入滥用勤劳所得这一美称而予以特别优惠待遇,提出“现代经济中一个正规的通则是对成因不同的一切富裕这一形态一视同仁,不管其形式是薪金、资本利得、财产收入、遗产或馈赠，还是——因为我们必须想得周到些——出于盗窃、欺诈或贪污，适用的是共同的税率”。

（四）间接税的主张

加尔布雷思除了在直接税方面主张实行累进的所得税、财产税制以外，还进一步阐述了他的间接税主张，即他一方面主张增加销售税，另一方面又主张降低关税。

在《丰裕社会》一书中加尔布雷思提出，在国家贫穷落后时，增加销售税会极大影响人民生活，但在“丰裕”的现代西方国家中，这种影响极小。他举盐税为例，在当时的印度，提高盐税税率阻力极大，因为这对人们生活影响很大；但在相对丰裕的美国，增加销售税已不会有什么阻力，因为买盐的开支仅占微不足道的比例，对人们影响极小。

加尔布雷思认为，现代社会中，跨国经济发展很快，关税已失去了以往的作用，并逐步成为了国际间经济交往的阻碍，降低关税已是历史必然。他说：“在国际贸易的早期环境中，关税和其他约束力量可以对一个国家的市场系统起保护作用，使它免受其他国家相对或绝对优势的侵凌。当时是没有别的方式可以替代的。适当的关税是保护国内市场价格，避免受到由此引起的不良后果或灾害性影响的唯一方式。”但是，在跨国制度兴起后，“商号会妥善处理它的业务”，这种情况下，就不需要关税，所以应该降低关税。

第四节　制度学派财政思想评析

制度学派的经济思想包括其财政思想，属于比较激进的西方资产阶级学说，被许多西方经济学家视为“异端邪说”。制度学派的经济学家们既反对凯恩斯主义，也反对货币主义和其他新自由主义。他们以现代资本主义“批判者”的面目出现，对资本主义制度和传统经济学采取了批评的态度，比较能够正视客观现实性。但与此同时，由于制度学派的立场或出发点仍是为资本主义辩护，这必然决定了其理论的非科学性。

一、理论的科学性

和其他许多一味颂扬资本主义制度的经济学派不同，制度学派比较能正视客观现实，对西方社会作出比较符合实际的分析。

制度学派的经济学家，主要是新制度学派的加尔布雷思等人，运用“二元系统论”揭露了资本主义垄断组织(“计划系统”)与国家机构之间相勾结的一些内幕，认为国家是从属于垄断组织的，并对这种勾结给社会发展带来的不利影响进行了分析，这说明他们对资本主义现实的认识是比较深刻的。

同时，他对西方资本主义社会大量存在的小企业和小生产者作了比较客观的论述。这是其他许多经济学家忽视的，他们分析了资本主义经济发展造成的一系列问题，认为资本主义社会虽然是经济高度发达的社会，但又是一个病态的社会，存在着通货膨胀、失业、环境污染、收入分配不均等许多问题。他们比较正确地强调了科技、知识、教育等在生产发展中所处的地位和作用，反映出现代化大生产发展的某些一般趋势。

在财政思想方面，制度学派经济学家主张加强国家经济干预，运用税收调节经济的杠杆作用。他们认为税收不仅仅是筹集收入的手段，而且可以“有意识地调节产业、道德、福利”，是经济循环中的重要因素，并提出了课税原则——“捐税应该和一个人的纳税能力成正比例，和他为共同财富服务的能力成反比例”。

在税制方面，他们主张实行累进税制，运用税收调节社会财富和收入分配，鼓励人们“在增加私人财富的同时创造公共财富”，将累进税作为“促进收入均等化的一个手段”，对解决社会财富分配不均问题，有一定的积极意义。他们反对给高薪收入阶层以税收优惠，主张对不同来源所得实行不同的累进税率，以调节“两个系统之间的不平等和计划系统内部的收入不均”。这些都是对资本主义社会现实经济问题开出的药方，可以说，不仅在思想上比许多经济学派要进步，在实践上也有一定的积极意义。

二、理论的非科学性

(一)分析方法的非科学性

制度学派在经济学方法上强调所谓制度研究,期望以制度—结构分析的方法,揭露当今资本主义社会的"病症",批判"正统派"的经济理论和政策主张,并对资本主义现实作出新的解释。

但是,制度学派的经济学家们却唯心地理解"制度",歪曲了制度的根本内容。他们用风俗习惯、心理因素来解决经济制度的形成和发展,根本不可能说明资本主义制度的实质,不能揭示资本主义社会的发展规律。这种分析方法的非科学性,必然导致他们错误地把资本主义社会的阶级矛盾归结为是"有知识者和无知识者"的矛盾,把资本主义社会的基本矛盾认为是"计划系统"和"市场系统"两系统之间的矛盾,从而掩盖了资本主义社会的真实矛盾和问题。

(二)改革主张的局限性

制度学派分析方法上的非科学性,决定了他们提出的一系列主张的局限性,即他们局限于资本主义改良主义,把改革的设想限定在社会改良。由于他们无法正确解释资本主义社会的根本矛盾,因此提出的改革主张,根本不可能触及资本主义私有制,也无法真正改变资本主义现实。

这种局限性反映在财政思想方面,表现为:

其一,他们认为,税收作为一种"警察权力",通过调节"两个系统"之间的收入不均等,就可以解决社会矛盾,并且还可用税收调节人们的道德水平。他们以为只要实行累进税制,一切问题就迎刃而解。税收的作用还在于帮助人们增加公共财富,而公共财富的增加可以缓解社会财富分配不均的矛盾。

其二,他们主张用累进税来限制富人的收入,但同时又提出增加销售税的办法,结果仍然是穷人多缴纳和负担税收。他们也承认富有者可利用转嫁的办法,将税负转移给他人,从而政府将这些税负"增加给其他的人",但却无法找到解决的办法。

由此可见,制度学派的经济学家们并未真正理解和揭示资本主义社会的根本问题,也难以真正寻求到医治这些问题的灵丹妙药。其改革主张和设想,由于没能真正触及资本主义社会的根本问题,所以只能是一种无法超越现实的改良设想,甚至是难以实现的空想。

思考题

对比康芒斯和加尔布雷思的财政思想有何异同?

第十二章 欧美其他经济学家的财政思想

第一节 马斯格雷夫的财政思想

一、马斯格雷夫财政思想产生的背景

理查德·埃布尔·马斯格雷夫(Richard. Abel. Musgrave),是当代美国著名财政学家,在财政税收理论方面作出很大贡献。马斯格雷夫于1910年出生于德国的柯尼施泰因,1933年获海德堡大学国民经济学家证书,1937年获得哈佛大学哲学博士学位,后在哈佛留校任教。1948年到密执安大学任教十年,1958年去霍普金斯大学,4年后到普林斯顿大学,1966年重返哈佛。马斯格雷夫曾是1962年度美国经济协会副会长,1978年成为该协会杰出研究员。1969年~1975年,他曾经担任《经济学季刊》主编,1978年任国际公共财政学会名誉副会长。

第二次世界大战以后的20余年中,尤其是在50年代与60年代上半期,以美国为首的西方世界的经济发展虽有一定波动,但总的来说经济增长较快,通胀率和失业率也不算高,美国取得连续多年的经济增长。从1955年至1968年,美国的国民生产总值以每年4%的速度增长。

美国战后经济的迅速发展和优势地位的保持在很大程度上得益于美国联邦政府对经济的干预。二战后以凯恩斯的“需求管理”思想为主导的理论和主张为西方政府日益重视,新古典综合派的一些经济学家

占据了主流经济学的地位，该学派的一些经济学家还成为政府制定经济政策的顾问或智囊。其政策主张的特点是运用财政和金融手段对经济活动进行干预，不断地依靠增加国家预算中的财政支出，依靠军事订货和对垄断组织甚至中小私营企业实行优惠税率来刺激生产，增加社会固定资本投资。在"需求管理"思想的指导下，西方世界的社会支出迅猛增加，贫穷和社会正义成为主要的政策目标。在此背景下，马斯格雷夫于1959年出版了他的代表作《财政理论》，这本杰出的专著使他享誉全球，他的著作是学者们思索的源泉和主要教学参考书。

二、马斯格雷夫的主要财政思想

(一)财政职能

马斯格雷夫认为，虽然特定的税收或支出措施，可按不同目的进行设计，并对经济产生多方面的影响，但仍可归纳出财政政策某些明确的政策目标，它们包括：

1.公共产品的供应，亦即总资源利用在私人产品与公共产品之间的划分和公共产品内部构成的确定过程，可称为预算政策的"配置职能"。此处不把政府管制性政策包括在内，因为虽然他们也可视为配置职能的一部分，但总体上并不是预算政策的问题。

2.调节收入与财富的分配，使之符合社会上认为"公平"或"公正"的分配状态，此处称之为"分配职能"。

3.利用预算政策为手段，实现保持高就业率、合意的稳定物价水平、适当的经济增长率、国际贸易和国际收支平衡的目标。这些目标概称为"稳定职能"。

虽然这些目标是各不相同的，但任一税收或支出措施都可能影响到不只一个目标。因此，马斯格雷夫认为此问题的关键是，在制定预算政策时，应如何才能使其在追求某一目标时不影响另一目标的实现，协调好不同目标的关系是很复杂的。

首先，假设公众希望增加公共服务的供给。这就需要增税以弥补其费用，于是就产生了新的问题，该如何分配税收负担。征税将改变人们的收入分配，使其无法保持原有对私人产品的获得水平，具体情形与税种有关。这样，一些选民可能支持（或反对）该方案，因为他们愿意（或不愿意）为增加公共服务的供给而改变分配状况。实际上，提供公平分配的机制和根据纳税人对公共服务的受益情况征税以调节公共服务的供应，是两个不同的问题。这两者很难同时实现，调整提供公共服务的决定要考虑公平分配因素，并受其影响。减税和减少公共服务的供应，虽然运作方向不同，但道理却是一样的。其次，假设公众希望改变分配状况，使其具有更多（少）的公平成分。这时，累进（累退）的税种和财政转移支付向（低）高收入者倾斜，两种措施将配合使用。但是，要达到同样的目的，也可用另一种办法，就是增加（减少）对（低）高收入者具有特殊价值的公共服务。然而，这种办法将会干涉人们在既定的收入分配不正常的公共服务的构成。这种情况下，财政政策的不同职能就发生了冲突。最后，让我们看看财政政策的稳定职能。假设需要更多（少）扩张的政策，这可以通过增加（减少）公共服务的支出或减税（增税）来达到这一目的。但前者与公共政策的配置职能有冲突，而后者没有。因此马斯格雷夫认为，财政政策发挥稳定职能时，要兼顾配置和分配职能，尽量保持中性，适度调整征税水平可能是较好的办法。

（二）公共部门扩张与公共支出增长的合理性

20 世纪以来，西方国家公共部门不断扩张、公共支出不断增长，马斯格雷夫认为这是政府提高社会总体福利水平的表现。

1. 公共支出存在的合理性。马斯格雷夫认为，政府不能在理论中运转，需要公共机关和行政官员实施管理项目以及参与方案设计。投身于这些任务的“公民雇员”履行了这一重要职责。正是在这种背景下，需要公共行政管理和政策指引国家。作为实施公共政策的公共机关与有效实施企业管理的商人是一样的，它需要维持其运转的适当支出。

2. 公共提供的必要性离不开公共部门。依据马斯格雷夫的公共产品理论，某些商品和服务，如法院、监狱、国防、教育、公共交通、部分私人产品和公共有害品的治理等，由市场提供将是低效率的，于是国家财政的一部分任务就是安排此类商品和服务的提供。公共产品的成本也需要补偿，需要公共支出与融资，途径就是通过筹集公共收入，如税收。马斯格雷夫认为公共部门的扩张是必要的和建设性的。基础设施如公共高速公路、公费教育的增长和社会保险的出现，对于经济增长和社会福利作出了重要贡献。为保持社会繁荣，(完善的)市场和(合理的、强大的)公共部门都是必需的，二者缺一不可。

3. 公共支出中的转移支付项目通过公共部门和公共产品转移到个人手中，提高了社会总福利水平。财政收入的社会福利性支出作为转移支付的主要内容，一直是民主国家公共支出的重要组成部分。以美国为例，财政支出占 GNP 的比重由 1902 年的 7%上升到 1950 年的 25%、1995 年的 34%。1950 年以前的上升幅度中 22%是由转移支付带来的，1950 年～1995 年的增长幅度几乎全部是由转移支付带来。因此，马斯格雷夫认为，正是公共部门的存在导致了文明生活并促进了生产效率的提高。要仔细权衡公共部门与公共支出规模增大的利弊，不能因为福利国家目前出现的“懒汉现象”与生产率低下就将原因牵强附会到公共部门上来。

(三)税收理论

1. 税收存在客观必要性

马斯格雷夫在论及税收存在的客观必要性时，主要从市场经济存在缺陷和不足方面讨论的。税收存在的客观必要性，是因为：

第一，存在着社会商品。马斯格雷夫把最终消费品分为社会商品和私人商品两类，私人商品是供私人消费的，社会商品是满足社会公共需要的。私人商品具有排他性，生产经营可以由个人的需求偏好来决定，因此纯市场法则可以解决私人商品的生产供给。而社会商品是非排他性的，其供给无法用市场规则来决定，只能靠国家运用权力强制筹措生产费用，就是靠税收手段。

第二，存在着社会分配不公平现象。市场经济中，分配是通过要素市场的价格机制来实现的，要素主要是资本、土地、劳动力，这种机制决定资本家、工人、土地所有者的收入分配数额。这种分配机制并不一定公平，会造成许多社会矛盾，必须由国家进行强制性的再分配，运用税收杠杆，从社会中一部分人手中取得收入，然后再通过财政支出转移给另一部分人，以保证社会分配公平。

第三，存在着经济失衡和经济危机。市场经济不可能完全自动实现充分就业目标。经济失衡和经济危机，靠市场机制是难以避免的，必须加强国家干预，运用税收政策进行调节。实现稳定职能的最适当工具是由税收水平的增加或削减所提供的。

2. 税收的作用

马斯格雷夫从税收在国家经济中的地位出发，结合三个基本的财政职能，论证税主要有三个方面的作用：

第一，资源配置作用。包括为社会商品的供给筹集资金和影响消费倾向以改变私人部门的资源配置。从筹集社会商品的生产供给资金来看，主要目的在于协调社会商品和私人商品的供给关系，因为社会产品的利益既然人人都可以分占，消费者当然不会自愿向其他供应人付款。生产者和消费者之间的联系中断了，因此政府必须介入，以便供应此类产品。就影响私人部门的资源配置而言，主要通过税收影响私人收入水平，从而影响人们的消费倾向，影响投资需求来改变资源配置。可以通过税收的变化来提高或降低私人消费水平，还可以通过税收的变化来提高或降低私人投资水平。

第二，收入再分配作用。马斯格雷夫认为：在公共政策的决定中，分配问题是一个主要的（往往是唯一主要的）长期争论之点。税收强制征收性，使市场机制下形成的高收入者多负担税收，低收入者少负担税收，从而使税后收入分配趋向公平。在各项不同的财政手段中，实现再分配的最直接的手段为：①税收转移方案，即对高收入家庭课征累进所得税与对低收入家庭给予补助金二者相结合的办法；②用累进所得税的收入，为诸如公共住宅之类，特别是为低收入家庭获益的公共服务提供资金；③对大多由高收入消费者购买的商品进行课税，与对主要为低收入消费者使用的其他商品给予补贴二者相结合的办法。

第三，稳定经济作用。马斯格雷夫认为，稳定经济是税收作为国家宏观调节工具的重要作用。财政政策的设计，必须旨在保持或努力达到就业率、适度的稳定物价水平、对外收支的平衡，以及合理的经济增长率等目标。他认为在20世纪30年代主要问题是有效需求不足，因此，用刺激需求实现充分就业的财政税收政策，但到70年代“滞胀”时期，就应采取相应的调节政策，灵活运用税收政策。有选择的政策措施可以用来影响总需求水平。如果要扩展需求，政府可以增加支出或降低税率，反之亦然。政策问题就不仅是涉及变化的方向，而且是选择恰当的形式和变化的分量。

3. 两大税收体系论

马斯格雷夫指出税收体系含两大部分：一是在资金流转过程课征的税收，二是对财富持有与转移课征的税收。

资金流转课税就是在经济的收支流转中征收的税收。马斯格雷夫认为，财政是经济循环中的一个因素，政府通过税收、规费、公债等收入形式取得财政收入，并把这些收入用于财政支出。税收在经济循环过程中，如何参与和影响经济流转呢？马斯格雷夫用经济流转过程公共部门和私人部门收支循环图（如图 12-1）和经济循环课税环节图（如图 12-2）来说明税收对经济的影响。

图 12-1 中的实线表示私人部门的收入与支出循环。虚线表明公共部门的收入与支出循环。图中表明：(1)家庭通过生产要素的出售而获得收入（线 1），接着又将收入消费掉（线 4）或储蓄起来（线 5）；储蓄又成为投资支出的资金来源（线 6），和个人消费一起进入产品市场购买产品，就形成企业收入，企业收入又购买生产要素。这是假设在不存在公共部门时，私人部门的收支循环过程。(2)政府参与经济过程后，生产要素也被公共部门购买（线 2）；私人企业的产品既被私人消费者购买，也被政府购买（线 7）；政府还有转移支付（线 8），政府的收入来自税收（线 9）和借债（线 10）。(3)私人部门与公共部门的收支循环是紧密结合在一起的，所以，不论在某一点上征税，或改变不同点上的税收负担，都会对私人部门产生影响。

马斯格雷夫在分析研究经济循环过程的基础上，进一步分析了在循环过程中课税的影响。

图 12-2 中描绘了经济循环运动和税收在循环过程中的课税环节。收支循环按顺时针方向流动，生产要素投入和产出按逆时针方向运动（本文未列出）。从收支循环过程看，家庭获得收入，并用于消费支出和储蓄；消费支出进入消费品市场，储蓄形成投资进入资本品市场，两者又形成了企业的收入；企业收入将少部分用于抵补损耗，其余则用于购

买生产要素；以工资、红利、利息、租金等形式交付各要素的支付者，转而形成家庭部门收入；留存一部分利润与折旧、企业储蓄一起，用于投资或购买资本品。这就是收支循环过程。

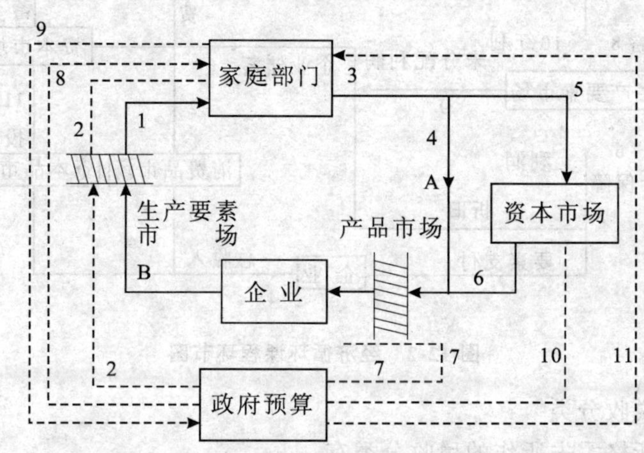

图 12-1　经济流转过程公共部门和私人部门收支循环图

税收如何课征呢？点 1 是对家庭收入课税，如美国的个人所得税；点 2 是对消费支出课税；点 3 是对商品销售额课税；点 4 是对企业营业总收入课税；点 5 是对企业扣除折旧后的收入课税；点 6 是对企业征收社会保险税；点 7 是对企业利润课税；点 8 是对工资收入课税；点 9 是对企业未分配利润课税；点 10 是对红利股息课税；点 11 是对投资支出课税。由图 12-2 可见，经济循环过程中，税收是不可缺少的，它对私人部门的收支运动和经济效果产生较重要的影响。

除了资金流转课税以外，税收体系的另一分支就是对财富的持有和转移的课税。“税收也可以对财富的占有征收，而不是根据现行生产的流转或交易进行”。[①] 马斯格雷夫认为，税收体系中重要的是资金流转课税。财富持有和转移的课税，其影响和资金流转课税类似；对个人财富拥有和转移课税，其影响与个人所得税类似；对企业部门的财富拥

① 理查德·A. 马斯格雷夫，佩吉·B. 马斯格雷夫著，《财政理论与实践》，邓子基、邓力平译，中国财政经济出版社，2003 年，第 227 页。

有和转移课税，其影响与公司所得税类似。

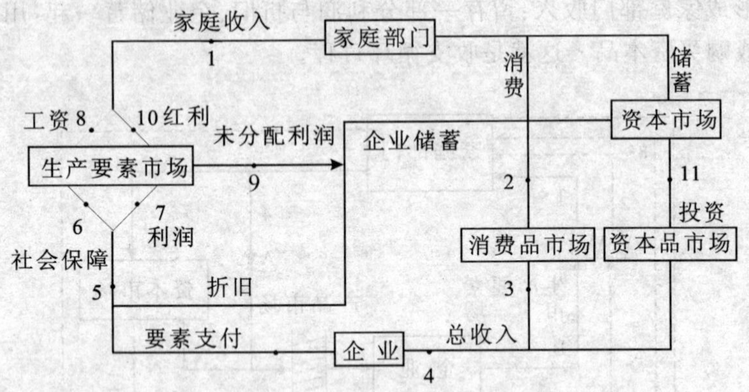

图 12-2　经济循环课程环节图

4. 税收分类

马斯格雷夫所作的税收分类有：

(1)对企业课税和对个人家庭课税

马斯格雷夫列出税收分类表(见表 12-1)，说明在不同的课税对象和不同的纳税人情况下，对企业和个人家庭课税包括的税种。

表 12-1　税收分类表

应税对象	对企业征税		对家庭征税	
	纳税人作为买方	纳税人作为卖方	纳税人作为买方	纳税人作为卖方
商品市场的全部商品	营业税 增值税	—	—	支出税
某些商品	烟税	—	—	汽油税
生产要素市场的全部要素	—	增值税	所得税	—
某些要素全部使用	—	雇主社会保险税	雇员社会保险税 工资税 资本利得税	—
某些要素部分使用	—	公司所得税 地方财产税	—	—

(2)对人税和对物税

马斯格雷夫认为,对人税是据纳税者个人的纳税能力来确定的税收;对物税是对某项活动或某一目的物课征的税收,如对购买、销售或财产所有权征的税收,与销售主或所有者的特性无关。对人税必须对交易的家庭一方征收;对物税可对家庭,也可对企业课征。马斯格雷夫认为,对人税与对物税的区分,对于税制公平性很重要,从公平原则看,对人税比对企业课征的税收要“较为优越”。

(3)直接税和间接税

马斯格雷夫认为有关直接税和间接税划分的标准一直含糊不清。他不同意关于直接对个人或家庭课征的税是直接税的说法,因为直接税与间接税之间的区别不总是和对人税与对物税之间的区别一致。他主张直接税与间接税的划分标准实际上是立法规定,他认为从税收项目的本质考察,实际上它们是由立法规定的,而不是从经济上考虑的。在法定规章中,直接税必须建立在对人征税的基础上,而其他税种包括关税、进口税和货物税在内则不是如此。

5.税收原则理论

马斯格雷夫认为,税制建设是在各种社会经济的、政治的综合影响下发展的。自亚当·斯密以来,经济学家、社会哲学家们都提出了建立最佳税制应具备的条件要求,即税制建立原则。马斯格雷夫在总结前人的基础上,也提出了自己主张的税收原则:

(1)税负分配应当公平,每个人应支付他的“适当的份额”。

(2)选择税种,以便尽量不影响有效市场的经济决策,将税收的“超额负担”减少到最低程度。

(3)如果税收被用于其他目标,如刺激投资,必须使对税制公平性的干扰达到最小。

(4)税收结构应有利于实现以经济稳定和经济增长为目标的财政政策。

(5)税收制度应使纳税人理解,应实行有效而非专断的管理。

(6)税收管理和征收费用应在考虑上述原则的基础上尽可能减低。

马斯格雷夫认为,这些原则可作为评定税收结构质量的主要标准。这些目标不一定能完全一致，存在矛盾时，应该作出权衡选择和调整。马斯格雷夫还主张，最优税制的设计还应考虑到几个方面：①选择社会愿意采纳的公平原则；②了解获取收入的能力在全部人口的分布情况；③减少税收的超额负担；④考虑劳动者的行为方式，尤其注意税收对就业与闲暇替代关系的影响；⑤注意将税收与有效率的财政支出政策相结合。

除了上述主要税收思想以外，马斯格雷夫在研究分析美国税制结构的基础上，对个人所得税、公司所得税、社会保险税、销售税、财富税、遗产税等各主要税种进行了较深入的分析，并讨论了税收管理体制等有关问题，其中许多观点很值得借鉴。

(四)公共家计理论

公共家计理论是马斯格雷夫对公共商品的综合看法，给他在这一根本课题上的许多思想提供了基础。这一理论把政府分为三个：提供社会商品、处理有关效率问题的资源配置部门，调节由市场力量和继承权决定的收入分配的分配部门，以及干预失业和经济的全面稳定的稳定部门。

马斯格雷夫强调，不区分预算政策的这三个不同的目标，就会导致不必要的冲突和效率低下的政策设计。例如，不同的投票人也许一致同意财政稳定目标，但也许不能通过在经济衰退时，按比例减税的法案，如果向衰退开战的建议会增加支出，会改变收入分配的话。因此，从这三种预算分类中得出的一个可行的原则是，支出水平和收入分配，或不同阶层的税收份额，应该由独立于经济的稳定目标来决定。同样，资源配置和收入分配之间的区别产生了一个原则：收入再分配应该主要通过税收转移支付过程来实施。这样，就以累进目标的名义避免了公共支出效率的降低。

当公共部门的扩大部分是由转移支付(社会保险和国家出钱的社会保障)所组成时，资源配置和收入分配之间的区别在实践上的重要性日益增加。而且，正如马斯格雷夫所预言的，在范围广泛的不同政策领域内，从能源价格的管制到城市高速公路的效率拥塞定价，资源配置和收入分配之间的冲突已经导致了拙劣的政策设计。需要一些补偿政策以抵消资源有效配置政策的再分配效应。

对资源配置和收入分配进行区别的价值，由诺齐克（Nozick）和罗尔斯（Rawls）论社会正义而得到提高。诺齐克重新阐述和扩展了约翰·洛克（John Locke）的学说，一个人拥有对自己劳动果实的充分的权利。罗尔斯在对能力高的人的产出的公共要求的基础上，提出了一个十分不同的理论。然而，当对风险厌恶的个人（他们并不知道他们将来的状况），在无知的面纱后面统一分享他们的收入时，所有权的结构就通过社会契约而自愿达成了。对收入分配用契约的方法进行分析，这与马斯格雷夫把资源配置和收入分配部门分别进行研究，是完全一致的。

马斯格雷夫区分了初次再分配和二次再分配，初次再分配由社会权力所决定，这个权力保证了每个人根据他是这个社会的成员，而不是根据财产所有权和他所提供的劳动而享有一定份额的社会产品。二次再分配，是资源的，或由私人慈善机构提供，或由社会提供。因为捐助者向穷人捐赠东西，自己从中所得到的满足比自己从消费中得到的满足更多。在这个意义上，二次再分配是属于帕累托最优的。

根据社会价值观念的不同，初次再分配和二次再分配的混合在各个社会是不一样的。而且，某些社会权利，或初次再分配，可以有一部分是诸如教育、培训和医疗保健这些商品或服务的形式提供的。这就使得资源配置功能和收入分配功能的分离变得模糊起来。

然而，资源配置和收入分配之间区别的主要缺陷，并不在于存在着用实物进行的转移支付和对马斯格雷夫称之为荣誉商品进行补贴。正如萨缪尔森（Samulson）强调的，根本问题是在社会商品和私人商品之间有无数种资源配置的方案都是帕累托有效的，如何在其中进行选择，这是收入分配部门的任务，但这会引起资源配置发生变化。这样，资源配置和收入分配要同时决定，而不能分开决定。

马斯格雷夫同意这种论证的正确性。但他认为，这种方法隐含着计划者知道个人偏好的假定。这里再一次出现了收入分配的问题。然而，如果收入分配主要是通过市场力量来决定的，并不知道人们的偏好，这时，就必须设计出一种定价或投票的规则，来揭示出这些偏好，定价规则的决定，是政府的资源配置功能。与定价规则相联系的货币收入的决定，则是收入分配的功能。

从一个更广泛的前景来考虑，预算职能分离为资源配置和收入分配部门。作为一种规范理论和作为对政府机构运行方式的描述，其价值都是无法估计的。经验表明，政府各部门之间的协调非常重要。马斯格雷夫的三部门理论也澄清了许多实证问题，譬如巨额外贸赤字的原因、大都会地区中心城市不动产的转让，以及处理这些动向的政策设计等。

（五）国际财政论

马斯格雷夫较早地认识到国际财政的重要性。他认为世界范围内收入分配的不平等是令人惊骇的。占世界人口50%的收入最低者只占有不到10%的世界收入，而占世界人口20%的收入最高者占有55%的世界收入，10%的人占有30%的世界收入。这种不平等程度超过了国内的不平等，特别是高收入国家。1979年，在他与彼得·杰里特合著的《国际收入分配》一文中，他以每个单位资本的国内总产值的资料，说明国家间收入分配的恶化。但该文主要是提出了问题，而对解决问题的途径讨论甚少。

马斯格雷夫指出，在财政问题中，最新最有趣的问题是与国际背景有关的作用问题。这就使传统上被局限于国家财政范围内的许多问题，如财政在国际贸易、资本流动、国际组织（如联合国）、贫富国家关系等问题的应用上，变得越来越重要。但人们对这些问题的讨论，远不及对国内公共财政的讨论那么充分。对国际财政的讨论，大致仅仅局限于在美国的居民和公司的应用。因此，他论述了自己关于国际财政的看法，其主要观点有以下几方面：

1. 税收协调问题

每个国家都必须解决如何向本国居民的国外收入和外国人在本国的收入进行征税的问题，必须解决如何向进出口产品课征产品税与营业税的问题。这些决定，通常与其他国家相联系，国际税收协定是协调这些事件的途径之一。

随着税收政策从一国范围扩及国际环境，原来的问题，比如对个人之间公平的要求和资源有效使用的效果，都必须重新加以考虑，而且还会产生国家之间公平的新问题。

马斯格雷夫是这样提出税收的个人公平问题的。一个人在多个国家取得收入,他就必须受到多个权力当局税收的制约。而另一个人只在一国取得收入,他就只受到一国税收当局的约束。税收的横向公平是否要求二者交纳一样多的税收(包括国内与国外)呢?(这个问题是从国际的角度提出的)政府是否应该将受到多个国家税务当局制约的纳税人在其他国家交纳的税收作为一种收入扣除,并以国内的税收标准使税率公平化呢?(这个问题是从一国的角度提出的)

对于税收的国家之间的公平问题,马斯格雷夫认为,如何在各国的财政部门之间决定税收收益的分割,虽然可以不同的方式来表现,但都与所得税和产品税有关。他们认为,关于所得税,一般同意下面这种观点,即一国有权对在该国(通常称之为"收入来源地")获取的收入征税,问题是应在何种税率上课征。国家之间公平的合理观点是,所得来源国向外国投资者获取的收入征税的税率,应和外国向其居民从海外获取收入征税的税率相同,即采取互惠原则。

在产品税方面,通过商品价格的变化,公平问题与外国人承担税负的可能性联系在一起了。对进出口商品征税,可能使税负的一部分被转嫁出去。如果人们接受这一标准,即一国必须支付他们自己的税收,那么,这类税负转移就应该被认为是构成对国家之间公平的一种经常性的反向作用。

所得税率上的差异,财政纯收益上的差异,这些都将影响到对从事经济活动所在地的选择,并形成把资源从最有效使用的地方抽出的趋向。投资者可能因为一国税率较低,而将资本更多地投向该处。而如果没有税率差异的话,以便防止对在全球基础上实行的资本有效配置的干扰。但国际税收的中性原则不可能是唯一的标准,还必须补充实现"国家效率"目标的概念,因此需要另一种安排。

不同的产品税率,也会引起无效率问题,但表现方式不同。如果对生产环节征税(而不在零售环节征税),这种征税将影响到在各国生产商品的相对成本。其结果是,对生产地点的选择将不是有效贸易所需的比较优势(或相对资源成本优势),而是因不同的税收费用而改变。

2. 所得税的协调

马斯格雷夫就勤劳所得的课税、对资本利得的课税和以利润为基础的国际分配问题作了探讨，允许所得来源国对收入进行征税，而后由原居住国给予抵免。他认为，这种做法与国家之间公平原则相一致，即意味着允许所得来源国对外国人的收入实行所在国的税率，不允许歧视。而原居住国的财政收入虽然受到损失，但原居住国给予税收抵免与个人之间公平的国际观点是一致的。欧洲战后劳动力流动日益频繁，如何对待享有社会保障的移民工人，已成为一个问题。通常的政策是，社会保障受益无区别的扩大。这样，国与国之间在社会保障受益方面存在的差异，就成为吸引劳动力向高收益国家流动的重要因素，其结果是加大了实际工资的差别。

对外国投资收入的课税，是所得税协调中最主要而又最复杂的方面。它包括对私人和公司所获取收入的课税方法。后者是更重要的部分。他主要对美国当时所执行的对外国投资课税的主要原则作了介绍。

对以利润为基础的国际分配问题，马斯格雷夫认为，一国有权对在其国内获取的利润征税，但在存在多国公司的条件下，运用这一原则应该先确定在不同国家获得利润的份额。为防止利润从一国转至另一国，已经制定了一些防止利润转移的原则，如"独立"的原则。在计算多国公司利润基础在不同国家的分布状况时，不应根据子公司来划分，而应根据经营集团所赚的利润的国别来源加以计算。但这种计算要求有国际性的税务机构来执行，故它只是一种遥远的、可供选择的办法而已。

3. 产品税的协调

产品税的协调，必须考虑效率、国际收支状况和财政收入等因素。在决定各种税收是否应对生产地点进行干预时，首先要考虑的是，税收是否影响到国内产品与进口产品的相对价格。如果有所影响，消费者将用一种产品取代另一种产品，生产地点的决定将与中性税收时不同。随着关税作用的加强，产地税使国家的国际收支状况恶化了。对出口实行关税减让和征收补偿性进口关税，这不仅能防止生产的无效率性，且能使产地税对国际收支的影响中性化。

4. 进一步的问题

在研究了以上问题之后，马斯格雷夫将注意力转到支出方面来。

首先，他对公共劳务的联合供应作了分析。各国之间存在着共同关心的问题，这些问题包括收益和费用的不一致性等。这导致了各国共同执行某些合作性的工程计划，这就涉及费用的分摊问题。在参加国较少的情况下，费用根据各国所得利益的多少来进行分摊。在参加国较多的情况下，问题就同在个人之间进行预算决定的情形相同。此时必须运用某些税收与估价公式，同时适用于解决国内关系的纳税原则也必须采用。基于以上两种考虑，在确定各国对联合国预算的捐纳比例时都涉及了。其确定的基本程序是：以各成员国的 GNP 作为捐纳基础，将总费用在各国之间进行分摊。国际货币基金组织（IMF）的捐纳，是根据各国对最初资金股份的认购而定的。

其次，马斯格雷夫对国际援助与再分配问题作了分析。他认为，国家之间的分配在未来的年代里，将会成为世界政治格局中的一个重要方面。由于不存在一个能处理这些问题的“中央政府”，由于政策必须通过国家之间转移加以执行，故不公平程度相当大，组织问题也较复杂，因此在国际水平上处理分配问题，比在国内要困难得多。由于世界范围内的收入分配不公平现象非常严重，因此转移支付问题就显得非常重要。在人均收入的增长方面，发达国家远比低收入国家快得多，形势越来越恶化，但要求高收入国家提供捐纳以获取大规模均等的比率相当之高，而且还会形成相当大的抑制作用。

世界范围分配调整的潜在规模，远比国内范围大得多，但如果发达国家提供的援助进展过快，从而影响到它们自己的能力，那就什么也得不到。只有通过提高低收入国家工人的劳动生产率，穷人的生活才有可能得到根本改善。促使资本从高收入国家流入低收入国家，将有助于这一目标的实现。另外，对不发达国家出口商品，要更加放开发达国家的市场。这些政策为发展中国家提供了希望，在经历了成功的经济起飞之后，它们能独立地继续实现经济增长，并能避免“依赖福利”的综合症。

三、马斯格雷夫财政思想评述

马斯格雷夫是现代财政学的创始人，他在财政学的许多领域作出过开创性的贡献，如财政联邦制度理论、收入分享、国际税收、所得税累进程度的各种测量以及税收政策对私人资本、债务、货币政策的影响等。他的财政三大职能划分(配置资源、稳定经济、公平分配)至今仍然在财政学领域占主导地位。他的开创性贡献可以分为两大类:税收理论与公共产品理论,并被各国用来指导本国经济改革。他提倡通过"政府干预"来纠正"市场失灵",提高总体社会福利水平。他更注重实际的结果而不是抽象的规则,相信"政府的明智管理是民主之魂",政府可以改善和解决市场经济中自私的经济人追求自身利益最大化带来的诸多问题。他的理论对二战后世界各国经济生活特别是财政体制的影响极其深远。

第二节 斯蒂格利茨的财政思想

一、斯蒂格利茨财政思想产生的背景

约瑟夫·E.斯蒂格利茨1943年2月9日生于美国印第安纳州加里市,1964年在阿墨斯特学院取得学士学位,1966年在麻省理工学院获得经济学博士学位。1967年至1974年任耶鲁大学经济学教授。1974年至1976年任斯坦福大学以琼·肯尼命名的经济学讲座教授,1976年至1979年任牛津大学以德拉蒙德命名的政治经济学讲座教授。1979年至1988年任普林斯顿大学经济学教授,1988年回到斯坦福大学担任经济学讲座教授。1993年7月开始成为美国总统克林顿经济顾问团成员,1995年6月28日被任命为经济顾问团主席。1997年2月开始任世界银行首席经济学家和负责经济开发工作的高级副行长。2000年1月离开世界银行,回到斯坦福大学从事教学与研究工作,2001年秋季至今执教于哥伦比亚大学经济系。1979年斯蒂格利茨获得美国经济学会专为40岁以下的青年经济学家设立的约翰·贝茨·克拉克奖。他先后入选美国科学院、美国艺术与科学学院、美国计量学会、英国科学院,1988年得到意大利所授予的国际奖,1989年得到法国所授予的UAP科学奖,1995年任美国经济学会副主席。斯蒂格利茨是美国经济学会主办的"Journal of Economic persnectives"杂志的创办人之一。

20世纪60年代中期以后，原凯恩斯主义开始衰落，长时期的经济学"共识"的时代趋于结束。在经济发生"滞胀"的局面下，被"新古典综合派"在综合时所忽视的方面，却导致了该学派的衰落。一般说来，使新古典综合派出现衰落的原因可以归结为三个：(1)新古典综合派的理论不能解释滞胀现象，陷入尴尬境地；其对策也不能解决滞胀问题，陷入两难局面。(2)由于理论的缺陷，新古典综合派的理论(包括像索洛的新古典增长理论)不能解释和解决劳动生产率低下的问题。(3)受凯恩斯主义理论倡导的鼓励消费，不鼓励储蓄与节约的风气，使社会积累迟缓，资本形成缓慢，这也使新古典综合派的理论受到怀疑。

新凯恩斯主义经济学派正是在新古典综合派逐渐失势，反对派别林立的形势下逐渐产生的。这也是经济自由主义和政府干预主义两大思潮进行激烈争论过程中，在两大思潮内部形成的。在风行一时的主张经济自由主义的思潮内部，有现代货币主义学派、供给学派、新古典宏观经济学派等。而在新古典宏观经济学派内部又有货币经济周期学派和实际经济周期学派之分。在遭受冷落的原凯恩斯主义的阵营中，被迈克儿·帕金(M. Parkin)称为新凯恩斯主义者的一些青年经济学家反对经济自由主义思潮，继续坚持原凯恩斯主义的基本信条。他们采用了许多新的分析和研究方法，对各种有用的经济理论观点，甚至论敌的理论观点兼收并蓄，提出了一些新的理论见解，推动了凯恩斯主义的研究。正是在他们的努力之下，新凯恩斯主义经济学派破土而出了。斯蒂格利茨作为新凯恩斯主义经济学派的代表人物之一，获得了2001年诺贝尔经济学奖，使该学派的影响进一步扩大。

二、斯蒂格利茨的经济思想

(一)风险与不确定性

斯蒂格利茨对风险的传统定义进行了总结，并提出了新的定义方法。他认为，人们通常用四种定义来说明一个随机变量(Y)较另一个随机变量(X)具有更大的风险(假定二者均值相同)，即：(1)随机变量Y等于随机变量X加干扰项(均值为零的噪音)；(2)每一个风险规避者更偏好X，即对一个凹效用函数而言，X的效用不小于Y的效用；(3)

与随机变量X相比，随机变量Y的概率密度函数在其尾部具有更大的权数；(4)随机变量Y的方差大于X。通过对随机变量的偏序进行检验，他指出前三种定义是等价的，而第四种定义则与之不同。为了更准确地把握风险的含义，他还对“更高的风险”给出了一个正规的定义，即如果一个随机变量的密度函数是另一个随机变量的密度函数加上一个“保持均值不变的差”，则该随机变量具有更高的风险。其中，“保持均值不变的差”是一个均值为零的分段函数。斯蒂格利茨的这一定义，成为大多数论述风险问题文献的分析基础。

其次，他进一步对递增风险的经济影响及其具体应用进行了论述，分别就不确定性对储蓄收益率的影响、资产组合选择问题、厂商的生产问题和厂商多期计划问题等进行了深入的分析和考察，其主要结论包括：(1)均方差分析方法一般会导致错误的结论，相关函数的凹性或凸性条件可以用阿罗—普拉特的相对和绝对风险规避概念进行表述；(2)厂商在不确定条件下的产出总是低于确定性条件下的产出，厂商对递增风险的最优反应是削减产量而非价格。

(二)道德风险与委托—代理理论

斯蒂格利茨认为，不完全信息和非对称信息的存在会引起委托—代理和道德风险问题。由于代理人和委托人的利益和行为动机可能不一致，且存在非对称信息，因此，代理人的行为可能不符合委托人的利益。他指出，即使发生这种情况(对委托人而言，代理人的行动并非最优的)，委托人可能仍然偏好代理人参与其中的结果，而非没有代理人参与时的情形。由于委托人不能根据可观测到的信息完全推断代理人的真实行为，因而他对代理人的能力、代理人根据委托人的利益采取行动的程度等无法获得准确的了解。因此斯蒂格利茨等将委托—代理关系的特征描述为：委托人由于部分非对称信息的存在而具有的风险的情形。

将努力函数引入分析模型，使得双方签订的合约对双方的偏好集合机会产生了间接的影响，并使得市场活动更趋复杂。据此，斯蒂格利茨针对意外保险指出，即使预期效用函数、努力程度与发生意外事故的概率的关系等基本函数是相当良好的，无差异曲线和可行集却也未必：

无差异曲线不必是凸的,可行集必定不是凸的;价格一消费线和收入一消费线可能是不连续的;努力程度一般不是保险政策或商品价格等参数的单调函数或连续函数。显然,不连续性将削弱人们对市场机制的自信。此外,他认为非市场因素会使道德风险问题进一步加剧。为此,斯蒂格利茨所得出的结论是:当发生明显的市场失灵时,非市场因素至少部分具有克服市场缺陷的强烈动机。

（三）信息筛选模型

阿克洛夫的“旧车市场模型”和斯彭斯的“劳动力市场模型”,分别对逆向选择的机理和信号传递的作用进行了分析;斯蒂格利茨则提出了信息甄别模型和保险市场模型,大大拓宽了经济学对逆向选择和信号理论的研究。斯蒂格利茨与罗思柴尔德就逆向选择合写的经典论文《竞争保险市场的均衡:论不完全信息经济学》,是阿克洛夫和斯彭斯所作分析的一种天然补充。

罗思柴尔德和斯蒂格利茨提出的问题是,信息不灵通的经济中介能做什么以改善其在具有不对称信息的市场上的结果。说得具体一点就是,他们是要研究各保险公司不了解各保险客户风险状况的一种保险市场。这些信息不灵通的保险公司提供各种不同保险费和扣除金额的组合给其信息灵通的客户,在某些条件下,客户是选择公司所建议的那种保险单的。罗思柴尔德和斯蒂格利茨的模型可用一个简单的例子加以说明。假设一个保险市场上的所有人,除受一定程度伤害的概率外,其余各方面都完全相同。一开始,所有人都有相同收入,存在两个保险客户:一个受伤害风险高的人和一个受伤害风险低的人,而一个受伤害风险低的人受相同收入损失的概率比一个受伤害风险高的人小。与阿克洛夫模型中的买主和斯彭斯模型中的雇主——他们不是不知道卖主的产品质量,就是不了解求职者的生产率——相似,这里的保险公司无从看出各保险客户的风险。按保险公司的观点分析起来,受伤害概率高的保险客户为“低质量”者,而受伤害概率低的保险客户为“高质量”客户。类比前例,可以看出,保险市场具有完全竞争的特征。各保险公司对风险是持中性观点的,即它们是要极大化其预期利润的。在这种情况下,保险公司不仅要进行价格和数量决策,而且还必须就它提供的保险合同进行决策。

罗思柴尔德和斯蒂格利茨证实，均衡可分为两大类：集中的和分散的。就集中均衡来说，人人都买相同保险，而就分散均衡来说，则人们各买各的不同保险。罗思柴尔德和斯蒂格利茨证明，他们的模型中没有集中均衡。原因是在这种均衡下，一家保险公司可以提供对低风险投保人好一些、而对高风险投保人差一些的一种保险合同，从而提取该市场的精华，获得利润。在阿克洛夫的模型中，价格对高质量卖主变得太低，在罗思柴尔德—斯蒂格利茨模型中，这种均衡下的保险费对低风险投保人太高。唯一合适的均衡是一种独一无二的分散的均衡，是有两种各不相同的保险合同在市场销售的均衡。一种合同由所有高风险投保人购买，另一种合同由所有低风险投保人购买。第一种保险合同按相对高的风险费提供完全承保，而第二种保险合同则按低一些的保险费和仅仅部分承保，或兼而有之。因此，每个保险客户都在一种无任何扣除金额的保险合同与另一种含低一些的保险费和扣除金额的保险合同之间进行选择。在均衡情况下，扣除金额几乎没有吓跑高风险投保人，他们是看中低一些的保险费但选择了高一些的保险费，是为了避免扣除金额。这种独一无二的合适的分散的均衡，相当于对全社会而言效率最高的信号均衡。

均衡的这种独特性，在筛选模型中有代表性，为筛选均衡与对社会效率最高的信号均衡之间的对应。罗思柴尔德和斯蒂格利茨的论文一直很有影响，尤其是他们对均衡的分类，已成为一种范例。集中和分散均衡现在是一般说微观经济学理论、特殊而论信息经济学的标准概念。

（四）市场效率与政府作用

在与格罗斯曼、纽伯里、格林沃尔德等人合作的一系列论文中，斯蒂格利茨等人对风险、非对称信息（委托代理、逆向选择和道德风险）和不完全竞争等市场特征的研究，揭示了市场本身缺乏效率的可能。斯蒂格利茨指出，在一个存在竞争市场的情况下，仅存的产品市场不得不承担起这两种功能。重要的一点是，只有在非常特定的情况下，市场配置才能在非常弱的意义上实现我们的有约束帕累托最优概念中所隐含的最优性。

对市场的这种判断，必然导致斯蒂格利茨对政府采取新凯恩斯主义的态度，强调适度政府干预的必要性。斯蒂格利茨在《政府的经济角色》一文中，对此进行了较为系统的总结。斯蒂格利茨认为，信息不完全问题既遍及私人部门又遍及公共部门，因此，我们在承认政府干预经济、克服市场失灵的积极作用的同时，也应看到政府干预的不足之处和公共失灵现象。斯蒂格利茨将“公共失灵”归结为五个方面：(1)不完全信息和不完全市场是市场失灵的一个来源，同样普遍存在于公共部门；(2)与政府强制力紧密相关的再分配，不仅会导致不公正，而且会产生寻租活动；(3)当前政府带给未来政府的有效合同的局限性，会带来巨大的经济费用；(4)公共部门中产权让渡的其他缺陷，将限制有效的激励结构的构建；(5)公共部门缺乏竞争，会削弱人们的积极性。

三、斯蒂格利茨的财政思想

(一)完善税收制度的基本原则

斯蒂格利茨从现代西方国家税收制度现实出发，极力主张改革和完善税制，但他认为税制改革不是一件简单的事情。“为什么设计一个既公平又有效率的税收制度如此之难？……确实存在一些基本原则。但由于原则并非只有一个，所以要权衡这些不可同时兼顾的原则的重要性，对各种需要考虑因素的重视程度问题，就是公正的人也有意见分歧”。[①] 那么，衡量一个被普遍认为较好的税收制度应该有以下几个原则：

1. 经济效率原则：税收制度不应破坏有效率的资源分配。

2. 管理简单原则：税收制度应该便于管理，并且管理费较低。

3. 可变性原则：税收制度应该能够容易(有时是自动的)适应经济环境的变化。

4. 政治代表性原则：税收制度的设计必须使人们可以知道他们为什么缴税，以使政治体制能更准确地反映人们的偏好。

5. 公平性原则：税收制度对不同人的区别对待必须公平。

---

① 斯蒂格利茨，《公共部门经济学》，中国人民大学出版社，2005年，第375页。

(二)分析横向公平和纵向公平

斯蒂格利茨对他提出的税收制度基本原则中的公平原则,作了比较具体的分析。他认为讲求公平首先应是横向公平,某一税收制度对各有关方面的情况都相同的人公平对待,就是横向公平。"横向公平的原则很重要,以至事实上它作为 14 号修正案(公平保护条款)被泄劲了宪法。因此,在美国,有种族、肤色、宗教歧视的税一般被认为是横向不公平"。[①]

斯蒂格利茨指出,纵向公平原则要求有能力负担高税负的人应该多纳税。实行纵向公平,需要确定如何判断谁有能力负担高税负。他认为,通常有三种标准:纳税能力、经济福利水平、从政府活动中所获收益。斯蒂格利茨主张以消费作为课税的具体标准,甚至主张以消费税来部分取代所得税。把消费税作为合适的课税标准的一个理由是:它似乎以人们从经济制度中所得收益作为课税标准更为公平。

(三)税负转嫁问题

斯蒂格利茨对税负转嫁归宿问题,也有较多论述,并提出一些独到见解。首先,他认为税负转嫁归宿问题是存在的,不论对商品课税,或是对所得课税,"归宿就是指谁负担了这笔税"。"当一种税,加在某一个企业上,该企业对它的产品提价,于是最终结果是,这笔税负落在消费者身上,我们称这种现象为前移,……如果,作为征税后的结果,导致该行业的要素需求下降,于是要素价格下跌,我们称之为后移"。[②] 同时,他也觉得,影响税收负担最终归宿的原因很多,第一,税负同当初设计税制时相比有很大差别;第二,可以看到税收负担的决定是相当复杂的。

其次,他分析论证了影响税负归宿的主要原因:一是供求关系;二是市场性质,即垄断还是竞争。他指出,需求弹性越大和供给弹性越小,由生产者负担的税负越大;反之,需求弹性越小和供给弹性越大,由消费者负担的税负越大。这些虽然是沿袭了赛力格曼的税负归宿理论,但斯蒂格利茨所作的图形更为精确一些,同时他把供求弹性对竞争市场

① 斯蒂格利茨,《公共部门经济学》,中国人民大学出版社,2005 年,第 386 页。

② 斯蒂格利茨:《公共部门经济学》,中国人民大学出版社,2005 年,第 398 页。

中商品课税的影响，扩展到对社会保障税的影响，进一步论述了所得税性质的税收也会发生税负转嫁归宿问题。这一点是他在税负归宿问题上的发展。"国会征啤酒税，无论是加在消费者头上，还是加在生产者头上，都没有什么区别"。"对劳动力的征税是加在消费者头上，还是加在生产者头上，是没有什么区别的。税收的最终归宿是一样的。国会所作出的划分，如社会保障税一半由雇主付，另一半由雇员付，实际上毫无区别"。①

最后，他提出了应当从短期归宿与长期归宿、局部条件下归宿与一般均衡条件下归宿等方面进行深入研究。在仅对单一行业征税与对多个行业征税之间存在很大区别。在分析这种涉及很多产业的税收影响时，不能仅局限于被征税的某一个部门，而应对整个经济进行分析。从短期来看，某行业目前正在使用的资本很难转移到其他行业，但从长期来看，新的投资可以投向其他行业。

(四)最佳税收制度的选择

斯蒂格利茨在《公共部门经济学》专章论述最佳税收制度。他认为，如果更注重收入分配平等，就必须以较多损失经济效率为代价，一国税收制度的选择的难点也在这里，即要在平等与效率之间进行选择，如选择合适就形成最佳税收制度。他认为，最佳税收制度就是使社会福利最大化的一种税制。这种税制对平等和效率的选择最好地反映了社会这两个相互矛盾目标的看法。

斯蒂格利茨在无差异曲线基础上，设计出最佳税收制度模型。如图 12-3所示。

图 12-3 中，横轴表示收入不平等程度，纵轴表示税收造成的效率损失量，S_1 和 S_2 是两条无差异曲线，与 S_1 相切的线是税收选择曲线；E 点是无差异曲线与选择曲线之间的切点，表示最佳税收制度。最佳税收制度的定义是使社会福利水平最大化的税收制度。社会的不平等与效率损失无差异曲线和选择曲线之间的切点 E 是最佳点。如果不同的社会对不平等的看法不同，不同社会可能在选择曲线上选择不同的点。

---

① 斯蒂格利茨：《公共部门经济学》，中国人民大学出版社，2005 年，第 407 页。

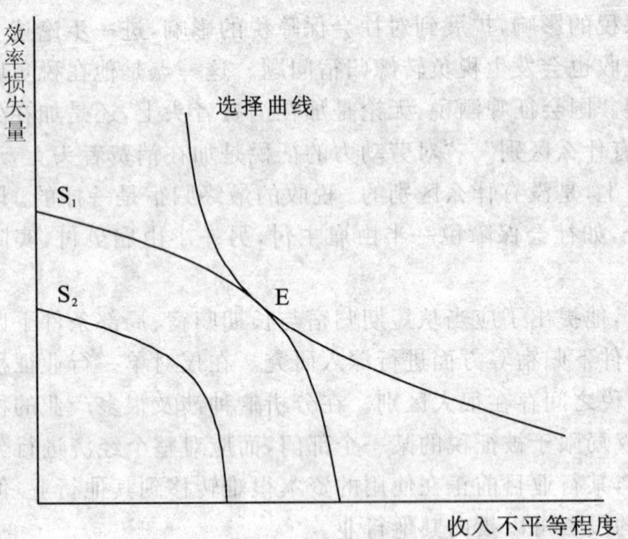

图 12-3　最佳税收制度模型

斯蒂格利茨从美国经济实践出发，认为实现收入平等与提高经济效率是两个矛盾的目标。他认为，我们可以采用较大幅度累进的税收方法，这种方法把较多的收入用来进行再分配，把纳税负担的大部分加在富裕者头上。这样做的代价是经济效率损失。他比较倾向福利经济学观点，以社会福利水平衡量税制。社会愿意承担较大的效率损失换取不平等程度的降低。但是随着不平等程度的降低，社会愿意承受的效率损失量减小，因为不平等和效率损失都是我们不愿接受的"劣质品"，这里的无差异曲线越靠近原点，社会福利水平越高。

（五）税收调节经济存在滞后问题

斯蒂格利茨提出的税收制度建立原则中，可变性原则是指税制能适应经济情况变化。他同意凯恩斯学派关于税收能自动调节经济的观点，但认为税收调节有一个滞后问题。

关于自动稳定作用，斯蒂格利茨认为，当经济衰退时，会强烈要求减少税收，因为这会给经济以必需的刺激。当价格稳定时，由于所得税累进结构的缘故，美国的所得税显示了高水平的"自动稳定作用"。当由于经济衰退导致收入下降时，平均税率下降——由于人们的收入较低，他们所缴的税较低。另一方面，当收入增加时，平均税率上升。

关于税收调节滞后问题，斯蒂格利茨指出，以稳定经济为宗旨的税收制度可变性的一个重要方面是时间问题。税收法典的改变，被履行的速度和搜集资金滞后。如果经济波动很大，对稳定经济来说，滞后会限制如所得税等的税率。

四、斯蒂格利茨财政思想评述

斯蒂格利茨作为新凯恩斯主义学派的代表人物之一，其主要财政思想体现在他的《公共部门经济学》这本著作中，该书已经成为过去10年该学科的主要教科书，已被翻译成多国文字出版。他还研究了政府的财政政策对于失业问题的短期影响以及在基础设施和人力资源等领域的公共投资对于经济增长的长期影响。应该说，他的财政思想在中西方都是有巨大影响的。

思考题

1. 马斯格雷夫将政府的财政职能划分为哪三个？
2. 试述马斯格雷夫的税收思想。
3. 马斯格雷夫的国际财政理论有何主要内容？
4. 斯蒂格利茨的经济思想与他的财政思想有何关联？
5. 试述斯蒂格利茨的税收思想。
6. 马斯格雷夫和斯蒂格利茨的财政思想对我国财政现状有何借鉴意义？

第十三章　中国近代的财政思想

第一节　林则徐、魏源的财政思想

一、林则徐的财政思想

林则徐(公元1785～1850年),字元抚,又字少穆、石麟,晚号竢村老人、七十二峰退叟等,福建侯官(今福州市)人,出身于下层封建知识分子家庭。他出生之际,正逢清朝走向衰微的嘉庆、道光时期,由于统治阶级的无所作为,以及中国封建社会所固有的顽症,造成了社会经济停滞不前,阶级矛盾激化。林则徐投身于重新兴起的"经世之学"思潮的洪流中,他正视民间疾苦,关心国计民生,立志整顿吏治,挽救统治危机;培养出用发展的眼光看问题的良好习惯,这为他以后顺应时代变化,及时改变自己的经济观打下良好的思想基础。在他的诸多贡献中,其经济观反映了一位封建官僚向受近代资本主义熏陶的先进者转化的典型特征。就其思想发展过程来看,表现出鲜明的阶段性:从求学到为官的前期,主要受"经世"思想为指导的"恤民"、"重农"经济观的影响;随着资本主义列强的入侵,林则徐在主持反抗英国殖民者的斗争中,逐渐认识到富国强兵的现实意义,此后直至去世前始终强调"重商",并利用各种机会实现自己的主张,他的财政思想寓于他的经济思想及他的亲身实践中。他的经济思想对后来者有着深远的启发作用,而且他也是中国近代初期第一个放眼看世界的伟大政治家和先进思想家。

(一)林则徐"劭农重谷"的农本主义思想

林则徐非常重视发展农业对增加国家财政收入的作用。19世纪初至30年代,林则徐受到清王朝统治者的信任和重用,先后担任各项官职。在各地任职期间,他着力将自己年轻时就积极追求和努力钻研的"经世之学"付诸实践,致力于改革河务、漕政、兴修水利、实行屯田等。譬如他拟"畿辅水利议",在北京、天津一带的低地兴修水利,增加粮食生产,以解决漕运的弊病和浪费问题。1820年左右,林则徐在浙江为官期间大兴水利、整修海塘。1823年任江苏按察使时,采取救灾与整修相结合的方针,收畜耕牛、组织补种,特别是采取"以工代赈"的办法,组织广大劳动人民兴修农田水利,及时弥补了自然灾害所带来的严重后果。此外,因受传统的"农本主义"的影响,林则徐特别强调农业生产在国民经济中的重要性,他曾提出"农为天下本务,稻又为农本务,而畿内艺稻又为天下之本务"。因而他力主"劭农重谷"。[①] 他重视兴修水利无非就是为农业生产特别是粮食生产创造一些必要的条件。为了使国家的漕赋不受威胁,林则徐认为:一是改良稻种,推广双季稻;二是兴修水利,保证旱涝有收。他还提出了"正本清原"的方案,对现行的漕政制度进行改革,实行"县督帮收",使漕运自南至北皆无例外苛求,以"杜州县之浮收,绝旗丁之勒索"。林则徐以报国忧民之心,在江苏巡抚任内躬亲任事。在江苏的五年中,林则徐处理了清代财政经济中极为棘手的钱漕、灾赈、水利、盐政、货币等实际事务。

(二)林则徐的"重商"主义思想

林则徐的"重商"主义思想集中体现在他为了强国富民,增加国家财政收入,解决当时的财政金融危机而进行的一系列的活动中。

清朝中后期,伴随着工场手工业的出现和农产品商品化的提高,各地涌现了一批代表资本主义萌芽势力的"商民",商业活动也日益受到了人们的重视。林则徐也体察到社会发展的新趋势,认识到部分人倡导"农商皆本"的合理性。在他力行"重农"实践中,对新兴商民的利益和商品经济活动并不是采取区别和打击的策略,而是力所能及地

① 《林则徐集·奏稿》(上)149·237。

予以保护。他向道光帝上奏疏时，特地反映了占有生产资料的工场主和包买商等“商民”以及雇工等纺织业“小民”的艰难状况，“连岁棉纺歇业，生计维艰……小民纺织无资，率皆停机坐食”，再加上各省都遭受自然灾害，造成“布匹丝绸销售稀少”。因此，出现“取子母者（商民），无可牟之利，任筋力者（雇工），遂无可趋之工”[①]的惨况。此后，“重商”主义在林则徐的经济思想中占据了主导地位，并在实践中始终不渝地得到贯彻和执行。

道光年间，外国不法商人陆续通过走私鸦片来弥补对中国贸易的入超局面，从中获取巨额利润，从而造成国内白银大量外流，既对中国社会、民族产生了严重危害，同时也破坏了正常的商品交流，出现银荒、货币短缺的严重状况，刚刚萌芽的资本主义工商业受到了赋税益重、银价日昂的财政金融危机的不断冲击。另一方面，外国银币开始大量充斥国内流通领域，在东南沿海等商业较发达的地区，居然有非银币无法成交的情况。银币也称为洋钱，当时的商人为方便交易都得事先把银锭兑换成洋钱，因此求兑者愈来愈多，对洋钱的需求量也就越来越大，因而出现了洋钱的真正价值高出实际含银量的状况，外国商人乘机利用兑换大捞一把，大肆掠夺我国白银，清王朝的国库收入和货币流通因此遭受较大程度的破坏。这个时候，一些愚腐的官僚就向清政府建议，用“封关禁海”以及“贱银、废银、贵银”和“禁用洋钱”的办法来堵塞漏洞。以林则徐为代表的有识之士通过对商品货币流通领域的实地考察，严厉驳斥了那些违背经济规律的错误主张。林则徐认为，鸦片是造成白银外流“钱贱银昂、商民交困”的罪恶根源。

对清政府企图损害商民利益，以“骤平洋钱之价”、“骤禁洋钱流通”来解决金融财政危机的办法，林则徐认为洋钱在中国流通，是中外经济交流中必然出现的后果，“恬不足怪”，他从商品流通需要的角度来分析，“盖民情图省图便，寻常交接，应用银一两者，易而用洋钱一枚，自觉节省，而且无须弹兑，又便取携，是以不胫而走，价虽浮而人乐用，此系

① 《林则徐集·奏稿》（上）12·149·151。

实在情形”。[1] 因而“一旦勒令平价”,势必造成商人因亏折而“穷蹙停闲”,“欲绝其(白银)去路(出洋),而先断其(洋银)来路(入华),于商民买卖,海关税务,未免皆有窒碍”。[2] 故主张“听从民便”。从这里可以看出,林则徐此时已开始自觉地成为新兴商民阶层的代言人。不仅如此,林则徐还从更高的角度提出“于听从民便之中稍示限制”,须使洋银同纹银的交换比率和含银量相称,“不得以色低平短之洋钱,反浮于足纹之上”。另为避免外币在我国商业中长期流通,影响我国财政金融的独立自主和民族经济的发展,以至成为西方列强的附庸,强调国家库支和消费应“概禁折给洋钱”,再通过经济手段即由官局铸币实现“拨本塞源”的最终目标。

鸦片战争前后,西方列强咄咄逼人。林则徐一方面强调加强军备以防万一;另一方面反满清政府颟顸自大的态度,积极了解西方国家政治和经济状况,从中发现中外国力的异同点。所以,他开始重视“藏富于民”的必要性,要做到这一点,就必须大力支持工商业的发展,尤其是鼓励对外贸易,以“收其利”,进一步达到“富国强兵,抵御外侮”的目的。林则徐认识到,通过正当的对外贸易,利用我国丰富的物产,不仅可以把外国的白银吸收到中国来,增加国家的财政收入,还能够根本改变白银外流的局面,同时能够促进国家商品经济的发展,以利本国商民和“滨海小民”生计。况且“若以关税十分之一,制炮造船,则制夷已可裕如,何至尚形棘手?”因此,他一再反对那些“封关禁海”的愚蠢建议。“封关禁海”只能导致走私猖獗,致使海关“正税徒亏而漏卮依然莫塞”,也不利于商民,“利之所在,谁不争趋?且闻华民惯见夷商获利之厚,莫不歆羡垂涎,以为内地人民格于定例,不准赴各国贸易,以致利薮转归外夷”。[3]

鸦片战争后,林则徐进一步从富国强兵的角度痛陈破除一些旧传统的必要性。例如,是否让老百姓开矿的问题,林则徐与那些害怕人民

---

① 林则徐,《会奏查议银昂钱贱除弊便民事宜折》,《政事》甲。

② 《林则徐集·奏稿》(上)134·225。

③ 林则徐,《密陈吏务不能歇手片》,《政事》乙。

因开矿而聚乱的保守派绝然不同，再三强调开矿“裕国足民，利用厚生”，国弱民穷才能得以改变。因此，他在力所能及范围内采取多方面的措施鼓励和保护商民开发矿产资源。林则徐在任云贵总督时，主张“有土有财，货源恶其弃于地，因利而利，富仍使之藏于民，果能经理得宜。再可推行无弊”，为使经理得宜，宣布开矿范围，“金银皆可采取，不必拘定一格”。甚至“宽铅禁”，放宽对私人买卖铅的禁令。禁令取消后，极大激发了商民开采的积极性。

（三）林则徐的赋税思想及其他

林则徐是当时统治阶级中禁烟派的领袖，他从国家财政方面痛斥鸦片走私对中国的危害：“若犹泄泄视之，是使数十年之后，中原几无可御敌之兵，且无可以充饷之银”。他主张严禁鸦片堵塞漏卮，以培国本。为克服鸦片走私带来的“银荒”，林则徐建议“减浮费”以使商民获得比较稳定可靠的盈利，即减轻封建政府对开矿商民所征收的各种捐税。他认为，对各种“名目愈多”的捐税，“虽不能尽裁，亦必须大减”。当时，封建士大夫们囿于自然经济的观点，一般不能从经济角度认识对外贸易，也不重视关税收入，林则徐却主张开展正常的对外贸易，认为开征关税可使国家获利，并主张用关税收入制造新式武器，加强国防力量。他说：“收其利者，必须预防其害。若前此以关税十分之一，制造炮船，则制夷已可裕如，何至尚形棘手？”这是林则徐以夷制夷思想在赋税方面的体现。

林则徐在鸦片战争期间及之后对我国的对外贸易的认识，其可贵之处在于他能够从经济的角度出发，而不拘泥于自然经济的传统观念。林则徐认为，发展对外贸易，于民于国均有益处。他指出：“利之所在，谁不争趋？……且闻华民惯见夷商获利之厚，莫不歆羡垂涎，以为内地人民格于定例，不准赴各国贸易，以致利薮转归外夷。”① 在《密陈夷务不能歇手片》中又说：“广东利在通商，自道光元年至今，粤海关已征银三千余万两，收其利者必须预防其害，若前此以关税十分之一，制炮造船，则制夷已可裕如，何至尚行棘手。”林则徐不从使用价值角度而从交换

① 林则徐，《会奏查议银昂钱贱除弊便民事宜折》、《政事》甲。

价值出发去看对外贸易,这是他高于别人之处。

由此可以总结出一点,社会矛盾的转化,是林则徐思想发生深刻变化的根源。从封建王朝没落时期向半殖民地半封建时期过渡的关键时刻,林则徐身临其境,由一个封建地主阶级分子和官僚转变成为反对外国侵略的领导者和开眼看世界的先驱者,时代的变化决定了历史人物的思想必然要发生相应的改变,林则徐也逃脱不了这个结局,他的经济观完成了由反映封建传统的"重农功"到反映新兴商民利益"重工商"的转变,再加上新的矛盾的加入,更突出体现了"富国强兵,抵御外侮"的新内涵,尽管林则徐的财政经济思想也有它的局限性,但是在那个时代还是具有进步意义的,特别对后世反抗外国侵略,为民族独立富强而奋斗的仁人志士具有深远的影响。

二、魏源的财政思想

魏源(公元 1794—1857 年),字汉士、默深,湖南邵阳人,他是具有强烈资产阶级倾向的地主阶级改革家。因他曾作过多年的幕僚,对漕运、水利、盐政等重要财政经济问题提过不少改革意见,成为当时有名的专家。他积极要求变革,力图以新时代的商业精神来处理各种现实的财政经济问题。他要求改革的内容随客观形势的发展,前后有所不同。鸦片战争前主要致力于改革漕政及盐政,借助于商业资本消除盐漕积弊和增加封建财政收入。鸦片战争后他基于民族义愤,积极讲求富国强兵、抵抗外来侵略之术。到此时期,他的资本主义思想倾向日益昂扬,认为英国殖民主义者制胜的根本原因,在于有"船坚炮利"之"长技",只有"师夷长技"才能"制夷",故必须向西方学习资本主义的生产技术与经营方式。他所主张的财政改革带有某种新时代的性质,他把发展商业资本的思想贯穿到所分析的各种财政经济问题上,成为 19 世纪上半期及以前各历史时期最全面的重商思想,他的财政思想也标志着我国传统的财政思想之历史变革的转折点。

(一)利国与利民的新理财含义

从表面来看,魏源和历代封建知识分子一样,主张先利民后立国,或者说将立国寓于利民之中,以利民为前提。他说:"治不必同,期于利民”。“专主于便民者，民便而国亦利”；如果“专主于利国”，不仅“民不便”而且“利归中饱，国乃愈贫”。[①] 他又说：“帝王利民，即所以利国也。”这样理解财政与经济的关系，实际未超出千百年来一直为人们所奉行的“百姓不足君孰与足”的儒家信条。但深入地考察，就会发现魏源所说的“利国”或“便民”的含义，另具有新的时代内容。

以“利国”而言，他既承认工农业生产品是财富，也承认货币财富，他提出传统的“食先于货”一说仅适用于过去的一般情况，而“语今日缓本急标之法，则货又先于食”。[②] 这是一个不同寻常的反传统观点。但其最基本的看法仍是以农工业产品尤其是粮食为国家贫富的标志。他在《海国图志》中明确地说：“米利坚产谷棉而以富称，秘鲁诸国产金银而以贫闻。金玉非宝，稼穑为宝，古训昭然，荒裔其能或异哉。”[③] 由此可以看出，魏源还未完全摆脱封建生产方式的局限，尽管他的“利国”思想中已有不少新兴阶级的商业观点。

在谈“便民”时，他沿用司马迁的“本富”与“末富”(对他来说即为以商致富)之说，较充分地表现了他对新的社会结构的憧憬。他说：“天下有本富，有末富，其别在于有田无田。有田而富者，岁输租税，供徭役，事事受制于农，一遇饥荒，束手待尽。非若无田之富民，逐什一之利，转贩四方，无赋敛徭役，无官吏挟持，即有与民争利之桑、孔，能分其利而不能破其家也。是以有田之富民可悯更甚于无田。”[④] 历史上许多思想家都把易于逃避赋役作为攻击商人阶级的论据，而魏源却把它倒转过来，认为“无赋敛徭役，无官吏挟持”是商人阶级所具有的足以摆脱封建束缚的特点，这是宣布以“末”致富是较为稳妥可靠的途径，改变了一向认为土地收益最为牢固的传统致富观点。所以，他对于利国与利民关系的理解，已超出封建传统理财思想的范围而跨入一个新的认识高度。

(二)财政改革中的生产经营问题

财政改革是魏源取得声誉的主要原因，其成绩表现在盐务与漕运

① 魏源：《元史新编》卷八十八，《食货·盐法》。

② 魏源：《圣武记》卷十四，《军储篇》一。

③ 引自《海国图志》卷六十一，《外大西洋·弥利坚国》。

④ 引自《古微堂内集》卷三，《治篇十四》。

两方面。他并未将这些改革的成功经验提高到理论水平，多系抄引前人陈说。如他实行票盐制的基本精神是“化私为官”，系接受明清之际的李雯早已提出而为后来盐务专家所传诵的名言：“盖天下皆私盐，则天下皆官盐也。”[①] 而主张南漕海运早有丘浚、蓝鼎元及包世臣力主其说，亦非魏源的创见。但他在谈论具体财政措施时，提出一些涉及生产经营方面的问题，颇具见地。

在生产经营方面，魏源极力反对官营而力主私营。自两宋以来，主张将盐、茶等政府专卖商品改由私商经营者日渐增多，这是封建经济内部的商品经济长足发展的必然反映。但魏源所主张的私营范围相当广泛，凡他所提到的官营事业如采矿、盐业、造船及机械制造、屯垦乃至于漕运，无不主张鼓励或委托私商经营。他认为矿业“禁民采而兴官采”会利不胜弊，“民开而官善之法”。对盐业，魏源则主张改变具有垄断性的“纲商”为具有自由竞争性质的“票商”，这是进一步消除官府对经营盐业商人的封建盘剥。造船及器械制造则主张在官设的一处造船厂或火药局外，“沿海商民，有自愿仿设厂局以造船械、或自用、或出售者听之”。[②] 这里特别要指出的是他建议军用民用机械均可让私商设厂仿造，如与那些连让私商采矿都怕“聚众为乱”的顽固思想相比较，他的建议又是一个极为大胆而又彻底摆脱了传统陈说的新观点。他主张屯垦的基本原则是“按名给地，永为世业”，以避免屯垦者把土地“视为官产，久而生懈”[③] 之弊。关于漕运，他坚持以海商代为承运并行之有效。与魏源同时而稍早的包世臣也力主雇用私商船只运送漕粮。后者系旨在解决漕运问题的初步建议。魏源在解决漕运问题的精密筹划之外，更洋溢着对私商经营方式的坚强信念，宣称“官告竭，非商不为功也”，[④]“以商运决海运，则风飓不足疑，盗贼不足虞，霉湿侵耗不足患也。以商运决海运，则舟不待造，丁不待募，价不更筹也”。[⑤] 简直是除信赖私商承运

---

① 李雯：《蓼斋集》卷四十三，《盐策》。

② 引自《海国图志》卷二，《筹海篇》三（议战）。

③ 魏源：《圣武记》卷十四，《军储篇》四。

④ 引自《古微堂外集》卷七，《海运全案序》。

⑤ 引自《古微堂外集》卷七，《道光丙戌海运记》。

而外,"别无事半功倍之术",并应将其定为"一劳永逸"的长远制度。总之,在他的心目中,生产经营的私有形式已是无可置疑的完美形式。

在私营商业的组织形式方面,他又鼓吹采用"公司"的组织形式。他说:"公司者,数十商犊资营运,出则通力合作,归则记本均分,其局大而联。"并将广州十三行也比作公司,与英国东印度公司等同起来。他虽对于近代资本主义的公司组织形式的理解似是而非,但在我国,除林则徐曾提到资本主义早期流行的合伙经营组织方式外,提及近代资本主义公司组织形式的当以魏源为最早。

(三)租税思想及其他

魏源关于租税的原则阐述比较少,但也有些新颖见解:一是对税源的培养作了形象化的表述,如他说:"善赋民者,譬植柳乎!薪其枝叶而培其本根。不善赋民者,譬剪韭乎!日剪一畦,不罄不止。"[①] 二是他看到"减课而又溢课之实","绌课必由于重税",这是唐李翱所谓"轻敛之得财愈多"[②]思想的再现。三是他很重视盐税、关税等收入"以裨农赋之不足",并坚决主张改革弊端、剔除浮费以便利商人,从而增加官、盐税收入。盐利自两汉以来已成为封建财政收入的重要项目之一。海关收入在乾隆时期尚不重要,最高统治者甚至要加重海关税使"洋船无利而不来,以示限制,意不在增税"。[③] 至道光时关税日益重要,仅粤海关一处从道光元年到二十年间的收入即达三千余万两。所以,魏源提出扩大商税收入以补农业收入之不足的观点,既有客观的依据,也体现中国封建经济正起着急剧的质的变化。

魏源财政思想的特点不仅在于他曾提出一些创造性的观点,更在于能适应客观经济的发展形势,尽可能地利用商业资本来为封建财政服务。前已指出,他重视商业,宣扬商业资本作用的观点是极为突出的,不论是改革漕运、盐务,乃至鼓吹"师夷技",莫不以争取商业资本的支持为基本原则。

---

① 引自《古微堂内集》卷三,《治篇十四》。

② 李翱:《平赋书序》。

③ 《清朝文献通考》卷二十七,《征榷》二。

在推行财政措施和增加财政收入方面，他不仅尽可能利用国内商业资本，而且十分重视对外贸易问题。在外贸政策上，他坚持禁绝鸦片输入而提倡正常国际贸易。他对国际贸易问题的杰出阐述，首先是纠正了“天朝”无所不有的盲目自大思想和认识到国际贸易是双方互利的正确观点。他还建议派军舰为中外商船护航。这在当时的西方国家已是司空见惯，而在中国主张给洋、私商护航，却是破天荒的见解。最值得珍视之点是他对国际“贸易差额”的分析，已达到相当高的理论水平，但已不属于我们研究的范围，只好割爱。仅由于他在贸易差额分析中考虑到对外收支盈亏对于国家财政的影响，故顺便一提。

总之，魏源尽可能地利用国内外商业资本来为封建财政服务，这无疑是否定了封建制度下的超经济压榨，其现实结果是增加了封建财政收入，而最终却是给资本主义成分的发展开辟了道路。从整个中国经济思想的历史发展过程来看，他是能放眼观察世界，具有若干近代经济学思想的第一人。

第二节　太平天国时期的财政思想

太平天国运动是中国近代历史上的重要事件，作为一个存在十四年之久的农民政权，它对晚清社会经济产生了巨大影响，为研究农民革命政权的财政思想提供了一个典型的范例。太平天国的财政思想，主要反映在以洪秀全为代表的太平天国的领导人撰写的一系列论著、奏折、诏书，以及在长达十四年时间里先后制定和颁布的一系列纲领性、政策性文告中，其中，以《天朝田亩制度》与《资政新篇》两部核心的历史文献最为重要。总的说来，这些思想是革命性、封建性、宗教色彩及资本主义倾向的杂汇。从中我们可以看到封建社会末期农民阶级所提出的不同于地主阶级的财政方案，亦可窥见中国农民对社会转型的反应。从财政思想史角度考察，《天朝田亩制度》与《资政新篇》这两个未经实施的经济方案，均体现了农民革命领导人对于理想财政制度的探索和追求，尽管这两个方案各自所设想的财政制度在本质上是相互排斥的。

从时间上考察，可将太平天国的财政思想分为三个不同阶段的不同思想重心。

一、以平均主义为核心的空想社会主义财政思想

金田起义前，洪秀全在他所作的“三原”(即《原道救世歌》、《原道醒世训》、《原道觉世训》)中，就已经将西方基督教中的平等思想与中国古代的大同理想糅合起来，呼喊出经济平等的要求。金田起义时，为解决起义队伍的物资供应，太平天国领导人的起义队伍内部建立了无私产、缴获归公的“圣库制”，这是把平均主义的财政分配思想实行于革命队伍之中的开始。定都天京后，为适应建立政权及“天国”的需要，洪秀全先后制定和颁发了《百姓天条》和《天朝田亩制度》，把平均主义圣库制财政思想系统化、纲领化。

这种类似于战时共产主义的“圣库”制度的基本要求，一是生产物公有，消灭个人财产私有制，即“天下人人不受私物，物归上主，则主有所运用，天下大家处处平均，人人饱暖”。在财务行政单位的划分上，每二十五家组成一“两”，每“两”设一分库，由“两司马”主管基层单位的各种财政事务，其职掌包括“存其钱谷数于簿，上其数于典钱谷及典出人”等。所有二十五家的婚娶等事所需钱谷，严格按统一规定数额向国库领用，不得超额，“总要用之有节，以备兵荒”。如系鳏寡孤独废疾者可以免除劳役，由国库给养。这是把太平天国革命初期在行军中实行的军需供给制度，扩展到全社会普遍运用。二是以一家一户的农业与家庭手工业合一的小农经济形式为其基础，陶、冶、木、石等工匠由一“两”内的农家兼做，此外不存在其他社会生产部门。这里本不需要货币交换，但客观上已在流通着大量货币，故又规定“银钱”也要上交国库，需要时再由国库发给。圣库制在早期起义斗争中发挥了积极作用，推动了平均主义思想的进一步发展。

从其内容来看，这是一个以平均主义为核心的农业社会主义的空想，是太平天国领导人将西方基督教为灵魂归宿设计的“天国”搬到人间，提出的一种原始共产主义平均分配的财政模式。其财政思想具有以下特点：

1.带有明显的宗教色彩。在这里,财政问题是作为宗教伦理问题来提出和论述的。如,为什么要“有田同耕,有饭同食,有衣同穿,有钱同使”呢?因为“人人皆是上帝所生,人人皆当同享天福”,这就是理论根据。

2.带有中国古代大同思想、儒家思想的印记。如“天下为公”、“有无相恤”、“鳏寡孤独废疾免役,皆颁国库以养”的景象以及男耕女织的小农自然经济的模式,都与中国孔孟的大同理想有着明显的继承关系;田分九等,兵农合一,以及“两”为单位的社会组织形式,也显然从《周礼》及历代均田制度中汲取了思想。

3.继承和发展了中国农民战争“均贫富”、“均田”、“分地”的思想,这是最重要的。因为它最突出、最直接地反映出农民阶级追求幸福生活的强烈要求。其引导农民追求幸福的方案深刻地触及了封建的土地制度问题,该思想也正因这一点具有革命意义。在近代中国,废除封建土地制度是中国革命的根本问题。当时中国开始沦为半殖民地半封建社会,封建自然经济正逐步解体商品经济和资本主义萌芽正逐步发展,在这种背景下,平分土地的主张,客观上为民族和资本主义经济的产生和发育创造了条件,这无疑有着积极意义。《天朝田亩制度》中的财政构想部分和它制定的整个经济纲领一样,基本上都是我国历代体现农民理想的原有观念的总结。

但是,这个农业社会主义思想不仅仅要求废除地主对土地的占有权,而且企图消灭个体私有,平分一切财富,它还排斥商品货币经济,打算在分散经营的小农经济基础上实现产品的平均分配。这不仅在理论上是落后的空想,违背社会经济发展的规律,而且在实际执行中势必伤害个体劳动者的生产积极性和经济利益,阻碍商品流通的发展,导致社会经济衰退。因此,当《天朝田亩制度》在天京实行时,遭到广大农民特别是商人、手工业者的反对。正如杨秀清在《劝告天京人民诰谕》(1854年发布)中所说:“在尔人民,以为荡我家财,离我骨肉,财物为之空,妻孥忽然尽散,嗟怨之声,至今未息。”这是天国领导人不能不考虑改变经济政策的原因之一。

《天朝田亩制度》在100多年前的历史条件下之所以产生,是有其适宜的环境和土壤的，有着历史的必然性。它反映了广大贫苦农民希冀得到土地的愿望，并把这个愿望变成了一个系统的、明确的战斗纲领，这是历来农民起义军都没能做到的。因此，广大劳动人民在它明确的斗争目标鼓舞下，大大增强了推翻封建社会制度的战斗信心和力量，动摇了清王朝的封建统治基础。因此，它的制定和推行有着伟大的进步意义，是在提倡“均平”的社会经济模式中，第一次提出了农民革命政权的新型财政制度方案，从而适应了农民群众数千年来要求摆脱封建财政压榨的愿望。不论这一方案是否贯彻实行，它在中国财政思想史上的确是无先例的革命性创举。但由于阶级的局限性，它也存在着落后的一面，它充满了绝对平均主义的幻想。一切归公又一切绝对平均的主观愿望，使整个社会成为一个相对封闭、自食其力的“小农家庭”。所谓“凡天下，树墙下以桑。凡妇蚕绩缝衣裳。凡天下每家五母鸡，二母彘，无失其时”，描绘了一幅古老的、活灵活现的自然经济图景，这种小农的经营方式，无疑会阻碍商业和手工业的发展，也违背了社会分工的发展趋势，照此发展下去，社会必将走向倒退。因此，这一财政方案所设想的经济基础，超越了个体土地小私有制的现实条件，成为不可能实行的空想，最后在实践中仍回到由土地私有者“照旧交粮纳税”的财政税收体制上来。

二、“照旧交粮纳税”的财政思想

“照旧交粮纳税”政策在太平天国农业社会主义经济空想纲领化不久便被提出，《天朝田亩制度》颁行于1853年12月，第二年便由杨秀清提出《东王奏请准良民照旧交粮纳税本章》，“奏为征办米粮，以裕国课事。兵士日众，宜广积米粮，以充军储而裕国课”。“安徽、江西米粮广有，宜令镇守佐将在彼晓谕良民照旧交粮纳税”。

“照旧交粮纳税”制度虽然也反映了农民阶级的反封建要求，但在平分土地、平分一切财富问题上已与《天朝田亩制度》有显然区别。一个农民起义政权之所以会在短时间内同时提出有明显区别的两种财政方案，首先有现实的原因。农业社会主义空想无法实现，起义队伍面临严重的财政困难，不能不用另外的财政政策来解决供给问题。其次是阶级的原因。太平天国领导人是农民阶级的代表，农民阶级既是劳动者，又是私有者。作为劳动者，他们强烈要求反封建剥削，期望平分土地和财富；作为私有者，他们又有保留并不断扩大私有土地、财产的愿望，甚至希望自己也能上升为地主。

可见，显著区别的两种财政政策同时提出，主要原因在其阶级根源上。实际上，洪秀全在其早期作品中就已经表现出相互矛盾的财政经济观点：一方面，宣传在上帝面前人人平等，大家应“有无相恤”、“有福同享”，应为“实现公平、正直之世”而奋斗；另一方面，又宣传“贫富天排定”、“小富由勤大富命”，人们应当“知命安贫”，各守本分，应当以“和为贵，各自相安享太平”。这已经暴露出他财政思想的矛盾。金田起义的时候，洪氏也是一方面建立了无私产的圣库制和官兵平等的供给制，另一方面又“姑从凡间歪例”，着手建立起集权制、等级制、世袭制。这种做法也反映了洪氏财政经济思想的矛盾和复杂。太平天国的领导们站在小生产者的地位上，根本无法看清封建制度的经济根源是封建的生产关系，也根本不能理解地主与农民之间的阶级剥削关系。

我们从太平天国发布的一系列重要文告中，可以看到他们对清政府吏治腐败及对民众压榨、蹂躏罪行的揭露，可以看到他们对反清正义性的申述，可以看到他们对清朝统治下“富儿当权”现象的斥责，但却看不到对清政府所赖以生存的封建经济制度的抨击，看不到从经济关系上对农民阶级与地主阶级之间矛盾的分析，而且对推翻整个封建经济制度只字未提。既痛恨这个社会，要反对这个社会并按自己的理想去创立一个新社会，又摆脱不了这个社会，只能借助这个社会现成的思想资源、制度资源为自己所用，从而构成农民阶级深陷其中而不能自拔的矛盾旋涡。处于这一矛盾旋涡之中的农民起义领导集团，在同一时段里提出两种不同的财政政策，正是其阶级要求两面性的正常反映，也是这个阶级在实现自己斗争目标时的必然结果。

“照旧交粮纳税”政策的实质内容，就是宣布承认地主占有土地收取地租的制度，即承认整个封建经济关系的合法，该政策所折射出的财政思想显然属于封建制度的范畴，但它仍明显带有起义农民的思想特点，我们应给予客观评价。

其一，该政策承认封建土地制度与封建租佃的合法，显然不如《天朝田亩制度》那样具有反封建的革命性；其二，该政策放弃平均分配的空想，保护和鼓励私营企业与手工业生产，这比《天朝田亩制度》更符合社会经济发展的实际情况，具有保护现有生产力，促进商业经济发展的作用，其可行性也明显超过《天朝田亩制度》，短时间内能起到促进生产力发展的积极作用；其三，该政策具有明显的封建色彩，从长远来看，既不能从根本上满足广大农民摆脱封建剥削的要求，更不能为太平天国政权建立起独立的财政基础，所以不能将农民的起义斗争引向最后胜利。而且由于它承认封建土地制度的合法性，保护封建的租佃关系，甚至抑制农民的抗租要求，因此加速了自身的封建化。

三、学习西方、促进资本主义工商业发展的财政思想

这个思想集中体现在洪仁玕的《资政新篇》中。洪仁玕号益谦，别字吉甫，广东花县官禄布人，是天王洪秀全的同高祖族弟，比洪秀全小九岁，两人交谊极密。洪仁玕虽居港、沪，仍时想北上天京，参加革命历经艰险，洪仁玕久居港、沪，留意西方文明，懂得世界大势，知道当时的西方先进国家已进入资本主义社会，科学技术比中国发达。他总理朝政后，颇思奋发有为。撰写《资政新篇》，进呈天主，主张接受西方文明，走资本主义道路。该思想与《天朝田亩制度》及“照旧交粮纳税”的财政政策截然不同，是我国仿行西方自由资本主义财政制度的最早而有系统的一套财政方案，完全超出了封建传统理财思想的眼界。洪仁玕能提出这种超出农民思想水平的方案，得益于他在香港的几年经历。那时的香港已是典型的资本主义城市，他正是在几年的香港生活中积累起他的资本主义思想方案。洪仁玕于1859年由香港到达天京后上陈此案，洪秀全阅后甚为嘉许，批准公布。

他知道当时世界已进入资本主义时代，中国决不能再墨守陈规，必须跟着世界发展的趋势，因时制宜，迎头赶上。所以他在《资政新篇》中首先说：“夫事有常变，理有穷通，故事有今不可行而可豫定者，为后之福，有今可行而不可永定者，为后之祸，其理在于审时度势，与本末强弱耳。然本末之强弱适均，视乎时势之变通为律，则自今而至后，自小而至

大，自省而至国，自国而至万邦，亦无不可行矣。其要在于因时制宜，审势而行而已。兹谨将所见闻者条陈于后……以资国政。”

它的内容包括经济、政治、文化等各方面，而以经济改革为重点。其中理财和财政制度改革措施涉及以下各项：建议开采金、银、铜、铁、锡、琥珀、琉璃、美石、盐之类的矿藏。采矿方式由发现矿藏者任“总领”，“准其招民采取”，其矿产品收入的分成标准是“总领获十之二，国库获十之二，采者获十之六”。建议在各省设立“钱谷库”，以支应政府人员的薪俸和其他公费开支，其业务设官司理，“每月报销”；主张设官征收内地的工商、水陆关税，每礼拜呈缴省、郡、县库存贮，或供地方市镇公务支用。尤其强调以资本主义的经营方式来发展中国经济。所有各种工矿贸易企业，均坚持私人出资经营，并采用专利权方式以鼓励其发展，对能创造发明火车轮船以及其他工艺品者，“准其自售，他人仿造，罪而罚之”，待专利期满才许“他人仿造”。

这些财政措施，与《天朝田亩制度》中的“圣库”以及“照旧交粮纳税”制度绝不相同。其办法除涉及的采矿种类之多在19世纪以前极为少见外，是人民按政府规定缴纳一定税额，不是把自用以外的产品全部缴圣库；政府服务人员实行薪俸制而不是供给制；抛弃了太平天国设立“诸匠营”或“百工衙”一类的国营手工业生产制度等。至于它提出每人每日须劳动三个时辰（即六小时），否则被定为“惰民”的工作日制度，这是从另一角度为资本主义的发展准备雇用劳动力来源。

《资政新篇》中还有举办“医院”、“跛盲聋哑院”、“鳏寡孤独院”等社会福利事业的方案，但它不主张国家出钱，而是让私人捐献施舍来办。所谓“兴医院以济疾苦，系富贵好善”，“兴鳏寡孤独院，准仁人济施”，“兴跛盲聋哑院，有财者携资斧；无财者善人乐助”等。这显然是以西方资本主义社会的慈善事业为蓝本，表现了洪仁玕将资本主义制度理想化的思想倾向。

之所以在农民统治区域会同时出现完全不相一致的政治、经济纲领，与《天朝田亩制度》判然两样的《资政新篇》，能得到洪秀全旨准颁发而出台，原因是多方面的。

第一，由太平天国运动爆发的背景所决定。此时，西方已实现了产业革命，其经济实力、军事实力都有惊人的发展，并通过鸦片战争侵入了中国。一方面，西方强国的侵略激起了中国人民的反侵略斗争；另一方面，西方强国在战争中所显示出的国力与技术也唤醒了中国人追寻先进的意识。洪秀全从开始进行起义活动时起，就力图从西方吸取可资借鉴的东西，"拜上帝教"的创立就是他努力吸取西方有用思想的结果。洪仁玕早年与洪秀全拥有相同的理想，多年以后，当他怀抱着对西方国家更多的了解，用他对资本主义社会的思想追求和思考为太平天国设计出一个经济发展的规划时，他与洪秀全在思想追求上的相通之处依然存在，他们都想将西方国家的先进思想用于自己的国家建设。尽管这一点并不为当时参加太平天国的所有将士理解和接受，洪秀全仍能接受它的基本思想，并诏旨推行。

第二，鸦片战争后，随着外国资本的侵入和封建自然经济的逐步解体，江南、沿海一带的商品经济已经相当发达，带有资本主义性质的雇佣关系已在某些行业中发展起来，拥有较多财富的大贾也在逐步增多。太平天国革命冲击、削弱了衰败的封建制度与封建秩序，也推动了商品经济与资本主义萌芽的发展，国内社会经济的这些深刻变化和发展趋势，是《资政新篇》财政思想出现的客观条件。

其三，洪仁玕到达天京的时候，太平天国正面临着严重的困难，军事上、思想上、财政上都已经无路可走，社会主义空想已被客观形势所打破；"照旧交粮纳税"的政策也只能暂时缓和财政经济困难。这种形势促使洪仁玕急于"备陈方策""以资国政"，也促使洪秀全重视、赞同和旨准颁布《资政新篇》。洪仁玕的《资政新篇》是我国历史上第一次公开提出的发展资本主义的经济纲领，它的内容周详而又系统，不像此后一些人只是提出了一些具体零碎的建议。《资政新篇》中财政方案的指导思想是自由资本主义时期的典型思想，其中少有中国型的旧经济观点痕迹，这在中国近代时期的财政思想中是罕见的。它是太平天国财政思想三个阶段中最符合中国社会经济发展规律和方向的，其历史地位表现于：突破了农民阶级意识的局限，给太平天国财政思想增添了资本主义因素；预示了中国近代财政思想将随资本主义与资产阶段的产生发展到一个新阶段。当然，《资政新篇》方略如实现须以小农经济的破坏为代价,这对绝大多数小农来说是不幸的,也是众多农民不能接受它的原因,但在小农经济已演化成小商品生产的封建社会末期,小农经济的消亡只是时间早晚的问题,洪仁玕的方案显然具有前瞻性,它反映了社会历史发展的必然趋势。

《资政新篇》问世的19世纪60年代,欧美各国已进入资本主义自由发展时期。中国古老的封建主义由于各种原因顽固地延续了二千多年,到这时也已处在崩溃的前夕。当时,中国资本主义性质的商品经济有相当发展,尤其是江南的丝织业、棉织业和制瓷业等;由于外国资本主义侵入,在上海、广州等地也开始建立一些近代工业。特别是70年代以后,中国一部分商人、地主和官僚看到近代工业的巨大利润,也投资近代工业,民族资本主义工商业逐步产生和发展起来。随着外国资本主义势力对中国侵略的加深,客观上中国人民要求冲破封建主义向往资本主义自由发展的时代。洪仁玕在进行反抗清朝封建统治的太平天国后期提出《资政新篇》,极力主张顺应世界发展趋势,在中国实行资本主义经济制度,在当时的历史条件下,无疑是进步的。至于,洪仁玕虽推出了《资政新篇》,但未实行,我们应该辩证认识:

一是从客观形势看。清王朝的反动势力还比较强大,洪仁玕到天京后,美、法、英等列强从观望进入到进行武装干涉的阶段,他主政才五年,革命形势已走向下坡,太平天国时刻在战斗中求生存,这种客观环境对他的政治、经济实践有决定性的影响,使他不可能进行正常的经济建设。何况他上边还有天王洪秀全。

二是从太平天国内部和他个人的情况看。自从1860年起,洪仁玕在事实上并未得到像他的职位所应有的权力。上半年因为一件外交上严重错误事件(洪仁玕自1861年起,兼理外交事务),天王不悦,令他移交给章王林绍璋接办,一度被黜,几次出京,后来虽有幼主诏旨"至玕叔总理,仍如前也"(一等王),名义上仍由他总理朝政,但因军事异常紧张、太平天国内部混乱,他本人未能得到重要军事领袖的尊重。天王在最后几年也没有重用他(据《李秀成自述别录》说:"不屑读洪仁玕所著诸书。"又说:"我天王第一重用幼西王肖有和,第二重用长兄洪仁发、王次兄洪仁达,第三重用干王洪仁玕")。他自己也曾叹道:"欲改革各事如何困难，天王如何不听人言，各王如何不尊重其威权”，“欲实行改革，而事事均受各王之牵掣”。可见，他在政治、经济、军事上实践是相当困难的，所以事迹并未多录。

如果说《天朝田亩制度》在中国走向近代化的道路上只是开了平均主义和民生主义的先河，那么《资政新篇》则公开地向世人宣布太平天国要求在中国发展资本主义、走近代化道路的主张。《资政新篇》提倡在中国发展工、商、农、矿等各种生产，主张建设近代交通，制造火车轮船，兴水利、办银行、举保险、设邮局、开报馆，甚至提出奖励私人发明，保护私人专利，允许私人投资，在中国全面发展资本主义。这些观点，我们今天看来仍然有新鲜感和时代感。《资政新篇》批判重本抑末，尊重科学技术，提倡兴办企业，主张工商牟利，鼓励私人资本，是一个顺应历史潮流的要求发展资本主义的纲领，反映了先进的中国人向西方寻找真理的结晶。洪秀全对《资政新篇》加了若干批注，并“旨准颁行”，说明了洪秀全对《资政新篇》的评价和态度。在太平天国统治下的天京，有人学习外语，有人使用西式武器，有人关心西方的机器和地图，有人讲论欧洲的政治和发明，这是一种崭新的时代风尚。而在清政府统治下的京师和其他地方，当时还是禁忌。从中国近代化的历史轨迹来看，虽然太平天国前有龚自珍、林则徐、魏源等一些思想家睁眼看世界，提出资本主义主张，但谁也不能否认《资政新篇》是近代中国第一次提出的要求全面发展资本主义的纲领。

从太平天国的三类财政思想中，我们可以看到，在中国社会面临巨变时，农民阶级与地主阶级一样也为中国发展前途作出过探索，而且农民的探索与社会中上层先进分子的探索在趋势上是基本一致的。由于农民就是生产者，处于社会经济的最基层，所以他们的设计方案更贴近生产者的要求和利益，更趋于务实，更符合社会发展的实际。尽管其中有些内容因客观条件限制而无法彻底贯彻或根本无法推行，他们的财政思想在中国近代思想史上仍应有其一席之地。如果把龚自珍在《农宗》中提出的土地制度与太平天国在《天朝田亩制度》中提出的平分土地的财政主张，把魏源的“师夷”方案与《资政新篇》中发展资本主义经济的财政方案加以对比，我们就不难看出，太平天国领导人在中国近代财政思想史上所作的贡献确实巨大而不容抹杀。

第三节　冯桂芬、陶煦的财政思想

一、冯桂芬的财政思想

冯桂芬(1809～1874),字林一,号景亭,江苏吴县人,是家有千亩的大地主。1832年考中举人,1840年考取榜眼,授翰林院编修。冯桂芬年轻时同地主阶级改革派魏源等人有过较多接触,重视经世致用之学,太平天国攻克南京时,冯桂芬奉诏在家乡办团练抵抗太平军。1860年太平军占领苏州,冯桂芬逃亡上海,鼓吹勾结外国侵略者镇压太平天国革命,积极参加中外反动势力合办的反革命活动,同时参加了李鸿章的幕府,深受其赏识。

在思想上,冯桂芬将学习西方和中国原来的封建统治思想结合起来,并明确规定了本与辅的关系,把学习西方富强之术纳入中国封建思想体系,主张学习和采用西方之术自强,可算是19世纪60年代以来主张向西方学习的知名人物。冯桂芬的经济思想主要体现于《校邠庐抗议》一书,该书写成于1860年～1861年间,其中绝大部分文章是他逃往上海期间所作,这是在太平天国不断取得胜利,以及清王朝被迫与英法侵略军签订卖国的《北京条约》的形势下,冯桂芬为巩固封建地主阶级政权而出谋划策所写的。“抗议”是“位卑言高”之意。《校邠庐抗议》是19世纪后半期较有影响的著作之一。在《校邠庐抗议》中,冯桂芬提出了四十条改革意见,其中涉及经济问题颇多,冯桂芬的主要主张是改革旧封建国家财政。冯桂芬关于财政的论述特别多,其中不少曾被当时及稍后的学者们称颂。但一般说来,他的财政观点在理论上多系因袭前人旧说,甚少创新意见,只是在一些具体财政措施上,偶有新义。冯桂芬的主要财政思想如下:

(一)富国观点

他主张富国的直接目的,是为了使清政府能够摆脱当时的财政危机。而他提出的“筹国用”设想,除了一些老生常谈外,也在个别具体问题上有些可取的观点。

1. 加强农业发展。冯桂芬认为“裕国”之务是发展农业(粮食)生产,中国国贫民穷,主要生产不足。在他看来,当时社会动乱原因正是农业凋敝,粮食不足造成。他说:“国家休养生息二百余年,生数倍乾、嘉之时,而生谷之土不加辟,是乎有受饥之人,弱者沟壑,强者林矣,小焉探囊箧,大焉斩木揭竿。”激起农民起义的原因是阶级矛盾尖锐,但经济贫困是最深层次的根,冯桂芬能从人口增加和粮食短缺的角度,揭示农民起义的原因是颇有一定理论深度的,所以他主张发展农业。

一是冯桂芬主张兴修水利,以便推广水稻,代替低产的粱麦作物,这是增加粮食产量的根本途径。他说,“庶而求富,莫若推广水稻”,关键在于兴修水利,“未闻水不治而能成田者”。治水之法为先相地之高下,然后“宜疏者疏之,宜堰者堰之,宜弃者弃之”,使“平者成膏腴,下者资潴蓄;而高原因能泄水,也能做到粱麦亦倍收”。从而他建议在西北兴修水利,推广水稻种植。他进一步分析说:“夫一亩之稻可以活一人,十亩之粱若麦,亦仅可活一人。……西北地脉深厚,胜于东南涂泥之土,而所种之粱麦,所用只高壤,其低平宜稻之地,雨至水汇,一片汪洋,不宜粱麦。夫宜稻而种粱麦,已折十人之食为一人之食,况不能种粱麦乎!然则地之弃也多矣,吾民之夭阏亦多矣。”富民自然可以裕民,这是借提高农田单位面积产量以增加人民财富从而富国的思想,较古代劝农仅为阜民食或明清以来发展北方农业仅为减轻江南漕粮负担的思想,尤胜一筹。当然冯桂芬未必没有多少减轻一些家乡江苏地区漕粮负担的私念,但此并非其主要目的。

二是垦荒耕作,宜用西人机器。冯桂芬认为,“大江以南之农恒勤,大江以北之民多惰”。他举安徽皖北一带为例,说明农人不勤造成旷土日增的严重性,为改变这种状况,他要求有关官吏履行职责,对农人“宜劝之董之,务有以变之,俾无旷土而后已”。在东南各省经过兵灾,人口锐减,“多者十之三四,少者十不及一”。这些地区“宜以西人耕具济之,或用马,或用火轮机,一人可耕百亩”。他肯定“农具、织具、百工所需,多用机轮,用力少而功多,是可资以治生”。这种采用机耕的思想是以往不曾出现过的新观点。对于垦荒，则可“以火轮机开采之法”，“更佐龙尾车等器”。这是中国“机器垦耕论”的首次提出，具有鲜明的近代特点，标志着中国农业理论开始发生某种实质性的演变。他提出用新式农业机器来耕地，并没有论及改变农业中的生产关系，对机器用于农业生产的真正意义并不理解。同时他又意识到人口众多的中华，普遍推广机耕，势将使大量农雇工的人口无所得食，因而作出采用机器只能在人少之时的论断，即“不可常用，而可暂用”。这表现出他对机器使用与劳动力就业间的关系有一些模糊认识。

三是主张发展茶桑生产，并把这说成是“富国之大源”。这点和传统的封建思想有所不同，因他并非仅为解决衣食方面自给自足的需要，而是从出口贸易进行交换的角度出发提出的，因为通过丝茶的大宗出口可以致富。这一观点既扩展了传统农业概念的范围，又为发展农业的作用增加了一个对外出口的功能。他说：“由今日观之，则茶桑又并为富国之大源也。上海一口贸易，岁四五千万，而丝茶为大宗，彼以鸦片洋货相抵又不足，必以银补之。设使彼有鸦片，而我无丝茶，中国早不支矣。”故他主张大力发展茶丝，是为了以此来弥补鸦片和洋货大量进口造成的“漏卮”，希望多出口赚钱的丝茶，并争取能出超以换取白银的进口。冯桂芬不谈反对帝国主义的侵略问题，只提倡发展丝茶的生产和增加它的出口贸易，这根本不能解决帝国主义侵略所造成的“漏卮”问题，但这对国内商品经济的发展，客观上会有一定的促进作用。他在对外贸易上避免入超和争取出超的观点，也有其可取之处。冯桂芬的这种思想，实际上是后来资产阶级改良派“商战”思想的先声。

2.冯桂芬在论述“裕国”主张时，还将开矿列为重要措施之一，他认为这同种茶一样是“裕国”之道，并主张将开矿利得“全以与民，不失为藏富之道”，即赞成矿业民营。但他的开矿主张，已不仅限于解决币材来源的银、铜矿，实际上是要仿效西方资本主义国家来开采以煤、铁为主的各种矿藏。他的另一目的，即我国未开的矿产甚富，如我国不自行开采，势将被“诸夷”开采，以致利益全归外人。他担心外国侵略者掠夺矿藏，有着权利不允外溢的思想，但他又不反对外国侵略者在中国的开矿，对外国资本主义国家的经济侵略感到无法阻止。

3. 在发展近代工业方面，冯桂芬基本上未超出以农产品为原料的制成品范围。他也强调要推行职业教育，以制造船炮为例，“聘夷人数名”讲授其技术，派有思考能力的人向他学习，学成后转各工匠。他主张学习西方技术不必亦步亦趋，而是“始则师而法之，继则比而齐之，终则驾而上之”，把赶超西方作为目标，并以此为“自强之道”。这应当说也是一个卓见。

(二)均赋议

冯桂芬生长在漕粮特重的苏州地区，对江南田赋的积弊了解深刻。鉴于苏州一带赋税负担繁重而田赋不均，他指出，“赋税不均，由于以经界不正，甚来久矣”。“绅以力免，民以贿免……同一百亩之家，有不完一文者，有完至百数十千者，不均孰甚焉”。他主张“遵朱子通县均纽、百里之内轻重齐同之法，按亩均收”；并“遒康熙五十年(1771 年)永不加赋之论旨，不得藉口田金，丝毫增额”。为此他于 1853 年就提出了大小户均赋的主张。他不但撰文论述了“均赋”的好处，而且还建议统一田亩度量标准，采用近代罗盘、算术方法清丈土地，确定应纳的税额，以一县应纳之粮均摊于一县之田，按亩均收，以后永不加赋。1862 年进而提出“减赋”的主张，主要体现在他所写《请减苏、松、大浮粮疏》——苏州、松江、太仓减漕粮 1/3，常州 1/10。在推行减赋的过程中，还涉及减租的问题，冯桂芬提出：“减赋既定，佥为租以供赋，减赋自宜减租。”其具体减省数额则为：“每亩一石以内正数减为九七折，一石以外零数五折，仍不得逾一石二斗”。结果口惠而实不至，遂引起不少人对他的减赋、减租办法表示反对。无论是均赋、减赋，还是减租，对封建土地所有制都丝毫没有触及，况且减赋在实践中只能有利于大土地占有者，减租则对农民并无实惠。但是，从理论上说，上述这些见解对于平均土地负担、促进农业(粮食)经济均衡发展、恢复和稳定农民对土地的劳动投入，都有着积极的意义。

(三)漕运改革

冯桂芬提出“折南漕”的主张，反映了冯桂芬对商品经济的认识颇深刻。他主张京师官民所需的食粮不必由官府自南方漕运接济，苏淞地区应解漕粮可按每亩折银若干上缴京师，而京师所需食粮可在京津等地招商自运，向市场供应，官府用粮则以南方上缴漕银从市场购买。此即所谓“折南漕”。冯桂芬的“折南漕”主张只是建议恢复久已中断的“折漕”旧法，不是创见。但以往京城附近无法满足需要，随着商品经济的发展，到冯桂芬时代“折南漕”建议才有长期实行之可能。所以，这是将以往的“折漕”或“漕折”老办法，注入了新的时代因素。

（四）关于财政的其他议论

1. 关于土贡。他建议除少数地方特产可由当地进贡外，其他大部分土贡物品均改由官府在市场上“发价购采”，以免官吏勒索中饱而使“国与民交蠹”。关于各地向皇室进贡土仪方物这种超经济的剥削，冯桂芬认为其和漕运一样，既蠹国，又害民，是引发吏治败坏的又一弊政。其弊端在于：一是经手的官吏趁机克扣中饱，“大抵藩库给有余之价，内外书吏多方折扣需索以使之不足，则敛众商钱以济之谓之贴差；其有例价本不足者亦令众商赔贴，或令著名脂膏之员赔贴。然赔贴于本物者微，赔贴于中饱者众”。二是借机扰民。如苏州织造每年进贡龙衣一篋，贡船沿运河北上途中，遇到民船则拦住索钱，“民船避之如寇贼”。三是不计经济效果。如要不产面粉且距北京遥远的广西每年进贡面粉数斤，如在当地采办，不仅质量低下而且送到北京时也要霉变，这就迫使有关官吏弄虚作假：每年广西巡抚属吏将进贡的印纸和费用寄到礼部胥吏处，由其在北京购买面粉包封后作为广西的贡品贡上了事。冯桂芬为之感叹道：“一细事而欺罔贿赂无不至，大者、远者何如也！”对此他设计的改革方案仍然是通过商业方法来取代进贡：“京师为万商渊薮，发价购买，何物不有！”具体方法是：首先将本地不出产而被列为进贡的项目予以删除，改为购买，如江苏的铜、锡、木蜡、桐油等。其次是可以不必由一些地方进贡的物品如四川的马和米，也皆可删除，由购买解决。只有那些“非其地不出而京师又不时有者，始由其地进纳”。但也不必由专人护送，而由进京的官员顺便带来，这样“尚可前弊之有者！其实，在历代封建政府的土贡征课中，官吏中饱现象司空见惯，何至19世纪60年代才引起人们的注意，因此，否定传统土贡制度的正确解释仍应从商品经济的发展中去寻找答案。因为只有商品经济的发展，才可能为根本取消土贡制度提供必要的市场条件。

2. 关于内地关卡。他主张“举各关而尽撤之，以税额入诸厘捐”，其理由是“关无善政”。这议论是很不妥当的。清政府为解决因镇压太平天国而产生的财政困难，举办厘捐，又称“厘金”，沿途设卡，重复征收商品税，是此后数十年阻碍中国经济发展的一大弊政，其害处比内关之不善所带来者不知大多少倍。冯桂芬只看到现存内关之不善，主张以弊端尚未显著的新设的厘金来代替，是很不明智的。关政、厘政均为封建财政，前者无善政，后者何能成善政，这是只见目前不能明察未来。

3. 关于盐政问题。他对明末李雯主张盐税“宜就场定额，一税之后，不问其所之”的主张表示疑义，认为先将税额确定是可以的，但运经各地关卡仍应一一纳税。他主要认为盐政在财政收入中占相当大的比重，不敢轻易变动，不懂得李雯观点的深远意义。盐在出场时抽税一次，此后通行全国不抽税，意味着否定官府特许盐商的分区专卖制度，推行私商自由经营制度，如仍保持前一制度，许多弊端均无法避免，致使盐价加贵，税收减少，他的办法事实上是替两淮大盐商的利益进行辩护。

此外，其他的不少财政议论，多属于封建财政具体问题的改革，是否可行已是疑问，更谈不到理论意义。就连上述常被人称道的“均赋”、“折南漕”等议论，也只是综合以前陈说而在个别细节上稍加己意，但也正因为他能广集以往陈说，才为当时士林所称道。

总之，冯桂芬的经济思想比较复杂，并且存在着种种矛盾。它既有镇压农民起义和维护封建制度的一面，又有学习西方资本主义国家先进科学技术和采用新式机器工业的一面；既有对外国资本主义侵略表示不满的一面，又有同外国资本主义侵略势力相勾结和妥协投降的一面。但总的来说，其维护封建制度的一面占主导地位，并且具有买办性。冯桂芬虽然提出“采西学”和“制洋器”，并主张仿建西方的近代工业，但他根本不谈让民间来设厂发展近代工业；在具体论述“制洋器”时，又仅限于由清政府设立船炮局，纯属非商品性的军事工业生产，并无发展民族资本主义经济和学习西方政治制度的想法。他提出减赋减租，是站在大地主的角度提出的，为减赋亲自拟奏疏申请并成功，而对减租则是口惠而实不至，说明他地主阶级的立场。他的经济思想虽对后来的资产阶级改良派有着一定影响，但并不属于资产阶级改良派的范畴，其思想比较接近于洋务派。

二、陶煦的财政思想

陶煦(1821—1891)，字子春，江苏元和人。他“好读书”，“自少屏荣利，以诗文辞自娱”，“晚年足迹入城市”。著作有《周庄镇志》、《贞丰里庚甲见闻录》和《租核》等。

《租核》的内容揭露了苏州一带地主对农牧的严重的地租剥削和收租过程的残酷迫害，呼吁减租并放松对农民的压迫。陶煦虽然对农民起义持反对态度，但他对农民的疾苦比较了解，并由此同情农民，因此写成了反映农民疾苦的书。他在《租核》中指出：“租害极矣，农不能自言，工贾不能代言之，言者吾辈耳，然无言责。”这表明他是站在农民之外来替农民说话的。他认为当官的更应该关心这一问题，只因为他们都对此置若罔闻，才由“无言责”的他来说话。他对那些不理解或不关心民间疾苦，只知道“网罗良田沃产，以计子孙”，甚至将田赋都转嫁到农民身上的当权者进行了尖锐的批评。

陶煦指出，“吴民佃者什九”，“田中事，田主一切不问，皆佃农任之”。佃农终年辛勤劳动，大部分收成被地主取去，“多者二十而取十五，少亦二十而取十二三”，余下的部分还要支付各种生产费用，一家的生活根本不能维持。地主想尽一切办法加强对佃农的搜刮。例如，“纳租收钱而不收米，不收米而故昂其米之价，必以市价一石二三斗或一石四五斗之钱作一石算，名曰‘折价’。即有不得已而收米者，又别有所谓‘租斛’，亦必以一石二三斗作一石”。地主还勾结官府，派隶役帮助收租。收租人对佃农“恶声恶色，折辱百端”，或“有以私刑盗贼之法，刑此佃农”。交不起租的佃农，“虽衣具尽而质田器，田器尽而卖黄犊，物用皆尽而鬻子女，亦必如其欲而后已”。因此，一县中每年为交不起田赋而受刑的只有几人，为交不起地租而受刑的却有“数千百人，至收禁处有不能容者”。这些话形象地反映了广大佃农受剥削和压迫的惨状。更何况苏州的佃农都有所谓田面权，名义上还有一半的土地所有权呢！

陶煦还进一步指出，“故上自绅富，下至委巷(小巷)工贸、胥吏之传，赢十百金即莫不志在良田。然则田日积而归于城市之户，租日益而无限量之程，民困之由，不源于此乎？”这是说土地兼并和地租日重是造成人民贫困的根本原因。

从这一认识出发，陶煦又认为禁烟、开矿、造铁路都不是当务之急，当务之急在于“培本”。“本”就是农。他说：“农有余财，则日用服物之所资，人人趋于市集，而市集之工贾利也。市集有余财，则输转于都会，而都会之工贾利也。”以农为本，本来是中国封建社会的传统思想。陶煦仍然这样认为。然而他并没有进而主张抑商，反而指出农业的发展为工商业的发展奠定了基础。这表明他的农本思想和同时代的地主阶级顽固派的所谓“重本”有很大区别。但在外国资本主义侵略和中国迫切需要发展资本主义的情况下，认为只有“培本”才是当务之急，其他可缓，这仍然是一剂不对症的药方。

如何“培本”？陶煦指出要“藏富在农”，办法就是减租。减租只是减轻封建剥削，而不是取消封建剥削，因此仍是一种改良的主张。但它同冯桂芬的减赋主张性质不同。减赋的受益者是地主和自耕农，而减租的受益者则是广大佃农。陶煦自己也反复强调了这一区别。他指出实行冯桂芬减赋主张的结果，“是赋虽减而租未减；租之名虽减，而租之实渐增”。他还尖锐地指出：“夫冯氏之拟减赋疏也，反复较计，情词恳恻，得以乞朝廷汪秽（深广）之恩。三分减一者，皆疏之功也。然其立言，类就佃者言之。……则三分减一之利，何佃者不被及乎？假名在此，享利在彼，全疏主论所谓平与均者，何谓也？”揭露了冯桂芬的减赋主张是假借农民之名来谋地主利益之实。

陶煦分析了地租轻重应以何者为标难的问题。他认为：地主是根据商业利润率来“求之于图，责之于租”的，商业利润率是1/10，因此如果是一亩值二十贯钱的土地，就要收地租二贯——这是地租日益加重而仍满足不了地主欲望的原因。他指出地主“安坐以享其成，佃者终岁勤苦”，交纳地租后剩下的还不到二贯，“且田中所资者悉取偿于此”，所以决不能“以商贾之利求之于田，责之于祖”，必须使地主明白“商利、田利之不可以一例”。

实际上，地租并非由地价决定，而地价倒是由地租决定。资本主义社会的土地价格,决定于地租和利息率的高低。当时中国是半封建的社会,利息率比较高,不能套用资本主义社会的地价公式,但地租决定地价这一点总是一样的。如果"以商贾之利求之于田,责之于租",那么地价就要视地租和商业利润率的高低而定。假定一亩土地可收地租二贯,并假定商业利润率是1/10,则土地购买者要想获得同经商一样的利益,就会出二十贯的地价。总之,是先有地租,后有地价。在当时的社会中,人们对土地所有权更加看重,如果地租额不到地价的1/10,仍会有人愿意购买土地,这样就使地租低于二贯的一亩土地的地价达到二十贯。这固然也表明"商利、田利之不可以一例",但同陶煦分析的并不是一回事。至于地主要想尽办法增加地租额,则同他购买土地时所付的地价多少无关。陶煦并没有揭示出地租和地价的真实关系,否定了以商业利润率作为决定地租额的依据后,陶煦算了一笔农业生产的收支账,认为减租1/3,就能使地主"可食不稼不穑之禾",佃农也"可卒无衣无褐之岁",符合"适中之道"。同时,还要考虑土质的好坏和人口密度的大小,分等规定地租额。此外,在收租期限、惩处欠租佃农、矜恤寡独、剔除收租积弊等方面,陶煦也提出了改革建议。

第四节　王韬的财政思想

第二次鸦片战争后,列强加大了对中国的商品倾销,"1894年比1864年增加了两倍半,而同期中国的出口商品却只增加了1.6倍"。[①]由于接触较多的资本主义实际,"自强"遂成为朝野越来越多人的呼声;还有人进而提出了学习西方的主张,并把"师夷之长技"推进到了学习西方的经济制度的更深层次上。此时的中国,封建财政窘境不断恶化,成为亟待解决的课题。一些资产阶级改良主义者开始把目光投向西方,藉此求解摆脱财政困难之道。王韬就是其中较有影响的一位。

王韬(1828～1897)生活在多灾多难的晚清年代,经历过鸦片战争、

① 叶世昌,《中国经济思想简史》下册,上海人民出版社,1980年,第79页。

太平天国、第二次鸦片战争、洋务运动、甲午中日战争等中国现代重大历史事变，距戊戌变法仅一年之遥。20 岁那年，王韬就赴上海探望在那里设馆授徒的父亲，富有西洋气息的上海立刻向他展现了一个新的奇异世界。不久父亲去世，他接受英国人麦都司(Dr Walter Henry Nbdhurst，1796—1857)的聘请到新教伦敦会办的墨海书馆从事著译工作。1862 年，他遭清政府通缉，走投无路之中到上海英国领事馆避难。这年 10 月 11 日，他抵达香港，应英国人理雅各之联从事中国经书的译述，从而开始了长达 20 年之久的“海外”流亡生涯。在这期间，他于 1867 年冬起的三年时间，游历英国、法国和瑞士等西方国家。这大大超出他想象的海外奇观，令他欣喜异常。他还于 1884 年东游日本，较早亲眼目睹西方和日本的现代世界新气象。他于 1874 年在香港创办《循环日报》，力图把此报办成中国的《泰晤士报》，自任主笔，陈述新的世界观和变法图强主张。1897 年 5 月在上海逝世。王韬一生著作颇丰，著有《弢园文录》、《弢园文录外编》、《西学辑存六种》、《瓮牖馀谈》、《淞隐漫录》等 40 余种。

在旅居西方以前，由于深受封建传统思想的影响，王韬也和当时的中国“士大夫”阶层一样，是一个“重农抑商”传统教义的捍卫者。旅居西方后，由于潜心研究西学，19 世纪 70 年代起，就对中国封建社会长期奉行的“重农抑商”政策进行批判。他指出，“西国之于商民，皆官为之调剂翼助，故其利溥而用无不足；我皆听商民之自为，而时且遏抑剥损之，故上下交失其利”，惟有“一反其道而行之，务使利权归我”，才能“国强民富”。[①] 他进而指出，封建社会“重农”的实质是“徒知丈田征赋，催科取租，纵悍吏以殃民，为农之虎狼而已”。[②]。他还把“兴利”与传统的“民本”思想相结合，响亮地喊出了“与民共利”的口号，主张“以商力濬利源”，[③]把“开掘煤铁五金诸矿”、“制造机器，兴筑铁路，建置大小轮船”之利，“皆云之于民”，[④]并首次提出了“商富即国富”[⑤]的命题。随着对“重农抑商”思想的抛弃，王韬在思考财政问题时，已不再向前人那样把重点放在盐铁、漕运等具体财政措施的改革上，而是强调如何发展商业

---

① 《弢园尺牍》，中华书局，1959 年，85 页。

②③④⑤ 《弢园文录外编》，中华书局，1959 年，第 45、125、22、25、13、111、301、301 页。

来使国家富强。在这种思想倾向的基础上，王韬的财政思想可概括为以下几点：

一、商是国家殷富之源

王韬认为商富是国富之源，并明确指出西方国家“兵力之强”，“全在商力之富，以商裕兵力”。[①] 中国要“富民强国”，必先“富商”，“商富即国富”。治国要依靠富商，“今夫富国强兵之本，系于民而已矣”，[②]因此要“恃商为国本”。[③]他还肯定了资本主义的雇佣劳动制度，明确提出“要令富民出其资，贫民弹其力”。[④]王韬所说的“民”显然已不是传统说法中的“农民”，而是新兴的“商民”以及供“富民”剥削的雇佣劳动者。这充分反映了刚刚兴起的民族资产阶级的愿望和要求。

王韬还对死抱“重农抑商”信条不放的顽固派进行抨击。他说：“天下事未有久而不变者也，上古之天下一变而为中古，中古之天下一变而为三代。”“至今日而欲办天下事，必自欧洲始。以欧洲诸大国为富强之纲领，制作之枢纽。”[⑤] 只有学习西方富强之道，“兵力、商力二者并用则方无意外之虞”。[⑥]不仅如此，王韬还指责洋务派对商业的垄断，竭力主张“官办不如商办”，允许“民间自立公司”，“不使官吏得掣其肘”，[⑦]认为洋务派只不过是简单抄袭西法，只抓住了西法之末（军事），未抓住西法之本（经济）。

对于如何发展商业的问题，王韬提出了一套较为完整的建设和设想。由于时代局限，他和其他早期改良主义者一样，未能将工与商截然分开。故王韬所说的商业实际上包括了工矿、交通及银行等。为此，他提出了五项主张：(1)要广贸易以重货。通过发展商业，取消厘卡，统一税收，推行越境贸易，从而达到“收西商之利，复为我所有”[⑧]的目的。(2)开采煤铁五金之矿。主张由商人开办矿务，这不仅可以增加国家税收，还可解决工业、交通运输的原料和动力资源。商人对金、银、铜矿的开采，既可铸币以充国用，又可便利商民。(3)修铁路，造购车船。王韬

①②③④　《弢园文录外编》，中华书局，1959 年，第 45、125、22、25、13、111、301、301 页。

⑤⑥⑦⑧　《弢园文录外编》，中华书局，1959 年，第 301、300、299、22、299 页。

认为当商人自办公司之后，随着铁路的兴建、车船的购进，于国家、于商人均有利。(4)设保险以广招徕。为发展航海贸易，通过设立保险公司，从商人手中提取百分之二三的保险费，以鼓励私人从事远航贸易。(5)改招工以杜弊病。为使民族工商业顺利发展，必须有劳力作为保证，王韬主张当朝政府应掌握招收华工之权，以杜绝华工被外国资本家拐卖。王韬提出的这五项主张，其目的在于兴利除弊。这些措施不仅是学习西方，促进资本主义发展的必要条件，而且它为日后早期改良主义者提出的各项措施提供了借鉴，为"实业救国"运动绘制了蓝图。尤其是在专制制度下，他大胆提出这些主张，宣传新的经济思想，实属难能可贵，对当时中国民族资本主义的发展起了推动作用。

二、"量出为入"的理财原则

王韬通过对英国财政制度的考察，得出英国除了田赋以外，商税为重，"其所抽随若繁琐，而每岁量出以为入"的体会。这也就是今天财政理论上所说的"量出为入"的原则。他认为量出为入可以养民、便民，而且民无怨君无私。他虽然并未指出中国一定要实行这一原则，但却是继唐朝杨炎后提出这一思想的第二人，同时考虑到当时中国的民族资本主义发展的现状，这一思想无疑具有重要意义，可以说在一定程度上已具有资本主义性质。

三、主张赋税改革，废除厘金制度

在改革税制积弊等方面，王韬主张废除厘金制度。"抽厘加税，无微不至"，[①]"今之所谓开源节流者，皆与厘税二事殷殷致意"，[②]坚决主张用丁税代之。王韬较早的看到了厘金不利于商业的发展，主张废之，在当时具有进步意义，但没有看到丁税的落后性，认识不到丁税给人民带来的苦难，这又反映了他的思想落后。

① 《弢园尺牍》卷二，《与杨醒通》。

② 《弢园尺牍续钞》卷三，《拟上当事书》。

四、其他理财主张

王韬还主张"设官银肆"，也就是开设官办银行，主张"铸造金、银、铜三品之钱以便民用"。但19世纪80年代以后只提"铸银钱"，大概看到同时铸金、银、铜三币是不切实际之说。后来主张流通纸币。他还积极倡导建立保险制度，认为设立中国人自己的保险公司，"以中国之人保中国之货"，就可避免保险之利流入洋商保险公司。难能可贵的是，王韬在70年代后期朝野上下"反外侮"的呼声中，大声疾呼"自握其权利"，"收西商之利，而复为我所有"，[①]财政上反对外国人旨在控制中国海关的关税协定。

在龚自珍、魏源去世二三十年以后，王韬终于冲出了封建经济思想的藩篱，首次提出了虽不完整但却崭新的财政思想，这正是改变了的经济事实在思想领域中的反映。因为在王韬生活时期的中国，洋务派被迫充当起了采用资本主义生产方式开拓者的角色，兴起了洋务运动。在官督商办的洋务企业中，出现了中国近代第一批私人资本投资者。同时在洋务企业外，也出现一批私人资本经营的小企业，从而产生了中国早期的民族资产阶级。中国早期民族资产阶级发展私人资本的愿望和要求，必然要通过各种形式和渠道反映出来。王韬的财政思想正是当时已经形成的物质条件的产物。虽然王韬只是对西方的财政知识进行简单地介绍，并未形成理论，但在那时这些知识也是很新鲜的，在当时中国也起了不小的作用，至少对19世纪80年代及以后大力倡导西学的浪潮起了先导者的作用。

第五节　李鸿章、张之洞等洋务派的财政思想

一、李鸿章的财政思想

李鸿章(1823～1901)，本名铜章，字渐甫，号少荃，晚年自号仪叟，

① 《弢园文录外编》，中华书局，1959年版，第301、300、299、22、299页。

别号省心，谥文忠。安徽合肥东乡人。道光二十三年(1843年)，他入选优贡并奉父命入京应翌年(甲辰)顺天乡试，一举中式；二十七年(1847年)考中进士，三十年授翰林院编修。咸丰三年(1853年)回籍办团练抵抗太平军。八年入曾国藩幕府。十一年奉曾国藩命创办淮军。次年被派往上海，和英法侵略者共同镇压太平军，任江苏巡抚。同治二年(1863年)兼署五口通商大臣。四年署理两江总督，次年继曾国藩为钦差大臣，镇压捻军。六年任湖广总督。次年以湖广总督协办大学士。八年兼署湖北巡抚。九年调直隶总督兼北洋通商大臣，总揽外交、军事、经济大权。甲午战争失败，李鸿章被革职留任。次年为全权大臣到日本议和。光绪二十二年(1896年)到俄、德、法、英、美等国考察数月，回国后在总理各国事务衙门行走。二十五年充商务大臣，署两广总督。次年实授，在八国联军进攻北京时参加东南互保。又调直隶总督兼北洋通商大臣，和庆亲王同被任命为议和全权大臣。和约订立后，充督办政务大臣，署理外交事务。

李鸿章是洋务派的前期首领。洋务派的重要企业，如江南制造总局、轮船招商局、开平煤矿、天津电报局、津榆铁路、上海机器织布局等，都由他主持创办。他还派留学生出国，建立北洋海军。著作有《李文忠公全集》。李鸿章的遗稿都是针对具体问题而发，涉及面广，但缺乏系统的理论，经济思想也一样。有许多遗稿出自幕僚之手，但仍可看作是李鸿章的观点。其主要财政经济思想集中于以下几点。

(一)富强的思想

李鸿章认为，中国从自强出发，应实行变法，又说"能自强则必先变法"。他曾批评地主阶级顽固派是"嚣嚣然以经术自鸣，攻讦相尚，于尊主庇民一切实政漠不深究"的"俗儒"。但他所说的"变法"，并不涉及改变社会政治制度，只是指要学习西方的军事技术，主张大量购买西方的军火和建立起新式军事工业，以及创办一些与此相联系而为大官僚所垄断的近代企业，从而加强封建统治阶级镇压人民革命的武装力量和扩充自己官僚集团的势力。例如，1865年办江南机器制造总局时说："机器制造一事为今日御侮之资，自强之本"，乃是"取外人之长技以成中国之长技"。但又不无忧虑地说："洋机器于耕织、印刷、陶埴诸器皆能制造，中国富商大贾，必有仿造洋机器制作以自求利益者，官法无从为之区处。”李鸿章所说的“御侮”，并不是真的要反对西方资本主义国家的侵略，这从他鼓吹的“征战者后必不继，羁縻者事必久长”的思想中都得到证明。李鸿章学习西方兴办近代军事工业的思想，是在太平天国革命时期产生的，他所说的“设局仿制，原为军需紧急起见”，就是针对镇压太平天国而言的。他不仅主张向外国“借师助剿”，而且竭力主张购买外国枪炮船舰和仿制枪炮，借此镇压太平天国。因此，李鸿章建立新式军火工业的根本目的，主要是用来维护清王朝的统治，这也是李鸿章从事洋务运动的出发点。

由于大量购买军火和创办新式军火工业都需要大量的资金，而且还离不开相应的机器制造工业、煤铁矿和铁路事业的发展，所以他又将强与富联系起来，提出了“寓强于富”的主张。他说“强与富相因”，“欲自强必先理财”。又说：“臣维古今国势必先富而后能强，尤必富在民生，而国本乃可益固。”他将自己主持创办的机器制造业、煤铁矿及铁路等，皆说成是“实力富强根本”和“富强大计”，而他所创办的织布局、轮船招商局等则是“以分洋商利权”，“庶漏卮可期渐塞”。

虽然在国家主权被出卖和帝国主义国家的侵略掠夺下，李鸿章办的这些具有买办性和封建性的企业，根本谈不上什么收回利权，也无法解决国家富强的问题，他打着收回利权和阻塞“漏卮”的旗号，实际上是洋务派为扩大自己的势力和获得经济上的好处。但客观地说，洋务派的求富企业也确实有同外商争利的作用。同治十一年成立轮船招商局时，李鸿章说成立以后可以“使我内江外海之利不致为洋人占尽”，“俾华商原附洋商股本归并官局，购造轮船，运粮揽货，以济公家之用，略分洋商之利”。后来成立上海机器织布局时，李鸿章也指出“盖土货多销一分，即洋货少销一分，庶漏卮可期渐塞”，“冀稍分洋商之利”。但当时中国新式企业还在初创时期，“略分”、“稍分”表现了洋务派对待外资和洋货入侵问题的软弱态度和无可奈何的心情，这正是中国经济落后、国势贫弱的反映。

（二）官督商办问题

提到李鸿章为理财而创办洋务企业，自然会联系到他提倡“官为扶持……以助商力之不足”的所谓官督商办问题。官督商办是洋务派依靠国家权力“收天下之财为己用”的一种形式，是李鸿章的创造。按李鸿章后来多次所作的阐述，所谓“官督”，含有两层意思：一是官为保护、扶持；二是官方委派代表对企业进行监督、稽查。所谓“商办”，也有两层含义：一是商务（包括产销或运销在内）由商人经理，官不过问；二是盈亏均由商人承担，与官方无关。其实李鸿章提出“官督商办”思想有其特殊的社会历史根源：(1)19 世纪 70 年代，清朝的顽固势力还比较强大，“重义理轻艺事”的传统思想根深蒂固，他们反对进行任何改革，对引进机器生产和科学技术尤其感到深恶痛绝，并设置重重障碍阻挠民族资本主义的发展。(2)外国资本主义侵略势力比较强大，他们反对在中国建立新式企业，害怕民族企业的发展会影响和威胁他们在华的经济利益。因此，要迅速兴办民族工业抵御外国资本主义的侵略，必须依靠官府的扶持来扩大民族资本主义的队伍，增强竞争实力。否则，大型新式企业如轮船、纺织、电报、煤矿等，是建立不起来的，即使建立起来也很难维持下去。(3)两次鸦片战争的巨额赔款和镇压农民革命的巨大军费消耗使清政府已无力为创办新式企业提供财政支持，而地主阶级和官僚对于经营近代企业没有任何经验，所知非常浅薄，需要富有经营管理经验的商人来经营近代企业。(4)由于地主阶级的局限性，李鸿章既害怕私人资本同洋务派争利，又害怕私人资本的发展壮大会侵蚀封建肌体。因而，决意把私人资本置于官府控制之下，使之不能超越封建制度所容许的范围。于是，李鸿章提出以“官督商办”的形式创办近代民用企业。

“商为承办”是“官督商办”企业体制的主要方面：第一，它确定了企业的经营管理权由商人掌握，这样就确保了商人的权益，激发了商人的积极性，也解决了企业的组织形式问题。这是创办近代企业至关重要的问题。第二，吸收“华商附股”解决了企业资本的来源问题。由于实行“商为承办”，鼓励华商附股，商股一时纷纷而至。

“官为维持”是“官督商办”企业体制的另一主要内容。它是这一体制得以实行的保证，体现了政府对企业的政策。主要有以下措施：第一，“酌借官帑，以助商力之不足”。扶持商办企业。第二，“分年还本，缓缴利息”。为吸引更多的商人创办企业，李鸿章规定，政府借给企业的款项，一般在八年内归还，并少收利息，如遇企业资金困难，则“分年还本，缓缴利息”。第三，“减税免厘，以示体恤”。这一措施的贯彻执行，使企业的赋税大为减少，保护了新兴企业的利益。

“官督商办”承认民间投资工商业的合法性并无形中提高工商业者的地位，这自然导致人们对工商业认识的转变，有利于民族资本主义的产生和发展，客观上对中国近代工业起到了某些刺激和推动作用。但官督商办是民族近代产业发展的畸形产物。“官督商办”的企业在名义上是由官来保护商人的利益，官商分开仍由商人自主；实际上却是借此把商完全置于官的控制之下，无论企业的方针大计，还是经营管理的权限，皆握之于洋务派官僚之手，商董在企业中毫无权利可言，好处归官所得，亏本要商人认赔。对此，曾以商股代表身份参加国洋务派企业的郑观应揭露说：“不闻会议集众商，股东何尝岁一叙？不闻岁举查账员，股息多少任所予；调剂私人会办多，职事名目不胜举；不恰舆情无是非，事事输入糜费巨；用非所学弊端多，那得不受外人侮？名为保商实剥商，官督商办势如虎；华商因此不及人，为私驱爵成怨府。”因此，李鸿章等洋务派官僚所谓的“官督商办”，只不过是洋务派官僚们压迫和掠夺民族资本所采取的一种手段。李鸿章为了垄断近代企业，向清王朝请准实行垄断经营，规定在一定的年限内不准商人另行开设同类的新企业。这无法为民间工商资本提供更灵活、更高效的发展空间，最终束缚了民族工商业的手脚，严重地压抑了中国民族资本的自由发展。

（三）调整税收的思想

李鸿章认识到苛捐杂税和土洋货税不同是民族工业的严重障碍，是其在竞争中处于劣势的重要原因之一。因而李鸿章一再呼吁朝廷减轻捐税，“恤商以不轻增捐费为第一要义”，国家的经济政策“首以不扰民为主，税课之赢绌犹其次也。欲不扰民，必须轻税”。李鸿章对当时中国关税的极不合理状况提出调整建议，他说：“泰西各国大率入口税重、出口税轻，土货出口税轻，所以恤吾民生，利吾民产也。又分别货之贵贱，销之畅滞，酌定等差，有每百抽二三十者，有每百抽十数者，故岁入较多。中国初不知此例，为西人所蒙，进出口概定为值百抽五。条约既定，至今一成不易。虽贩运内地加半税二五，然吃亏实多”。李鸿章曾以“洋煤每吨税银五分、土煤……合每吨一两有余盈作悬殊至二十倍之多”，“成本既重，煤价因之而昂若再加现定之税额，即难敌外洋之煤，其势必不能畅销，而关税亦鲜有实获”为由，建议“开平出口煤斤援照台湾、湖北之例，每吨征收税银一钱，以恤华商而敌洋煤，庶风气回升，利源日旺，而关税亦必日有起色矣”。由于金银价不断下降，中国关税税率实则降低，1896 年李鸿章出访欧美期间，提出修订关税税则希望按英镑计征，提高税率，遭到列强抵制而无果。尽管李鸿章无法改变民族企业在竞争中的不利境遇，但其轻税和平等税负的主张一定程度上也起到了保护和促进工商业发展的作用。

（四）引进外资兴利的思想

李鸿章是近代中国铁路建设的倡导者和借款筑路的开启者，虽然他经手的外债与甲午战争后的许多洋务派官僚比起来微不足道，但他却是最早明了“悉知各国铁路，无一非借债而成”的道理，并最早付诸实践的人。1880 年，刘铭传在李鸿章的授意下上奏请建造铁路，奏折中第一次较为完整地亮出了洋务派的外债观：“或者以铁路经费难筹，无力举办为疑。窃谓议集商股，犹恐散漫难成，今欲趁时立办，莫如议借洋债。洋债以济国用，断断不可；若以之开利源，则款归有著，洋商乐于称贷，国家有所取偿，息可从轻，期可从缓。”李鸿章极为赞许，“此乃鄙意所欲而久未敢言，幸于吾党发其端”。其实，刘铭传奏折本身就是李鸿章暗中支持的产物，李鸿章有借债筑路思想，以其地位不便公开表达，此时的李鸿章已明了“悉知各国铁路，无一非借债而成”的道理。1881 年初，由薛福成代李鸿章草拟《妥筹铁路事宜折》，进一步阐发了较为系统的外债观：第一，实业外债与军需外债不同，有其合理的经济内涵，而非筹措经费的应急之策，借债筑路“本息有所取偿，而国家所获之利又在久远也”。第二，设计了防范洋人借机胁迫侵害国家主权的措施，即“不可不慎者三端”：(1)防止外人以外债对我铁路建筑及管理进行把持，使我“铁路不能自主”。其措施是：“宜与明立禁约，不得干预吾事；但使息银有著，期限无误，一切招工购料，与经理铁路事宜，由我作主，借债之人毋得过问。”(2)防止外人以外债占据铁路。其具体措施是：“宜仿招商局之成例，不准洋人附股；设立铁路公司以后，可由华商承办，而其政令，须官为督理。所借之债，议定章程，由该公司分年抽缴，期于本利不致亏短，万一偶有亏短，由官著追，只准以铁路为质信，不得将铁路抵交洋人。"(3)防止外人以铁路外债危害国家财政收入，特别是海关收入。其措施是："宜言明借款与各海关无涉，但由国家指定日后所收铁路之利，陆续分还，至迟一二十年还清，遮与各项财用无所牵掣"。此三原则为李鸿章借款筑路思想的核心，可视为李鸿章借款筑路思想形成的标志。而李鸿章的借债筑路思想却是在实践中逐渐发展的。李鸿章经手的铁路外债，因阻力重重，所成的仅区区几笔，但在近代铁路外债中占重要地位。晚清第一笔铁路外债，是李鸿章主持的津沽铁路外债。津沽铁路外债，本是集商股不成后的无奈之举，不料成为晚清铁路外债绝少的成功例子。津沽铁路开筑之初，李鸿章寄希望于华商集资，开平铁路公司在《申报》上刊出"招股章程"，向社会公开招股 1 万股，合银 100 万两，但绅商反映冷淡，仅"招股金十万八千五百两"，不过是原计划的 1/10 强，李鸿章希望落空。在商股无着的情况下，除筹拨部分官款外，李鸿章不得不筹借外资。后来李鸿章在总结该路资金时写道："是以在奏准后竭力招股，克其办成，乃舌蔽唇焦，仅招得商股银十万八千五百两。不得已于天津海防、支应等局借拨银十六万两，又以周年五厘轻息向英商怡和洋行借用银六十三万七千余两，德商华泰银行借用银四十三万九千余两，然后津沽到阎庄一百八十余里之铁路，始得告成。"上述外债，年息五厘，俱系短期外债，无过甚附加条件。津沽铁路于 1888 年竣工，总造价为 130 余万两，其中外债占 82.7%，它是中国第一条以外债为主建成的铁路。津沽铁路是个预兆，预示晚清铁路建设资金来源：商股、官款、洋债，以洋债为主。津沽铁路外债是商业借款，不附带政治条件。年息五厘是轻息，没有折扣，津沽铁路借款的担保也没有依靠关税，而是单纯的信用担保，以铁路收益偿还。借款合同中除规定债票需要加盖驻英使臣关防、铁路建设的材料由英德进口外，并无其他苛刻条件。津沽铁路外债是一个成功范例，增加了李鸿章借债筑路的信心。

综观李鸿章借款筑路思想的形成和发展过程，可以说李鸿章的借款筑路思想，从理论上说是正确的，在实践上是谨慎的。尤其是李鸿章在铁路外债上的国家主权意识，充分体现在借款三原则中，设计如此周密措施防止国家主权和铁路权益流失，为近代铁路外债思想中所罕见。19世纪80年代末至90年代初，李鸿章又先后参与了津通铁路、关东铁路、卢汉铁路的借款交涉。他提出了以路作押举借外债，“只有轻息借洋款，约二三十年就铁路余利分次清还，可无须关税作抵”，力图使铁路外债限制在铁路范围内，不涉及国家主权。由他主持举借的几笔铁路外债，都是商业借款，不附带政治条件，且轻息无折扣。这是值得肯定的。

李鸿章除主张借债筑路外，为了引进外资，还主张中外合办银行，他说：“月前(1887年6月)曾有美商米建威来津禀陈……求准在中国通商各口与华南殷富者集股夥开银行。如国家借用巨万，每年取息三四厘，商民借用五六厘，免致各国银行把持居奇。”此外，戊戌维新时期，李鸿章还致信“英意公司”代表，希望他们投资中国。他说：“……中国开通政策，前经多方筹议，今则改定方针，专意注重实业工艺，实深欣幸。总理衙门王大臣今于初次试办此事，深望鼓励外洋，输入中国内地，藉为益国益民之计，并可藉此以开放门户，以免空言无补。……铁与煤生产既贱且丰，公司(英意公司)自可就近建设制铁厂制造各式钢铁，以供中国现在及将来之需用。”李鸿章从对办洋务之初抵制外资轻易进入开始转变为鼓励外资投资中国，可以说更加理性，从鼓励海外贸易、支持开放通商、引进外资兴利可以看出李鸿章经济思想开始向外向型转变。但由于李鸿章缺乏对在中国特殊情况下如何引进外资的科学认知，且其指导思想上存在着偏向，最终导致了对外资的依赖并带来了政治与经济方面的恶果。

李鸿章在早期洋务运动中的作用，不在于他自己提出了什么独立的观点，可以说他的基本观点与同期的薛福成、马建忠的观点是相互影响，相互融合的。他从薛福成、马建忠的思想中吸取了不少营养而付诸实行。所以，在评价李鸿章的经济思想和行动时，既要认定他们会借机肥私舞弊，又要看到在顽固势力的严重阻碍下，创办新式工商业的不易，以及这些工商业创办对国民经济所起的积极作用。这里自然也包括突破封建传统理财观念的局限而开辟新的财政来源的意义。

二、张之洞的财政思想

张之洞(1837～1909)，字孝达，又字香涛，直隶(今河北)南皮人，出生于封建官僚家庭，通过科举考试步入仕途。历任湖北学政、四川学政、山西巡抚、两广总督等职。1970年升大学士、军机大臣，监管学部，次年任督办粤汉铁路大臣兼督办鄂川汉铁路大臣。他是晚清同治、光绪、宣统年间的三朝元老，参与折冲清末封建王朝的许多重大事件，卒谥文襄，有《张文襄公全集》行世。

张之洞原属所谓清流派的集团，曾站在地主阶级顽固派的立场上对洋务派人物进行过批评。1879年钦差大臣崇厚同俄国订立《伊犁条约》后，张之洞提出弹劾，并要求朝廷"严饬李鸿章"备战。他责问："李鸿章高勋重寄，岁糜数百万金钱以制机器而养淮军，正为今日，若不能一战，安用重臣?"1884年中法战争时，出任两广总督的张之洞变成了洋务派。他任湖广总督达18年之久，在职期间，陆续设立湖北枪炮厂、汉阳铁厂和湖北织布、纺纱、缫丝、制麻等局，不断扩张自己洋务集团的势力。在英、德、日等国的支持下，集团势力迅速扩展，成为洋务派后期首脑，是中国近代史上颇有影响的重要人物。张之洞对19世纪末的资产阶级变法维新运动，初曾支持并列名强学会，但不久又专门写了《劝学篇》对变法维新运动进行反对和攻击，并提出了"旧学为本，新学为用"的论点，坚持以封建主义的"圣道"为统治人民的根本，在保持和巩固封建制度的前提下学一些西法，用资本主义国家的科学技术知识来帮助维护清王朝的封建统治。"旧学为本，新学为用"是张之洞从事洋务活动的一个基本准则，也是其经济思想的理论基础。关于张之洞思想的这一特点，也在官督商办、利用外资等理财问题上得到充分体现。

(一)官督商办问题

张之洞和李鸿章等人一样，反对资产阶级的政治和经济要求，坚持官督商办制度，对兴办的新式工业实行官僚垄断政策。张之洞一面讲"为政以利民为先"，"利商、利民而即以利国"，一面却竭力对民族资本进行控制。他反对民权、反对商权，他在批驳"民权之说"时，认为"将以立公司、开工厂与?有资者自可集股营运，有技者自可合伙造机，本非官法所禁,何必有权"?[①] 事实上民族资产阶级无权,就没有经营工商业的便利和自由,张之洞反对商权,就是不让民族资产阶级有这种自由。他控制民族资本,主要也是采取官督商办的形式。甲午战争后,洋务运动日益破产,官督商办越来越不得人心,商人们裹足不前。过去一些曾对洋务派有过幻想的资产阶级人物,逐渐认识到洋务派官僚利用政治势力对新式工业的官僚垄断,乃是对私人资本发展的严重束缚和阻碍。于是,一些资产阶级改良派不断提出开议院、设商部等资产阶级的政治要求,以谋求政治权力来维护自己的经济利益。张之洞为了反对资产阶级的政治要求,并替官商督办制度进行辩护,提出所谓"权力分开论",仍强调"权"与"利"二者需分开对待,商民只可求"利",而"权"必须操之于官,"二者相辅,商得其利,官收其功"。[②]

由于官督商办制度越来越不得人心,商人不愿投资入股,张之洞自己也知道以往的一套调子行不通了,但为了吸引商人投资,又不得不对商权有所承认,改唱"官商分权"之说:"商无权就无人入股,官无权则隐患无穷"。[③] 他提出在官督商办企业里,官商之间的"权限必须分明","商权官断不侵,官权商亦不抗",企图以此来缓和民族资产阶级的不满。在粤汉铁路湖南段的官督商办问题上,他作了这样的规定:"凡计费、筹款、管理、出纳之事,皆以股东公议为定。此商之权也,皆关于铁路资本利息盈绌之事也。至地段之宜与不宜,公司所办之事其于法律合与不合,以及铁路与地方他项民业、商业有关涉之事,此省与他省有关涉之事,皆由官通筹而裁断之。将来行车章程有应限制者,有应防禁者,有应变通减价者,则由官按照国家法律、各国铁路通规,合之本省地势商情,酌采而施行之。此官职权也,皆关于治理安危之事也。"[④] 张之洞名义上承认了"商权",但他惟恐商权过大,立即又补充说:"官虽不干预其银款,而用款必须报知;官虽不干预其用人,而所用之人有不合礼法者,

① 张之洞:《张文襄公全集·劝学篇》。

② 张之洞:《张文襄公全集·奏议》卷十一,《筹设海防要策折》。

③ 张之洞:《张文襄公全集·奏议》卷六十八,《湘路商办窒碍难行,应定为官督商办并举总理协议折》。

④ 张之洞:《张文襄公全集·奏议》。

官亦可令公司撤换。”[1] 说来说去，实际上商人在财务、人事、经营管理等方面的最后决定权，还是要听命于官府，对商权的承认完全是出于形势所迫，它规定的商权也只是有名无实，最后不得不改为“官商合办”，而他直到临死前还在《遗折》中坚持要“官民各半”，“官为主持”。

在他主办洋务企业这二十多年中，最初几年官督商办的弊害已日益暴露，十年后更成众矢之的，许多官督商办的企业已先后改为官商合办，再改为民营。但他仍一直坚持成见，甚至把用巨资由美国赎回作为商办的粤汉铁路湖南段，硬改为官督商办，并对其广东段民营方式提出责难。“官权”思想之作祟可谓到了极点。[2]

(二)利用外资问题

张之洞办洋务企业的资金来源多利用外债，他兴办的新式工业同外国资本有着密切的联系。在中法战争期间，他任两广总督时，就由广东地方当局向英国汇丰银行借款约 900 万两，并利用其中 100 万两“以为粤省学堂、枪厂、电厂之需”。他所经办和筹办的铁路，也无不利用外债。他还为帝国主义国家在中国的投资进行辩护说：“洋厂所在，其一切物料必取之中国，工匠必取之中国，转移闲民必资之中国。彼洋商所得者商本盈余之利，而其本中之利留存于中国者仍复不少。是华商之利虽去其半，而中国农工畋渔之利仍得其全。华民既沾其利，又晓其工，则华商购机制造之厂必不能绝。”[3] 他将帝国主义凭借特权在中国投资设厂说成是对中国有利的事，中国农工畋渔之利不会受到影响，反映了张之洞代表着买办阶级的利益和要求。关于张之洞的外债思想，归纳起来大体有以下三个方面：

1. 借款目的：兴办实业，以图“自强”、“兴利”，抵御外侮

随着中西经济交往日趋频繁，传统思想意识愈益受到西方资产阶级经济观与价值观的冲击。在长期的洋务运动实践中，作为洋务派中后期主要代表人物之一的张之洞视野大为开阔。他逐步把目光投向了生

---

① 张之洞：《张文襄公全集·奏议》。

② 胡寄窗、谈敏．中国财政思想史[M]中国财政经济出版社，1989．713

③ 张之洞：《张文襄公全集》，《华商用机器制货请从缓加税并请改存储关栈章程折》。

产领域，提出了“工”为“富民强国之本”，为“农商之枢纽”的观点，即突出了“工”的作用。张之洞是洋务派中最先批判“以商立国”论的人。他说“世人皆言外洋以商务立国，此皮毛之论也。不知外洋富民强国之本，实在于工。讲格致，通化学，用机器精制造，化粗为精，化贱为贵，而后商贾有贸迁之资，有倍蓰之利”。[①] 在此，张之洞认为工业生产是商业发展的基础和前提。没有工业生产，商业流通就没有物质内容。因而工业生产是增值社会物质财富、活跃流通领域的关键之所在。

与此同时，张之洞也否定了传统的“农本”主义观点。他尖锐地指出，中国工艺落后的重要原因之一，就是“迂儒俗吏”把工“视为末务贱业，不复深求，于是外洋技巧遂驾于中华之上”。[②] 由于阶级的局限，虽然张之洞尚不能从封建制度方面寻找根源，但他敢于指斥“重农抑商”、“贱工贵士”的传统封建迂腐观念，这在当时封建自然经济依然占统治地位的情况下，无疑是一个进步。在批判“农本”主义的基础上，张之洞仍旧强调：“工者，农商之枢纽也，内兴农利，外增商业，皆非工不为功……大抵农工商三事，工钝则病商，工商聋瞽则病农，三者交病，不可为国矣。”[③] 张之洞在此所说的工，系指当时洋务派所兴办的近代工业企业。

张之洞还将发展工业企业即他所说的“工”视为解决“养民”、“塞漏卮”等问题的“自强”良方。他说：“中国生齿繁而遗利少，若仅恃有农业一端，断难养赡，以后日困日促，何所底止！故尤宜专意为之，非此不能养九州数百万之游民，非此不能收每年数千万之漏卮。……中国人数之多，甲于五洲，但能于工艺一端蒸蒸日上，何至有忧贫之事哉！此则养民之大经，富国之妙术，不仅为御侮计，而御侮自在其中矣。”[④] 张之洞摆脱了传统的小农业与家庭手工业相结合的自给自足自然经济模式的“养民”，而主要依靠新式企业的生产。新式企业兴办愈多，就愈能“养活”更多的贫民，这是中国“遗利少”的传统农业所办不到的。他进一步指出，“今日自强之端，首在开辟利源”，“必须自行设厂，购置机器，进行

---

①②④ 张之洞：《张文襄公全集·奏议》卷三十七，《吁请修备储才折》。

③ 张之洞：《张文襄公全集》卷二百零三，《劝学篇》。

生产”。[④] 也就是说，兴办近代机器工业，生产出能与外国竞争的产品，不仅是“养民”、“塞漏卮”的关键所在，而且是“自强”的一剂良方。基于上述认识，张之洞关于发展近代工业企业的要求更加迫切，而当时遇到的一个突出问题就是资金难筹。

2. 借款策略：“共同借款”以实现“以夷制夷”

张之洞起初只是向英国在华银行借款，后来逐渐认识到“专借英款，将来论如何搜括，亦不能还清，英国必索我地方作抵，是又生一患矣”。[⑤] 于是，张之洞吸取了由魏源所提出、而为李鸿章所实践的“以夷制夷”思想，主张向外国“共同借款”。除继续向英国借款外，还向德、比、法、美、日等国借款。他试图以“共同借款”之法，利用各国之间的矛盾，以达到互相牵制，即“以夷制夷”的目的。

3. 借款规模：“多借”、“大借”外债

张之洞说：“今日赔款所借洋债已多，不若再多借十之一二，及此创巨痛深之际，一举行之，负债虽深，而国势仍有蒸蒸日上之象，此举所借之款，尚可从容分年筹补。果从此有自强之机，自不患无还债之法。”[⑥] 他认为，借款以兴办实业，必能自强，而自强就有还款之法。因此，他不考虑还债能力，破釜沉舟，以图最后一搏。

在当时的条件下要举办大型洋务企业，利用外资实为势所必然。他说：“此数事乃中国安身立命之端，万难缓图。若必待筹有巨款始议施行，则必致一切废沮自误而后已。”[④]张之洞在其外债思想指导下，利用外债的实践活动取得了较大的成效，具有其积极意义：首先，兴建了许多近代工业企业，修筑了一些铁路，推动了中国近代化的发展，促进了中国资本主义成长和中国腹地社会经济的崛起。张之洞借外债修筑铁路，客观上有利于近代中国中部地区经济的开发。他吸取了外国借款筑路的成功经验，并认识到振兴实业必先行筑路。于是，他向清政府建议举债修筑芦汉铁路，为此而调任湖广总督修铁路，并授意盛宣怀向比利

④ 张之洞：《张文襄公全集·奏议》卷二十七，《筹设炼铁厂折》。

⑤ 曹均伟：《近代中国利用外债》第165页。

⑥④ 张之洞：《张文襄公全集》，《吁请修备储才折》。

时借款。1905 年芦汉铁路全线竣工通车，到 1908 年 12 月还清比国借款。1909 年元旦，芦汉铁路收归国有，成为中国第一条"届时收归国有"的铁路。张之洞借款筑路在一定程度上促进了近代中国经济的开发与交通运输的发展，湖北省尤其是武汉地区之所以成为中国中部工业重地，实肇始于张之洞督鄂时期，这与张之洞在湖北借款筑路有直接的关系。其次，借用外债兴建的近代企业在一定程度上起到了"堵塞漏卮"、"以保利权"的作用。甲午战后，帝国主义在加紧向中国输出商品的同时，更加紧了向中国的资本输出。其中，纺织业是其投资的 5 个重点部门之一。而 1895 年～1913 年，在武汉纺织业、缫丝业中，工厂没有一家外资，除其他因素外，一个不容否认的主要原因就是张之洞率先开办了布、纱、丝、麻四局，捷足先登地抢占了市场，为本国工业产品争得了一席之地。最后，借外债建成了中国近代最大的钢铁联合企业——汉冶萍公司，不仅奠定了武汉成为长江中游地区的工业基地的基础，而且先进机器设备的引进，起到了开风气的作用。武汉从 1861 年开埠之后仍然是一个封闭的内地城市，在相当长的时期内风气未开，古老的商业资本、高利贷资本、官绅资本纷纷转向土地投资，而没有注入近代工业领域。因此，当时的武汉远远落后于上海、金陵、天津、福州等沿海沿江一些大城市。

但是，张之洞不仅在经营洋务企业上依靠外债，而且为了加强和维护清王朝的封建统治主张大借外债，并依靠外债来大规模开展练兵、造铁路、枪炮、开学堂、办工商企业、多派出洋游历人员等，企图通过全面展开洋务活动以使中国得到"自强"，这是绝对错误的。帝国主义国家对半殖民地、殖民地的资本输出，不仅要求高利，而且附带奴役性条件，是对外侵略和掠夺的一种手段。而且张之洞所经办的外债均有抵押品，并在借债所兴办的企业内由贷款国洋员担任主要职务。这实际上是将当时情况下一些损害国家主权的措施，也视为借外债的必需条件。《马关条约》后，帝国主义国家纷纷加紧对中国的侵略，力图进一步控制中国的政治、经济和瓜分中国的领土，使中国成为他们各自的殖民地；同时，清廷统治集团软弱无知，不惜出卖国家主权，日益投靠和依赖外国侵略势力来维持其衰亡的反动统治。在这样的历史条件下，张之洞要腐朽的清王朝依靠外国资本来全面开展洋务活动，只能加深中国的殖民地化，决不是什么“自强”之道。另外，偿还能力的问题是借债国家首先应当考虑的问题，但张之洞对此却认识不足，在“赔款所借已多”的情况下，他仍饮鸩止渴般地主张“不若再多借”外债，并乐观地认为“不患上还债之法”。而结果是由于封建式管理，特别是清皇室将企业视为取之不尽、用之不竭的财源，汉冶萍公司到1900年“报效”清皇室的数额已达每吨生铁银六七两，从而加剧了资金短绌的困难。到盛宣怀时，不得不大借日债，以致最终资不抵债，公司内部管理大权全部落入日人之手。虽然汉冶萍公司最终落入外人之手，但这并不完全是张之洞之过。

（三）张之洞颇为难得的财政观点

虽然张之洞在理财方面思想比较保守，但在当时条件下他的某些财政观点也颇为难得。1904年，他曾对美国人精琪（C. W. Jenks）建议的金汇兑本位制提出奏驳，其中第一个理由就是从财政角度反对设立由洋员主持的“司泉司”财政机构。他说：“财政一事，乃全国命脉所关，环球各国无论强弱，但为独立自主之国，其财政未有令他国人主持者，更未有令各国人均能预计者。”① 这是反对精琪计划的一个正确观点，也是他在当时条件下颇为难得的一个财政观点。但在此前三年，他自己就曾建议让日本人出资在东北三省兴办近代企业，由日本人派顾问主持，并主张“门户开放”，是各国共同为我订此章程。此虽是前后相矛盾的主张，毕竟是他在认识上的一个进步。在这个奏议中，他又从外贸关税角度提及上世纪末以来大多数人所焦虑的“镑亏”问题，认为由于金贵银贱，“镑价日涨，于中国赔款则有损，于中国商务则有益”，这有利于“抵制进口外货，畅销出口土货，实为富民保民之第一要义，环球万国之公理”。他不仅不焦虑镑亏问题，还认识到金贵银贱有利于中国土货的出口，这在那时是很稀有的见解，真可谓是“愚者千虑，必有一得”。

综观张之洞的财政思想不难看出，作为洋务派的头领，他鲜明的表现了与外洋抗争的思想，这种思想是当时张之洞爱国主义倾向在经济思想上的反映。张之洞无论任职哪里，都注意解决社会实际问题。他曾

① 张之洞：《张文襄公全集·奏议》卷五十六《奏驳虚金本位疏》。

袭用传统的治国之道，整顿吏治、裁减差役、清丈土地、奖励垦荒、救济民生，也步洋务运动的后尘，创办了一批中国近代工业。他主张广泛学习西学，为培养兴办洋务所需的人才非常重视教育，曾广立武备、农工商、铁路、方言、军医诸学堂，这对当时中国学习西方科技文化有客观上的促进作用。这对于建设有中国特色的社会主义现代化而言，无疑具有借鉴意义。然而，由于张之洞财政思想的出发点是维护封建政治统治的，它必然将反科学、反规律的因素渗透到企业内部，他力主对兴办新式工业实行封建官僚垄断，这对民族资本主义的自由发展起着阻碍和抑制作用，而且，张之洞还进一步发展了早期洋务派的买办思想，这更足以证明它乃是反映了清朝统治阶级中具有买办性的封建大官僚集团的利益要求，无论如何也要加以批判。

第六节　严复的财政思想

严复(1854～1921)，初名体乾、传初，改名宗光，字又陵，后又易名复，字几道，晚号愈野老人，别号尊疑，又署天演哲学家。福建福州人。特赐文科进士出身，中国近代资产阶级启蒙思想家、翻译家、教育家。1866年以第一名考入马尾船政学堂，5年后以最佳成绩毕业后上军舰实习。1877年作为首批海军留学生入英国皇家海军学院学习，在英国期间除学习海军专业外，还精心研读西方哲学、社会政治学著作，并到英国法庭考察审判过程，作中西异同比较。学成归国后任福建船政学堂教习，翌年调任天津北洋水师学堂总教习，后升会办、总办。

甲午战败后严复感于时事弥艰，开始致力译著，并在天津《直报》上连续发表《论世变之亟》、《原强》、《辟韩》、《救亡决论》等政论，斥责历代帝王是“大盗窃国者”，力主变法图强，以西方科学取代八股文章。光绪二十二年(1896年)帮助张元济在北京创办通艺学堂，次年又与王修植、夏曾佑等在天津创办《国闻报》和《国闻汇编》。光绪二十四年九月，又撰《上光绪皇帝万言书》，极力倡导维新变法；同年，他翻译的第一部西方资产阶级学术名著《天演论》正式出版。至1909年，先后又译出亚当·斯密的《原富》、斯宾塞的《群学肄言》、约翰·穆勒的《群己权界论》和《穆勒名学》、甄克斯的《社会通诠》、孟德斯鸠的《法意》和耶方斯的《名学浅说》等西方名著，达160多万字。他是近代中国系统翻译介绍西方资产阶级学术思想的第一人。通过翻译《天演论》，将科学进化论带到中国，并使之超越达尔文生物进化论的范畴而具有了世界观的意义。又通过翻译《穆勒名学》和《名学浅说》，将逻辑归纳法和演绎法介绍到中国，其中对培根的经验归纳法尤为重视，并猛烈抨击陆、王学派主观唯心主义的“心成之说”。因此，严复是将中国哲学建立在近代科学基础之上、使中国近代哲学真正摆脱古代“经学”形式的划时代人物。除译著外，他还倾心于教育事业。光绪二十八年(1902年)受聘为京师大学堂编译局总办；三十一年参与创办复旦公学，并于次年一度任校长；三十二年赴任安徽省师范学堂监督；1912年又任京师大学堂总监督，兼文科学长。他在《与外交报主人论教育书》(1902)中，提出一个比较详细的学校教育制度蓝图，并对各级学校教学内容和教学方法提出自己的主张和要求，为中国资产阶级新式教育作出贡献。但辛亥革命后，严复思想日趋保守。1913年袁世凯任临时大总统期间被委为总统府外交法律顾问，同年参与发起孔教会，极力主张尊孔读经。1914年5月任参政院参政及宪法起草委员，并任海军部一等参谋官。1915年列名于拥护袁世凯复辟帝制的筹安会，为该会理事。1918年回到福州养病。“五四”时期又反对学生运动。晚年他主要靠译书为生。1921年10月27日卒于故里。他的著述有《严几道文集》、《愈懋堂诗集》及《严译名著丛刊》等。

一、严复的经济自由主义思想

严复对亚当·斯密的放任自由经济思想极为推崇。他在分析资本主义国家经济发展状况的基础上，提出了发展中国经济的看法。他认为在中国应实行经济上的放任自由政策，唯此才能充分提高人民发展生产的积极性：“盖财者民力之所出，欲其力所出之至多，必使廓然自由，悉绝束缚拘滞而后可。国家每一宽贷，民力即一恢张，而其致力之宜，则自与其所遭之外境相剂。如是之民，其出赋之力最裕，有非常识所可测度者。若主计者用其私智，于一业欲有所丰佐，于一业欲有所阻挠，其效常终于纠棼，不仅无益而已。”他认为，经济方面“凡事之可以公司民办者，宜一切委之于民，而为上者特谨其无扰足矣”。

严复鼓吹经济自由，自然会反对财政上的干涉政策，指出国家干预经济是“强物情，就己意，执不平以为平，则大乱之道也”。因此，他对国际上的保护贸易，国内的官督商办均加以反对。

严复认为财富来源于民力，政府对生产行业的直接干预（限制或扶持），会妨碍生产要素在各行业间的自由转移和优化配置，由此会影响财富的产出，也会有违其欲增加财政收入的初衷。“盖法术未有不侵民力之自由者，民力之自由既侵，其收成自狭，收成狭，少取且以为虐，况多取乎？”严复从增加国家财政收入出发，国家应对一些行业予以扶持，而对另一些行业进行限制。

严复不仅反对政府对生产的干预，也反对政府对流通的干预。在他看来，物价如同流水，只要顺其自然，最终总会达到平衡，用不着政府干预。政府的干预会破坏这种自然形成的平衡，而人为形成似平非平的官方垄断价格。他指出，“顾任物为竞，则如纵众流以归大墟，非得其平不止。而辜榷（垄断）之事，如水方在山，立之堤鄣，暂而得止，即以为平。去真远矣”。“设官斡之，强物情就己意，执不平以为平，则大乱之道也”。

严复极力主张经济上的放任自由，但同时提出在某些领域内国家干预不能完全取消。在鼓吹放任自由的同时，他也清醒地认识到：在社会经济生活中，确实存在一些私人部门办不好、办不了的事业或社会效益大而经济效益小，私人部门不愿涉足的行业，需要由国家直接干预。他还把宜由国家直接干预的三个领域界定如下：“一、其事以民为之而费，以官为之则廉，此如邮政电报是也。二、所利于群者大，而民以顾私而莫为，此如学校之廪田，制造之奖励是也。三、民不知合群而群力犹弱，非在上者为之先导，则相顾趑趄。”他还认为对于经济生活中的“在上者为之先导”之事业，国家应是“必至不得已而后为之”，不能把范围扩得太大。

二、严复财政税收思想

(一)赋税思想

亚当·斯密在《国民财富的性质和原因的研究》中提出了一般赋税的四条原则。一是义务原则:“一国国民,都须在可能范围内,按照各自能力的比例……缴纳国赋,维持政府。”二是确定原则:“各国民应当完纳的赋税……不得随意变更。”三是便利原则:“各种赋税完纳的日期及完纳的方法,须予纳税者以最大便利。”四是防弊原则:“一切赋税的征收,须设法使人们所付出的,尽可能等于国家所收入的。”严复对此极口称赞:“自有论税以来,无如是之精要,而当于人心之公者矣。”可见他对亚当·斯密提出的四大原则,采取了全盘肯定态度。

严复为了解释亚当·斯密的“按照各自能力的比例缴纳国赋”,提出了“赋在有余”这个基本原理,内容包括以下三点:(1)不应对资本课税,而只能对“价之过经者”课税。如果对资本征税,就会减少资本总额,减少资本所能雇用的劳动力的数量,从而损害劳动力的保养。“价之过经者”是指商品价格中超过自然价格的那一部分,也就是商品的市场价格同商品的自然价格的差额。严复认为这是超额利润,是资本家在平均率利润以外的部分,因此可以征税,即使征税也不会削弱资本。(2)用于教育的财富不可征税,否则会给国家造成严重损害。严复所指的教育不是一般的文化教育,而主要指工商业方面的技能教育,相当于就业前的岗位培训。这种费用被严复列为资本的第五种用途,当然不属于课税对象。(3)在雇用劳动者的工资中,用于维持日常生活和用于学习劳动技能的部分,以及用于治病养老的那部分,均不应课税。但在扣除此三种费用后,对于劳动工资的剩余部分,则可以课税。总之,“有余”包括两种情况,一指资本家得到的剩余部分,一指劳动工资种扣除三种费用后的剩余部分,它们就是国家征税的对象。统治者如对“有余”部分以外的国民财富课税,那么这种税就是苛税。

严复主张轻征赋税,但他不是一般性地提倡“出重而轻”,而是认为“赋无厚薄,惟其宜”,即国赋的轻重并没有明确的标准,因此无所谓厚薄,只要同国民的实际承受能力相适应就行。薄赋不一定好,倘若有这样一个政府，一方面不向人民收赋税，另一方面什么事情也不干，那么它只能算一个昏庸颓废的政府，人民仍然会坚决反对。严复还指出了如何使人民胜任重赋的办法，一是为人民开利源，也就是发展生产、增加收入；二是实行“赋出有余”，使人民的赋税负担尽可能公平合理。

关于赋税来源，严复认为，随着时代的进步和各项事业的发展，赋税来源只会越来越新，越来越多。国家只要善于理财，何愁没有钱用？“世变日异，而国家赋税之所待亦以不同…往者国之经费专仰于地丁，降之而有关税海榷之设，曾几何时，年有所加，至于今乃为国用之桢干矣。迩者乃设邮政，此亦久而弥大，不可臆度者也。铁路即通，陆榷必巨。故曰：患不知理财而已，贫非中国之患也。”

关于如何防止逃税的问题，严复认为不应靠政府的法令，而应靠人民的自觉。严复介绍了美国的“业产税”（今译财产税）制度，认为美国在人民自报财产的基础上征税的方式比较完美，是民德较高的表现，并提倡这种征税方式。同时，他认为赋税与民德有密切关系。要想防止逃税，全靠人民自觉；而要做到自觉，就要先提高人民的道德水平。最后，他认为人民纳税的自觉性同人民享有的自由程度密切相关。国家越是给人民自由，人民就越是自爱、自重、自觉，逃税的事情也就不会发生了。

（二）自由贸易思想

严复很赞赏亚当·斯密的自由贸易主张，认为放任自由思想亦适用于国与国之间的商品流通。他指出重商主义“争进出差之正负”是错误的，认为“保商权、塞漏卮之说，无所是而全非”。他还进而用自由贸易来总括自由放任的优越性：“自由贸易非他，尽其国地利民力二者出货之能，恣贾商之公平为竞，以使物产极于至廉而已。”结合英国废除谷物法前后的情况，严复指出国家对粮食进出口的干预弊端重重，若允许粮食自由进出口，则不仅可以调剂国内粮食余缺，平稳粮价，而且可以促进农业生产的发展。

他认为所谓“漏卮”问题，实际不外是因进出口贸易的负差所引起的金银出口问题，不值得特别焦虑。在他看来，一则国家有金银不一定就富，如墨西哥、秘鲁等国均产金银而其国并不算富，相反，英、法等富国却不生产金银；二则金银进出口虽为补贸易差额之用，但金银本身亦可作为一般商品进口或出口，故进出口商品的差额与金银进出口的数量不可能完全相同；三则不仅金银出口不足为虑，连进出口贸易逆差也不是什么了不得的事。他对这些问题的基本观点是得之于《原富》的自由贸易学说。根据斯密的观点，严复也不同意当时广泛流行的所谓贸易顺差能使国家致富之说，认为“国中贸易，利国过于国外贸易”。这样从古典经济学的认识出发，赞成一国是否富裕主要决定于国民财富生产的多寡，并不以进口金银的多寡为标志。而且只有在国民财富生产兴盛的条件下，才可能大量出口国内货物以换取国外之金银进口，特别是在一些不出产金银的国家更需要先发展国内的生产与贸易才能换取国外的金银。此外，他还反对关税协定和外人代管海关行政等，但其着眼点在于国家的主权和体面，未充分从经济上阐明其弊害。

（三）“义利和”思想

严复否定传统的“不言利”思想。他认为，“理财正辞”原本是一门重要学问，汉以后俗儒严戒言利，遂使人们“不复知其为何学”。但人们既有生养，就会言财利之事，以使财富“各得其分而无不平”，而国家的治安、民风的好恶及身家的教养都离不开“财”。所以人们乐于研究“计学”（严复给“经济学”一词的中译名），而这门学科也很兴盛。这是从财富生产、流通和分配的政治经济学角度，去批判“不言利”的传统观点，并把“利”的范围扩大到整个国民经济的各种财利问题。据此，他虽不同意王安石的经济改革，认为它未让人民自由进行经济活动并在人民财力丰饶的基础上去改善国家财政收入，但仍指出“千古相臣，知财计为国之大命而有意理财养民者，荆公一人而已”，不容后人轻易抨击王安石。此外，他对我国理财方面的古代典籍如《周礼》、《管子》，重要人物如李悝、桑弘羊、王莽及其他财政措施如“平籴”、“平准”、“均输”、“常平”、“市平”等的评论，既不一味诋毁，也不盲目推崇，而是作出了一些合于近代经济学要求的客观评价。

“义利和”是财富增长的首要条件。斯密的“利己心”观点被严复所接受：作为经济活动主体的人是体现人类利己主义的“经济人”，人们从事一切经济活动的最终目的只有一个，那便是获得自己的利益。但这与社会利益并不矛盾，人们受“看不见的手”的支配，“他在追求自己的利益,往往使他能比在真正出于本意的情况下更有效地促进社会的利益”,从而增进社会经济的繁荣。严复将斯密的“利己心”观点同中国传统的“义利论”相结合,提出“义和利”。东西方传统的观点都是把义和利割裂开来,彼此对方。严复认为这大可不必,甚至非常有害。因为实际上义和利是可以统一的:一方面小人所要求的利如果是长久真实的话,那就必然同君子一样,这样的利也就是义;另一方面,无所谓的义,也不成其为义。所以他提出了“义利和”的观点,主张把义和利统一起来。

(四)国债问题

他认为应以募集民间“滞财”为主,如此则“民固献其所有余,未尝损其后利之母”,不会对正在使用的盈利之资本产生影响。根据资本应用于盈利的思想,他又分析了“西国之债以利,中国之债以害”的原因,就在于西方国家举债用于“拓国攘利之饶”,或用于“便民通商之益”,故其“国债虽重,国财日休,此犹斥母以来赢息耳”;而中国举外债皆用于偿还赔款本息,“其息利既不在民,于国财又无增益”,所以“中西之负债同,其所以负债者大异”。不仅如此,所欠外债又通过增加国内赋税的途径最终都压在人民身上,“夺吾民衣食之资”。这一分析对于当时我国举外债的真实情况,应是较为深刻的揭露。

三、严复对其他经济发展问题的看法

严复在农业和工商业的关系问题上,他几乎全部赞成亚当·斯密的观点:“农工商贾分四业而不可偏废,亡其一则三者不能独存,乱其一则三者不能独治。”他完全摆脱了传统的“重本抑末,重农抑商”的迂见。不仅如此,严复还发展了新的“本”“末”思想。他认为,农业和工商业之间,是存在着“本”“末”关系。农业所谓是“本”业,是因为农业生产的一定剩余是工商业独立的前提,他说:“盖地为百产之宗,使耕牧树畜者,斥母治业而不得赢,则宇内之财,只有此数,行且日微而尽,其他工商之业,乌得立乎?”但是这种“本”产业已不再是自给自足,是要受到工商业和交通运输业的影响,而是为市场生产的商品化农业。根据以上剖析,严复得出结论:农业和工商业“理实有本末之分”,但决不应该“贵本而贱末”,而应该把它们看成“于国为并重”。

严复还论述了消费在经济发展中的作用。他批判了中国封建传统经济思想的崇俭黜奢论，提出了消费"以多为贵"的观点。首先，通过消费来满足人的需要是生产的目的。如果崇俭素，不消费，则失去了生产的本意，即"夫求财所以足用"，"籍曰不用，则务富之本旨荒矣"。其次，只有不断增加财富的消费量，人的生活水平才能不断提高，从生理上讲，这可以收到"厚生进种"之效。从社会方面讲，只有人民生活富足，各种需要能得到充分满足，天下才会大治。最后，消费可以促进生产，如果光生产不消费，人民的生产活动就失去了动力，生产就不可能发展。严复指出，在消费的问题上，关键是要处理"母财"与"支费"的关系。支费固然以多为贵，但如果危及"母财"即积累，就是应该反对的。相反，"俭"如果是为了增加"母财"即增加生产投资，也是应该肯定的。只讲积累不讲消费，就像农民把收获的粮食全部留作种子，行不通。反之，只讲消费不讲积累，则像农民把收获的粮食全部吃光而不留种子，也行不通。"独酌剂于母财支费二者之间，使财不失用，而其用且降而愈舒者，则庶乎其近之矣"。

严复还十分重视人的知识、技术对财富生产和国家富强的作用，认为生财不仅靠民力，而"民德民智之有关于生财尤锯"。"民智者，富强之原"。所以他认为，如果农、工、商、贾是富国的四项事业的话，那么对劳动者的科技教育和技术培训则应列为第五项事业。因此，严复主张兴办学校，增加教育投入，改革教育方式，培养各行业需要的人才；同时讲求技术，提倡对技术革新和技术发明创造进行奖励。

反对资本主义的经济侵略，是严复近代化经济思想的显著特点。他揭露帝国主义通过侵略战争和签订不平等条约，在中国攫取了种种特权，其目的"实以得之则人民有所殖，物产有所销"，即为资本家建立广阔的商品销售市场，掠夺中国廉价的工业原料和劳动力。他反对资本主义的经济侵略，尤其反对协定关税。严复谴责帝国主义控制中国关税，侵犯中国主权，垄断中国矿山、铁路、邮政事业，掠夺中国财务的罪行。他指斥清政府的腐败无能，"中国之患，患不知理财而已，贫非必中国之患也。国家常以重之权利，付之非我族类者，初若不甚重惜而弃之，不及三十年，将在皆荆棘矣"。

四、严复经济理论中存在的缺陷

严复对斯密的《原富》,不时有误解或将我国传统财政观点不恰当地加以比附,以下是一些较为显著的例证。

例如,把斯密所谓"自然价格"译为"经价"或"平价",因而指出中国古代的所谓"均输"、"平准"、"常平"诸法都与此所谓"平价"者在内涵上一样,并举王莽的"市平"以为证据。这是似是而非之论。因为斯密的"自然价格"是指一种商品足以补偿其工资、地租和利润的价格,事实上即斯密所设想的商品价值之一种,与上述古代概念风马牛不相及。

又如,把斯密所谓"租"(地租)、"庸"(工资)、"赢"(利润),理解为我国唐代的租庸调制,也是很不确切的。唐代租庸调中所谓"租"不完全是土地税,还兼指一些和地税无关但按地亩征收的捐税;所谓"庸"主要指劳役代金,决不等于工资;所谓"调"是民间家庭手工业对政府的缴纳,既非利润,更不是利息。因斯密曾提到政府对工资、地租和利润的课税,严复就把它们与租庸调制联系起来,这是一种误解。

再如,把法国重农学派主张的土地单一税,说成即中国"一条鞭法",这又是错误的。土地单一税是专对土地收入的征课,此外一概免税。而明代"一条鞭法"仅是将地税、劳役代金及许多农村杂税进行统一征收,尚不包括工商业税,故绝不能把两者混为一谈。

他从赋税转嫁角度,反对重农学派"罢一切之赋而悉取于租"的理论。殊不知重农学派的基本理论根据是,只有农业才是财富生产的唯一源泉,也是一切赋税的真正来源,故主张对农业进行直接的征课。如果不先否定这个理论根据,仅用赋税能否转嫁为理由,是不能攻破重农学派的。

综上所述,严复借亚当·斯密的《国富论》的翻译,对构建中国经济近代化发展模式作出了自己的学术理论贡献,为发展和丰富中国近代的经济理论提供了重要依据。同时对许多同时代人物的财政经济见解均提出不同的看法。他所赞同的是把经济学看成理财中最大的一门学问,而在这门学问中又以斯密的《国富论》作为最切合中国现实要求的对症良药。不过从他的按语来看,他对许多财政学说或问题仍只有片断的见解，缺乏对任何一个财政理论范畴的较完整的表述，何况其中尚有不少理解不够深透之处。

第七节　梁启超的财政改良主张

一、梁启超经济思想简述

梁启超（1873—1929）在戊戌变法前后已与康有为并称，在19世纪的最后四五年里就写了一些有关财政经济的文章，而较定型的观点确实在20世纪初才形成。他的财政著作数量之多在20世纪初期是无可比拟的。但他无论在政治上或学术上均少有一贯坚持的见解，观点经常改变，每每前后矛盾。例如，对保护关税问题，他早年认为这是"西国旧制"，凡讲求"富国学"者"皆知其非，以为此实病国之道"，故推崇自由贸易之论；数年后他又称西方重商主义实行重征进口税的保护政策"诚救时之不二法门"，建议移植于中国。在货币本位制问题上，他最初从国家财政收入角度考虑，认为在金贵银贱情况下，如以银定税率，则既定税额的实际收入势必降低，又将在偿付赔款时受镑亏之苦，故绝不能采用银本位；但此后三年又说金本位目前不易办到，应暂照习惯，采用银本位制。关于奢俭之争，他在戊戌变法前夕大唱"崇奢黜俭"之论；亡命日本后数年，又批判别人所谓"奢非恶德之说"。对于财政原则，他先是坚持认为"财政之所以异于私人生计者有一大原则焉，曰：量出以为入"；但在三年后，又把"严格之量入为出"列为他的"大政方针之一"。这种矛盾现象，从客观上说，也是他处于社会经济急剧变革时期之所致。

梁启超的财经论著不仅在数量上超越前人及其同期的学者，其所涉及的财经范围也甚为广泛。他在戊戌变法前后的财政思想多来自有限几本西方经济学译著和马建忠、薛福成等人的著作，尤以受严复《原富》译稿的影响较大。从1903年起，他逐渐摆脱国内中译本财经书籍的局限，日益从外文财经著作中直接吸取营养。再加上他还提及不少中国古代的理财思想，这就使他所涉猎的范围更加广泛。不过他所涉及的财经范围虽然广阔，大多数均止于提到名词概念而已，未作较深入的介绍，且有不少的理解错误。他不分良莠，顺手拈来，所有东、西方的著作无不视为瑰宝，兼以未作系统研究，其理解肤浅片面之处在所难免。晚年主要精力转而攻读史学，其财政学知识更加落后于当时所达到的理论水平。

在梁启超的笔下，经济问题被提到十分重要的地位。他认为，今天的世界只有在经济上占优胜者，才能安定繁荣。所以，“国家之荣滓消长，惟于国民生计竞争之胜败决之”。梁启超认为，经济与政治常常是密切关联的。经济上的侵略和经济上的防卫，是全球政治家所必须时刻考虑的最大问题。当经济侵略开始的时候，从表面上看，是个人行动，与国家无非是经济现象，与政治无关。其实，“立夫个人之后者，莫不有国家，个人先登，国家必从之。而生计现象与政治现象，常刻不可离”。凡是在经济上被奴役的国家，不久就会在政治上被奴役。梁启超指出，无论在生活上、税权上、企业竞争上、举措外债上，或是在外交上、列强在中国划分势力范围的问题上，“其动机起于生计，而影响必及于政治”。所以，经济问题是立国的根本问题。

他认为，要整理当时中国的财政，若只进行小修补漏的办法是不能成功的，必须采取根本的措施。其治本的纲领，“则在将货币政策、银行政策、公债政策、租税政策冶为一炉”。又说：“治本之策，一曰改正税制，二曰整顿金融，三曰改良国库。”而他所说的治标的办法，则主要是指改革财政、奖励公债、裁减军费和行政费用等。

他强调治本的重要性：“吾固深信吾国非实行彼治本政策，则财政基础，终无巩固之日也。”但也不否认治标的必要：“此治本治标两策，实当同时齐举。今既未能，但使能先行此治标策，则所裨已多，而将来庚续行治本策，亦可以省却无数障碍。”

梁启超提出这种治本治标“同时齐举”的方针，是有一定见地的。但他所说的治本之策，并没有真正抓住当时经济和财政问题的根本，因此，不可能发挥什么具体的影响和作用。连他自己所担任的币制局总裁和财政总长的官职，干了几个月也都干不下去，不得不呈请辞职，就说明了这一点。

此外,梁启超还认为,国家的财政应该为一国的人办事情。若能取之于民而用之于民,所取虽多,“未有以为病者也”。“吾所出者知其所用在何处,则群焉信之,欣然而输之”。“凡人之情,出其财而知其所用,虽巨万而不辞;出其财而不知其所用,虽一文而必吝。故民政之国,其民为国家担任经费,洒血汗以报国,曾无怨词,虽有重费之事,苟属当办者,无不举焉”。也就是说,以民财治民事,就会得到人民的支持,不会出现什么财政问题。否则,这种财政是怎么也理不好的。早在辛亥革命以前,他就指出过:中国当时的理财者,不是对人民进行搜刮,就是对应发的俸饷加以克扣;催促人民缴纳公债,比催交田赋来得更凶;人民的困难他们一概不管,但国库的空虚却仍然如故。难道中国真的缺乏钱财?难道中国人民较之西方各国人民更为吝啬钱财?不!而是由于以往的理财者没有“以民财治民事之所致也。此吾所谓虽理而无所得者也。”梁启超的这些话,是对清朝统治者的腐败统治和压榨人民的罪恶行径的揭露和抨击。

梁启超认为,了解财政学,并不只是一国之最高财政机关才需要。国家办一切事业,都需要钱财。无论担任什么职务,若对财政的常识一无所知,便很难把事情办好;或者不考虑国家的财力所能及,而妄事兴作,就很可能半途而废;或者国家要举办刻不容缓的政务,又由于无法求得相当的财源,被迫废而不举。而“财政设施之得失,其利害之及于国民生计者,如影之斯随”。所以,“各地方大小官吏,于财政学之原则,皆不可以不粗知其概”。就是一般国民,对于财政的普通常识,也应有所了解,这样,选举理财的人才能选得恰当,监督财政的事才能做得好。梁启超这些建议的本身虽然无可非议,但在当时劳动人民连饭也吃不饱、文盲占人口大多数的情况下,要求人人都应有财政的普通常识,是脱离实际而无法实现的。当然,在距今七八十年以前,作为新兴资产阶级的代表人物的梁启超,能够比较明确地看到经济为立国之本,经济决定政治和军事,政治、军事是为经济服务的,也是很不容易的。这种看法比较接近历史唯物主义的观点,应该加以肯定。

二、梁启超的财政思想

梁启超的很多财政思想，以近代财政学为尺度来衡量，存在着不少似是而非之论，当然也有若干正确的财政观点。除他对公债问题的论述将单独分析外，其中一些较为突出的观点如下：

（一）主要财政观点

一是《货殖列传今义》。这是他试图以西方经济学观点来解释我国古代经济概念与措施的早期代表作。可是此文存在不少错误理解和矛盾之处。在财政思想方面，如将司马迁所谓"其次利导之"误解为"如能出新法制新器者，许其专利"；将"平粜齐物"理解为"有国家者曷能平之，能齐之者恃有税则以左右之"，即错误地将平粜等同于抽税；强调采用海关"税则以左右之"，也与他当时强调自由贸易原则相矛盾。至于他从"财政者，天下之事也"，推导出"大学理财之事，归于平天下也"，也表明此时他还未弄清近代财政概念与古代理财一词的区别，不懂古代所谓理财不仅限于国家财政收支活动，其含义更为广阔，故把二者混为一谈。

二是租税转嫁。他说："田赋虽征诸地主，而负担实转嫁于佃丁也；厘金虽征诸行商，而负担实转嫁于小贩及消费物品之贫氓也。"他认为一切租税都是转嫁的，不懂得货物税可以转嫁，而征之于地主的田赋则是不能转嫁的。这是重农学派以来各派资产阶级经济学所公认的原则。至于小贩，虽然会受厘金转嫁的影响，他们却可以将它再转嫁于最后消费者，并不直接承受租税转嫁的负担。他将小贩也看作承受租税转嫁的受害者，这又是错误的。

三是"平税"政策。在1902年时，他曾说"人群主义"（指社会主义）是"斯密发其端，而其徒马尔少士大倡之"，又说亚当·斯密"行平税之政"，意谓社会主义系实行"平税"政策。同年稍后不久又说，亚当·斯密创自由政策，自由竞争引起兼并，"于是近世所谓社会主义出而代之，社会主义者其形若主放任而内质实干涉者也"，社会主义也就成了以干涉政策取代自由竞争的产物。1908年，他还说《管子》一书中的"奇异之政策，而与今世学者所倡社会主义有极相类者"，这样连管子也变成社会主义者了。这恐怕同他把《管子》的财政政策错误地理解为“无税论”，因而牵强附会地和他所说的社会主义实行“平税”政策挂上钩，不无关系。

四是整顿盐税。全国四亿人口，若以每人每年食盐十四斤计，全年食盐当在五千六百万担。但现时之官盐票只有二千八百余万担，仅得其半。若每担盐税为一两五钱，则每年盐税应有八千四百余万两，而目前所得盐税不足七分之一。其原因是税率太高，苛捐太多，以至官盐成本太重，加上私盐流行，盐商垄断。改革办法：收全国之盐归政府专卖，设提盐使及各级盐务官，分管十盐区；制盐人必须登记，经批准方得开业等。

五是关于整理币制。他很重视整理币制的财政意义，认为“中国救亡图强之第一义，莫先于整理货币，流通金融，谓财政枢机于兹利焉，国民生计命脉于兹托焉”。此系夸大其辞。但值得肯定的是，他在谈论整理币制时，明确批判了以铸币作为增加财政收入的手段。他指出：“国家之铸币也，万不能视之为筹款之具。无论财政若何支绌，只能向他处设法筹补，而断不容求诸铸币局。”因为国家铸币的本意绝非为了盈利，铸主币“只有耗费而无盈利”，而铸辅币的盈利足以弥补铸主币的耗费。因此，“若视铸币为筹款之具，则惟有滥铸辅币之一法，而滥铸辅币，则其流毒视征恶税，剥夺民财，且将十倍也”。这一断然否定以铸币作为“筹款之具”的论点，虽系抄袭西方货币理论，但毕竟是中国财政思想史发表前人之所未发的新见解。

他提出改革货币的具体方案如下：第一，中国的货币宜采用金本位。但在过渡阶段，可以先采用银本位，以为致用，然后向金本位过渡。第二，新的货币宜铸一种主币，九种辅币。并对主币和各种辅币的大小、重量都作了具体的规定。主币一元之重量，要考虑到使用方便、国民习惯、现有货币的比例换算以及对外贸易等因素来决定。主币为实价，而辅币为名价，亦曰法价。第三，主币允许自由铸造，但要收取铸费六厘。第四，从前官局所铸的一元银币，暂许作为国币使用，旧铸辅币允许暂时按市价流通。第五，钞票的发行数量，限定在不超过一年的赋税收入的范围内，这样才不致出问题。

六是在建立银行制度方面。建立银行制度和普及银行，在梁启超看来是十分必要的。银行是国民经济的总枢纽，不仅关系到财政问题，而且利国便民。因此，在民国初年，他认为设立中央银行，固为不变之政策，而奖励和发展私立银行，尤为当今之急务。奖励的办法，除了给予银行以发行权之外，没有别的门路。单一银行发行制与多数银行发行制“皆不适用我国”，唯有折中，“即中央银行制与国民银行制同时并行”，最后“过渡到单一制”。后来，他的论点多少有点变化，提出五项主张：第一，反对银行停止市民以钞票兑换银币；第二，要求发行权统一，即钞票的发行权应该统一于中央银行，其他银行无权发行钞票；第三，将银行的准备金集中，每天公布准备金的数目，并按比例发行钞票，反对滥发钞票；第四，要划清银行的发行职务和普通营业的界限；第五，责成各银行不许滥把钱借给政府。他的这些主张，是针对当时的实际情况提出来的。特别是因为当时各银行由于滥发钞票，引起通货膨胀，钞票贬值，在中国银行和交通银行门前出现市民用钞票挤兑硬币的现象。由于币信破产，北洋军阀政府竟干脆下令银行停止兑换，使市场上原来每元可兑120文的币钞，后来只能兑得60——70文，因而酿成挤兑风潮，引起人心惶惶，金融紊乱。梁启超反对银行这种既滥发钞票于前又停止兑换于后的错误行动，写文章加以公开抨击。

七是在其他财政观点方面。他强调“预算编制为理财第一要义”，但不强求预算之平衡；又标榜“最良之税则”如所得税、遗产税、地价差增税等，“足以均贫富之负荷”。尤其有意义的是转述资产阶级财政学所谓财政“节省”之含义，以警告当时财政上的浪费。他说：“各国财政学者欲求浪费与非浪费之区别”，主要以四种含义作为其准绳，一则“有劳费而无效果者则为浪费”；二则“可以无须尔许劳费而能得同样之效果或更良之效果者，则其额外所用皆为浪费”；三则“将以求大效果之劳费而用以易小效果，则为浪费”；四则“当用此劳费时预计可得若干之效果，而后此乃反其所期，或绝无效果，或虽有而不逮预计远甚者，则其所用皆为浪费”。可惜用这些有一定意义的财政支用标尺来要求半封建半殖民地的北洋军阀政权，那是对牛弹琴。

八是论生利和分利。他从《大学》的“生之者众，食之者寡”谈起，认为近代经济学家“言殖产之术，未有能外者”。这一格言在分析我国旧理财思想时通常予以肯定，指出它是反对苛征暴敛者经常提倡的重要理财原则。但从近代经济学的逻辑思想来考察，它是颇欠妥当的。既然“生之者众”，应该使“食之者”亦随之而众；“生者”同时也是“食者”，何能一众一寡；即使为了增加储蓄，也不能一味追求生众食寡。由此可以说明在研究古代和近代财政思想时，其要求须是有差别的。

(二)公债思想

公债思想是梁启超的财政思想中极为突出的部分。他自1904年起就开始撰写与输入外资有关的著作，以后十年间至少发表了十篇外资问题的专论，在他的经济论著中占一个相当大的比重。他对公债问题的探讨，条分缕析，周密细致，在西方财政学限度内瑕疵甚少，可算是他的所有经济论述中最好的一部分，与他的其他财政论述常有似是而非的情况正好相反。其中一些重要的公债观点如下：

一是公债对发展国民经济的作用。他强调发行公债不仅以财政用途为限，还有促进社会经济发展的作用，“公债之用，匪独在财政也，抑国民生计之滋长，实有待之”。这包括“民之持有现钱者贷诸国家而取其息，则此现钱为母财而能殖子者”；“国家获此现钱还需，还可持债券以得现钱，券息未亏而现钱复资以治产，则其母财而能殖子者”；“如是辗转相引，可以以一现钱而并时为百数十人所利用”等。这样来描绘国家以信用方式吸收资金的发展经济效果，不是没有它的道理。此外，他还列举了公债的二十几种用途，此不赘述。

二是外资的作用。他认为“外资之来，非特投资者享其利也，而主国亦食其赐”，这是“不刊之公例”。故完全不必盲目地“徒畏外资如虎，憎外资如蝎”。他在当时人们普遍对利用外资有顾虑甚至反感的情况下，能提出这样的论点，是需具相当理论认识才敢于出此。固然，旧中国及其他一些国家都曾因举外债而蒙受苦痛，但那是另有原因，不是利用外资的必然结果。

三是外资的用途。他已考虑到引进外资时可能出现的不良后果，指出“外资可怖之问题”不在于外资之“来源”与“受纳法”，而在于外资之“用途”与“管理法”。他所谓用途是指“用于生产的往往食外资之利，用于不生产的势必蒙外资之害”。所谓管理法系外资输入后“能全盘布局，分期偿还，则虽多而或不为病；反是则末路之悲惨，则不可思议”。他进一步指出，那时中国用外资之害还不在于不生产的外债，而在于生产的外债，主要是“因外债而丧失铁路及矿权”。这说明他所设想的外债是不提供抵押品担保的，并坚持不能用放债国人员来管理经营由外资兴办的事业。

四是举外债的对象。他在早期还主张“由政府出面借外债或借外资”，后来则主张“对外国之个人而负债，勿对外国之国家而负债”，并建议由大清银行与外国资本家直接交涉，不由外国政府作中间人；更好的办法是向外国人直接发售债券，其发行方式是由我国各银行与欧美资本家共结成辛迪加代向外国市场抛售，并主张平价发行，不采“折扣发行法”。在募集外资的方式问题上，他的办法离不开外国资本家，其理解还不及马建忠透彻。同时坚持平价发行方式只有由政府在国内直接发行时才有可能，如果经由中外银行组成辛迪加代为发行，平价发行不可能有人愿为代劳。

五是公债的偿还问题。在这一问题上，他的观点更为特殊，认为国家所举的公债绝无必要还清。他从欧美和日本各国的公债“实生计界交易流通之一物品”的角度出发，指出：“苟政府一旦将所有公债扫数还清之，则全社会之机关且立滞。故民之购买公债者，其目的非待政府之还本也，始收薄息而利用此物以为商业上种种便利耳。若不需之时，则适市而售之，不患无人承受，而现银可以立得，彼国之所以薄息而能募多数之债者皆此之由。”他对东西洋国家不能全部还清公债的理由尚未讲透，但他所掌握的资本主义经济的这一要点却是正确的。他还认为提前还清公债也是不必要的，“富有国家，公债累累，而预算有盈余也不宜提前偿还”。在评议资本主义国家的负债情况时，理解他的这一启示也是不无用处的。

至于他说外资的输入必然引起通货膨胀，又“往往导致通货使自本国流出”，以及必然要“产生贫富悬殊之社会问题”，甚至会产生“极富一阶级，全属外国，而吾国则属大多数之极贫一阶级者”的两极分化等，则系不正确或庸俗的看法。但一些不健全的观点并不足以损害其对外资问题的特殊论点，纵使这些论点是从国外照搬来的，而在那个时代能照搬或接受这些论点，已不是容易的事。

（三）工农业思想

在经济问题上，梁启超非常重视发展生产。他说：现在有些谈论治理国家的人，研究如何使国家强盛起来的较多，而研究如何使同家致富的则比较少。这是一种不好的倾向。没有富，何来强？真是一语中的。

怎样才能致富？他认为："实业、交通二政，为富国之本。"他所说的实业，指的是农业和工业。这说明他是看到了发展生产的重要性，抓住了富国的根本。

他特别强调发展农业生产，认为这是最根本的。有的人以为中国是以农立国，而欧美则是以商立国。梁启超认为这种看法是不对的。当时，欧洲每年的总产值为三十一万二千二百亿两，其中，农业的产值为十一万九千三百亿两，而商务所值仅一万一千二百亿两。这说明，欧洲的商务虽很繁盛，其利也不过农政的十分之一。欧美研究农学的，国家有农政院，民间有农学会，有关研究农业的言论，真是汗牛充栋。而中国只有《农业新法》一书，不及三千言。中国所患的是没有研究农业和发展农业，若真能发展农业，就不用担心贫困了。

对于交通事业，他也一直很重视。他年轻时就主张要修筑铁路。他指出，当时许多中国人士寡闻浅见，抱残守缺，数百年来如坐在暗室之中，对新事物没有一点认识，所以，遇见新学，便不遗余力地加以阻挠；看到维新人士，则如同寇仇加以诋毁排斥。若兴修了铁路，与外界交往多了，见识广了，就会明白使国家走向独立富强的道理，这样，变革起来就容易得多，就不会遇到以往那种诋毁和阻挠，"然后余辜可以徐举，而大局可以有为。铁路以开风气，又以通利源。风气开则可为之势也。利源通则可为之资也"。否则，坐而论道，将一事无成。

梁启超既然认定实业、交通二政为富国之本，那么应该怎样去发展实业呢？在农业方面，他认为，"历览各国产业发达之顺序，皆以农为先……而工商业勃兴，即随其后。"尤以垦辟荒地、改良农业为本。等到财政基础稍为稳定，就要学习德、法，普及农业银行，并以国力兴修水利。

在工业方面，"我国产业幼稚，故宜采保护主义；我国资本缺乏，故又宜采开放主义。斟酌两者之间，则须就各种产业之性质以为衡”。他认为棉、铁、丝、茶、糖的生产，最需要加以保护，普通之矿业，则宜采取开放。外商在我国境内投资，所生之利，他们得三四成，我国得六七成，这样，政府和国民都会欢迎外商前来投资。

从这些具体的措施来看，梁启超对于发展农工业生产，是有他的一套见解和办法，并且能够从实际出发，区别对待，应该加以保护的就采取保护政策，可以对外开放的就采取开放政策。从他对外商投资得利所提出的三七或四六分成的要求来看，在执行开放政策时，他注意到要维护中国的独立和主权，这充分表达了他的爱国思想。在半个多世纪以前，他能有这种见解的确是难能可贵的。

从财政的角度来看，发展农工业生产是开源，此外还必须注意节流。他把节流看成为财政上的治标办法之一。

对于节流，他主要从两个方面去考虑：第一是裁兵，削减军费。陆军军费“一万六千一百余万元，占全预算四分之一”。可见“裁兵之必要”。第二是削减行政费用。他说：“由无数高等无业游民，张口待豢，所以过去讲整理财政，愈整愈糟。”“今政体既共和矣，凡奉职于国家者，皆为国民公仆。为尽义务而来，非为争权利而来也。信如是也，则此种无耻之无业游民，当不复见容于政界。信如是也，则政界中人，皆曰以国家利害为念，凡于国家有害无益之政费，皆当乐为国家省之。”这是很有胆识的。

（四）在传播西方财政学说方面的作用

梁启超对中国财政思想的贡献，从历史上看，不在于他所论述的那些财政观点本身，而在于他在传播西方财政学方面所起的积极作用。一是他的财政著述作为其整个经济著作中的一个相当重要部分，不仅数量上超越前人和他的同辈，其所接触的财政范畴甚广，为他的同辈所不及。二是他为文本来就别具风格，流畅并较易理解，而所使用的又是现代经济术语，不像马建忠那样用中国传统的旧财经术语来表达资本主义经济事务，不免令人有雾里看花之感，也不像严复那样刻意使其译文古奥典雅，从而使斯密的思想更加晦涩难懂。这就使人们从梁启超的经济论述中，第一次嗅到以现代风格进行的经济分析。尽管他的论点可能是错误的，然而他的逻辑形式、分析方法和所用辞汇，却是属于现代化的，与我国传统的经济论述判然有别，再加上他与康有为齐名的倡导戊戌变法一段历史在知识分子中所产生的影响力，故他在近代经济学传播上的功绩是相当突出的，而财政思想又是其经济议论中最精彩部分。因此，他在传播近代财政学上的贡献就更为突出。从我国财政思想史角度考察，由古老的中国传统财政论述到近代的财政分析，是极大的转折或飞跃，在促成这一飞跃方面的贡献，没有任何人可以与梁启超相匹敌。只是在辛亥革命后，他的研究课题逐渐集中于国故的整理方面，对财政学的知识仅仅抱残守缺，不免日益落后于不断发展的近代财政理论的一般水平。

三、梁启超其他经济思想

(一)乘数思想

在现代西方经济学中，乘数是指经济活动中某一变量的增减同其他变量所发生的连锁反应的大小或倍数之间的关系。乘数概念最早由英国经济学家卡恩(R. F. Kahn)在1931年提出，数年后被凯恩斯加以利用，遂成为宏观经济学中研究经济波动的一种概念性工具。说梁启超具有乘数思想，看似耸人听闻，但确不乏证据。梁启超认为富有者把钱财用于投资，不仅可使本人获得大利，同时还能带动各行各业，使所有的人都得利。在《〈史记·货殖列传〉今义》中，他这样论证道："如兴一机器(织)布之厂，资本二十万，而造机器之人，得其若干，种棉花之人，得其若干，修房之人，得其若干，工作之人，得其若干，贩卖之人，得其若干，而且因买机器也，而炼铁之人，得其若干，开矿之人，得其若干，因买棉花也，而赁地种植之人，得其若干，造粪料造农机之人，得其若干，因修房屋也，而木厂得其若干，窑厂得其若干，推而上之，炼铁开矿，以至窑厂等人，其货物又有其所自出，彼之所自出者，又复有其所自出者，如是互相牵涉，沾其益者，至不可纪极。"在这里，梁氏实际上将资本家花费20万所建的机器织布厂视为一件最终产品，使用价值追溯的方法，将这家工厂的价值分解为建厂所需的全部要素所创造的价值。他只是没有指明，虽然"沾其益者"无数，但全社会因这笔投资而带来的收入增加量仍为20万。然而，令人关注的是，他紧接着说，这笔投资的影响并没有到此完结，“且工作贩卖之人既聚，既有所赡，则必衣焉、食焉、居焉、游焉，而于是市五谷蔬菜者，得其若干，市布缕丝麻者，得其若干，赁屋庑者，得其若干，赁车马者，得其若干。而此种种之人，持其所得者，复以经营他业，他业之人有所得，复持以经营他业，如是互相摄引，沾其益者，亦不可纪极。此之谓行如流水”。这就是说，上述各种生产要素的提供者会将所有收入马上用于各种消费，这些钱将流入生产消费品的生产要素所有者手中，从而使全社会居民收入又增加若干。这实际上是国民收入的第二轮增加。同样，这些消费品生产者会很快把所得收入再用于其他支出……如此层层下推，以致无穷，显然，此时不但受益者不可胜数，全社会收入的增加量也远不止20万了。

由此可知，梁启超的思路相当清晰：一个人的支出，将构成另一些人的收入，如果每个人都将其获得的收入及时用于支出，那么，一个人支出的增加，将通过连锁反应促使其他有关人员收入成倍地增加。这是十足的乘数思想。当然，毋庸置疑，梁启超的乘数思想还很粗浅。乘数效应发生作用有一些必要的前提，他均未论及，他没有提出“边际消费倾向”或“边际储蓄倾向”的概念，更没有（也不可能）从数学上刻画乘数的大小（边际储蓄倾向的倒数）。但是，也不能因此说他没有边际消费倾向的概念，梁氏的上述言论是在鼓吹尚奢黜俭时发出的，他推演的前提是人们将所得收入几乎全部及时地开支掉，也就是说，在他的乘数思想中，边际储蓄倾向几乎等于零。因此，他设想的乘数很大。梁启超上文所论述的应属于投资乘数，此外他还论及过消费乘数，在此一并列出，也可作梁氏具有乘数思想之旁证。梁启超在叙述富人挥霍对社会的好处时，曾这样说：“彼食前方丈，而市酒肉者得以养焉；彼侍妾数百，而市罗绮簪珥者得以养焉……他事称是。而彼所市者，则又复有其所市者，递而引之，极至不可纪。”梁启超能在凯恩斯前三四十年产生乘数思想，尽管尚不完善、精致，实属不易。值得一提的是，《〈史记·货殖列传〉今义》作于1897年，此时梁能读到的西方经济著作并不多，这说明他并非像某些学者所说的那样，在经济领域缺乏独立、深入思考的能力。当然，这不排除他从中国传统经济思想（如管子的侈靡论）中吸取滋养。

（二）规模经济思想

在现代经济学中，所谓规模经济，是指随着生产和经营规模的扩大而收益不断递增的现象（它可以表现为长期平均成本曲线向下倾斜，即成本递减）。梁启超的规模经济思想，集中反映在他于 1903 年所作的《二十世纪之巨灵托辣斯》一文中，他在这篇论文里宣扬了大资本的优越性。以往学术界对此只作阶级分析，认为它反映了民族资产阶级上层企图在中国取得垄断地位的主观愿望。笔者认为这种评价是有失公允的，至少是片面的。梁启超之所以赞美托拉斯制度，主要是属意于其经济效果。他说："生计学有最普遍最宝贵之公例一焉，曰以最小率之劳费易最大利益是也。而托辣斯则达此目的之最善法门也，故论证托辣斯之功德，皆当于此焉求之。"梁氏虽然没有表述出长期成本曲线下倾的概念，但他无疑认为在不同的生产规模上企业的产品单位成本是不同的，大规模生产能使产品单位成本不断下降，也即给企业带来规模经济性。这一点可从他有关股份公司的议论中得到佐证。作为中国近代股份制经济的早期宣扬者之一，他认定："今日欲振兴实业，非先求股份公司之成立发达不可。"与旧式企业相比，股份有限公司的规模要大得多，梁对此解释说："盖自机器骤兴，工业革命，交通大开，竞争日剧，凡中小企业，势不能图存，故淘汰殆尽，而仅余此大企业之一途也。"这无非是说，大规模生产的企业在产品成本上要优于中小企业，故具有较大的生存能力。可以这样说，梁之所以推崇股份有限公司，正是在于认识到它能带来规模经济。

为了说明托拉斯符合效益极大化原则，梁启超详列了办托拉斯的"十二利"，这"十二利"中，除了一些似是而非的说法外，其余实为对规模经济的形成原因所作的合理分析，并非如有些论者所言，一无是处。兹列举数条如下：(1)"可以得廉价之原料品"。这是因为"购买原料以多量而价廉"。大量购入原料确能节约单位产品市场交易费用。(2)"可以善用机器而尽其所长"。这有两层意思：一是"闭无用之工厂，废多余之机器"；二是"利用大机器故制物多而良"。组织创新可以造成劳动资料的节约，采用高效的大型生产设备可降低单位产品的投资量。(3)可以使"分业之学理日趋精密"。"分业精密故制物良而费省"。大批量生产能推动生产的专业化和简单化,从而提高产品质量,降低产品成本。(4)“可以制造附属副产物使无弃材”。这是指对原材料的充分利用。(5)“能淘汰冗员节减薪费”。淘汰“监督事务冗员”,自然能导致管理费用的相对节约。(6)“可以节省运输费用”。这有两层意思:一是“恒择各要区,分置工场”,就地销售,从而节省了转运费;二是“货少则运费必昂,货多则运费必省”。梁启超的规模经济思想在其农业经济思想中也有所体现。早在1896年所写的《说橙》一文中,梁氏就表述了建立资本主义农场的主张。以往论者只注意橙园中的生产关系,其实,从产业组织学角度看,梁氏描述的橙园也算是一种初步的农业规模经济。橙园的经营者投入资本,雇工生产,精心规划管理,通过市场出售产品获取丰厚的利润。与小农经济相比,这种农场主要通过组织创新,获得了规模经济的效应。1905年,在同资产阶级革命派论战中,梁启超曾如此对大规模农业与小农经济下定义:“所谓大农小农者,不当以其耕地面积之广狭定之,宁自经济的观点类别批评之。……大农。谓有一教育经验兼备之农业家立于其上,以当监督指挥之任,而使役多数劳动者以营业农也。……小农。营业者自与家族从事耕作,而不雇用他人者也。”在两者之间,他推崇前者,说:“盖就理论推之,大农实当优于小农。……使大农而果有适当之人才,适当之资本……则其优于小农,固可决言也。”他相信,大规模农业“能为种种设备,以从事于农业改良”,生产效率要比小农经济高数倍。他愤激地指责革命派在农业中防止大资本,是“沮抑农业上之大企业,使永不发生,如是,则关于农业上种种之进步的器械,与夫集约经营之方法,将永不得适用于我国,而惟抱持此千年陈腐之旧农术以自安”。这足见其对大规模农业的重视。

但是,事物往往是一分为二的,规模经济的作用也并非全是积极的。大规模生产能提高企业的生产效率,但追求规模经济的结果必然又导致垄断的发生。而垄断将阻碍价格机制的作用,使经济丧失竞争活力。从微观层面上说,当企业规模扩大到一定阶段之后,企业内部管理效率往往会出现下降的趋势。对此,梁启超并没有回避,他曾列举时人所议论的托拉斯“十大弊”。下面列出其中的主要内容,让我们来看看梁氏对这些非难的看法:(1)对最高层管理人员,“其监督之方法,未能如寻常公司之完备”。(2)“以规模太大,故统一之监督之,大非易易”。以上两点说的是企业内部管理效率的降低,梁氏对此不提出反对意见。(3)“以其为本业之独占也,无竞争之刺激,故生产技术之改良进步日益怠”。对此梁氏辩解道:“然据过去之托辣斯实以审判之,此流弊似尚未见。”(4)“其淘汰多数之工场,且采用最省劳力之机器,使多数劳佣糊口绝也”。具体地说,就是导致失业的增加和工人工资的降低。对此责难,梁氏竭力加以辩解,他认为事实并非如此,又说即使有此弊病,也是暂时现象。(5)“以此种种不正之手段,摧灭竞争之敌,使小资本之公司,不能自存”。梁氏承认,“此则有以防止也”。(6)“以独占之故,其所产物品,虽日杂粗窳以欺市众,而莫可谁何”。梁氏认为这是不可能发生的,纵然发生,也是暂时现象,市场的竞争机制将消灭之。他忽略了这一事实:垄断恰恰削弱了市场的竞争机制。可见,梁启超对时人有关托拉斯的批评意见并没有(也无力)采用全盘否定的态度。但是,对大多数、关键性的责难,他极力加以辩解、反驳,这些辩解虽不是毫无道理,但基本上是勉强的,有的是完全错误的。总的说来,梁启超由于过分推崇规模经济的好处,从而忽视了垄断可能导致的弊端。凭心而论,如何既保护经济的竞争活力,同时又能发挥规模经济的优势,在两者之间求得某种平衡,即使是在当代,也是经济学中的一大难题,要梁启超正确把握这对矛盾,在当时是不现实的。

由于上述的原因,梁启超极力主张在中国建立大资本企业,并将其视为抵制西方垄断资本经济侵略的决定性力量。他主张在收入分配上拉开差距,牺牲劳动者的利益,使资本家加速积累资本,以实现规模经济。故云:“吾以策中国今日经济界之前途,当以奖励资本家为第一义,而以保护劳动者为第二义。”这种牺牲公平获得效率的观点,在当时受到革命派的严厉驳斥,但从现代西方发展经济学的角度看,倒也有此一说。

(三)股份制思想

1.梁启超对股份制经济的认识有许多超出前人的真知灼见。他把对股份制的认识同整个社会经济发展紧密地结合起来,给予高度评价。他认为中国实业振兴的关键必须像西方国家那样成立和发展股份有限公司，并断言“将来我国实业终能振兴与否，则将于此诸公司之成效与否焉卜之”。为了深入了解中国股份制经济发展的情况，他还专门对1904年～1908年间工、农、矿、交通、金融等行业报部注册的265个实业公司的分布地区和资本额的历年变化，详细列表分析，予以研究，形成了较之前人更为系统、准确、精辟的股份制经济思想。梁启超首先从整个社会生产发展的角度探讨了近代股份制经济产生的必然性。梁启超指出：“盖自机器骤兴，工业革命，交通大开，竞争日剧，凡中小企业势不能以图存，故淘汰殆尽，而仅余此大企业之一途也。”他所说的“大企业”就是近代意义的股份制企业。纵观资本主义发展史，股份制经济正是随着商品经济的发展而产生的。马克思在论述股份公司的出现时说：“那种本身建立在社会生产方式的基础上，并以生产资料和劳动力的社会集中为前提的资本，在这里直接取得了社会资本（即那些直接联合起来的个人的资本）的形式，而与私人资本相对立，并且它的企业也表现为社会企业，而与私人企业相对立。这是作为私人财产的资本在资本主义生产方式本身范围内的扬弃。”梁启超的说法，在一定程度上揭示了近代股份制经济产生的基本原因。梁启超还指出，近代股份制是资本主义经济发展到一定阶段的产物，其生产、经营活动必须在资本主义法律制度下才能得以存在和发展，所以股份制经济实质上是一种法治经济。他指出，股份有限公司作为一种新型的企业制度，它与传统的旧式私人企业有着明显的不同。传统旧式企业，“率以一人或一家族经营之，或雇佣少数人而已”，规模既小，且在经营上“皆负无限责任，苟其业有亏衄，则罄其所有财产之全部以偿逋负”；而“股份有限公司之性质则不然”，人数众多，规模巨大，且在经营上“股东除交纳股银外，无复责任”，企业如有亏损，则“惟以公司之财产，处理公司之债务，而外此一无所问”。梁启超指出，西方各国对股份公司的监督管理，“有法律以规定其内部各种机关，使之互相箝制；有法律以强逼之，使将其业务之状态，明白宣示于众，无得隐匿；有法律以防其资本之抽蚀暗销，毋使得为债权者之累”。鉴于此，他强调指出，股份有限公司“必在强有力之法治国之下乃能生存”。而当时的中国却是一个“无法之国”，尽管清政府在“新政”期间颁布了《公司律》、《破产律》、《公司注册章程》等一系列法律、法规，但

"中国法律自颁布,违反自违反,上下恬然,不以为怪","有法不行,等于无法",这对于"专恃法律之监督、保障以为性命"的股份企业来说,"固无道以发荣也"。因此,梁启超极力主张完善中国的资本主义法律制度,制定严格的经济法律、法规,来保证股份制经济健康、有序的发展。梁启超的这一主张,无疑是有先见之明的。

2.股份制"利益共享、风险共担"的原则把股东和企业紧紧连在一起,这正是股份制企业的凝聚力之所在。理想的股份制企业,公司员工与企业的利益休戚相关,因此股东及经营者的素质和责任心与企业的成长息息相关。由于股份制贯彻两权分离的原则,企业经营权和所有权分离,企业所有者股权意识淡漠,经营者责任心不强,都会直接给企业发展造成很大损害。梁启超指出,"股份有限公司必责任心强固之国民,始能行之而寡弊"。他进而分析了在中国股份制实践中企业员工的素质,认为国人的公共观念与责任心等方面存在一些弊端:其一,国人股权意识淡漠。在近代股份制企业中,投入资本的股东是企业的资产所有者,他们通过股权运作机制实现对公司的最终控制,并使得企业所有权与经营权相分离,以适应企业高效运作的要求。而在中国的股份制中,股东缺乏必要的股权意识。在当时的股份企业中,对于公司职员来说,所占股份只是一小部分,"营业赢亏,皆公司所受,其赢也利非我全享,其衄也害非我独蒙,故为公司谋,恒不如其自为谋之忠","其尤不肖者,则借公司之职务以自营其私"。"人人皆先私而后公",导致企业"小办则小败,大办则大败,即至优之业,幸而不败者,亦终不能以发达"。梁启超指出,出现这种情况的原因,一方面是由于中国当时股份制法律不健全,股东"以法律状态不定,不能行确实之监督权";另一方面则是"股东之怠于责任亦太甚,乃至并其所得行之权限而悉放弃之,以致职员作弊益肆无忌惮"。因此,梁启超大声疾呼要发展股份经济,首先要提高国民对股份制及股权的认识,增强权利观念,否则就很难实现股东对企业的监督权,调动企业员工的生产积极性。其二,"公司之成立,往往不以企业观念为动机"。梁启超认为,股份制经济是一种高度社会化的企业组织形式,它的运作必须遵循经济发展的客观规律,必须探寻"生计原则",按其规律行事。举办企业也必须以"企业观念"为动机。他针对本世纪初收回利权运动时期各种形式的铁路公司、矿业公司等的大量涌现，却“大率以挽回国权之思想而起之”，募集股份丝毫不以“企业观念”为动机的做法很不以为然。他指出这种只凭热情不讲科学的做法，致使公众只考虑尽一己之义务，对于企业是否赢利毫不过问，结果必然导致“职员自托于为国家尽义务，股东且以见义勇为奖之，不忍苛加督责，及其营私败露，然后从而掊击之，则所损已不可复矣”。表面上的爱国行动，却没有达到爱国救国的目的，“实以病国也”，这不能不说是办企业者缺乏必要的经济观念所带来的盲目行为的结果。因此，梁启超强调，“生计行为不可不率循生计原则”，必须树立“企业观念”。其三，“凡公司必有官利”。无论经营成败，股东皆有红利，俗称“官利”。梁启超指出，这种“官利”制度也是有悖股份制的基本原则、违反经济规律的，反映了国人落后的股份投资意识与股份收益观。“官利”制度这种不问盈亏，一律按期付息、付利的做法极大地损害了股份制“利益共享、风险共担”的投资体制，严重损害了企业的自我积累功能。“官利”制度在后期的阻碍作用愈益增强。对此，梁启超明确指出，“官利”制度不合世界实业通例，“此实我国公司特有之习惯，他国所未尝闻也”。他举例说：“最著者如粤汉、川汉、江西等铁路公司，集成股本数年，路未筑成一里，而年年将股本派息。中外古今岂闻有此种企业法耶？”以上种种，造成了公司不对股东负责，股东对公司不予过问的奇怪现象，这不能不说是中国股份制度的极大扭曲。梁启超指出，要克服以上弊端，必须增强国民的股份意识，提高整个国民的素质，使国民有强烈的参与精神和责任感。为此，他强调指出：“盖人民必生活于立宪政体之下，然后公共观念与责任心乃日盛，而此两者即股份公司之灵魂故也。”从而将培养国民素质、发展股份经济与他的政治改良主张两者紧密结合在一起。

3. 梁启超指出：“股份有限公司必赖有种种机关与之相辅。”股份公司“其最大特色，则在其股票成为一种之流通有价证券，循环转运于市面，使金融活泼而无滞也”。“股票之转卖抵押，虽一日千变，而公司营业之资本，丝毫不受其影响”。股份公司这种“至灵活而富于伸缩力”的特点，“既便于公司，复便于股东，而尤便于全社会之金融。故其直接间接以发达实业，效至博也”。但股份制的健康发展同样也离不开成熟的金融市场和健全的投资环境与之相配合。梁启超指出，股份制的发展，“则赖有二大机关焉以夹辅之：一曰股份懋迁公司(即股票交易所)；二曰银行”，而股份懋迁公司为股票流通之枢纽，银行为股票抵押之尾闾。如果没有这样的辅助机构，那么股份公司的融资、投资都会受到限制。梁启超举例说：“欧美各国有此种种利器，常能以一资本而当什百资本之用，其所以致富者皆在此。”而中国虽建立了股份公司，但因金融及证券市场不成熟，股东有股票，则“藏诸笥底，除每年领些少利息外，直至公司停办时，始能收回老本耳。若欲转卖抵押，则又须展转托亲友以求人与我直接，非惟不便，且将因此受损失焉”。因此，梁启超极力主张建立有价证券交易所，发展成熟的金融投资市场，以便使“股票作为一种商品，使全社会之资本，流通如转轮”。这样才更加有利于民间闲散资金投资于股份企业，从而促进股份企业生产规模扩大，效益提高，促进社会经济发展。在股份经济中，公司不是独立存在的，而是和证券市场、股票交易融为一体的。正如恩格斯指出的那样，“交易所正在把所有完全闲置或半闲置的资本动员起来，把它们吸收过去，迅速集中到少数人手中，通过这种办法提供给工业支配的这些资本，导致了工业的振兴(绝不应把这种振兴和商业繁荣混为一谈)。既然事情动起来了，就会愈走愈快”。把股份经济作为金融经济来理解，发展和完善证券金融市场，这正是梁启超高于前人的地方。

4. 作为近代“新式”企业制度的股份制企业，其内部结构较为复杂，规模愈大，企业事务愈益繁重。这就需要股份制企业的总管、经理要有高素质的管理和技术才能。对此，梁启梁看得相当清楚。他说：“盖为一小国之宰相易，为一大公司之总理难。”另一方面，国际上日趋激烈的经济和政治竞争也使得本处于落后、挨打地位的中国近代股份制经济在世界竞争大潮中处于非常不利的地位。梁启超自戊戌变法失败之后一直流亡海外，得以目睹西方资本主义各国在经济及其他领域的竞争激烈程度。早在 1899 年，梁启超就指出：“自前世纪以来，学术日兴、机器日出、资本日加、工业日盛，而欧洲全境，遂有生产过度之患，其所产物不能不觅销售之地。”他明确指出，当今世界之竞争乃至战争都是“属于经济之事”。而竞争的最后决定因素则是人才的竞争。为此，他强调：

"今世生计界之竞争，其剧烈殆甚于军事，非具有生计学之常识，富于实际阅历，而复佐之以明敏应变之天才，以之当经营之冲，鲜不败矣。"他充分认识到商场如战场，企业要想在激烈的竞争中得以生存，必须有高素质的企业领导和员工队伍。作为企业的领导者，既要有学识，譬如"生计学常识"，即经济学知识，又要有较强的管理经营企业的能力，后者在某种程度上显得更为重要。他引用中国古代大商人白圭的话说，既要有"伊尹、吕尚之谋"，还要有"孙吴用兵、商鞅行法"之勇。他指出，"今日生计界之现象，其繁赜诡变，千百倍于古昔"，在竞争激烈的市场中，作为股份制企业的"总理"，如果仍像传统商人那样，只知"株守故业，计较锱铢"，不了解"生计学之概略"，也不了解"近世企业之性质"，则不可当公司之大任。同时，还指出，作为股份制企业的"总理"，还要有管理、经营股份制企业的特殊才能。他对当时股份制企业中所选任的那些"自营私利"、"据以舞弊"或"惟借其名以资镇压"或"素在商界"，只知守成不思进取的公司经理进行了尖锐的抨击，同时对某些企业选那些在"技术上颇有学识经验"的专业技术人员充任公司经理的做法也不表赞同。他指出，用专业技术人才来充任公司经理也是用人不当的又一种表现。他指出，这些人可以担当公司中"技术一部分之业务"，但却不一定具备管理者的基本素质。因此，梁启超指出，公司"总理"类似一国之宰相，他"不必通兵刑钱谷"，但一定要有组织管理企业的特殊才能，这是实现股份制管理的最重要因素，也是企业具有较强竞争实力的重要条件。梁启超深刻地指出，"股份有限公司必赖有健全之企业能力，乃能办理有效"，而中国当时"则太乏人也"。因此，中国股份制经济要发展，必须培养国民的"企业能力"，建立高素质的人才队伍，提高企业的人才优势，增强企业的竞争能力，这才是企业发展成功的关键。

四、梁启超经济思想评析

毋庸讳言，梁启超的上述思想主要是受到当时资产阶级经济学教本的启发，很少是其本人的创见，这一点学术界早有定论。其中梁启超的股份制经济思想既继承前人，又超越前人。他把发展壮大中国近代股份制经济同救亡革新的政治主张紧密结合，希望通过发展近代股份制经济来推动实业的振兴，推动整个社会的进步。从整个社会发展着眼，把其经济改革主张同政治上的维新改良有机地结合在一起。他强调，中国经济要发展，“首须确定立宪政体，举法治国之实，使国民咸实习于法律状态；次则立教育方针，养成国民公德，使责任心日以发达；次则将企业必需之机关，一一整备之无使缺；次则用种种方法，随时掖进国民企业能力”。他认为这四者缺一不可，但最根本的解决方法，是“改良政治组织”，为股份制经济的发展创造良好的社会政治环境。这反映了民族资产阶级在政治上的积极要求，也反映了梁启超资产阶级改良派的政治立场，从而把确立资本主义企业制度与建立资产阶级立宪制度有机地联系在一起，赋予了其股份制经济思想鲜明的政治性与时代特征。应该指出的是，梁启超并不是一个经济学家，更没有办过实业，他自己也说其经济学说是“演师友之口说，拾西哲余唾，寄他人之脑之舌于我笔端而已”。然而，梁启超对西方经济学的理解，在当时毕竟属一流水平，并且对实际经济问题不乏独立思考的能力。他的经济思想更是直接为其政治改良学说服务的，其对经济理论的理解尽管存在许多肤浅、片面或错误之处，但他的许多观点确不乏切中时弊的睿智之思，即使对于改革开放的今天，仍有着十分巨大的现实意义，值得思索。

第八节　孙中山及资产阶级民主革命派的财政思想

一、孙中山生平简介

孙中山(1866～1925)，名文，字德明，号日新，后改号逸仙，广东香山人。因1897年在日本进行革命活动时，曾经化名中山樵，后来被人称为中山。他出身于贫苦的农民家庭，幼年时便参加农业劳动，并在村塾中读书。1878年随母亲到檀香山，进教会学校读书。1883年回国，又到香港读书，加入了基督教。中法战争的失败，使孙中山产生了改造中国的思想。1886年开始学医，次年进入何启创办的西医书院学习，除学医外，他还广泛阅读西书，寻求救国真理。1892年在西医书院毕业后，在澳门行医并开设中西医局，因受到澳门当局的刁难，于次年回广州行医，开设东西医局。1894年上书李鸿章，希望清政府主动进行改革，李鸿章未予理睬。甲午战争爆发后，孙中山到檀香山宣传革命，创立了资产阶级革命小团体——兴中会。1895年在香港成立兴中会总部，扩大组织，同年举行了广州起义，失败后逃往日本。次年到美国、英国向华侨宣传革命，在伦敦遭到清驻英使馆的秘密囚禁，经他的西医书院老师英人康德黎营救脱险。1897年回日本。1900年举行惠州起义，仍失败。1904年至1905年间到欧洲向中国留学生宣传革命主张，回日本后发起成立了中国革命同盟会，被推为总理。同盟会成立后，以《民报》为机关报，进行革命宣传，又举行了多次武装起义。他一直往来于亚、欧、美洲各国，为革命而奔走。辛亥革命爆发后回国，1912年1月1日就任中华民国临时大总统。南北议和后，孙中山于2月13日辞去了临时大总统职务。8月，同盟会联合统一共和党等四个小政党成立了国民党，孙中山被推为理事长，但他不愿过问党务，委宋教仁代理。9月，被袁世凯任命督办全国铁路。1913年从日本回国发动了讨袁的二次革命，失败后避居日本。1914年在日本创办《民国》杂志，成立中华革命党，继续进行反对袁世凯和北洋政府的斗争。1917年在广州组织军政府，任海陆军大元帅，进行了护法战争。1918年5月，因桂系军阀操纵国会，孙中山辞去了大元帅的职务，离开广州到上海。1919年8月，派朱执信、廖仲恺等创办《建设》杂志；10月将中华革命党改组为中国国民党。1920年冬，孙中山回广州重组军政府，次年被选为非常大总统，出师北伐。1922年因陈炯明叛变，又退居上海，在中国共产党和苏联的帮助下，孙中山决定改组国民党。1923年1月，滇桂联军驱逐了陈炯明，孙中山回广州重建大元帅府，任海陆军大元帅。1924年1月，在广州召开了中国国民党第一次全国代表大会，确定了联俄、联共、扶助农工的三大政策，会后积极准备北伐。10月，冯玉祥在北京推翻了直系军阀的统治，邀请孙中山去北京商讨国事。孙中山于11月动身，经日本到天津后，肝癌发作，1925年3月12日在北京逝世。著作有《孙中山全集》等。[①]

① 叶世昌，《近代中国经济思想史》，上海人民出版社，1998年，第246～247页。

孙中山是近代中国向西方寻求救国救民真理的代表人物，是中国革命的伟大先行者。19世纪后半期向西方学习的思想家，绝大多数都迷信西方资本主义文明的尽善尽美，总是对之亦步亦趋地“效颦”，以为这样就可以救国救民，而他们中绝大多数对资本主义的理解囿于支支节节，很不全面。孙中山和这些人不同，他接受西方资本主义知识，决不是无条件地照搬，而是尽力在借用西方办法的基础上有所取舍和改进。尽管他所提出的改进仍未超越资本主义的范畴，但至少他已经发现了西方的制度或学说存在某些缺陷，认识到不应一味盲目崇信西方文明。

孙中山思想的另一特点，是他的革命思想包括他的财政思想均在不断向前发展。19世纪末到20世纪初的思想家的思想观点，由于客观条件的不断变化，大都起了一些变化。可是他们中的多数均是由进步转向倒退，甚至反动。像孙中山这样不断进步，一直保持着其革命精神的人，即使在资产阶级民主革命派中也是极少有的。

从财政思想角度考察，孙中山对我国古代财政思想具有一定程度的理解，而对资本主义财政经济理论和措施的理解程度，无论在质或量方面，也均较梁启超及同时代的人更为深入。但孙中山毕竟是一位政治家，尽管他所涉及的财政经济理论问题甚为广阔，但这些主要是为他宣传自己的民生主义服务的，并不是一种纯学术性的阐述。下面我们将着重分析他的经济纲领中所体现的财政思想。

二、孙中山的财政思想

(一)平均地权纲领体现的财政思想

土地问题是我国历史上已纷扰了两千多年仍未解决而且是在那个时代不可能解决的问题。孙中山作为中国的一个伟大政治家和革命家，自然不能回避这个问题，因此他将“平均地权”作为其革命的首要经济纲领。

平均地权最初在1905年提出，并作为同盟会的纲领之一。孙中山认为民主革命成功后，中国的实业得到发展，城市的地价将急剧上涨，如上海的地价在中外通商后已上涨万倍，而革命后五十年间中国将要建成数十个“上海”。这种地价上涨，使地主不劳而获，坐享其利，形成

"地权不平均"。因此他主张平均地权，实行土地国有。他提出土地本应公有的理论说："人类发生以前，土地已自然存在，人类消灭以后，土地必长此存留。可见土地实为社会所有，人于期间又恶得而私之耶？或谓地主之有土地，本以资本购来，然试扣其第一占有土地之人，又何自购乎？"①

平均地权纲领的基本特征，是重视运用财政手段来实现平均地权的目的。孙中山的这一思想虽然主要导源于美国人亨利·乔治(H. George)，但在不少方面又与乔治的主张有所不同。1879年，乔治出版《进步与贫困》(Progress and poverty)一书，他在书中断言，贫富不均现象产生的原因是土地私有垄断，只有实行土地公有化才能解决社会贫困问题，他提出的解决办法是让土地仍留在地主手中，任其自由买卖，国家通过单一地价税将绝大部分地租强征到手中，只留较少部分地租归原地主享有，这样一来，地主"私有"土地是空有其名，国家征收了大部分地租，即达到了事实上的"公有"。孙中山从乔治那里吸取了主要的滋养，也认为土地垄断是独占自然力，地租收入是"不劳而获"。② 他早期的"平均地权"纲领就是将乔治的方案加以改造的产物。其具体办法是：在革命政权建立后，由地主自报地价，政府按照地主自报的土地价格征收百分之一的地价税，并有权随时按照地主自报地价收买其土地。并且，随着社会经济发展而上涨的那部分地价全部归于国家，为国民所共享。对于这一通过财政征收或购买方式而实现平均地权的方案，我们可以进一步分析如下：

首先，逐渐实行土地公有化或国有化是对封建地主土地所有制的根本否定。但乔治主张重征地租税，让地主仍保留土地所有权的空名，根本不是土地公有化。孙中山处在中国资本主义尚在封建主义母体中发展孕育的时代，他所提出的"土地公有化"主张，不管是否完备及其现实性如何，其本身就具有反封建的进步意义。但他所谓的"国有化"，多少总具有些古代"溥天之下，莫非王土"以及王夫之、颜元、太平天国的

① 《在上海中国社会党的演说》，《孙中山全集》第二卷，第514页。

② 《民生主义第二讲》，《孙中山选集》下卷，人民出版社，1956年。

土地共有共享的意味，不能用现代所谓国有或公有的概念去理解。否则，平均地权后土地仍由私人所有并交纳土地税，有何“国有”、“公有”可言？

其次，乔治只主张以征收土地单一税的方式将由于社会经济发展而增大的那部分地租收归国有，此外一切维持现状。孙中山在同盟会时代还赞成土地单一税制，后来放弃此税制，将重点放在对增价土地的处理方面，即国家有权对已增价的土地按照原申报的土地价格收购。这种方式的优点在于：第一，在政府无财力收购土地或有财力而无收购必要时，可以暂不收购。在一个领土广阔而财力不宽裕的国家，这种方案是必要的。第二，由地主自由申报地价，能基本反映土地真实的价格。因为地主怕将来政府照价购买，决不敢低报地价，同时也不会高报地价以免负担较多的地价税，所以这一价格基本上符合实际情况，从而保证了较稳定的国家财政税收收入。这是孙中山的独立创见。

最后，按地主自由申报地价抽税有其巧妙之处，但其缺点也是很明显的。因为平均地权的实质是针对都市地价而起，都市地价上涨最多之处都是商业特别繁盛区域的地基。此种地基的价格与上面建筑物的价值尤其是因土地区位而形成的价值如何划分，已是一个非常复杂的问题。兼之地价上涨后的土地买卖双方可以采取各种方式隐瞒已上涨的地价，而国家仍按照原申报的低地价抽税实际上是自蒙损失，让城市地主坐享厚利，由此来看，这并不是一个公平合理的办法。如果将这个办法应用到农村耕地上，倒比较简单易行，但农村耕地很少有因工商发展而暴涨的情况。结果使得按自由申报地价抽税而涨价部分归公的平均地权方案，对城市土地“应行而行不通”，对农村耕地“能行通而无此必要”。

最早的平均地权方案并未考虑如何解决农民土地问题，直到 1912 年 8 月，孙中山在北京与袁世凯谈话时才第一次明确提出“耕者有其田”的主张。[①] 又自 1924 年起，才正式将解决无地农民的土地问题列入

① 凤冈及门第 2 编，《三水梁燕孙先生年谱》上，第 123 页。

平均地权纲领。[①] 但孙中山在论及“耕者有其田”的办法时，曾提出两种不同的方式。他先说政府可依靠联络起来的农民做基础，对于地主“照地价去收重税”，“如果地主不纳税，便可以把他的田地拿来充公，令耕者有其田，不至纳税到私人，要纳税到公家”。这是把违法地主的土地没收，交原佃户“有其田”。如果地主愿意纳重税，那就采取另一种方式，要农民与政府合作，商量解决的办法，使“农民可以得利，地主不受损失”。不论这两种方式如何配合，能否实现，他设想的是通过财政课征方式来实现耕者有其田的理想，也就是说用和平方式解决土地问题，资产阶级的阶级局限性使他不会采取暴力革命方式，只能运用征税和购买土地的方式来解决极为严重的农民土地问题。所以，其不能付诸实施是必然的，不足为怪。

(二)节制资本纲领体现的财政思想

孙中山的节制资本思想渊源于辛亥革命胜利之初，而作为经济纲领则是他在1919年所写的《三民主义》原著中才正式提出的。节制资本纲领可概括为两个方面，即节制私人资本和发展国家资本。

从财政上看，他把由国家资本经营的银行、铁道、航路等有关国计民生的大企业的收入作为国家财政收入的主要来源之一。他曾将国家财政收入的来源分为三种：第一种是地价税。他认为这是最易施行于中国的课税项目，其具体课征方式已如前述。第二种是铁路收入。鉴于当时美国铁路收入已有流入私人手中的趋势，他特别强调铁路由政府直接管辖，其全部收入，将供政府使用。根据他在《社会主义之派别与方法》讲演中的设想，以六十万万本金能修筑二十万里铁道，可保四五十年之久，每年可获利六万万，十年即收回成本，以后每年收入再用来兴办其他生产事业，利仍归公，也可免为少数资本家所垄断专制，国家地方经费均由此出，又可间接减轻人民的租税负担。可见，他对铁路收入寄予极大期望。第三种是矿业收入。以上三种收入，大多可以即时征收，且极便利。至于其他尚待开发的税源，指各种公共兴办的事业，如自来

① 见《中国国民党第一次全国代表大会宣言》、《民生主义》第三讲及孙中山在农民运动讲习所的演讲。

水、电厂、瓦斯、森林等。在他看来，上述各种收入，供给国家政费而有余，其余额又可用来兴办教育及慈善事业。总之，国家财政收入除以征收地价税为其主要来源之外，应把重点放在国营企业收入的不断增加上，这是孙中山的发展国家资本思想的又一重要内容。这和19世纪末以来许多思想家一味强调由私人集资兴办近代工商企业而国家只需收取捐税的思想，也是不同的。

至于节制私人资本的办法首先是采用所得税制来限制私人资本。这一主张是他在1924年的民生主义讲演中才正式提出，以前并未论及。他说，“现在外国所行的所得税，就是节制资本之一法”，又说，“行这种办法，就是用累进税率，多征资本家的所得税和遗产税”。[①] 关于西方的所得税制，我国自20世纪初以来曾不断有人提及，北洋军阀政府还颁布过所得税条例，试图增加税收收入，但最终未能实行。然而，从来没有人像孙中山那样公开主张以累进税制作为节制资本的主要手段，这是他在吸取西方思想时与众不同的独特观点。作为一个资产阶级革命家，他能对有损资本家利润的所得税制加以赞扬，足见他试图防止资本主义弊害和贫富悬殊的思想。此外，孙中山并未提出直接限制私人资本的其他办法，只概略地提到“今欲利便个人企业之发展于中国，则从来所行的自杀的税制，应即废止”。[②]

(三)赋税思想

孙中山无专门论述赋税问题的著作，但前面平均地权和节制资本纲领均体现出他的赋税观点，并且他早年就曾指出西方各国“货之为民生日用所不急者重其税，货之为民生日用所必需者轻其敛。入口抽税之外，则全国运行，无所阻滞，无再纳之征，无再过之卡”，此系各国富强的原因之一。下面主要从四个方面分析孙中山的赋税思想。

1. 加强对盐税、厘金的征收和管理

盐税和厘金是清王朝的主要税收来源，它们严重阻碍了当时中国经济的进一步发展，孙中山对此有非常深刻的认识。他还多次明确表

① 《民生主义第一讲》，《孙中山选集》下卷，人民出版社，1956年。

② 《实业计划》，《孙中山选集》上卷，人民出版社，1956年。

示，这些东西“阻国内商务之发展，妨殖产工业之繁兴”，[①]“若以革新政体而减轻同胞之负担，即应不征盐税，本总统曾有是言”，[②]“厘金须立即废除”。[③]但是，面对严重的财政危机，南京临时政府只好沿袭清王朝的厘金制度，以保证财政收入，以解政府燃眉之急。对于盐税，“不得不暂行照旧征收。将来实业发达，替代有资，定必删此前例”。[④]南京临时政府成立后，任命张謇为实业部长，同时兼江苏、两淮盐政总理，加强中央对盐政的统一管理。“凡关涉运销之事，用人行政通归总理督率办理。盐课为饷项大宗，必须事权统一，总收总支。以后应待盐课盐厘加价等项，由总局统收，解交财政部，分别援照从前成案”。关于淮盐运赴各省，张謇要求各省，“(一)须切实保护；(二)运盐暂仍旧章，免令各商认缴借款及报效银两；(三)各省督销仍由敝局派委，将来所收课厘、加价、复价、杂捐等款，仍按旧章支配”。[⑤]这样既加强了中央对盐政的控制和管理，保证了税收收入，有利于集中财力解决一些重大问题，同时也防止各地随意加重盐商的负担，在一定程度上保护了盐商和广大人民的利益，维护了社会的稳定。

2. 平均地权所反映的赋税思想

(1)从量税改革为从价税，这是对土地税制的重要改革。照价征税即照土地价格征税，土地税在封建社会中主要是田赋，而封建社会的田赋主要是按土地产量定量征收。产量一经核定往往一成不变，致使田赋征收不实，土地所有者税负负担不平衡，土地折价后，按地价征税，一改过去从量征税的弊端，实行按土地价格征税的办法，贵地多征，贱地少征，从而使土地所有者的税负趋于合理，可以切实贯彻合理负担的原则。

(2)通过增价归公实现土地国有化。孙中山认为地价增加是社会进化的结果，非地主之力的作用，所增加的地价归于国家是合情理的。在

① 《孙中山全集》第二卷，中华书局，1982 年，第 9 页。
② 《孙中山全集》第二卷，中华书局，1982 年，第 22 页。
③ 《孙中山全集》第一卷，中华书局，1981 年，第 582 页。
④ 《孙中山全集》第二卷，中华书局，1982 年，第 22 页。
⑤ 《孙中山全集》第二卷，中华书局，1982 年，第 54 页。

资本主义制度下，地价是资本主义化的地租，地租的占有是土地所有权得以实现的经济形态。土地价格的增加部分收归国家所有，也就是把一部分地租（土地所有权）收归国有，从而逐渐使土地国有化。

（3）实行地价税以减轻人民的赋税负担。实行平均地权把涨价之利收归国家，增加了国家的财政收入，进而可以减免其他租税负担。孙中山于 1922 年以后又改变了征收单一税的主张，认为征收地价税的同时，也征收其他捐税，然而由于征收了土地增价税，其他因土地而带征的各种捐税应免除。由此看出，孙中山减轻人民租税负担的思想是一贯的。

（4）通过征收地价税以促进实业的发展和调节生产的思想。孙中山征收地价税的另一目的是铲除妨害资本从一个生产部门自由转入另一生产部门的障碍，让资本主义获得自由迅速的发展。封建社会中工商业不发达的原因之一，是工商业者将盈利资本用于购置土地，认为这是积蓄财富的重要途径。随着近代社会的进步，地价上涨，为了防止土地投资业发展阻碍资本主义工商业的发展，就要实行地价税法和涨价归公制度，以此阻止资本投资于土地业，借以保证有足够的资本用于发展实业。孙中山平均地权的主张是从民族资产阶级的利益出发为民族资本主义发展而谋划策略，也是以税制调节生产原则的灵活运用。

（5）通过平均地权解决贫富悬殊的社会问题。孙中山认为封建社会和资本主义社会不同，在封建社会里，土地私有虽有弊害，但无关紧要，但到了资本主义社会，由于机器的发明和使用，工商业的发展，人类文明和社会的进步，地价会不断上涨，拥有土地的地主会因地价上涨而越来越富，贫民则因无地而更加贫穷，这是欧美社会问题积重难返的重要原因。为了防止在以后的中国出现类似的问题，即贫富悬殊的社会问题，平均地权则是重要途径。

3. 废除不平等条约，实现关税自主的思想

孙中山在十月革命的影响和中国共产党的帮助下，进一步认识到帝国主义侵略是中国经济发展的最大阻碍。他指出帝国主义把持中国海关，剥夺中国关税自主权，向中国倾销产品，对中国进行资本输出，开办银行、工厂、发行货币以及在租界内的经济掠夺等，这一切给中国的

经济损失和危害之深比用几百万兵来杀我们还要厉害。因此,他在《中国国民党第一次全国代表大会宣言》中明确提出了鲜明的反帝主张。在对外政策中明确指出废除不平等条约实现关税自主的观点。废除"一切不平等条约,如外人租借地、领事裁判权、外人管理关税及外人在中国境内行一切政治权力侵害中国之条约"。孙中山比过去通过修改税率、修改条约、主张关税自主者更为进步和激烈,认识到关税自主权的收回,根本在于废除不平等条约。这反映了孙中山在关税问题上明确而鲜明的反帝爱国立场。

4. 地方财政与国家财政的划分问题

规定土地税、地价增益、公地生产、山林川泽之息、矿产水利之利等收入,皆归地方政府所有,用于经营地方事业及育幼、养老、济贫、救灾、卫生等各种公共需要;地方缺乏资力而由国家协助开发或兴办天然富源及大规模工商企业,其所获利由国家与地方均分;地方政府须将年收入的百分之十至五十上缴国家财政等。

(四)举借内外债务

早在同盟会成立之时,孙中山就曾计划"举行债券筹款一事。拟筹足二百万,以为革命之资。由南洋各埠富商认借,每券千元,实收二百五十元,大事成功,还本利千元,由起事之日始,限五年内还清"。这是资产阶级革命派对发行债券的最初设想。南京临时政府成立后,在财政部下面专门设立了公债司,全面负责全国的公债发行和管理。"为公债募集,不宜杂乱,以杜流弊而免厉民事。窃维公债之担负,在于国民;公债之利病,视乎办法。发行有方,则偿还可必,经理划一,则募集不紊"。[①] 南京临时政府逐渐停止了各地自己发行的地方债券,实行由中央统一发行公债。"此次发行公债,原以统一财政,巩固信用。……查沪军政府发行债票,诚为救急之本,其在中央债票未发行之前所售之票,本部长准其发行;其在发行中央债票以后,所有沪军政府未售之票,即当截止"。[②]。随后,孙中山命令各省都督严格遵守财政部所制定债票发行办法,统一

① 《孙中山全集》第二卷,中华书局,1982 年,第 148~149 页。

② 《孙中山全集》第二卷,中华书局,1982 年,第 168 页。

和规范债券的发行。“现在中央债票发行，自应援照鄂沪成案，将各省所发之债票，一律停止。……各省所得债款，半留中央，半归本省”。“发行债票，事又烦琐，兼顾之难，自在意中。应由本部遴选妥员，分往各该省，随时禀承都督暨会同财政司办理债票一应事宜。所募之款，除将一半解部，其余一半留存该省，撙节动用。惟如何用途，须由各省分别报部”。①。同时，为了应付前线战争的需要，孙中山命令将川省铁路股款转为政府公债，用来筹办蜀军。孙中山认为“该商等深明大义，热心大局，殊堪嘉尚！唯念该款本系商股，若有私人借用，事前既易起纷争，事后恐难于归还。不如改由中央政府照数给与公债证券，似此办法，既有裨于大局，复无损于商本”。“为此令该商等妥速将存川路股款，一律清算，点交黄（复生）、熊（克武）二员接收。俟交收清楚，即由财政部发给公债证券，以昭信用，而重商股。”孙中山还建议在稽勋局内附设捐输调查科，“专门调查光复前后输资人民，其持有证券来局呈报，或由他项方法确实证明者，应其输助金额，给以公债票”。②

此外，孙中山努力争取在海外劝募公债，以解决财政危机。之前马建忠与梁启超均主张借外债，但他们对此问题分析都不如孙中山全面。首先，孙中山批判了当时流行的视借外债为蛇蝎的错误思想，他说：“惟借债修路一事，在前清之时已成弊政。国民鉴于前者之覆辙，多不敢积极主张。殊不知满清借债修路，其弊端在条约之不善，并非外资即不可借。”③。他进一步运用外国的经验，证明新兴国家在缺乏资本而又不能不大兴近代工业的条件下，非借外债不可的成功先例，指出：“美洲之发达，南美阿根廷、日本等国之勃兴，皆得外债之力”。因此，只要能坚决维护祖国的主权，“亦即利用外国的资本和人才之权决不授之外人，便不至发生弊害”。故发展经济之权，“操之在我则存，操之在人则亡”。只要做到“使借债之条约，不碍主权，借债亦复何妨”。

在《实业计划》中，他提出了利用外资的几个要点：第一，借债需分

① 《孙中山全集》第二卷，中华书局，1982年，第242～243页。

② 《孙中山全集》第二卷，中华书局，1982年，第132页。

③ 《建设铁路问题》，《总理全集》第二集。

别向几个国家进行，不能集中于一个国家；第二，可以按照借债合同雇佣外籍技术人员，此等人员必须按照合同规定履行义务，合同期满时留用与否由我国决定，不得苛求勒索；第三，必选有利之图以吸外资，以免不利于偿还；第四，从事经办借债人员必须具备有关的知识，才不致受外国资本家蒙骗，这是利用外资能否成功和有利的关键。孙中山在另一著作中，还指出利用外资，应采取“纯粹商业性质之办法”，即与外国资本家或公司商借，不要通过外国政府商借，以“杜绝外来之干涉”。

孙中山的财政思想，尽管均未超越资本主义范畴，但的确是代表了那个时代的一种新精神。他没有较系统的论述，但他所提到的一些赋税观点，一般都是正确的。这表明他对西方的财税理论已有相当程度的正确掌握。最为独特之处还在于他的基本经济纲领均以财税手段的运用为核心。例如，平均地权以地主自由申报地价为纳税基础；耕者有其田以重征土地税方式迫使地主出卖土地，作为农民获得土地的来源；节制私人资本以实行所得税为主要手段；发展国家资本作为国家财税收入的主要来源等。不论他的经济纲领能否实现他预期的革命目的，而运用财税手段为主要武器这一点，的确是很突出的。

思考题

1. 孙中山财政思想评述。
2. 中国近代财政思想的特点综论。

第十四章　新中国的财政思想

第一节　毛泽东的财政思想

一、毛泽东的生平简介

毛泽东(1893～1976),伟大的马克思主义者,无产阶级革命家、战略家和理论家,中国共产党、中国人民解放军和中华人民共和国的主要缔造者和领导人,湖南湘潭人。1893年12月26日生于一个农民家庭。辛亥革命爆发后在起义的新军中当了半年兵。1914年～1918年,在湖南第一师范学校求学。毕业前夕和蔡和森等组织革命团体新民学会。五四运动前后接触和接受马克思主义,1920年,在湖南创建共产主义组织。

1921年7月,出席中国共产党的第一次全国代表大会,后任中共湘区委员会书记,领导长沙、安源等地工人运动。1923年,出席中共第三次全国代表大会,被选为中央执行委员,参加中央领导工作。1924年国共合作后,在国民党第一、第二次全国代表大会上当选为候补中央执行委员,曾在广州任国民党中央宣传部代理部长,主编《政治周报》,主办第六届农民运动讲习所。1926年11月,任中共中央农民运动委员会书记。

1925年冬至1927年春,先后发表《中国社会各阶级的分析》、《湖南农民运动考察报告》等著作,指出农民问题在中国革命中的重要地位和无产阶级领导农民斗争的极端重要性，批评了陈独秀的右倾思想。

国共合作全面破裂后，在1927年8月中共中央紧急会议上，他提出"政权是由枪杆子中取得的"，即以革命武装夺取政权的思想，并被选为中央政治局候补委员。会后，到湖南、江西边界领导秋收起义。接着率起义部队上井冈山，发动土地革命，创立第一个农村革命根据地。1928年，同朱德领导的起义部队会师，成立工农革命军(不久改称红军)第四军，他任党代表、前敌委员会书记，朱德任军长。以他为主要代表的中国共产党人，从中国的实际出发，在国民党政权统治比较薄弱的农村发展武装斗争，开创了以农村包围城市、最后夺取城市和全国政权的道路。他在《中国的红色政权为什么能够存在?》、《星星之火，可以燎原》等著作中对这个问题从理论上作了阐述。

1930年5月，毛泽东写了《反对本本主义》，提出"没有调查，就没有发言权"的著名论断。同年8月，红军第一方面军成立，毛任总政治委员。1931年，中华苏维埃共和国临时政府在江西瑞金成立，被选为主席。1933年，被补选为中共中央政治局委员。从1930年底起，同朱德领导红一方面军战胜了国民党军队的多次"围剿"。以王明为代表的"左"倾路线领导集团进入中央革命根据地以后，将毛泽东排斥于党和红军的领导之外，他们执行不同的战略和政策，导致第五次反"围剿"战斗失败。1934年10月，参加红一方面军长征。长征途中，1935年1月中共中央政治局在贵州召开扩大会议(即遵义会议)，确立了以毛泽东为代表的新的中央领导。10月，中共中央和红一方面军到达陕北。12月，作《论反对日本帝国主义的策略》的报告，阐明了抗日民族统一战线政策。1936年10月，红四方面军和红二方面军经过长征到达甘肃境内，先后同红一方面军会师。同年12月，同周恩来等促使"西安事变"和平解决，这成为由内战到第二次国共合作、共同抗日的时局转换的枢纽。1936年12月，写了《中国革命战争的战略问题》。1937年夏，写了《实践论》和《矛盾论》。

抗日战争开始后，以毛泽东为首的中共中央坚持统一战线中的独立自主原则，努力发动群众，开展敌后游击战争，建立了许多大块的抗日根据地。这些抗日根据地大部分是在华北山区，但也有的是在河北平原和苏北平原。1938 年 10 月，在中共扩大的六届六中全会上提出“马克思主义中国化”的指导原则。在抗日战争时期，他发表《论持久战》、《〈共产党人〉发刊词》、《新民主主义论》等重要著作。1942 年，领导全党开展整风运动，纠正主观主义和宗派主义，使全党进一步掌握了马克思列宁主义的普遍真理和中国革命的具体实践相结合的基本方向，为夺取抗日战争和全国革命的胜利奠定了思想基础。1943 年，领导根据地军民开展生产运动，度过了严重的经济困难。同年 3 月，被选为中共中央政治局主席。1945 年，主持召开中共第七次全国代表大会，作《论联合政府》的报告。大会制定了“放手发动群众，壮大人民力量，在我党的领导下，打败日本侵略者，解放全国人民，建立一个新民主主义的中国”的战略。毛泽东思想在这次大会上被确定为中共的指导思想。他从七届一中全会起至 1976 年逝世为止，一直担任中共中央主席。

抗日战争胜利后，针对蒋介石企图消灭共产党及其武装力量的现实，他提出“针锋相对”的斗争方针。1945 年 8 月赴重庆同蒋介石谈判，表明中国共产党争取国内和平的愿望。

1946 年夏蒋介石发动全面内战后，毛泽东同朱德、周恩来领导中国人民解放军进行积极防御，集中优势兵力，各个歼灭敌人。1947 年 3 月至 1948 年 3 月，同周恩来、任弼时转战陕北，指挥西北战场和全国的解放战争。1947 年夏，中国人民解放军从战略防御转入战略进攻，在以他为首的党中央领导下，经过辽沈、淮海、平津三大战役和 1949 年 4 月渡长江以后的作战，推翻了国民党政府。1949 年 3 月，主持召开中共七届二中全会，并作重要报告，决定把党的工作重心从农村转到城市，规定了党在全国胜利以后的各项基本政策，号召全党务必保持谦虚、谨慎、不骄、不躁的作风，务必继续保持艰苦奋斗的作风。7 月 1 日，发表《论人民民主专政》，规定了人民共和国的政权的性质及其对内对外的基本政策。

1949 年 10 月 1 日，中华人民共和国建立，毛泽东当选为中央人民政府主席。1950 年 6 月，主持召开中共七届三中全会，提出为争取国家财政经济状况的基本好转而斗争的总任务。同年 10 月，迫于美国军队攻入朝鲜民主主义人民共和国、威胁中国东北部的形势，以他为首的中共中央决定进行抗美援朝战争。1950 年～1952 年，在他的领导下，进行了土地改革、镇压反革命和其他民主改革，开展了反对贪污、反对浪费、反对官僚主义的“三反”运动和反对行贿、反对偷税漏税、反对盗骗国家财产、反对偷工减料、反对盗窃经济情报的“五反”运动。1953 年，按照他的建议，中共中央宣布了党在过渡时期的总路线，开始有系统地进行社会主义工业化和对生产资料私有制的社会主义改造。1954 年，第一届全国人民代表大会第一次会议通过了由他主持起草的《中华人民共和国宪法》，他在这次会议上当选为中华人民共和国第一任主席，任职到 1959 年。

1956 年 4 月，他作《论十大关系》的讲话，这个讲话对适合中国国情的建设社会主义的道路进行了一些初步的探索。接着，在中共中央政治局扩大会议上提出“百花齐放，百家争鸣”的方针。1956 年，生产资料私有制的社会主义改造基本完成。同年 9 月，中共召开第八次全国代表大会，指出全国人民的主要任务已经转变为集中力量发展社会生产力。但是这个方针后来没有得到认真的执行，因而导致了以后一系列指导工作上的错误和挫折。1957 年 2 月，他作《关于正确处理人民内部矛盾的问题》的讲话，提出正确区分和处理社会主义社会中敌我之间和人民内部两类不同性质矛盾的学说。

同年 7 月，他又提出要“造成一个又有集中又有民主，又有纪律又有自由，又有统一意志，又有个人心情舒畅、生动活泼，那样一种政治局面”的要求。1958 年，发动“大跃进”和农村人民公社化运动。1959 年，主持召开庐山会议。他本想纠正已经觉察到的错误，但在会议后期错误地发动了对彭德怀的批判，会后在全党错误地开展了“反右倾”斗争。从 1960 年冬到 1965 年，在以他为首的中共中央领导下，对国民经济实行“调整、巩固、充实、提高”的方针，初步纠正“大跃进”和人民公社化运动中的错误，使国民经济得到比较迅速的恢复和发展。在这期间，他提出了一系列措施，初步纠正了农村工作中和其他方面的“左”的错误。

但在 1962 年 9 月召开的中共八届十中全会上，他把社会主义社会中一定范围内存在的阶级斗争扩大化和绝对化，发展了他在 1957 年反右派斗争以后提出的无产阶级同资产阶级的矛盾仍然是中国社会的主要矛盾的观点。1963年～1965年，发动农村和城市社会主义教育运动，提出运动的重点是整所谓“党内走资本主义道路的当权派”。从50年代开始，他领导中共同苏共领导人奉行的大国主义和干涉、控制中国的企图进行了坚决的斗争。

1966年，由于对国内阶级斗争形势作出了极端的估计，他发动了“文化大革命”运动，这个运动因受林彪、江青两个反革命集团操纵而变得特别狂暴，大大超出了他的预计和他的控制，以至延续十年之久，使中国许多方面受到严重的破坏和损失。在“文化大革命”中，毛泽东也制止和纠正过一些具体错误。他领导了粉碎林彪反革命集团的斗争，不让江青、张春桥等夺取最高领导权的野心得逞。

在对外政策方面，他提出“三个世界”划分的战略和中国永远不称霸的重要思想，并且开始打开对外工作的新局面，为中国进行现代化建设创造了有利的国际条件。1976年9月9日，在北京逝世。

毛泽东在他的晚年虽然犯了严重的错误，但是就他的一生来看，他对中国革命的不可争论的功绩远大于他的过失，他的功绩是第一位的，错误是第二位的，他仍然受到中国人民的崇敬。中国共产党在他逝世5年以后，对他的全部革命活动和革命思想以中央委员会决议的形式作出了全面的评价。毛泽东思想作为马克思主义在中国的发展，仍然是中国共产党的指导思想。他的主要著作收入《毛泽东选集》(共四卷)、《毛泽东文集》(共八卷)。

二、毛泽东的主要财政思想

毛泽东财政思想是毛泽东经济思想的重要组成部分，也是毛泽东思想这个理论宝库中不可或缺的部分。毛泽东在中国革命和建设的不同历史时期提出的财政思想，如土地革命时期毛泽东提出的财政原则，抗日战争时期毛泽东提出的抗日革命根据地的财政方针，解放战争时期毛泽东提出的解放区的财政政策，及建国后毛泽东的财政思想，都在中国革命和建设的历史进程中起了巨大的作用，对于保证革命战争的胜利进行，对于打倒国民党反动派和驱逐日本帝国主义出中国，对于夺取政权和建设新中国，作出了应有的贡献。因此，认真研究毛泽东的财政思想，具体运用毛泽东的财政思想来指导我们的社会主义建设和经济改革实践，建设有中国特色的社会主义经济和社会主义财政，发展我们的经济建设，应该说是一项极其有意义的事。

(一)土地革命时期的财政原则及内容

建立财政，是在革命斗争的实践中提出来的，是在红色革命根据地产生后开始的。革命政权的产生，毫无疑问需要财政的支持，红军的逐渐扩大，国内革命战争进行中所需大量的物资供给，需要制定革命根据地红色政权的财政政策，需要确定革命政权的财政原则。当时成立的苏维埃政权，十分重视财政工作与经济工作。毛泽东作为中华苏维埃共和国中央执行委员会主席，对财政工作给予了极大的关注，有许多重要的论述，对于指导第二次国内革命战争，起了重大作用。毛泽东在这一时期的财政思想，是相当丰富的。

毛泽东早在1931年11月28日，就以中华苏维埃共和国中央执行委员会主席的名义，与副主席项英等发布了《中华苏维埃共和国暂行税则》，规定在苏区实行统一的累进税，向富农征税，免收商业出入口税和工业的出厂税，发展苏维埃区域的经济。同年12月1日，颁布《中华苏维埃共和国暂行财政条例》，共14条，规定实行财政统一，一切国家税收概由国家财政机关按照临时中央政府颁布的税则征收。毛泽东同日签署的《中华苏维埃共和国经济政策》，制定了包括财政与税则在内的四个方面的条例。其中关于财政与税则的内容是：取消国民党军阀政府的捐税制度，实行统一的累进税则，取消奴役和高利贷的一切契约。发行苏维埃货币，开办工农银行，对各农民家庭工业者、合作社、小商人实行借贷，以发展其经济。12月29日，毛泽东与财政人民委员邓子恢等签署并颁发《关于统一财政系统的规定》，强调了财政系统组织上的统一。这体现了毛泽东当时的财政思想：财政力求统一，收入上缴国库。

1932年3月12日，毛泽东签署《中华苏维埃人民委员会通令》第4号，要求各地苏维埃政府：为发展革命战争，把所有地方政府收入的各项进款，除留用费外尽量上缴到上级政府来，同时应大量地节省金钱，来帮助红军必需的费用。为发展革命战争，对于粮食的需要极为迫切，各地打土豪得来的谷子，除已发给当地劳动群众外，应以区或县为单位,全数集中起来,运送到前方供给红军。各地方政府,还要以最大力量派专人到各地收买粮食,提供给红军。动员群众自动捐助或廉价卖给红军粮食,在群众中开展革命竞赛支援和帮助红军。3 月 17 日,毛泽东签署的《中华苏维埃临时中央政府给福建省第一次工农兵苏维埃大会的指示》第六条说:为了加强发展革命战争的力量,就要强固发展革命战争的经济力量。对于财政问题,大会要坚决依照中央所颁布的财政条例,定出很具体的统一财政办法。对于节俭经济,帮助发展革命战争更要切切实实讨论,大会应该坚决地反对过去各级政府随意浪费经费的重要现象,并规定惩戒以后浪费经济的办法。同年 6 月 9 日,毛泽东签署的《中央政府给湘赣省工农兵代表大会电》,发布了 13 项指示。其中要求正确执行经济政策,开发财源,建立发展革命战争的经济基础,发展经济,整顿税收,组织游击队在白区筹款。同时提出"节省一切费用供给战争经费",严惩贪污浪费,实行真正财政统一,以逐渐解除正式红军的筹款任务,而专一进行革命战争。接着在 7 月 7 日,毛泽东签署的《关于战争动员与后方工作》的中华苏维埃共和国中央执行委员会训令第 14 号,对财政问题再一次作出明确的指示,要求把税负的重担放在最有财产的阶级身上。训令指出:为筹措战争经费,除提高营业税,实行累进税率,重新确定土地税率,征收城镇的房租,并责成地方苏维埃政府在发展新苏区中筹款,使一切税的重担放在最有财产的阶级身上外,还准备募集革命战争短期公债 60 万元,使广大工农群众在经济上帮助红军,保证满足革命战争的经费需要。

1932 年 11 月 7 日,毛泽东在《中华苏维埃临时中央政府一周年纪念向全体选民工作报告书》中,回顾了中央政府根据经济需要确定的财政制度与方针的实行情况,提出了发展革命的任务。12 月 27 日,毛泽东在训令第 8 号中宣布:为统一财政,并随时明了全苏区财政现象,便利于整个财政计划实施和支配,财政人民委员部已决定于次年 1 月 1 日起建立国库,实行会计制度,将一切财政收入一律交到国库分支库,由中央支配。毛泽东指出这是建立统一财政的重要基础。

1933 年 2 月 24 日,毛泽东签署《向富农募捐以充战费》的中华苏维埃共和国临时中央政府中央执行委员会训令第 19 号。训令说,为筹措战争经费，争取这次战争的彻底胜利，以保护苏区工农群众的利益，决定向富农募集一次革命战争捐款，这是战争时期的紧急办法。这次募捐，要视富农家庭经济情况斟酌派捐，一方面劝导富农捐助，同时带强迫性，但又不同于对地主的没收，应在特别收入款项内另立富农捐款项，不得混入地主没收款及罚款内，以划清界限。同年8月25日，毛泽东发布《中央政府关于整顿财政部工作的训令》，提出苏维埃财政政策的原则应该是：(1)把负担加在剥削阶级身上，这里主要是在白区与苏区内向地主罚款，向富农捐款，及在不损害苏区经济发展的条件下向商人作适当的征税；(2)努力进行经济建设，从发展国民经济，打破敌人封锁，节制商人剥削，来增加苏维埃财政的收入；(3)依靠劳动农民群众的革命热忱征收适当的土地税，充裕国家的财政。《训令》对以前的财政工作作出检讨，责令新任财政人民委员部部长林伯渠对财政工作加以调整。而在此之前的8月12日(建国后1951年10月出版的《毛泽东选集》第1卷及以后印刷的各种版本，均将这个时间错定为8月20日，1991年7月出版的毛选第2版已把这个时间改过来)，毛泽东在江西瑞金召开的中央苏区南部17县经济建设大会上(原版《毛泽东选集》第1卷注释错为在“江西南部17县”经济建设工作会议上)作报告，指出全党必须重视经济工作，阐明了如下八个经济理论与实践问题：(1)开展经济建设工作的目的。一句话，发展经济，开辟财源，以保障革命战争的供给。(2)经济建设与革命战争的关系。(3)对不重视经济建设的思想与行为提出了批评。(4)阐明了经济建设是“一个伟大的任务”，是革命战争不可分离的一部分的思想。(5)说明了在革命战争环境中所能完成的经济建设任务。(6)阐明了“只有在国内战争完结之后，才说得上也才应该说以经济建设为一切任务的中心”的思想。(7)提出了领导经济建设的方法和工作方法。(8)提出了发展出入口贸易和发行300万元经济建设公债等具体任务。

1934年1月24日、25日，毛泽东在江西瑞金召开的第二次全国苏维埃代表大会上作了《中华苏维埃共和国中央执行委员会与人民委员会对第二次全国苏维埃代表大会的报告》，这个报告的第四部分《再说苏维埃的经济政策》和《再说苏维埃的财政政策》两节，在1951年出版

《毛泽东选集》第1卷时经合并整理，改题为《我们的经济政策》。此文指出要在苏区革命根据地进行一切可能的和必需的经济建设，以粉碎国民党的经济封锁政策。这篇讲话制定了土地革命时期的财政原则："从发展国民经济来增加我们财政的收入，是我们财政政策的基本方针，明显的效验已在闽浙赣边区表现出来，在中央区也已开始表现出来了。这一方针的着重的执行，是我们财政机关和经济机关的责任。这里必须充分注意：国家银行发行纸币，基本上应该根据国民经济发展的需要，单纯财政的需要只能放在次要的地位。"讲话要求"财政的支出，应该根据节省的方针。应该使一切政府工作人员明白，贪污和浪费是极大的犯罪。反对贪污和浪费的斗争，过去有了些成绩，以后还应用力。节省每一个铜板为着战争和革命事业，为着我们的经济建设，是我们的会计制度的原则。我们对于国家收入的使用方法，应该和国民党的方法有严格的区别"。

(二)抗日根据地的财政方针的形成

随着日本帝国主义对中国的入侵和抗日民族解放战争的爆发，中国共产党的经济政策和财政政策也相应作了改变。抗战之初，毛泽东就在《反对日本进攻的方针、办法和前途》一文中就抗日时期的财政经济政策作了说明。毛泽东指出："抗日的财政经济政策。财政政策放在有钱出钱和没收日本帝国主义者和汉奸的财产的原则上，经济政策放在抵制日货和提倡国货的原则上，一切为了抗日。"抗日战争开始后，中国共产党适应了变化的形势，制定了一系列新的政策，以服从抗日民族统一战线的需要，服从抗日的需要。这个新的财政方针，即为一例。

1937年8月25日，毛泽东在为中共中央宣传部写的宣传鼓动提纲中，也重申了战时的财政经济政策，"财政政策以有钱出钱和没收汉奸财产作抗日经费为原则。经济政策是：整顿和扩大国防生产，发展农村经济，保证战时生产品的自给。提倡国货，改良土产。禁绝日货，取缔奸商，反对投机操纵"。不久，毛泽东在与英国记者贝特兰的谈话中，在谈到财政政策时，又提出了"合理负担"的原则，以及必须适当改良人民生活的思想。毛泽东说，人民生活的改良是必要的，改良办法包括废除苛捐杂税，减租减息，改良工人和下级官兵的待遇，优待抗日军人家属，救济灾民难民等。政府的财政应该放在合理负担即有钱出钱的原则上。这里说的政府,除抗日民主政府外,当包括国民党政府。

1939 年 2 月 2 日,毛泽东在延安党政军生产动员大会上作演讲,讲话共分十二点,其中在讲到第八点“生产运动”时,毛泽东说:关于财政经济方面,边区可以作为全国模范,除生产运动外,还有津贴制度,废除苛捐杂税,减租减息等,这些是和生产建设密切联系不可分割的。4 月 29 日,毛泽东在延安活动分子会议上作报告时说,在过去苏维埃时代,洋人的货来,一定要关税,叫做关税自由,我们要怎样他就怎样,哪一个帝国主义者敢放一个屁?6 月 10 日,毛泽东在延安党的最高干部会议作《反投降提纲》的报告,7 月 12 日,毛泽东在边区县区长联席会议上作演说,8 月 29 日,毛泽东在陕甘宁边区小学教员暑期训练班毕业典礼大会上演讲,都谈到了用自己动手的方法,解决吃饭、穿衣、住屋、用品问题,克服财政经济的困难,以利抗日战争。1940 年 2 月 11 日,毛泽东以中央及军委名义写给肖克及挺进军军政委员会的电报,其中指出要十分注意财政工作与经济建设工作,在抗大分校内设立行政工作班,教授政权工作及财政经济工作,这对于支持长期战争是基本决定条件之一。3 月 19 日,毛泽东致电彭德怀说,边区正发展生产运动,以备最困难时能自给自足,前方注意银行税收是很对的,但根本之计在生产,请考虑在某些较稳区域,不但发动民众增加生产,而且发动机关学校部队在不妨碍工作学习及战斗下,亦自己动手从事生产。12 月 25 日,毛泽东为中共中央写了《论政策》的党内指示,关于财政税收政策,毛泽东写道:“必须按收入多少规定纳税多少。一切有收入的人民,除对最贫苦者应该规定免征外,百分之八十以上的居民,不论工人农民,均须负担国家赋税,不应该将负担完全放在地主资本家身上。”在经济政策方面,毛泽东写道:“关税政策和货币政策,应该和发展农工商业的基本方针相适合,而不是相违背。认真地精细地而不是粗枝大叶地去组织各根据地上的经济,达到自给自足的目的,是长期支持根据地的基本环节。”1940 年,由于国民党制造的反共磨擦,弄得解放区和抗日革命根据地财政经济极为困难,毛泽东后来说那时几乎没有衣穿,没有油吃,没有纸,没有菜,战士没有鞋袜,工作人员在冬天没有被盖。但通过自己动手，发展经济，保障了供给。

1941 年 6 月 13 日，毛泽东致信陕甘宁边区政府主席林伯渠，就财政问题提出两点：(1)凡必不可免之钱，予以慨允，使受者得其所。将来要塌台，让他塌去(实际上不会塌的)，此时不与斤斤计较。其原则就是“必不可免”四字。弱小部分，予以扶助，亦包括在此原则内。(2)不管是中央的，军队的，地方的，一概包揽，为之统筹。军队不分国军、地方军(不立此名目)，一概统筹。此次预算内无军队部分，以后请添进去。6 月 15 日，又致信林伯渠，就财政问题提出四点意见，除一些财政方面的具体问题外，信中说“商品货币中流通量成正比例说，亦不宜坚持，宜估计到许多新条件，还待今后研究。如持之过坚，将来不准，有损信誉”。对有关理论问题提出了看法。7 月 31 日，毛泽东就边区财政经济政策的争论问题致信林伯渠、谢觉哉，说对边区现行财政经济政策的几个根本点，如预算分散、纸币、运盐等，愿意继续听二老及其他同志意见，继续加深对此问题的研究。信里又对财政问题提了四点意见。大意为有关财政政策分歧意见不要对下级人员说，注意检查财政税收等工作中的缺点等。8 月 6 日，毛泽东又就财经问题写信给边区政府秘书长谢觉哉，说：“近日我对边区财经问题的研究颇感兴趣，虽仍不深刻，却觉其规律性或决定点似在简单的两点，即(一)发展经济，(二)平衡出入口。首先是发展农、盐、工、畜、商各业之主要的私人经济与部分的公营经济，然后是输出三千万元以上的物产于境外，交换三千万元必需品入境，以达出入口平衡或争取相当量的出超，只要此两点解决，一切问题都解决了。”毛泽东还提出了解决此两问题的一些具体措施，指出对财经建设基本方针应有一致的意见。同日毛泽东还写信给林伯渠，要求重看他的“财经意见书”，请他寄去。8 月 9 日，毛泽东复写信给谢觉哉，进一步商讨财政经济问题。信中请谢老准备一积极建议，包括全部财经问题，分列若干条，今年如何办，明年如何办，均列入之，并希望在财政经济方面有个统一的意见。8 月 19 日，毛泽东写信给中共中央西北局组织部部长陈正人，就起草财经纲领问题提出意见。并让陈正人向边区政府银行行长朱理治要材料，以作起草财经纲领的参考。并让边区政府财政厅长南汉宸，建设厅长高自立，八路军总后勤部部长叶季壮、朱理治等参加研讨,“他们是实际经手人员,从他们收集各方面确实的材料与东西,起草的东西更正确”。毛泽东在1941年对财政经济问题的研究,还散见于其他许多讲演、报告、通信、电报之中。

1942年2月20日,毛泽东在致刘少奇、彭德怀的电报中说,财政经济今年亦有办法。边区现实行半统筹统支半自给自足制度,已走上轨道,不怕封锁了。各根据地尚未至十分叫苦程度,亦有办法。说明经过发展经济,已渡过了1940年与1941年这两年最困难的时期,财政经济状况趋向好转。12月8日,即在西北局高干会召开期间,毛泽东为撰写《经济问题与财政问题》的书面报告,致信边区财政厅长南汉宸,请他收集和撰写财经方面的材料。接着在12月13日夜,及12月20日夜,又连续两次给南汉宸写信,请他对粮食、税收、贸易、金融、财政、供给等项干部在自己工作中应注意之点(应兴应革),“每项写一千至一千五百字左右给我,以插入报告(即《经济问题与财政问题》——引者)中教育干部”。毛泽东在广泛调查与较长时间研究边区经济问题的基础上,在陕甘宁边区高干会召开之前与会议期间撰写的《经济问题与财政问题》的书面报告,长达十万字。这个书面报告提出了许多重要的经济理论观点,包括发展经济,保障供给和经济决定财政等著名观点。

1943年10月1日,毛泽东在为中共中央写的对党内的指示中提出,要在全根据地内实行自己动手、克服困难(除陕甘宁边区外,暂不提丰衣足食口号)的大规模生产运动。毛泽东还提出这样一个财政思想:“县区党政工作人员在财政经济问题上,应以百分之九十的精力帮助农民增加生产,然后以百分之十的精力从农民取得税收。对前者用了苦功,对后者便轻而易举。”11月29日,毛泽东在招待陕甘宁边区劳动英雄大会上发表讲话,指出抗日战争六年半中,敌人在各抗日根据地内实行烧光、杀光、抢光的“三光”政策,陕甘宁边区则遭受国民党的重重封锁,财政上经济上处于非常困难的境地,我们的军队如果只会打仗,那是不能解决问题的,现在我们边区的军队已经学会了生产。军队机关学校都通过生产自己解决全部或大部物质问题,用税收方法从老百姓手中取给的部分就减少了。

1945年4月27日,毛泽东为延安《解放日报》写题为《论军队生产自给、兼论整风和生产两大运动的重要性》的社论，提出军队在遭受极端物质困难的目前状况之下，在分散作战的目前状况之下，切不可将一切物质供给责任都由上面领导机关负起来，而应发动广大群众自力更生的积极性，统一领导，分散经营，使军队生产达到自给。靠着这一方针，解决了抗日军队的给养问题，赢得了抗日战争的胜利。

（三）解放区的财政政策和特点

经过八年抗战，反对日本法西斯的战争取得了胜利，国内阶级矛盾又上升为主要矛盾。为粉碎国民党反动派的进攻，保卫解放区，中国共产党和毛泽东对抗日胜利后的财政政策作出了新的调整。

1945 年 11 月 7 日，毛泽东为中共中央起草的对党内的指示明确指出，为达到保卫解放区的目的，"使解放区农民普遍取得减租利益，使工人和其他劳动人民取得酌量增加工资和改善待遇的利益；同时又使地主还能生活，使工商业资本家还有利可图，并于明年发展大规模的生产运动，增加粮食和日用必需品的生产，改善人民的生活，救济灾民、难民，供给军队的需要，成为非常迫切的任务。只有减租和生产两件大事办好了，才能克服困难，援助战争，取得胜利"。这里概括地提到了解放区应该采取的财政政策的部分内容。毛泽东在 1945 年 12 月 15 日写的《1946 年解放区工作的方针》一文，关于财政方针作了如下的规定："财政，为着应付最近时期的紧张工作而增重了的财政负担，在 1946 年中，必须有计划有步骤地转到正常状态。人民负担太重者必须酌量减轻。各地脱离生产人员，必须不超过当地财力负担所许可的限度，以利持久。兵贵精不贵多，仍是今后建军原则之一。发展生产，保障供给，集中领导，分散经营，军民兼顾，公私兼顾，生产和节约并重等项原则，仍是解决财经问题的适当的方针"。重点是两条，一是减轻人民负担，二是支持解放战争的需要。

1946 年 7 月 20 日，毛泽东为中共中央起草对党内的指示。指示说，为打好自卫战争，"在财政供给上，必须使自卫战争的物质需要得到满足，同时又必须使人民负担较前减轻，使我解放区人民虽然处在战争环境，而其生活仍能有所改善"。这实际上是重申前已提出过的两条方针，一是满足战争需要，二是改善人民生活。10 月 1 日，毛泽东在《三个月总结》一文中，重申了内战期间的财政原则，即必须有计划地发展生产和整理财政，遵照发展经济，保障供给，统一领导，分散经营，军民兼顾，公私兼顾等项原则，坚决地实施之。这些财政原则，也是抗日战争期间和土地革命时期的原则，是长期适用的财政原则。

1947年2月1日，毛泽东为中共中央起草题为《迎接中国革命的新高潮》的党内指示，其中对财政问题的基本原则作了进一步的阐述，毛泽东说：各地必须作长期打算，努力生产，厉行节约，并在生产和节约的基础上，正确地解决财政问题。这里第一个原则是发展生产，保障供给。因此，必须反对片面地着重财政和商业，忽视农业生产和工业生产的错误观点。第二个原则是军民兼顾，公私兼顾。因此，必须反对只顾一方面而忽视另一方面的错误观点。第三个原则是统一领导，分散经营。因此，除依情况应当集中经营者外，必须反对不顾情况，一切集中，不敢放手分散经营的错误观点。这三项原则，是在财政工作长期实践中总结出来的，毛泽东反复阐述，应该说是财政工作的基本原则。

1948年5月24日，毛泽东在给邓小平的电报中，进一步完善了解放区财政政策的提法。结合解放区的实际情况和解放战争的军费需要，毛泽东制定了新解放区的财政政策。毛泽东指示，新解放区，必须充分利用抗日时期的经验，在解放后的相当时期内，实行减租减息和酌量调剂种子口粮的社会政策和合理负担的财政政策，把主要的打击对象限于政治上站在国民党方面坚决反对我党我军的重要反革命分子，如同抗日时期只逮捕汉奸分子和没收他们的财产一样，而不是立即实行分浮财、分土地的社会改革政策。因为过早地分浮财，只是少数勇敢分子欢迎，基本群众并未分得，因而会表示不满。而且，社会财富迅速分散，于军队也不利。过早地分土地，使军需负担过早地全部落在农民身上，不是落在地主富农身上。不如不分浮财，不分土地，在社会改革上普遍实行减租减息，使农民得到实益；在财政政策上实行合理负担，使地主富农多出钱。一句话，减租减息，合理负担。5月25日，毛泽东为中共中央起草的对党内的指示，重申在没有具备土地改革条件的新解放区，实行减租减息、合理负担的政策，以便联合或中立一切可能联合或中立的社会力量。

(四)建国后毛泽东的财政思想点滴

中华人民共和国成立后,毛泽东对新中国的财政经济政策作了新的设想,其基本点有两条,一是对全国财政经济工作的统一管理和统一领导,二是争取财政的收支平衡。在建国初期,毛泽东对于统一全国财政经济工作很关切。1949 年 3 月 5 日,毛泽东在七届二中全会上便提出为了统一财政必须立即统治对外贸易,改革海关工作。3 月 20 日,中共中央作出《关于财政经济工作及后勤工作中若干问题的决定》,决定建立中央财政经济委员会,以便对整个解放区的财政经济工作实行统一的领导。7 月 27 日至 8 月 15 日,中共中央在上海召开了全国性的财经会议。

1950 年 4 月 13 日,毛泽东在中央人民政府委员会第七次会议上讲话指出:政务院财政经济委员会过去六个月在整理收支、稳定物价方面的工作有了很大的成绩。财经委员会的方针是正确的,我们国家的财政情况已开始好转,这是很好的现象。对于全国财政经济工作的统一,毛泽东给予了极高的评价。毛泽东说,全国财经工作统一的胜利,其意义不亚于淮海战役。6 月 6 日,毛泽东在中共七届二中全会上作了书面报告,题为《为争取国家财政经济状况的基本好转而斗争》。他对人民政府在几个月内实现了全国范围的财政经济工作的统一管理和统一领导,争取了财政的收支平衡,制止了通货膨胀,稳定了物价给予明确肯定,并提出要巩固财政经济工作的统一管理和统一领导,巩固财政收支的平衡和物价的稳定。在此方针下,调整税收,酌量减轻民负。这一方针说明,在建设的年代,财政工作就是要促进经济的发展,促进工农业生产的发展,为逐步提高人民的生活水平及减轻人民的负担服务。

在建国后的民主革命时期(建国初期前三年)、社会主义革命和社会主义建设时期,毛泽东对于财政问题,仍有不少的思考。如财政工作要贯彻群众路线,财政工作要厉行节约,贯彻经济核算的原则,等等。比如,在农业合作化过程中,毛泽东说,国家给予农民必要的援助,像设立贫农基金和其他贷款,但是“资金的主要的大量的部分,还是应当依靠农民自己筹集,而这是完全可能的。对于农民的潜在能力估计不足,是错误的”。又说,适当地,不是过多地,并且是在启发社员有了充分的觉悟以后，对于贫苦社员又加以照顾等项条件之下，发动社员投资，解决合作社生产资金不足的困难，是完全可能的。还有关于要依靠农业、轻工业积累资金，我们"国家征收的农业税并不算重"等论述，正确地阐述了财政工作的方针政策，体现了毛泽东财政思想的光辉。

三、评析

从以上我们对毛泽东财政思想、财政观点和有关财政工作的许多论述中，不难发现，毛泽东对于财政工作的许多精辟论述，不但对于民主革命时期、社会主义革命和建设时期的财政工作和经济工作给予了极大的推动，而且对于我们建设有中国特色的社会主义，也具有重要的现实意义。

(一)关于经济决定财政的思想

毛泽东在对经济与财政两者关系的认识中，始终认为经济是决定财政的，始终认为从发展国民经济来增加我们财政的收入，是我们财政政策的基本方针。毛泽东认为，财政的好坏固足以影响经济，但决定财政的却是经济，没有经济无基础而可以解决财政困难的，没有经济不发展而可以使财政充裕的。经济决定财政，财政制约经济，两者的关系是辩证的。根本的、决定的、主导的东西是经济。这种观点符合马克思主义的经济理论。因为财政归根结底是属于分配领域的，经济从基本方面来说是生产。生产决定分配，分配反过来影响、促进生产。基于这样的观点，毛泽东认为片面地着重财政，不懂得整个经济的重要性，整日只在单纯的财政收支问题上打圈子，打来打去，还是不能解决问题，这是一种陈旧的保守的观点在脑子里作怪的缘故。毛泽东指出：如果在经济与财政的关系上，缺乏群众观点，不依靠群众，不组织群众，不注意把农村、部队、机关、学校、工厂的广大群众组织起来，而只注意组织财政机关、供给机关、贸易机关的一小部分人，不把经济工作看作是一个广大的运动，一个广大的战线，而只看作是一个用以补救财政不足的临时手段，那么，就一定处理不好经济与财政的正确关系。相反，往往认为财政是高于经济的东西。而如果只着重财政而不切切实实地有效地发展经济，那就要走国民党的"竭泽而渔"的老路。因此，解决财政问题的第一个原则是发展生产，发展经济。遵照毛泽东的经济决定财政的思想，主要注意力应放在支持和发展经济上，经济建设发展了，蛋糕做大了，财政问题自然能得到解决。在抗战初期，毛泽东曾经说："穷是错误办法产生出来的，在有了合乎人民利益的新政策之后决不会穷。如此广土众民的国家而说财政经济无办法，真是没有道理的话。"当然这是批评当时的国民党政府的。但是毛泽东的这个思想，即使现在也是适用的。

(二)关于发展经济，保障供给的思想

毛泽东的这个思想，曾在几十年间一直是指导我们经济工作和财政工作的基本原则。毛泽东早在1933年8月12日在中央苏区南部17县经济建设大会上所作的《必须注意经济工作》的演说中，就曾指出了这个论点：我们的一切工作都应当"为着争取物质上的条件去保障红军的给养和供给；为着改善人民群众的生活，由此更加激发人民群众参加革命战争的积极性；为着在经济战线上把广大人民群众组织起来，并且教育他们，使战争得着新的群众力量；为着从经济建设去巩固工人和农民的联盟，去巩固工农民主专政，去加强无产阶级的领导。为着这一切，就需要进行经济方面的建设工作"。而在1942年西北局高干会上提出的《经济问题与财政问题》的书面报告中，毛泽东将"发展经济，保障供给"定为经济工作与财政工作的总方针。整个新民主主义革命时期，基本上都处在战争的环境中，因此，使革命战争的物质需要得到满足，保障对革命军队的供给，是一个基本的财政要求和任务，而保障供给的前提只能是发展经济，只能是通过发展生产来壮大经济，充裕财政。

(三)关于减轻民负，改善人民生活和搞好财政工作的关系问题

在毛泽东的所有关于财政工作的论述中，都注意到减轻人民负担，改善人民生活的问题。如在抗日战争刚开始的时候，毛泽东就说过：人民生活的改良是必要的，改良生活包括废除苛捐杂税，减租减息，改良工人和下级官兵的待遇，等等，政府的财政应该放在合理负担即有钱出钱的原则上。在抗日战争中，毛泽东又说：我们一方面取之于民，一方面就要使人民经济有所增长，有所补充，这就是对人民的农业、畜牧业、手工业、盐业和商业，采取帮助其发展的适当步骤和办法，使人民有所失同时又有所得，并且使所得大于所失，才能支持长期的抗日战争。在解

放战争时，毛泽东也说：在财政供给上，必须使自己战争的物质需要得到满足，同时又必须使人民负担较前减轻，使我解放区人民虽然处在战争环境，而其生活仍能有所改善。总之，只有在完成财政收入任务的同时，尽量地减轻人民的负担和改善人民的生活，才能真正地搞好财政工作，完成经济和政治任务。

在毛泽东的财政思想中，还有许多丰富、具有特色的内容，弥足珍贵，可以用来长期地指导我们的财政工作和经济建设工作，可以指导我们的社会主义改革实践。例如，用90%的精力帮助人民发展生产，用10%的精力向人民收税的观点；在财政税收中坚持公平合理的原则；对于一切有益于国民经济的工商业征收营业税，必须以不妨碍其发展为限度的思想；反对单纯财政观点，把经济建设看作补救财政不足的临时措施的做法；反对所谓"仁政"和"竭泽而渔"的财政观点；有计划地发展生产、整理财政的思想；在财政的支出中，厉行节约，贯彻经济核算的思想；财政工作要贯彻群众路线的思想等，都是毛泽东财政思想的重要内容，都是毛泽东思想这个理论宝库中的宝贵财富，都值得我们认真地学习、思考和继承、发扬。

第二节　陈云的财政思想

一、对陈云经济思想的简单评析

无论从认识中国社会主义经济规律的深度，还是对有中国特色社会主义经济理论之创新，特别是理论的决策转化率之高，对现实经济生活覆盖之广，指导和推动作用之大等方面综合考察，对新中国经济最有影响的经济学著作，无疑当首推陈云的经济论著。陈云是新中国成立后党的第一、二代中央领导集体在经济方面的统帅。其经济思想的许多内容，能够直接转化成为党和国家的决策。陈云经济思想对现实经济影响的直接性和广泛性，是任何经济学家的任何著作都无法与之匹敌的。也正是基于此，在长达近半个世纪的时间内，陈云经济思想的许多重要内容,直接转化成为党和国家的经济指导方针,对中国社会主义经济的建立和建设,发挥了其他任何经济学家的思想和著作都不可替代的作用,而且在指导实践的过程中取得了巨大的成就,受到中共三代领导集体的充分肯定和高度评价。正如薄一波在《若干重大决策与事件的回顾》提到的:毛泽东称誉陈云的经世理财之才曰“能”。评价陈云组织和领导的三大经济战役之意义“不下于淮海战役”。1980年,邓小平充分肯定陈云“在一系列问题上正确地总结了我国三十一年来经济工作的经验和教训,是我们今后长期的指导方针”。江泽民指出:陈云的一系列观点和主张“对我国的社会主义现代化建设,都具有长期的重要指导意义”。中国的任何经济学家的思想,都没有也不可能建立如此旷世功勋,也不可能获此旷世殊荣。

陈云经济思想的巨大影响也是举世公认的,国外凡研究中国经济问题的学者,无不对陈云经济思想给以极大的关注。原因有三:

第一,陈云经济思想的决策转化率之高,居于各种经济理论之冠。前已述及,在此不再重复。

第二,对新中国经济发展的影响之大,居于各种经济理论之冠。陈云经济思想凡在实践中得到贯彻的时段和方面,都取得了巨大的成功。即使当时未被采纳,甚至受到不公正批判的思想和理论,其后也为人们所接受。例如,毛泽东曾因为反冒进严厉批评过陈云,但在50年代末全国经济发生困难之际,又说“国难思良将,家贫思贤妻。陈云同志对经济是比较有研究的,让陈云同志管计划比较好。我们有的同志思想方法比较固执,不大用脑子想大问题”。又如60年代初期,陈云提出的农村实行包产到户的建议。因为其实质是否定人民公社体制,全面进行农村经济体制改革与毛泽东工农兵学商齐全的共产主义公社构想大相径庭,当时受到了毛泽东的严厉批评。虽然这一远见卓识直到20年后,在邓小平为核心的第二代中央领导集体的支持下才转变为现实。这一主张首开了从思想上打破“人民公社=共产主义”认识僵局的先河,为后来拨乱反正,全面纠正指导思想、路线和政策方面的错误,奠定了重要的思想和理论基础。

第三,达到的境界之高,居于各种经济理论之冠。无论在中国经济思想史还是外国经济思想史上，所有经济思想家们理论体系设计的预期目标都是安邦治国，并以其思想理论转化成为最高决策，实现安邦治国的夙愿为最高的境界。陈云经济思想作为中国共产党的两大理论重要组成部分，以其正确的主张，鲜明的观点，精辟的论述和极为丰富的思想，尤其是大多经过实践反复检验证明正确的一般原则，不仅构建起了中国社会主义决策经济学体系的框架，而且在世界上人口最多，情况最为复杂的国度，转化成为长期的经济指导方针和决策的一般原则，指导中国社会主义经济取得了举世公认的巨大成就，达到了当时经济科学的最高境界。所以，陈云的经济论著是对新中国经济影响最大的经济著作。只不过是概略的摆出了事实而已，无任何拔高和牵强之嫌。

二、陈云的主要经济思想

新中国成立后，经济面临的局面十分复杂：面积与美国相近而人口5倍于彼，资源负载度极高，单位经济规模小而总量规模庞大，保证吃饭和建设的双重压力巨大。因此，经济战略决策的难度可以说无可争辩地居于世界之首。美国经济学家米尔顿·弗里德曼说过：谁能正确解释中国改革和发展，谁就能获得诺贝尔经济学奖。陈云经济思想恰恰是正确解决中国社会主义经济战略等重大问题的理论结晶，对实践和理论都产生过广泛而深远的影响。纵论陈云经济思想五十年，对廓清新中国经济思想史的迷雾和认识中国共产党代表先进文化前进的方向具有重大的理论和现实意义。

(一)陈云经济思想否定之否定发展的三个阶段

1.建国前的探索

建国前，陈云主持陕甘宁边区和东北解放区建立和建设新社会经济实验期间，形成的经济思想主要有：

(1)国情论。他早在1926年就认识到“在以农立国的中国，占全国人口百分之八十强的农民，是民族运动中唯一大主力。农民不参加运动，中国革命鲜有希望”。该思想继续丰富、发展成为以农立国的国情论，奠定了他思想体系的基石。

(2)强化流通论。“贸易工作很重要，生产要经过交换，没有这个过程，生产就要停顿，社会就不可能发展。所以，交换过程对于生产具有决定意义。”新社会经济不仅无从立刻消灭商品、货币，而且必须打破地方封锁，推动城乡商品交流，利用矛盾，发展出口。

(3)价值规律实现论。应该学会做生意，从实际出发把握价值规律实现的范围、时机和程度。

(4)多种经济成分共同发展论。坚持既定的支持一切有利于边区发展的事业，特别扶持公营经济的方针。

(5)新社会经济的基本模式是国民经济计划化、经营企业化和管理民主化三位一体。强调新社会经济模式的独特性和注重经营管理的重要性。

(6)农业提出的问题无敌于天下。将农业的基础地位摆在中国各项事业发展的首位。

(7)清除平均主义，实现按劳分配。较早地认识到平均主义的巨大危害性，提出按劳分配的巨大现实意义。

(8)划分知识分子阶级属性的经济标准论和雇用劳动者论。重视知识分子阶级属性的经济标准论，无疑是对知识分子工作的巨大推进；雇用劳动者论更是对当时经济实践的一大创新。

可以说，这一阶段陈云勾勒了新社会经济的轮廓图，经济思想最明显的特点是实验的创造性。

2.构建理论体系框架阶段

1956年前后，积建国前后十多年探索、建立和建设社会主义经济的经验，陈云的经济思想实现了飞跃，形成了“多”、“放”、“活”的中国社会主义经济模式论思想：公有制经济和非公有制经济，都是社会主义社会经济的组成部分；国营和集体生产、国家市场和计划管理，是生产经营、社会主义统一市场和管理体制的主体；分散生产、自由市场和市场调节是生产经营、统一市场和管理体制的补充；以市场平衡为制定计划的基础，实施计划的载体，检验和校正计划科学与否的标准。这就是他在中共八大一次会议上第一次明确概括的“三个主体”、“三个补充”的模式。这一阶段陈云经济思想最明显的特点是系统化和整体性。

3.形成一般原则的阶段

20世纪50年代后的一个长时期内，“左”的思想指导占据了主导地位，社会内在矛盾充分暴露，陈云系统反思社会主义经济失误的深刻教训，认识实现了又一次飞跃，概括出了一系列公理式的一般决策原则。主要包括：根本国策论，民生不仅是首要经济问题，更是关系政权存亡的重大政治问题，始终坚持真正为人民谋福利的根本出发点，解决好人民生活问题；全国经济一盘棋论，立足全局规划局部，实现局部计划保证全局，形成合理的国民经济体系；按比例法则论，建设规模要与国力相适应，以农业为基础实现综合平衡，“粮食定，天下定”，长期坚持农业“三先”原则；按部就班稳步快速发展论，一要吃饭、二要建设，稳住阵地再前进；扩大对外开放论，调整外贸战略，扭转75%对苏联、东欧，25%对西方的格局；现代化论，明确现代化标准和基础，确立自力更生建设四化的方针，清除平均主义，树立复杂劳动高贡献率观念，专门专职专款解决脑体收入倒挂问题，发挥“国宝”作用；还有强化中央权威论等等。这一阶段陈云经济思想最显著的特点，一是公理化，一系列原则已经实践检验证明正确；二是自我否定性，促进农村生产力发展，20世纪50年代初通过发展合作化、形成集体生产力的途径，60年代初则要变革人民公社为实行包产到户体制；三是认识的深刻性，继建国前对平均主义的批判，20世纪80年代初更指出平均主义“大锅饭”是新形势下不劳动的人占有他人劳动成果的剥削行为，打破“大锅饭”的经济改革，实质上也是消灭剥削，意义不下于三大改造；四是贯彻的曲折性，1956年之后陈云几度失去在中央的经济工作领导权，他的经济思想只是在20世纪60年代初一度得到部分贯彻，直到20世纪70年代后期才再次成为党和国家重大决策的指导思想；五是理论的系统性，积50年的探索，20世纪70年代末形成了中国社会主义市场经济“三个两种”加“四跨”模式的思想；六是决策的权威性，全党指导思想完成拨乱反正，为陈云经济思想贯彻提供了良好的政治社会环境，在中央领导集体的支持下，他提出的国民经济主动调整论、强化农业基础论等一系列重要主张，都转化为党和国家的经济指导思想和重大战略决策。

(二)陈云三个层次、四大支柱为核心的理论体系架构

一些流传甚广的观点认为,陈云的经济著述不像《资本论》或经济学教科书式的著作那样具有完整的理论体系。此论有失偏颇。任何对决策具有重大影响的理论成果的具体形式,都取决于该理论承担历史任务的要求和产生的客观基础等因素。《资本论》承担的建立无产阶级革命理论体系的历史使命,要求系统剖析资本主义经济规律和资产阶级经济理论。又因为研究基础是资本主义现存社会,系统解剖的对象具备,故能够通过系统解剖之路形成理论巨著。经济学教科书传播知识的任务规定必须采用成熟的理论和系统化的形式。陈云长期作为中国共产党经济方面的统帅,肩负探索中国社会主义经济规律和建立建设社会主义经济的历史使命,新的实践正在发生和行将发生,认识只能随着实践的发展逐步完成,不可能先于实践就形成系统的理论体系。事实上,陈云的经济思想正是在长期实践基础上形成了完整的体系。将此体系进行抽象则可凸现出由三个层次和四大支柱为核心架构而成的体系框架。

三个层次是:规律论、一般原则论和决策论。规律论和一般原则论是抽象、概括客观规律的本质而形成公理式的一般原则,如无工不富、无商不活、无农不稳、无粮则乱,建设规模必须与国力相适应,以农业为基础综合平衡,与资产阶级打交道欢迎之中要警惕等;决策论是将一般原则论转化而成的付诸实施的路线、方针、政策和措施,如农业"三先",一要吃饭、二要建设,稳住阵地再前进,永远不打赤字财政,等等。

四大支柱是社会主义经济根本出发点论、农业基础论、综合平衡论和方法论。

真正为人民谋福利的社会主义经济根本出发点论,贯穿于陈云经济思想各个方面和发展的总过程,规定各个理论分支的性质及展开和延伸的方向;各个理论分支从各个方面、各个角度体现真正为人民谋福利的出发点论。根本出发点论和各个理论分支辩证运动,是贯穿于陈云经济思想始终如一的主线。

农业基础论。农业兴、百业盛,农业动、天下震的普遍现象,反映了农业对国民经济相关约束性影响的本质,在牢固树立中国实现农业工

业化之前必须始终坚持农业基础地位的思想，各个理论分支体系和整个体系特别是经济决策论，必须坚持农业基础论基础为前提。

综合平衡论。继承马克思的按比例发展论，扬弃原苏联计划经济模式，由遵循按比例法则综合平衡和主动平衡及强制平衡的实现途径等组合而成的综合平衡论体系，构成了陈云经济思想理论体系的核心。

方法论。“不唯上，不唯书，要唯实”和“全面、比较、反复”的辩证法原则，全方位地覆盖他的理论、经济决策和操作实践。在社会经济平稳运行条件下，以“润物细无声”的形式指导理论和实践；当实践背逆客观规律，社会经济失常运行时，则凸显强制矫正决策的巨大作用。

三、陈云的主要财政思想

(一)陈云的公债思想

1.陈云在20世纪五六十年代的国内外公债发行方面所显现的公债思想

(1)陈云在国内公债发行方面的主要贡献

虽然陈云没有给我们留下财政学和公债学方面的专著，但在长期主持公债发行的实际活动中，在《陈云文选》中，已经形成了公债方面的一些思想。下面结合我国五六十年代的公债发行，分别加以阐述。

①人民胜利折实公债和经济建设公债

人民胜利折实公债是建国初期在陈云主持下发行的共和国第一期公债。此次公债的发行，主要目的在于控制当时的恶性通货膨胀，稳定物价。回顾这期公债的发行过程，对于总结历史经验、加深对陈云公债思想的理解都具有十分重要的意义。

1949年下半年，面对当时财政支出刚性增长、物价不稳的困难，发行公债已不可避免。在上海财经会议上，陈云和华东、华北、华中、东北、西北五地区的财经部门领导干部，全面研究了解决经济困难的对策，并对发行公债的问题进行了专门研究。

陈云对公债的发行数量进行了认真研究后认为，“中国地方如此之广，发一亿二千万银元的公债，数目并不算多”。“东北四千万人口，私营经济所占比例较关内低得多，两期发一千二百万银元的公债，第一期已经按期完成了。关内私营经济占的比重比东北要大得多，公债数目可以定大一些”。

陈云对发行公债可能遇到的困难作了预测。“发行公债也是有困难的。目前工商业还不能正常生产和经营，公债派下去会‘叫’的。发了公债，城市工商业是否会垮？我看不会，因为每月发行的钞票超过公债收回的钞票。现在我们每月发行现钞一千六百三十三亿元，而发公债收回的只有六百亿元到七百亿元，这是有限度的收缩，不要顾虑筹码会少。我们到时候看情况，如果紧得不行，就后退一点”。陈云对公债的利率问题进行了分析，他认为：公债用折实办法，利率四厘相当于半年定期折实储蓄利率，而上海当时许多资本家都看好这种折实储蓄。折实公债的单位是“分”，每“分”以上海、天津、武汉、广州、重庆和西安六大城市的大米（天津为小米）的加权平均批发价的总和计算得出。

陈云对银根的松紧问题进行了思考后，指出：我们应注视银根松紧的不同情况，掌握三种工具。其一，银行收兑黄金美钞的数量依银根松紧而定，预定购债人可以百分之三十的黄金钞向国家银行兑换人民币交纳公债。其二，银根紧时公债催收得松些，银根松时催收得紧些。其三，银根紧时贸易部可以多收买些主要物资（如花纱布、粮食等），银根松时则少收买些。

由于事先作了周密的预测，对可能出现的问题也作了认真的研究和布置，这次发行公债总的来说是比较顺利的。第一期公债实际发行1.48亿分，大大超过原定发行额1亿分，达到了原定两期发行总额的70.4%。后因国家财政状况已基本好转，第二期公债未再发行。

在陈云的直接领导下，我国胜利地完成了国民经济的恢复任务，于1953年开始第一个五年计划建设。“一五”计划的主要任务就是进行有计划的大规模经济建设。“一五”计划期间，由于缺乏经验，基本建设规模安排过大，超过了财力的可能，结果动用了上年财政结余，产生了实际动用信贷资金搞基本建设的“一女两嫁”错误，造成了完成“一五”计划在财力上的需要与可能之间的严重矛盾。所以陈云明确指出，必须有效运用公债作为筹集资金的辅助手段。

在陈云的直接参与下，中央人民政府第29次会议于1953年12月

9 日通过了《1954 年国家经济建设公债条例》。条例规定 1954 年发行的国家经济建设公债总额为人民币 6 亿元，从 1954 年 10 月 1 日起计息，利率为年息四厘。自 1955 年起每年 9 月 30 日抽签还本一次，分 8 年偿还完毕。同时也分配了公债推销任务：预定在城市推销 4.2 亿元。

1955 年 11 月 14 日第一届全国人大常委会第 26 次会议通过了《1956 年国家经济建设公债条例》；1956 年 12 月 29 日，第一届全国人大常委会第 52 次会议通过了《1957 年经济建设公债条例》；1957 年 11 月 6 日，第一届全国人大常委会第 83 次会议通过了《1958 年国家经济建设公债条例》。这几期公债，陈云根据当时的实际情况，经过周密细致的调查与比较研究分析，适当地作出了补充与调整，更快更多地筹集到了建设资金。

1958 年 4 月 2 日，中共中央还作出《关于发行地方公债的决定》，决定从 1959 年起，全国性的公债停止发行，而允许各省、自治区、直辖市在确有必要的时候，发行地方建设公债。同时规定年利率一般不宜超过 2%，必要时可发行无息公债，其偿还期限一般不超过五年。这标志着我国第一次大规模地发行国内建设公债的工作即将结束。这五期的国家经济建设公债的发行，为国家提供了巨额的建设资金。

②20 世纪五六十年代国内公债的历史作用及现实矛盾

新中国成立以后，尽管公债有着一段坎坷的经历，但毕竟在相当一段时期里，从国内国外举借到了巨额的款项，为新中国国民经济的恢复和经济建设的开展提供了大量资金，发挥了积极的作用，而且对今天的国债发行也有着深刻的借鉴意义。

在陈云的细致调查和统筹安排下，共和国第一期公债——人民胜利折实公债虽然发行数量不大，但是对弥补财政赤字，回笼货币，调节现金，稳定金融物价等都起到了很好的作用。

人民胜利折实公债的发行与当时的特殊环境密不可分，因而它的目的主要在于弥补财政赤字。但财政的经常性支出必须以国家税收等经常性收入为来源，而公债作为财政的临时性和补充性的收入来源，显然不宜用于经常性开支，否则必将出现公债规模逐年递增的惯性膨胀状态，从而使财政陷入债务危机之中。相反，基础设施等投资是财政的非经常性支出，其年度投资规模可以依据当年经济的宏观景气状态而灵活地扩张和压缩。这样不仅可以产生有力的反经济周期的政策效应，而且当经济景气时还可以相应压缩国债发行规模，减少债务负担。所以借债应用于经济建设，而不能用于消费。如果公债的偿还不能通过债务投资性支出的定期回收来偿还，只能通过发行新债或者靠税收来偿还，则极易形成“财政赤字化—赤字债务化—债务消费化”的恶性循环。

在第一个五年计划中发行的五期国家经济建设公债，为国家提供了巨额的建设资金，对我国开展有计划的大规模的经济建设、对恢复国民经济产生了巨大的作用。但随着形势的发展，我国公债继续以筹集建设资金为唯一发行目的的状况，就难以长期维持下去了。因为在五六十年代，中国实行的是高度集中的计划经济体制，企业和银行几乎所有扩大再生产的财力都为财政所控制，已无需也不可能用内债手段从企业那里筹集资金，而银行又需要财政支持，如果要求银行购买公债，无异于要银行搞信用膨胀，发票子搞建设，这是行不通的；这样可发行的对象，只能是城乡居民的闲置待用消费基金，而一旦居民的消费水平被“高积累、低消费”政策通过低工资制度将所能集中的资金都集中以后，也就难以继续发行国内公债了。这也是1959年～1980年我国停发国内公债的原因。另外，当时“左”的错误思想的指导导致了对国内公债的否定，滋长出一种回避经济现实，从极端角度立论提出理论命题的习惯，把既无外债又无内债当作社会主义制度的优越性加以宣传，这就是“左”的指导思想在公债问题上的集中体现。

(2)陈云在充分利用外债方面的主要功绩

党中央和毛泽东很早就提出，要在独立自主、自力更生的前提下，利用外国资本、引进先进技术，以加快我国的社会主义建设。陈云对这个问题作了许多精辟的论述，他一方面根据我国在恢复国民经济过程中资金不足和技术落后的现状，提出了利用外资、引进技术的必要性；另一方面又针对当时对引进工作中出现的盲目性，着重分析了我国利用外资、引进技术的制约条件，为我们正确执行对外开放政策，有效地利用国外资金和先进技术，作出了巨大贡献。

第一个五年计划期间，在陈云和其他中央领导同志的直接主持下，我国同苏联签订了《中苏关于贷款给中华人民共和国的协定》。我国政府从苏联政府得到了13亿新卢布的贷款，用于引进苏联的技术、设备以开展156项工程的建设。而且从我国的国家预算收入来看，20世纪50年代通过向国外借款而获得的收入，总额共为5162亿元，而50年代国内公债总收入为3847亿元，国外公债总额比国内公债总额多34.18%。这说明，在建国初期的我国经济建设中，国外公债比国内公债发挥了更大的作用。

社会主义国家利用外资不仅是必要的，而且也是可能的。陈云早就提出，对外国资本家来说，你不做生意，他还要做生意。在资本主义经济危机频繁爆发时期，资本家更要给它过剩的资本和商品找出路。同20世纪30年代的苏联相比，我们现在的工业基础强大得多，也不存在苏联当时面临的那种世界大战迫在眉睫的形势。但是，当前垄断资本的国际联合比过去大大加强了。但总的说来，当前的国际条件对我们是有利的，只要采取正确的政策，是可以在利用外国资本和技术的问题上取得较好的效果的。

利用外资、引进技术对我国的社会主义建设有重要作用，这是毋庸置疑的。但引进的规模是否越大越好，要不要受国内财力、物力的制约，则有过不同的认识。有些人曾经提出借外债、引进技术设备可以和国内的财政“脱钩”，因而主张引进的规模越大越好，而不去估计国家的配套和偿还能力。陈云总结了国内外的经验教训，认为这种主张是危险的，并及时向中央提出对国民经济进行调整的方针，压缩引进规模，消除国民经济中的不稳定因素，并且具体地分析和论证了引进规模要与国内的偿还能力和配套能力相适应的问题。

陈云分析了我国借用外债的两种基本形式。他提出，第一种是买方贷款，实际上就是外国卖机器设备给我们，可以几年，或允许更长时间偿还。但这种设备贷款，我们每年能够使用多少，不决定于我们的主观愿望，而决定于我们使用它时，国内为它配套所需的投资数量。国内配套投资部分如果不大，那么买方贷款就不可能用得多。如果国内没有投资力量，硬要进口设备，只能把机器存起来。这就是说，引进某项设备，主体工程可以利用外资，而与它协作的各项配套项目所需要的资金和物资，却必须由国内来提供。如果不考虑国内配套能力这个制约条件，就必然造成基本建设规模超过国力负担的可能，冲击国家计划，影响财政收支平衡，也会使引进项目本身受到影响，降低投资效益，以至造成巨大的浪费。借外债的第二种形式是自由外汇贷款。这一种贷款数量很少，而且利率高。这种自由外汇，我们借多了也还不起。借用这种外资，只能用于周转性的需要，而不能用自由外汇兑换成人民币弥补基建赤字。

由此可见，利用外资，引进技术不可能与国内的财力、物力"脱钩"。陈云提出的利用外资、引进外资要和国内的配套能力和偿还能力相适应，是"建设规模要和国力相适应"这一著名论断的延伸和发展。

2.陈云公债思想的主要特点

陈云是我国建国初期发行公债的首倡者，是恢复国民经济的领导者。陈云的公债思想是其长期实践工作的总结，是马克思主义公债思想的重要组成部分。他的公债思想有以下两个特点：

(1)一切从国情出发是陈云公债思想的基本点

陈云极为注重从客观实际出发，以事实为根据，从中找寻经济建设的规律。从陈云的经济论著中，我们可以看出，一切从中国的国情出发、实事求是、因地制宜、因事制宜、因时制宜地推行公债政策是他整个公债思想的基本点。

建国初期，由陈云亲自领导和部署的共和国第一期公债——人民胜利折实公债的发行过程，就充分体现了他注重国情，一切从实际出发的精神。1949年，随着解放战争的顺利推进，中央人民政府军政费用支出浩大，国家财政经济陷入了巨大的困难之中。通货膨胀，币值大跌，物价猛涨。陈云经过深入细致的调查研究，得出造成这种局面的主要原因是："政府财政赤字庞大，因而钞票发行过多。"要解决这些问题，首先必须增加财政收入，削减财政赤字。面对这样的实际情况，陈云指出，"无非是两条：一是继续发票子，二是发行公债"。"假如只走前一条路，继续多发票子，通货膨胀，什么人都要吃亏"。

(2)唯物辩证法是陈云运用公债的基本方法

陈云历来倡导"不唯上，不唯书，只唯实"和"全面、比较、反复"的思想方法和工作方法。他强调:做工作,要用百分之九十以上的时间研究情况,用不到百分之十的时间决定政策,所有正确的政策都是根据对实际情况的科学分析而来的。从"一五"时期国家经济建设公债的发行过程就是陈云这种科学的思想方法和工作方法的最好例证。一方面,陈云根据实践经验对公债的需要量作了充分的估计,并对公债发行过程中可能遇到的困难提出了切合实际的、稳当的措施;另一方面,对公债的印制、发行、还本付息、债券回收等其他事项,陈云也掌握得一清二楚。与此同时,在 1954 年～1958 年的五期建设性公债的发放过程中,陈云根据当时的具体情况,经过比较研究,每期都略有调整,包括发放数量、利率、偿本付息的年限,推销对象等,从而确保发放过程的顺利进行,更好地将筹集到的资金用于国民经济的恢复性建设之中。

(二)陈云的财政监督思想

加强财政监督,严肃财经纪律,是财政部门的重要职责。陈云在 1945 年就指出,为了做好财政工作,"检查要严格"。他一贯主张厉行节约,反对浪费,并着重强调分清轻重缓急,合理运用国家财力。要求财经干部打破情面,严格执行财经纪律,从而"对革命负责。"

1. 陈云财政监督思想概述

财政监督是财政部门通过财政收支及其管理活动对国民经济实行的全面监督,是国家监督的重要组成部分。陈云指出,财政部门是一个消息灵通、反映灵敏的部门。社会主义经济建设和各项事业的发展都同时伴随着财政财务活动。因此,财政部门的反映作用,不仅表现在年度预算和决算上,即从总账上反映情况,而且通过财政财务逐日、逐月的账册记录及有关的会计分析,亦反映着经济活动的具体情况和细节。这样,财政就能反映国民经济发展的全貌及变化趋势。财政部门根据以上财政收支所反映的灵敏信息,可以及时发现国民经济发展中存在的问题,以及产生这些问题的原因,并及时向有关主管部门反映现实情况,从而肯定成绩,改正不足。财政部门根据所掌握的大量第一手资料,进行分析和预测,供领导机关决策参考,这种监督作用是不可低估的。财政部门运用财政的反映和制约作用进行财政监督,其意义有以下几点:

(1)保证党和国家的路线、方针、政策的贯彻执行和国家计划的实现。

加强财政监督,有计划地合理使用国家的财力物力,避免浪费,有力地打击和制裁一切贪污、盗窃、走私、贩私等经济犯罪行为,才能保证党和国家的路线、方针政策的贯彻执行。1951 年,陈云就指出,增产节约是人民政府的重要财经政策之一。"如果我们从全国范围的一切方面都实行节约,就可以找出大批的钱,用到经济投资和国防建设上去"。

(2)加强财政管理,检查、督促财政收入及时、足额上交和财政支出的合理使用,能促进现代化建设事业的发展。

陈云指出,税收最紧要,神圣不可侵犯。进行现代化建设,必须用大量的建设资金,为保证国家通过财政取得稳定的足额收入,财政部门必须做好财政收入的监督工作。因此,要运用财政监督,督促各项税款及时入库,坚决反对偷税漏税。另外,还要加强经济核算,反对截留利润和各种"跑、冒、滴、漏"现象的发生,以增加财政收入。同时,陈云还要求财经干部树立全局观念,合理运用已经积累起来的建设资金,以使有限的资金用在刀刃上。

(3)实行财政监督,整顿财经纪律,提倡节约,反对浪费,有利于加强国家的民主和法制,端正党风,扭转不良的社会风气。

陈云在 1950 年提出的应付财政困难的四项对策中,有一项是提倡节约,减少办公杂支等费用。他说,此着很重要,数量虽然不大,但可转移风气。邓小平在十二大开幕词中说:"建设社会主义精神文明,打击经济领域和其他领域内破坏社会主义的犯罪活动……这是我们坚持社会主义道路,集中力量进行现代化建设的最重要的保证。"因此,我们要通过财政监督和加强财政纪律,打击经济犯罪活动,促进党风和社会风气的转变。

2. 陈云财政监督思想的具体措施

财政监督是财政部门根据财政政策、法令、制度和计划所进行的监督,监督的对象是国民经济的全部活动,以及各部门、各地区和各单位的活动。陈云十分重视财政监督工作。财政监督概括起来,可分为两个方面:

(1)通过财政业务活动对国家多方面的活动进行监督。

陈云在国民经济恢复时期就提出，要加强财政管理，建立预算审核和实行决算制度，运用预决算进行事前、事中和事后的监督。他还要求企业建立经济核算制，事业单位必须厉行节约。他指出："一切国营经济部门，均须提高资金的周转率，保护机器资材，建立保管制度，严惩贪污浪费人员。"一切事业单位都要厉行节约，"所有机关和公立学校，必须规定工作人员和学生的数量及每个人员的工作定额"。这样才能增加生产、节约开支，以便集中财力于军事上消灭残敌，经济上重点恢复。

随着我国经济建设的开展，加强财政监督，厉行节约，反对浪费，更加重要。陈云在1952年谈到，由于对财政支出管理不严，造成了经济系统中存在着相当严重的贪污、浪费和官僚主义现象。因此，他提出建立监察机构，加强财政监察工作。1957年，我国着手进行经济体制的改革。陈云及时指出，财政体制一经改变，必须建立相应的财务管理制度，以便进行财政监督。因为在体制改革以后，各地方和各企业都有机动的财力，比较好办事，但是，如果管理不好，缺乏必要的财政监督，就会坏事。因此，建立各种管理制度，进行严格的财政监督，能够防止和减少贪污、浪费现象的发生。

(2)对财经纪律执行情况的检查监督。

对财经纪律执行情况的检查监督，重点是检查和处理在财经活动中的违法乱纪行为，受理和检查有关破坏财经计划、违反财经纪律的案件。加强财政监察工作，是维护财政纪律，推动增收节支，促进社会主义现代化建设的重要保证。陈云主张抽调得力干部，建立财政监察机构，进行财政监察工作。1952年1月，陈云等党和国家领导人在向中央的一个报告中，要求各地抽调一批县级以上干部，建立中央、大区和省的财政监察机构，重点考核财力的使用是否适当和有效。

陈云多次论述了适当和有效使用建设资金的问题，因为只有从全局出发合理分配和使用建设资金，才能取得宏观的经济效果。陈云在1950年的全国财政工作会议上说，搞财经工作的同志，很容易陷于局部观点和本位主义之中，把某些重要问题忽略过去。因此，他提醒大家要提高自觉性。他指出，财经干部要做到以下三点：①要把自己的工作放在全国大范围上来看,如果发现自己的做法与全国的任务不相符,应该立刻觉悟,立刻纠正。②比较富裕地区的同志要特别注意,自己的条件好,任务重,再困难也要努力去做,完成应尽的、也是可以尽到的责任。③财经部门的领导同志,应该首先觉悟,并教育下属,局部服从整体,避免陷入局部观念和本位主义。各地财经领导同志都不应该打埋伏,不应该以多报少。因为以多报少会使国家的账算不清楚,在资金使用上便会发生极大浪费。陈云进一步指出,我们对财经工作人员的要求,不应该只是不贪污的问题,我们的标准,不但是不能贪污,而且不能浪费。就是说,国家的财力物力一定要用得恰当。所以,监督财政资金是否浪费,不仅要监督、检查一般的大手大脚、提高开支标准等浪费现象,还要着重检查资金的使用是否合理,各项投资是否符合国家政策和总体规划的要求。只有防止和避免乱上项目和盲目扩大建设规模,才能有效地节省大量资金。这是我国从曲折的建设过程中得到的宝贵经验。

(3)要检查监督各企业、事业单位执行财经纪律的情况。

1951年,陈云提出:"每个工作单位,必须在反对浪费、厉行节约、提高效力、精简机构的原则下,由全体人员共同规定节约办法,坚持实行。"他说,中央、大行政区、省三级,必须派出视察组,到全国各方面去切实加以考核。我国1952年开展的"三反"、"五反"运动,就是一次规模庞大的全国性检查和监督。1980年财政部作出了关于财政监察工作的几项规定,设置机构,配备了人员,明确了财政监察机构及其工作人员的职责。1982年第五届全国人民代表大会第五次会议通过的宪法规定:国务院设立审计机关,县级以上的地方人民政府设立审计机关。审计机关的职责是进行审计监督。这样就使财政监督工作得到了组织上的保证。

(三)陈云加强财政税收工作的思想

陈云早在1945年2月在《怎样做好财政工作》中就指出:"钱要用在刀口上,不要用在刀背上。"1949年8月在《当前财政工作中应注意的问题》中指出:"要注意节省开支,但更要注意增加收入,节流很重要,开源更重要,所谓开源,就是发展经济。"1950年2月在《财政工作人员要提高自觉性》中强调:"国家的物力财力一定要用得恰当。所谓恰当,就是迟用、早用，多用、少用，先用、后用，缓用、急用的问题解决得好，这就需要有全局观念。”1950 年 11 月在《抗美援朝开始后财经工作的方针》中，他又提到：“对支出用‘削萝卜’的办法，对收入用‘挤牛奶’的办法，在财政和经济上都会有利”。这些精辟的论述在当时发挥了重要的指导作用。

1950 年 3 月他曾在《为什么要统一财政经济工作》中提出：“在人民政府中，公务人员在处理财经问题上合格与否的标准，不单是贪污或廉洁。贪污是犯罪，廉洁是必须的。主要的标准，还在于是否浪费。浪费也不单指铺张滥用的那种浪费，而特别是指办事用钱不分轻重缓急，不分全体、局部的那种浪费。”1952 年 6 月在《市场情况与公私关系》一文中指出：“税收最要紧，神圣不可侵犯。……假如税收发生了问题，整个国家的财政就要发生动摇。”

（四）陈云基本建设要避免赤字投资的思想

基本建设投资在国家建设的财政支出中所占比例最大，是决定建设总规模的主要问题。因此，从抓住这一主要矛盾出发，陈云的“国力论”强调基本建设规模要和国家的物力财力保持平衡。20 世纪 50～60 年代，这一观点强调的是这两者之间的平衡不单要看当年，还必须瞻前顾后，前后衔接，避免陡升陡降。新时期，这一观点强调的是基本建设投资要避免赤字投资，利用外资进行基建投资要认真研究、保持清醒头脑。

自 1970 年以来，超过国家财力物力可能的基建投资就或多或少地存在了，因此，陈云复出后，首先就研究建国以来基本建设投资在财政支出中所占比重的规律。经过缜密的思考，他提出，我国的基建投资必须是没有赤字的，也就是说在财政平衡的基础上，看能够拨出多少钱来用于基建投资，以此制定建设计划。计划和物资供应之间不能有缺口，不能用发票子来弥补基建投资的赤字，那样会导致通货膨胀、物价飞涨。在听取国务院关于调整 1981 年计划设想的汇报时，他就说：基本建设投资 320 亿元的方案可能是最好的，但照我的方案，极而言之是一个也不搞，3 年之内不增加基建开支，搞“铁公鸡，一毛不拔”，“置之死地而后生”。如果一意要在基建投资和物资供应之间留缺口，搞财政赤字，那么由此引发的通货膨胀可怕不可怕？有的负责同志在 1979 年 10 月的中共各省、市、自治区党委第一书记座谈会上说这并不可怕。陈云则说：我怕！他说，在生产上搞一点赤字，下半年或第二年就可以收回来，这并不可怕；但基本建设周期长，在这上面搞赤字投资，我怕。他分析说：由于生产量的增长和生产资料的增加而增发的货币是正常的增加，不可怕。通货膨胀如果数量不大的话也不可怕。但如果市场货币流通量超过市场必需量太多、数量很大的话，那就可怕，坚决不行。

既然用国家财政的力量来进行基本建设受到很大限制，那么，利用外资，即通过借外债来进行基本建设投资又怎么样？陈云认为，利用外资搞建设是我们实行的一项重要的政策措施，不存在刮下马风的问题。但在当时的情况下，由于我们在这方面的经验还很少，因此，对借外债要逐项研究、进行分析、保持清醒的头脑。1979 年 3 月 14 日，他和李先念联名写给中央的信中提出："借外债必须充分考虑还本付息的支付能力，考虑国内投资能力，做到基本上循序进行。"针对当时冶金部提出的引进外资的设想，他在 3 月 21 日中央政治局会议上说："借外国人那么多钱，究竟靠得住靠不住？""借外国人的钱，把钢铁的发展都包下来，把冶金机械制造也包下来，所有借款都要由人民银行担保，究竟需要多少钱，没有很好计算。那么大的引进，国内要多少投资，也没有计算。""不按比例，靠多借外债，靠不住。"

要做到基本建设规模和国力相适应，就要不断地对超出计划的基建项目进行清理。为此，陈云提出，要加强综合机关的权威，建立审批制度。他说，基建项目上不上，应该由计委这样的权威机关来确定。哪个项目该上就必须上，哪个项目没有财力上就必须下。不能推平头，来一个大家打七折，这种办法会使我们一事无成，害国害民。

（五）陈云增强中央财政，保持外汇储备，掌握货币发行的思想

陈云"国力论"中一个很著名的观点是"四大平衡"，即财政、信贷、外汇、物资的各自平衡和统一平衡。其中，财政、信贷、物资平衡的思想，是在新中国建立初期制止通货膨胀、稳定经济、减少波动的实践中逐步形成的，当时的重点是财政收支平衡。在新时期，陈云"国力论"中关于财政平衡问题强调的是要增强中央财政能力。这一时期，财政收支平衡

的矛盾集中在中央财政和地方财政的关系上。陈云首先很重视地方掌握必要的机动财力，粉碎“四人帮”后，针对长期的中央财政高度集权和地方同志高涨的呼声，他在1978年12月10日的中央工作会议上提出要给各省市一定数量的真正的机动财力，他说：“我说的是真正的，不能有名无实。要信任各省市的领导同志，他们都是共产党员，都是高级领导干部，我想他们不致把钱乱花掉。”当他讲完这个意见后，台下的地方同志热烈鼓掌。当然，陈云还是认为，地方之所以缺乏真正机动的财力，那是因为地方用于建设太热心的缘故。

但是，纵观新时期的财政收支状况，财政赤字是主要问题，国家财政收入占国民生产总值的比重和中央财政收入占整个财政收入的比重呈直线下降的趋势。1979年～1988年，9年发生赤字，赤字总额高达648亿元。1984年～1988年，国家财政收入占国民生产总值的比重由26.7%下降到22%，中央财政收入占整个财政收入的比重由56.1%下降到47.2%，而与此同时，预算外资金与国家预算资金的比例，则由1981年的59.1∶100上升到1987年的89.7∶100，1988年接近1∶1。针对这些情况，陈云强调要永远不打财政赤字，要提高国家财政收入占国民生产总值的比重和中央财政收入占全国财政收入的比重。1988年10月8日，他针对当时严重的通货膨胀问题指出：“永远不打赤字财政。从全局看，在几大平衡中，最基本的，是财政平衡。要扭转当前混乱的经济局面，首先要靠财政平衡、特别是中央财政平衡。”

财政赤字中的要害问题仍然是中央财政与地方财政的关系问题。1980年12月，陈云在中央工作会议分析经济形势和经验教训时提出了雷厉风行的果断措施。他说：今后若干年，要冻结地方财政结余，财权仍归地方，但由中央财政借用。一切机关、团体、部队、企业、事业单位的上年结余，都不许动用，非动用不可的，要经过批准。他解释说，不如此，煞不住地方随便投资搞基本建设或随便开支，中央财政也平衡不了。“像我们这样的国家没有这样一个集中是不行的，否则就会乱套，也不利于改革”。“现在中央财力的比例大大缩小，地方财力的比例大大增加。今年提出的冻结和集中，反映了这个客观现实”。14年后，从1994年起，为了增强中央的宏观调控能力，我国全面推行分税制的财政体制。同年2月9日，陈云在上海欣慰地叮嘱市委负责同志："中央决定从今年起实行分税制，使中央逐步集中必要的财力。上海和全国其他各地都表示赞成，说明大家是顾全大局的，我很高兴。"

关于外汇平衡和信贷平衡，新时期陈云的"国力论"提出外汇收支除平衡外，还要有结余，要保持适当规模的外汇储备；要改革和发展金融事业，调节货币供应量，掌握货币发行权。"文革"后期，陈云在协助周恩来抓外贸工作时，就对增加我国的外汇储备作出了贡献。到了新时期，他更重视这一工作。1979年3月21日，他在政治局会议上说：要找增加外汇收入的来源，要把它看作一个很大、很重要的题目。光靠农产品出口创汇数量不大，要多找门路，旅游、资源出口、补偿贸易、合作生产、加工定货都可以搞。同年5月18日，他又提出，在增加外汇收入方面要研究合资经营的问题。

当我们的外汇储备有了一定的基础后，一些同志就提出，我们的外汇已经很多了，应该花一花。陈云不同意这种看法，他认为，像我们这样的大国，保持足够数量的外汇储备作为周转资金很有必要，否则，国际上有个风吹草动的话，就难以应付。1984年7、8月份时，我国有120亿美元外汇储备，还有600吨黄金。针对有些同志要痛快地花一花这笔钱的状况，陈云找李先念谈了一次话。他说，我们的外汇并不多，从长远看，现在的外汇不但不是多了，而且是紧了。我们是一个大国，储备一二百亿美元，有了风吹草动就可以应付。他举了沙特阿拉伯的例子，说：沙特阿拉伯在美国有3500亿美元的存款，利息一年就是350亿。如果我们有150亿美元的外汇，利息一年就是15亿。当时，还没有哪一个西方国家肯痛痛快快地一年借给我们15亿美元。

改革和发展金融事业是新时期经济生活中一个非常重要的变化。四大平衡中的信贷平衡也因此重点发展成对货币供应量的调节和掌握，陈云特别强调：中央要掌握货币的发行权。这种发行权不但指货币发行的数量，而且也指货币发行的种类。1984年4月，沿海部分城市座谈会提出要进一步开放14个沿海港口城市，对外商投资给以优惠，扩大这些地方的自主权，并提出了发行特区货币的设想。陈云在听取有关负责同志的汇报时说：我考虑比较多的是特区货币问题，这个问题不简单。如果各个特区都发行货币，实际上就是两种货币并存，这样，人民币的“腿”会越来越短，特区货币的“腿”会越来越长，优币驱赶劣币，这是货币的客观规律。人民银行提出的方案规定特区货币发行权在中央，不在地方，这个办法好。同年5月26日，陈云又写了一个便条，郑重重申：“特区货币发行权必须在中央。决不能让特区货币与人民币在全国范围内同时流通。如果不是这样做，就会出现国民党时期法币发行之前的状况。”

当然，货币发行的数量更直接影响到国家生活的各个方面，更关乎物价的涨落。在新时期物价发生飞涨的各个关键时刻，陈云总是挺身而出，尖锐地指出：必须正确运用货币政策调控国家经济形势，中央要高度集中货币发行权，否则，许多商品都在涨价，影响人民生活，人民会很不满意。经济形势的不稳定，又会引起政治形势的不稳定。1983年11月，当年增发的货币将达100亿元，比计划多发40亿元，比1982年增发的42.8亿元多发57.2亿元，年底市场货币流通量比1982年增加22.8%，大大高于社会商品零售总额预计增加10.1%的幅度。货币投放这么多，主要是财政透支、财政借款、基建、工资等增加的因素造成的。陈云就此事给赵紫阳写信指出：这样的钞票发行情况决不能继续了；地方、企业、农民的所得不能再多了；货币超额发行导致的涨价问题，最后还得落在政府肩上，因为工资收入者和退休职工实际收入下降了，他们最后还是要向政府要钱。

但是，经济政策上的看法并没有统一，到1988年前三季度，工业生产高速发展，固定资产投资总规模膨胀，消费基金增长过快，物价大幅上涨，出现抢购风潮。发生这一切的一个重要原因是货币投放过多。因此，同年9月份召开的中共十三届三中全会提出了治理经济环境、整顿经济秩序的重大决策。10月8日，陈云同赵紫阳就经济问题谈了著名的八点意见。其中一点就是强调了钞票发行权的问题。他说：“现在票子发得太多。票子发行的权力要高度集中，我看还是要‘一枝笔’。”所谓“一枝笔”，就是货币发行权由总理或主持经济工作的副总理把关。陈云的这个意见被后来的事实证明是正确的。

四、陈云财政经济思想评析

(一)陈云开创经济科学新纪元的历史地位

新中国经济建设的实践,是中国共产党把社会主义经济理论推向了全新的发展阶段。作为中国共产党两大理论重要组成部分的陈云经济思想,为之作出了卓越贡献。

1.拓展无产阶级政治经济学的新领域

世界经济体系是多层次多板块的综合体,中国则处于低中之低的层次。因为马克思和恩格斯的理论主要以最高层次的板块作为基础创建的体系,列宁的理论是以低中之高层次板块的俄国为主要研究基础创建的体系,所以,马克思、恩格斯和列宁的社会主义经济的理论,都不能直接作为建设新中国经济的施工图。陈云经济思想在指导建立和建设社会主义经济的实验中,经过长期的探索,既解决了关于中国社会主义的经济模式、经济体制、运行机制、载体、建设道路和战略策略等重大实践问题,又形成了完整的理论体系,填补了马克思主义经济学说低中之低板块社会主义经济理论的空白,毫无疑义地拓宽了无产阶级政治经济学的范围和领域。

2.经济科学实验科学阶段的纵深发展

马克思认为,包括自己经济学说在内的经济科学,属于历史科学的范畴。因为资本主义只是一个历史阶段,而马克思主义经济学产生的基础是资本主义现存社会。揭示现存资本主义经济社会的内在规律,只能选择先溯源而上,直奔其发生的源头,再顺流而下,摸清产生的“来龙”,把握必然灭亡的“去脉”。这一浩大的思想体系摧毁和创建工程,首先是系统的历史批判过程,必须采用历史科学的方法。最后,囿于历史的局限性,马克思和恩格斯所占有和运用的材料,几乎全部是关于资本主义的。继列宁、斯大林之后,中国共产党人在马克思主义中国化过程中,推动经济科学从历史科学向实验科学的转变进入了纵深发展阶段。陈云则是实施这一转变的主要领导者之一,并实际上创立了系统的社会主义经济实验论:一是立足实验决策。早在20世纪40年代,他就以陕甘宁边区和东北解放区为实验基地,探索和实施发展商品经济和经济恢复方案，勾画了新社会经济的轮廓图。新中国成立，他受命主持中财委，即用“扎下营盘一试”的方法，进行大规模建立新社会经济的实验，决策先行一步、试点实验，取得经验、逐步推广，并依据实验不断校正和完善思想认识，正确指导经济决策，制定和实施政策。二是拓宽了实验范围。以中国经济社会为基地的实验，因为实验目的和基础材料的特殊性，实验过程的曲折性和长期性及实验规模前无古人的广阔性，大大拓宽了实验的视野和领域，使经济决策学建立在更为广阔的实验基础之上。三是实际上创立了经济实验论。

3. 探索社会主义市场经济论的先驱

西方经济学就国家与市场、计划与市场的关系，进行了近 300 多年的争论，完全竞争论和国家干预论先后成为主流学派和有关国家决策的基础，直到 1929 年～1933 年大危机之后，二者才步入了组合阶段。美国经济学家保罗·A. 萨谬尔森和威廉·D. 诺德豪斯在 1948 年出版的《经济学》中，得出“所有的社会都是指令经济与市场经济不同比例的组合，因此也可以说所有的社会都是混合经济”，各发达国家相继实行了计划与市场融合的经济政策正是这一结论的现实印证。

马克思认为，按比例调节社会经济和劳动时间的分配，是任何社会所必需的，但直接的社会调节同“用劳动时间计量交换价值（劳动或劳动产品）有本质区别”。恩格斯也把“有计划的组织”作为资本主义自由竞争的对立面看待，认为一旦社会占有了生产资料，社会内部的无政府状态将为有计划的自觉的组织所代替。列宁根据十月革命胜利后俄国高度集中的计划经济体制与现实经济生活相悖的实践，果断地实行了新经济政策。但是，由于苏联一贯坚持社会主义经济只有两种公有制的理论，更由于反击敌对势力大规模进攻需要集中力量等原因，使新经济政策理论的拓展、创新受到极大的局限，高度集中的计划经济体制再度占据了主导地位，并得以长期延续。

陈云在建国前领导经济的实践中，深化了中国早期马克思主义者关于社会主义不能立即取消商品货币的正确思想，直接汲取西方国家计划与市场调节二者趋向组合的成果，又克服了社会主义经济理论计划与市场对立的传统，实验计划与市场对立统一的经济模式。主要内容：一是“边区内贸易完全自由，对外贸易基本自由（只是为了保证食盐出口才实行统销）”。二是发展出口与边区自力更生发展生产是一致的，“放弃出口等于放弃自给生产”。三是建立统一的外贸体制。贸易公司服从各分区的领导，各分区服从边区的领导；下面的一元化服从上面的一元化；小公服从大公，局部服从全局，目前服从长远，小痛服从大痛；市场宁可天下小乱，不让天下大乱。四是以销定产。“进口不要争相买，出口也要有计划，否则对自己不利。收购土产要先看有无销路，再看货物质量，要在保持边区内部物价平衡的基础上争取多出口”。五是学会灵活机动的做生意。要经常估计和了解商情，商情愈明就愈能增加主动性。出口要做到抬价钱，争物资，收口子，半开门；要坚持分别口岸、进出有利的原则，做到各分区物资平衡，卖价一致，相互通气，照顾全局。

陈云在主持东北解放区财政经济后期，又构建了计划与市场对立统一的三位一体经济模式：一是国民经济计划化。“现在我们提倡有计划，首先要把国营、公营企业的计划搞好，只有这样，才能对私人资本家工厂和合资工厂加以领导。总之，没有计划就会造成浪费，按计划办事，就可以提高生产，也可以为将来搞全国计划打下基础”。即国家计划主要统筹国民经济目前和长远、局部和全局等重大比例关系。二是经营企业化。实现生产经营“企业化”，就是遵循价值规律，按市场需要组织生产和经济活动。“改善国营、公营企业的经营和管理工作，主要是贯彻企业化和上下管理民主化。只有切实改善经营和管理工作，才能达到原料足、成本低、质量好、产量多、销路广的目的。三是管理民主化。用人要按能力按技术，按称职不称职，既要精干，又要合理。企业民主化管理体制，主要包括集中领导下的管委会、职代会、生产小组三级民主管理，民主化用人制度，个人负责制度，质量检查、奖罚制度，技术干部培养选拔和管理制度，工资分配制度等。

20 世纪 50 年中后期，基于建国前成功实验的经验和建国后集中过度的教训，陈云在认识更加明确的基础上形成了系统的计划与市场对立统一论，解决集中过度和启动市场调节功能等问题必须治本——建立计划与市场协调的经济体制。具体操作策略是：改派购定货为自由选购，由工厂购进原料、销售商品；纠正盲目的集中生产和集中经营，商品必须适应市场需要，分散生产、分散经营；改供销合作社独家统一收购为由国营商店参与的多种合作组织自由收购、自由贩运；统一物价而不冻结物价；国家只将个别日用百货列入计划，由企业作为参考指标，此外均不规定产品品种计划。总之，要建立“多”、“放”、“活”的经济体制，即“三个主体”、“三个补充”的模式。

4. 经济哲学发展的新阶段

哲学是时代的精华，也是经济科学的灵魂。把哲学与经济学组合运用，使二者有机的融合，创立经济哲学的尝试，从古代的思想家就已经开始了。进入现代社会以来，哲学与经济学的融合，发展到了一个全新的阶段。历代马克思主义思想家对此都作出了全新的贡献。陈云的哲学著作虽然数量很少，但他经济思想的整体和各个组成部分，都渗透着深刻的唯物辩证法思想，以至于二者融为一体，无法区别哲学思想和经济思想，事实上构成了一个完整的经济哲学思想体系。马克思和恩格斯天才地创立了唯物辩证法思想体系，历史留给后人的任务不仅是对之继承，而且是解决如何具体实践唯物辩证法。陈云历史地承担了这一任务，也圆满创造性地完成了这一历史任务。其主要成果就是实际上创立了唯物辩证法实践论，并出神入化，游刃有余地运用于指导中国社会主义经济建立和建设的实践。他著名的“十五字诀”就是经济哲学新成果——唯物辩证法具体化的一般原则。

5. 长期的正确指导思想

在新中国经济史的不同时期，无论陈云主持经济工作与否，陈云经济思想都以转化为决策的指南针、矫正错误的参照系等不同的形式发挥着经济建设指导思想的重要作用。

首先，陈云的财政经济思想是党和国家正确经济指导思想的重要源泉之一。由于陈云长期处于中央领导集体而且是经济方面的绝对统帅，其经济思想的许多内容都直接构成毛泽东思想和邓小平理论的重要组成部分，转化成为党和国家经济建设的指导思想。如以农立国的国情论、发展农业是头等大事以及发展农业的一系列正确方针，就构成了党的农业基础论思想并成为全党长期的经济指导方针。此后数十年来的实践中虽然也发生过忽视农业的现象，但以农业为基础的经济指导思想没有发生根本性的改变。每次发生偏离农业基础的现象后，又总是以实现农业为基础作为标志纠偏，经过努力又重新步入农业为基础的轨道。所以，以农业为基础的指导思想总体上得到了贯彻。

其次，陈云的财政经济思想是抵制和纠正左倾错误的思想基础。建国前陈云领导建立新社会经济的成功实验，建国初组织经济恢复的卓著功勋，特别是20世纪60年代初力挽狂澜，迅速扭转经济危局令世界瞩目的巨大功绩，为党的领袖和高级决策层所公认。党中央和毛主席早在1942年就选陈云领导经济，在研究党的七大人选时毛泽东又肯定陈云是经济专才。薛暮桥回忆说：1962年北戴河中央工作会议期间，“我们（包括我和邓力群、许明等同志）曾窃窃私议，说经济面临如此困境的主要原因是陈云同志在党中央失去了对经济工作的领导权，陈云同志领导经济工作的时候，国民经济是持续稳定发展或迅速恢复生机的。这不是我们几个人的意见，而是全国绝大多数经济工作者的共同意见”。邓小平在1980年明确指出：陈云经济思想“是我们今后长期的指导方针”。

最后，陈云的财政经济思想奠定了正确发展方向的基础。陈云经济思想是以农业为基础，四大比例、三大平衡为核心的综合平衡论，这奠定了国民经济长期指导思想的基础。20世纪60年代初，陈云为克服“大跃进”的消极后果而强调恢复综合平衡的一系列主张，为党中央接受转化成了国民经济调整的指导思想和实施方针，使国民经济在短短的三年内就转危为安，重新走上了平稳发展的轨道。20世纪70年代末，他又在给党中央的信中指出：“现在的国民经济是没有综合平衡的。比例失调的情况是相当严重的。要有两三年的调整时期，才能把各方面的比例失调情况大体上调整过来。”党中央接受陈云同志的建议，制定和实施了主动调整国民经济的方针，为我国国民经济80年代后期和90年代初期的平稳快速发展奠定了重要基础。江泽民曾高度评价说：“这些观点，当时对推动全党解放思想、实事求是，进行突破高度集中的计划经济体制的改革，产生过广泛而深刻的影响”。“对我国的社会主义现代化建设，都具有长期的重要指导意义。”

综上所述，陈云经济思想在社会主义经济思想史上具有继往开来的历史地位，也是世界经济思想史上独树一帜的理论体系。

(二)陈云经济思想的历史局限性

恩格斯深刻地指出："世界体系的每一个思想映象，总是在客观上被历史状况所限制，在主观上被得出该思想映象的人的肉体和精神状况所限制。"陈云作为伟大的马克思主义者包括对他自己的思想在内一贯坚持扬弃的科学态度，所以陈云经济思想受主观"肉体和精神状况"的限制并不明显，而受客观"历史状况"限制的痕迹却颇为突出。

1. 社会发育程度的局限

虽然陈云早在建国前就确立了新社会商品经济论思想，但商品经济的发展程度又受制于经济社会发育成熟程度的制约。由于中国经济社会城市和工业领域发育成熟度较高而农村极低，陈云的新社会商品经济论思想主要在城市经济和工业经济领域展开，形成了系统的理论模式。而在农村经济领域，陈云虽然做了大量的研究，特别是准确地找到了发展商品经济的核心——改人民公社为包产到户。但由于压抑农村经济单元内部矛盾运动的体制长期沿袭，农村商品经济发展长期受制，陈云的新社会商品经济论在农村经济领域未能展开。直到普遍实行家庭联产承包责任制后，农村经济才转换了运行体制载体，形成了专业化和社会化辩证发展的机制，商品经济才步入快速发展轨道，农村经济市场化实践和理论才有了长足发展的天地。

2. 决策地位的局限

陈云领导经济历来主张按比例综合平衡，十分明确地指出：搞经济不讲综合平衡，就寸步难移。但陈云只是中央领导集体的重要成员，毛泽东作为党中央的主席，在中共八届二中全会上从哲学的角度认为：经济平衡是相对的，不平衡是绝对的，我们的经济主要的还是进。虽然此后陈云发表了《建设规模要和国力相适应》，并在不同时期殚精竭虑矫正国民经济比例失调，但这只是力所能及和有限的矫正，终究无力制止经济决策上的"冒进"，结果国民经济屡次出现严重困难，屡次被动调整。虽然现在看得清楚：平衡相对论是哲学公理，不平衡是事物的本质。但平衡又是事物存在的基本形式，宏观经济必须总体平衡，平稳运行，不平衡的幅度只能允许在保证总体平衡的限度之内。否则，超过一定限度就要翻车。但这是陈云早已明确而被弃之不用、我们又付出了巨大代价之后才取得的共识。

3.政治的局限

早在20世纪50年代中期，陈云不仅否定了苏联模式，主张建立以市场为基础“多”、“放”、“活”的经济体制，总体上要回到1953年前，而且明确确立了社会主义商品经济思想，提出了“三个主体”、“三个补充”的模式。但由于种种原因，陈云的思想实际上未能贯彻。在这种情况下，一方面他关于商品经济的思索仍在继续和深化；另一方面，在组织上他又继续执行计划体制，只在组织纪律允许的范围内做力所能及的矫正。直到全民族大反思后的1979年3月才确立了陈云的市场经济体制。若陈云的商品经济思想贯彻始终，新中国经济发展完全可能避免大的曲折，向商品——市场经济转轨变型的起步不仅要提前20年，而且完全可能创造一条全新的发展道路。

第三节　邓小平的财政思想

一、邓小平财政经济思想的发展背景

早在抗日战争时期，作为中共北方局的主要领导人，邓小平在繁重的军旅生活中，就十分重视并亲自过问财政经济工作。他依据敌后的经济战线斗争的尖锐程度绝不亚于军事战线的现实，提出“百倍地加强经济建设的领导，应该是今后始终贯彻的方向”，并强调对财经工作必须从大局着眼，有全局观念。他主张，正确的财政负担政策，必须以人民福利和抗战需要为出发点，必须实行“钱多多出，钱少少出”的“量入为出与量出为入的配合”的原则，既照顾人民的负担能力，又照顾抗战的需要，更重要的是使财政负担办法适合于奖励发展生产的需要。

解放战争时期，与刘邓大军在千里跃进大别山取得世界军事史上罕见的胜利相媲美，邓小平成功地运用财政经济政策巩固了新生的根据地。他提出：“我们的财政要有很明确的政策，很正当的办法，光靠印

票子不行。有了统一的方针、政策和计划,加上华北的帮助,问题就可以解决。”为此,他把政策的着眼点放在战争供应和人民生计上面,抓住私人工商业是新民主主义经济不可缺少的部分这一事关新解放区成败的全局问题,注意保护工商业,原封不动地接管好城市,从而避免了“左”的错误对新解放区的冲击,恢复和发展了生产,为人民军队在国民党统治区站稳脚根和胜利进军奠定了坚实的经济基础。

在大西南的日子里,如何解决西南地区相对集中的少数民族问题特别是少数民族的经济问题,直接关系到整个西南地区的经济发展与稳定。为此,邓小平遵照毛泽东主席和党中央的指示,强调要从国防、政治等战略高度来认识和解决这个问题。他主张,对少数民族地区,应该制定一套适合少数民族实际情况的政策,要诚心诚意地为少数民族服务,帮助少数民族发展民族经济。邓小平的这些主张,为我党始终把少数民族问题看作为政治大局来抓,通过国家财政增大扶持少数民族经济的力度开了一个好头。

1953 年 8 月,邓小平任政务院副总理兼财政部部长,主持全国财政工作。他上任伊始,就要求财政部门要看大事,要有战略全局观念。他说:党中央和毛泽东同志历来重视战略问题,“只要把战略形势讲清楚,问题就好办了。……只要把战略问题和全局问题摆开来,就可以得到解决”。建国以来,我们的财政工作出了一些问题,就是因为“常常没有从大的方面出发,没有把战略问题交待清楚”。为此,邓小平向全党特别是财政系统郑重提出:我们的一切工作都会涉及全局与局部的关系、中央与地方的关系、集中统一与因地制宜的关系,因而“大道理与小道理必须弄清楚”。一方面,全体和局部缺一不可,全体是由局部组成的,如果只有全体,没有局部,则全体也就不成其全体了。另一方面,全体和局部、中央和地方、集中统一和因地制宜,以什么为主导呢?“如果把局部、地方、因地制宜作主导,那就要犯原则错误。一定要以中央、全体、集中统一作为主导。……如果两者之间发生矛盾,地方应服从中央,局部应服从全体,因地制宜应服从集中统一。不如此,就会发生地方主义、本位主义和山头主义”。

1956 年,邓小平担任中共中央总书记,成为中国共产党第一代领导集体的重要成员。他积极为党的“八大”确定的把工作重点转移到经济建设中来的这个大局而奔走，提出今后的主要任务是搞建设，把我国建设成为一个伟大的社会主义工业国。1962年的“调整”，更凝结着邓小平的心血。他强调：“在这个过程中，第一要抓吃、穿、用的问题……第二要抓基础工业……第三要抓国防尖端技术……这就是我们的纲。”

1975年，邓小平复出。他大胆抓整顿，强调“全党讲大局，把国民经济搞上去”。粉碎“四人帮”后，邓小平成为中国共产党第二代领导集体的核心，他果断地停止“以阶级斗争为纲”这个错误路线，将全党工作的重点迅速转移到经济建设中来，主持中国改革开放这一全新事业，成为中国改革开放当之无愧的总设计师。

二、邓小平的经济思想

关于中国经济发展的战略部署和有关经济发展的论述是邓小平建设中国特色社会主义经济理论的一个重要组成部分。改革开放以来，邓小平多次阐述经济发展问题，从而形成了他关于经济发展战略和理论的有关思想。

(一)邓小平经济思想的理论基础

邓小平的经济思想，是他的经济发展战略理论的基础，可以从以下几个方面把握邓小平的经济思想。

1. 和平和发展是当代世界的两大问题

邓小平认为，虽然战争的危险还存在，但是制约战争的力量也同时在发展。当今世界上，带全球性的战略问题，一是和平问题，另一个是经济发展问题。和平问题是东西问题，发展问题是发展中国家与发达国家的关系问题。如果发展中国家得不到发展，发达国家的资本和商品出路就很有限，如果发展中国家继续贫穷下去，发达国家也没有进一步发展的出路。

2. 发展是硬道理

发展是硬道理包含这样的含义：社会主义制度和资本主义制度的比较，只有通过发展的比较才能体现，社会主义制度的优越性表现在比资本主义速度更快、效率更高和质量更好地发展国民经济，国家能在经济发展中强盛，人民生活水平能在经济发展中提高。这一层含义是非常重要的，因为“我们是社会主义国家，社会主义制度优越性的根本表现，就是能够允许社会生产力以旧社会所没有的速度发展，使人民不断增长的物质文化生活需要能够逐步得到满足”。

3.农业在国民经济中的基础地位

重视农业作为国民经济基础的地位，提出了恢复和发展农业生产的政策，加强工业对农业的支援。

4.经济发展的速度要快一些

战略目标是，从1981年到1990年国民生产总值翻一番，从1991年到本世纪末国民生产总值再翻一番，到下个世纪中叶人均国民生产总值达到中等发达国家水平，没有较快的发展速度是不行的。

5.发展速度要讲效益和质量

邓小平在1980年时讲到，“最大的问题还是要杜绝各种浪费，提高劳动生产率，减少不合社会需要的产品和不合质量要求的废品，降低各种成本，提高资金利用率”。在1992年南巡时他讲到，“不是鼓励不切实际的高速度，还是要扎扎实实，讲求效益，稳步协调地发展”。不讲效益的发展，经济增长速度可能很高，但是主要是由高投入、高消耗所推动的，经济发展的结果表现为低效益和低质量。因此，讲效益地发展，实际就是稳定和协调地发展。

6.要在对外开放中求发展

邓小平认为，在对外开放中求发展，一是通过经济开放，如通过办经济开放区，向发达国家学习它们的先进技术和先进的管理经验，从而使我们发展所需要的技术不再从头进行发明和实验，节省大量的资金和缩短技术进步的时间，并且对国外先进的社会化大生产和现代企业的管理及经营经验采取拿来主义态度，提高国民经济的效率。二是通过经济开放，利用合资、独资、合营办企业的方式，引进我们发展所需要的外资，补充国内经济发展资金的短缺。三是通过国内外经济的交流，使国内的企业感到国外企业的竞争，自觉地降低生产经营的消耗、提高经济效益和产品质量、提高产品的附加价值，增强其竞争能力，在国内市场和国际市场上与国外企业进行竞争。

7. 必须依靠科技和教育

在谈到中国的四个现代化时，邓小平强调，“四个现代化，关键是科学技术的现代化。没有现代科学技术，就不可能建设现代农业、现代工业、现代国防。没有科学技术的高速度发展，也就不可能有国民经济的高速度发展”。紧接着，他又进一步得出结论说：“同样数量的劳动力，在同样数量的劳动时间里，可以生产出比过去多几十倍几百倍的产品。社会生产力有这样巨大的发展，劳动生产率有这样大幅度的提高，靠的是什么？最主要的是靠科学的力量、技术的力量。”而科学技术的发展，离不开科学技术人才，人才又是教育的结果。因而，科学技术是第一生产力，教育则是生产生产力的生产力。

（二）邓小平的经济发展战略体系

基于上述经济发展思想，邓小平提出了经济发展战略的思考和构想，形成他的经济发展战略理论体系。其内容包括以下几个方面。

1. 经济战略目标和战略部署

（1）邓小平设计了我国分“三步走”基本实现现代化的战略目标和战略部署：第一步，从 1981 年到 1990 年，国民生产总值翻一番，解决人民的温饱问题；第二步，从 1991 年到 20 世纪末，国民生产总值再翻一番，人民生活达到小康水平；第三步，到 21 世纪中叶，人均国民生产总值达到中等发达国家水平，人民生活比较富裕，基本实现现代化。

（2）发展战略目标和部署的战略依据

邓小平提出的发展战略，没有脱离中国实际，是具有中国特色的发展战略目标。他在 1987 年 8 月指出，“我们党的十三大要阐述中国社会主义是处在一个什么阶段，就是处在初级阶段，是初级阶段的社会主义。社会主义本身是共产主义的初级阶段，而我们又处在社会主义的初级阶段，就是不发达的阶段。一切都要从这个实际出发，根据这个实际来制定规划”。邓小平在总结了正反两个方面的经验教训，提出中国社会主义社会处于初级阶段，要根据这个实际来制定发展规划。这对以后防止经济上的急于求成，避免国民经济大的波动造成的损失，有着非常重要的现实意义。

发展战略和部署的另一个重要依据就是中国的国情。发展战略目标方面重要的指标，如小康水平、人均国民生产总值、达到中等发达国家人民生活水平等，都以人均能够得到的财富而确定发展的目标。

2.突出重点，带动全面经济发展

为了更好地实现发展的战略目标，邓小平提出了以重点发展带动全局全面发展的思想，先要集中力量在这些产业中进行投资，然后由这些重点产业带动和保障整个国民经济顺利发展。邓小平在1982年提出，我国经济发展的重点有三个："一是农业，二是能源和交通，三是教育和科学。"

邓小平在1989年6月时谈到，"我赞成加强基础工业和农业。基础工业，无非是原材料工业、交通、能源等，要加强这方面的投资，要坚持十到二十年，宁肯欠债，也要加强。这也是开放，在这方面，胆子要大一些，不会有大的失误。多搞一些电，多搞一些铁路、公路、航运，能办很多事情"。他在谈到第三代领导集体的当务之急时说："我建议组织一个班子，研究下一个世纪前五十年的发展战略和规划，主要是制定一个基础工业和交通运输的发展规划。要采取有力的步骤，使我们的发展能够持续、有后劲。"

3.全局和地区协调的经济发展战略

总体的发展战略需要由各地区的发展来实现，从系统论和协同论的观点看，只有根据各地的各自优势和地理位置安排各地的发展，从而使各地区之间的经济协调发展，国民经济才能在总体上最优化和最大化发展。邓小平认为，中国地域辽阔，各地条件差异很大，经济发展不平衡，沿海地区要充分地利用自己的优势先发展起来，不能贻误时机，这是一个事关大局的问题，内地要服从这个大局；反过来，发展到一定的程度，则要求沿海拿出更多的力量来帮助内地发展，沿海也要服从这个大局。

4.跳跃式经济发展

邓小平在1992年南巡时谈到，我国的经济发展，总是要力争隔几年上一个台阶。……从我们自己这些年的经验看，经济发展隔几年上一个台阶，是能够办得到的。……看起来我们的发展，总是要在某一个阶段，抓住时机，加速搞几年，发现问题及时加以治理，尔后继续前进。……对于我们这样的发展中的大国来说，经济要发展得快一点，不可能总是那么平平静静、稳稳当当。要注意经济稳定、协调地发展，但稳定和协调也是相对的，不是绝对的。发展才是硬道理。……从国际经验来看，一些国家在发展过程中，都曾经有过高速发展时期，或若干高速发展阶段。日本、南朝鲜、东南亚一些国家和地区，就是如此。现在，我们国内条件具备，国际环境有利，再加上发挥社会主义制度能够集中力量办大事的优势，在今后的现代化建设的过程中，出现若干个发展速度比较快、效益比较好的阶段，是必要的，也是能够办得到的。

5.可持续发展战略

经济建设要与人口、资源、环境相协调，走可持续发展的道路，是邓小平一个重要的战略思想。我国人口多，人口规模大，过度增长给经济增长、资源利用和生态环境保护造成了一系列的压力和问题。因此，邓小平在谈到我国现代化建设战略时，反复讲到，人多是我国最大的难题，人口问题要很好地控制，计划生育工作是一项战略任务，一定要抓好。中央改革开放以来一直狠抓计划生育工作，将计划生育提到是我国社会经济发展的一项重要国策的高度，有效地控制了人口的增长，缓解了人口增长过快对国民经济、资源和生态环境的压力。

三、邓小平的财政思想

(一)国家财政必须放在经常的稳固的可靠的基础上。

邓小平对国家财政不稳固的危害性有十分清醒的认识，他认为：财政不稳固，必然造成物资的巨大浪费和一系列社会问题，不利于集中财力进行大规模的经济建设，不能应付战争、天灾等突发事件。总之，财政不稳固，不仅影响经济，而且动摇政治根本，经不起重大考验。鉴于此，邓小平提出了财政工作六条方针，并强调“六条方针有一个重大的政治目的，就是要把国家财政放在经常的、稳固的、可靠的基础上”。这是邓小平财政思想的核心。如何切实做到这一点呢？邓小平认为：

第一，建立科学的预算管理，保证预算的巩固性。预算在财政中居主导地位，是财政分配活动的重要管理方式和实现方式，是实现财政职能的基本手段。邓小平对此十分谨慎，他提出，预算一是要归口管理，二是要包干使用。邓小平说："归口以后，就易于控制，预算就容易确定。"同时，对国家财政收支实行定额包干，"这样收支都由大家包起来，才能保证预算的巩固性。大家都负起责任，就不致会突破预算"。

第二，坚持财政收支平衡和国民经济的综合平衡。没有综合平衡就没有真正意义上的财政稳固。所以邓小平指出，在执行预算的过程中，一抓增收，二抓节支，争取达到收多于支，即收支平衡，略有结余。编制国家预算，既要考虑国家信贷计划，又要考虑增拨企业部门流动资金，扩大物资交流，稳定市场物价，保证财政、信贷、物资的综合平衡。

第三，加强财政后备力量。为了巩固财政，邓小平十分重视建立、加强后备力量，"立国的政策应放在有力量应付外侮和应付万一"。"有了后备力量，国家财政才能集中力量保证社会主义工业化和社会主义改造的需要"。对于怎样加强后备力量，邓小平认为：一是发展经济，扩充财源；二是厉行节约，同浪费作斗争；三要把后备力量放在各方面，要在各方面打底子。只有这样，财政才是稳固可靠的。

（二）关于经济决定财政的思想

早在 1943 年 1 月，邓小平就对经济决定财政的思想作过精辟论述，他在中共中央太行分局高级干部会议上所作的《五年来对敌斗争的概略总结与今后对敌斗争的方针》报告中指出："在经济上，1939 年我们仍然是忽视的，民生凋敝，军队供给极端困难，在敌占区只有需索而无工作，故征集资财亦无成绩，这是我们（主要是太行区）最穷困时期。1940 年我们才开始注意经济问题，在根据地注意生产和节约民力，在敌占区反对'把敌占区变为殖民地'的观点（结果又形成了完全不到敌占区工作的偏向），根据地民众才缓过起来，同时，1939 年发行了冀南钞票，加强了经济斗争力量，军需才有了保障。"邓小平通过革命斗争的实践，充分说明了什么时候坚持经济决定财政的思想，什么时候经济就能得到发展，财政就能得到巩固，军需民食才能有保障。邓小平在总结太行区经济建设的经验时指出："那么究竟我们做了些什么，并且获得了什么经验和教训呢？首先，我们确定了发展生产是经济建设的基础，也是打破敌人封锁，建设自给自足经济的基础，而发展农业和手工业，则是生产的重心。经验告诉我们：谁有了粮食，谁就有了一切，战时粮食普遍缺乏。我们处在农村只能以农业生产为主，敌人在城市最缺乏的是粮食的供给，我们有了粮食，不但军民食用无缺，而且可以掌握住粮食和其他农业副产物去同敌人斗争，并能换得一切必需的东西。”只有发展生产，才能保障供给，这是马克思主义真理。邓小平认为“立国的政策应放在有力量应付外侮和应付万一”上，“要把财政放在经常的、稳固的、可靠的基础上”，这就要加强财政后备力量，而“财政后备力量基础的巩固，必须建立在经济发展上”。邓小平非常注重运用马克思主义关于经济决定财政的原理来考虑解决财政问题，并且总是结合我国的基本国情一起考虑。三年自然灾害时期，我国财政经济出现了困难，为了解决这一困难，邓小平指出：“我们要克服困难，争取财政经济状况的根本好转，要从恢复农业着手，农业搞不好，工业就没有希望，吃、穿、用的问题也解决不了。”这是邓小平运用马克思主义基本原理解决中国财政问题的光辉典范，我国的历史经验证明，农业的丰歉对财政的影响十分明显，农业丰收的年景是财政日子好过的年景，邓小平提出的“争取财政经济状况的根本好转，要从恢复农业着手”这一思想，对于实现党的十四届五中全会提出的振兴财政的目标仍然具有重要的现实指导意义。

（三）关于财政促进生产的思想

财政可以影响经济，财政作为生产要素的分配直接影响和决定着生产，这是马克思主义的一个基本原理，邓小平早在20世纪40年代初领导太行区的经济建设时，就注重运用马克思的这一基本原理，利用财政手段来促进经济发展，他指出：“发展生产，不能是一个空洞的口号，而需要正确的政策和精确的组织工作，我们的减租减息和交租交息的政策，给发展生产开辟了一条广阔的道路。凡是减了租息的地方，广大劳动人民的抗战热情和生产积极性都大大增强了。”“政府还颁布了重要的法令，规定‘存粮存款不负担’，‘雇工工资一半不负担’，‘羊群不负担’，‘负担照抗战后平年应产粮计算，多收产粮不负担归人民自己’等等，并奖励劳动英雄和‘吴满有运动’的参加者，这就是限制封建剥削下促进国民经济发展的方针，这也正是孙中山先生给我们指示的道路，我们的工商业政策，给了发展农业和手工业以很大的便利，政府规定的工业负担是最轻的，因而手工业，特别是家庭纺织业，今年来有了相当的发展”。邓小平认为，利用财政促进生产也要讲究效益，他指出：“我们扶植进步的、有前途的私营企业，没有前途的要指导转产。”“我们要引导工商业向健全的方向发展。物价稳定对工商业有好处，最近一些贷款也是在这个基础上才贷出的。对贷款要进行指导，指定用途。如贷给民生公司二十多亿，指定买煤、修船，这样也解决了煤矿业和机器业的一些问题。钱贷出以后要检查，使之用到适当的地方，否则就造成无政府状态。有些东西生产超过市场需要太多，销不出去就有了问题，要指导转产”。邓小平的财政促进经济发展的思想是对马列主义财政经济理论的丰富和发展，是在经济建设实践中的具体运用。

（四）关于坚持财政收支平衡的思想

邓小平非常重视财政收支平衡问题，他把财政收支平衡问题提高到关系社会主义现代化建设成败的高度来认识。他认为，财政收支平衡是实现社会主义现代化的必要条件，财政收支平衡将影响社会主义现代化建设的顺利进行。1980年12月25日，他在中共中央工作会议上所作的关于《贯彻调整方针，保证安定团结》的讲话中指出：“由于解放以前的历史状况，也由于第一个五年计划以后长期急于求成，我们的经济一直存在着比例严重失调的问题。加上‘文化大革命’十年破坏，以及粉碎‘四人帮’后的头两年对情况没有摸清，到三中全会前后，更发展成为财政不平衡、信贷不平衡、物资不平衡、外汇收支不平衡的局面，改变这种局面，是同三中全会纠正‘左’倾错误，一切从实际出发的总方针完全一致的，是实现现代化的必要条件。由于过去两年执行调整方针不得力，这就造成大量的财政赤字，货币发行过多，物价继续上涨。如果再不认真调整，我们就不可能顺利地进行现代化建设。”根据邓小平的这一精辟论述，造成财政赤字的原因是指导思想上的急于求成，不仅生产建设方面急于求成，而且人民生活的改善方面也急于求成。如何解决财政赤字问题，邓小平认为，不能用货币的办法来解决。早在1948年，他在《跃进中原的胜利形势与今后的政策策略》一文中指出：“我们的财政要有很明确的政策，很正当的办法，关靠印票子不行。”因为票子只是一种价值符号，超经济发行必然造成物价上涨，于生产、于人民生活不利，最终不利于解决财政问题。他还认为，也不能用举借外债的办法来解决公共财政赤字。1986 年他在听取几位中央负责同志汇报当前经济情况和明年改革设想时指出："借外债不可怕，但主要用于发展生产，如果用于解决财政赤字那就不好。"他认为，关键在于发展经济。这是他的一贯思想。同时，生产建设和人民生活的改善都要坚持量力而行，量入为出的原则。1986 年他指出："为了解决财政赤字问题，基建规模特别是非生产性建设规模不能过大，有些开支不能完全由中央承担。中央的收入少了，中央对开支也不能包那么多，要把地方和社会上的钱，转一部分用于基础建设。我们只能走这条路，还要注意消费不要搞高了，要适度。""九五"时期，我们应认真贯彻邓小平同志的财政收支平衡思想，坚持量入为出的原则，既要保持一定的经济增长速度，在生产发展的基础上逐步改善人民生活，又要正确处理需要与可能的关系，努力实现党的十四届五中全会提出的使财政支出的增长低于财政收入约两个百分点的目标。

(五)关于财政合理负担的思想

财政问题归根到底是一个国民收入的分配和再分配问题。财政负担问题就是财政在国民收入分配所占份额多少的问题。在一定时期内，国民收入的规模是一定的，财政收入过多，企业和居民收入相应地要减少，这就要影响生产发展和生产者的积极性；而财政收入过少，国家实现职能所需要的财力不能得到满足，最终影响生产发展和人民生活水平的提高。因此，处理财政负担问题是一个相当关键的问题。邓小平在领导太行区的经济建设时曾经正确地处理了财政负担问题，后来被总结成太行区经济建设一个基本经验。他在《太行区的经济建设》一文中指出："说到我们的负担政策，我们实行的是钱多多出，钱少少出的原则，是量入为出与量出为入的配合，既照顾人民的负担能力，又照顾抗战的需要。而更重要的是，是使负担办法适合于奖励发展生产的需要。上面所说的'存粮存款不负担'等法令，都是为着这个目的：减轻人民的负担。我们除了一贯地提倡节约、反对浪费和严惩贪污(贪污 500 元以上的处死刑)之外，还实行了连续两次精兵简政，1943 年度公粮比 1942 年度减少了百分之十六到十七，这是实际的结果。历史上最大的病症之一,是村款的浩大。我们很早就实行了以县为单位统筹统支的办法,规定村无权派款,改革了这个病症。”他认为应该坚持财政负担合理的原则,否则就会于国计民生不利,应该根据经济情况的发展变化,适时调整财政负担。目前,我们的财政负担,无论是与国际上发达国家比较,还是与发展中国家比较,抑或是与我国历史上财政负担高低比较,从总体上讲是比较轻的,1994 年我国财政收入占 GDP 的比重 11.6%,1995 年为 10.7%。但财政负担出现不平衡,一些领域负担过重,如农业,一些领域负担又过轻,如第三产业等新出现的一些行业。造成这种局面的一个重要原因就是没有根据经济情况的发展变化,适时调整财政负担。邓小平的关于财政合理负担的理论对解决我国目前的财政负担问题具有重大的指导意义。我们要切实减轻农业负担,加快农业的发展,同时调整第三产业等新兴行业的税负,引导第三产业的健康发展。

(六)关于财政是调节经济利益关系和解决政治问题的一个重要手段的思想

邓小平非常重视运用财税政策调整经济利益关系,并把财税杠杆作为解决政治问题的一个重要手段。早在革命战争时期,邓小平就善于利用财政手段扩大统一战线,加强对敌斗争。他在 1943 年《五年来对敌斗争的概略总结》一文中指出:“在根据地亦应切实注意巩固团结问题,比如根据地的减租减息、合理负担法令的执行,是为了充分发动群众打下统一战线的坚实基础,发挥其更大的抗日力量,这是完全必需的。”在这里,邓小平认为税收是巩固和加强统一战线的一个重要手段,在领导太行区的经济建设时期,就利用税收手段来开展对敌斗争,在总结太行区经济建设的经验时,他指出,“我们的税收贸易政策,是采取‘对外管理对内自由’的原则。……为了便利对敌斗争,我们……用严格的税收来保护根据地的经济,并使对敌斗争容易得到胜利。我们禁绝了一切奢侈品,限制了非必需品的输入,同时组织根据地非必需品和多余物品如药材、草帽等等的输出,以换取外来的物资。……实行这种办法的结果,大大加强了对敌斗争的力量,增加了税收,繁荣了市场,保障了人民的需要”。他认为,财政手段(包括征税和上缴利润)是调节经济利益关系,实现共同富裕的手段。他说,社会主义有两个重要的方面,一是公有制占主体，一是共同富裕，“如果导致两极分化，改革就算失败了”。“社会主义制度就应该而且能够避免两极分化，解决的办法之一，就是先富起来的地区多交点税利，支持贫困地区的发展”。

（七）关于节俭国家行政经费的思想

邓小平在1954年的预算报告中指出：节俭国家机关经费，精简国家行政机构，“这是国家积累工业化资金的一个重要方法。毛主席在1950年6月即指出：‘国家机构所需经费的大量节俭’是争取财政经济状况的根本好转的三个条件之一。所以尽可能地减少一切机关的非生产的开支，厉行节约，是我们必须坚持贯彻的原则”。他认为，通过控制人员编制来控制行政经费具有重要意义。他指出：“在国家机关经费方面，目前普遍存在的问题仍然是机构大，层次多，冗员多，有些部门或单位的经费开支还有铺张浪费现象。因此，切实地实行精简机构，适当地减少编制人员，以便提高工作效率，紧缩行政机构经费的开支，还是各级人事部门和财政部门应该注意解决的一个问题。”如何缩减编制，他认为，应该实行定员定额制度，他指出：“国家预算所列的经济建设事业费、文化教育事业费和国家机关经费，其中有很大一部分是人员工资和机关的公杂费用。因此，从各地区各部门的工作实际需要出发，逐步实行定员定额制度，对节减国家资金具有重要的意义。”他认为，定员定额制度要具体明确，以免在执行中产生混乱想象。他指出：“我们过去曾在经济建设事业费和文化教育事业费方面，规定了若干定员比例和定额标准，这些规定，现在看来不够具体和明确，某些部分不完全符合实际情况，以致在执行当中仍然存在着某些紊乱现象。……今后为使国家资金得到合理的使用，节减可能节省的资金，就必须从下而上地根据具体情况，制定既切合实际又符合节约原则的编制定额和必要的实物使用标准与财务开支标准，然后再由上而下地逐级批准核定，作为核计预算、拨付资金和实施财务监督的依据。”为了有效地节减国家行政经费，邓小平认为，必须加强财政监督。他说：“毛主席在中央的会议上特别提出这一点，这是以后财政工作的关键，财政上的浪费是很大的。毛主席说：‘有些项目节约百分之十，数字就了不起了。’如果国家预算节省百分之十，就是二十多万亿元。因此，要加强财政监督。”因此，他要求财政工作人员要善于节约，善于分配资金。他说："我们国家虽然地大物博，但生产比较落后，财力有限，这就要求财政工作人员要善于节约，善于把钱用到主要方面去。"

（八）关于利用外资促进财源建设的思想

邓小平非常重视利用外资问题。他认为，利用外资一是可以解决建设资金不足，发展国内经济，促进财源开发，增加财政税收；二是可以学到一些好的管理经验和先进的技术，他要求利用外资主要用来发展生产，但不能用来解决财政赤字。他指出："吸收外国的资金和技术，欢迎中外合资合作，甚至欢迎外国独资到中国办工厂，这些都是对社会主义经济的补充。一个三资企业办起来，工人可以拿到工资，国家可以得到税收，合资合作的企业还有一部分归社会主义经济所有，更重要的是，从这些企业中，我们可以学到一些好的管理经验和先进的技术，用于发展社会主义经济。这样做不会也不可能破坏社会主义经济。我们倒是觉得现在外国投资太少，还不能满足我们的需要。"邓小平不仅注重引进外资的数量，而且非常注重引进外资的质量，他指出："我们提议充分研究一下怎么利用外资的问题。我赞成陈云同志那个分析，外资是两种，一种叫自由外汇，一种叫设备贷款。不管哪一种，我们都要利用，因为这个机会太难得了，这个条件不利用太可惜了。第二次世界大战以后，一些破坏得很厉害的国家，包括欧洲、日本，都是采用设备贷款的方法搞起来的，不过它们主要是引进技术、专利。我们现在如果条件利用得好，外资数目可能更大一些。问题是怎样善于使用，怎样使每个项目都能够比较快地见效，包括解决好偿付能力问题。利用外资是一个很大的政策，我认为应该坚持。……我认为，现在研究财经问题，有一个立足点要放在充分利用善于利用外资上，不利用太可惜了。现在我们有这个条件。"他认为："引进项目必须是能够带动我们自己的。"他强调："对借债要作具体分析，有些国家借了很多外债，不能说都是失败的，有得有失，他们由经济落后的国家很快达到了中等发达国家的水平。我们要借鉴两条，一是学习他们勇于借外债的精神，二是借外债要适度，不要借得太多。要注意这两方面的经验。借外债不可怕，但主要用于发展生产，如果用于解决财政赤字，那就不好。"因此，利用外资要用于财源开发，而不能“吃饭”。

(九)关于正确处理中央财政与地方财政集中与分散关系的思想

我国经济体制改革的一个重要方面就是要正确处理好中央财政与地方财政集中与分散的关系,即解决财政体制问题。在财政体制问题上,对于究竟我们现在是集中多了还是分散多了,以及如何改革财政体制,正确处理好中央财政与地方财政的关系等问题,邓小平认为,“我看,集中也不够,分散也不够。”他说:“财政体制,总的说来,我们是比较集中的,有些需要下放的,需要给地方上一些,使地方财政多一点,活动余地大一点,总的方针应该是这样。”同时,他也非常明确地指出,“但是也有集中不够的”,“中央现在手上直接掌握的收入只有那么一点,这算集中”,“中央如果不掌握一定数额的资金,好多应该办的地方无力办的大事情,就办不了,一些关键性的只能由中央投资的项目会受到影响。现在全国的企业包括一些主要企业,很多都下放了,中央掌握的收入很有限。这个问题值得研究,现在一提就是集中过多下放太少,没有考虑该集中的必须集中的问题。中央必须保证某些集中”。现在回过头来看邓小平在 1979 年讲的这些观点,仍具有重要的指导作用。建立社会主义市场经济体制,发展社会主义市场经济,中央财政收入仍然必须在国民生产总值中占有相当的比重;否则中央财力下降到合理界限以下,就意味着中央调控全局的经济能力下降。实践证明,像我们这样经济发展很不平衡的社会主义大国、穷国,要解决地区差别,要改善宏观经济发展的硬环境,修建大型基础设施,发展基础产业,发展科技教育,要转变经济增长方式,提高综合国力,改善全体人民整体生活水平,要保持宏观经济的稳定与繁荣,增强抵御特大自然灾害的能力,在较短时间内实现我们的经济发展战略目标,中央掌握相当的财力,保证必须的某些集中,是完全必要的,这也是我们发挥中央、地方两个积极性,维护和加强中央权威,保持国家稳定与统一的一个重要保证。十几年改革的实践证明,邓小平的这个思想经受住了实践的检验,显示出了他的理论价值,为我们确立了财政体制改革的基本原则。在邓小平这一改革思想指导下,党的十四届三中全会把地方财政包干体制改为在合理划分中央与地方事权基础上的分税制,建立中央税收和地方税收体系。合理划分中央与地方经济管理权限，发挥中央与地方两个积极性，这就从制度上为解决中央与地方的关系提供了一条新的途径。

(十)关于财政工作必须坚持实事求是的指导思想

实事求是是我们党的思想路线。财政作为国民经济的一个重要综合部门，一是一收一支对国民经济全局影响较大，因此，财政工作必须坚持实事求是的原则，一切从实际出发，而不能从主观愿望出发。邓小平强调，"经济工作要按经济规律办事，不能弄虚作假，不能空喊口号，要有一套科学的办法"。在实行经济调整时，他主张："基本建设要退后，一些生产条件不足的企业要关、停、并、转或减少生产，行政费用(包括国防开支和一切企业事业单位的行政管理费用)要紧缩，使财政收支、信贷收支达到平衡。生产建设、行政设施、人民生活的改善，都要量力而行，量入为出。这就是实事求是。下决心这样做，表明我们真正解放了思想，摆脱了多年来'左'的错误指导方针的束缚。"可见，财政工作坚持实事求是的指导思想，既要使之与解放思想相统一，又要把量力而行与尽力而为有机结合起来，还要在理财中正确处理好量入为出与量力而行的关系。二是作为财政工作重要组成部分的财政统计工作也要坚持实事求是的原则，因为"数字中有政策，决定数字就是决定政策"。"数目字内包括轻重缓急，哪个项目该办，哪个项目不该办，这是一个政治性的问题"。这里有两个含义：一方面数字反映政策的科学性、政策性及其执行情况、国家的方针、政策，国民经济和社会发展计划的比例关系都是通过一系列指标和数字表现出来的，统计数字不正确，搞浮夸，有水分，不实事求是，就会影响决策。另一方面，数字代表政策，就决定数字而言的，分不清轻重缓急，决策错误会造成极大的浪费，财政更要讲数字，搞财政工作天天与数字打交道，从预算收入的来源中可以反映出国民经济各部门之间的发展规律和比例关系。为了使党和国家的经济方针政策具有准确性和科学性，同时也为了使国家预算资金分配能够完整、准确和清楚地体现党和国家的方针政策，比较集中地反映国民经济和社会发展状况，财政统计必须坚持实事求是的基本原则。当前，财政工作坚持实事求是的指导思想，应该做到以下几点：

第一，要解放思想，把中央决策的振兴国家财政的必要性、重要性、紧迫性和艰巨性客观真实地告诉全党和全国人民，使之深入人心；

第二，要坚决克服预算安排中的超额分配与赤字盘子的思想和做法；

第三，财政工作不能空喊振兴的口号，不能只做治标的文章，而要敢讲真话，敢报实情，敢于采取振兴的决断和措施，当前特别要关注和规避财政风险，以防患于未然。

（十一）关于财政工作要有大局、全局观念的思想

全局财政思想是邓小平一以贯之的思想。在进行决策活动时，他要求我们的同志一定要运用辩证法的原理，从矛盾系统和事物整体出发，从全局出发，切忌单打一，只从片面的一个侧面、一个局部出发考虑问题，他认为在全局和局部发生矛盾时，必须首先顾全大局。邓小平指出："我们的一切工作都会涉及全局与局部的关系、中央与地方的关系、集中统一与因地制宜的关系，大道理与小道理必须弄清，全体与局部缺一不可，全体是由局部组成的，如果只有全体，没有局部，则全体也就不成其为全体了，另一方面，全体和局部，中央和地方，集中统一和因地制宜，以什么为主导呢？如果把局部、地方、因地制宜作主导，那就要犯原则错误，一定要以中央、全体、集中统一作主导……在地方来讲，则应照顾全体，中央集中统一，以中央为主体。这是因为地方是在中央领导下的地方，局部是在全体中的局部，因地制宜是在集中统一下的因地制宜，如果两者之间发生矛盾，地方应服从中央，局部应服从全体，因地制宜应服从集中统一。"他认为财政部门是集中体现国家政策的一个综合部门，财政部门要看到大事，财政工作要有全局、大局的观念。考虑问题要从大局出发。他说："财政部提意见，是从全局出发，考虑有钱没有钱，是否符合国民经济发展的比例。"财政工作的全局观念是什么？邓小平在 1954 年的全国财政厅局长会议上指出："财政部门是集中体现国家政策的一个综合部门，和其他工作一样，它必须服从总路线，即必须保证党在过渡时期总路线、总任务的实现，所谓总路线，其主体是国家工业化，两翼是两个改造，即对农业、手工业和对私人资本主义工商业的社会主义改造，财政工作就要保证国家工业化和两翼改造所需的资金。"在新时期财政工作的全局是什么？按照邓小平的论述，就是坚持

“一个中心、两个基本点”，就是党的十四届五中全会通过的《中共中央关于制定国民经济和社会发展“九五”计划和2010年远景目标的建议》。财政工作就是要保证经济发展，实现“两个具有全局意义的根本性转变”所需要的资金，如何保证呢？邓小平认为：“一是增加收入，二是节约支出。收入方面凡应收者应收足，支出方面凡能节约者都应节约。”无论是增加收入还是节约支出都需要进行利益格局调整，都涉及全局和局部、中央和地方的利益关系。对于怎样才能很容易地协调好二者之间的关系，邓小平指出，这要有全局、大局观念。他说：“我们只要在总路线的照耀下看问题，就能很容易地体会到全体的利益和集中统一意义，就会善于以地方服从中央、以局部利益服从全体利益。”

财政工作全局观念的另一个方面是财政要处理好与其他部门的关系，尤其是与中央银行的关系。他在1954年的预算报告中强调说：“必须指出，1953的财政工作是有不少错误和缺点的。我们在编预算时，由于经验不足和对苏联的经验研究体会不够，没有结合国家信贷计划，没有考虑到财政方面的季度差额周转金，而把上年结余，全部列入预算，并且作了当年的投资，这样编制预算的结果，不但使我们经常处于信贷资金不足和财政缺乏后备力量的状态，而且在某些方面的投资上，助长了脱离实际的盲目冒进倾向。”邓小平的这一经验总结，实际上后来被总结成为财政信贷综合平衡思想，其中关于预算结余的管理思想，实践证明是非常正确的，在我国的财政预算编制工作中一直起着重要的指导作用。

(十二)财政工作要面向全局，为实现党的总路线服务

邓小平谈财政工作，不是就财政论财政，而是从党和国家的全局战略出发，高屋建瓴地阐述财政的地位和作用、财政工作同党的总路线的关系。他指出：财政工作者要看大事，要加强全局观念和战略观念，要把财政工作当作最大的政治工作来抓，否则就不懂得如何做财政工作。正是基于这一思路，邓小平在全国财政厅局长会议上特别强调，财政工作“必须服从总路线”，“党在过渡时期的总路线就是要建立一个伟大社会主义国家，财政要保证这一点。”这就是财政工作与党的总路线、总任务辩证地结合起来，把人们对财政工作的认识，提高到一个新的境界。

邓小平还认为,财政部门是综合部门。财政工作的一收一支,反映着上下左右各方面的矛盾,体现党和国家的政策,孤立、片面地看待财政工作是有害于财政工作的。他说,过去财政部出了一些问题,就是“没有从大的方面出发,没有把战略问题交待清楚。”因此,必须树立战略财政的观念。财政无小事,从大处着眼,使财政服务于国家政治、经济的大局,这是国家建设之所需,人民利益之所系。

从地方财政工作来讲,也要面向全局,有全局观念,即从全国的工业化建设和社会主义改造这个全局出发,服从这个全局。这就要求一些地方有时要作出一些牺牲,服从党的总路线这个全局。邓小平的这一思想将财政工作同国家的政治经济的全局联系在一起,使财政工作有了明确的目标和方向,增强了财政人员的凝聚力和责任感。

(十三)建立财政监督和约束机制

财政监督是财政工作成败的关键,是关系到国家建设资金合理分配和节约使用的一个重要环节,缺少这一环节,财政管理就容易失去约束力,偏离正确的方向。财政监督工作实际上是财政管理工作的重要组成部分,健全的财政管理必然包含有效的监督和约束机制。邓小平充分认识到加强财政监督工作意义重大,他说:“我们还不善于运用财政监督这个武器,去克服浪费和违反财经纪律的现象,发挥有利于经济发展的作用。”又说:“财政上的浪费是很大的……如国家预算节省百分之十,就是二十多万亿元。因此,要加强财政监督。”这里,邓小平把财政监督看作是克服浪费的重要武器和法宝,他要求财政工作人员要注意增收节支,合理分配国家资金,反对贪污浪费。他还要求财政工作者加强政治和业务学习,不断提高财政管理水平,戒骄戒躁,廉洁自律,为加强财政监督创造条件,深入实地检查企事业单位、行政机关的经费使用情况和财务管理情况,健全财政制度,维护财政纪律。此外,邓小平认为,财政部门应精兵简政,这有利于节约国家资金,也便于加强财政监督和管理。只有切实做好了这些工作,才能建立起高效严格的财政监督和约束机制。

四、邓小平经济财政思想评述

邓小平经济理论是邓小平理论的一个有机组成部分。它初步揭示了我国社会主义建设与发展的规律，为正确总结社会主义国家经济建设的教训提供了认识坐标，为社会主义经济的实践发展指明了方向，具有巨大的科学价值。它坚持解放思想、实事求是，拓展了社会主义经济理论方法的新内涵；通过对社会主义本质的深刻揭示和科学回答，指明了社会主义经济理论内容发展新方向；通过观察世界经济发展大势、总结社会主义建设成败得失，实现了社会主义经济理论观点的新突破；比较系统地回答了我国建设与发展中的一系列重大问题，初步形成了社会经济理论体系新形态。邓小平经济理论是当代中国的马克思主义经济学，是社会主义经济理论在当代的最新发展。

邓小平的财政思想与有丰富的内容，是邓小平经济理论的重要组成部分。这些财政思想，虽然是针对我国特定发展阶段的财政经济状况而言的，但在改革开放的今天，对于建立我国的社会主义市场经济体制，深化财政体制改革，振兴国家财政，特别是如何正确处理好中央和地方的财政关系，仍然具有重大的指导作用。

首先，党的十五大明确提出的“建立稳固、平衡的国家财政”的战略目标，就是在新的历史条件下，高举邓小平理论伟大旗帜，适应振兴国家财政的要求，就是从我国政治、经济和社会稳定的战略高度赋予稳固财政的重要时代意义，强调国家财政自身的可持续发展性，从而有力地促进我国的改革开放和现代化建设。

其次，邓小平的全局财政思想，对于当前市场经济条件下界定和实现财政职能，正确处理好财政工作与其他各项工作的关系，仍具有积极的指导意义。因此，财政部门要善于从财政观察全局，从全局观察财政，从经济和社会的发展中，分析和研究财政问题。

再次，要以邓小平的财政管理思想为指导，正确处理全局与局部的关系，就是要处理好中央财政与地方财政的关系，充分调动中央和地方的积极性。发挥“两个积极性”，关键在于坚持集权和分权相结合的方针，积极推进财政体制改革，进一步理顺中央和地方的分配关系。改革开放以来，我国的财税体制改革取得了较大的发展，财政工作也发生了很多积极变化，初步建立了适应社会主义市场经济要求的财税管理体制。但是，也应看到，在经济转轨时期，财政收支的不稳定性较强，财政收支矛盾将长期处于紧张状态；中央财政与地方财政利益不断摩擦和相互侵占；分割国家财政的现象还时有发生。这些问题都与发展市场经济的客观要求相矛盾，需要认真研究和解决。

最后，建国初期邓小平提出的加强财政监督理论是财政工作的关键思想，至今仍具有重要的现实意义。近20年来，我国的财政法制和监督工作取得了显著的成效，初步建立起了中央财政监督与地方财政监督相结合的财政监督体系。但是，当前我国经济领域中，财经纪律松弛，财政收支存在许多不规范和混乱的现象，违纪违法行为较为普遍。这些都说明，财政工作规范管理和加强监管的任务很重。从财政角度讲，既要通过法制建设，强化在预算管理各个环节的制度约束，又要面对经济运行不规范的现实，切实加强和改进财政监督，不断提高财政管理的整体水平。

思考题

1. 简括从抗日战争到“四人帮”被粉碎的这段时间里邓小平财政经济思想的发展历程。

2. 邓小平的经济发展战略体系包括哪些方面？具体阐述一下他的经济可持续发展思想。

3. 简述邓小平的财政思想。

4. 详述邓小平关于财政工作要有大局、全局观念的思想。

5. 邓小平的财政思想对我国构建新型公共财政的意义。

参考书目

1. 胡寄窗,《西方经济学说史》,立信会计出版社,2002 年。
2. 毛程连、庄序莹,《西方财政思想史》,经济科学出版社,2003 年。
3. 赵崇龄,《外国经济思想通史》,云南大学出版社,1991 年。
4. 漆光瑛、蔡中兴,《外国经济学说史新编》,上海财经大学出版社,2002 年。
5. 鲁明学、纪明山,《西方经济学说史概要》,南开大学出版社,1990 年。
6. 杨培雷,《当代西方经济学流派》,上海财经大学出版社,2003 年。
7. 张馨、杨志勇、郝联峰、袁东,《当代财政与财政学主流》,东北财经大学出版社,2000 年。
8. 晏智杰,《古典经济学》,北京大学出版社,1998 年。
9. 许建国、蒋晓蕙,《西方税收思想》,中国财政经济出版社,1996 年。
10. 陈孟熙,《经济学说史教程》,中国人民大学出版社,2002 年。
11. 马涛,《经济思想史教程》,复旦大学出版社,2002 年。
12. 亚当·斯密,《国民财富的性质和原因的研究》(上、下卷),商务印书馆,1972 年。
13. [日]坂入长太郎著、张淳译,《欧美财政思想史》,中国财政经济出版社,1987 年。
14. 金国利、李静江,《西方经济学说史与当代流派》,华文出版社,1999 年。
15. 康芒斯,《制度经济学》,商务印书馆,1997 年。
16. 文建东,《公共选择学派》,武汉出版社,1996 年。
17. 王健,《当代西方经济学流派概览》,国家行政出版社,1998 年。
18. 李天章、沙献玉,《现代西方基本经济理论及思潮评介》,河南大学出版社,1992 年。
19. 胡雪峰,《弗里德曼评传》,山西经济出版社,1998 年。
20. 高鸿业,《西方经济学》,中国人民大学出版社,2000 年。
21. 韩长纲、刘瑞杰,《当代西方财政税收理论与实践》,海洋出版社,1993 年。
22. 尹伯成、华桂宏,《供给学派》,武汉出版社,1996 年。
23. 汤在新,《近代西方经济学史》,上海人民出版社,1990 年。
24. 黄有光,《福利经济学》,中国友谊出版社,1991 年。
25. 余永定、张宇燕、郑秉文,《西方经济学》,经济科学出版社,2002 年。
26. 王振宁等,《赋税思想史》,吉林人民出版社,1998 年。
27. 栾博等编,《西方经济思想库(第一卷,微观·宏观篇)》,经济科学出版社,1997 年。
28. 蒋自强、史晋川等,《当代西方经济学流派》,复旦大学出版社,2001 年。
29. 胡寄窗、谈敏,《中国财政思想史》,中国财政经济出版社,1989 年。
30. 姚家华、孙引,《中国经济思想简史》,上海三联书店,1995 年。
31. 叶世昌,《近代中国经济思想史》,上海人民出版社,1998 年。
32. 施建雄,《浅论林则徐经济思想的发展》,《三明师专学报》1998 年第 4 期。
33. 欣士敏,《林则徐的货币思想与实践》,《财政金融》2001 年第 10 期。
34. 汤标中,《林则徐的劭农重谷思想》,《商业经济文萃》2002 年第 3 期。
35. 许毅、王国华,《清代外债史论》,中国财政经济出版社,1996 年。
36. 中国史学会,《中国近代史资料丛刊·洋务运动(二)》,上海人民出版社,2000 年。
37. 邱龙,《李鸿章"振兴商务"经济思想初探》,《皖西学院学报》2003 年第 4 期。
38. 陈旭霞,《1980 年以来张之洞研究综述》,《河北师院学报》1997 年第 1 期。
39. 严复,《原富》,商务印书馆,1981 年。

40.《严复文选》,上海远东出版社,1996 年。
41. 杨植霖,《毛泽东财政思想研究》,社会科学文献出版社,1991 年。
42. 倪大奇,《毛泽东经济思想研究》,复旦大学出版社,1991 年。
43. 乔宗寿、王琪,《毛泽东经济思想发展史》,上海人民出版社,1993 年。
44. 陈益寿,《毛泽东经济思想研究》,经济科学出版社,1993 年。
45. 徐向艺,《毛泽东经济思想研究》,中国人民出版社,1993 年。
46. 杨超、毕剑横,《毛泽东思想史》,四川人民出版社,2001 年。
47. 刘永祯,《西方财政学说概论》,中国财政经济出版社,1990 年。
48. 胡寄窗,《中国经济思想史》,上海财经大学出版社,1998 年。
49. 叶世昌,《中国经济思想简史》(上中下),上海人民出版社,1983 年。
50. 赵靖、石世奇,《中国经济思想通史》(1～4 卷),北京大学出版社,1999 年。
51. 赵靖、易梦虹,《中国近代经济思想史》(上中下),中华书局,1966 年。
52. 马伯煌,《中国近代经济思想史》,上海社会科学院出版社,1992 年。
53. 侯厚吉、吴其敬,《中国近代经济思想史》(1～3 卷),黑龙江人民出版社,1984 年。
54. 赵晓雷,《中国工业化思想及发展战略研究》,上海社会科学院出版社,1995 年。
55. 谈敏,《法国重农学派学说的中国渊源》,上海人民出版社,1998 年。
56. 程霖,《中国近代银行制度建设思想研究》,上海财经大学出版社,1999 年。
57. 豆建民,《中国公司制思想研究》,上海财经大学出版社,1999 年。
58. 何炼成,《中国经济管理思想史》,西北大学出版社,1988 年。
59. 张家骧主编,《马克思主义经济学在中国的传播、运用与发展》,河南人民出版社,1993 年。
60. 邓子基等译,《财政理论与实践》,中国财政经济出版社,2003 年。